本书封面贴有清华大学出版社防伪标签，无标签者不得销售。
版权所有，侵权必究。举报：010-62782989，beiqinquan@tup.tsinghua.edu.cn。

图书在版编目（CIP）数据

通往富裕之路：中国扶贫的理论思考 / 雷明等著 . —北京：清华大学出版社，2021.7
（理想中国丛书）
ISBN 978-7-302-58626-5

Ⅰ.①通… Ⅱ.①雷… Ⅲ.①扶贫－研究－中国 Ⅳ.①F126

中国版本图书馆 CIP 数据核字 (2021) 第 136230 号

责任编辑：左玉冰
封面设计：李召霞
版式设计：方加青
责任校对：宋玉莲
责任印制：杨 艳

出版发行：清华大学出版社
网　　址：http://www.tup.com.cn，http://www.wqbook.com
地　　址：北京清华大学学研大厦A座
邮　　编：100084
社 总 机：010-62770175
邮　　购：010-62786544
投稿与读者服务：010-62776969，c-service@tup.tsinghua.edu.cn
质 量 反 馈：010-62772015，zhiliang@tup.tsinghua.edu.cn

印 装 者：三河市东方印刷有限公司
经　　销：全国新华书店
开　　本：148mm×210mm　　印　张：17.75　　字　数：488千字
版　　次：2021 年 8 月第 1 版　　印　次：2021 年 8 月第 1 次印刷
定　　价：129.00 元

产品编号：089440-01

理想中国

理想中国丛书

通往富裕之路

中国扶贫的理论思考

雷明 姚昕言 等◎著

THE ROAD TO RICHES

THEORETICAL ANALYSIS OF POVERTY
ALLEVIATION IN CHINA

清华大学出版社
北京

理想中国丛书的使命与定位

经过近四十年的快速发展,中国现实社会正处于发展模式转变的新阶段。在此关键时期,本丛书试图以科学的方法和负责任的态度,反思历史,分析现状,提出对未来中国社会的理想建构,这已成为中国当下的一个重要课题。在此背景下,本丛书以有中国特色的公正发展为主旨,汇集各个学科资深学者的集体智慧,从多个方面共同描绘理想中国的宏伟蓝图。

本丛书根植于学术研究之上的长期积累,深度反映中国经济、政治、社会和文化等诸多方面,强调前瞻性的观察和思考,兼具思想性、建设性、创新性及社会责任感。每本著作聚焦于一个主题,并努力达到如下四个目标:(1)追溯、反思并梳理历史脉络;(2)深刻记录剖析中国现实;(3)清晰描绘未来的理想;(4)担当社会责任,为社会发展提供新的思路和建议。

以上使命和目标将成为我们恒久不变的追求。

理想中国丛书编委会
2017年6月19日

编委会

创始团队及常务编委会成员（排名按姓氏拼音逆序排列）：

庄贵军　西安交通大学管理学院
赵旭东　中国人民大学社会与人口学院人类学研究所
郁义鸿　复旦大学管理学院
杨福泉　云南省社会科学院
沈开艳　上海社会科学院经济研究所
彭泗清　北京大学光华管理学院
李　兰　国务院发展研究中心公共管理与人力资源研究所
雷　明　北京大学光华管理学院
范秀成　复旦大学管理学院
丁　敏　美国宾州州立大学 Smeal 商学院、复旦大学管理学院

执行编辑：

徐　婕　复旦大学管理学院

作者简介

雷明,北京大学光华管理学院二级教授,博士生导师,北京大学乡村振兴研究院(原北京大学贫困地区发展研究院)院长。英国爱丁堡大学 H. 教授(Honorary Professor of The University of Edinburgh)。新疆财经大学特聘教授,贵州省中国特色社会主义理论研究中心特约研究员,贵州师范大学客座教授。原国务院扶贫开发领导小组专家咨询委员会委员,教育部教学指导委员会专业委员会委员,日本京都大学 KANSEI POWER 讲座副教授,京都大学客座教授。

雷明教授长期从事有关中国贫困地区可持续发展、可持续减贫、生态扶贫、多元扶贫、信息化扶贫、贫困治理等研究工作,2005年起任北京大学贫困地区发展研究院常务副院长,2016年起任北京大学贫困地区发展研究院院长,2021年起任北京大学乡村振兴研究院院长。先后在 Energy Policy、Omega、The International Journal of Management Science、Decision Support Systems、International Journal of Production Economics、Journal of Integrative

Agriculture、International Journal of Production Research、Review of Development Economics、International Journal of Social Economics、Marx Ventuno、Sustainability、Entropy、Complexity、Revue Generale de Strategie 等国内外重要学术期刊发表论文百余篇，完成调研报告几十部，出版学术专著十多部。先后应邀在 Nature、新华社、《人民日报》、《光明日报》、《半月谈》、The Guardian、Straits Times、China Watch、China Daily、《大公报》、《环境日报》、《科技日报》、《中宣部时事报告》、《中国社会科学报》、《贵州日报》、中央电视台、中央人民广播电台、凤凰卫视等媒体接受专访和发表观点。

代表性专著：《中国扶贫》（2020）、《股田中国——兼论农村股份合作制》（2020）、《新型城镇化与减贫发展》（2018）、《旌德调查——关于安徽省旌德县多元扶贫的调查报告》（2017）、《农村信息化模式选择与路径依赖——广东德庆县农村信息化调查与分析》（2013）、《贫困山区可持续发展之路——基于云南昭通地区调查研究》（2010）、《科学发展 构建和谐——贵州省毕节地区开发扶贫与生态建设》（2008）、《中国资源经济环境绿色核算（1992—2002）》（2010）、《中国资源经济环境绿色核算综合分析（1992—2002）》（2011）、《绿色投入产出核算——理论与应用》（2000）、《可持续发展下绿色核算——资源经济环境综合核算》（1999）等。

入选教育部新世纪人才计划，先后获全国优秀博士后称号，中国绿色人物特别奖，中国环境与发展国际合作委员会环境奖，国家教学成果二等奖，北京市哲学社会科学优秀成果专著一等奖、二等奖，北京市教学成果一等奖，全国统计科技进步奖论文二等奖，中国高校人文社会科学优秀成果专著三等奖，湖北省科技进步二等奖，日本笹川良一优秀青年奖等。

姚昕言，女，北京大学光华管理学院在读博士生，参与多项导师雷明主持的科研项目，先后在《中国农业大学学报（社会科学版）》《南京农业大学学报（社会科学版）》等核心期刊发表论文，同时作为主要参与者同导师共同出版《贫困与贫困治理——来自中国的实践（1978—2018）》（2019）。

序 言

贫困问题是当今世界最为尖锐的社会问题之一，消除贫困，缩小南北差距，是实现人类可持续发展的目标之一。就本质而言，消除贫困就是在捍卫人权，捍卫个体基本生存权利和谋求发展的权利。同时，贫困问题关系不同的行动主体，从国家、社区到家庭和个人，不同层次的组织或个人在贫困问题中占有不同的位置。梳理贫困问题的来龙去脉，有助于提出有效可行的社会政策以消除贫困，促进全人类的可持续发展。

中国的扶贫工作是"人类历史上最快、最大规模的扶贫盛举"。自1949年中华人民共和国成立以来，新中国扶贫事业已经走过了近70年的历程，从最初筚路蓝缕到改革开放时期"摸着石头过河"，再到十八大精准扶贫，扶贫攻坚"取得决定性进展"，国家和人民克服重重困难，在中国共产党的领导下，依靠中国特色社会主义制度，栉风沐雨，砥砺前行，取得了非凡成就，积累了诸多有益经验，为全世界的反贫困事业做出了突出贡献。

自1978年来，中国贫困人口减少7.8亿，仅2012年至2020年8年间，脱贫人口近一个亿，832个国家级贫困县全部摘帽，12.8万个贫困村脱贫退出，区域性整体贫困得到解决，令全世界瞩目。

为了打赢脱贫攻坚战，中国实施精准扶贫、精准脱贫方略，通过开发式扶贫和保障式扶贫，着力实现2020年现行标准下贫困人口全部脱贫目标。中国的脱贫攻坚注重全面整体脱贫，坚持发挥人民群众的主体地位和内生动力，而不是西方国家的短期内缓解贫困与外部力量介入；精准扶贫方略能够为发展中国家的贫困识别与针对性策略提供经验；发挥中国共产党和政府在减贫中的主导作用，注重市场与社会组织参与协调，中国的扶贫样板创新了国际减贫理论，为解决发展问题提供了新的思路与方法。习近平总书记阐明了中国的扶贫经验："概括起来主要是加强领导是根本、把握精准是要义、增加投入是保障、各方参与是合力、群众参与是基础。"中国特色扶贫开发关注扶贫的精准与可持续性，对发展中国家实现经济转型和减贫是重要借鉴资源。

中国的减贫成就与政府、市场、社会与人民等主体的参与协作密不可分。在政府主导下，发扬共建共治共享的减贫理念，重视市场、社会组织等在资金、技术、人力资源等方面向贫困地区投入。此外，强调在脱贫攻坚中发扬人民群众的主体作用，克服各类难题与挑战，集中了社会各界的能量与智慧。

中国扶贫成就可以称为人类减贫史上的奇迹，作为国际减贫发展事业的坚定支持者与积极推动者，中国在党和政府的领导下走出了一条独具特色的减贫道路。展望未来，中国会继续推动国内乡村振兴，并继续大力支持南南合作，为全球减贫事业广做贡献。

本书立足于中国脱贫攻坚实践，基于准公共物品理论和制度变迁等视角，从理论层面系统性地梳理了中国扶贫政策和制度。通过概述全书核心概念与理论，系统总结中国扶贫经验的内在模式，聚焦扶贫有效制度供给、路径选择、激励机制、政府治理、群众内生动力等重要议题。此外，还深入考察分析了不同主体在扶贫开发实践中的角色，分析了政府主导下的多元协作扶贫开发与人民群众主体地位的表现，从而试图从理论层面勾勒出中国扶贫生态，为理解中国扶贫开发与减贫成就提供本土视角，也尝试为世界减贫与发展诠释中国扶贫样板。

从理论层面系统总结扶贫工作中的实践经验，不仅能够将其广泛的应用于扶贫开发工作中，而且能够在扶贫开发工作中得到不断创新与发展，同时也进一步将中国扶贫理论研究不断推进完善。这一过程对于衔接乡村振兴战略，助力实现全面建成小康社会具有十分重要的理论意义和现实意义，这也正是本书研究的价值所在和意义所在。

本书从立题到完成历时两年的时间，研究团队成员在广泛而深入查阅文献的基础上，多次讨论，反复斟酌，理清脉络，认真研究分析。成稿以后，大的修改就进行了六次，最终定稿！

在此，特别感谢北京大学贫困地区发展研究院及光华管理学院各位同仁的大力支持，特别感谢理想丛书编委会各位同仁的大力支持，特别感谢清华大学出版社的左玉冰老师和其他编审老师的大力支持和帮助。

特别感谢研究团队姚昕言博士富有成效的组织沟通工作，特别感谢研究团队彭成琛妮、张秋香、魏慕璇、邓皓文、李亚兰、黄仕杰、赵一鸣、刘昊丹、王子行、刘晓昊、张春艳、李一冉、刘令等全体成员一年来辛勤努力地工作，特别感谢所有为本研究提供过支持和帮助的人，恕不能一一致谢！在此，再次对所有提供帮助者表达衷心的谢意！

雷明

2021 年 5 月 12 日

目 录

第一章　导言 ·· 1
第一节　消除贫困 ·· 2
第二节　贫困与反贫困 ·· 5
第三节　中国贫困之治 ·· 23
第四节　本书结构 ·· 40
第五节　本章小结 ·· 41

第二章　扶贫多元性：政府、市场、社会组织及自我 ····· 42
第一节　准公共物品 ·· 43
第二节　扶贫与准公共物品 ··· 61
第三节　政府扶贫 ·· 63
第四节　市场扶贫 ·· 70
第五节　社会组织扶贫 ··· 74
第六节　自我扶贫 ·· 77
第七节　本章小结 ·· 82

第三章　制度安排：有效扶贫制度供给 ······················· 83
第一节　扶贫制度供给 ··· 84
第二节　扶贫制度变迁 ··· 107
第三节　扶贫制度有效供给 ··· 123

| 第四节 | 扶贫制度供给有效性 | 131 |
| 第五节 | 本章小结 | 138 |

第四章　路径选择：从区域扶贫到精准扶贫 139

第一节	从"输血"到"造血"	140
第二节	从救济到产业	150
第三节	从区域到精准	168
第四节	从收入到保障	178
第五节	本章小结	188

第五章　激励相容：从强制性扶贫机制到诱致性扶贫机制 190

第一节	扶贫机制	191
第二节	强制性扶贫机制	210
第三节	诱致性扶贫机制	217
第四节	激励相容：从强制性扶贫机制到诱致性扶贫机制	225
第五节	本章小结	232

第六章　有效扶贫治理：管制—治理—善治—治理生态 234

第一节	贫困治理	235
第二节	管制—治理	240
第三节	治理—善治	253
第四节	多元—全元	263
第五节	治理生态	271
第六节	本章小结	278

第七章　自力更生扶贫：激发内生动力 280

| 第一节 | 文化再造 | 281 |
| 第二节 | 精神重构 | 293 |

第三节 社会融入 …………………………………………… 304
第四节 自力更生 …………………………………………… 314
第五节 本章小结 …………………………………………… 324

第八章 政府主导：有为政府—有效政府 …………………… 326
第一节 政府主导到政府引导 ……………………………… 327
第二节 有为政府 …………………………………………… 335
第三节 有效政府 …………………………………………… 357
第四节 本章小结 …………………………………………… 367

第九章 多方参与：从分工到融合 …………………………… 369
第一节 贫困治理主体：中国共产党、政府、市场、社会组织 … 370
第二节 从分工到融合 ……………………………………… 395
第三节 从救济、慈善、公益到自我发展 ………………… 405
第四节 扶贫生态 …………………………………………… 422
第五节 本章小结 …………………………………………… 432

第十章 市场机制：从共享到分享 …………………………… 434
第一节 从共享到分享 ……………………………………… 435
第二节 市场有效 …………………………………………… 444
第三节 产业导入 …………………………………………… 452
第四节 金融融入 …………………………………………… 465
第五节 企业参与 …………………………………………… 474
第六节 本章小结 …………………………………………… 481

第十一章 群众主体：以人为本 ……………………………… 482
第一节 以人为本 …………………………………………… 482
第二节 从"要我"到"我要" …………………………… 490
第三节 从自主到自觉 ……………………………………… 501
第四节 从参与到主导 ……………………………………… 507

第五节	从有为到有效	517
第六节	本章小结	525

第十二章　总结 ·······527

第一节	理论基础：基于准公共物品的理论视角下的扶贫研究	528
第二节	内在模式：制度安排+路径选择+激励相容+治理有效+内生动力	531
第三节	外在模式：政府主导+多方参与+市场机制+群众主体	541
第四节	中国扶贫样板的成就与国际意义	549

第一章
导　言[①]

中国人富裕起来了吗？

2019年，中国居民人均可支配收入为30 733元[②]，人均消费支出超过2万元，其中农村居民人均消费为13 328元，比上一年度增加了9.9%[③]。居民收入相比去年实际增长了7.9%，紧跟经济增长的步伐。与此同时，城乡居民收入差距也在逐年缩小，城乡居民收入比值为2.64，相比上年减少了0.05。[④]可以说中国人在奔富裕的路上从未停止脚步，人民生活水平切实得到了提高。然而，不可忽视的是经济窘迫的人并不在少数。3万元人民币的人均年收入意味着有6亿人的月收入为1 000元，同时每年大概有6 000万人需要低保、失业保障、特困救助等社会支持[⑤]。

贫困问题是困扰各个国家的重大社会问题，而中国已在攻克贫困的路上踏实前行了几十年，并取得了令人惊叹的成绩。仅2012年以来，中国农村贫困人口累计减少超过9 000万人[⑥]，而农村贫困发生率也从

[①] 感谢彭成琛妮为本章所做工作。
[②] http://www.gov.cn/xinwen/2020-01/17/content_5470095.htm.
[③] http://www.stats.gov.cn/tjsj/zxfb/202001/t20200117_1723396.html.
[④] http://www.gov.cn/xinwen/2020-01/17/content_5470097.htm.
[⑤] http://lianghui.people.com.cn/2020npc/GB/n1/2020/0528/c432788-31727931.html.
[⑥] http://politics.people.com.cn/n1/2020/0124/c1001-31561705.html.

2012年末的10.2%降到了2019年末的0.6%[①]。继确定了2020年消除现行贫困标准下所有绝对贫困人口的目标后，中国有信心、也有能力令所有中国人一同走上富裕之路。本书将中国这一历史上的贫困大国作为样本，梳理贫困相关理论和中国应对贫困问题的策略与实践，以推进对贫困问题的探讨。本章将围绕贫困的类型、起因及反贫困的意义和政策展开，并简要介绍中国贫困治理情况。

第一节 消除贫困

一、理论意义

无论是在经济学、社会学或是心理学领域，贫困问题总能激起人们激烈的讨论。"贫困"作为一个影响重大而深远的问题，其起源、内容和影响都有着广泛的研究。原因在于，贫困问题与人类发展息息相关。从发展的角度看，贫困不仅意味着个人生存质量无法得到保障，也反映了自然和社会资源的分配不平等。经济社会的高速发展即使生产资料极大丰富，也加速了社会人群的分化，使资源在不同人群中的分布存在显著差异，造成大规模的贫困。贫困问题对社会的影响极其深远，持续的普遍贫困会加重社会不平等现象，并对人口增长、结构和分布等人口参数产生重大影响，进而引发如人口死亡风险高、住房不安全、犯罪增加等系列社会问题[②]。

因此，贫困问题的解决能够真正推动社会可持续发展。就本质而言，消除贫困就是在捍卫人权，是在捍卫个体基本生存权利和谋求发展的权利。同时，贫困问题关系不同的行动主体，从国家、社区到家庭和个人，不同层次的组织或个人在贫困问题上处于不同的位置。确定贫

---

① http://www.cpad.gov.cn/art/2019/8/13/art_624_101661.html.
② https://www.un.org/esa/socdev/wssd/text-version/agreements/poach2.htm.

困问题的发生和传导机制,有助于提出有效可行的社会政策以消除贫困,促进全人类的可持续发展。

目前,世界各国不仅在经济发展水平、社会制度、文化传统和自然资源等客观条件上存在差异,而且都存在不同程度的贫困问题,可以说,消除贫困是国家经济与社会发展建设中的重要内容之一。本书以中国这一历史上的贫困大国为样本,对中国消除贫困的思想、策略及实践进行理论分析与总结,希冀能够有益于构建完善的中国特色扶贫开发理论体系,有助于发展马克思主义反贫困理论中国化研究。

二、现实意义

1. 国际意义

贫困问题是当今世界最为尖锐的社会问题之一,消除贫困,缩小南北差距,是实现人类可持续发展的目标之一。可持续发展概念的内涵在于满足当代人发展需要的同时考虑到后代人的发展需要,以此建立一个更有包容性的未来。可持续发展概念涉及多个方面,如气候问题、不平等问题、资源问题和贫困问题等,这些问题相互关联,其中以贫困问题最为突出,仅至 2015 年全世界就大约有 7.36 亿人口处于绝对贫困之中,贫困率达到 10%(图 1-1)。消除一切形式和维度的贫困已成为实现可持续发展的一个必然要求。

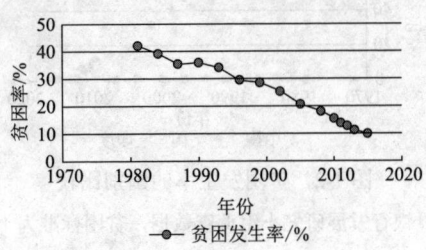

图 1-1 全球的贫困发生率

数据来源:世界银行发展研究小组调查数据,贫困标准为 1.9 美元/天(购买力平价,purchasing power parity,简称 PPP,2011 年)。

2018年,全世界贫困人口总数占总人口比例为8.6%。根据联合国预测,如果维持现有贫困率发展趋势,2030年将有6%的世界人口仍处在绝对贫困中[①]。联合国在《2030年可持续发展议程》中将全球贫困治理目标设定为到2030年"在全世界消除一切形式的贫困"。然而对于全世界人民来说,想要贫困问题被彻底解决,还需要走很长一段路。

因此,消除贫困一直是各个国家政府的重要工作内容。消除贫困要求普遍个体有获得经济机会的可能性,以保证个人能够维持可持续的生计和获得基本社会服务,这需要政府作出巨大努力保障处境不利者能够获得发展机会和公共服务。中国作为历史上的贫困大国,贫困人口数量巨大,致贫原因复杂,扶贫工作艰巨。经过几十年的艰苦奋斗,中国不仅解决了全体人民的温饱问题,并在2020年全面建成小康社会。在解决贫困这一世界性难题上,中国已经获得了非常巨大的成果。如图1-2所示,与经济体量相近的美国或是同为人口大国的印度相比,中国的贫困率有下降速度快、变化幅度大的特点。按照1.9美元一天的绝对贫困标准线,1981年至2012年全球贫困人口减少了11亿,与此同时,中国贫困人口减少了7.9亿,在减少的全球贫困人口中占有71.82%[②]。

中国的扶贫理论与实践经验是一笔宝贵的财富,理应与世界人民共享,为全球消除贫困提供新方法、新思路。

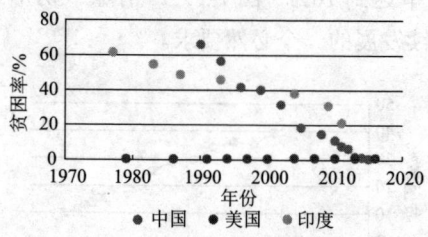

图1-2 贫困发生率的国别比较

数据来源:世界银行发展研究小组调查数据,贫困标准为1.9美元/天(ppp,2011年)。

---

① 联合国.2019年可持续发展目标报告[R].2019.

② http://ex.cssn.cn/zx/shwx/shhnew/201612/t20161227_3360619.shtml?COLLCC=2961272781&.

2. 国内意义

本书旨在对中国扶贫思想、扶贫政策、扶贫工作、扶贫实践进行理论总结和梳理，这不仅有助于大力推动中国扶贫开发实践，而且有助于加速实现全面建成小康社会。2020年中国要全面建成小康社会，实现这一目标的前提就是全面脱贫。贫困问题作为全面建成小康社会所面临的最大挑战，必须将其作为首要问题来解决。

为了打赢脱贫攻坚战，中国实施精准扶贫、精准脱贫方略，通过开发式扶贫和保障式扶贫，着力实现2020年现行标准下贫困人口全部脱贫目标。从理论层面系统总结扶贫工作中的实践经验，不仅能够将其广泛地应用于扶贫开发工作中，而且还能够在扶贫开发工作中得到不断创新与发展的同时，也进一步将中国扶贫理论研究不断推进完善。这一过程对于衔接乡村振兴战略、助力实现全面建成小康社会具有十分重要的理论意义和现实意义，这也正是本书研究的价值所在和意义所在。

第二节 贫困与反贫困

一、贫困的概念与类型

由于贫困概念具有相对性及其内容的广泛性，如何对贫困做一精确定义是首要问题。从绝对贫困、相对贫困到多维贫困，贫困概念的拓展涉及诸多学科内容，而在不同语境下，贫困又可以表现为多种类型。这正是贫困复杂性的体现。确定贫困定义不仅是划清贫困线的基础，也是我们认识和解决贫困问题的前提。

1. 贫困的概念

（1）绝对贫困。绝对贫困的概念是一种相对狭窄的贫困定义，描述的是一种极端贫困的现象，强调贫困的客观性。处于绝对贫困状态的人，其收入水平位于社会底层，极度缺乏可以满足基本人类需要的资源和服务。联合国认为这些基本生存资源与服务包括"食物、安全的饮用水、公共卫生设备、健康、庇护所、教育和信息"①。

（2）相对贫困。相对贫困，也称为相对剥夺（relative deprivation），是指处于贫困状态的个体或集体是因为缺乏获得饮食、住房、娱乐和参与社会生活等方面的资源，而不足以达到社会整体贫困生活水平。相对剥夺表现为收入分配的不均衡。相对贫困概念在绝对贫困概念的基础上，增加了与其他社会群体进行比较的主观维度。相对贫困反映了财富或收入在不同社会群体间分配不均的情况，引入了从社会比较的认知方式研究贫困问题的视角②。

（3）多维贫困。绝对贫困的概念和相对贫困的概念本质上都是对收入或生存需求层面的单一考量，是经济贫困的表现。有学者提出，贫困的评估不能仅局限于单一的经济维度，对贫困的理解应在经济维度基础上拓展到包含其在内以及健康、教育、资源、区位、环境等非经济维度的多维度，进而发展了多维贫困的概念。多维贫困源于阿马蒂亚·森的能力贫困理论，在阿马蒂亚·森看来，仅用收入作为衡量贫困的标准是不够的，因为能力才是收入变动的原因，贫困本质是能力被剥夺，收入不过是反映剥夺状态的工具变量③。从这个角度看，绝对贫困和相对贫困忽视了其他维度的匮乏现象，存在低估贫困的可能。

多维贫困在贫困判定标准上，不单独从基本生存资源所需要的经济收入出发，而是在基本生存资源（如食物、水、电、卫生等）的基础上纳入了对教育（如受教育程度、入读率）和健康（如营养、儿童死亡率、平均寿命）的考量。这是因为一些公共品的享用并不依赖于货币收入，如地区资源、地区教育投入等。多维贫困的多维包含了依赖和不依赖货币收入的变量④。

绝对贫困到相对贫困，再到多维贫困是一个匮乏程度渐进的过程，是不同程度的匮乏，其程度差距如图1-3所示。由此可见，绝对贫困

---

① https://www.un.org/esa/socdev/wssd/text-version/agreements/poach2.htm.
② 赵伦. 相对贫困从个体归因到社会剥夺 [J]. 商业时代，2014(18)：36-37.
③ 方迎风. 中国贫困的多维测度 [J]. 当代经济科学，2012，34(4)：7-15，124.
④ 尚卫平，姚智谋. 多维贫困测度方法研究 [J]. 财经研究，2005(12)：88-94.

是最基本的生活需求没有被满足的情况,是生活状况中最恶劣的情况。

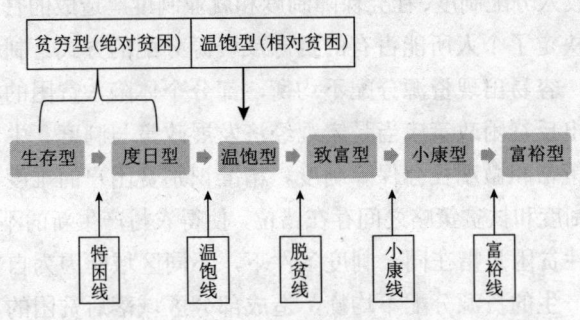

图 1-3 不同生活层次的贫困程度[①]

2. 贫困的类型

具体到不同情境和不同原因,贫困可以划分成不同类型。不同类型之间可以相互组合、交叉分布。从成因上来看,贫困可以分为制度性贫困、区域性贫困和阶层贫困[②];从人口居住地分布来看,贫困可分为城市贫困和乡村贫困;从缺乏的资源及其相关因素来看,贫困又可分为能力贫困、收入贫困、素质贫困和教育贫困等类型;从人群类型来看,有女性贫困、移民贫困和残疾人贫困等类型;从外部因素来看,贫困可以分为结构性贫困、文化贫困和历史性贫困等类型;从持续的时间来看,贫困可以分为暂时性贫困和长期贫困;从生命历程的角度来看,不同人生阶段发生贫困的概率是不同的,儿童时期和老年时期因为远离劳动力市场,往往处于不利地位,特别容易陷入困境。

贫困类型因情境和原因而异,随着情境变化不断有新的分类产生。彼此之间并不绝对互斥,某一地区的人口可能同时面对区域贫困、收入贫困、教育贫困和长期贫困。尽管贫困类型多种多样,但同一分类下的贫困有其共同性。对贫困现象做分类有助于理解同种原因或同种表现形式的贫困,以便更有针对性地解决贫困问题。下文选取部分典型类型概念做一介绍。

---

① 童星,林闽钢.我国农村贫困标准线研究 [J].中国社会科学,1994(3):86-98.
② 康晓光.中国贫困与反贫困理论 [M].南宁:广西人民出版社,1995:8-9.

(1)制度性贫困。制度性贫困也可称为结构性贫困,是一系列社会制度如收入分配制度、社会保障制度和就业制度等造成的贫困现象。社会制度决定了个人所能占有的资源或资源分配的方式。制度不完善的情况下,容易出现资源分配不均衡,部分个体陷入贫困的状况。如贺雪峰指出反贫困政策应当是宏观经济发展政策与制度、中观区域性开发扶贫策略和微观社会保障制度。精准识别贫困户的难度大,造成现有社保制度和扶贫策略之间存在错位,使得农村产生新的不平等[①]。

区域性贫困是指在同一制度条件下,不同区域间因为自然条件、经济条件产生的资源分配不均衡,造成部分区域落后贫困的现象。如中国的贫困人口规模呈现"西部最高、中部次之、东部最低"的空间梯度差异特征[②],这样的分布与自然环境分布和经济发展差异分不开。

而阶层性贫困则是指同等制度和区域条件下,某一群体或个体因为自身和家庭的因素陷入贫困的现象。这一现象与社会流动性下降、阶层固化紧密联系。先赋性因素的影响逐渐增强,而自致性因素的作用却在弱化,阶层之间流动困难,贫困通过代际传递,"二代农民工""新生代农民工"的出现正是这一原因[③]。

(2)教育贫困。教育贫困是指教育资源匮乏的状况。这包括两个内容,一是教育发展落后,包括教育内容、教育方式和教学配套资源的落后和不充足;二是受教育程度和受教育水平低下,这是因为教育发展在地区或人群间存在不平等现象,部分地区和人群面临教育资源和受教育机会匮乏的困难。

教育发展主要取决于家庭和社会对教育持续不断的投入,从成本和收益的角度看,对教育的投入大小直接影响受教育者能获得的经济机会。如果家庭对教育投入远低于社会的平均教育投入水平,子女获得高

---

① 贺雪峰.中国农村反贫困战略中的扶贫政策与社会保障政策[J].武汉大学学报(哲学社会科学版),2018,71(3):147-153.

② 杨振,江琪,刘会敏,王晓霞.中国农村居民多维贫困测度与空间格局[J].经济地理,2015,35(12):148-153.

③ 林竹.资本匮乏与阶层固化的循环累积——论城市农民工的贫困[J].技术经济与管理研究,2016(6):103-107.

等教育机会的难度提升,回报便不高①。教育贫困的解决办法是从提升贫困者人力资本的角度解决贫困问题,是阻断贫困代际传递的重要举措。

(3)女性贫困。女性贫困与性别结构不平等息息相关,贫困女性不但收入低下,而且能获取的改善生活的资源也是有限的。贫困人口的性别比例并非是均衡的,女性往往是贫困家庭中家庭资源分配的最弱势群体,常常是贫困群体中的最贫困者。这与女性在社会中面临的结构局限有关,如制度排斥、社会习俗的约束和社会刻板印象等障碍,使得女性在财富和权力上处于弱势。同时,女性的生育功能使得其在哺育子女、照料家庭方面承担了更多的职责,女性更多被定义为家庭内活动的角色②。

女性贫困是普遍存在于世界各国的一个社会问题,美国社会学界在20世纪70年代发现女户主家庭贫困增长率最快,这些家庭由缺少或没有收入来源的妇女儿童组成③。中国农村妇女的贫困主要体现在物质和人文两个方面,即收入低于男性、收入增长缓慢以及受教育权利得不到保障。城市女性则同样要面临职业性别隔离,以及来自家庭养育的压力。贫困女性具有经济收入匮乏、家庭中的从属性以及社会生活中的低层次和承受力的脆弱性特征④。

(4)儿童贫困。儿童贫困指成年之前所经历的贫困。儿童贫困与成人贫困的不同点在于儿童贫困的脆弱性,即儿童没有社会能力去应对其生存的威胁。此外,儿童贫困也有剥夺和排斥两个方面的内容,即物质资源的匮乏和主流社会的拒绝。联合国儿童基金会认为,处于贫困的儿童被剥夺了他们生存发展所需要的各种物质、精神和情感资源,其潜能得不到开发,无法享受应有的权利,也不能正

---

① 张锦华.教育溢出、教育贫困与教育补偿——外部性视角下弱势家庭和弱势地区的教育补偿机制研究[J].教育研究,2008(7):21-25.
② 王爱君.女性贫困、代际传递与和谐增长[J].财经科学,2009(6):47-55.
③ 叶普万,贾慧咏.我国农村妇女贫困的现状、原因及解决对策[J].理论学刊,2010(9):61-64.
④ 王婧.边缘与困境中的女性——妇女贫困问题的社会与文化分析[J].妇女研究论丛,2003(S1):50-55.

常平等地参与社会生活①。

家庭是儿童贫困的直接致贫原因。家庭作为儿童生活的主要经济来源和活动场所，家庭收入、文化、教育等资源的匮乏，直接影响儿童的发展。同时，儿童贫困也使得贫困者难以走出上一代人留下的困境，对儿童贫困的关注也是阻断贫困代际传递的一个重要思路。

（5）老年贫困。老年群体存在高贫困风险性，这使得他们更容易陷入贫困。个体在老年期时，生理机能退化，各类疾病风险随之增加，更可能遭遇生活关系网络的波动，这都使得老人极易陷入贫困。同时，社会中存在的年龄歧视，限制了老年人可以掌握的资源和潜在的发展机会，导致老年群体贫困化和边缘化。

人口老龄化对经济社会影响日益加深，其中潜在老年贫困群体的扩大就是其影响之一。老年人一旦陷入贫困，通常只能依靠收入转移手段缓解贫困，这要求社会建立完善的养老保障和医疗保障体系以应对日益扩大的老年需求。

二、贫困测量

对贫困状况的量化一般通过划定贫困线或是制定贫困指标进行，确定总人口中的贫困规模和程度能够为实施有效的减贫政策打基础。基于对贫困概念的不同理解，不同的贫困测量方式被提出。

1. 绝对贫困测量

绝对贫困的内涵在于对客观的最低生存需求的强调，确定生存消费和收入水平的计算方式有两种。一种是根据部分或全部生存需要在现有市场的价格基础上确定贫困的基准线，是对所需资源和服务的货币化。例如，标准预算法、恩格尔系数法。标准预算法又称"市场菜篮子法"，根据提前确定的生活必需品清单来计算在某个城市购买所需的价格总额，这一现金额度就是划定的贫困线。恩格尔系数法计算

---

① UNICEF. The state of the world's children: childhood under threat[J]. New York: UNICEF, 2005: 15.

家庭食品支出与家庭总收入的比值，比值越大越贫困。另一种则是单纯以绝对收入水平为依据划定贫困线。2015 年，世界银行划定的贫困线（poverty line）为 1.9 美元一天，收入低于这个标准的人口都可被划为贫困人口[①]。根据这一标准测算，全球极端贫困的人口规模从 1990 年的 19 亿降至 2015 年的 7.36 亿，贫困发生率则从 1990 年的 35.9% 下降到 2015 年的 10%，降幅达 70% 以上[②]。

绝对贫困测量使用经济量化手段判断贫困人群，是识别经济领域的贫困的有效工具。但因为不同地区不同文化在生活必需品的认知上缺乏共识，不同区域经济发展速度也存在差异，所以在应用市场菜篮子法和恩格尔系数法做国别或区域比较时需要谨慎处理。

2. 相对贫困测量

相对贫困识别的是潜在收入贫困者，是基于收入相对差距的一种贫困类型。收入的基尼系数是常规的测量指标之一。另一种测量方法是与社会中间收入水平或平均收入水平相比较划定贫困线，如世界银行认为低于平均收入 1/3 的社会成员可被划为相对贫困人口，欧盟则将相对贫困线定为收入水平位于中间收入的 60%[③]。

这一测量思路在于不同收入群体的比较，将社会整体收入分布作为基准，低于社会主流收入水平的群体被划分为贫困人群，是相对差距的体现。同时，相对贫困线与社会整体经济水平的变化息息相关，整体收入上涨也会带动贫困线的上升[④]。本质上，相对贫困测量仍是在用经济指标量化贫困，不同经济水平下的贫困线存在差异。

---

① https://www.worldbank.org/en/news/press-release/2015/10/04/world-bank-forecasts-global-poverty-to-fall-below-10-for-first-time-major-hurdles-remain-in-goal-to-end-poverty-by-2030.

② 张晓颖，王小林. 参与全球贫困治理：中国的路径 [J]. 国际问题研究，2019(3)：125-136.

③ 高强，孔祥智. 论相对贫困的内涵、特点难点及应对之策 [J/OL]. 新疆师范大学学报（哲学社会科学版），2020(3).

④ JOLLIFFE D, PRYDZE B. Societal poverty:a relative and relevant measure[J/OL].The World Bank economic review, 2019. 无卷期，于 2019.11.02 发表. https://doi.org/10.1093/wber/lhz018.

3. 多维贫困测量

全球多维贫困指数（the Global Multidimensional Poverty Index, MPI）是典型的多维贫困测量工具，由联合国开发计划署提出，描述了家庭和个人在健康、教育和生活水平方面的多重贫困情况。MPI 的不同指标构建出健康、教育和基本生活这三个维度（图1-4），每一维度会有一个贫困标准，通过对个体或家庭在三个维度各个指标上的综合表现判断其贫困程度。MPI 反映了多层面贫困的发生率（个体/家庭的贫困人口数）及其强度（穷人的平均贫困分数）。

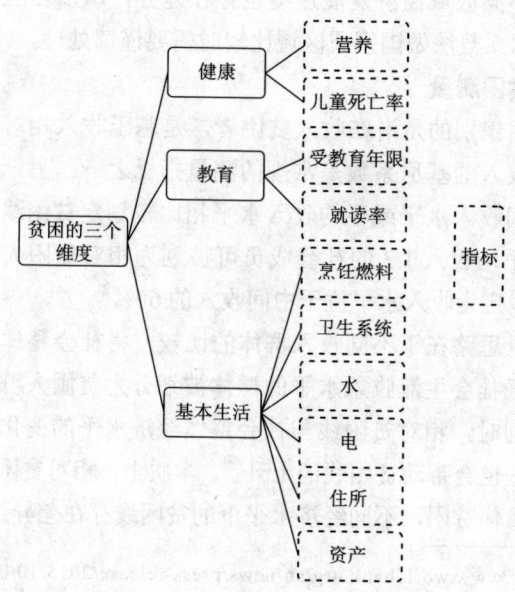

图1-4　MPI 各个维度与指标

资料来源：Alkire S，Santos M E.Measuring Acute Poverty in the Developing World: Robustness and Scope of the Multidimensional Poverty Index[J]. World Development，2014，59（1）：251-274. https://doi.org/10.1016/j.worlddev.2014.01.026.

多维度考量方式和标准化操作使得这一指标可以用于不同群体或地域间的比较，有助于全面了解身处贫困的人。联合国2019年发布的

《全球多维贫困指数》报告估计 101 个发展中国家有 57 亿人处于贫困之中，占世界总人口的 76%。2007 年至 2018 年间，约 13 亿人生活在多维度贫困之中，占总调查人口的 23.1%[①]。

贫困测量方式的选择因国家和地区而异，这是因为在不同的国家或地区，受发展水平的限制，满足个人需要所付出的成本存在差异。尽管多维贫困的概念和测量方法在学界得到认可，但在实践中，大多数国家仍然选择以货币收入角度划定绝对贫困线或相对贫困线。世界银行设定了两类贫困线描述国际贫困状况，即国际通用贫困线（international poverty line，IPL）和社会贫困线（societal poverty line，SPL）。前者是根据最贫穷国家维持最低生活所需要的收入所确定的，是绝对贫困线，在 2015 年被划定为 1.9 美元 / 天；后者是为体现不同国家的经济发展水平差异，结合绝对贫困线和各国消费中位数确定，2015 年全球的社会贫困线为 6.9 美元 / 天[②]。绝对贫困标准监测消除极端贫困的进展，而社会贫困标准则根据因国家而异的最低需求标准监测减贫工作的进展[③]。随着消除极端贫困工作的推进，世界上越来越多的国家将不适用于 1.9 美元 / 天的绝对贫困线。相比之下，社会贫困线是根据各国情况确定，具有相对性，是适用于各个国家的贫困线。同时，相比较多维贫困指数，无论是绝对贫困线还是社会贫困线，有技术简明的优势，因此世界上的多数国家在发表本国贫困人口数据时多采用具有绝对或相对意义的贫困线。

表 1-1 列举了部分国家划定贫困线的标准和相应的贫困概念，从表中可见，绝对和相对的内容因国情而异。

---

① http://hdr.undp.org/en/mpi-2019-faq.

② The World Bank. Poverty and shared prosperity report 2018: piecing together the poverty puzzle[R]. 2018.

③ JOLLIFFE D, PRYDZE B. Societal poverty: a relative and relevant measure[J/OL]. The World Bank Economic Review, 2019. 无卷期，于 2019.11.02 发表 .https://doi.org/10.1093/wber/lhz018.

表 1-1　部分国家贫困线划定标准和贫困概念

国家	依照的贫困概念	说明
美国	绝对贫困	"贫困门槛线"（OPM）：根据不同类型家庭所需基本食物和其相关资源划定，每年依据物价水平进行更新调整。
	绝对贫困	"贫困指导线"（SPM）：在 OPM 基础上增加了对衣服、住房、交通和医疗等必需品的消费成本统计。
	相对贫困	"深度贫困线"：总现金收入低于 OPM 的 50%。
欧盟	相对贫困	"国别贫困线"：国内居民平均家庭消费支出的 60%。
英国	相对贫困	当年贫困线：以前一年度全国家庭平均收入乘以 60% 得到，根据家庭类型调整。
澳大利亚	相对贫困	贫困线：按周为单位，以家庭类型分类；标准线为全国同类型家庭不包括住房的税后收入的中位数的 50% 或 60%。
俄罗斯	绝对贫困	"最低生活保障"：根据 10% 的最贫困家庭所需要的最低生活资料为基准。
中国	绝对贫困	"2010 年标准"：以 2010 年不变价为基准，2010 年全国农民人均纯收入[①]。

近年来，多维贫困指数和多维贫困问题在国内外研究热度逐渐上升。国内外学者多关注多维贫困测量方法和指标体系的建立问题，以及测量不同群体的多维贫困程度[②]。相比较而言，国外学者更侧重探究理论和相关影响因素，而国内学者则偏重讨论多维贫困在农村贫困问题中的表现。

[①] http://www.ce.cn/cysc/newmain/yc/jsxw/201111/30/t20111130_21075472.shtml.
[②] 陈闻鹤，常志朋. 国内外多维贫困研究进展[J]. 长江师范学院学报，2019，35(5)：31-44.

三、致贫原因

对于贫困问题的产生原因，不同学者有多种理解。大体可分为以下几类，即从起源出发、从过程角度考虑、从贫困者角度思考和从贫困的结果开始讨论。这些解释是梳理贫困现象来龙去脉的重要思路。目前，仍有大量学者在这些理论框架下，延伸探讨影响贫困的因素和反贫困的策略，如迪帕·纳拉扬（Deepa Narayan）的权力关系反贫困策略[①]、Tanjinul Hoque Mollah 等对小额信贷减贫工作的研究[②]、贺雪峰对扶贫政策衔接的研究[③] 等。

1. 经典理论对贫困问题的解释

（1）马克思经典理论将贫困根源归于资本主义制度，并认为共产主义是解决贫困的最终方法。

资本主义制度使得工人除了自己的劳动力之外一无所有，工人依赖必要劳动获得工资，资本家则通过占有工人剩余劳动的价值获得利润。在利益最大化和竞争的驱动下，资本家倾向于压低工人的工资或延长工时换取更大的利润作为资本投入后续的生产中。劳动与生产资料的分离则使得工人的生活得不到可靠的保障，工人并不能从扩大的劳动生产中获得利润。与此同时，资本主义的生产资料私有制与生产社会化之间的矛盾，造成了资本主义经济危机的不断爆发。经济危机在破坏生产力的同时，恶化了处于社会底层的工人阶级的状况，造成大规模的失业，形成更大范围的贫困。

马克思经典理论实质是一种贫困结构论的观点，它认为工人阶级的贫困作为制度性问题，并不能在资本主义社会中得到解决。资本主

---

① 吴清华. 当代中外贫困理论比较研究 [J]. 人口与经济，2004(1)：74-79，64.

② MOLLAH, T H, SHISHIR, S, ULLAH W, et al. Assessing NGOs micro-credit programs: a geo-spatial and socio-economic scenario from rural Bangladesh [J]. International review of economics, 2019, 66: 79-99. https://doi.org/10.1007/s12232-018-0315-x.

③ 贺雪峰. 中国农村反贫困战略中的扶贫政策与社会保障政策 [J]. 武汉大学学报 (哲学社会科学版)，2018，71(3)：147-153.

义社会中的贫困现象是资本主义制度缺陷的体现,与无产阶级自身和其劳动没有关系,甚至可能出现无产阶级越劳动越贫困的现象。因此只有消除生产资料私有制,推翻资本主义制度,建立共产主义社会制度,才能在根本上解决无产阶级的贫困问题。

(2)托马斯·马尔萨斯(Thomas Robert Malthus)认为贫困问题本质是人口问题,只有抑制人口增长才能解决贫困。马尔萨斯认为,食物是维系人类生存的保证,两性间的情欲是必然的。在这一"两个公理"的基础上,马尔萨斯提出了"两个级数"理论,即人口增长的速度是呈几何级数的,而与之相应的生活资料是算术级数增长的。因此,在不控制人口规模的情况下,生活资料供应远不能满足人口增长的需要,贫困现象的产生成为必然。

基于此,只有控制人口增长才是解决贫困问题的根本手段。马尔萨斯提出积极抑制和预防性抑制两种方式。所谓积极抑制,就是利用战争、饥荒、瘟疫和疾病等手段实现人口数量与生活资料的平衡;而预防性抑制,则是通过晚婚、避孕、流产、杀婴和节欲等方式来控制人口。在马尔萨斯看来贫困问题几乎是无法避免的,除非有效控制人口。虽然其理论存在不足之处,即低估了科学技术对于提高生活资料增长速度的作用,以及忽视了人口增长和生产力发展之间的关系。但是这一理论点明了人口无限制增长所带来的贫困危机,启发了人口控制和计划生育政策的制定。同时持续的普遍贫困以及严重的社会和性别不平等现象,也会对人口增长、结构和分布等人口参数产生重大影响,并进而受到其影响。1969年,联合国成立人口基金会,旨在帮助发展中国家解决人口问题,促进经济社会发展,缩小南北差距。

2. 贫困代际传递理论

贫困代际传递理论(theory of intergenerational transmission of poverty)是指贫困现象在家庭内部、代际之间不断重现的情况。这是因为在父辈和子辈之间,导致贫困的条件和相关因素没有发生改变,使得两代人甚至多代人都处于贫困状态。这一理论源自社会学关于阶层继承和地位获得的研究范式①。这种"遗传"可能存在于家庭内部，也可能在一定社区或阶层范围内延续。

马克思经典理论揭示了无产阶级在资本主义社会陷入贫困的根源，同时也表明了在资本主义制度下工人阶级难以逃脱贫困的命运，贫困会在工人阶级内部及其家庭中传承。这在社会学中被称为阶级固化；贫困代际传递实质是社会中向上流动的通道被堵塞、社会流动率降低的反映。长期处于社会底层的人因为资源匮乏和能力不足，难以凭借自身的力量去改善自己的境遇。

造成贫困代际传递产生的原因有许多种，主要的观点有：要素短缺论，认为贫困恶性循环的原因在于缺少经济发展的要素；智力低下论，认为穷人及其子女在智力上存在缺陷；贫困文化论，认为穷人的孩子在父辈形成的贫困文化中习得一系列会引起贫困的价值观和态度；环境成因论，将贫困归结于恶劣的自然环境与交通条件；素质贫困论，贫困能传递是因为人们从事商品生产和经营的能力有差异，一部分人素质不足以维持生存；功能贫困论，认定贫困是社会所需要的一种功能，贫困者处在与自己天赋相匹配的位置；社会排斥论，贫困者被社会主流所排斥，因此无法获得一般大众所能享有的资源待遇；能力贫困论，贫困的问题在于能力的不足②。这些理论从不同角度解释了贫困持续发生的原因，需要结合具体情况加以选取。

3. 可行性能力剥夺理论

传统贫困理论核心在于讨论收入与资源的不平等及其来源，而阿马蒂亚·森认为贫困的核心在于缺乏获得基本物质生存机会的"可行能力"（capability），这种能力是绝对的。据此他提出了可行性能力剥夺理论：贫困的实质是能力的贫困，收入只是这一处境的经济表达③。衡

---

① 马葆芳."贫困代际传递"理论研究述评 [J]. 现代商贸工业，2019, 40(8)：199-200.

② 李晓明. 贫困代际传递理论述评 [J]. 广西青年干部学院学报，2006(2)：75-78，84.

③ 杨成波，王磊. 简论阿马蒂亚·森能力贫困理论及对完善中国低保制度的启示 [J]. 生产力研究，2010(5)：203-205.

量可行性能力的标准是绝对的，无需与他人比较即可判断人们是否丧失某些可行性能力。能力是一个人能够实现的各种功能的组合，一个人能否成功避免贫困的核心在于个人能不能通过自己的能力使现有的商品发挥功能。由此发展出能力贫困理论，与之相应的解决方法是人力资本理论。

阿马蒂亚·森对贫困内涵的拓展，使得贫困的原因分析从经济因素拓展到政治、文化、制度等领域。因为低收入、疾病、人力资本不足、社会保障系统的不完善以及社会歧视等，都是造成能力丧失的因素[①]。发展不单意味着经济增长，也包含人们能力的扩展，如预期寿命、文化水平、健康及教育水平等方面的提高。联合国在《社会发展问题世界首脑会议行动纲领》中指出，消除贫困的途径之一，是让处于贫困和弱势群体的人通过组织和全方面参与到社会、经济、政治生活中，发展自己的能力被赋权，从而成为发展中可靠的伙伴[②]。

虽然阿马蒂亚·森对于能力的具体内容并没有具体阐述，同时可行性能力剥夺理论抽象性强，难以直接转换成可执行的社会政策。但是，能力贫困理论开创了贫困问题研究的新领域，对社会底层和道德伦理给予了关注，引入了如政治学、哲学和社会学等学科角度。从这一点上来说，为后来的贫困研究提供了新思路。

4."贫困陷阱"论

以往贫困发生学研究结论可分为两类，一类认为贫困问题本质是环境问题，贫困是人理性选择适应环境的一种表现；另一类则重视文化的作用，贫困地区形成了自己独有的非主流文化，通过社会化影响到其中的每个人，使得他们在心理、能力上有不足，进而产生短视作出错误决定。近来也有学者从行为经济学角度提出第三种观点，认为身处贫困的人和其他人有着相同的最基本的缺点和偏见，但是因为贫困环境的容错率很低，恶化了行为偏差，使得同样的越轨行为在贫困条件下可能会带来更糟糕的结果，穷人需要付出更大的努力才能和其

---

① 蔡荣鑫. 国外贫困理论发展述评 [J]. 经济学家，2000(2)：85-90.

② https://www.un.org/esa/socdev/wssd/text-version/agreements/poach2.htm.

他人达到同一财富水平①。第三种观点的提出更多地结合了经济学的假设和心理学的研究成果，涉及环境对认知的影响，揭示了贫困陷阱（poverty trap）难以逃脱的原因。贫困陷阱是指在社会政策或其他因素帮助下脱离贫困的人很大概率上会复贫。贫困状态在经济学领域本质是一个供给和需求的问题。在经济学理性人的假设下，趋利避害是行动者最基本的行动原则。但是在实际观察中，学者早已发现人并非是时刻保持理性的，而人的非理性是理解贫困问题的重要线索。

风险选择、时间贴现率以及抱负心是影响决策的主要因素。风险和收益紧密相连，尽管低风险并不等于高收益。经济学理论和实证经验表明，低收入家庭对于承受风险和以当前收入换取未来高收入的意愿较低，倾向于作出更小风险和更快变现的经济决定。贫困通过对心理健康造成负面影响，如压力，来加强自身进而导致潜在不利的经济结果②。贫困对于抱负心的打击也是强有力的。既有研究认为，贫困，尤其是长期贫困受到外部约束和内部约束的影响。外部约束指个体的外界限制，如保险市场缺陷、体制监管缺失或营养不良等因素。而内部约束则认为穷人目光短浅、缺少意志力且不思进取。但有学者指出，更高的抱负会激发更多的努力，但行动者选择的努力程度也会影响到他们的抱负③。对于穷人来说，在和富人有同等选择偏好和行为偏差的情况下，贫困对于穷人的行动有恶化作用。初始财富和努力的差距使得穷人需要付出更多的努力去达到同一财富水平。当穷人意识到这一点时，他的选择会综合他想要或者能够达到的努力程度和他的抱负。所以进取心的丧失是贫困打击的结果，而非造成贫困的原因。

5. 稀缺理论

经济学对于个体选择有一个无差别假设，即每个人都有着同样的

---

① BERTRAND Marianne, MULLAINATHAN S, SHAFIR E. A behavioral economics view of poverty[J]. American economic review,2004, 94.

② 同上。

③ DALTON P, GHOSAL S, MANI A. Poverty and aspirations failure[J]. The economic journal, 2014: 126.

基本偏好和行为偏差。穆来纳森和沙菲尔的研究在这一假设基础上进行,该研究认为贫困者无法脱离贫困的原因在于贫困造就了匮乏心理。这种心理会降低人的认知能力,长期在稀缺状态下的人洞察力、前瞻性和控制力都被减弱,这种作用被称为匮乏效应[①]。对于长期处于贫困状态的人来说,贫困不仅会降低认知能力,也会带来压力、负面情感和进取心的丧失,导致短视和规避风险的决策,这些负向反馈使得贫困难以逃离。

关于稀缺的社会心理学研究成果表明了贫困局限了穷人的认知,而贫困处境的低容错率和多种不稳定因素使得穷人在突发事件面前难以应付自如、作出合理的长远规划,降低了他们脱离贫困的可能性。事实上即使给予穷人经济支持,也不能保障他们彻底走出贫困。匮乏心态的产生是精神贫困的象征,思维方式的改变使得行动者的行动决策偏离社会政策的美好预期。

四、反贫困政策与实践

解决贫困问题是国家的重要发展任务之一,不同国家和地区对此出台了各具特色的政策。以下列举一二典型措施。

1. 社会保障与救助制度

社会保障和社会救助制度是从金钱、实物和服务方面帮助贫困群体走出困境的制度方法,这一方法的代表国家为英国。英国的贫困状况与其资本主义的发展历程紧密相关。早期圈地运动使得大量农民流离失所,然而城市中的手工业和半手工业尚处于萌芽状态,无法完全吸纳这部分人口,出现了大量的流浪汉。英国政府尝试采取强制劳动和教会救济的方法解决这一问题,并颁布了一系列法令惩罚逃避劳动的无业游民。1601 年,伊丽莎白女王颁布了新的法案,规范全国各地处理贫民的措施,这一法案被称为《伊丽莎白济贫法》。该法案是英

---

① 穆来纳森,沙菲尔. 稀缺——我们是如何陷入贫穷与忙碌的 [M]. 魏薇,龙志勇,译. 杭州:浙江人民出版社,2014.

国历史上第一个反贫困的系统法律，也是现代福利国家的起点。这一法案明确了政府有权力也应该要求有能力的人参与劳动，其次通过立法形式向每个公民强制征收济贫税用于救济贫民，表明了贫民有权力向他/她的国家或更富有的邻居求助[①]，这也为政府救助立法奠定了基础。1843年，英国政府对既有法案加以修正，颁布了"新济贫法"。新济贫法取消了金钱和实物的救济，改为将贫民收容到习艺所统一管理，该法仍旧强调政府救助贫民的责任，并继承了原先法律中惩戒性特点。

随着工业化的演进，城市人口激增，曼彻斯特的人口在1771年至1831年间增长了6倍[②]，随之而来的是恶劣的居住条件和拥挤的房屋。资本主义的疯狂发展也加剧了工人阶级生存状况的恶化，贫困问题更为凸显。面对这些新情况，此后英国政府陆续推行了《养老金法》《健康保险法》《失业保险法》和《国民救助法》等一些系列法律，逐步形成了以社会救助制度和社会保险制度为基础的社会保障体系。

2. 税收调节政策

涓滴效应是美国发展经济学家阿尔伯特·奥图·赫希曼（Albert. Otto. Hirschman）提出的解决贫困问题的理论。赫希曼认为解决贫困问题的关键在于寻找贫困产生的原因和减少贫困传递的策略。以第三世界不发达国家为例，其经济增长存在不平衡问题，如消费和投资之间的比例关系不平衡。但受生产力发展所限，第三世界国家难以实现经济的平衡增长。所以，赫希曼主张在经济发展的初期阶段，对发达地区予以政策优惠，减免企业的净所得税，降低个人最高税率，加快发达地区区域经济发展的速度。当这些发达区域取得经济优势后，就会把财富投入到生产价格更低、雇用更多人的行业和企业中，从而创造出更多的就业机会。涓滴效应理论反对中央政府为了落后地区的利益进行干预，认为减少对富人阶层的税收能够促进经济发展，能够缓

---

① 陈晓律. 重读英国一些有关济贫的法律[J]. 英国研究，2016(00)：58-61.
② https://www.historylearningsite.co.uk/britain-1700-to-1900/industrial-revolution/life-in-industrial-towns/.

解和消除社会中存在的贫困问题。

20世纪30年代,美国开始了对相对贫困的治理,依据美国居民的货币收入和家庭情况划定了联邦贫困线(poverty threshold)。长期以来,美国消除贫困的主要手段是解决就业和提供经济援助,强调在儿童福利保障、就业支持和减税方面的工作。1930—1960年期间,通过增加国家投资来提供更多就业岗位采用"以工代赈"形式扶贫;1970—1980年期间,扶贫政策转为必须事前进行经济调查的补充保障收入计划(SSI)和鼓励就业的劳动所得税补贴项目(EITC);1993—2000年期间,以对贫困家庭的临时援助(TANF)替换原先对抚养未成年儿童家庭的救助(AFDC),扶贫方式从现金福利转向就业支持;2000年之后,美国的援助政策融合了以往贫困治理的长效手段,呈现"全面兜底、鼓励就业、保护儿童、合理减税"的特征[1]。

3. 福利国家政策

古典经济学认为贫困是个人禀赋问题,福利经济学则反驳了这一点。福利经济学秉持社会福利最大化的观点,这是因为社会福利的高低反映了真实的社会状态,是判断社会状态优劣的标准,社会福利的提高意味着社会在向好发展[2]。为了增进社会的整体福利,福利经济学家阿瑟·塞西尔·庇古(Arthur Cecil Pigou)提出了"收入均等化"的方案,通过税收实现收入的再分配。政府通过推行社会保险制度、加大社会服务设施建设、维持市场价格等一系列社会保障措施来增加社会福利。

以欧盟国家为主的部分发达国家通过建立完善的社会福利制度,来消解贫困问题的影响。福利国家制度与市场经济代表资本主义与福利的原始融合。狭义上的福利国家政策指的是包含卫生、教育、社会保障、公共援助服务和福利、劳动力市场规范和劳资关系方面的整套制度。欧洲社会模式的特点首先在于其福利制度是非剩余型的,不仅仅针对最贫穷的社会群体;其次,对劳动力市场"灵活保障",以确保企业雇用和

---

[1] 孙久文,夏添.中国扶贫战略与2020年后相对贫困线划定——基于理论、政策和数据的分析 [J]. 中国农村经济,2019(10): 98-113.

[2] 姚明霞.福利经济学 [M]. 北京:经济日报出版社,2005: 2.

解聘的灵活性及雇员工作岗位和工资的保障；再次，有包容性代议机构的制度化劳资关系以及针对工资和工作条件的集体谈判[①]。

这三种方式反映了不同的扶贫思想，即个人责任型 - 税收和创造就业机会，国家部分责任型 - 社会保障和救助制度，国家全部责任型 - 福利国家政策。虽然从个人责任型到国家全部责任型，国家或政府的主动性不断增强，增加更多预防性的措施积极防止贫困的出现，但无论是哪种类型的反贫困政策，都是通过外界干预的方式来缓解贫困者的艰难处境。

第三节 中国贫困之治

一、中国贫困状况概述

（一）中国贫困标准的演变

随着中国社会经济的发展，中国的贫困标准也经过了多次调整。中华人民共和国成立之初的社会处于普遍贫困状态，1978 年，根据每年每人 100 元的贫困线标准，中国农村的贫困发生率为 30.7%[②]。随着中国居民工资收入和消费水平的增长，从 1978 年以来，贫困线基准有三次大的调整，每一标准在其制定的后续年份会根据物价指数进行微调（表 1-2）。这三次调整分别是 1978 年的每人每年 100 元、2000 年的每年每人 1 196 元和 2011 年的每年每人 2 300 元。1978 年到 2000 年，中国的贫困发生率从 31% 下降至不足 5%；2010 年到 2018 年在提高了贫困线基准的情况下，贫困发生率从 20% 左右下降至不足 5%。这

---

① 马蒂内利. 欧洲福利国家 [C]. 中国科学院中国现代化研究中心——2019 年科学与现代化论文集：上. 中国科学院中国现代化研究中心，2019：87-110.

② 孙久文，夏添. 中国扶贫战略与 2020 年后相对贫困线划定——基于理论、政策和数据的分析 [J]. 中国农村经济，2019(10)：98-113.

说明中国贫困彻底摆脱了普遍性，呈现出区域性、个别性特征。

表 1-2　中国历年贫困线

时间	贫困线	说明
1978 年	100 元 / 人 / 年	被称为"1978 年标准"
1985 年	206 元 / 人 / 年	
1994 年	440 元 / 人 / 年	
2000 年	1 196 元 / 人 / 年	《中国农村扶贫开发纲要（2001—2010 年）》；该标准在 2008 年被正式列为扶贫标准，因此也被称为"2008 年标准"
2011 年	2 300 元 / 人 / 年	以 2010 年不变价为基准，被称为"2010 年标准"

从贫困测量维度上，1986—2010 年扶贫政策保持"收入贫困"的单一标准，着重解决"吃、穿、住"为主的基本生存需要。2010—2020 年，扶贫目标定位"两不愁、三保障"，即吃穿不愁，政府保障义务教育、基本医疗和住房安全。这拓展了原有贫困定义的内涵，从单一标准向多维贫困标准转变。

（二）中国贫困状况

中国是历史上的贫困大国，贫困规模大，致贫原因复杂。从 1978 年到 2000 年，中国农村贫困人口由 2.5 亿人减少到 3 000 万人，占农村总人口的比例由 30.7% 下降到 3% 左右[①]。中国健康与营养调查（CHNS）2000 年和 2009 年的数据结果显示中国多维度贫困程度在近 10 年内总体呈现下降趋势，反映了随着中国经济社会的高速发展，贫困人口的处境也得到了切实改进（图 1-5）。但从相对贫困角度看，中国城乡居民人均可支配收入差距的绝对值在持续扩大（图 1-6），2009 年城乡居民可支配收入差距为 3 644 元，2020 年扩大到 26 703 元。贫困问题仍未完全得到解决。

---

① http://www.scio.gov.cn/zfbps/ndhf/2001/Document/307929/307929.htm.

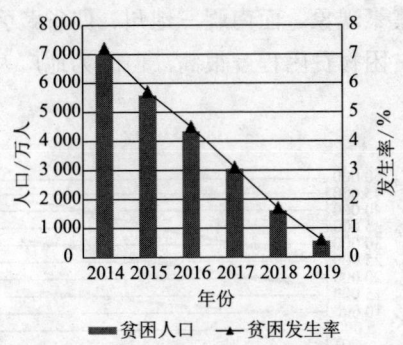

图 1-5　2014—2018 年中国农村贫困人口和贫困发生率

数据来源：

国家统计局，《2019 年国民经济和社会发展统计公报》，http://www.stats.gov.cn/tjsj/zxfb/202002/t20200228_1728913.html，2020-02-28

国家统计局，《2018 年国民经济和社会发展统计公报》，http://www.stats.gov.cn/tjsj/zxfb/201902/t20190228_1651265.html，2019-02-28

从贫困类型上看，中国贫困有五个阶段，先后表现为普遍贫困、农村贫困、集中连片区域性贫困、特殊群体性贫困、潜在贫困和反复性贫困。目前，多维贫困和相对贫困是中国贫困的新阶段，社会资本、健康人力资本和教育人力资本逐渐成为减贫过程中的主要因素。

从空间分布上看，贫困在中国各地区的分布是不均衡的。整体上，中国的贫困人口规模呈现"西部最高、中部次之、东部最低"的空间梯度差异特征[①]，且在"黑河-腾冲"沿线的山地丘陵区集中分布。中国的贫困状况不但存在区域差异，也存在城乡差异。依据多维贫困的划分标准，中国贫困村的空间分布表现为东部和西北部稀疏、中部和西南部密集的"夹层"形空间异质性格局，从东到西贫困程度与规模呈现递增趋势。数据显示，2013 年在重度贫困村比例上，东部县级内贫困村比例为 1.64%，而中部和西部的比例分别达到了 16.39% 和 35.56%。在滇西边境山区、滇黔桂石漠化区、乌蒙山区等中西部地区

---

① 杨振,江琪,刘会敏,等.中国农村居民多维贫困测度与空间格局[J].经济地理，2015，35(12)：148-153.

存在明显的贫困集聚现象。而南疆三地州、四省藏区、大兴安岭南麓山区等地区虽然贫困村贫困程度很高，但因为地广人稀，没有出现大规模集聚效应[①]。

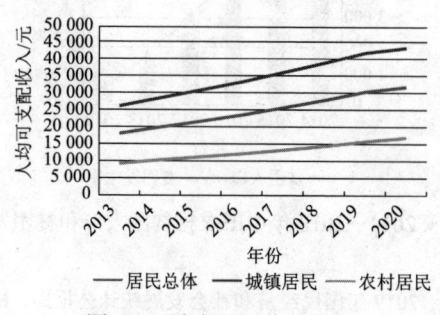

图 1-6　城乡居民收入差异

数据来源：

国家统计局，2020年居民收入和消费支出情况，http://www.stats.gov.cn/tjsj/zxfb/202101/t20210118_1812425.html，2021-01-18

国家统计局，2019年居民收入和消费支出情况，http://www.stats.gov.cn/tjsj/zxfb/202001/t20200117_1723396.html，2020-01-17

国家统计局，2018年居民收入和消费支出情况，http://www.stats.gov.cn/tjsj/zxfb/201901/t20190121_1645791.html，2019-01-21

国家统计局，2017年居民收入和消费支出情况，http://www.stats.gov.cn/tjsj/zxfb/201801/t20180118_1574931.html，2018-01-18

中国贫困的发生与中国的国情，即具体的经济、社会、制度等因素相关。

经济因素表现为产业结构的不合理，这在很大程度上阻碍了贫困地区的发展。中国贫困地区主要以传统农业为主，农业生产力较低。现代农业生产方式没有大范围地普及和发展，仍旧局限在传统农业生产方式之中，劳动生产率低，农业经济效益差。贫困地区没有资金来引进现代农业生产技术，无法承担引进现代农业机械的成本，更缺乏

---

① 陈烨烽，王艳慧，王小林.中国贫困村测度与空间分布特征分析[J].地理研究，2016，35(12)：2298-2308.

现代农业发展的经验,种种因素叠合在一起阻碍了贫困地区的发展。

政策制度因素主要体现在城乡差异上。改革开放以来,伴随着经济迅速腾飞,城乡差距越来越大,一方面城市快速发展,产生的大量就业岗位和良好的生活条件吸引了劳动力的流入,经济得到了快速的发展;另一方面,农村丧失了大批劳动力,以传统农业手工业为主的产业结构很难维持下去,以至于出现了大批贫困地区。中国制定的土地政策、户籍政策、社会保障政策在一定程度上限制了农村地区的发展,农村居民很难获取到城市居民所享受的公共资源,如何改善中国目前城乡对立的社会结构,仍是中国发展面临的一大难题。

贫困地区缺乏高质量的人力资本也是难以脱贫的一大原因。人力资源禀赋偏低是贫困地区的共有特性。贫困地区人口素质整体偏低、思想观念落后、社会风气较为传统。一个地区的经济发展必须要依靠优质的人力资源,贫困地区缺乏优质教育资源、卫生医疗环境差、生活条件艰苦,既无法培养高质量人力资源,也很难吸引外来人才,以至于陷入贫困的死循环。

基础设施建设落后的现象同样普遍存在于贫困地区,一方面,贫困地区自然条件恶劣,基础设施建设难度大,贫困地区无力承担基础建设所需的高昂费用;另一方面,落后的基础设施又限制了贫困地区经济发展,加重了贫困地区的负担。

(三)中国的城市贫困与农村贫困

城乡二元结构的存在使得贫困问题在中国城乡间的表现有所差异,发生原因也有所不同。

根据中国健康营养调查(CHNS)2000年和2009年的数据,在总体水平上,农村贫困比城市贫困更为严重。根据每人2 300元/年的贫困标准,2018年末农村贫困人口有1 660万人;贫困发生率为1.7%[1];2019年为550万人,下降了66.8%[2]。农村贫困问题和城市贫困问题

[1] http://www.xinhuanet.com/2019-02/15/c_1124120302.htm.
[2] http://www.gov.cn/xinwen/2020-01/24/content_5471927.htm.

存在着内容差异。前者多考虑卫生设施、燃料来源、受教育年限问题；后者则更关心医疗保险、住房和受教育水平等问题[①]。这表明农村以生存需要相关的绝对贫困为主，城市则以相对贫困为主。

1. 城市贫困

城市贫困人口不仅在绝对数量上持续增加，而且在结构上由以"三无"人员为主的旧贫困向以下岗失业人员、农民工为主的新贫困转变。针对城市贫困人口的扶贫策略是以就业援助、低保和其他社会援助为主要方式，但对农民工的扶贫工作一直处于相对空白的阶段。这与缺乏精确的城市贫困识别工具有关。低保线的设定主要依据食品开支，具有绝对贫困的意涵。而进城务工的农民工因为城乡差距和户籍制度门槛成为潜在贫困人口，更多表现为相对贫困，就流动人口的贫困规模来看，2013年流动人口的贫困率是流入地户籍人口的1.6倍[②]。划定城市贫困线时也应当考虑不同等级城市的流动人口其规模、来源和城镇化程度存在的差异，相比二、三线城市，北上广地区的人均收入水平更高，因而流动人口在本地面临的财政压力也更大。此外，受户籍制度限制，扶贫项目多针对本地户籍人口，无法涵盖非本地户籍的流动人口，增加了这部分人群的脱贫工作难度。

从贫困类型上看，城市贫困更多涉及住房贫困和医疗健康保险匮乏的情况[③]。一方面因为城市人口密集，住房和公共卫生服务存在供需不平衡；另一方面，城市中存在大量流动人口，中国的住房制度和医疗保险对这部分人群的支持还有待完善。

2. 农村贫困

中国农村贫困现象具有"程度深、成因杂、分布广、聚集强"的特点，涉及人口范围广，脱贫难度大。长期以来形成的城乡二元结构体制和薄弱的农村经济社会基础，造成了农村贫困人口多、分

[①] 高艳云.中国城乡多维贫困的测度及比较[J].统计研究，2012，29(11)：61-66.

[②] 孙久文，夏添.中国扶贫战略与2020年后相对贫困线划定——基于理论、政策和数据的分析[J].中国农村经济，2019(10)：98-113.

[③] 高艳云.中国城乡多维贫困的测度及比较[J].统计研究，2012，29(11)：61-66.

布广的基本格局。

中国农村面临着区域性整体贫困仍然存在、内生动力不足、老龄化问题突出以及持久性贫困和暂时性贫困并存等难题①。一方面是因为贫困人口主要分布在中西部集中连片特困区，属于老少边穷地区，受地理条件限制，基础设施不足，产业发展落后，难以改善人民收入水平。另一方面则是因为贫困人口受教育程度普遍不高、健康水平低下，因病、因残、因学、因灾致贫或返贫问题突出。研究发现农民收入结构非农化、收入水平提高和人均耕地的增加都会降低该地区的贫困指数②。从空间分布上看，就地迁移和小村镇建设，大力投资基础设施都有助于改善贫困人口居住地的自然环境③。

二、中国的反贫困政策与实践

（一）中国共产党扶贫思想演进

以扶贫实践为基础的中国共产党的扶贫思想具有现实性和发展性两个显著的特点。就现实性而言，中国共产党的扶贫思想是在长期扶贫实践中发展而形成的，具有相应的现实基础。就发展性而言，在不同的经济发展时期，扶贫工作具有不同的侧重点，为了推进中国扶贫事业的发展，党的扶贫思想也在不断地向前发展。

1. 第一代中央领导集体的扶贫思想

中华人民共和国成立之初，百废待兴，贫困问题是摆在新政府面前的大难题。党的第一代中央领导集体，以毛泽东同志为核心，运用马列主义，结合中国的现实情况，提出通过建立社会主义制度实现全体人民共同富裕的扶贫思想。

---

① 刘彦随，周扬，刘继来.中国农村贫困化地域分异特征及其精准扶贫策略[J].中国科学院院刊，2016，31(3)：269-278.

② 杨振，江琪，刘会敏，等.中国农村居民多维贫困测度与空间格局[J].经济地理，2015，35(12)：148-153.

③ 陈全功，程蹊.空间贫困及其政策含义[J].贵州社会科学，2010(8)：87-92.

"共同富裕"最早由毛泽东提出。在《关于农业合作化问题》中阐述了实现共同富裕的具体设想，即通过实现社会主义工业化、对手工业以及资本主义工商业的社会主义改造，以及消灭农村富农经济制度和个体经济制度，从而达到全民共同富裕的目标[①]。

工业化和现代化是对抗贫困的前提和基础。实现社会主义工业化是解决贫困问题的重中之重，没有工业化作基础，反贫困就是一句空话。据此，中国共产党制定了优先发展重工业的国家战略，并通过重工业的发展，带动农业和轻工业发展，实现工业反哺农业的"一化三改"反贫困战略。1956年，中国已经完成了社会主义三大改造，确立了社会主义制度，一定程度上改善了农村生活条件，取得了一定的扶贫成果，为下一阶段的减贫工作奠定了坚实的基础。但由于贫困问题广泛存在，这一时期中国并没有形成针对某个贫困地区的扶贫政策。

2. 第二代中央领导集体的扶贫思想

在中华人民共和国成立初期，受自然灾害、政治因素和平均主义的影响，中国贫困问题异常严峻。以"1978年标准"作为参考，中国农村贫困人口规模达到了2.5亿，占农村总人口的30%[②]。第二代中央领导集体以中国的现实情况为基础，提出了实施改革开放，通过经济发展实现共同富裕的反贫困战略。

邓小平同志指出贫困问题的解决需要依靠发展，只有发展才能真正改善人民生活境遇和推动中国进步。只有生产力得到长足发展了，才能逐步摆脱贫困，提高人民生活质量，使国家富有强大起来。社会主义并不意味着贫穷，也不应该是贫穷的。解放和发展生产力，通过经济建设解决扶贫问题是这一时期中国扶贫战略思想的核心。

同时，邓小平提出了"先富带动后富"的扶贫措施。这一措施反思了30年来中国经济建设的经验教训，意图让少部分地区和人先富起来，通过他们促进其他大部分地区的发展，以期实现共同富裕。这

---

① 毛泽东. 毛泽东选集：第五卷 [M]. 北京：人民出版社，1977：168-191.

② https://www.fmprc.gov.cn/web/ziliao_674904/zt_674979/ywzt_675099/wzzt_675579/2296_675789/t10544.shtml.

一举措极大地促进了经济建设的发展，为中国扶贫事业作出了极大的贡献。

3. 以江泽民为核心的中央领导集体的扶贫思想

江泽民同志就任国家主席时期，中国颁布了《国家八七扶贫攻坚计划(1994—2000年)》。扶贫工作被正式纳入国家发展布局体系中，扶贫工作受到了高度重视。在扶贫思想方面，丰富了共同富裕的内涵，指出共同富裕除了解决温饱问题之外，还要实现人的全面发展和社会全面进步；在扶贫开发工作方针上，继续坚持"先富带动后富"的扶贫理念，并创造性地提出了"三步走"发展战略。

江泽民时代的扶贫工作方针由传统的救济式扶贫转变为开发式扶贫，江泽民指出，扶贫工作方针的改变，是基于实践作出的选择。开发式扶贫结合了贫困地区干部群众和国家的力量，通过开发当地资源，发展生产和改善条件，实现自我发展，从而摆脱贫困[①]。开发式扶贫方针的提出和实践，有效提升了贫困地区人口的人力资源禀赋，为实现共同富裕奠定了极其坚实的群众基础。在这一基础上，中央领导集体提出"三步走"发展战略。"三步走"发展战略时间涉及三个时间点，即2010年、2020年（建党一百年）和2050年（中华人民共和国成立一百年）。预计在这三个时间点内实现从形成较完善的社会主义市场经济体制到基本实现现代化。届时人民的小康生活会更加宽裕，各项制度会更加完善，中国也将建成富强民主文明的社会主义国家。

江泽民时代的扶贫思想在毛泽东时代和邓小平时代的扶贫思想的基础上，极大地丰富和发展了共同富裕的内涵，进一步完善了中国共产党扶贫理论体系，大力推动了中国扶贫事业的发展。

4. 以胡锦涛为总书记的中央领导集体的扶贫思想

通过几十年的扶贫工作，人民生活有了很大的改观，基本解决了温饱问题，生活条件得到大幅度改善，中国的扶贫事业取得了很大的成就。但是扶贫工作仍旧存在很多问题，譬如贫困标准低、返贫的可

---

① 中共中央文献编辑委员会/江泽民. 江泽民文选：第1卷[M]. 北京：人民出版社, 2006.

能性大等。这一时期，党中央领导集体提出将"以人为本"作为核心，继续坚持将开发式扶贫和构建和谐社会作为扶贫根本途径。扶贫工作的总体目标转化为全面建成小康社会，并且更加注重人的多方面发展，强调"以人为本"为核心。此外，在坚持开发式扶贫的基础上，创造性地提出了构建和谐社会的概念，丰富了扶贫工作的战略方针，进一步发展了中国共产党扶贫理论。

2002年，第十六次全国党代会提出要全面建设小康社会，并将其作为中国扶贫工作的新总体目标。这其中首要当解决的是广大农村的贫困问题。在第十六届五中全会中，胡锦涛同志提出了建设社会主义新农村的伟大策略，通过建立人与人之间良好的社会关系，建设具有良好风气、良好环境、良好保障的新农村。此外，胡锦涛在前三代领导集体关于共同富裕的思想基础上，提出共同富裕的核心是"以人为本"，深化了促进人的全面发展的理念。"以人为本"思想要求政策推行时，将人民群众的需要放在首位，关注直接影响人民群众切身利益的现实问题，通过完善社会保障体系、加强扶贫开发政策，使得人民收获发展红利。

这一时期，扶贫战略方针围绕建设社会主义和谐社会展开。胡锦涛同志强调减贫工作是建设国家的一项重要任务，是建设和谐社会的重要内容。该方针秉持可持续发展理念，侧重在扶贫工作中推进城镇化，助力社会主义新农村建设，调和经济发展与资源环境之间的关系。

第四代中央领导集体立足科学发展观，坚持可持续发展的理念，为中国扶贫思想注入了新的活力。以人为本的扶贫理念促进了中国人民共享改革开放发展成果的进程，拓宽了中国共产党扶贫道路，为新时期中国扶贫工作提供了新的指导思想。

5. 以习近平为核心的中央领导集体的扶贫思想

经过几十年的扶贫工作，在中国政府与中国人民共同努力下，中国扶贫事业取得了不凡的成果，截至2012年，贫困地区累积脱贫人口已经达到了 7 亿[①]。但是由于中国贫困基数大，2012 年底仍旧有 9 899 万贫困人口[②]。这 9 000 多万贫困人口的脱贫问题，关系到中国共产党第一个百年目标的实现，关系到中国共产党能否在 2020 年实现全面建成小康社会的战略目标。为此，第五代中央领导集体提出了精准扶贫理论，为推进扶贫工作提供了新的指导思想。

习近平总书记 2013 年在湖南考察时首次提出了精准扶贫理论，并多次对该理论进行深刻阐释。精准扶贫理论在实践中得到丰富和发展，经历了"四个一批""五个一批"到"六个精准""四个问题"到"七个强化"[③]。习近平精准扶贫理论解决了这一时期扶贫工作中遇到的理论和实践难题，为新时代中国共产党扶贫工作指明了方向。

2015 年底，中共中央、国务院颁布了《中共中央 国务院关于打赢脱贫攻坚战的决定》，号召中国人民一起努力，实现全面脱贫。该文件将精准扶贫和精准脱贫作为中国扶贫开发的基本方略，并将精准扶贫上升为国家战略。精准扶贫战略实施以来，成效显著。中国贫困规模大幅度缩减，贫困发生率迅速降低。截至 2018 年末，全国农村贫困人口减少至 1 660 万人，贫困发生率降低到 1.7%；贫困地区人口收入大幅提高，2018 年贫困地区农村居民人均可支配收入为 10 371 元，比 2017 年增加了 994 元[④]；贫困地区基础设施日渐完善，生产生活条件得到明显改善。

精准扶贫自推行以来，在全国 14 个集中连片特困区的扶贫实践过

---

① http://www.cpad.gov.cn/art/2019/8/13/art_624_101661.html.
② 同上。
③ 四个一批：通过扶持生产和就业发展一批、通过移民搬迁安置一批、通过低保政策兜底一批、通过医疗救助扶持一批。五个一批：发展生产脱贫一批、易地扶贫搬迁脱贫一批、生态补偿脱贫一批、发展教育脱贫一批、社会保障兜底一批。六个精准：扶贫对象精准、项目安排精准、资金使用精准、措施到户精准、因村派人精准、脱贫成效精准。四个问题：扶持谁、谁来扶、怎么扶、如何退。七个强化：强化领导责任、强化资金投入、强化部门协同、强化东西协作、强化社会合力、强化基层活力、强化任务落实。
④ http://www.xinhuanet.com/2019-02/15/c_1124120302.htm.

程中取得了很好的效果。2015年，中国农村贫困人口为5 575万人，比上年减少了1 442万人，超额完成当年减贫任务[①]。在精准扶贫实施过程中，也不免出现一些现实性问题，譬如贫困户识别偏离、帮扶资源投入失准等。

（二）中国扶贫开发政策演变

中国政府根据以上所论述的致贫原因制定了详细的扶贫政策，取得了扶贫成果。自然环境差就因地制宜，"靠山吃山，靠水吃水"；产业结构不合理，政府大力推动第三产业，发展贫困地区旅游业，带动产业升级；政策存在不完善之处，政府广听言路，接受外界意见；人才匮乏，当地政府积极推进人才引进，并与发达地区建立了长期合作关系；基础设施建设落后，通过大量的基础设施建设已经实现了村村通。

总的来看，中国扶贫开发政策演变主要经历了五个阶段：①解决温饱问题的广义扶贫阶段（1949—1977年）；②以农村经济体制改革为主的大规模缓解贫困阶段（1978—1985年）；③开发式扶贫阶段（1986—1993年）；④以全面建设小康社会为目标的扶贫政策（1994—2010年）；⑤精准扶贫政策阶段（2010年至今）。中国的扶贫开发政策顺应社会经济发展的阶段性特征，依照层层递进的逻辑部署，先处理温饱问题，再走向"全面小康"；先强调整体性区域性，再"精准突破"[②]。

1. 广义扶贫政策

1949—1977年，是中国工业化和现代化进程的探索阶段。这一时期，国民经济发展程度较低，中国绝大多数人口处于贫困状态。这一时期中国扶贫政策以输血救济式扶贫政策为主，扶贫工作的重点是解决贫困人口的生存困境。以实物为主的生活救济、自然灾害救济、优抚安置等扶贫手段被用来保障贫困群体达到最低程度的生活标准。救济对

---

① http://www.xinhuanet.com//politics/2016-09/28/c_129304395.htm.
② 王介勇，陈玉福，严茂超.我国精准扶贫政策及其创新路径研究[J].中国科学院院刊，2016，31(3)：289-295.

象包括无劳动能力或部分丧失劳动能力以及无人赡养的生活困难群体，如五保户、特困户、战争伤残人口等。

这一时期，中国工业化和现代化进程才刚刚开始，中国仍旧是传统意义上标准的农业国家，大规模贫困人口存在于广大的农村。为了解决农村人口的贫困问题，中国政府一方面通过土地革命以及后来的社会主义改造，消除了封建土地私有制，极大地解放了农村生产力，为广大农村贫困人口摆脱贫困提供了现实基础；另一方面大力改善农村软硬件设施，促进农业发展，保障贫困人口的基本生活。

1949—1977年，中国社会主义建设处于曲折发展的探索阶段，国民经济经历了恢复、发展、破坏、再恢复的艰难历程。中国扶贫工作进展缓慢。这一时期中国共产党为促进农村社会经济发展和缓解农村贫困实施了一系列方针政策，但是这些有益的方针政策在施行后期受到错误路线的干扰，并未持续下去。不可否认的是，通过这一时期中国政府与人民不懈的努力，中国扶贫工作也取得了一定的成果，为下一阶段的扶贫打下了良好的基础。

2. 缓解贫困政策

由于前期经历了社会主义建设的曲折探索，中国国民经济的发展受到了严重的阻碍，到1978年中国国民经济处于崩溃的边缘，中国的贫困问题也愈加严重。面对严峻的经济形势、中国社会普遍的贫困问题，1978年召开的中国共产党第十一届三中全会果断将党和政府的工作重心从"阶级斗争为纲"转移到以经济建设为中心、努力加快经济发展上来。1978—1985年，中国扶贫工作进入了以体制改革驱动扶贫的道路，计划经济体制向社会主义市场经济体制的逐步转变为中国扶贫工作带来了新的活力。

1978年之前，中国农村经济体制为以人民公社为主体的集体经营体制。这一体制在中华人民共和国成立初期满足了当时生产力的发展需求，对于恢复和发展经济起到过一定的积极作用。随着农村生产力的不断发展，以人民公社为主体的集体经营体制已经不能发挥有效作用，经济体制与生产力的矛盾导致出现了很多问题，譬如农民的生产积极性低、土地产出率偏低等。1977年底农村经济体制改革大大提升了农民积极性。1978年到1985年,全国粮食总产量增加24%,农村人均纯收入从134元上升到390元,1985年年末,农村绝对贫困人口为1.25亿人。7年间减少了1.25亿贫困人口,平均一年要减少大约1 786万[①]人。

这一时期,随着中国经济的快速发展,中国政府开始改变以往输血救济式的扶贫政策,逐步划定了重点扶贫区域、设立了专项扶贫资金,展开有目标有针对性的扶贫政策。譬如1982年冬,中国政府开始实施农业建设区域性扶贫计划,针对"三西"地区(即甘肃河西地区、定西地区以及宁夏西海固地区),设立农业建设专项补助资金,计划补助资金累积20亿,用于支持区域性扶贫开发探索。"三西"农业建设区域性扶贫计划是中国共产党历史上第一次区域性扶贫开发,为中国扶贫工作积累了宝贵经验。

1978—1985年,经济体制变革刺激了中国经济快速增长,极大地缓解了贫困状况。这一阶段,经济体制改革促进了中国贫困问题的解决,中国政府在这一时期的扶贫工作仍旧缺乏指向性、目标性,没有建立起一套较为完善的工作体系。

3. 开发式扶贫政策

1986—1993年,随着改革开放的进一步深化,中国保持经济高速增长的态势。这一时期,由于各地区不均衡、不同步的发展,东南沿海地区与内陆地区经济发展出现明显的贫富差距。尤其是自然条件差、地理位置偏远、经济发展不足的西北内陆地区贫困状况更加突出,相当规模的人口存在温饱问题,贫困发生情况呈现出明显的地域性特征。面对新的贫困问题,这一时期中国政府积极投入扶贫工作,初步建设了中国扶贫体系:成立专门扶贫机构;确定开发式扶贫模式;细化扶贫目标,确定以村县为单位的扶贫机制;设立专项扶贫资金等。这一时期,中国扶贫政策不断丰富发展。

国务院在1986年成立贫困地区经济开发领导小组,专门负责统筹

---

① 国家行政学院编写组.中国精准脱贫攻坚十讲[M].北京:人民出版社,2016:36.

安排和领导监督全国农村扶贫工作。各级政府及相关部门也设立了地区层级的扶贫开发领导机构。领导机构的设立为这一时期扶贫工作的展开提供了组织保障。在这一基础之上,中国政府开始实施大规模开发式扶贫。扶贫工作从过去的救济式转换为开发式,要求调动发挥贫困地区和贫困人群自身的内在因素,在国家制定的一系列优惠经济政策的支持下,进行开发性经济建设,从而达到摆脱贫困的扶贫目标。

这一时期,中国扶贫工作开始走向制度化、常规化,通过将扶贫工作与贫困地区经济开发结合起来,实现了开发式扶贫的初步探索。到 1993 年底,农村贫困人口为 8 000 万人,与 1986 年相比减少了 4 500 万人,贫困发生率从 14.8% 下降到 8.7%[①]。

1986—1993 年,中国减贫速度有所放缓,减少了 4 500 万贫困人口。经济制度变革带来的大面积缓解贫困效应消退后,贫困地区经济发展整体速度放缓,由政府主导的扶贫工作在消除贫困上占据了主导地位。从扶贫工作的角度上看,1986—1993 年,中国扶贫工作开始体系化、制度化,为中国扶贫事业作出了巨大的贡献。

4. 扶贫攻坚政策

1994—2010 年,中国扶贫总体目标从实现全体人民共同富裕转变为全面建成小康社会,中国开始高度重视扶贫工作。这一时期的扶贫政策在已有的扶贫体系下不断丰富发展,与以往相比产生了很大变化。扶贫工作战略地位大幅度提升,上升为国家战略;扶贫对象进一步具体化;扶贫手段多样化,注重因地制宜;相比以往更加注重贫困人口的全面发展,而不仅仅是解决温饱问题。

这一时期,扶贫工作开始被纳入中国国民经济整体规划,国家接连颁布了《国家八七扶贫攻坚计划(1994—2000 年)》和《中国农村扶贫开发纲要(2001—2010 年)》,提供了系统化、规范化的扶贫开发工作行动纲领。围绕这两个文件,中国政府在专项扶贫政策、区域发展政策及社会保障政策上进行了一系列创新,大力推动了这一时

---

① http://www.scio.gov.cn/zfbps/ndhf/2001/Document/307929/307929.htm.

期扶贫工作的发展。

扶贫工作的具体实施过程中,首先分析扶贫对象的自身情况,在这一基础上结合现实情况制定切合实际的扶贫方案,而不单是进行救济式扶贫或开发式扶贫。通过扶贫开发与社会救助相结合的扶贫方式,大大加快了扶贫工作进程。

这一时期,中国政府开始认识到人力资本在扶贫攻坚中发挥的巨大作用,并积极开展教育扶贫,以促进贫困人口素质的全面提高。中国共产党在党的十四届全国代表大会上提出了要在世纪之交时,在全国范围内实现基本实施九年义务教育和基本扫除青壮年文盲的目标。在"科教兴国"战略的指导下,国家大力投资教育事业。1995年教育部联合财政部推动了"国家贫困地区义务教育工程",实施以来共新建中小学4 000所,改扩建中小学30 000所,学龄儿童小学入学率高达99%,初中阶段则高达91%[1]。对于贫困地区来说,这不但有助于提高人口素质,也利于推动社会经济的快速发展。

在中国政府不断推动扶贫攻坚工作的情况下,贫困人口生存和温饱问题得到了基本解决,贫困地区经济快速发展,人们生产生活条件得到了明显改善,1994—2010年贫困发生率从10.2%降至2.8%,整体情况向好发展。

5. 精准扶贫政策

截至2012年末,中国农村贫困人口为9 899万人,相比1985年末减少了5.6亿人。[2] 中国的减贫工作取得了丰硕成果,有力推动了国际反贫困事业的发展。由于中国是历史上的贫困大国,贫困人口多,贫困原因复杂,贫困问题仍旧阻碍中国经济建设发展。

随着扶贫政策的深入,贫困治理的边际效益逐渐减少,粗放式扶贫政策难以真正惠及每一个贫困个体。与以往扶贫政策相比较,精准扶贫政策创新之处主要体现在扶贫对象具体到户,精准识别扶贫对象;

---

[1] http://old.moe.gov.cn//publicfiles/business/htmlfiles/moe/moe_355/200409/3844.html.

[2] http://www.cpad.gov.cn/art/2019/8/13/art_624_101661.html.

扶贫工作责任到人，扶贫机制细化；认真审视扶贫结果，消除虚假脱贫现象。精准扶贫政策的特点凸显在精准二字，从扶贫对象的识别、扶贫方式到扶贫结果的审查都体现了这一特性，就是为了要保证让所有贫困人口摆脱贫困。精准扶贫政策框架如图1-7所示。

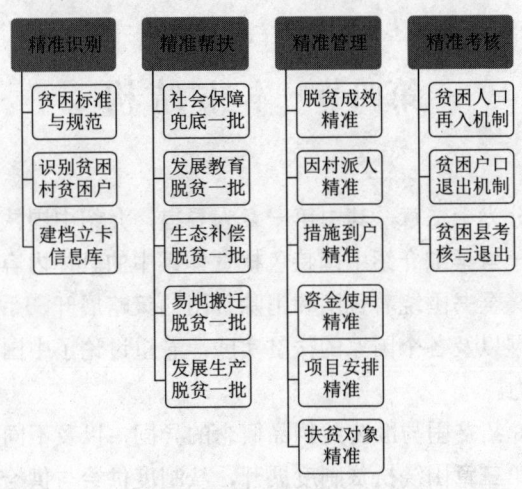

图1-7　精准扶贫政策框架①

2014年中国政府先后发布了《关于创新机制扎实推进农村扶贫开发工作的意见》和《扶贫开发建档立卡工作方案》。这两个文件提出精准识别贫困对象的具体措施，即在全国范围内建立扶贫对象和连片特困地区的电子信息档案，并向贫困户发放《扶贫手册》。这是中国扶贫历史上第一次将扶贫对象识别工作制度化，并将其纳入扶贫工作体系中，具有非常重要的实践意义。

精准脱贫政策在实践过程中十分重视脱贫考核和贫困退出机制，实行脱贫工作责任制，实行严格的脱贫攻坚考核督查问责。在《关于建立贫困退出机制的意见》文件中，中国政府明确规定了贫困退出的

---

① 王介勇，陈玉福，严茂超. 我国精准扶贫政策及其创新路径研究 [J]. 中国科学院院刊，2016，31(3)：289-295.

标准程序和后续政策,并开展退出机制的考核评估。贫困退出机制涉及贫困人口、贫困村和贫困县三个层次,将脱贫实效和群众认可作为标准判断。在这个基础上,保证2020年以前能有序退出,如期实现脱贫攻坚目标。

第四节 本书结构

本书共分为十二章,其中第一章为导言,介绍中国扶贫概况;第二章到第十一章详细介绍中国特色扶贫体系中的具体内容;第十二章为全书总结。全书围绕着贫困和消除贫困的策略展开,系统论述了贫困研究的进展以及各个国家的扶贫实践,着重讨论了中国在消除贫困上所做的努力。

第二章介绍贫困与准公共物品概念的异同,以及不同行动主体的扶贫方式;第三章围绕扶贫制度展开,从制度供给与供给有效性的角度讨论扶贫制度安排;第四章阐述了中国扶贫的路径与方式,论述了从区域扶贫到精准扶贫的变化;第五章解释了扶贫的激励机制从强制性到诱致性转变的过程;第六章则从治理的方式和内容来讨论扶贫策略;第七章从文化的角度提出具体的扶贫措施;第八章和第九章从不同的行动主体角度出发,介绍了以政府主导、多方参与的扶贫生态;第十章阐述了从共享到分享的市场机制;第十一章则强调了以人为本、以群众作为主体的扶贫策略。

本书立足中国国情和扶贫实践,梳理了贫困相关的理论和研究,有助于理解中国贫困现状,有益于完善中国特色扶贫开发理论体系,促进马列主义反贫困理论中国化研究的发展。

第五节 本章小结

本章作为全书的导言，阐述了本书的选题意义，解说了贫困定义、贫困测量、致贫理论以及反贫困政策等内容，梳理了深入理解贫困问题的相关系列文献。贫困作为长期存在于人类社会的一种不平等现象，人们对它的认识并不是一蹴而就的。从绝对贫困到相对贫困，再到多维贫困，是一个从静态、客观角度，向动态、比较和主观角度转变的过程，贫困概念的理解被置于一个更为丰富的环境中。这也是贫困概念从经济领域向其他研究领域的拓展，从单一的货币收入需要转向多元的生活需要。一方面对于研究者来说，是研究视角的延伸，另一方面对于政策制定者来说，提供了更多解决贫困问题的思路。在这个过程中，学者对贫困的产生、机制及其后果做了细致的研究。这些研究为制定反贫困政策提供了科学依据，各个国家依国情推出了适宜的政策。

本章第三部分对中国的具体贫困情况做了介绍。中国作为世界上人口规模最大的国家，贫困问题的解决对于中国人民和中国发展至关重要。1981年至2012年间，中国贫困人口减少了7.9亿，占到同时期减少的全球贫困人口的71.82%[1]。中国在减贫工作上的努力有目共睹。说明中国的基本国情、贫困类型，探讨贫困原因，梳理反贫困的政策和思想指导，逐一整理中国的扶贫举措，既是分享中国的实践经验，也是发展中国的扶贫理论。

就现实而言，贫困问题作为一个世界性难题，对于世界各国都是重大考验，对发展中国家来说尤为突出。如何减少贫困、保障民生是各个国家都需要思考和解决的紧要问题。

---

[1] http://ex.cssn.cn/zx/shwx/shhnew/201612/t20161227_3360619.shtml?COLLCC=2961272781&.

第二章
扶贫多元性：政府、市场、社会组织及自我[①]

中国扶贫事业最鲜明的特征是政府主导下的多元主体参与。作为全国性的准公共物品，政府在扶贫供给中必然占据主导地位。政府主导就是指政府要将扶贫事业纳入各项政府工作计划中去，制定相关政策、加大资源投入、集中组织领导，将消除贫困、走向共同富裕作为政府的宗旨。多元主体参与主要是指充分发挥中国特色社会主义制度的优势，动员市场、社会组织等力量积极参与到扶贫事业中来，共同探索更加多元、更加有效、更加精准的扶贫方式。扶贫的本质不在于"扶"，而是通过扶贫手段提升贫困群体自力更生的能力，从根本上消除贫困。自力更生就是鼓励贫困群众积极奋斗，运用更加有效的手段改变生产生活条件，摆脱贫困落后的面貌。

本章从准公共物品理论出发，探讨扶贫事业的多元主体，分析政府扶贫、市场扶贫、社会组织扶贫以及自我扶贫在扶贫过程中发挥的作用和面临的局限性。

[①] 感谢张秋香为本章所做工作。

第一节 准公共物品

一、公共物品与准公共物品

（一）公共物品概念的出现和相关理论

1. 公共物品理论的萌芽阶段

公共物品的思想最早出现在有关伦理和政治的讨论中。亚里士多德（Aristotle，公元前325年）从政治学的角度谈论了公共物品供给的困难，他在《政治学》一书中写道："凡是属于最多数人的公共事务常常是最少受人照顾的事物，人们关怀自己的所有，而忽视公共的事物。"[①] 最早对公共物品问题进行研究的是大卫·休谟（David Hume, 1739），他从伦理学的角度说明了个人无法解决公共事务，只有政府的介入才能控制公共物品供给中的"搭便车行为"。[②] 亚当·斯密（Adam Smith, 1776）在《国富论》中谈及君主或国家的义务时，指出政府必须提供某些公共物品，如国防、司法行政机关以及公共机关和公共工程等。[③] 约翰·斯图亚特·穆勒（John Stuart Mill, 1848）在《政治经济学原理》一书中从政府职能的角度出发，以灯塔的例子来说明公共物品必须由政府提供。[④] 由此可见，早期关于公共物品供给的讨论大多基于政府职能和人性的观点，"公共物品"这一概念并没有被正式提出，也没有对其供给均衡进行分析。

2. 公共物品理论的形成阶段

19世纪80年代，公共物品理论逐渐系统化。萨克斯（Emil Sax, 1883）将公共服务价值化为"公共物品"，使公共物品的讨论从政治、

[①] 亚里士多德. 政治学 [M]. 吴寿彭，译. 北京：商务印书馆，1983：48.
[②] 吴伟. 公共物品有效提供的经济学分析 [D]. 西安：西北大学，2004.
[③] 斯密. 国民财富的性质和原因的研究 [M]. 郭大力，王亚南，译. 北京：商务印书馆，1983：254、272、284.
[④] 宋兆勇. 政府行为与公共物品供给的理论研究 [D]. 厦门：厦门大学，2007.

伦理范围转向经济范围，为公共物品理论的形成奠定了经济基础。当时的主流观点认为在个人偏好一定的情况下，公共物品的边际效用等于价格时福利达到最大。这时期的公共物品理论过分强调效率准则，而忽视了公共物品供给所需的效率条件。① 威克塞尔（Knut Wicksell，1896）认为公共物品供给应满足个人效用最大化原则，每一个人的偏好都值得被考虑，并因此将公平问题引入公共物品理论中。他反对政府无所不能以及完全利他的观点，合理的政治运行程序才是公共物品有效供给的关键。② "公共物品"的说法来自"Public Goods"，是由瑞典经济学家埃里克·罗伯特·林达尔（Erik Robert Lindahl，1919）在其博士论文《公平税收》中正式提出，并建立了林达尔均衡模型来解决公共物品的定价问题，即根据每个消费者对公共物品的真实评价来收取不同的价格。③ 但他并没有明确公共物品的概念和内涵。阿瑟·塞西尔·庇古（Arthur Cecil Pigou，1920）在《福利经济学》中以外部性的概念及其特征将物品分为社会净边际型和个人净边际型。他认为，政府财政是调节利益型溢出和成本型溢出的手段：倘若社会净收益大于个人净收益，政府应补贴生产者；倘若社会净成本大于个人净成本，政府应当进行征税。④ 他的外部性概念已近似于成熟公共物品概念。

3. 现代公共物品理论阶段

萨缪尔森（Samuel-son，1954）在《公共支出的纯理论》一书中指出"公共物品就是在使用和消费上不具有排他性的物品"。⑤ 此后他在《经济学》一书中进一步修改和完善了公共物品的定义，即"公共产品是指能将效用扩展于他人的成本为零，并且无法排除他人参与共

---

① 周自强. 准公共物品供给理论分析 [M]. 天津：南开大学出版社，2011：10.
② 刘玲玲. 公共财政学 [M]. 北京：清华大学出版社，2000：43-45.
③ 李中义，胡续楠. 公共产品的特征、均衡及其有效供给 [J]. 国有经济评论，2014（2）.
④ 周自强. 准公共物品供给理论分析 [M]. 天津：南开大学出版社，2011：9.
⑤ SAMUELSON P A.The pure theory of public expenditure[J]. Review of economics and statistics,1954,36:387-390.

享的一种商品"。① 公共物品和私人物品的区别表现于消费的竞争性和效用的排他性。前者是指增加一个人消费产品的边际成本大于零时,则该产品具有消费的竞争性,而只有当其等于零时,才具有消费的非竞争性。后者是指当可以确定对某物品的产权并排斥他人对此物品的占有,此物品具有排他性;不可能阻止其他人对某种物品的消费,此物品具有非排他性。此外,他还将序数效用、无差异曲线、一般均衡分析和帕累托最优理论应用于公共物品的有效供给问题,得出了"萨缪尔森条件"。② 萨缪尔森奠定了现代公共物品理论的研究基础,为深化公共物品理论作出了重要贡献。而布坎南(J. M. Buchanan,1965)在萨缪尔森公共物品理论的基础上对公共物品进一步划分,将萨缪尔森定义的公共物品称为"纯公共物品",把具有完全排他性和竞争性的物品称为"纯私人物品",而介于两者之间的则称为"准公共物品"或"混合物品"。③ 除此之外,马斯格雷福(Musgrave)、科斯(Coase)、阿特金森(Atkinson)、斯蒂格利茨(Stiglitz)和蒂布特(Tiebout)等人对公共物品的分类、有效供给等方面进行了丰富和完善。

(二)准公共物品概念的出现和相关理论

随着公共物品理论的发展,人们发现,现实生活中同时属于萨缪尔森定义的非排他性和非竞争性的纯公共物品只占很小一部分,如国防、灯塔等。有很大一部分物品是介于纯公共物品和私人物品之间的"准公共物品"或"混合物品",如医疗服务、义务教育、公路等。例如高速公路的使用存在有限非竞争性,因为在一定人数范围内,增加一个人使用不会导致边际成本增加,一旦超过某个容量就会引起堵车,变相增加使用成本。但同时高速公路的使用具有排他性,即只有为高速公路付费的人才能使用。

---

① 萨缪尔森,诺德豪斯.经济学[M].北京:华夏出版社,2002:268.
② 李政军.萨缪尔森公共物品的性质及其逻辑蕴涵[J].南京师范大学学报(社会科学版),2009(5).
③ Buchanan J. An economic theory of clubs[J].Economica, 1956: 31.

阿特金森和斯蒂格利茨较早关注到这部分介于纯公共物品和纯私人物品之间的"准公共物品",并认为萨缪尔森对公共物品的定义只是一个极端的例子,可以称之为"纯公共物品"。更为普遍的情况是"某个人消费的增加并不会使他人的消费以同量减少",[①] 也就是说,从竞争性的角度来看,将现实生活中大多数介于纯公共物品和纯私人物品之间的大量中间状态的物品纳入到公共产品研究范围内。

布坎南认为,物品之间并无明确界限。物品的性质是由有限的消费容量和无限的消费规模之间的矛盾决定的,即"拥挤"。经验表明,"拥挤"既不会发生在国防等纯公共物品中,也不会发生在纯私人物品中。因此布坎南(1965)在《俱乐部经济理论》中提出了俱乐部(clubs)产品的概念,"俱乐部"被定义为会员之间的制度安排。[②] 俱乐部具有四个特点:①俱乐部成员对某种物品具有一定支付意愿以弥补相应成本;②不存在"搭便车"行为,即具有排他机制;③俱乐部规模有限,即成员数量不会无限扩大;④俱乐部的数量不受限制。俱乐部物品是由俱乐部成员共同消费的物品,俱乐部"会员"对俱乐部物品的消费是非排他的,但对"非会员"而言是排他的。当俱乐部规模包含所有人且不会产生"拥挤"时,俱乐部物品就是纯公共物品。当俱乐部成员只有一个人时,俱乐部物品就是纯私人物品。俱乐部物品具有两个特点:①排他性,俱乐部物品只能由所有会员消费。②非竞争性,消费的人数在俱乐部规模之内时,增加一个人的消费不会减少其他成员的消费;一旦超过俱乐部规模,则会发生"拥挤"。[③] 俱乐部成员在收入、私人物品价格、俱乐部物品成本以及成员数量的限制下消费私人物品和俱乐部物品,以最大化自身效用。因此,布坎南的"俱乐部物品"是指具有排他性和非竞争性的物品。

公共池塘资源理论起源于哈丁(Garrett Hardin)1968年发表的《公

---

① 阿特金森,斯蒂格利茨. 公共经济学 [M]. 蔡江南,许斌,邹明华,译. 上海:上海三联书店,1994:620-621.
② BUCHANAN J. An economic theory of clubs[J]. Economica, 1956: 31.
③ 张军. 布坎南的俱乐部理论述评 [J]. 经济学动态,1998(1).

地的悲剧》一文,掀起了学术界关于"公地的悲剧"研究热潮。埃莉诺·奥斯特罗姆(Elinor Ostrom,1961)将公共池塘资源定义为同时具有非排他性和竞争性的物品,即整个资源系统是人们共有的,但每个人分别享有一定单位的公共资源,如公共牧场、公共鱼塘等。[①]该种资源在产权上不具有排他性,人人都可以使用,但在消费上具有竞争性,即资源是稀缺的。公共池塘资源一般具有多个使用者,他们不需要支付任何费用就可以使用资源。资源系统的提供者是自然或者人为的。但是这种特殊资源最后往往面临因过度使用而造成资源枯竭的现象,造成该种现象的主要原因有资源供给约束、人口压力、自利倾向与"搭便车"现象等。

(三)公共物品、准公共物品与私人物品

关于物品的分类,学术界莫衷一是。最经典的莫过于萨缪尔森的定义,他从消费的竞争性和效用的排他性两方面将物品分为公共物品和私人物品,前者同时具有非排他性和非竞争性,后者同时具有排他性和竞争性。但后来有学者认为萨缪尔森的定义不具有现实意义,因为在现实生活中严格符合该定义的物品只占极少数。并且物品的经济性质受制于人的作用,在一定条件下会发生转化,如私有化会导致公共物品的属性发生改变。[②]

布坎南认为萨缪尔森的定义是一个极端例子,他把大量的介于私人物品和公共物品之间的物品称为"俱乐部物品"。"俱乐部物品"具有两大特征:①排他性,即"会员"对于"非会员"而言是排他的。②非竞争性,即在俱乐部规模允许范围内,会员的消费不具有竞争性。一旦超过限定容量,"拥挤"就会发生。

奥斯特罗姆夫妇(1977)的分类则更为明晰。他们认为物品的"公共性"可以分为"可分割的"和"不可分割的",除公共物品和私人

---

① 奥斯特罗姆. 公共事务的治理之道 [M]. 余逊达,陈旭东,译. 上海:上海三联书店,2000:56.

② 周自强. 公共物品概念的延伸及其政策含义 [J]. 经济学动态,2005(9).

物品外，那些"混合物品"可进一步分为公共资源和收费物品。[①] 具体分类如表 2-1 所示。

表 2-1　奥斯特罗姆物品分类

		使用的公共性	
		可分割使用	不可分割使用
排他性	可行	私人物品 （衣服、鞋等）	收费物品 （高速公路、有线电视等）
	不可行	公共资源 （公共牧场等）	公共物品 （国防、天气预报等）

日本产业经济学家植草益（うえくさます，1992）按照属性和供给方式将物品分为公共物品、第一类准公共物品、第二类准公共物品和私人物品。具体分类方式如表 2-2 所示。[②] 他认为，第一类准公共物品具有受益上排他性，因此可以由市场提供，如医疗、保险等；第二类准公共物品难以形成排他机制，适合免费提供，如公园、公共健身设备等。

表 2-2　植草益的物品分类

	非竞争性	竞争性
非排他性	公共物品	第二类准公共物品
排他性	第一类准公共物品	私人物品

维莫尔和闻宁（Wiemer & Vining，1992）的分类方式更为细致。他们将所有物品划分为八大类，除了纯私人物品和公共物品外，其他六类均为准公共物品，包括具有消费外部性的私人物品、具有消费外部性的周边公共物品、拥挤的收费物品、不拥挤的收费物品、拥挤的

[①] OSTRON V, OSTRON E.Public goods and public choices[M]// Alternatives for delivering public services: toward improved performance. Colorado, Westview Press, 1977, pp.7-49.

[②] 植草益.微观规制经济学[M].朱绍文，译.北京：中国发展出版社，1992：232，285.

共同财产资源、免费物品。①

基于产品消费的匀质性或非匀质性,陈其林等人将大量具有部分公共物品和部分私人物品性质的准公共物品划分为三类:维持型准公共物品,如公共设施;发展型准公共物品,如教育;经营型准公共物品,如医疗等。②

周自强则引入力学的概念矢量,认为所有物品均具有公共矢量和个体矢量。前者可以理解为"公共性",后者可以理解为"差异性"。具体分类情况如表2-3所示。纯公共物品与私人物品是只具有一个矢量的单矢量物品,前者只具有公共矢量,后者只具有个体矢量。而准公共物品是双矢量物品,同时具有公共矢量和个体矢量。③

表2-3 周自强物品的分类

		个体矢量	
		清晰	模糊
公共矢量	清晰	准公共物品	纯公共物品
	模糊	私人物品	准公共物品

由上述公共物品理论的讨论可知,学术界从经济学的角度将物品分为公共物品、准公共物品和私人物品。公共物品与私人物品一般是根据萨缪尔森的观点来定义,即前者是指具有消费的非竞争性和非他性的物品,后者是具有消费的竞争性和排他性的物品。但由于准公共物品的复杂性,其定义则没有形成统一观点。总结前人的观点,本书将准公共物品定义为具有有限的非竞争性或有限的非排他性的物品。

1. 公共物品的定义及特征

本书中涉及的公共物品是指"纯公共物品",即具有两个基本特征:非竞争性和非排他性。除此之外,经学者研究,公共物品还有生产不

---

① 周自强. 公共物品概念的延伸及政策含义 [J]. 经济学动态, 2005 (9).
② 陈其林, 韩晓婷. 准公共产品的性质:定义、分类依据及其类别 [J]. 经济学家, 2010:(7).
③ 周自强. 公共物品概念的延伸及政策含义 [J]. 经济学动态, 2005:(9).

可分性、生产的自然垄断性、规模效益大、初始投资大、对消费者收费不易、消费的社会文化价值、外部性趋于正无穷等特征。[①][②] 综合各家观点，公共物品的主要特征包括以下几点。

（1）非竞争性。消费的竞争性是指增加一个人消费某产品的边际成本，边际成本为零时具有非竞争性，大于零则具有竞争性。消费的非竞争性是指某一个体对公共物品的消费并不影响其他个体的消费，具体表现在数量和质量两个方面。也就是说，添加消费者并不会降低任何人对公共物品的消费或其消费的质量。例如，同一时间看电视的人数增加并不会导致传输成本增加或降低信号质量。

（2）非排他性。消费的排他性是指当人们可以确定对某物品的产权并排斥他人对此物品的占有，此物品具有排他性。当人们不能排斥他人消费某种物品时，该物品的消费就是非排他性的。也就是说，如果向任何人提供公共物品，那么也必须向所有人提供。公共物品的非排他性可以从效益和产权两方面理解。在效益方面，任何消费者可以同等享受公共物品带来的利益；在产权方面，任何人对于公共物品都不具有所有权。公共物品的非排他性来源于技术上的不可行或经济上的无效率。

（3）外部性。简而言之，外部性是一个经济实体的生产或消费活动对另一个经济实体造成的正面或负面影响。由于公共物品的消费具有非竞争性和非排他性，公共物品的受益对象不能排除其他非受益对象对该物品的消费。换句话说，消费者在消费公共物品时可能对其他人造成有利或不利影响，也就是说公共物品的消费具有正外部性或负外部性。例如公园里的健身设施主要使用者是老年人，但实际上小孩和中年人也能从中体会锻炼的乐趣。又例如公园里的广场属于公共区域，在公园跳广场舞的行为可能使某些人身心愉悦，但也有一部分人不能忍受噪声。

由于公共物品具有以上特征，按照经济学中的效率原则，公共物

---

① 张卓元．政治经济学大辞典 [M]．北京：经济科学出版社，1998．
② 梁学平．公共物品内涵的多角度诠释 [J]．商业时代，2012：（3）．

品如果交由市场提供，那么厂商的定价应该等于其边际成本。而增加一个消费者的边际成本为零，因此厂商很难从其中获得回报。例如，国防等纯公共物品由政府或国家才能有效投资、生产和提供。由于不具备"谁付款，谁受益"的规则，公共物品只能由公共经济部门供给，而很难像私人物品一样交由市场提供。

2. 私人物品的定义及特征

私人物品是指具有消费的竞争性和排他性的物品。竞争性表现为增加一个个体的消费所导致的边际成本大于零。也就是说，增加一个消费者将不得不支付相应的成本，供应的数量有限。排他性表现为可以确定对该物品的产权并排斥他人对此产品的占有，也就是说，只有那些为之付费的人才有权利对其进行支配。因此，私人物品的提供需要依靠市场机制才能有效完成。

3. 准公共物品的界定、特征及分类

准公共物品介于公共物品和私人物品之间，基本特征为：有限的非竞争性与有限的非排他性。除此之外，经学者研究，准公共物品还具有种类多样性、消费的非匀质性、正外部性、时空相对性和边界模糊性等特征。[1] 由于准公共物品的复杂性，其特征很难被完全或准确概括，以下只简要介绍准公共物品的主要特征。

（1）有限的非竞争性与有限的非排他性。有限的非竞争性意味着存在"拥挤"，达到"拥挤点"，会使消费者在质和量两方面的效益减少。例如教育，在同一间教室内一个人的教育消费并不影响其他人的教育消费，但是教室的容量是有限的，人数过多会增加拥挤成本。有限的排他性是指是否排他要视时间和范围而定，如同布坎南的"俱乐部物品"。[2]

（2）时空相对性与边界模糊性。时空相对性意味着准公共物品并非一成不变的，纯公共物品、私人物品可转化为准公共物品。这种转

---

[1] 石慧.准公共物品的多元供给研究[D].济南：山东大学，2017.
[2] 张高旗.准公共物品分类探讨[D].延安：延安大学学报（社会科学版），2005：（6）.

变的主要因素有技术的进步、财富的增加、物品外部性的改变、消费者偏好、地理位置因素以及公平与效率的抉择等，这些因素使得三种物品之间的界限越来越模糊。

由于准公共物品的复杂性，国内学者对其分类方式各有不同。毛建丽将准公共物品分为"拥挤的公共物品"和"共同资源"。① 前者具有收益排他性和消费非竞争性，后者是具有消费竞争性和收益非排他性。但是这种分类方式过于简单，不能包含所有准公共物品。陈其林等人引进消费匀质性的概念，将准公共物品分为维持型、发展型、经营型三种类型。② 该定义的优点在于有利于为各种准公共物品寻找最有效的供给方式。许彬则以物品的形态为依据，将准公共物品分为资源型、物质产品型、服务型、制度型以及文化形态的准公共产品。③ 相较于前三种分类方式，张高旗的分类方式更加清晰完整，他根据消费的竞争性、消费的非竞争性、消费的不完全竞争性、受益的排他性、受益的非排他性、受益的不完全排他性将准公共物品分为七类。④ 综合各位学者的观点，本书将准公共物品分为免费公共物品和收费公共物品。如表 2-4 所示。

表 2-4 物品分类

	排他性强	排他性弱
竞争性强	私人物品	免费公共物品
竞争性弱	收费公共物品	纯公共物品

基于上述讨论，公共物品、准公共物品和私人物品之间并没有明显的界限，从公平和效率的角度来说，三者之间的关系大致存在如下规律：公共物品的公益性最强，而私人物品的供给则更符合效率的要求。三者之间的关系如图 2-1 所示。

① 毛建丽.准公共产品的供给分析 [D].重庆：西南政法大学学报，2008（2）.
② 陈其林，韩晓婷.准公共产品的性质：定义、分类依据及其类别 [J].经济学家，2010（7）.
③ 许彬.公共经济学导论 [M].哈尔滨：黑龙江出版社，2002：118-128.
④ 张高旗.准公共物品分类探讨 [D].延安：延安大学学报（社会科学版），2005（6）.

图 2-1 三种物品之间的供给效率和公益目标关系

二、公共物品与准公共物品的供给理论

准公共物品供给理论要解决两个问题：一是准公共物品供给的均衡解；二是准公共物品供给主体选择。在中国，扶贫作为准公共物品，其供给主体主要有政府、市场、社会组织和个人，中国式扶贫经历了政府包揽到多元主体共同参与的过程。因此，本章节主要讨论准公共物品供给主体的选择，为下文讨论中国扶贫的各个主体提供理论基础。关于准公共物品供给主体的选择问题，国内外学者较少涉及，而准公共物品供给模式与公共物品供给模式具有很大的相似性，因此在此先讨论公共物品的供给问题。

（一）公共物品供给

当前学术界在讨论公共物品供给时并未严格区分纯公共物品和准公共物品，因此本部分也不作区分，仅以公共物品供给为对象进行论述。公共物品的供给方式是公共物品供给理论研究的核心问题之一。传统理论认为，只有政府作为供给主体才能解决公共物品非竞争性和非排他性带来的消费者隐瞒偏好以及"搭便车"问题。因此长期以来，政府被认为是公共物品供给唯一并且最优的主体。但随着研究的深入，学者发现公共物品政府单一供给至少存在两方面的问题：①政府未必总是具有充分的供给意愿，可能更重视部门利益而忽视公共利益；②政府的财政能力有限，可能无法承担所有公共物品的供给。而在现实生活中，还存在市场供给、社会组织供给、自愿供给以及多元主体混合供给等多种模式。基于对公共物品供给方式的相关研究，本书总结了以下几种公共物品供给方式。

1. 公共物品的政府供给

长期以来理论界认为公共物品应该由政府供给。消费的非竞争性，换句话说就是资源的非稀缺性，因此消费者没有动机显示自己的消费偏好，市场也无法把握消费者的需求；消费的非排他性意味消费者无论是否付费，只要公共物品生产出来都能享其所带来的好处，私人生产者也因此无法获得收入。所以公共物品不能完全交由市场供给，而需要政府的介入。

政府通过两种方式提供公共物品：一是政府直接生产；二是政府间接提供。有些公共物品是政府直接生产或提供并且只能由政府提供，如国防、货币、铁路等纯公共物品或自然垄断性较高的准公共物品。政府间接提供是指政府通过预算和政策安排形成经济刺激，引导私人部门参与生产或提供公共物品。[1] 例如政府可以通过公开招标的方式承包给私人部门进行生产，以提高供给效率，如中国药品的供给，采用的便是政府公开招标、医药企业负责生产的方式；也有政府与企业签订合同，由政府出资而企业参与经营管理的模式，如三峡水电站的建设。在现实生活中，政府间接提供的方式更为常见和重要。

2. 公共物品的市场供给

传统行政体制下由于供给与需求不对接导致不恰当的公共物品的生产具有高成本和过度生产等弊端。[2] 市场作为公共物品供给的主体，其优点主要有：①具有相对充足的资金；②丰富的管理经验和先进的管理模式；③较强的创新能力。[3] 将公共物品的供给交由市场主要有两种方式：一是私人企业直接生产或提供；二是市场与政府联合供给。

私人企业直接生产或提供是指私人企业完全负责，按照市场机制进行定价和收费，从而获得相应收益。例如城市公厕由私人供给，并通过向使用者收取费用来谋取收益。

---

① 涂晓芳. 公共物品的多元化供给 [J]. 中国行政管理，2004（2）.
② 宋世明. 西方国家行政改革述评 [M]. 北京：国家行政学院出版社，1998：240.
③ 姜元园. 我国公共产品多元供给模式研究 [D]. 长春：东北师范大学，2009.

市场与政府联合供给主要有两类表现方式：第一类是私人企业和政府都能受益而采取联合供给的方式提供公共物品。例如政府向提供自来水的水务公司提供补贴、政府与企业签订生产合同等。第二类是在现实生活中，有一些公共物品必须以私人物品为载体才能进行消费，也就是互为补品。例如电视机与电视节目，前者是私人物品，后者是公共物品，二者必须结合起来消费行为才能发生。也就是说，像这种联系比较紧密的公共物品和私人物品，可能需要市场与政府进行"联合"才能完成供给。

3. 公共物品的自主供给

公共物品的自主供给是指在非营利取向下的自愿供给。特点是：第一，供给主体的非营利目标；第二，受益对象范围有限；第三，供给内容灵活多样。该种供给方式的主体主要有第三部门、社区以及社会公众。

（1）第三部门供给。关于第三部门的定义，学术界普遍接受的是美国约翰斯·霍普金斯大学非营利组织研究中心定义的具有组织性、民间性、非营利性、自治性和志愿性的介于政府和私营企业之间的社会法人或公益集团。[①]经研究发现，美国的公共物品或服务涉及保险、教育、环保等，由第三部门完成的达40%。[②]第三部门公共物品供给形式多种多样，包括独立供给、与政府或企业合作供给等。

（2）社区供给。社区是社会自治的一个相对独立的、制度化的领域，并"通过市场互动自我建设、自我协调、自我联系和自我整合，达成一个有组织的公共体系"。[③]社区中的生活者具有双重身份，一方面他们是公共物品的消费者；另一方面又是公共物品的供给者。社区既是社区生活者生活的环境，也是其公共利益的载体。社区供给公共物品主要有以下几个特点：①针对性，以受益者居住地或行业为基础提供需要的公共物品；②自愿性，社区提供公共物品的成本补偿出于

---

① 易轩宇. 社会组织参与社会治理的机制创新研究 [D]. 湘潭：湘潭大学，2015.
② 柳新元. 公共经济学 [M]. 武汉：武汉大学出版社，2010：（72）.
③ 吴锦良. 政府改革与第三部门发展 [M]. 北京：中国社会科学出版社，2001：（92）.

其自愿或者按民意征收。① 在现实生活中，社区提供部分公共物品如社区治安、公共绿化、安全消防、垃圾处理等。但是社区提供的公共物品是有限的，还需要其他主体介入提供。

（3）社会公众自愿供给。关于公共物品的社会公众自愿供给，学术界目前对此讨论较少，但此种现象在现实社会中较为常见。例如大学生志愿者活动、社会公众义务献血、自愿护林员、个人捐赠等。该种方式不同于私人供给，而是个人自主行为。效用可分为物质效用和精神效用，自愿供给的人们更倾向追求精神效用，通过"利他"行为来满足精神上的需求，是自我价值的体现。

（二）准公共物品供给

在中国，大多数基础设施和公共服务都具有准公共物品的性质，涉及教育、医疗卫生、保险、环保、交通、水利、电力、文化等各个方面。因此相较于纯公共物品供给，讨论准公共物品供给更具现实意义。

纯公共物品在供给中普遍存在以下两个问题：一是消费者隐藏偏好问题。在私人物品交换的竞争性市场中，消费者对私人物品的评价不会说谎。但对于公共物品，人们可能会隐瞒自己的真实偏好。例如，一个人可能没有明确表达对烟火的偏好，但是当有人为烟火买单时，他仍然可以享受美丽的烟火。因为纯公共物品效用的不可分割性，使消费者没有足够的动机显示自己的偏好，市场不能够提供其"应该"提供的公共物品或足够数量的公共物品。二是"搭便车"问题。即非付费者和付费者能享受到的纯公共物品完全一样，因此"谁付费，谁使用"的规则失效，市场无法通过收费来获取利益。由于以上两个原因，纯公共物品的供给排斥市场化配置。私人物品具有竞争性和排他性，即具有稀缺性和效用完全可分性，消费者的偏好也能通过市场机制得到充分显示。因此在私人物品的供给中，市场发挥主要作用而政府主要体现其监管职能。由于准公共物品的不完全非竞争性和不完全非排

---

① 涂晓芳.公共物品的多元化供给[J].中国行政管理，2004（2）.

他性，因此决定了准公共物品的供给主体有多种选择。

三、准公共物品供给模式

以上我们讨论了公共物品供给主体，但是并未严格区分纯公共物品和准公共物品，下文将进一步讨论准公共物品的供给模式。准公共物品既有纯公共物品的部分性质，也有私人物品的部分性质。因此其供给模式较纯公共物品和私人物品更为复杂和多样，以下将从准公共物品的单一供给模式和多元供给模式进行讨论。

（一）准公共物品的单一供给模式

1. 政府

在中国，政府代表着社会公众，是公共权力的掌握者。提供公共物品和服务是政府最重要的职能之一，是建立责任型政府的必要条件。

准公共物品政府供给的必要性来自于市场失灵，主要表现在以下几个方面：①有限非竞争性和非排他性使得市场机制难以有效发挥作用，有限非排他性表明准公共物品也存在"免费搭便车"问题，有限非竞争性使生产者和消费者之间的等价交换机制失效。②除此之外，准公共物品的正外部性也使市场机制难以发挥作用。正外部性是指生产者除了可以实现自己的目标之外，也会给其他人带来好处。而市场机制无法解决这种内部成本和外部成本、内部收益和外部收益之间的差异，这样就使得追求利益的生产者缺乏从事该种活动的积极性。③准公共物品生产的规模效应。例如电力、自来水等行业具有自然垄断性，交由市场供给会造成不必要的浪费。[①]

政府在准公共物品供给中的功能主要有：①明确准公共物品供给目标。准公共物品的需求来自人民的需要，多而繁杂并且时常处于变动之中。作为准公共物品的主要提供者，政府首先要把握准公共物品

---

① 周自强. 准公共物品的政府供给与市场供给的比较分析 [J]. 河南金融管理干部学院学报，2005（6）.

的需要，及时发现问题，使供给更具有针对性。②提供相应的制度条件。政府应当提供相应的制度条件如相关法律、市场准入和退出机制、监管制度以及责任追查机制等，为准公共物品的供给提供良好条件[①]。③厘清公私合作界限。准公共物品供给是一个十分庞大的系统，政府在其中发挥主导作用。政府应当从需求、效率以及公平等方面考虑，厘清公私合作界限，可将部分准公共物品的供给交由市场和社会组织。

通过强制征税然后以财政支出的形式提供公共服务是政府供给准公共物品最普遍的手段。在准公共物品的供给过程中，政府具有以下优势：①在效率方面，政府的权威性可以节省准公共物品生产的组织成本以及相应的监管成本，可以充分发挥规模效应，并通过广泛调动和运用社会资源降低风险；②在公平方面，政府通过税收代替收费来弥补供给成本[②]，在一定程度上控制了"搭便车"行为；③在连续性方面，政府具有绝对的财政优势，可以保证准公共物品的及时、连续提供。

然而实践表明，政府并非万能的，完全由政府提供准公共物品具有一些缺陷。例如政府能力不足，表现为财政规模有限和服务意愿不足，政府并非总是有意愿和财政能力供给所有的准公共物品；同时，由于缺乏相应的绩效评估制度，政府部门利益和公共利益可能会背道而驰；另外，政府供给准公共物品界限不清，容易供应过多从而造成资源浪费。

2. 市场

根据现代产权理论，公共物品供给市场失灵的原因是产权不明晰。科斯认为，只要产权清晰，交易成本趋于零，市场均衡结果就是有效的，而无论将初始产权赋予谁。周自强教授也认为只要明晰产权（也可理解为利用好排他技术），准公共物品就可以由市场供给。[③]除此之外，布坎南的俱乐部理论、波斯纳的期货合同理论也为准公共物品的市场

---

① 郎爽.政府在我国公共物品供给中的角色定位 [J].法制与社会，2016（17）.
② 周自强.准公共物品的政府供给与市场供给的比较分析 [J].河南金融管理干部学院学报，2005（6）.
③ 同上。

供给提供了合理依据。

当然,并不是所有的准公共物品都可交由市场供给。结合上述理论,排他性强的准公共物品,即上文所说的收费公共物品可以交由市场供给。排他性强表明私人部门可以从中获得利益,而使其具有供给动机。市场提供准公共物品的优势有:①显著提高效率,市场机制的运用可以使得由于政府单一供给而缺乏竞争造成的低质量得到改善;②提高社会福利水平,政府单一供给很难满足公民对准公共物品的多样化需求,引入市场的力量可以充分发挥其对需求反应灵敏的优势,及时准确地满足公民需求[①];③缓解财政压力,市场在供给准公共物品时可以通过收费来获得成本补偿和盈利,政府不再是成本的主要承担者,而是通过政策工具如补贴等给予私人部门必要的帮助和规范其行为。

3. 社会组织

在准公共物品供给的讨论范畴,社会组织是指由民间运作组成的具有志愿性的、能够进行自我管理的、有一定制度和结构的、在盈利上不做二次分配的、享受政府税赋优惠减免的团体或组织。[②]它具有以下特点:①目标上的非营利性。社会组织从事的各种活动都不是以营利为目的的,它们获得收入是为了扩大公共服务的数量以及提升质量。②治理上的独立性。社会组织有自己的制度和结构,不依附于其他单位或组织。③供给准公共物品上的志愿性。志愿提供公共服务和物品是社会组织的活动宗旨。

社会组织供给准公共物品的理论来源是政府失灵和市场失灵。通过政府资助或募集社会资金、不以营利为目的地向公众提供准公共物品是社会组织供给准公共物品的主要方式,有利于满足社会公众的多元化需求,促进社会和谐稳定。李燕星以台州市为例,发现社会组织在准公共物品供给中的职能涉及文化教育、医疗保健、慈善事业、经

---

① 周自强.准公共物品的政府供给与市场供给的比较分析[J].河南金融管理干部学院学报,2005(6).

② 易轩宇.社会组织参与社会治理的机制创新研究[D].湘潭:湘潭大学,2015.

济秩序、就业机会等方面。① 社会组织供给准公共物品的方式是多样化的,包括单独供给、与政府或企业合作等。相较于政府和市场供给,社会组织供给具有灵活、创新、高效、公平等特点。

但是社会组织在准公共物品供给中也存在诸多不足,主要表现在以下几个方面:①资金不足。社会组织毕竟是民间运作的组织,没有稳定的资金来源,且其不以营利为目标导致其收益不足而无法支持组织的长远可持续发展。②覆盖对象有限。社会组织的服务对象往往是特殊人群如残疾人、儿童、鳏寡老人等,并不能使所有需要帮助的人获益。③"家长"作风。即社会组织资金的供给者往往根据自己的偏好而非社会公众的实际需要来提供准公共物品,造成资源浪费。④人才的缺乏。社会组织的工资、编制、社会福利等政策不足以吸引专业人士,其成员大多是具有志愿精神的非专业人士,这使得服务质量无法得到保证。

(二)准公共物品多元供给探讨

准公共物品有限的非竞争性和非排他性、正外部性、时空相对性和边界模糊性等决定了其不能靠单一的主体供给。政府供给、市场供给和社会组织供给三种供给模式各自都具有优势与不足。政府供给是从社会公平的角度出发,以税收和财政支出为主要形式进行公共物品供给。但由于其官僚制以及财政能力有限等因素导致"政府失灵",为市场介入提供了条件。市场是从经济效率的角度出发,以收取费用获得经济收益。但市场并非是万能的,私人目标和公共目标可能产生矛盾,导致"市场失灵"。社会组织是从道德规范的角度出发,以政府补贴和募集社会资金为主要财源进行公共服务的供给。然而,组织本身松动、抵抗力弱、资金不稳定以及人员的非专业性,会造成"志愿失灵"现象。因此,要实现准公共物品的有效供给,需要三者形成一定的合作关系,相互分工、协调和竞争。

---

① 李燕星.我国民间组织与准公共物品的供给——以台州市为例[J].福建论坛(社科教育版),2011(6).

第二节 扶贫与准公共物品

一、贫困的定义

贫困有狭义和广义之分。狭义的贫困指经济上的贫困,主要表现在收入和消费两个方面。以收入为尺度,关于贫困的定义有以下观点:"贫困是指因收入较少而无力供养自身及家庭的一种低落的生活程度"[①]、"贫穷是指收入相对较少的一种状态"[②]、"贫困是指经济收入低于当时、当地生活必需品购买力的一种失调状况"[③]。可见贫困的一大特点是因收入过低或没有收入而导致的生活必需品缺乏。以消费为尺度,贫困是指"在食物、保暖和衣着方面的开支少于平均水平"[④],但不包括过度节俭的情况。广义的贫困还包括文化贫困、政治贫困、人力资源贫困、社会贫困等非物质贫困。[⑤]从以上定义来看,贫困属于一种"公共劣品",贫困可能使每个社会成员的生存条件变坏。按照雷恩教授的观点,贫困问题具有一定的"外部性"影响,"决不能让人们贫困到被迫犯罪或危害社会的地步。贫困不仅是穷人的不幸或苦难,它还会导致社会不安并增加了社会成本"。[⑥]因此减缓或消除贫困能够提高总社会福利。

二、扶贫的定义及特征——基于准公共物品的理论视角

从准公共物品理论的角度,扶贫可以看成一种全国性的"准公共物品"。扶贫作为政府主导提供的服务,具有有限的非排他性。主要体现

---

① 屈锡华,左齐.贫困与反贫困——定义、度量与目标[J].社会学研究,1997(3).
② 吴理财."贫困"的经济学分析及其分析的贫困[J].经济评论,2001(4).
③ 屈锡华,左齐.贫困与反贫困——定义、度量与目标[J].社会学研究,1997(3).
④ 吴理财."贫困"的经济学分析及其分析的贫困[J].经济评论,2001(4).
⑤ 薛宝生.公共管理视阈中的发展与贫困免除[M].北京:中国经济出版社,2006:16.
⑥ 转引自阿马蒂亚·森.贫困与饥荒[M].北京:商务印书馆,2001:16.

在资格上的排他,如精准扶贫,必须符合一定的条件才能被识别为贫困户,从而享受"扶贫"这项公共服务,但是即使被识别为贫困户,某一个贫困户也不能排斥其他贫困户对贫困资源的使用。扶贫还具有有限的非竞争性,在一定的资源限度内,新增加的贫困户不会影响之前贫困户贫困资源消费的数量和质量,可贫困户的数量一旦超过某个限度就会增加额外的财政压力。扶贫本身具有公益性,贫困的缓解或消除可以增进社会福利。自1978年实行改革开放的40年来,贫困治理使中国农村居民的福利状况得到明显改善,住房情况、耐用品消费量、社会保险覆盖率、居民预期寿命等方面发生了极大变化。农村居民2018年人均住房建筑面积比1978年增加39.2平方米;2019年,农村居民每百户拥有汽车达22.3辆[1];超9亿人拥有基本养老保险,并基本实现全民医保;2017年城乡居民预期寿命77.26岁,比新中国刚成立时增加了42岁。[2]

在中国的扶贫历程中,扶贫曾长期被视为具有消费上的非竞争性和非排他性的纯公共物品,因此很长一段时间,政府被认为是扶贫的唯一提供者。但随着扶贫历程的深入,中国扶贫事业的主体逐渐扩展到市场和社会组织等。例如中国采取的产业扶贫方式是指通过扶贫项目和政策扶持,依托扶贫龙头企业、农民合作组织等市场主体,建立利益联结机制,带动扶贫对象增加收入,主要模式有"公司+基地+农户(贫困户)""公司+合作社+基地+农户(贫困户)""合作社+社员(贫困户)"等,增加了扶贫方式的多样性。

三、中国式扶贫——政府主导下多元主体参与

由上述准公共物品供给理论可知,准公共物品的供给需要多元主体的共同参与,这也是中国式扶贫的一大特色,主要表现在以下几个方面[3]。

---

[1] 数据来源:国家统计局。
[2] 左瑞,邓楠. 70年来中国人均预期寿命从35岁提高至77岁 [EB/OL].[2019-09-26]. http://sn.people.com.cn/n2/2019/0926/c378309-33392664.html.
[3] 董天美. 中国的扶贫模式已成为世界减贫的宝贵财富 [J]. 公关世界,2016(4).

第一，政府主导是减贫的基础。在全世界，消除贫困是各国政府不可推卸的责任。中国政府制定了科学的扶贫规划，先后实施了"三西"农业建设计划、《国家八七扶贫攻坚计划（1994—2000年）》《中国农村扶贫开发纲要（2001—2010年）》《中国农村扶贫开发纲要（2011—2020年）》，取得了大规模减贫的明显成绩。2015年，中央提出打赢脱贫攻坚战的决定。随后一年，国家制定"十三五"脱贫攻坚规划。①以上规定和决定积极有序地推进了中国扶贫行动。除此之外，中国政府还提出构建"大扶贫格局"，整合专业扶贫、行业扶贫、社会扶贫等多方力量，形成社会合力。

第二，市场是减贫的重要杠杆。中国在扶贫过程中引入市场机制，充分发挥了市场的作用，使减贫的手段更加多元化，实现了"授人以渔"的科学扶贫模式。

第三，社会组织参与是实现减贫的关键。作为不同于政府和市场的"第三种力量"，社会组织凭借其灵活性、公益性、非营利性以及强大的资源网络和高效率的行动，在中国扶贫实践中发挥着不可替代的重要作用。第四，贫困群众参与是实现减贫的内生动力。中国式扶贫高度重视激发贫困群众内生动力，通过宣传教育、干部引导等方法，帮助贫困群众克服"等、靠、要"思想，充分调动贫困群众的自主性、积极性和创造性，提高其自我发展能力，自力更生实现可持续脱贫。

第三节 政府扶贫

一、政府扶贫的含义

扶贫所需的资源供给不同于私人物品的供给，而是典型的准公共物品供给。准公共物品是在消费方面具有较大程度外部性的一类公共

---
① 刘永富.中国特色扶贫开发道路的新拓展新成就[J].社会治理，2017（8）.

物品，在一定程度上具有效用的"非排他性"和产权的"非占有性"。因此反贫困这种具有巨大的正外部性的物品，主要通过政治程序或公共选择由政府提供。学界对政府扶贫缺乏一个较为一致的学理解释，通俗来讲政府扶贫就是指以国家或地方各级政府为主导、为了实现贫困人口摆脱贫困这一目的而采取的各种经济、政治、文化手段的总称。在中国共产党一元化领导的集权体制下，政府始终在扶贫工作中扮演着举足轻重的角色。

二、中国政府扶贫历程

改革开放以来，贫困治理一直是中国社会建设的中心任务之一，受到党和国家的高度关注。据统计数据显示，基于2010年贫困线（2010年不变价，农民人均纯收入2 300元），在1978年到2019年的40多年间，中国贫困人口从7.7亿减少到0.05亿，贫困发生率从97.5%下降到0.6%左右。[①] 总的来看，中国政府扶贫历程可梳理总结如下[②]。

1. 中华人民共和国的救济式扶贫（1949—1978年）

中华人民共和国成立初期经济发展水平较为低下，政府财政资金有限，因此这一时期党和政府主要采取的是以土地改革、农业合作化运动和小规模救济式扶贫为主要内容的扶贫模式。通过土地改革，赋予无地贫困农民以土地，保证了贫困对象具有基本的生产资料和脱贫的基础；通过农业合作化运动，农村地区建立了生产互助组、初级社、高级社，并于1958年开展农村人民公社化运动。这一系列举措，不仅促进了分散农户的生产合作，集中了有限的生产资料，还实现了土地所有制由私有制向公有制的过渡转变；小规模救济活动以社区"五保"制度（保吃、保穿、保烧、保教、保葬）和农村特困人口救济为核心，

---

① 张翼.2019年全国农村贫困人口减少1 109万人[N].光明日报，2020-01-24.
② 黄硕明.政府扶贫干预链中的角色轨迹研究[D].济南：山东师范大学，2019；杨骅骝，周绍杰，胡鞍钢.中国式扶贫：实践、成就、经验与展望[J].国家行政学院学报，2018（6）.

建立了基本的农村社会保障体系。五保制度是一项社会救助政策，关系着农村鳏寡孤独残疾等最脆弱群体的基本生活保障。这一期间，五保制度运行良好，持续发挥着救济贫困人群的作用。例如安徽省依据贫困人群的生活状况，将其分为全保户、半保户和补助户三种类型，以补助劳动日、现金和实物三种方式进行帮扶。补助的劳动日不参加社员集体分配，而是从农业社专门的公益金中开支。①

2. 农村经济体制改革（1979—1985年）

改革开放初期，农村地区普遍建立家庭联产承包责任制，提高了农民的生产积极性，在一定程度上减轻了贫困。19世纪80年代以来乡镇企业的快速发展在创造价值和税收的同时也解决了部分农村人口的就业问题，对提高贫困农民收入、降低地区贫困率起到了重要作用。例如邯郸市开展了城市企业与贫困县的对口扶贫工作，主要措施包括：城市企业与贫困乡村联合兴办生产摊点、为贫困乡村提供产品、组织产销联营、招收工人、派出技术人员到贫困乡村进行指导等。②乡镇企业的就业人数在这6年间增加了4万人③，同期中国农村贫困率下降了近20个百分点。

3. 制度化扶贫开发（1986—2000年）

这一阶段乡镇企业的发展依旧在促进农村就业方面发挥着强劲作用，乡镇企业的就业人数从1985年的6 979万左右上升到2000年的1.28亿人④，同时乡镇企业的蓬勃态势促进了中国城镇化率的迅速提升，这成为提高农民收入、降低农村地区贫困率的另一驾马车。1986年国务院贫困地区经济开发领导小组(1993年更名为国务院扶贫开发领导小组)的成立标志着中国开始实施国家层面的制度化扶贫战略，国家确立了第一批重点贫困县，并出台了《国家八七扶贫攻坚计划（1994—

---

① 宋士云.1956—1983年集体经济时代农村五保供养制度初探[J].贵州社会科学，2007（9）．
② 佚名.邯郸发挥城市企业优势开展城乡对口扶贫[J].江西老区建设，1987（10）．
③ 于立,姜春海.中国乡镇企业吸纳劳动就业的实证分析[J].管理世界,2003（3）．
④ 同上。

2000年)》等一系列纲领性文件。

4. 新世纪综合减贫战略（2001—2012年）

进入21世纪以来，中国政府致力于出台更有针对性的扶贫政策，重点扶持中西部少数民族地区、革命老区、边疆地区以及一些特困地区，探索多元化的扶贫方式，如发展种养业脱贫、推进农业产业化经营、贫困地区劳动力的职业技能培训、搬迁脱贫等，其标志性成果是《中国农村扶贫开发纲要(2001—2010年)》和中国农村扶贫开发纲要(2011—2020年)》两个为期十年的行动纲要出台。在这一时期，党和政府重点关注贫困人口温饱问题的解决，并从2003年开始在全国部分地区试点了新型农村合作医疗，为农民提供更完善的社会保障体系，同时在农村义务教育、农村住房问题、农村基本公共服务等方面也取得了重要进展。

5. 精准扶贫战略（2013—2019年）

2013年习近平总书记首次提出"精准扶贫"的思想。两年后，《中共中央 国务院关于打赢脱贫攻坚战的决定》正式发布，明确了打赢脱贫攻坚战的具体任务，即健全精准扶贫工作机制，抓好精准识别、建档立卡这个关键环节，做到扶持对象精准、项目安排精准、资金使用精准、措施到户精准、因村派人精准、脱贫成效精准的"六个精准"，争取实现2020年农村贫困人口现行标准下全部脱贫、区域性整体贫困问题得到解决的目标[①]。

三、政府在扶贫中的作用

中国政府在贫困治理过程中主要在以下几个方面发挥了重要作用。

1. 制定扶贫政策

扶贫政策是贫困治理的行动指南，对贫困治理的效度有直接的影响。在贫困治理的过程中，中国政府坚持实事求是、具体问题具体分析，制定了一系列较为成功的扶贫政策，主要表现为各级政府纲领性文件

---

① 杨骅骝，周绍杰，胡鞍钢.中国式扶贫：实践、成就、经验与展望[J].国家行政学院学报，2018(6).

的出台，如《国家八七扶贫攻坚计划（1994—2000年）》《中共中央国务院关于进一步加强扶贫开发工作的决定》《中国农村扶贫开发纲要（2001—2010年）》等。在精准扶贫阶段，中国政府普遍推行的扶贫政策包括对贫困户"建档立卡"、制定脱贫标准等，这些政策为识别贫困人口、记录脱贫过程、总结脱贫经验的贫困治理全过程制定了可度量的标准，使中国的脱贫减贫事业有据可依、有理可凭。

2. 设置扶贫机构

与科层制的现代政府体制相适应，中国政府自扶贫工作开展以来就成立了专门的扶贫机构，如1982年组建的国务院三西地区农业建设领导小组，其1986年更名为国务院贫困地区经济开发领导小组、1993年更名为国务院扶贫开发领导小组，统领全国精准扶贫事业的开展。在国家扶贫领导小组之下，各省、市、县级政府都成立了相应的扶贫开发领导小组和办公室等机构，保证了扶贫政策能够得到自上而下的贯彻实施。

3. 引导多元主体参与扶贫

作为贫困治理的重要力量，政府在扶贫过程中具有无可替代的合法性和权威性。政府的合法性使得作为被扶助对象的贫困人群对其有足够的信任度，易于接受政府的扶贫政策和具体安排。政府的权威性则体现在除了利用自身所掌握的人力、物力资源和系统的行政能力推动贫困治理外，还可以利用其公共权威性引导市场和社会等多方力量参与贫困治理，使多方资源得到有效整合，从而增加贫困地区发展动能。政府主导的产学研合作、PPP（public-private partnership）模式等都是近些年中国实现精准脱贫的典型案例中频繁出现的关键词，也是中国精准扶贫的重要经验。

四、政府扶贫创新模式

随着中国政府职能的转变和互联网等高新技术的快速发展，产生了许多以政府为主导的创新扶贫模式，主要体现在两个方面：一是政府与其他机构的合作，如互联网技术发展背景下的电子商务扶贫模式；

二是政府内部事务的融合发展，如将乡村振兴战略、文旅融合思路与扶贫联系起来的"文化+旅游"扶贫模式。

1. 电子商务扶贫

电子商务扶贫是依托于互联网技术而发展起来的新型扶贫模式，其作用机制主要有三个方面：增加贫困户收入、减少贫困户支出以及为贫困户赋能。[①] 电子商务平台一边连接着农村优质农产品资源，一边连接着消费者的多元化需求，实现供给与需求精准对接。农产品的销售直接为农民增加了收入。并且，电子商务在农村的发展需要建设一系列网络基础设施、物流运输、人才培养等，打破了农村与外界的信息壁垒，直接降低了农民的生活成本。除此之外，电子商务扶贫可以盘活农村的人力、财力、物力等资源，实现农村资源与外界资源的整合，培养农民的商业理念，增加农民的商业实践，实现贫困主体赋能。[②] 电子商务扶贫目前在中国有着良好的实践表现与广阔的发展前景，其主要特点有以下三点：一是由政府出资在有条件的贫困地区建立农村淘宝服务点，构建物联网，为特色农产品外销提供硬件支持；二是政府引导阿里巴巴等知名企业参与农村电子商务发展过程，鼓励企业派驻专业人员负责农村淘宝服务中心的运营和管理、物流运输对接等任务，并对有条件的贫困人员进行农村淘宝相关业务的培训，培育农村电子商务新主体；三是逐步推动贫困地区、贫困人口自主脱贫，农村淘宝的发展可以促使贫困农户生产特色农产品或在农产品加工厂工作，从而完成贫困户的自主就业和自主创业。

2. "文化+旅游"扶贫

旅游扶贫是指通过发展旅游业带动当地经济发展从而实现贫困地区脱贫的一种开发式扶贫模式。按照可持续发展理论，旅游扶贫有以下两个内涵：一是要辩证看待环境与发展之间的关系，即发展需要旅游资源的支撑，同时环境保护也需要发展提供技术和资金支持；二是

[①] 王昕天，胡畔. 电商扶贫的最新进展：理论、实践与政策建议[J]. 现代营销（经营版），2019（5）.

[②] 彭芬，刘璐琳. 农村电子商务扶贫体系构建研究[J]. 北京交通大学学报（社会科学版），2019（1）.

旅游扶贫可以使贫困者获得可持续发展的能力。[①] 党的十九大提出了"乡村振兴"战略，并提出了"文旅融合"的发展思路。"文化＋旅游"扶贫以乡村旅游发展为依托，通过乡土文化展示、特色农产品售卖、乡村旅游景点开发等方式吸引游客，增加贫困户收入，既能促进贫困地区经济增长，又能实现乡村的绿色发展。例如吉林省将"文化＋旅游"扶贫与"扶志"和"扶智"相结合，积极探索脱贫致富的有效途径。一是开展"演出下基层"、农民文化节等相关活动，丰富贫困群众文化生活。二是加强贫困地区人才建设，包括选派贫困县乡村文化工作站人员，开展乡村旅游扶贫培训（如乡村旅游经营户、乡村旅游带头人、能工巧匠传承人、乡村旅游创客四类人才和乡村旅游导游、乡土文化讲解等各类实用人才培训），培养乡村旅游扶贫培训师深入基层一线对贫困群众进行技能辅导等。三是编制文化旅游扶贫规划，增强扶贫的科学性。四是支持贫困县景区道路、服务配套等基础设施建设，改善景区旅游接待条件。[②] 这种扶贫模式既促进了贫困地区群众增收，又加速了社会主义新农村和乡村生态文明建设，充分发挥了文化在脱贫攻坚中的"扶志""扶智"作用和旅游在脱贫攻坚中的产业优势。

五、政府扶贫存在的问题

中国改革开放 40 余年以来的扶贫经验表明，政府主导的扶贫存在以下一些问题：①政府财政能力有限。扶贫是一项巨大而漫长的工程，需要大量资金投入。随着大量人口脱贫，剩余的贫困人口大多集中在老少边穷地区，贫困治理难度较大，需要大量资金投入。②行政偏好与实际需求不符，也就是我们常说的"面子工程"。在扶贫过程中，会出现政府部门利益与公共利益矛盾的情况，如国家级贫困县四川达

---

① 丰志美. 旅游扶贫的理论研究以及在四川应用的实证分析 [D]. 成都：西南交通大学，2008.
② 裴雨虹. 吉林：文化旅游扶贫注重"扶志"与"扶智" [EB/OL]. [2019-04-02]. http://f.china.com.cn/2019-04/02/content_74637235.htm.

州宣汉县冒尖村，2017年底竣工的易地扶贫搬迁集中安置点共有新房29幢，但仅6户村民入住；天坪村集中安置点，20栋新房，搬迁入住者只有3户。原因是新房周边无地可种，村民不得不返回原址。当收到"配合检查"的要求后才会回到新房里住几天。扶贫工作出发点是为了"迎接检查"，而不是帮助贫困人口解决致贫问题。①③贫困人口内生动力不足。贫困人口过分依赖政府资金上的补助而缺乏自我脱贫的意识，"等、靠、要"的思想较为普遍。④扶贫方式僵化。一些地方对国家扶贫政策执行不到位，依旧采取给钱物的老办法，缺乏可持续性。②扶贫除了具有准公共物品的基本特征之外还具有特殊性。作为一种全国性的准公共物品，对各地政府来说是一项强制性的"任务"，因此在具体提供过程中容易忽视被提供者的具体需求。此外，由于扶贫本身具有特殊性和复杂性，需要因地制宜，较难形成统一的供给模式。

第四节　市场扶贫

一、市场扶贫的含义

中国政府投入大量财力、物力、人力等资源帮助广大贫困人口摆脱贫困，这种投入本质上来说更强调其政治意义，即体现了党为人民服务的宗旨，彰显了党的领导优势，夯实了党在农村的基层组织，锤炼了干部队伍，以及实现发展成果人民共享的承诺。但是扶贫资源配置的效率低下使扶贫本身的目标无法达成，还会造成巨大的资源浪费，扶贫的政治目标也无从实现。在扶贫过程中引入市场机制可以使扶贫资源得到更加有效的配置，并且可能产生许多新的扶贫模式，如金融

---

① 彭瑜.国家级贫困县的安置房尴尬：老人种地往返要走二十公里[EB/OL].[2018-06-19]. http://www.sohu.com/a/236507099_617374.

② 董铭胜.脱贫攻坚要补齐"精神短板"[EB/OL].[2017-11-23]. http://www.cpad.gov.cn/art/2017/11/23/art_56_73741.html.

扶贫、旅游扶贫等，使扶贫效果更加持续。市场扶贫是一个笼统的概念，主要是指在扶贫过程中引入市场机制，让市场组织如实体企业、金融机构、商业组织、农业经济组织等组织机构运用市场竞争机制解决贫困地区的发展问题。①

二、市场扶贫的内容

周林洁将贫困类型分为能力贫困、权利贫困和收入贫困等三种贫困类型。②能力贫困是指无法满足温饱、健康以及教育等基本需求；权利贫困是指制度性障碍和自然资源禀赋障碍造成的贫困；收入贫困是指缺乏稳定收入来源或低收入而造成的贫困。市场扶贫是解决收入贫困的最好方式，并且在收入贫困得到解决后，前两种贫困也将有所缓解。

中国市场扶贫主要包括以下内容：①提供信贷支持，营造创业环境。小额信贷是一种灵活化的市场扶贫机制，其主要作用是为贫困人口进行创业提供启动资金，营造良好的创业环境。③②利用保险工具，规避返贫风险。综合利用社会保险、市场保险等工具，优化贫困地区金融生态环境。③各企业与贫困地区结对帮扶。这是市场扶贫中广泛采取的模式，如"万企帮万村"等倡议，通过发展产业、对接市场、安置就业等多种方式帮助贫困户脱贫，落实企业的扶贫责任。④完善土地政策，优化土地资源利用。例如重庆市开州区长沙镇齐圣村采取的方式是让贫困人口的土地变成资产，让贫困人口变成股东，采取参股入社、按股分红、脱贫转股的方式，通过规模种植、土地入股、保底分红、返聘务工等多渠道增加农民收入。④

---

① 陈凌霄.国农村扶贫开发政策中的多元执行主体研究[D].南京：南京大学，2017.
② 周林洁.以机制创新提高扶贫开发效率效果[N].人民日报，2014-04-15.
③ 中国银行保险监督管理委员会.中国银保监会、财政部、中国人民银行、国务院扶贫办关于进一步规范和完善扶贫小额信贷管理的通知[EB/OL].[2019-07-08]. http://www.cpad.gov.cn/art/2019/7/18/art_46_100343.html.
④ 孔令瑶.图解：十九大代表的扶贫经[EB/OL].[2017-10-23]. http://f.china.com.cn/2017-10/23/content_50043237.htm.

实际上，市场扶贫是一个十分广泛的概念，它强调的是发挥市场机制在资源配置中的作用。党的十八大以来，国家鼓励民营企业和国有企业在扶贫中贡献力量，实现市场资本和精准扶贫的有效对接。市场化的扶贫方式主要有以下一些优点：①提高扶贫资源的配置效率。相比于政府，市场更具有专业性和效率性，可以实现贫困户需求和社会资源的有效对接。也就是说，贫困人口所需要的准公共物品涉及医疗、教育、基础设施等多个维度，市场中的各种主体可以通过竞争机制和供需机制实现资源的最优化配置。①②增强主体的主观能动性。这里的主体有两层含义，一是指市场中的各个帮扶主体如企业、银行等，二是指接受帮助的贫困人口。市场竞争的大背景下，各帮扶主体必使出"浑身解数"尽心帮扶，以突出其对社会责任的承担，塑造良好的企业形象；对于接受帮助的贫困人口来说，市场扶贫要求其直接参与到自救过程中，激发贫困户的发展潜力，让其积极行事，而非一味地"等、靠、要"。

安徽省舒城县"金融扶贫+特色产业"扶贫

　　舒城县位于安徽省大别山区，是一个革命老区，也是国家重点扶持的贫困县之一。舒城县具有人多地少、山高林密、交通基础设施落后等特点。根据2016年统计情况，舒城县人口100万人（2016年末），总户数约30.8万户，建档立卡贫困户30 604户，贫困人口71 285人，属于深度贫困地区。②贫困人口致贫因素较多，最为突出的是资金和技术缺乏以及因市场风险返贫等。针对贫困现状，舒城县探索"金融扶贫+特色产业模式"，有效激发贫困户发展内生动力，实现从"输血式扶贫"向"造血式扶贫"转变。

　　首先，资金缺乏是制约舒城人民摆脱贫困的重要因素。为此，舒城县大胆创新金融扶贫机制，坚持扶贫小额信贷一户一贷一用

---

① 刘雪.市场化扶贫机制在精准扶贫中的运用研究[D].兰州：兰州大学，2017.
② 毛勇，马玲，方勇.大别山区精准扶贫的做法、问题与对策——以舒城县开展精准扶贫为例[J].中共南宁市委党校学报，2017（3）.

的政策定位，小额信贷由过去的"大水漫灌"转为"精准滴灌"，有效解决了贫困群众没有资金自主创业的问题。截至 2019 年 6 月底，全县扶贫小额信贷累计向 8 600 户贫困户发放扶贫小额信贷 4.6 亿元。其次，舒城县立足自然资源，促进贫困户"造血"发展。大力发展生态农业、乡村旅游、电商、光伏、种养业等五大扶贫产业，坚持扶贫小额信贷与产业扶贫紧密结合，有效缓解了贫困户产业发展资金匮乏问题。除此之外，舒城县大力推广"四带一自"产业扶贫模式，鼓励贫困户加入手工业等专业合作社，由合作社提供产前、产中、产后等一条龙服务，降低生产成本、提高销售价格。截至 2019 年 6 月，全县发展带动贫困户的农民合作社已经达到 394 个。①

舒城县"金融扶贫+特色产业"模式解决了扶贫过程中的三大问题：一是资金缺乏问题。通过小额信贷的方式引入银行的力量，为贫困户提供创业启动资金。二是可持续发展问题。舒城县因地制宜，充分利用自然资源禀赋发展各类产业，增加收入来源。三是贫困人口内生动力不足问题。通过农民合作社的形式为农民创业提供全套服务，将贫困户的利益紧紧联系在一起，激发了其自我改善的潜力。对于市场来说，扶贫可以看作是准公共物品中的收费公共物品，但是"收费"并不是直接来源于被提供对象，其具体形式也不一定是货币。其"收费"的来源主要是政府的优惠政策、自身形象的提高等，直接由被提供对象即贫困者带来的收益只属于很小一部分。由市场来提供扶贫这项准公共物品，实现了需求的精准对接，并且探索出多样化的供给模式。

资料来源：房子妤.舒城：金融扶贫架金桥，山乡盛开致富花 [EB/OL]. [2019-09-05]. http://www.ah.xinhuanet.com/2019/09/05/c_1124964559.htm.

---

① 房子妤.舒城：金融扶贫架金桥，山乡盛开致富花 [EB/OL].[2019-09-05]. http://www.ah.xinhuanet.com/2019/09/05/c_1124964559.htm.

第五节 社会组织扶贫

一、社会组织扶贫的含义

在中国,社会组织扶贫是中国社会扶贫体系中的一部分。社会组织扶贫是指各类社会组织、基金会和非企业单位发挥自身的特点和优势,积极参与扶贫开发,开展一系列扶贫的公益性活动。[①] 在中国扶贫事业中作出重要贡献的部分社会组织以及其典型扶贫活动如表2-5所示。

表2-5 社会组织扶贫案例

成立时间	社会组织	案例	目的
1981年	中国儿童少年基金会	"春蕾计划"	帮助贫困地区失学女童重返校园
1988年	中国妇女发展基金会	"母亲水窖"	修建水窖,改善贫困地区缺水状况
1988年	中国妇女发展基金会	"母亲健康快车"	以流动医疗车为载体,进行健康卫生服务
1989年	中国青少年发展基金会	"希望工程项目"	建设希望小学,资助失学儿童返回校园
1989年	中国扶贫基金会	"贫困农户自立工程"	为贫困农户提供小额信贷
1989年	中国扶贫基金会	"爱心包裹项目"	为灾区学生捐赠爱心包裹
1990年	老区建设促进会	"双百双促"行动	百家企业帮扶百个贫困革命老区,促进其率先脱贫
1992年	中国国际民间组织合作促进会	与国际民间组织扶贫项目的合作	加强与国际组织的合作,为贫困地区寻找外界帮助
1994年	中华慈善总会	灾后物款捐赠活动	给灾后地区捐赠物资和金钱,帮助灾后重建

---

① 国务院扶贫办.社会组织扶贫 [EB/OL].[2016-08-18]. http://f.china.com.cn/2016-08/18/content_39119003.htm.

续表

成立时间	社 会 组 织	案　　例	目　　的
1995年	中国光彩事业促进会	"万企帮万村"精准扶贫活动	民营企业对贫困村进行产业扶贫
2007年	友成企业家扶贫基金会	电商扶贫、"小鹰计划"	搭建社会力量参与电商扶贫平台；培养青年学员服务乡村

资料来源：赵佳佳. 当代中国社会组织扶贫研究 [D]. 长春：吉林大学，2017；友成企业家扶贫基金会官网，http://www.youcheng.org/.

二、社会组织在扶贫中的作用

由表2-5可知，中国社会组织扶贫涉及贫困地区儿童教育、基础设施建设、医疗卫生、小额信贷、灾后重建、妇女保健、产业发展等多方面问题，为中国扶贫事业作出了重要贡献。相较于政府和市场组织，社会组织在贫困治理过程中独特的重要性表现在[①]：①专业性优势。每个贫困家庭的致贫原因不尽相同，涉及政治、文化、经济、环境、社会、生理、心理等各个方面的影响，社会组织能深入基层对个案进行精确"诊断"，并利用专业技能和专业资源进行精确帮扶，提高贫困户的就业能力。②拓展扶贫参与渠道。社会组织遍布于中国的各个领域，其接触到的资源十分广泛，有些可以和政府、企业以及公众等获得直接联系，从而弥补政府和市场对准公共物品供给的不足。例如友成企业家扶贫基金会自2007年成立以来，截至2018年，累计公益支出达4.1亿元，资助各类社会组织和社会企业260家，其中资助和支持平台型公益组织及活动19个，其公益理念是动员全社会力量参与解决社会问题，整合政府、企业、社会公众等力量，采取市场经济与社会公益相结合的方式，利用好互联网技术，培育涉及扶贫、救灾、教育、医疗领域的

---

① 秦云. 整合社会组织推动精准扶贫 [N]. 公益时报，2019-02-27. http://csgy.rmzxb.com.cn/c/2019-02-27/2294339.shtml.

新公益人才,将系统性思维方式用于减贫工作。社会组织参与扶贫有利于整合资源,构建"大扶贫"格局。①③提高扶贫精准度。社会组织可以避免政府和市场具有选择偏好的影响,从而实现资源的公平分配,让贫困群体能够获得脱离贫困和自我发展的必要条件。

三、社会组织扶贫的局限

由于社会组织所具有的志愿性、公益性和专业性特点,其在扶贫准公共物品供给方面具有政府和市场不可替代的优势。但由于社会组织本身的发展不完善、相关法律和监督机制的缺乏导致社会组织扶贫具有一定的局限性。

一方面,就社会组织本身来说,主要存在以下问题:①行政化严重。在中国,合法登记的社会组织大多挂靠政府部门成立,其资金和人事受制于地方政府。因此,其组织结构层级较多,行政化倾向严重,导致扶贫效率低下。②资金来源不足。作为非营利组织,社会组织的财力远不如政府和市场雄厚,在扶贫事业中会显得"力不从心"。③社会组织公信力不足。社会组织依靠较高的信誉,以获得最大程度的外部捐助,从而开展扶贫活动。但近年来,一些社会组织以扶贫开发的名义举债,极大地损害了社会组织的公信力,引起了公众的不满。例如民政部曾对中国商业经济学会作出行政处罚,因其未经理事会批准而设立分支精准扶贫工作委员会,并违规再下设甘肃、湖北、山西等29个地方代表处,违规发展会员6万人,超标非法收取会员费60万元,全部进入企业账户,未依法进入学会账户,给社会组织有序参与扶贫工作造成了不良影响。②另一方面,就外部环境来说,主要存在以下问题:①缺乏有关社会组织的立法。中国社会组织立法十分不健全,有关法律仅有一部2016年出台的《中华人民共和国慈善法》,其余都是一

---

① 友成基金会.三个新公益理念[EB/OL].[2013-09-25]. http://old.youcheng.org/plus/list.php?tid=29.

② 民政部.民政部对中国商业经济学会作出行政处罚[EB/OL].[2019-10-16]. http://chinanpo.gov.cn/2351/121707/index.html.

些条例和规定,这样就导致社会组织在参与扶贫事业的过程中"无法可依"。②监督管理机制不够完善。社会组织募集来的资金应当被切实用于扶贫事业中,但由于缺乏相应的监督管理机制,社会组织资金"去向不明"的现象时有发生。组织运行不透明、财务信息不公开等使得社会组织资金被内部人员侵吞的事件时有发生。

第六节 自我扶贫

一、自我扶贫的含义

自我扶贫是指在政府的引导下,综合各种资源,激发贫困群众的内生动力,使其在扶贫过程中发挥主体作用。习近平同志多次作出重要指示,扶贫要"扶志"和"扶智",只有激发内生动力,才能实现可持续脱贫。因此实现自我扶贫的关键是要激发贫困人口的内生动力,这里的内生动力可以从两个维度来理解:①精神维度,即"我要发展"的思想,也就是要"扶志"。一方面要倾听贫困群众的心声,了解贫困群众的思想动态和真实需求,增强其获得感和幸福感。另一方面要加强政策宣传,使贫困地区群众与扶贫目标产生情感认同,形成对脱贫致富的美好向往。要使贫困人口能够意识到自己是脱贫的主体,进而能主动参与到扶贫工作中去,并主动通过学习、实践等提升自我发展能力。②能力维度,即"我能发展"的能力,也就是要"扶智"。一是要加强贫困地区基础设施建设,为产业发展、持续脱贫提供必要条件。二是要加强对贫困人口的职业教育和培训,提升自我发展能力。三是因地制宜发展产业,因人因户因村施策,帮助贫困地区创新建立有效的产业扶贫模式,保证其稳定收入来源,实现可持续脱贫。

二、内生动力不足的表现

"扶贫扶志"是中国特色扶贫开发的显著特征。脱贫攻坚以来,贫困人口精神面貌改变显著,自我发展能力大大提高。贫困人口内生动力是实现可持续脱贫的关键。贫困人口需要主动作为,才能使扶贫资金和项目发挥相应作用,放大扶贫资源的使用效益。内生动力是防止"返贫"现象发生的基本保障,只有提高自主脱贫能力,才能实现"不扶也能立"。因此激发贫困人口内生动力是脱贫攻坚工作必须攻克的难点。但目前,仍存在脱贫主体意识淡薄、"等、靠、要"思想突出、脱贫能力不足等问题,主要表现在以下三个方面:①"等、靠、要"思想依然存在。贫困人口的"等、靠、要"思想是其精神层面的内生动力不足导致的,"靠着墙根晒太阳,等着别人送小康"。"等"就是安于现状,不思进取,等政策、等项目、等落实;"靠"就是依赖心理,靠政府、靠媒体、靠推动;"要"就是坐享其成,要资金、要条件、要头衔。[①]扶贫资源被认为是可以不劳而获的资源,贫困群众意识到自己仅凭借"贫困户"的身份就可以获得物质利益,进一步助长了"等、靠、要"的思想。②群众参与热情低。主要表现为"干部干,群众看",认为"扶贫是干部的事"。在当前的扶贫工作中,由于贫困农民没有强烈的致富愿望,参与积极性低,出现了"热"干部和"冷"群众的奇怪现象。如帮扶工作出现帮扶干部定期上门走访、政策宣讲而被拒之门外的现象。③"扶则立,不扶则返"。贫困人口内生动力是扶贫效果可持续的重要保障,内生动力不足而导致的"脱贫离不开扶贫"[②]的现象时有发生。在有些贫困地区,脱贫主要依赖于当地政府的全方位支持。一旦没有政府资源和政策的继续输入,贫困群众由于依旧没有掌握脱贫致富的方法又返回到之前的贫困状态,脱贫效果无法得到保障。

---

① 曲海燕.激发贫困人口内生动力的现实困境与实现路径[J].农林经济管理学报,2019(2).

② 国家统计局住户调查办公室.中国农村贫困监测报告2017[R].北京:中国统计出版社,2017:339.

三、内生动力不足的原因

造成贫困人口内生动力不足的原因既有内在原因也有外在原因。李冰从可行能力的角度，认为制约贫困人口内生动力的内在原因包括个体功能不足、知识型能力不足和观念型能力不足。个体功能不足是指健康状况、年龄状况、智力、性别等方面的限制，从根本上限制了贫困人口的自由度和选择机会。知识型能力不足是指由于专业知识、文化素质、现代网络技术、法律知识、预测市场的能力、社会交往能力等方面的缺乏，使得贫困人口在市场竞争中处于劣势地位。观念型能力不足是指思想保守狭隘，缺乏冒险精神、法治意识、政治意识等，很大程度上限制了贫困人口获取资源的能力。[1]这些内在原因使贫困群众缺乏脱贫的主体意识和脱贫的能力，久而久之就安于现状，丧失脱贫致富的积极性。薛刚认为，贫困人口内生动力不足的外在原因主要包括以下两个方面：①内在需求与外在帮扶措施错位。[2]按逻辑来说，只有当外在帮扶措施符合贫困群众的内在需求时，帮扶措施才是有效的。但在实际的扶贫工作中，当地政府可能会按照自己的行政偏好或者是受上级命令的要求而采取僵硬化的扶贫措施，从而未能了解贫困群众的真正需求。例如精准贫困户在进行住房改造时，想要自费在规定的面积上扩大面积，方便自己的孩子回家时居住，但地方政府会以"标准"来拒绝贫困户的需求。换句话说，就是帮扶没有帮在点子上，这样反而会打击贫困群众脱贫的积极性。②贫困群众参与脱贫过程不足。有实地调查数据显示，在某项扶贫活动的675户农户中，分别有73.13%和79.83%的农户没有机会参与扶贫内容和扶贫项目组织实施方式的讨论。[3]由于中国的扶贫长期由政府主导，有些基层政府在扶贫过程中容易养成大包大揽的习惯，而忽略了主动吸收贫困群众参与到

---

[1] 李冰.农村贫困治理：可行能力、内生动力与伦理支持[J].齐鲁学刊,2019（3）.
[2] 薛刚.精准扶贫中贫困群众内生动力的作用及其激发对策[J].行政管理改革，2018（7）.
[3] 徐勇，邓大才等.反贫困在行动：中国农村扶贫调查与实践[M].北京：中国社会科学出版社，2015： 21-22.

扶贫过程中来,造成了贫困群众脱贫信心不足。[1]

"江田村"扶贫案例

江田村位于安徽省黄山市休宁县,曾经因村人均收入倒数第一而被列为重点贫困村,经过多年扶贫工作的开展,2016年12月经过安徽省第三方评估组入户调查评估,成为全村整体脱贫的"摘帽村"。2014年,江田村共有130余户573人,其中建档立卡贫困户达四分之一。江田村位于偏远山区,自然资源缺乏、基础设施建设落后导致其产业发展滞后,全村人民生活条件较差。以下总结了江田村的主要脱贫经验。

第一,加强基层党员的领导作用。农民要致富,关键看支部。基层党组织可以与农民深入交流,熟知他们的想法,在脱贫之路上发挥着"带路"优势。[2] 首先,要做到心中有民。以前,江田村因地处偏僻、资源匮乏,村干部觉得脱贫无望,干部和群众都没有积极性。2014年10月,丁新志担任江田村第一书记兼扶贫工作队队长,他上任后的第一件事就是与村干部一起进村挨家挨户了解情况,使村民们感受到了干部的关怀。其次,要做到行动为民,为人民办实事。村委会从建设村里的基础设施、改善全村面貌做起,2016年全村投入60万元拆除旱厕24座,整理杂草堆10余个,清理边沟修复水渠400米,修建花坛300平方米,购置"懒人凳"12条,建设护岸400米、桥梁一座、2.5米宽道路400米。除此之外还对村里的电路、电信设施进行了改造。村子变得干净整洁了,干部的尽心尽力增强了村民们脱贫的内生动力。

第二,加强政策宣传,实现观念上的脱贫。江田村地处偏远,

---

[1] 薛刚.精准扶贫中贫困群众内生动力的作用及其激发对策[J].行政管理改革,2018(7).

[2] 董铭胜.基层党组织要做精准扶贫的中坚力量[EB/OL].[2016-10-11]. http://www.cpad.gov.cn/art/2016/10/11/art_56_54083.html.

村民对国家扶贫政策了解有限。丁新志耐心地给村民们宣传国家各项惠民政策，先把村民们的积极性调动起来。然后，充分运用国家的扶贫政策如小额贴息贷款、争取创业补助等方式，帮助村民筹措资金购置生产原料和工具，实现村民自主创业。

第三，发展特色产业，实现持续脱贫。发展特色产业是增强村民自我"造血"能力的有效途径。休宁县自宋代以来就开始用泉水养鱼，鱼的质量很好，市场价格高。因此，村子里争取了养鱼专项资金，修建鱼塘、购买鱼苗，还成立了泉水鱼养殖协会和泉水鱼专业合作社，统一鱼苗购买、养殖、销售、品牌塑造、营销推广等工作，使整个村子行动起来，所有村民都充满干劲。发展特色产业解决了村民们的就业问题，使脱贫致富有了长久的保障。

第四，进行文化扶贫，实现精神上的脱贫。2015年5月，江田村投入资金40万元，新建了体育文化广场，添置两套体育器材，扩建为民服务中心，使得全村文化娱乐场所得到了极大的改善，村民们的业余生活也变得更加丰富。

江田村探索出了"支部+集体经济+贫困户""支部+合作社+贫困户""党员模范+贫困户""返乡能人+贫困户"等一系列帮扶模式，充分激发了贫困群众的内生动力，这也是该村能在两年内实现快速高质量脱贫的重要原因。自我扶贫既是扶贫供给的有效方式，同时也从另一个角度说明了扶贫作为准公共物品的特殊性，打破了准公共物品只能由外界主体提供的常规思路。自我扶贫的方式在于政府和党的引导，但是最终目的是要实现被提供者向提供者的转变。

资料来源：董铭胜.安徽：一个贫困村整体脱贫的启示[N/OL].安徽日报[2017-04-05]. http://www.cpad.gov.cn/art/2017/4/5/art_304_61557.html.

第七节 本章小结

本章共分为七个小节，核心要点在于将扶贫视为一种准公共物品。因此首先梳理了准公共物品的相关概念以及政府、市场、社会组织三种准公共物品供给模式。然后基于准公共物品的理论视角，重新定义了贫困和扶贫的定义，将贫困视作"公共劣品"，相应的，扶贫就是一种全国性的"准公共物品"，具有有限的非排他性和有限的非竞争性。除了具有准公共物品的基本特征之外，扶贫具有一定的特殊性。这种特殊性来源于扶贫供给的政治意义，导致政府势必会在扶贫供给中占主导地位。但是由于扶贫本身的复杂性，若由政府单一提供势必会带来效率低下的问题。因此，政府主导下的市场、社会组织以及自我扶贫相互配合构成了中国的特色扶贫之路。接下来的四个小节分别讨论了政府扶贫、市场扶贫、社会组织扶贫以及自我扶贫的相关内容。在党的领导下，政府在中国扶贫历程中始终占据着主导作用。从中华人民共和国成立以来，政府主导的扶贫可以分为救济式扶贫（1949—1978年）、经济体制改革带动扶贫（1979—1985年）、制度化扶贫开发（1986—2000年）、新世纪综合减贫战略（2001—2012年）和精准扶贫战略（2013—2019年）五个阶段，政府在其中的主要作用为制定扶贫政策、设置扶贫机构和引导多元主体参与扶贫，并涌现出电子商务扶贫、"文化＋旅游"扶贫等一系列新型扶贫模式，但同时也存在政府财政能力不足、行政偏好与实际需求不符、贫困人口内生动力不足和扶贫方式僵化等一系列问题。在扶贫过程中引入市场机制和市场组织是解决上述问题的重要措施，可以提高扶贫资源的配置效率，并增加扶贫主体和贫困人群的主观能动性。社会组织扶贫是中国社会扶贫体系的重要组成部分，具有专业程度高、拓展扶贫参与渠道、提高扶贫精准度等优势，但同时也存在行政化严重、资金来源不足、公信力不足以及缺乏有关立法和监督管理机制不够完善等局限性。自我扶贫强调的是要发挥贫困群体的主体作用，解决贫困群体内生动力不足的问题，是实现可持续脱贫的重要措施。

第三章
制度安排：有效扶贫制度供给

　　扶贫制度对贫困群体脱贫致富，起到了基础性的引领与支撑作用。扶贫制度的作用在于从制度层面确保贫困群体的利益，让贫困群体获得更多缓解贫困、摆脱贫困的机会，引导贫困群体通过自身努力实现脱贫致富。因此，只有有效供给的扶贫制度，才能为减贫工作提供良好的基础性支撑作用，提升减贫成效，拓宽贫困群体发展机会，使他们走向富裕人生。

　　本章第一节介绍什么是扶贫制度供给，形成政府主导、市场和社会参与的扶贫制度供给格局的原因，以及从纵向各级政府制定的扶贫制度和产业扶贫制度的供给现状进行分析。第二节介绍中国扶贫制度的变迁历程，将中国扶贫制度变迁分为四个阶段，对影响中国扶贫制度变迁的因素进行分析，发现经济社会发展状况、农村发展状况以及贫困特征的变化是影响扶贫制度变迁的主要因素。第三节利用经济学有效供给理论分析如何保证扶贫制度能够实现有效供给。第四节则是在确保扶贫制度有效供给的基础上分析扶贫制度供给有效性要如何衡量以及如何提高中国扶贫制度的供给有效性即制度供给的有效程度。

第一节 扶贫制度供给

制度是制度经济学的基本概念，西方学者大多是基于个人主义对其进行界定。旧制度经济学家凡勃伦（Veblen）从道德风俗等非正式约束的角度出发，认为"制度的本质是个人或社会对某种联系或功能的普遍习惯[①]"。康芒斯（Commons）则认为"个体行动受到集体行动控制的标准或规则就是制度[②]"。新制度经济学代表舒尔茨（Schultz）和诺斯（North）对制度的概念有不一样的看法，舒尔茨认为制度就是"一种与经济、政治以及社会行为相关的规则[③]"，诺斯将制度定义为"被制定出的用以限制个体行为准则、遵守法律的秩序和行为德行，通过约束经济主体的行为来实现效用最大化[④]"。舒尔茨和诺斯对制度定义的差异性体现为制度约束的行为主体不同，舒尔茨没有规定制度约束的行为主体，而诺斯将制度约束行为主体划定为个人。综合上述不同观点，本书将制度界定为：个人、组织或政府所设计的针对特定对象的行为准则和规范，旨在对个人或组织行为作出约束，减少不确定性，防范风险并实现最大化收益。

一、扶贫制度供给的内涵

1. 制度供给

制度供给，即制度生产，是对制度需求的一种回应，它可以是"人们有意识地设计的[⑤]"，也可以是"自然演进而形成的[⑥]"，是制度变

[①] 凡勃伦. 有闲阶级论：关于制度的经济研究 [M]. 北京：商务印书馆，1964：139.
[②] 康芒斯. 制度经济学 [M]. 北京：商务印书馆，1962：87-89.
[③] 舒尔茨. 制度与人的经济价值的不断提高，引自陈昕. 财产权利与制度变迁 [M]. 上海人民出版社，1994.
[④] 诺斯. 制度、制度变迁与经济绩效 [M]. 上海：上海三联书店，1994：3.
[⑤] 诺斯. 经济史中的结构与变迁. 上海人民出版社，1994.
[⑥] 卢现祥. 新制度经济学 [M]. 武汉：武汉大学出版社，2004：154.

迁的重要组成部分。国内学者杨瑞龙则认为"制度供给是指特定的制度安排，其研究重点是考察在已有宪法秩序和伦理道德标准之下，组织和推进改革的权力中心的制度创新意愿及创新能力的大小，根据何种原则所制定新的制度安排和制定具体操作规则，以及新的制度安排会如何影响收入分配和资源配置[①]"。契合人们利益的有效制度供给能够更好地刺激制度需求，相互制约和相互促进的制度需求及制度供给会使得制度均衡达到更高的水平。制度经济学家对制度创新和制度变迁两个概念有着相似又略有不同的观点，制度变迁被诺斯界定为"制度建立、改变、随时间变化而被打破的方式，是制度替代、转换与交易，主要考察制度变化的过程和结果[②]"，而制度创新则是制度变迁的一种方式，特指能够积极发展并且有效的制度变迁。

综合上述观点，本书将制度供给定义为制度供给主体（政府、组织或个人）有意识地创造出来的正式制度供给，旨在满足自身利益及制度需求而进行的制度创新。

2. 扶贫制度供给

政策是国家政权机关、党政组织和其他社会组织为实现自身利益，以权威形式制定的在特定时期内的奋斗目标、行动准则、明确任务、工作方式以及具体实施措施，是法规、办法、措施和方法等的总称，其实质是阶级利益观念化、主体化以及实践化的体现。扶贫政策是由国家所制定的为应对贫困带来的挑战，集合政府有关部门和社会各界力量，帮助贫困地区减轻贫困，实现勤劳致富的具体计划、步骤和措施。

综合上述观点，本书认为扶贫制度的供给是国家或地方政府为应对贫困带来的挑战，帮助贫困地区摆脱贫困，最终走上勤劳致富道路，由国家或当地政府所制订的具体计划、步骤和实施措施，是一种正式制度供给。

---

① 杨瑞龙．论制度供给 [J]．经济研究，1993（8）．
② 诺斯．制度、制度变迁与经济绩效 [M]．上海：上海三联书店，1994：3．

二、扶贫制度供给主体

基于上述制度供给的定义，制度供给的主体可以是政府、组织和个人。由于个人缺乏权威性，因此无法成为扶贫制度供给的主体，但是个人在发现存在获利机会时，会自愿推动扶贫制度供给，使得扶贫制度能够更好地发挥其作用。对于组织而言，组织能够充分利用其内外部资源，发挥其专业优势，推动扶贫制度供给，从而提高扶贫制度的作用效率。对于扶贫制度的供给主体而言，政府在制度供给中占主导地位，但是仅仅依靠政府无法使已经制定的政策措施发挥充分作用，只有建立以政府为主导，政府、市场和社会协调的扶贫制度，才能促进资源的优化配置，使减贫成果更加显著。

1. 政府主导扶贫制度供给的优势

"涓滴效应"理论在减贫研究中受到广泛关注，但随着贫困群体日益集中于市场经济无法渗透的地区，贫困群体也无法通过自身经济发展实现减贫时，凯恩斯主义主张政府对市场进行干预的理论得到应用①。在这一理论的影响下，中国政府作为扶贫制度供给的主导力量，针对贫困地区制定了大量扶贫政策、扶贫计划以及相应的实施措施，中国减贫取得丰硕成果。尽管由政府主导的扶贫制度供给并非完美，但是由政府主导扶贫制度供给仍具有社会供给和市场供给所无法比拟的优势，下面将从四个角度来对政府主导扶贫制度供给的优势进行介绍。

（1）政府特有的合法性优势。政府在正当合法性上的独特优势使得民众能够认可、信赖政府。如果群众认为政府行为合理且符合其切身利益，其行为正当且具有合法性，政府所制定的政策制度以及相应的实施措施就能够较好地被执行；相反，若政府行为不具有合法性，政府制定的措施在执行过程中将会存在较大阻碍，使得扶贫行动无法顺利进行。中国人民群众对政府为实现扶贫目标所制定的政策及具体

---

① 陆汉文，梁爱有，彭堂超. 政府市场社会大扶贫格局[M]. 长沙：湖南人民出版社，2018：26.

措施能够高度认同,这使得中国政府在扶贫制度的供给方面所具备的相当合法性是市场和社会作为供给主体无法具备的。

(2)中国政府特有的政治体制优势。中国的政治体制是社会主义制度,这是中国政府能够主导扶贫制度供给的重要因素。政策制定部门向政府各部门及社会各界广泛征求意见和建议,这种过程使得政策制定更加科学和有针对性。此外,民主集中制能够充分确保决策过程不被资本力量所干扰。从国家角度来看,政府通常掌握最终决策权,这样的最终决策权能够让中国政府在扶贫行动中占据主导地位,更好地发挥政府在资源配置中的作用。

(3)扶贫需要一定的连贯性。稳定且有所提高的调控能力以及经济的持续增长在很大程度上决定了中国政府扶贫行动的连续性,这使得政府在政策制定、执行以及监督上具备市场和社会所不具有的优势。强大的调控能力[①]体现在大量资金能够在短时间内投入到特定地区,而调控能力的提高则与中国不断提升经济发展水平息息相关,这是中国政府能够主导扶贫制度供给的关键因素之一。例如,2001年至2010年,中央财政安排扶贫专项资金为2 043.8亿元,在2011年至2015年期间安排扶贫专项资金1 879.8亿元[②],5年内扶贫专项资金数额达到过去10年金额的九成有余,扶贫专项资金数额的变化从一方面说明了中国政府的调控能力有了一定程度的提升。此外,中国政府具有的强大号召力能够让大量资源在短时间内投入到某一领域或某一地区,这从另一方面也体现了政府的调控能力。例如,在专项扶贫资金之外,政府号召社会各界力量加大对扶贫事业的投入,"八七计划"期间,中国扶贫事业接收外资投入达192.8亿元,接收社会各界捐款达167亿元[③]。极强的资源调控能力和政府的合法性、权威性确保了政府在政策

---

① 调控能力是指国家指导社会经济发展的能力。

② 周敏慧,陶然.市场还是政府:评估中国农村减贫政策[J].国际经济评论,2016(6).

③ 何道峰.中国NCO扶贫的历史使命[A].中国扶贫基金会.中国NGO扶贫国际会议专辑[C].中国扶贫基金会,2001:27.

制定、执行以及监督上拥有其他扶贫力量所不具有的优势[①]。前文中提到扶贫行动可以看作是公共物品，政府的财政能力是影响公共物品提供最重要的因素，而政府的财政能力与其经济发展水平具有强相关性，所以，公共物品的供给水平很大程度上与经济发展水平相关。持续稳定的经济增长使政府能够确保提供这些产品的能力不会突然改变。倘若扶贫制度是由市场主导作为供给主体，市场虽然具有一定的调控能力，但是市场缺乏有效的外部约束，在政策执行过程中很可能因偏离原定目标而终止扶贫制度的供给，减贫就可能无法获得预想成效，甚至会使贫困状况恶化。与市场相反，政府扶贫行动的连贯性在于政府有意愿一直提供这一具有正外部性的产品，只要政府确定某一种扶贫方式能够带来正外部性，政府便可以凭借其合法性、权威性以及极强的资源调控能力确保扶贫进程的持续。

（4）有效引导社会和市场力量参与扶贫。在扶贫工作的进行中，中国社会和市场外部力量不足。扶贫作为准公共物品，具有非排他性和非竞争性，这导致市场很难自发地参与扶贫，政府的合理引导作为支撑力量必不可少。中国的市场力量在改革开放后才逐渐成长发展，若是扶贫这一公共物品由市场来主导供给，可能供给最为有效，但是政策制定最初想要实现的目标可能会由于市场的优胜劣汰原则导致弱势群体的利益无法得到保障，因此需要政府的合理引导以及强有力的外部约束机制。社会力量在参与扶贫供给时，其资源往往是来源于外部其他主体，若从外部无法获得足够资源，社会力量在供给时所能发挥的作用就十分有限，会导致扶贫行动的中断。而政府不仅能够为市场力量提供强有力的外部约束机制，使市场在参与扶贫供给时不偏离原有目标，还可以为社会组织扶贫提供充足的资金支持，使之能够充分发挥其作用。

2. 市场参与扶贫制度供给的优势

虽然扶贫制度的供给要由政府主导，但是市场供给所发挥的作用

---

① 陆汉文，梁爱有，彭堂超. 政府市场社会大扶贫格局[M]. 长沙：湖南人民出版社，2018：144.

不容忽视。市场在参与扶贫供给时,能够最大限度地挖掘利用贫困地区的资源禀赋,使贫困地区能够利用当地所具有的比较优势,进入市场参与竞争,并从中获益。此外,扶贫制度只由政府供给很有可能会使贫困群体出现等政府救济、靠政府救济等行为,而市场特有的优胜劣汰原则能够很大程度上避免这些行为和类似状况的发生,市场参与供给能够让贫困主体为了在市场竞争中生存而不断提升自身及其产品优势,从而使其自力更生,逐渐脱贫。

(1)最大限度开发利用贫困地区的资源。相较于非贫困地区,贫困地区虽然在市场要素的竞争上具有劣势地位,但仍具有对于自身而言的资源禀赋优势,利用供求关系对流向市场的各种资源进行调节能够充分挖掘利用贫困地区的资源禀赋,使得贫困群体能够参与市场竞争,使其获益并最终实现脱贫。以山西省天镇县的贫困人口非农就业为例,历史上战乱频繁使得天镇县第二、三产业一度处于资源匮乏状态,因此,天镇县不仅贫困范围广,而且贫困程度深。2012 年,天镇县地方财政收入勉强超过 1 亿元,贫困发生率达到 25.7%[①],远高于当年全国平均水平的 10.2%[②],一度成为国家扶贫开发工作的重点。第二、三产业的极度落后使当地的劳动力资源不能充分发挥作用。自 2012 年末起,天镇县政府利用当地邻近京津冀的地理优势以及北京、天津等特大城市对家政服务的巨大需求,通过劳务输出这种方式,截至 2018 年 11 月累计创造劳务输出收入 2 亿元,成功带动 1 万余贫困人口实现收入稳定增长。天镇县成功的劳务输出案例体现出市场参与扶贫能让当地闲置人口充分利用其优势从中获益,劳务输出逐步变为天镇县部分贫困村脱贫的主要途径。

(2)培养贫困群体自力更生的意识。市场参与扶贫供给的另一大优势便是能够有效杜绝贫困群体等政府救济、靠政府救济这些行为的

---

① 李浏清."天镇保姆"走出脱贫新路 [N/OL]. 中国劳动保障报 [2018-11-28]. http://www.mohrss.gov.cn/SYrlzyhshbzb/ztzl/rsfp/rsddfp/201903/t20190312_311786.html.

② 国家统计局住户调查办公室. 中国农村贫困监测报告 2018[R]. 北京:中国统计出版社,2018.

发生，使贫困群体能够通过市场竞争不断提升自身产品和服务质量，让贫困群体通过自力更生实现脱贫。天镇县通过劳务输出这一方式脱贫，一方面是市场对劳务服务人员的巨大需求；另一方面，该县通过建立家政服务培训基地，劳务输出人员的服务技能以及综合素质得以提升，这使得天镇县贫困人口在家政服务市场中占有一定的优势，通过自力更生逐渐脱贫。

3. 社会参与扶贫制度供给的优势

包括《中国农村扶贫开发纲要（2011—2020年）》在内的多份文件中，都明确提出要"加强规划指导，鼓励社会民间组织和个人通过多种渠道参与扶贫开发"，并"借鉴国际社会减贫理论与实践，开展减贫项目[①]"。社会力量在参与扶贫供给时所具有的独特优势有两方面：一是社会力量的专业能力较强。社会力量往往具有鲜明的专业分工，其组织内部人员拥有一定的专业知识与技能，能够充分利用自身所具有的优势并在相应领域内高效地进行扶贫活动，使扶贫活动更有效率[②]。二是社会力量所特有的资源整合与利用能力[③]。政府所拥有的资源调控能力是社会力量所不具备的，而社会力量高效的资源整合能力则是政府所欠缺的。社会力量不仅能够利用其本身资源，还能整合社会各界资源，如项目专家学者、企业以及个人志愿者等可以通过对资源的合理整合，并将相应的资源引入合适的贫困地区，从而提高扶贫效率，这也间接促进了政府提高扶贫资源的使用效率。

（1）社会组织专业能力较强。社会组织在参与扶贫制度供给时通常是基于其专业知识与技能，其组成人员利用其专业知识技能在相应领域开展扶贫活动。中国水利水电勘测设计协会通过主办水利技术人

---

① 中共中央 国务院印发《中国农村扶贫开发纲要（2011—2020年）》http://www.gov.cn/gongbao/content/2011/content_2020905.htm.

② 匡远配.中国民间组织参与扶贫开发：现状以及发展方向[J].贵州社会科学，2010（6）.

③ 陆汉文，梁爱有，彭堂超.政府市场社会大扶贫格局[M].长沙：湖南人民出版社，2018：13.

员培训班的方式对城口县进行定点扶贫，协会具有的专业技术和专业知识正是城口县需要的，通过培训城口县水利技术人员的政策理论水平、水利工程建设管理能力和水平都得到进一步提升，为该县更好地脱贫奠定了技术基础。整体来看，社会组织的专业性强于政府，专业性使得扶贫质量更高、效果更好，成果也更持久显著[1]。

（2）社会力量具有资源整合优势。社会组织能够为企业和个人参与扶贫提供渠道，能够将来自国内外的各种资源有效整合并充分发挥作用。以深圳壹基金[2]为例，壹基金在2016—2018年度联合爱心企业、公益伙伴和媒体，组织实施了包括"温暖包计划""净水计划"在内的七大品牌扶贫项目，这些项目为社会爱心人士提供了参与扶贫的渠道。此外，壹基金还通过动员、支持其他社会组织和志愿者参与其"儿童服务站"项目，在当地政府部门和社区的密切配合之下，三年内共开设站点39个，为3 830名儿童提供了持续一年的专业服务。社会组织不仅能够募集到来自国内外的各种物质资源，还可以通过项目专家和志愿者这样的方式将具有专业知识的人力资源引入贫困地区，提升当地扶贫资源的利用效率，缓解贫困地区人力资源短缺困境[3]。

三、扶贫制度供给现状

中国通过加快经济建设、进行深化改革和大规模扶贫开发，使得贫困人口大幅减少，加速了世界减贫进程，为全球减贫事业作出重大贡献[4]。丰硕的减贫成果离不开扶贫制度的供给，中国的扶贫制度供给

---

[1] 祝慧，陈正文．社会组织参与扶贫开发的研究现状及展望——基于2006—2015年研究文献的分析[J]．学会，2016（6）．

[2] 民政部　深圳壹基金公益基金会参与脱贫攻坚，7个项目助120万人次改善困境[EB/OL]．[2019-10-18]．http://www.chinanpo.gov.cn/760003/121736/shzzfpindex.html．

[3] 万俊毅，赖作卿，欧晓明．扶贫攻坚、非营利组织与中国农村社会发展[J]．贵州社会科学，2007（1）．

[4] 扶贫开发持续强力推进　脱贫攻坚取得历史性重大成就[EB/OL]．[2019-08-12]．http://www.stats.gov.cn/ztjc/zthd/bwcxljsm/70znxc/201908/t20190812_1690521.html．

体系可以从纵向和横向两个维度进行分析。纵向来看，由于不同层级政府在扶贫开发事业中承担不同的责任，扶贫制度的供给也会产生一定的差异；横向来看，扶贫需要因地制宜进行制度供给，需要各个领域供给具有针对性的制度。本节分别从纵向角度和横向角度对扶贫制度供给现状进行介绍。纵向制度供给主要是介绍不同层级政府及相关部门扶贫制度供给的特征；横向制度供给主要从不同领域来介绍制度供给现状和特征。

（一）纵向制度供给现状

1. 党中央和国务院

自2012年中国共产党第十八次全国代表大会（以下简称"党的十八大"）召开以来，中共中央、国务院共出台8个扶贫文件，中共中央办公厅、国务院办公厅共印发出台21份扶贫开发文件，拉开了"十三五"扶贫开发工作的序幕。其中，起到顶层设计作用且具有全局指导意义的文件包括由中共中央、国务院2011年共同印发的《中国农村扶贫开发纲要（2011—2020年）》，2015年印发的《中共中央 国务院关于打赢脱贫攻坚战的决定》等。这些具有顶层设计性质和全局指导意义的政策文件秉持扶贫制度供给的基本原则，将精准脱贫的基本方略贯穿其中，坚持与相关的重要规划、重大政策密切衔接，旨在充分发挥市场和社会组织的力量，调动各方积极性，致力于构建以政府为主导、市场和社会共同推进的扶贫开发格局。

中国扶贫自党的十八大以来创造了减贫的历史佳绩，农村贫困人口大幅度减少，由2012年的9 899万人减少到2019年的551[①]万人，累计减少9 348万人，年均减少近1 200万人；贫困发生率继续下降，从2012年的10.2%下降到2019年的0.6%；区域性整体贫困减贫取得了相当大的进展，农村贫困地区生活条件明显改善，2019年农村贫困

---

① 数据来源：《2019年国民经济和社会发展统计公报》。

地区人均可支配收入达到 11 567 元[1]，贫困群众获得感明显增强，扶贫开发取得决定性进展。但是，当前中国还面临着 551 万左右农村人口需要脱贫的现实情况，这一贫困人口群体处于贫困发生率高、贫困程度高的深度贫困地区，减贫成本与脱贫难度更大。

党中央和国务院出台的与扶贫相关的政策文件包括《关于建立贫困退出机制的意见》《关于进一步加强东西部扶贫协作工作的指导意见》《关于支持深度贫困地区脱贫攻坚的实施意见》等文件进一步对扶贫开发制度体系进行完善。党中央和国务院制定的扶贫制度的供给特征有三个：一是始终与精准扶贫基本方略相一致。二是与重大规划、重要政策密切联系。党的十八大以来的扶贫制度高度重视与"十三五"规划以及教育、卫生、农业等专项规划的密切联系，并进一步细化完善"十三五"脱贫攻坚总体目标。三是充分发挥市场和社会作用。完善政府主导、市场驱动、社会协调的减贫机制；通过对政府减贫治理结构进一步完善，明确各级政府在扶贫开发中的职责，制定各级政府及相关部门权责清单。

例如，《中共中央　国务院关于打赢脱贫攻坚战三年行动的指导意见》（本节中简称《指导意见》）具有全局指导作用，从促进贫困地区发展条件改善、解决贫困人口的特殊困难以及加大对深度贫困地区的政策倾斜力度三方面作出了具体规划，使相关部门及当地政府能够制订实践性更强、更为行之有效的具体行动计划和实施方案。《指导意见》从产业扶贫、就业扶贫、易地扶贫搬迁等十个方面[2]提出强化到村到户到人精准帮扶的指导性举措；通过交通扶贫、水力扶贫、电力和网络扶贫等扶贫行动努力补齐贫困地区基础设施存在的短板，持续改善农村地区的生活条件。此外，《指导意见》提出要动员全社会力量参与扶贫事业，通过加大东西部协作扶贫和对口支援力度、军队帮扶、激

---

[1] 数据来源：《2019 年国民经济和社会发展统计公报》《2012 年国民经济和社会发展统计公报》。

[2] 十个方面：产业扶贫、就业扶贫、易地扶贫搬迁、生态扶贫、教育扶贫、健康扶贫、农村危房改造、综合保障性扶贫、残疾人脱贫、扶贫扶志。

励各类企业和社会组织参与扶贫，完善以政府主导的"政府、市场和社会"的扶贫格局。针对精准扶贫中基础性事务，《指导意见》从扶贫信息的精准识别质量和共享情况、贫困退出机制以及国家脱贫攻坚普查三方面作出了具有指导性的战略部署。政策执行和计划实施离不开辅助制度的支撑保障，《指导意见》中提到要从财政投入、金融扶贫支持力度、土地政策支持以及人才和科技扶贫计划四个方面为精准脱贫攻坚行动建立强有力的支撑保障体系。例如，优化扶贫再贷款发放贷款定价机制，创新扶贫产业扶贫的信贷产品和模式，建立健全金融支持产业与带动贫困户脱贫的挂钩机制和扶持政策；实施人才和科技扶贫计划，动员全社会科技力量投入到减贫工作中。这些具有顶层设计性质和全局指导意义的制度为新一阶段的减贫工作提供了有力的行动支撑保障，构建了更为完整且具有宏观指导意义的扶贫制度体系。

2. 国家有关部委

党中央和国务院根据当前形势制定了具有顶层设计性质和全局指导意义的扶贫制度，国家各部委作出积极回应，在各自领域内分别制定了符合总体扶贫方略的扶贫政策，进一步细化完善党中央和国务院制定的扶贫开发措施，丰富扶贫开发政策体系。党的十八大以来，中央和国家机关各部门共出台相关政策文件及实施计划227个，囊括就业扶贫、易地扶贫搬迁等多个方面。下面是国家有关部委主管的扶贫工作及其可遵循的相关政策文件情况，如表3-1所示。

表3-1 部分国务院部委主管扶贫工作及相关政策文件

部门	主管工作	工作相关政策文件
国家发展和改革委员会	生态扶贫、易地搬迁、光伏扶贫、网络扶贫，制定贫困地区发展扶贫开发规划等	《关于做好新时期易地扶贫搬迁工作的指导意见》《全国"十三五"时期易地扶贫搬迁规划》《关于促进电商精准扶贫的指导意见》

续表

部　门	主管工作	工作相关政策文件
教育部	通过改善贫困地区教育办学条件，提升贫困群众素质和技能，阻止贫困的代际传递	《国家贫困地区儿童发展规划（2014—2020年）》《乡村教师支持计划（2015—2020）年》《教育脱贫攻坚"十三五"规划》等
科学技术部	科技扶贫	《科技扶贫行动方案》
工业和信息化部	通过项目扶贫，促进贫困地区网络信息化建设	《关于推进网络扶贫的实施方案（2018—2020年）》
民政部	做好扶贫开发中农村最低生活保障制度与扶贫开发政策的衔接	《关于做好农村最低生活保障制度与扶贫开发政策有效衔接的指导意见》
财政部	扶贫资金监管	《中央财政专项扶贫资金管理办法》
人力资源和社会保障部	就业扶贫和社会保险扶贫	《关于切实做好就业扶贫工作的指导意见》
生态环境部	通过发展绿色产业及设立生态岗位帮扶贫困户	《关于健全生态保护补偿机制的意见》
住房和城乡建设部	扶贫开发中的住房建设项目的规划和建设，重点是农村危房改造	《关于改善贫困村人居卫生条件的指导意见》《关于加强建档立卡贫困户等重点对象危房改造工作的指导意见》
交通运输部	采取有针对性的交通扶贫措施，加强贫困地区交通基础设施的建设，解决贫困村出行困难问题	《关于进一步发挥交通扶贫脱贫攻坚基础支撑作用的实施意见》
水利部	对接水利扶贫，解决水利工程建设，保障农村饮水安全	《关于支持贫困地区农林水利基础设施建设推进脱贫攻坚的指导意见》
农业农村部	以农业扶贫为重点，改善贫困地区农业生产条件，规划农业发展和建设	《贫困地区发展特色产业　促进精准脱贫指导意见》
文化和旅游部	文化扶贫和旅游扶贫	《关于组织推荐金融支持旅游扶贫重点项目的通知》
国家卫生健康委员会	加强健康扶贫工作，解决因病致贫和因病返贫问题	《关于实施健康扶贫工程的指导意见》

总之，国家各部委在具有全局指导意义的扶贫制度的带领下，逐步建立并完善扶贫政策体系，充分利用自身所具有的宏观管理和调控优势，实现资源合理配置与扶贫政策效果最优化。

3. 省级扶贫制度

中国地域辽阔，民族众多，贫困发生原因存在差异性，国家和有关部委制定的具有全局性的政策措施在各地执行时，难免会遇到各种障碍，因此需要当地政府在国家制定的具有顶层设计性质政策的基础上，根据当地实际情况，制订符合当地现实情况且能够最大限度发挥减贫作用的实施方案。

例如新疆贫困人口众多，贫困发生率高，其南疆地区是中国14个集中连片特困地区[①]之一，贫困人口集中在贫困山区、边境地区和少数民族聚居区，扶贫开发任务艰巨。新疆的主要致贫原因包括由生态环境恶劣和自然灾害导致的生态贫困、由地理环境复杂和封闭导致的地域贫困、由文化教育水平不高导致的文化教育贫困、由市场竞争中处于劣势地位导致的贫困以及社会保障制度、转移制度等原因造成的贫困[②]。针对新疆贫困地区的致贫原因，在《中国农村扶贫发展纲要（2011—2020年）》全局指导之下，新疆维吾尔自治区制定了《新疆维吾尔自治区〈中国农村扶贫发展纲要（2011—2020年）〉实施办法》，并以该办法为中心，建立了一套完整的扶贫制度体系，形成了针对新疆脱贫的"1+N"政策制度体系；印发出台《自治区贫困退出实施意见》《自治区农村贫困人口"重病兜底保障一批"行动计划实施方案》等41个文件，涵盖健康扶贫、生态扶贫、教育扶贫等多个领域。

新疆制定的扶贫制度主要从以下几方面供给：一是对各种扶贫资源进行整合。将与扶贫相关的财税、金融、产业以及投资等政策整合，

---

① 分别是六盘山区、秦巴山区、武陵山区、乌蒙山区、滇桂黔石漠化区、滇西边境山区、大兴安岭南麓山区、燕山—太行山区、吕梁山区、大别山区、罗霄山区、西藏、四省藏区以及新疆南疆四地州。集中连片特困地区的划分标准为2011年时片区农民年人均纯收入2 676元。

② 朱金鹤，崔登峰. 新形势下新疆国家级贫困县的贫困类型与扶贫对策[J]. 农业现代化研究，2011（3）.

提高扶贫开发效率；丰富政府资金引领的多元化、多渠道的扶贫资金投入系统，整合财政扶贫资金、社会扶贫资金、地方配套资金和信贷扶贫资金。二是以龙头产业为动力的产业扶贫政策。新疆拥有总量、种类丰富的特色优势产业，要积极发展粮食、棉花、畜牧以及林果四类特色农林产业；扶持民族特色家庭手工业，借助地毯、花帽等新疆特色家庭手工艺品，拓宽贫困地区农民的就业渠道；积极推行"公司+农户"发展模式，以龙头企业带动新疆特色优势产品走出去，让新疆人民脱贫致富。三是以自我提升为核心的科技扶贫。建立健全农业科技推广网络，加强科技人才、科技服务与农林产业的联系，提高农林产业的特色优势；加强科教扶贫，通过各类专项教育和职业培训，提高贫困农民的科技文化素养和生产技能。

（二）产业扶贫制度供给现状

《"十三五"脱贫攻坚规划》（以下简称《规划》）中提到，要以贫困地区资源禀赋优势为基础，坚持以市场为导向，充分发挥农民合作组织、龙头企业等市场主体的作用，在每个贫困县都建成一批带动脱贫的特色产业，帮助建档立卡贫困户增加收入，实现产业脱贫。《规划》中提到从农林、旅游、电商、资产收益和科技五个产业进行扶贫工作，下面对这五个产业脱贫政策进行简要梳理。

1. 农林产业扶贫制度

中国一直以来就是农业大国，贫困群体主要集中在农户，农林产业作为与农户联系最为紧密的产业，农林产业扶贫是实现共同富裕的必要措施，是现阶段农村扶贫的主要途径[①]。农林产业扶贫制度供给包括以下几方面：从农林产业本身来看，农林产业中要优先发展种植业、养殖业和林业，加大对农林技术的推广和培训力度，实施多种多样的农林扶贫工程。从农林产业和其他产业之间的关系来看，要积极促进产业融合，如发展乡村旅游业，利用现有农林资源发展乡村旅游；要

---

① 李刚.农业扶贫、乡村振兴及新型农业与经济增长研究——基于农业省份面板数据[J].河北科技师范学院学报（社会科学版），2019（1）.

扶持培训新型经营主体,推动新型经营主体与电子商务、互联网相融合,积极发展"互联网＋农业",创新扶贫模式,提升减贫效果。

安徽：怀宁蓝莓成就乡村振兴梦

安徽怀宁,地处安徽西南部,背依大别山,面朝长三角地区,交通便利,其独特的低山丘陵地貌和呈酸性至微酸性的土壤非常适宜蓝莓生长。怀宁县通过政府引导、企业主体和市场化运作,吸引工商资本介入,已经成为长三角地区最大的蓝莓种植区,共有146家蓝莓产业化企业,总种植面积超过4.5万亩,初步形成了包含良种培育、规模化种植、预冷保鲜、食品加工等较为完整的蓝莓产业链。截至2019年5月,可供采摘的蓝莓有8 600亩,产量达5 600吨,累计接待休闲采摘游客25万人次,总产值高达6亿元,其中第一产业收入3.36亿元。此外,怀宁县将蓝莓产业打造成为休闲观光、乡村旅游的重要载体,建设蓝莓特色小镇。

怀宁县通过项目带动,按照"政府引导,企业为主体进行市场化运作"的模式制定出台产业扶贫扶持政策和精品示范园创建实施方案,以蓝莓种植、深加工、庄园、特色小镇四大招商方向为突破口,引进国内行业龙头企业参股,不断增加新的经济增长点；主动与国家强农惠农政策,省、市政府系列扶持农业产业化发展政策相对接,积极争取农林产业扶贫项目,依法对财政资金进行有效整合,改善蓝莓产业基础设施和装备。

怀宁县发展特色蓝莓产业实现脱贫解决了扶贫过程中出现的可持续发展和贫困人口内生动力不足的问题。怀宁县充分利用其已有的地理位置和独特的自然资源禀赋的比较优势发展蓝莓产业,实现增收；通过政府引导,以企业为主体并进行市场化运作,为农户提供了创业和就业机会,充分激发其自我改善的潜力,促进自我扶贫。对于农林产业扶贫制度而言,需要根据贫困地区当地的资源禀赋优势以及所具备的生产要素有针对性地进行供给,如此方能充分利用其具有的比较优势；此外，仅有针对农林产业自身的制度无法使资源充分利用，还应当对现有资源重新整合，创新产业发展方式。

资料来源：1.董铭胜.安徽怀宁：国际蓝莓文化旅游节进行中[EB/OL].[2018-08-20].http://www.cpad.gov.cn/art/2019/6/12/art_35_98881.html.

2.吴良伦.怀宁蓝莓产业蓄势勃发[EB/OL].[2019-06-12].http://www.ahhn.gov.cn/plus/view.php?aid=262016.

2. 旅游扶贫制度

随着世界旅游业的迅速发展，旅游业在促进区域经济发展、帮助贫困人口脱贫方面发挥的作用日趋增大，已成为世界反贫困的重要形式之一。旅游扶贫是中国脱贫攻坚规划中不可缺少的重要组成部分，主要有三方面原因：一是旅游扶贫针对性更强，旅游扶贫在实施前首先会对扶贫当地的地形条件、现有资源以及当地贫困群体的特点进行分析，根据贫困地区的现状确定具体减贫方案。二是旅游业带动能力强，旅游业能够在带动贫困地区发展的同时增加贫困人口的就业机会，从而增加贫困人口的收入；此外，旅游业能够促进当地餐饮、商贸、住宿等服务业的发展，促进贫困地区的产业结构调整，从而带动地区第二、三产业发展。三是旅游业能够作为一个无污染、绿色的朝阳产业，实施代价小，减贫成效显著，可以从根本上解决贫困人口的生存、发展问题，对生态环境和社会环境具有重要意义[①]。根据国家旅游局发布的《关于进一步做好当前旅游扶贫工作的通知》[②]，当前旅游扶贫的具体措施分为以下几类：就旅游业来说，因地制宜发展乡村旅游，根据当地脱贫进展和旅游发展实际情况，充分发挥当地旅游资源优势，组

---

① 张春美，黄红娣，曾一.乡村旅游精准扶贫运行机制、现实困境与破解路径[J].农林经济管理学报，2016（6）.

② 国家旅游局.国家旅游局关于进一步做好当前旅游扶贫工作的通知[EB/OL].[2018-02-27].http://www.cpad.gov.cn/art/2018/3/4/art_46_79572.html.

织规划编制一批旅游精准扶贫规划,启动实施旅游精准扶贫重点项目。从产业间融合来看,以旅游扶贫带动其他产业发展,结合贫困地区旅游资源特点和市场需求,开发形式多样且具有鲜明特色、能够带动贫困群体积极广泛参与的产品,与其他产业做好衔接;充分利用报纸、广播、电视和网络等媒体平台,加大贫困地区优质旅游资源的宣传力度;创新旅游扶贫人才培养方式,加大对各类实用人才的培训力度,建立旅游扶贫专家库,通过旅游扶贫带动贫困群体就业。

山东:旅游扶贫催生"房东经济"

山东省淄博市淄川区位于沂蒙山北麓,全区468个村落中有70%的传统村落得到了较好的保护,多数村庄有300年以上的历史,人文特色明显,文化底蕴深厚。近年来,随着村民进城打工、买房,大量农村房屋被闲置,而众多城市居民则出于原生态养生的目的去山区休闲、旅游和居住。淄川区则顺势而为,通过多种方式盘活闲置房屋,让贫困村民变身股民,发展乡村旅游,这不仅使得当地旅游资源得到充分利用,还催生了"房东经济",即将村民闲置房屋入股旅游合作社进行利润分成。淄川区太河镇柏树村在旅游产业扶贫政策的引导下,成为全区美丽乡村建设试点,基础设施条件得到大幅改善,成立了旅游专业合作社,并以合作社为主体,充分利用村民闲置的住房资源,在不改变古村落风貌的前提下,对房屋进行修缮维护,发展乡村旅游。在旅游扶贫催生出的"房东经济"的带领下,淄川区乡村在2016年初至10月期间共实现各项旅游收入约30亿元,带动贫困户实现增收近200亿元,不仅盘活了闲置资源,还带动农民增收。

"房东经济"通过企业整村托管、集体组织代管、村民入股、长期租赁等多种形式盘活农村闲置房屋资源,不仅满足城市居民的休闲需求,还增加了农民收入,随之还带动当地农副产品的销售,一举多得。乡村旅游减贫尤为需要挖掘当地特色和优势,充分发挥利用现有资源，为贫困人口提供更多发展就业创业机会，提升贫困村和贫困人口的自我发展能力，从而实现脱贫。

通过村民参股、长期租赁等自主开发方式，"房东经济"使当地居民成为乡村旅游扶贫开发的主要参与者和受益者，政府作为扶贫制度的主要供给主体，应当提供能够促进当地居民自身发展、培养贫困地区自身发展能力、提高其乡村文化自信的旅游扶贫制度。此外，旅游扶贫能够利用市场机制及当地资源优势，提高资源的利用效率。

资料来源：国务院扶贫办公室.山东：旅游扶贫催生"房东经济"[EB/OL].[2016-12-20].http://www.cpad.gov.cn/art/2016/12/20/art_35_57567.html.

3. 电商扶贫制度

电商扶贫是电子商务与产业扶贫深度融合后的"互联网+产业"的精准扶贫模式，能够充分发挥电子商务与产业扶贫的优势，弥补各自的不足。事实上，电商扶贫的本质是"消费扶贫"，通过建立贫困地区特色产品与外部购买者之间的沟通渠道，增加外界对特色产品的需求，通过供给带动需求，从而拉动贫困地区的经济增长，帮助贫困地区群众实现增收。《关于促进电商精准扶贫的指导意见》中提出电商精准扶贫要依据"政府引导、市场主导；多元平台、突出特色；先易后难、循序渐进；社会参与、上下联动；鼓励创新、典型引路"的基本原则实施，具体措施主要包括改善贫困地区的电商基础设施、挖掘贫困地区特色产业并促进特色产业发展、对贫困地区电商人才进行培训、鼓励贫困户依托电商就业创业、建设电商扶贫服务体系。

电商扶贫 3.0

在电商扶贫政策的带领下，阿里巴巴、京东等各大电商平台积极利用自身平台所具有的优势，发挥其带动作用助力扶贫。例如，自 2016 年起，京东充分发挥其自身优势，不断探索行之有效的电商扶贫模式，由直接捐赠转变为"公司＋农户"①模式再转变为"公司＋农户＋互联网"②模式来扶持贫困地区产业发展，再到帮助贫困地区产业逐步走向市场，实现品牌化的扶贫模式创新。两年以来，京东已在全国 832 个贫困县上线商品超过 300 万种，总销售额累计超过 500 亿元，直接带动 70 万名建档立卡贫困户实现增收，激发贫困地区群众的内生动力，越来越多的贫困地区特色农产品逐步进入市场。

农村电商扶贫使得农民获得更多参与市场竞争、交流学习和与外界接触的机会，农民的发展能力得到进一步提升，这有助于农民进一步实现脱贫。电商扶贫不仅促进当地相关产业的发展，创造更多就业和创业机会，降低农民的生产经营成本，增加贫困群体收入，还提升了农民的实际消费水平，进一步促进了区域经济发展。

农村电商扶贫是将现有资源进行重新组合实现的渐进式创新，充分利用分工专业化理论，通过政府引导、市场主导降低交易成本，并对贫困地区居民尤其是潜在电商人才进行培训，加大对人力资本投入，促进当地产业结构调整优化和经济持续发展，从而实现脱贫。

资料来源：国务院扶贫办.品牌引领农产品"出山"路更顺——"电商扶贫 3.0 版本"[EB/OL].[2019-01-29]. http://hbrb.cnhubei.com/html/hbrb/20181214/hbrb3303449.html.

4. 资产收益扶贫制度

资产收益扶贫是针对独立创收能力受到限制的贫困人口，如因丧失劳动力而无法工作的农民，以资产为纽带，将扶贫单位与扶贫主体

---

① "公司＋农户"模式是指以实体公司为龙头，联系农户，签订合作经营合同的经营模式。

② 农户自己从网店直接获取来自全国的订单，生产制造则交给公司。

连接起来，共同打造一个市场主体，使扶贫主体能够获得持续稳定的投资收益。资源收益模式则是当下最常见的一种资产收益扶贫方式，这是一种在传统的产业扶贫基础上，对财政资金进行整合后，将运用金融杠杆所带来的分红收益分给贫困群体，最终实现脱贫，促进贫困地区发展的模式①。在中国部分集中连片特困区域，水电、矿产等自然资源丰富，但是贫困程度深、致贫因素复杂、贫困面积广、脱贫难度大且脱贫后十分容易返贫，其主要原因在于这些地区长期以来的资源开发模式一直是拿得多留得少，导致贫困群体无法在后续开发中受益，因此探索贫困地区水电、矿产资源开发的资产收益扶贫开发模式十分重要。② 2016年国务院出台的《贫困地区水电矿产资源开发资产收益扶贫改革试点方案》③中提出，要本着政府引导、群众自愿，精准扶持、利益共享的原则进行资产收益扶贫项目改革试点，在贫困地区先选择一批矿产、水电资源开发项目试点，建立农村集体经济组织，建立资产收益扶贫长效机制，逐步形成可复制、可推广的操作模式和制度。例如，湖北省在此方案的引导下，制定了可供执行的资产收益扶贫制度，具体措施如下：第一，在不改变原有用途的前提下，将财政专项扶贫资金和其他涉农资金投资而形成的资产，已经具备条件的可折股量化给贫困村和贫困户；第二，支持农民合作社和其他经营主体通过土地托管、牲畜托养和农民土地经营权入股等方式来增加贫困群体收入。

---

① 李艳芝.创新精准扶贫机制 有序推进资产收益扶贫——财政部农业司有关负责人就做好财政支农资金支持资产收益扶贫工作答记者问[J].中国财政,2017(14).

② 张千友,李浩淼,杜玥桥等.少数民族贫困地区水电矿产资源开发资产收益扶贫模式研究——以凉山州冕宁县建设村"政府+合作社+项目+农户"模式为例[J].西昌学院学报(自然科学版),2018(1).

③ 国务院办公厅关于印发贫困地区水电矿产资源开发资产收益扶贫改革试点方案的通知[EB/OL].[2016-09-03].http://www.cpad.gov.cn/art/2016/10/18/art_46_54602.html.

> **资产收益扶贫增强贫困村内生造血功能**
>
> 湖北省武汉市江夏区通过资产扶贫收益这一举措,在全区46个贫困村共设立了3个新的扶贫市场主体,46个贫困村均为新的扶贫市场主体股东,通过街道办事处组织所属贫困村,整合扶贫资金,设立新市场主体,利用新市场主体与对口帮扶的国有企业成立新的合资公司,从而获得不低于10万元的保底收益以及相应分红。这一举措不仅解决了扶贫资金的合理使用问题,也破解了合格的经营主体缺失的难题,使得贫困村能够将扶贫资金化零为整,借助国有企业进行公司化经营,从而获得稳定资产收益,使得贫困村能够由"输血式"扶贫逐渐转化为"造血式"扶贫,实现自我创收。
>
> 资产收益扶贫项目旨在利用各种资产和市场力量为农民获得财产性收入,帮助贫困群体摆脱贫困。扶贫资金以借贷、入股等形式进行直接投资,不涉及购买、建设等环节,这是资产收益扶贫的另一种模式,即创收后再分配给贫困户和贫困村。在这种模式下,原本应当"资金到户"的扶贫资源得以整合利用,实现效益到户。
>
> 由政府主导下的资产收益扶贫方式,政府不仅是扶贫制度的供给主体和制度执行者,还是扶贫项目的参与者和监督者,这就极易造成政府不堪重负以及资源的低效配置和利用。通过政府主导、市场参与的机制,能够实现合理的分工和职能的互补,在减轻政府负担的同时提高扶贫资源和资金的使用效率,提高扶贫制度的供给有效性。
>
> 资料来源:李先宏.让贫困村内生造血功能 江夏探索资产收益扶贫 [N/OL].[2018-10-14].http://hbrb.cnhubei.com/html/hbrb/20181214/hbrb3303449.html.

5. 科技扶贫制度

科技扶贫作为精准扶贫战略实施的重要手段,在众多集中连片特困地区农户脱贫中发挥着至关重要的作用,是实现"输血式扶贫"向"造血式扶贫"转变的关键[①]。此外,科技扶贫通常能与贫困地区当地特色农业、林业等特色产业相结合,通过产业融合提高当地产业的竞争优势,进而提升减贫效果。当前中国科技扶贫制度的特征是在重视贫困地区自身发展、重视引进成熟实用的先进技术的同时更加注重农民自身文化素质的提高[②]。湖南有20个国家扶贫开发重点县,18个省扶贫开发重点县,是实施扶贫开发任务的重点省份,其减贫工作具有一定的代表性。在《决定》和《规划》的引导下,为完善湖南省科技扶贫政策支持体系,推动科技精准扶贫,湖南省制定了符合当地实际情况的《湖南省科技扶贫专项行动计划实施方案》。该实施方案按照"政府引导、企业牵头、专家支撑、农民主体"的思路,推进全省51个贫困县建立完善的科技服务体系,具体制度包括:从科技扶贫本身来看,建立全省科技扶贫组织体系以及多元化科技扶贫投入体系;加大县市经济发展技术创新引导对科技扶贫的投入力度,重点支持51个贫困县产业技术创新、成果转化推广和科技能力提升。从科技扶贫配套机制来看,要创新科技扶贫服务机制,建立科技管理部门、科研单位帮扶贫困村和贫困户的机制,探索落实能够激励科技人员的创新创业政策,建立并完善监督考核责任机制,制定相应绩效考核体系,加强科技扶贫的研究、统计和监测与科技扶贫的宣传工作。从产业融合来看,科技应当作为扶贫载体将科技与农业、特色农产品加工以及农村服务业相结合,培育科技型扶贫示范企业,建设科技支撑平台和信息服务体系,实现各产业间有机融合。

"星创天地"助力打造科技扶贫新名片

"星创天地"是现代农业发展的众创空间,是农村"大众创业,

[①] 薛曜祖.吕梁山集中连片特困地区科技扶贫的实施效果分析[J].中国农业大学学报,2018(5).

[②] 赵华,夏建军,赵东伟等.我国贫困地区科技扶贫开发模式研究——以冀西北坝上地区为例[J].农业经济,2014(3).

万众创新"的有效载体,是一种新型农业创新创业—一站式集成服务平台,通过市场机制、专业服务和资本化的方式运作,利用线下孵化载体和在线网络平台,聚集创新资源和创业要素,促进农村低成本、专业化、便利化和信息化的创新创业[①]。"星创天地"应当具有明确的实施主体、良好的行业资源和全要素融合、创新服务平台、多元化人才服务队伍、政策保障以及一定数量的创客和企业入驻。以湖南省隆回县为例,在当地主管部门的引导下,金银花"星创天地"牵线科技人才,修建大型冷储仓库等基础设施,结合当地特色,发展金银花种植,技术人员全程开展技术培训与指导,并研发推广新品种金银花,仅2018年发展金银花种植大户100余户,促进了县域特色产业的发展。通过科技扶贫制度,隆回县"星创天地"通过金银花特色中药材产业发展,仅2018年就帮助3 100余户共6 800余名农民实现人均增收5 000元。

"星创天地"这种新型扶贫方式能够以专业化、个性化的方式服务和集聚创新创业群体,通过引导鼓励"星创天地"依托单位面向现代农业和农村发展,整合资源要素,推进"互联网+"现代农业化进程,促进科技成果产业化的实现。此外,利用"星创天地"的人才、技术等条件,能够在一定程度上提升创业者的能力。

与其他扶贫方式一样,科技扶贫的目的也是通过提升贫困地区农民自身发展能力,使其摆脱贫困,科技扶贫最大的特征是能够从根本上通过技术进步推动当地经济增长。政府在科技扶贫制度供给中占据主导地位,在进行扶贫制度供给时,应当注意到科技扶贫中最重要的因素是科技的使用主体——贫困群体,要多渠道提高贫困户的科学知识和技能。

资料来源:湖南省科学技术厅.隆回县"星创天地"打造科技扶贫新名片[EB/OL].[2018-12-20]. http://kjt.hunan.gov.cn/xxgk/gzdt/szdt/sy/201812/t20181220_5242549.html.

---

① 科技部.发展"星创天地"工作指引.

第二节 扶贫制度变迁

一、制度变迁

(一)制度变迁理论

1. 制度变迁内涵

制度变迁是指制度的置换、交易与转换过程,本质上是一个效率更高的制度替代效率较低的制度的过程。诺斯认为,制度变迁是在制度失衡的情况下,为了追求潜在的获利机会而产生的自发更替过程[①],是制度创立、变更及随着时间变化而打破的过程。拉坦(Ruttan)认为,制度变迁是指在特定环境下决定组织行为及其关系的规则发生的变化,包括制度更迭、变革、交替等,表现出向前传递或变革创新的态势[②]。戴维斯(Davis)和诺斯认为,制度变迁是制度创新主体为获取外部利益,用一种制度安排去替代另一种制度安排而对现有制度进行的改变[③]。

2. 制度变迁方式

制度变迁方式是指制度变迁主体为实现既定目标而选择的制度变迁的形式、速率与路径的结合[④]。根据不同的标准,制度变迁的方式可以分为不同的类型。根据不同的演化方式,制度变迁可分为自发演进

---

① 诺斯.制度变迁理论与纲要[M]//制度、制度变迁的经济绩效.上海:上海三联书店,2008.

② 拉坦.诱致性变迁理论[M]//科斯,等.财产权利与制度变迁.上海:上海三联书店,1996:338.

③ 戴维斯,诺斯.制度变迁的理论:概念与原因[M]//财产权利与制度变迁.上海:上海三联书店,1996:266-294.

④ 杨瑞龙.论我国制度变迁方式与制度选择目标的冲突及其协调[J].经济研究,1994(5).

和人为设计两种类型,前者认为制度变迁不具有人为控制的性质,只是"筛选或过滤过程的产物[①]";而后者则认为制度的形成及变迁存在人工设计的属性,其变迁效率更高。根据制度变迁的主体和供求关系,制度变迁可被划分为需求诱致性变迁与供给强制性变迁,需求诱致性变迁认为,现有制度安排的替代和转换过程,或是新制度安排的创造是利益相关者为获取潜在利益而打破现有制度均衡的自发性行为;而供给强制性变迁则认为制度变迁是国家依靠强制力所推行的,为了实现效用最大化的具有制度供给成本优势的一种改革行为。制度变迁根据变迁速率可被划分为激进式变迁与渐进式变迁,激进式变迁是指在短时间内,通过一系列激进且果断的措施,无视各种关系的协调而进行制度变迁的方式;而渐进式变迁则是采用逐步推行的变革方式,在较长时间内从增量到存量、从局部到整体逐步实施制度变迁的改革方式。

（二）中国制度变迁理论

国内学者关于制度变迁的理论主要分为三类:一是以林毅夫为代表的学者认为在中国强制性变迁与诱致性变迁是同时存在的;二是以杨瑞龙为代表的学者认为中国制度变迁将经历三个阶段,即中央政府授权的供给主导型、地方政府自主创新的中间扩散型以及微观主体主动寻求制度创新的需求诱致型;三是以黄少安为代表的学者认为制度变迁主体是会变化的,制度设定和制度变迁不可能只在一个只有单一主体的社会中存在。

1. 强制性变迁与诱致性变迁共存

林毅夫根据经典的"需求-供给"理论框架将制度变迁方式分为需求诱致性变迁和供给主导的强制性变迁。他认为"诱致性变迁是人们对制度失衡带来的获利机会进行响应时的自发性变迁,而强制性变

[①] HAYEK F A. law, legislation and liberty Vol.3: the political order of a free people[M].London: Routledge &Kegan Paul, 1979.

迁则是因政府法令而引起的变迁[①]"。当制度变迁的收益大于所需要的成本时，就会产生诱致性制度变迁。但是由于诱致性制度变迁的交易成本过于高昂，且会出现"搭便车"这样的制度变迁中固有的问题，这可能会导致由自发性变迁提供的新制度安排供给少于最佳供给，出现供不应求的状况，因此，需要政府采取行动来矫正制度供给不足，强制性变迁就此应运而生。卢现祥[②]、史晋川[③]、郑慧[④]、汪洪涛[⑤]等也与之持有同样的观点。

2. 中央、地方和微观主体博弈论

杨瑞龙认为，应当根据中国经济社会发展的实际情况，在不同阶段选择不同的制度变迁方式。他提出"中间扩散型制度变迁方式"假说，认为"供给主导的制度变迁方式适用于改革的早期阶段，中间扩散型的制度变迁需要逐步适应改革进程。在建立排他性产权制度之后，制度变迁方式的最优选择应当是需求诱致型制度变迁"[⑥]。在中间扩散型制度变迁方式中，他认为地方政府是制度变迁的主导利益团体，应当由地方政府作为权力中心制度供给和微观主体制度创新需求的中间环节，从而化解"诺斯悖论"，并逐步推动供给主导型制度变迁转向需求诱致型制度变迁。

3. 制度变迁主体角色转换论

基于制度安排和制度变迁不可能在单一主体的社会中发生以及经

---

① 林毅夫.关于制度变迁的经济学理论：诱致性变迁与强制性变迁[M]//财产权利与制度变迁.上海：上海三联书店，1996.

② 卢现祥.我国制度经济学研究中的四大问题[J].中南财经政法大学学报，2002（1）.

③ 史晋川、沈国兵.论制度变迁理论与制度变迁方式划分标准[J].经济学家，2002（1）.

④ 郑慧.需求诱致型制度变迁与中国的制度转型[J].求索，2001（5）.

⑤ 汪洪涛.制度经济学——制度及制度变迁性质解释[D].上海：复旦大学出版社，2003.

⑥ 杨瑞龙.我国制度变迁方式转换的三阶段论——兼论地方政府的制度创新行为[J].经济研究，1998（1）.

济人假设,黄少安[①]认为社会中不同的利益主体都会参与到制度变迁的过程中,制度变迁主体在不同过程中会发生转换。由于利益主体角色定位不同,对制度变迁产生的影响和作用也会不同,不同利益主体对制度变迁支持程度的变化会导致制度变迁主体的转换,这种转换是可逆的。金祥荣[②]也持有类似观点,认为制度变迁的主体可以多种方式并存,并逐步转变。

二、中国扶贫制度变迁历程

1978年改革开放以来,中国的扶贫开发减贫成效显著,但是随着扶贫开发的逐步深入,扶贫工作也愈加复杂,减贫速度逐渐下降,扶贫制度随之发生变化。综合考虑扶贫战略目标、扶贫对象、扶贫主体以及扶贫方式等基本要素的特征,中国扶贫制度变迁历程可划分为以下四个阶段[③]:体制改革推动的扶贫阶段(1978—1985年)、大规模开发式扶贫阶段(1986—2000年)、瞄准贫困村的开发式扶贫阶段(2001—2010年)以及以精准扶贫为核心的减贫新阶段(2011—2020年)。

1. 体制改革推动的扶贫阶段(1978—1985年)

1978—1985年期间国家并未针对扶贫出台专门的制度与政策,这一阶段的扶贫政策主要是针对中国经济体制改革而制定的政策中所提到的农村改革政策。在这一时期,由于人民公社制度不能适应农村生产力的发展,导致贫困现象在中国普遍存在,因此,为了解决因人民公社制度而导致的贫困,对生产资料所有制进行改革是有必要的。第一,实行家庭联产承包责任制,这一使农民获得土地经营权的改革措施极大地激发了农民的生产积极性,农村生产力获得解放,农业生产力得

---

① 黄少安.制度变迁主体角色转换假说及其对中国制度变革的解释——兼评杨瑞龙的"中间扩散型假说"和"三阶段论"[J].经济研究,1999(1).

② 金祥荣.多种制度变迁方式并存和渐进转换的改革道路——"温州模式"及浙江改革经验[J].浙江大学学报(人文社会科学版),2000(4).

③ 阶段划分方式参考《我国扶贫开发治理体系的演进与完善对策》,《城乡一体化蓝皮书》。

到极大发展。第二，政府逐步放宽对市场的限制，调整农产品收购价格制度；同时，中央政府大幅度提高农产品收购价格，增加农民收入；放松人口流动的限制，推进农村市场化制度改革，逐渐建立以市场化为导向的资源配置机制。这些改革措施是中国农村扶贫的主要推动力之一，农村经济水平有所提升，减贫取得一定成效。第三，1979年出台《关于恢复农业银行的通知》，1981年出台《中国农业银行关于农村借贷问题的报告》，1984年中央一号文件中提到"允许农民和集体资金自由或有组织地流动"，这些文件的出台开启了中国农村金融的改革，首先肯定了民间借贷的作用，使得农民闲置资金能够获得有效利用。第四，《关于帮助贫困地区尽快改变面貌的通知》首次将扶贫列为国家重点工作，文件中明确点出扶贫的理念和思路，要求从原有的救济式扶贫转变为依靠贫困地区当地人民自身的力量脱贫，利用当地资源发展商品生产，增强该地区经济的内在活力。

家庭联产承包责任制、农产品收购价格改革以及农村金融改革这些措施充分调动了农民的积极性与创造性，农村生产力得以集中释放，并且市场化逐渐放开，使农村经济在短期内获得了较大发展空间，减贫成效显著。截至1984年底，中国农林牧渔业生产总产值达3 214亿元[1]，较1978年的1 397亿元增加1.3倍有余；人均粮食产量增长14%，棉花增长73.9%，油料增长176.4%，肉类增长87.8%，农村人均收入较1978年增长近3倍[2]。

2. 大规模开发式扶贫阶段（1986—2000年）

1978年至1985年期间，在体制改革的推动下，扶贫开发工作取得显著成效，农村贫困人口[3]由1978年末的2.5亿人下降至1985年末的1.25亿人，贫困发生率不断下降，由30.7%下降至14.8%[4]，农村

---

① 数据来源：国家统计局网站 http://data.stats.gov.cn/easyquery.htm?cn=C01.
② 张琦，冯丹萌. 我国减贫实践探索及其理论创新：1978—2016年[J]. 改革，2016（4）.
③ 贫困人口根据1978年标准确定，称为农村贫困标准。
④ 数据来源：《中国农村贫困监测报告2017》（统计资料篇第346页）.

贫困状况显著改善。随着减贫工作的进行，农村减贫难度逐渐增加，减贫速率逐渐放缓。减贫难度增大主要体现在两方面：一是体制改革对减贫产生的边际效应持续下降，农民收入增幅放缓，1978年至1985年，农民收入年均增长率达10.02%，而在1986年至1995年，农民收入年均增长率下降至3.6%[1]；二是改革开放后中国经济发展所遵循的效率优先原则使得中西部和东部沿海地区农民收入差距逐渐增大，农村内部收入不平等加剧，城乡收入差距不断扩大[2]。

自1986年起，中国开启大规模的开发式扶贫阶段。所谓开发式扶贫，是指依靠贫困地区自身资源与自身发展实现减贫[3]，其核心是贫困群体通过自力更生成功脱贫。为了更好地实施开发式扶贫战略，在这一阶段，中国政府采取了以下措施：第一，1986年建立专门扶贫机构"国务院贫困地区经济开发小组"（1993年后改称"国务院扶贫开发领导小组"），该组织的职能包括："拟定扶贫开发的法律法规、方针政策和规划；审定中央扶贫资金分配计划；组织调查研究和工作考核；协调解决扶贫开发工作中的重要问题；调查、指导全国的扶贫开发工作；做好扶贫开发重大战略政策措施的顶层设计[4]"。第二，1986年划定为国家级贫困县的标准是年人均纯收入低于150元（对少数民族自治县的标准有所放宽），据此标准全国共确定国家级贫困县273个，国定贫困县的确定使得政府能够更有针对性地实施扶贫措施，根据不同贫困县具有的优势有针对性地进行扶贫工作。第三，1987年印发出台《关于加强贫困地区经济开发工作的通知》，针对18个集中贫困带，划定592个国家扶贫开发重点县，确定了县级扶贫标准，出台如建设基础设施和促进特色产业发展等系列具有针对性的优惠政策，以增强

---

[1] 《我国扶贫开发治理体系的演进与完善对策》来自《城乡一体化蓝皮书》。

[2] Poverty Alleviation in China: A Lesson for the Developing World?. Heilig G.K, Zhang M, Long H. International Conference on the West Development and Sustainable Development. 2005.

[3] 许汉泽.新中国成立70年来反贫困的历史、经验与启示[J].中国农业大学学报(社会科学版), 2019(5).

[4] 国务院扶贫开发领导小组机构职能 http://www.cpad.gov.cn/col/col282/index.html.

贫困地区的内生发展能力。第四,1994 年出台的《国家八七扶贫攻坚计划(1994—2000 年)》是中国有史以来第一个具有明确目标、对象、措施以及期限的扶贫行动纲领。第五,1996 年发布的《关于尽快解决农村贫困人口温饱问题的决定》中包括一系列扶贫专项开发措施,进一步加大扶贫的资金投入力度和工作力度。第六,建立东部地区与西部贫困省份间对口协作帮扶模式,逐渐推动跨区域扶贫。

1986—2000 年期间,是中国扶贫开发制度的初步形成阶段,尤其是扶贫机构的成立、贫困标准的确立以及各种专项扶贫计划的制订,极大程度上推进了减贫的顺利进行。截至 2000 年 12 月,中国农村绝对贫困人口由 1986 年的 1.25 亿减少到 3 209[①] 万,减贫成效显著,农村贫困人口比例则由 14.8% 下降至 3.4[②]%。通过大规模扶贫开发,中国农村贫困人口的温饱问题基本得到解决,国家八七扶贫攻坚计划基本完成[③]。

3. 瞄准贫困村的开发式扶贫阶段(2001—2010 年)

中国在 21 世纪后进入了新一轮经济增长周期,经济增长由不均衡发展转向均衡发展,贫困特征也发生了巨大的变化,过去大面积的贫困问题已经得到良好解决,绝对贫困人数大幅度减少,但是贫富差距不断加剧,部分地区贫困程度不仅没有降低,反而不断加深。此外,对贫困的衡量从只考虑收入的单维贫困转变为考虑人口健康、教育和社会福利等多维贫困形态,这对中国的扶贫工作提出了更高的要求,也带来了更大的挑战。

在这一阶段,中国扶贫工作的重点发生变化,主要体现在:第一,扶贫对象更具有针对性,扶贫工作的重点调整至中西部地区,原先以县为单元的扶贫瞄准机制逐渐出现目标定位不准确、扶贫资金流

---

① 数据来源:《中国农村贫困监测报告 2018》(统计资料篇第 334 页)。
② 数据来源:《中国农村贫困监测报告 2018》(统计资料篇第 334 页)。
③ 中华人民共和国国家统计局.中华人民共和国 2000 年国民经济和社会发展统计公报[EB/OL].[2001-02-28].http://www.stats.gov.cn/tjsj/tjgb/ndtjgb/qgndtjgb/200203/t20020331_30014.html.

失加剧以及扶贫效果不佳等弊端[①]。《中国农村扶贫开发纲要（2001—2010）》提出要把这一阶段的扶贫对象界定以县为单位，以贫困乡村为基础，共划定14.8万个贫困村[②]为重点扶贫目标。第二，要大力推进产业扶贫，把扶贫开发与资源保护、生态建设结合起来，提高贫困地区的可持续发展能力，积极推进生态扶贫和易地搬迁扶贫。第三，将扶贫开发与西部大开发、振兴东北老工业基地和中部崛起战略相结合，带动贫困地区的经济发展。第四，农业税的取消、各类专项转移支付的实行、农村最低生活保障制度以及新型农村医疗合作制度等政策措施，不仅极大程度地缓解了贫困，而且对开发性扶贫措施起到了补充作用，为开发式扶贫的对象提供了保障。第五，以贫困村为单位，整合多方资源及资金，统筹推进农村配套基础设施建设、农民建房、危房改造等农村发展项目。

中国政府将参与式扶贫规划作为"整村推进"的理念和方法，使扶贫资源向贫困村和贫困户倾斜，从而促进整村推进计划的实施，这使得资金分配开始由县级瞄准转向村级瞄准[③]。与县相比，贫困村人口更加集中，致贫原因具有更高的同质性，以村为单位更容易以较低的交易成本提供公共服务，扶贫瞄准精度提高，能够更为直接地覆盖到贫困群体[④]，提升减贫成效。2001—2010年期间，全国农村贫困人口持续减少，从9 422万减少到2 688[⑤]万，下降了71.5%；农村贫困发生率也从10.2%下降至2.8%[⑥]。

但是，在这一阶段中国的扶贫制度仍然存在明显不足：一是瞄准到村的整村推进的开发式扶贫战略本质上仍然是区域性扶贫，无法保

---

① 中国精准扶贫政策体系的演变[M]//《中国扶贫开发报告（2017）》. 北京：社会科学文献出版社：82.

② 各地根据国家有关政策以及省内扶贫开发实际情况划定。

③ 孙久文，林万龙. 中国扶贫开发的战略与政策研究[M]. 北京：科学出版社，2018：19.

④ 胡文霞. 农村减贫政策的瞄准精度和效果研究[J]. 时代经贸，2016（13）.

⑤ 这一阶段，贫困人口的确定按照2008年标准（人均纯收入低于1 067元则视为贫困）。

⑥ 数据来源：《中国农村贫困监测报告》。

证扶贫资源精准到每一贫困户,这样的扶贫机制在缓解农村贫困的同时有可能加剧贫困群体内部的收入不平等。Park 和 Wang[1]通过对整村推进对贫困村和贫困户收入的影响进行分析,结果表明整村推进的村中富裕户的收入、消费增速要比非整村推进的村中富裕户的这两个指标显著高,这说明贫困村中相对富裕的农户才是整村推进战略中真正的受益群体。二是减贫工作中虽然建立了保障和救助机制,但严格、明确、有效的约束监督机制尚未建立。

4. 以精准扶贫为核心的减贫新阶段(2011—2020 年)

宏观经济环境的变化、收入差距的扩大和区域经济发展不平衡、经济增长带来的减贫效应呈现下降趋势都使得在新的阶段中国扶贫开发工作的核心逐步转变为精准扶贫。因此,实施更有针对性、效率更高的扶贫政策显得愈加重要,在这一阶段,中国政府出台了《中国农村扶贫开发纲要(2011—2020 年)》《关于创新机制扎实推进农村扶贫开发工作的意见》《中共中央 国务院关于打赢脱贫攻坚战的决定》以及《"十三五"脱贫攻坚规划》等纲领性政策文件。

2011 年,中国政府出台《中国农村扶贫开发纲要(2011—2020 年)》,指出了"当前的扶贫开发任务已从解决温饱转向巩固温饱成果、加快扶贫开发、改善生态环境、提高发展能力和缩小发展差距的新阶段,同时扶贫工作面临的挑战也从发展相对滞后形成的绝对贫困、普遍贫困转向特征为收入不平等的转型期贫困[2]"。2015 年出台的《中共中央 国务院关于打赢脱贫攻坚战的决定》提出,要健全精准扶贫工作机制,做好精准识别、建档立卡这一环节的工作,按照"扶贫对象精准、项目安排精准、资金使用精准、措施到户精准、因村派人精准、脱贫成效精准"的要求,通过产业扶持、就业转移、易地搬迁、教育支持和医疗救助等

---

[1] PARK A, WANG S. Community-based development and poverty alleviation: an evaluation of China's poor village investment program[J]. Journal of public economics, 2010, 10:790-799.

[2] 中共中央 国务院印发《中国农村扶贫开发纲要(2011—2020 年)》http://www.gov.cn/gongbao/content/2011/content_2020905.htm.

方式使贫困人口中有 5 000 万人左右实现脱贫，其他完全或部分丧失劳动能力的贫困人口通过社保兜底政策摆脱贫困。这一阶段的扶贫政策愈加凸显"精准"的定位，扶贫方式从"大水漫灌"转变为"精准滴灌"。扶贫特征的转变体现了中国扶贫制度的不断创新，这些创新集中体现在以下扶贫对象识别、扶贫措施实施、扶贫资金使用三个方面。

（1）扶贫对象识别。以往扶贫对象的识别主要是依据收入水平划定贫困线识别贫困群体，收入水平虽然能够直观地对贫困程度进行刻画比较，但在识别贫困群体时仍具有一定的局限性，会出现难选、漏选的问题[①]，主要原因包括：一是难以及时且准确地获取每一农户的真实收入信息，在实际操作中仅仅以收入来辨别其是否是贫困户存在一定的难度；二是收入只是贫困的表现之一，收入以外的多维贫困无法充分体现，如因病、因婚的支出型贫困。在新的扶贫阶段，贫困对象识别的创新主要表现在两个方面：一是贫困对象的识别标准，传统仅仅依据收入划定贫困群体的标准在新阶段变为依据"贫困线 + 两不愁三保障[②]"，这些标准从收入、教育、健康及消费等多个方面对贫困对象进行识别。二是识别程序更加精准，对扶贫对象及其致贫原因登记造册，实行动态管理，并完善贫困人口精准识别和动态调整机制，逐步完善贫困统计监测与监督机制。

（2）扶贫措施实施。新阶段的扶贫政策文件指出要对引发贫困的原因和制约贫困地区的发展因素进行深入探讨分析，因地制宜地制订扶贫计划及措施，使扶贫措施更有针对性，执行效率更高。在过去扶贫措施的基础上，从产业扶贫、就业转移脱贫、社会扶贫、教育扶贫、生态扶贫等十个方面[③]提出了更为具体的实施措施，这些多样化扶贫措施的提出是"精准"的体现。此外，这一时期的政策文件还提出要对

---

① 王介勇，陈玉福，严茂超. 我国精准扶贫政策及其创新路径研究 [J]. 中国科学院院刊，2016（3）.

② 两不愁、三保障是指不愁吃、不愁穿，义务教育、基本医疗、住房安全有保障。

③ 产业发展脱贫、转移就业脱贫、易地搬迁脱贫、社会扶贫、健康扶贫、生态保护扶贫、教育扶贫、兜底保障、提升贫困地区区域发展能力及保障措施。

贫困人口参与机制进行积极探索，要"提高贫困人口参与市场竞争的意识和能力，建立健全贫困人口利益诉求表达机制"①，推动扶贫由"输血"向"造血"转变。

（3）扶贫资金使用。在以精准扶贫为核心的减贫新阶段中，扶贫资金的使用有了更为完善、配套的使用机制和监督机制。一方面，进入减贫新阶段后，资金来源渠道更为多样化，扶贫资金来源由原先主要政府供给转向探索政府与社会资本合作、政府购买服务等多种渠道供给；同时，整合同类涉农资金，使资金使用从多头分散转变为统筹集中使用。另一方面，财政部出台《财政专项扶贫资金绩效考评办法》《扶贫项目资金绩效管理办法》完善扶贫资金使用监督机制；逐步引入社会监督，多方协作以强化对扶贫资金的监督。

三、中国扶贫制度变迁的影响因素

（一）经济社会背景

1. 国家经济实力的变化

自1978年改革开放以来，中国经济状况发生了巨大变化，经济实力的不断增强是扶贫制度产生变迁的关键因素之一。1978年当年GDP（国内生产总值）总额为3 678.7亿元，占世界比例由1966年的6%下降至5%，经济形势处于较为严峻的状态，农村贫困人口在全国农村总人口占比约30%。

随着改革开放政策的实施，中国经济状况持续好转，中央和地方财政收入不断增加。如图3-1所示，1986年中国GDP较1978年增加了1.8倍，2000年增加了26.3倍，2010年达到413 030.3亿元，增长了111.3倍。如图3-2所示，中央政府和地方政府财政收入与GDP同步呈现持续增长状态，自1978年起，中央财政收入在1986年增长至1978年的4.43倍，2000年达到39.7倍，2010年增长至6 989.17亿元，

---

① 《"十三五"脱贫攻坚规划》。

达到1978年的241.7倍；地方政府财政收入保持同样的持续增长态势，自1978年的956.49亿元增长至2010年的40 613.04亿元，增加了41.5倍。国家经济实力的持续增强和政府财政状况的持续好转为扶贫工作的开展提供了坚实的资金保障，使扶贫工作能够顺利进行，也使得政府能够制定更为多样化、针对性的扶贫政策。

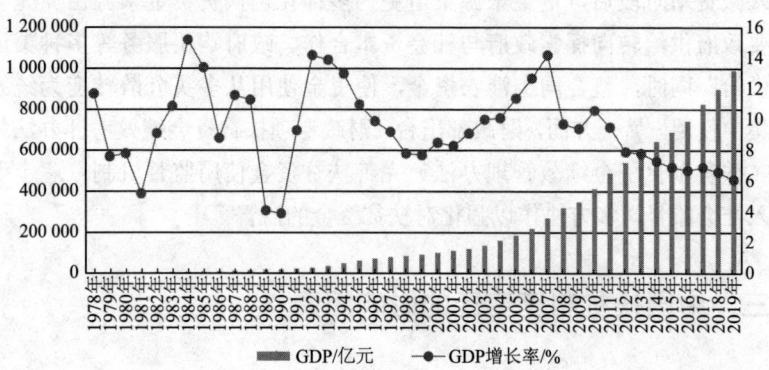

图 3-1　1978—2019 年国内生产总值 (GDP) 与 GDP 增长率

数据来源：国家统计局，http://data.stats.gov.cn/ 访问时间 2020-05-24.

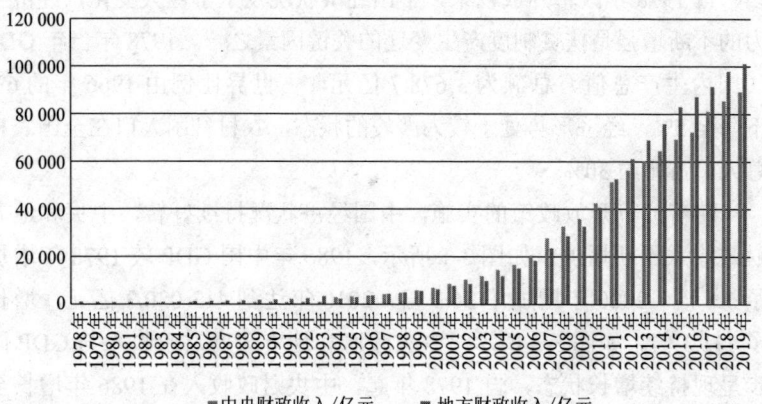

图 3-2　1978—2018 年中央财政收入和地方财政收入

数据来源：国家统计局，http://data.stats.gov.cn/，访问时间 2020-05-24.

2. 宏观环境的变化

宏观制度环境的变化。自 1984 年开始进行的宏观经济体制改革确立了以公有制为基础的"有计划的商品经济",国家经济工作重点从注重经济快速发展转向使经济能够稳定发展,中国经济进入新的发展时期。1993 年《中共中央关于建立社会主义市场经济体制若干问题的决定》确立了社会主义市场经济体制框架。1994 年,以医疗、住房为代表的市场化改革措施开始实行,产权明晰的现代企业制度开始建立。经济体制从传统计划经济体制向社会主义市场经济体制转变和经济增长从粗放型向集约型两个转变确定了中国经济发展的总方向。这些宏观制度环境的变化使得中国经济在 21 世纪前能够保持稳定发展。

宏观经济环境的变化。进入 21 世纪后,中国经济发展逐渐平稳,与全球经济联系不断增强,经济运行机制发生重大变化[1],中国经济进入了结构调整、改革开放和科技驱动的历史发展新阶段。2010 年中国步入重要的经济结构转型和政策调整时期,宏观经济政策的基本取向由"适度从紧的财政政策和货币政策"转变为"积极稳健、审慎灵活"[2]。2012 年后,中国 GDP 增长速度结束了过去的高速增长状态,经济发展进入"新常态"阶段[3]。自中国正式加入 WTO(世界贸易组织)以来,融入经济全球化的步伐不断加快,与全球经济联系日益密切,通过超常规经济刺激计划成功应对 2008 年的全球金融危机。总体来看,在全球市场动荡和国内需求疲软的环境中,中国仍能在经济增速放缓的情况下保持经济持续稳定增长[4]。

---

[1] 殷剑峰.二十一世纪中国经济周期平稳化现象研究[J].中国社会科学,2010(4).
[2] 2010 年中央经济工作会议提出 2011 年的宏观调控框架——"积极稳健、审慎灵活"。
[3] "经济新常态"的特点是经济增长速率从高速转为中高速,经济结构不断优化升级,经济发展的动力从要素驱动、投资驱动转向创新驱动共三个特征。
[4] 洪名勇,等.扶贫开发战略、政策演变及实施研究[M].北京:中国社会科学出版社,2019:25.

（二）农村发展状况

1978年以前，中国农村一直以公社集体生产为主，农民缺乏生产积极性，生产效率低下。1978年实行改革开放后，国务院决定集中精力发展农业，采取一系列解放和发展农村生产力的经济政策，农村经济得以迅速恢复发展。其中，家庭联产承包责任制极大地提高了农民生产积极性，农业发展进步显著，农民生活水平显著提高；此外，农产品交易制度进行市场化改革，农产品购销政策逐渐放宽，农产品收购价格提升，这些措施促使农民收入水平明显提升。但是家庭承包责任制在全国推行完毕后，农村经济增长的主要推动力消失，农村发展由增长转向停滞[①]。随后围绕提高农村生产经济效益，国家制定和调整了一系列农村经济政策，如取消统购统销制度、放开国家定价，五个关于"三农"的中央一号文件、《关于进一步搞活农产品流通的通知》《关于进一步活跃农村经济的十项政策》等，这些政策的出台使得农村居民人均纯收入由1982年的270.1元增加至1993年的921.6元[②]，农村经济发展取得了很大成效。

2000年后，农村发展进入了新阶段，中国农业和农村经济发展的新任务转变为农业和农村经济结构的战略性调整、提高农业的整体素质和效益、促进农民收入持续稳定增长[③]。中国农村经济在新发展阶段更加注重依靠农业科技提高生产力，市场在促进农产品流通中发挥的作用逐渐增大。此后，国家提出了一系列致力于减轻农民生活生产负担、保障农民基本生活的措施。2001年，农村税费改革开始试点，国家试图从根源上减轻农民负担。2003年提出要通过统筹城乡发展，充分发

---

① 洪名勇，等. 扶贫开发战略、政策演变及实施研究[M]. 北京：中国社会科学出版社，2019：25.

② 数据来源：国研网统计数据库《1978—2015年农村居民纯收入和指数》http://d.drcnet.com.cn/eDRCnet.common.web/DocDetail.aspx?docid=3825079&leafid=16681&chnid=4365.

③ 2002年中央农村工作会议，http://www.gov.cn/test/2009-10/29/content_1451510.htm.

挥城市对农村的带动作用，实现城乡协调发展。2006年，农业税被全面废除。2009年，开展新型农村养老保险试点，农村社会保障体系进一步完善。一系列惠农政策、措施促进农村经济的健康发展，农村改革取得显著成效，农村居民人均纯收入由2000年的2 253.4元增加到2010年的5 919元[①]，增长了一倍多。

（三）贫困特征改变

1978年，中国贫困人口达到2.5亿，占总人口的比例高达25.97%，占农村人口数的31.64%，贫困集中在农村。这一时期的贫困主要是由人民公社集体制不适应当时生产力的发展导致的，当时建立的具有普遍覆盖性的、由政府配置资源、自上而下的救济式扶贫在一定程度上缓解了中国存在的普遍性贫困。通过救济式扶贫，中国农村贫困人口比例从31.64%下降至1986年的16.14%[②]，温饱问题基本解决。

1986年后，随着绝对贫困人口大幅减少，中国农村贫困特征由前一阶段的全面贫困转变为因缺乏发展机会而导致的区域性贫困，部分地区因自然条件和其他因素导致经济发展缓慢，自发性经济增长无法实现。因此在这一阶段，政府开始改变传统的普遍性、救济式扶贫措施，有针对性地制定扶贫政策。这一时期的扶贫制度绝大多数是在具有纲领性文件的指导下制定的、具有针对性的扶贫制度，这些扶贫制度的实施使大部分农村贫困人口得以摆脱贫困，贫困人口数目大幅度降低，由1986年的1.31亿下降至2000年的3 209万，农村贫困人口占农村总人口的比例也下降至3.97%[③]。

2000年以后，中国绝大部分贫困人口的温饱问题得到解决，贫困

---

① 数据来源：国研网统计数据库《1978—2015年农村居民纯收入和指数》http://d.drcnet.com.cn/eDRCnet.common.web/DocDetail.aspx?docid=3825079&leafid=16681&chnid=4365.

② 数据来源：贫困人口数来源于《中国农村贫困监测报告2017》（统计资料篇第346页），农村人口数来自国家统计局网站。

③ 都阳，蔡昉. 中国农村贫困性质的变化与扶贫战略调整 [J]. 中国农村观察，2005（5）.

人口特征发生了变化。中国农村贫困性质由上一阶段的区域性贫困转为因缺乏发展能力而导致的边缘化贫困[①]，农村贫困人口主要集中于生活和生产条件极为恶劣的边缘化乡镇农村。政府制定了以"村"为扶贫开发主要单位的整村推进的精准扶贫政策，这一阶段的扶贫任务是要在解决剩余贫困人口的温饱问题的基础上，巩固扶贫成果、改善贫困群体的生活条件。在以贫困村为基础的扶贫制度引导下，农村贫困人口持续下降，由 2000 年的 9 422 万降至 2010 年末的 2 688 万[②]；贫困发生率继续降低，由 10.2% 下降至 2.8%，贫困地区农村居民人均纯收入逐年提升，由 707 元提升至 2 003[③] 元。

2010 年以来，中国农村贫困人口的温饱问题基本得到解决，贫困程度和贫困发生率大幅度下降，截至 2019 年末，农村贫困人口下降至 551 万人，贫困发生率由 2010 年的 2.8% 下降至 0.6%[④]。但在扶贫开发的新阶段，绝对贫困人口的分布呈现出全国分散、集中在小区域的新特征。这一阶段扶贫难度逐渐加大，扶贫任务更为艰巨，主要有三个表现：一是国民经济增长放缓。2010 年后，中国经济增速持续降低，经济增速从 2010 年的 10.6% 下降至 2019 年的 6.1%。二是贫困标准提高，过去的扶贫工作主要解决的是贫困人群的温饱问题，但是忽视了贫困户的精神需求和社会需求；此外，中国现行贫困标准线还远低于国际贫困标准线[⑤]，使用 2011 年标准 2 300 元/人均年收入（2010 年购买力平价）贫困标准线后，中国贫困人口大幅增加，扶贫任务加重。三是贫困群体出现新特征，在新的扶贫阶段，中国贫困问题日益多元化，

---

① 都阳，蔡昉.中国农村贫困性质的变化与扶贫战略调整[J].中国农村观察，2005（5）.

② 数据来源：《中国农村贫困监测报告 2017》（统计资料篇第 346 页），该时期贫困人口标准按照 2008 标准统计。

③ 数据来源：《中国农村贫困监测报告 2011》（第 14 页）表 2-4。

④ 《2019 年国民经济和社会发展统计公报》http://www.gov.cn/xinwen/2020-02/28/content_5484361.htm.

⑤ 现行贫困标准以 2010 年 2 300 元不变价格为标准定期调整，国际贫困线标准是按照购买力平价每天 1.9 美元，按照 2019 年 10 月平均汇率计算约 4 900 元人民币。

各种各样的致贫原因也逐渐显现出来,尽管中国的绝对贫困问题已经得到有效缓解,但是相对贫困问题却不断出现,如因病、因学、因灾等多样化的致贫原因日益突出;此外,现存贫困人口日益分散,且生存条件较为恶劣[①]。

第三节 扶贫制度有效供给

一、有效供给理论

1. 经济学有效供给的内涵

经济学中"有效供给"是指供给的质量、数量和价格都能获得需求者的认可,并能被需求者所接受的供给,即消费需求和消费能力相互适应满足的需求。国内学者对有效供给的定义主要有以下几种代表性观点:①胡培兆认为"能够创造需求并适应需求的供给就是有效供给,而抑制需求的供给是无效供给[②]"。②马庆泉认为有效供给是在一定生产关系基础上和一定的经济制度下,在现有资源能够得到充分利用的前提下,生产力合成的实际能力[③]。③张耀辉[④]认为有效供给是指供给能够达到出清状态,需求能够被恰好满足的供给。综合上述观点,本小节认为有效供给是能够使需求被恰好满足,能够最终实现资源最优化配置的供给。

2. 制度有效供给的内涵

有效供给理论的研究主要集中于经济学领域,而对制度、政策以

[①] 孙久龙,林万龙. 中国扶贫开发的战略与政策研究[M]. 北京:科学出版社,2018:22.

[②] 胡培兆. 论有效供给[J]. 经济学家,1999(3).

[③] 马庆泉. 新短缺经济学[M]. 北京:求实出版社,1989.

[④] 张耀辉. 我国供给调控的理论与政策研究[M]. 北京:中国财政经济出版社,2000.

及公共物品有效供给的研究则稍有不足，目前还没有系统性的界定。姜大谦[①]认为，公共政策的有效供给应该基于社会公众对公共政策是否存在真实需求来分析，若真实需求不存在则无效。唐明等[②]认为与经济利益重新分配相关的制度安排会通过投票行为反映出来，对于这样的制度供给，如果能使选民意愿得到真实表达，制度的真正有效供给就可能实现。罗建河[③]运用马克思的有效供给理论对大学生就业政策进行研究，认为无论是私人产品还是公共产品的有效供给都要从产品品质和产品成本价格两个角度来考虑。陈振明等[④]在研究基本公共服务的有效供给时，将有效供给定义为通过制度体制的持续改善、供给机制与工具的变革、供给质量的提升等改善公共服务体系。

国内外学者对于制度政策的有效供给都借用了经济学领域的定义，并将制度和政策作为公共物品来考虑，认为"需求视角下考虑的供给"即为有效供给，能够真实反映公众真实需求，使公众对公共物品的需求得到满意的供给即为制度的有效供给。

二、扶贫制度有效供给理论

（一）扶贫制度有效供给的界定

对扶贫制度有效供给的界定是基于经济学中的有效供给理论，经济学中的有效是在资源有限但人的需求无限的情况下进行资源配置，以最大限度满足人的需要，因此要通过扩大有效供给来提高经济资源利用效率，使得经济效益最大化。而扶贫制度作为准公共物品，具有明显的外部性、非竞争性和排他性，扶贫制度的供给不仅由政府提供，

[①] 姜大谦,韦正富.公共政策供给的有效性分析[J].商丘师范学院学报,2009(8).

[②] 唐明,宋德安.地方政府制度性公共产品有效供给分析[J].西北大学学报(哲学社会科学版),2017(5).

[③] 罗建河.论我国大学生就业政策的有效供给[J].江苏高教,2012(2).

[④] 陈振明,李德国.基本公共服务的均等化与有效供给——基于福建省的思考[J].中国行政管理,2011(1).

还存在着私人提供与交叉合作提供。扶贫并非纯粹的商业活动,其供给和需求都是在政府公共政策引导下产生的,而非由市场自由调节的结果。因此,扶贫制度的有效供给与经济学概念的有效供给存在一定的差异性。这里可以将扶贫制度的有效供给定义为:能够满足贫困地区和贫困人口脱贫需求,适应贫困地区当地实际情况,具有针对性、可实施性的扶贫制度即为有效供给的扶贫制度。

(二)扶贫制度有效供给的评判标准

1. 供需关系

根据有效供给的定义来看,能否满足供需关系是评价扶贫制度是否有效供给最重要的标准。满足贫困地区需求、适应贫困地区特征、针对贫困地区致贫因素且能带来减贫成效的制度供给即为有效供给。首先,需要分别对贫困地区和贫困人口的脱贫需求进行分析,确定需求主体的真正需求;其次,对扶贫制度本身是否针对需求而制定进行分析,若是根据需求制定的适应需求的制度,则可以在供需角度上认为这一扶贫制度的供给是有效供给。例如,在中国深度贫困地区的贫困家庭孩子可能由于家庭经济困难而失学,其需求是想要完成教育,通过接受教育实现脱贫。政府为满足这一需求制定了与教育扶贫相关的扶贫政策《深度贫困地区教育脱贫攻坚实施方案(2018—2020年)》,该方案中提到通过建档立卡、增加资金等措施促进贫困地区适龄儿童接受教育。从供给和需求关系来看,这一扶贫制度是适应当地以及当地人口需求的,因此可以认为这一制度的供给是有效的。

2. 时效性标准

衡量扶贫制度供给是否有效的另一标准是时效性,如果某一扶贫制度是根据贫困地区发展状况及时制定并实施,便可以获得最大化的效用;但若由于时滞的存在,扶贫政策无法及时根据当地实际情况制定,到政策制定完成以及政策落实的时候,当地情况可能已经发生变化,原本因地制宜制定的政策所带来的效用有所减少,严重时甚至已经不符合当地实际情况,制度供给无法适应制度需求时,供给无效。因此,制度供给的时效性在制度生产过程和运行过程都会对制度供给是否有效产生影响。

(三) 影响扶贫制度有效供给的因素

胡培兆认为,价格过高、重复建设、产品简单增量再生产以及品质伪劣都会导致有效供给不足①。吴伟②在分析公共物品的有效供给时,认为公共物品出现低效供给的原因有:消费者不知道自己的真实需求或是隐瞒自己的真实需求,交易费用过高以及一致性难以达成。唐明③等认为制度性公共产品与物质性公共产品供给时最大的区别是公共选择、政府生产以及政府提供,其特征包括强制性、时效性、效用不可分割、非排他性以及非竞争性。张克兢④从顾客(需求者)、公共性(供给者)以及公共问题特征(问题本身)三个方面对城市公共物品有效供给实现路径进行研究。

综合上述观点,本部分从需求主体、供给主体以及宏观环境三个方面来讨论这三个因素如何影响扶贫制度有效供给。

1. 需求主体

需求主体是影响扶贫制度有效供给的关键因素,因为有效供给是适应需求、满足需求的供给。需求主体即扶贫制度最终的作用对象,是有效供给要实现的指向目标,需求主体及时、真实地表达自身需求,对制度的有效供给有着极为深刻的影响。如果需求主体隐藏自身真实需求、延迟需求,那么政策制定者无法根据其真实情况作出合理决策,所制定的制度也就无法充分发挥作用,制度供给便不再有效。

---

① 胡培兆. 论有效供给 [J]. 经济学家, 1999 (3).
② 吴伟. 公共物品有效提供的经济学分析 [D]. 西安:西北大学, 2004.
③ 唐明, 宋德安. 地方政府制度性公共产品有效供给分析 [J]. 西北大学学报 (哲学社会科学版), 2017 (5).
④ 张克兢. 我国城市公共物品有效供给实现途径研究 [D]. 上海:上海师范大学, 2003.

贾林瑞等[①]对中国11个连片特困地区以及23个贫困县进行实地调查和问卷分析后认为，贫困户这一需求主体的致贫原因包括：收入来源单一，因病、因学以及养老支出加剧贫困或是返贫，较低水平的劳动技能和受教育水平，基础设施薄弱、发展机会匮乏以及频发的自然灾害、恶劣的生存环境这五类因素。他们认为贫困群体的致贫因素多样，贫困程度不同，其帮扶需求也有很大差异。贫困户作为需求主体需要将自身的真实需求表达出来并有效传递给制度设计者，要想真实表达和有效传递，需要做到：一是保障需求传播渠道存在且通畅，确保贫困群体和制度设计者能够及时交流反馈。若是信息不能及时反馈、真实需求无法被传播会导致信息不对称，这就会使得贫困者的真实需求无法及时、准确地让制度供给主体获取，导致供给出现偏离的状况，无法达到有效供给。二是制度设计者应当主动去挖掘、并识别需求主体即贫困户的真实需求，如通过问卷调查获得贫困群体的实际情况，对其致贫原因进行具体分析，从而制定出符合需求主体实际情况，并能有效作用于需求主体，即能产生积极减贫成效的扶贫制度。

2. 供给主体

供给主体即扶贫制度制定者，供给主体的生产是有效供给得以实现的基础保障。供给能力和供给效率两方面会影响供给主体来有效供给的能力。当前中国扶贫制度是由政府占据核心地位，社会和市场协同供给。政府所特有的强制性能够解决市场供给产生的过高交易成本，节约交易成本。扶贫制度作为公共物品考虑，由政府来主导提供，提供成本也比由社会和市场提供大大降低。由于扶贫行动需要连续进行，如果由社会或市场来提供，在市场竞争环境中，制度供给可能会由于供给主体不存在或无力提供而导致供给不足。

中国政府作为扶贫制度的供给主体虽然具有合法性、强制性，并且能够保证扶贫政策实施的连贯性，但是政府作为制度供给主体起到

[①] 贾林瑞，刘彦随，刘继来等.中国集中连片特困地区贫困户致贫原因诊断及其帮扶需求分析[J].人文地理，2018（1）.

的作用仍然是有限的[①],传统完全由政府作为唯一供给主体的扶贫模式已经无法充分发挥其作用,由政府作为供给主体会出现信息不对称、官僚主义、缺乏回应等情况[②],这直接导致政府无法及时、准确地获得扶贫对象的真实状况以及实际需求,从而导致扶贫制度有效供给不足。而市场和社会作为扶贫制度供给主体的补充能够缓解政府完全供给所导致的有效供给不足的问题。市场作为供给主体能够通过订立合同实现准公共物品即扶贫的产生,相较于政府供给的缺乏回应,市场能够及时获得反馈,但是市场供给也会存在诸如机会主义、道德风险等缺陷[③],若由市场作为扶贫的供给主体,由于市场的竞争性,部分缺乏竞争能力的扶贫对象极有可能在市场竞争中失败,原先想要通过市场提高扶贫效率并使扶贫对象通过自我脱贫的目标无法实现,有效供给也就无从谈起。社会作为扶贫制度的供给主体具有较强的专业性,且能够对社会人力资源和物质资源进行整合,从而提高扶贫的有效供给,但是社会作为扶贫的供给主体存在,由于组织经费短缺而导致的经济上较差的可持续性,社会组织自注册就受到政府双重管理制约而导致的对政府较强的依附性,以及中国目前还缺乏关于能够使社会扶贫顺利、高效进行的制度环境[④]等的缺陷,都会导致扶贫有效供给不足。只有形成"政府、市场和社会协同推进"的扶贫格局,即扶贫这一公共物品由政府、市场和社会共同提供,才能避免由某一供给主体单一供给的局限性,使得扶贫能够实现有效供给[⑤]。

3. 宏观环境

社会宏观环境的变化对扶贫制度有效供给影响颇深,而宏观环境

[①] 郑晓燕.中国公共服务供给主体多元发展研究[D].上海:华东师范大学,2010.

[②] 邓念国.公共服务提供中的协作治理:一个研究框架[J].社会科学辑刊,2013(1).

[③] 同上。

[④] 陆汉文,梁爱有,彭堂超.政府市场社会大扶贫格局[M].长沙:湖南人民出版社,2018:18.

[⑤] 邓念国.公共服务提供中的协作治理:一个研究框架[J].社会科学辑刊,2013(1).

的变化主要表现为信息化程度的不断提高,下面从三个角度来说明信息化程度的提升是如何影响扶贫制度有效供给的。

一是精准识别动态管理模式的出现。在交通、网络不发达的年代,信息传递的时效性以及真实性都受到影响,贫困地区和贫困人口的需求不能及时反馈,政策制定后也无法在最短时间内被实施,实施过程中还有可能存在由于信息不对称而产生理解矛盾的状况,制度的有效供给便被大打折扣。过去中国扶贫工作中存在扶贫监测落后、资源配置不平衡、贫困统计口径不一致等问题[①],但是随着信息化程度的提升,建档立卡和动态管理成为可能,扶贫对象可以被更加精准地识别,致贫原因可以进行更加深入的分析,因而可以针对不同致贫因素来制定相应的扶贫制度,可以生产更适应需求、减贫效果更大的扶贫制度,从而促进扶贫制度的有效供给。精准识别是精准扶贫的基础和关键,只有准确识别,才能确保扶贫资源的有效利用,避免扶贫资源的浪费,实现贫困人口的如期脱贫[②]。精准识别、动态管理使得扶贫的供给主体和需求主体双方信息沟通效率提升,能够及时获得更多真实、有效的信息,扶贫的有效供给得以提升。

二是扶贫模式的创新。扶贫模式的创新就是提高资源利用效率从而助力贫困人口脱贫致富[③]。以电商扶贫为例,自2007年起中国电子商务进入飞速发展阶段,在城乡居民生活中的地位日益凸显,电商扶贫作为互联网时代扶贫的模式创新,关键在于政府和企业帮助帮扶对象通过开设网店等电子商务的方式实现自力更生脱贫[④]。电商扶贫以传统扶贫模式所不具备的独特优势大大提升了扶贫的有效供给。电商扶贫通过破解贫困地区发展的"信息鸿沟"与"孤岛效应"和促使农村

---

① 陈潇阳.我国农村扶贫对象动态甄别机制的构建路径[J].河北大学学报(哲学社会科学版),2014(1).

② 同春芬,张浩."互联网+"精准扶贫:贫困治理的新模式[J].世界农业,2016(8).

③ 罗江月,唐丽霞.扶贫瞄准方法与反思的国际研究成果[J].中国农业大学学报(社会科学版),2014(4).

④ 周克全.电商扶贫要有新思路[N].甘肃日报,2015-07-03.

市场活跃起来[1]两个方式获得了显著的减贫成效。

三是利用其信息传播速度快等特点的扶贫行动顺利开展。例如就业扶贫是最有效且直接的脱贫方式。与过去需要到招聘现场不同，现在可以通过网络建立更为快速透明的就业信息传播渠道，信息不对称的问题大大缓解，贫困群体可以更快速、准确地获得与自身能力相匹配的就业信息，就业效率有所提升，从而通过就业实现脱贫。

三、促进扶贫制度有效供给的措施

1. 运用信息化手段收集信息

信息化的提升使得通过网络甚至于其他技术手段收集扶贫对象的信息更为便捷，能够精准识别并定位扶贫对象，进行动态管理，从而及时调整政策的针对性。这样不仅减少了制度供给过程中由于耗费时间带来的时滞，使得制度供给的时效性大大增强，而且，由于对象更为精准，并且能够及时得知扶贫对象的变化情况，扶贫对象的需求也就更为清晰，供给主体可以根据更为精准的需求进行制度供给，避免了资源浪费和由于供需关系不满足而导致的无效供给。

2. 明确供给主体的供给责任

中国现阶段扶贫制度供给主要还是按照"中央统筹、省负总责、市县抓落实"的原则，各级政府作为制度供给主体需要明确其供给责任，避免由于职责不明确导致的重复供给或是尚未供给的现象发生，从而促进扶贫制度的有效供给。通过印发出台相应文件明确各级政府在精准扶贫阶段应当承担的责任，提高制度生产效率和运行效率，促进扶贫制度有效供给。

---

[1] 郑瑞强，张哲萌，张哲铭. 电商扶贫的作用机理、关键问题与政策走向[J]. 理论导刊，2016（10）．

第四节 扶贫制度供给有效性

一、制度供给有效性相关理论

1. 制度供给有效性的含义

科斯定理提出：当交易费用为零或很小时，只要产权清晰，无论哪一方拥有产权，交易的最终结果都是有效的，都能够实现资源配置的帕累托最优状态。供给有效性，即供给的有效程度，也可以理解为供给效率。经济学领域认为，充分利用社会上可获取的稀缺资源是最有效的结果[1]。也就是说当资源配置达到帕累托最优，即为最有效的状态时。在市场经济环境下，供给的有效程度通常可以用供给过程中资源配置和资源利用的效率来衡量。

邓大才[2]认为，制度供给的效率可以用预期制度安排的成本和收益比来衡量。余盈[3]认为制度供给有效性既包含供给效果，也包含供给效率。对制度供给有效性的评价应当使用综合标准进行，这一标准应涵盖制度供给的不同特征，不仅仅局限于供给效果和效率，他认为应当使用合理性、权变性以及经济性三个标准对制度供给有效性进行衡量。叶忠[4]认为制度和政策供给的有效性可以通过资源的配置效率和利用效率来衡量。

综合上述观点，本节将制度供给有效性界定为制度供给的有效程度，而有效程度则是通过制度供给过程中资源配置和资源利用的效率进行衡量。

2. 制度供给有效性的影响因素

最早对中国制度供给有效性的影响因素进行研究的张平和等[5]认

---

[1] 曼昆.经济学原理[M].北京：北京大学出版社，2005.
[2] 邓大才.制度供给效率研究[J].江海学刊，2004（4）.
[3] 余盈.公共服务制度供给的有效性研究[D].成都：电子科技大学，2012.
[4] 叶忠.论教育供给有效性的衡量[J].河北师范大学学报（教育科学版），2001（2）.
[5] 张和平，孙世祥.简析影响我国制度供给有效性的因素[J].经济师，1995（7）.

为，改革开放进程中影响制度供给有效性的因素包括根据经济市场化的要求进行制度改革，制度本身的内容、特征、目标等，传统文化和传统体制的影响，区域间、行业间利益关系能否协调平衡，区别对待原则以及制度供给主体六个因素。在研究制度供给效率时，邓大才[①]将制度供给效率的影响因素分为三部分：制度的变迁成本、运行和维护成本以及制度带来的收益，通过对制度安排效率和制度运行效率进行分析得出如何提高制度供给效率的结论。唐明等[②]认为制度变迁的动力、制度供给的财力、信息成本以及明确产权会影响地方政府制度性公共产品供给有效性。除上述影响因素外，姜大谦等[③]在分析公共政策供给有效性时，认为公共政策问题的系统性和复杂性、供给主体的政策制定能力和理性力水平以及供给体制、供给程序都对公共政策供给有效性产生影响。

综合上述观点，本部分认为在扶贫制度供给中，扶贫制度供给有效性的影响因素有以下几方面。

（1）制度变迁动力。通过对中国扶贫制度变迁历程的分析后发现，扶贫制度变迁总是在某些力量的驱动下发生的，如经济实力的不断增强，国内外宏观环境的变化，农村自身发展状况的变化等都是扶贫制度得以变迁的动力之一。变迁动力对不同阶段扶贫制度变迁在一定程度上具有决定性作用，若缺乏动力的推动，制度变迁很大程度上无法发生。

（2）制度供给财力。制度变迁需要耗费成本，扶贫政策作为制度性公共物品，由政府主导扶贫制度供给，因此需要政府强有力的财政支持。只有供给财力能够满足制度供给，制度供给有效性才能充分体现。在改革开放初期，中国经济处于发展阶段，政府财力状况较差，只能通过救济式扶贫初步解决温饱问题，扶贫制度的供给有效性相对较低。

---

① 邓大才.制度供给效率研究[J].江海学刊，2004（4）.

② 唐明，宋德安.地方政府制度性公共产品有效供给分析[J].西北大学学报（哲学社会科学版），2017（5）.

③ 姜大谦，韦正富.公共政策供给的有效性分析[J].商丘师范学院学报，2009（8）.

随着经济实力的不断增强，政府财政收入不断增加，政府能够根据贫困地区实际状况更为精准地制定适合当地的自救式扶贫政策，扶贫制度的供给有效性因此大大提高，减贫效果也愈加显著。

（3）信息成本。政府在制定适合贫困地区脱贫的制度时，需要从贫困地区的需求出发，制度需求是由人们对原有制度的反馈构成的，及时有效地收集贫困地区人口对原有扶贫制度的反馈对制定、调整扶贫制度具有重要意义。政府在进行制度设计工作前要明确制度供给目标，这就需要对大量信息进行整理分析，但信息不充分和不对称会使得获取信息的成本增加，从而影响制度供给的效率。例如，在中国以体制改革推动扶贫的阶段，信息收集成本要比现阶段高得多，在部分条件艰苦的极贫地区，不仅收集制度需求难度大，而且信息传递需要耗费更长的时间；在制度被设计出来后，也由于信息不对称和时滞的存在，导致制度供给的有效性大打折扣。

（4）供给主体。有限理性理论认为"在决策过程中，决策者会受到各种先决条件的制约，其理性是有限的，制定的决策目标与选择实现目标的手段无法完全基于完全理性而实现"。[1]因此，在一定程度上可以认为制度供给有效性与供给主体对制度需求的理解程度、理性等前提条件相关。例如，在制定扶贫制度时，政策制定者对贫困地区需求越清楚，对当地客观条件及致贫原因认知越清晰，所制定出的扶贫制度就越能够适应当地的实际状况，供给有效性也就越高。

（5）供给程序。制度供给不仅仅需要政策制定者对制度需求有清晰的认知，也需要完善的供给体制和规范的供给程序来保障制度供给的有效性。从法律层面上看，《立法法》《行政法规制定程序条例》《规章制定条例》等法律规范的相继出台，保障了制度供给在生产过程中的有效性。但是在制度供给的实施过程中，仍然缺乏相应程序。因此，在政策供给中会出现部门扯皮的现象，制度供给有效性被大大影响。此外，供给程序还应当将制度实施过程的考核纳入进来，具有监督考

---

[1] 陈振明.公共政策科学——公共政策分析导论[M].北京：中国人民大学出版社，2003.

核性质的文件如《扶贫项目资金绩效管理办法》《关于进一步加强扶贫审计促进精准扶贫精准脱贫政策落实的意见》等的出台,从多角度提升了扶贫制度供给的有效性,进一步提升了扶贫成效。

二、中国扶贫制度供给有效性评价

中国扶贫制度供给有效性研究主要包括供给有效性的研究现状、研究角度以及评价方法三个方面。

1. 扶贫制度供给有效性研究现状

周慧敏等[1]以"八七扶贫"为例,通过对政府扶贫投入为扶贫带来的减贫效果、对国定贫困县社会经济发展的影响以及当地政府行为进行评估,来评价开发式扶贫政策的供给有效性,发现中国由政府主导供给的扶贫政策仍存在一定问题,这造成减贫成效不如预期。高远东等[2]运用空间计量模型定量分析了金融扶贫政策对农村减贫的直接效应以及省际的空间溢出效应,发现金融扶贫政策对本省农村减贫效果的促进作用显著,但是空间溢出效应不显著。马晓河等[3]运用横向对比分析法将A贫困县和B非贫困县的贫困户现状、家庭收支情况以及家庭"两不愁、三保障"情况进行对比并分析后发现,相较于非贫困县贫困户而言,贫困县的贫困户在减贫政策下获得的减贫成效较前者状况要差。

2. 扶贫制度供给有效性研究角度

王韬[4]等认为扶贫政策的供给有效性可以从财政收入和财政支出两个角度考虑,地方政府和中央政府在扶贫供给中承担不同责任,通过

---

[1] 周敏慧,陶然.市场还是政府:评估中国农村减贫政策[J].国际经济评论,2016(6).

[2] 高远东,温涛,王小华.中国财政金融支农政策减贫效应的空间计量研究[J].经济科学,2013(1).

[3] 马晓河,方松海,赵苹.脱贫减贫政策效果的评价与思考——基于河南A贫困县和陕西B非贫困县的观察[J].宏观经济研究,2019(7).

[4] 王韬,底偃鹏,张克中.财政分权下的减贫政策研究[J].商业时代,2010(32).

对中国完全财政分权和部分财政分权两个时期的减贫绩效进行实证研究，得出相较于完全财政分权模式，部分财政分权模式更能促进扶贫的供给有效性的结论。田立军[①]提出贫困地区扶贫制度的供给有效性的评价可以从经济效益、政治效益、社会效益和环境效益四个方面进行。曾勇[②]在对东西扶贫协作的动力机制和宏观绩效分析后，结合上海对口支援云南的实例和财政扶贫资金使用绩效评价，对东西协作扶贫机制的供给有效性进行分析，并从宏观、中观和微观三个层面对东西扶贫协作机制的供给有效性进行评估分析。陈升、潘虹等[③]在研究了东中西部的精准扶贫地区，如广东、湖北恩施和贵州毕节等地后，认为可以从精准识别、精准帮扶、精准管理与精准考核四个方向对当地扶贫制度供给的有效性进行评价。向德飞[④]认为政策执行模式对扶贫制度的供给有效性会产生影响，通过对不同执行模式的扶贫制度进行分析后认为，基于自上而下的理性执行模式制定的扶贫制度的供给有效性能够得到保证，但是很难在这种情况下实现资源的最优配置；基于自下而上的后理性执行模式制定的扶贫制度的供给有效性会受到执行主体自身偏好和价值判断的影响，导致供给有效性减弱；基于整合执行模式的合作式扶贫制度的供给有效性明显优于前两种模式。方黎明等[⑤]基于能力贫困理论对中国农村开发式扶贫政策的特征和有效性进行分析后认为，只有贫困群体有机会、有能力从扶贫项目中受益时，开发式扶贫政策的供给才是有效的。

3. 扶贫制度供给有效性评价方法

对扶贫制度供给有效性进行评价主要包括层次分析法、绩效评价

---

① 田立军.中国农村反贫困战略的绩效评估[D].兰州：兰州大学，2011.

② 曾勇.中国东西扶贫协作绩效研究[D].上海：华东师范大学，2017.

③ 陈升，潘虹，陆静.精准扶贫绩效及其影响因素：基于东中西部的案例研究[J].中国行政管理，2016（9）.

④ 向德平，高飞.政策执行模式对于扶贫绩效的影响——以1980年代以来中国扶贫模式的变化为例[J].华中师范大学学报（人文社会科学版），2013（6）.

⑤ 方黎明，张秀兰.中国农村扶贫的政策效应分析——基于能力贫困理论的考察[J].财经研究，2007（12）.

指标体系。例如，陈爱雪等[①]建立了5个一级指标、15个二级指标的精准扶贫绩效评价体系，对中国当前扶贫政策供给效果进行评估，结果显示扶贫对象的精准识别、精准帮扶对扶贫制度供给有效性有直接影响，制度供给的有效性能够通过贫困地区经济社会发展情况以及产业发展情况表现出来。

付英从政策相关性、扶贫效率、扶贫效果、可持续发展能力四个方面建立了贫困地区的综合性扶贫绩效评价指标体系[②]。田立军[③]建立农村扶贫政策评估体系，运用综合分析法，以非贫困指数作为核心指标对扶贫制度供给有效性进行估算。曾勇[④]基于反贫困和绩效评价基本理论，构建合适的扶贫绩效评价指标体系，从宏观、中观和微观三个层面对东西扶贫协作机制的供给有效性进行评估分析，并探讨如何提升东西扶贫机制的供给有效性。此外，王韬[⑤]等通过对中国完全财政分权和部分财政分权两个时期的减贫成效进行多元回归分析后，得出部分财政分权模式比完全财政分权更能提高扶贫制度的供给有效性的结论。

三、提高扶贫制度供给有效性的措施

1. 改善制度需求信息收集方式

政府在制定新制度、调整旧制度时，面临着信息不对称以及获取信息存在时滞的问题，因此，想要提高扶贫制度供给的有效性，需要从制度需求信息的充分获取与及时获取两个方面考虑。随着移动互联网的迅速发展，传统的耗时耗力的信息收集与传递方式不复存在，贫

---

① 陈爱雪，刘艳. 层次分析法的我国精准扶贫实施绩效评价研究[J]. 华侨大学学报（哲学社会科学版），2017（5）.

② 付英，张艳荣. 兰州市扶贫开发绩效评价及其启示[J]. 湖南农业大学学报（社会科学版），2011（5）.

③ 田立军. 中国农村反贫困战略的绩效评估[D]. 兰州：兰州大学，2011.

④ 曾勇. 中国东西扶贫协作绩效研究[D]. 上海：华东师范大学，2017.

⑤ 王韬，底偃鹏，张克中. 财政分权下的减贫政策研究[J]. 商业时代，2010（32）.

困地区人口以及当地政府可以通过网络在第一时间将自身需求传递给政策制定机构,使决策者获得的信息更有效、制定的措施更合理。此外,由于信息的及时获取,政策制定以及实施过程中存在的时滞性大大降低,制度供给主体的反应速度得以提升,可以对已有制度作出更快调整。

2. 提高供给主体的供给能力与决策能力

制度供给主体在供给制度时需要基于有限理性与自身专业能力进行分析,从而作出相对最优决策。提升供给主体的供给能力,首先应该提升供给主体对制度需求信息的整合分析能力、对需求的响应能力、协调制度实施过程中不同利益主体的能力以及制定合适且有效的制度与计划的能力等。提升制度供给主体的决策能力在一定程度上可以改善制度安排发生的时机,促进制度供给有效性的提升。

3. 具体问题具体分析

扶贫制度供给,尤其是精准扶贫制度供给中最关键的是要能够对扶贫对象精准识别,做好建档立卡工作,针对不同环境、特征以及不同的致贫因素进行分析,从而制订具有针对性的有效措施,从而提高制度供给有效性。同时,要定期更新贫困地区和贫困人口相关信息,减少因信息获取时滞而导致政策供给有效性的降低,及时对信息变化作出相应调整措施,提高供给有效性。

4. 完善制度制定及相应监督程序

完善的制度制定程序能够确保制度供给主体的资格条件,避免因缺乏制定依据而出现越权随意供给制度的现象。相关法律制度的出台从法律层面上确保了制度供给主体的合法性,对制定制度的程序也已经作出规定。在制度设计阶段,制度的供给部门和实施部门间需要进行充分协调,明确制度供给的目标对象、实施过程等,避免因信息不充分而导致如重复供给、供给冲突等供给效率低下的问题。另外,完善的监督机制在制度供给过程中必不可少,避免因监督机制不健全而出现政府行为不规范、不合理的现象,从而提高制度供给有效性。

第五节 本章小结

　　扶贫开发作为一项系统性工程，会涉及方方面面的制度安排，有效的制度供给会提高制度供给的效率，提升扶贫效率和减贫成效。中国逐渐形成了以政府为主导，政府、市场和社会三者协同推进的扶贫制度，极大程度地促进了中国扶贫资源的优化配置，提高了扶贫制度的供给有效性，推进了扶贫制度的有效供给，促使扶贫制度能够因地制宜，最大化地发挥其作用。中国政府根据国家的经济实力、外部宏观环境、农村发展状况以及不断变化的贫困特征，有针对性地制定更新扶贫政策，提高制度供给的有效性，旨在使更多的贫困群体能够成功脱贫。

　　对扶贫制度的供给有效性进行评价能够促使制度供给主体提供更为有效的政策措施，从而提升制度的供给有效性。扶贫制度的有效供给离不开制度的供给主体和需求主体以及外部宏观环境的变化。只有需求明确，供给主体才能够有机会提供有效的制度，而供给主体同样需要根据外部宏观环境的变化，提高响应速度，及时作出针对性反馈，从而提升制度的有效供给。

第四章

路径选择：从区域扶贫到精准扶贫[①]

　　中国反贫困工作的路径选择是与时俱进的。2013年11月，习近平总书记在湖南湘西实地考察十八洞村扶贫情况时，首次提出了"精准扶贫"的概念，作出"实事求是、因地制宜、分类指导、精准扶贫"的重要指示[②]。由此，中国持续了几十年的扶贫工程，在路径选择上从"区域扶贫"转向"精准扶贫"。

　　精准扶贫的效果是惊人的。2017年"减贫与发展高层论坛"上，时任联合国秘书长的古特雷斯特地发来贺信，于信中表达了对中国减贫方略与措施的高度认可与赞赏，将"精准扶贫"方略称作"帮助最贫困人口……的唯一途径"，认为其可以作为样本被其他发展中国家借鉴学习[③]。

　　本章首先探讨精准扶贫提出的前提——扶贫思路的转变，即从1986年以前的"输血式"扶贫到1986年后的"造血式"扶贫。接下来，以产业扶贫作为"造血"典例，阐述"精准造血"如何作为中国扶贫样板的核心内涵。再之后，从历史背景、学界讨论、政策演变三方面分析扶贫从"区域"到"精准"的路径转变。最后，结合现有的扶贫成果，探讨精准扶贫中扶贫标准从收入到保障的转变。

　　[①]　感谢邓皓文为本章所做工作。
　　[②]　杜家豪.加强分类指导　实施精准扶贫[EB/OL].[2013-12-03]. http://politics.people.com.cn/n/2013/1203/c1001-23721908.html.
　　[③]　马学玲.中共十九大为世界减贫提供"中国启示"[EB/OL].[2017-10-23]. http://www.chinanews.com/gn/2017/10-23/8358902.shtml.

第一节 从"输血"到"造血"

"输血式"扶贫和"造血式"扶贫两种扶贫思路的主要区别在于扶贫主体对扶贫客体的作用方式。在三十多年的扶贫历程中,这两种扶贫思路先后登上扶贫攻坚的主舞台,为中国的扶贫工作起了巨大作用。作为精准扶贫实施思路前提,本节将对扶贫思路从"输血"到"造血"的转变进行全面详细的介绍。

一、"输血式"扶贫

1986年以前,中国扶贫工程主要采取救济"输血"的方式,通过财政转移支付为贫困地区、贫困群众提供大量资金支持。其核心思路为:扶贫主体直接向扶贫客体提供生产和生计所需要的粮食及衣物等物资或现金,以帮助贫困群众克服困难[1]。在扶贫工程的很长一段时期内(尤其是1986年以前),中国各级政府已为支援贫困地区与贫困人口投入巨额财政"输血",其成效"立竿见影"[2],如图4-1所示。

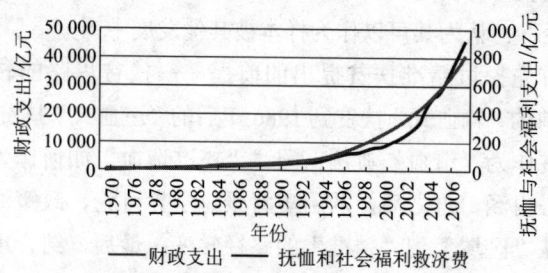

图4-1　1970—2006年抚恤和社会福利支出与国家财政支出

数据来源:根据相应年份《中国统计年鉴》财政数据整理。

---

① 谭贤楚."输血"与"造血"的协同——中国农村扶贫模式的演进趋势[J].甘肃社会科学.2011(3):226-228.

② 任友群,郑旭东,冯仰存.教育信息化:推进贫困县域教育精准扶贫的一种有效途径[J].中国远程教育.2017(5):51-56.

"走基层，送温暖"是"输血式"扶贫最常见、最为人所知的形式之一。每当岁末寒冬之际，中国各级党组织、政府常常组织慰问团队上门走访慰问地区内的困难群众，为他们送去米、面、油、棉被、棉袄等过冬必备物资，确保其能安心过冬。可见，"输血式"扶贫在一定时间内解决扶贫客体短期的、迫切的、物质的、低层次的需求有着较好作用。但就其本质而言，"输血式"扶贫更类似一种社会救助，因此也有人称其为"救济式"扶贫。

　　实践中，"输血式"扶贫主要实施手段存在以下三种：第一，直接向贫困客体予以物质支持(如各种生产生活资料,包括衣物、粮食等)，上文提到的"走基层、送温暖"即为此类手段代表；第二，直接向贫困客体提供小额贷款，通常情况下无息或低息[①]；第三，通过政策手段向贫困人口提供生产补贴等福利。

　　长期以来，"输血式"扶贫的思维和行为都占据着中国扶贫工程的主体地位，这种惯性思维一直持续至今。在中国长期以来实行的追求经济发展规模与速度以及扶贫一线基层组织的短期政绩需求的多方面影响下，部分地方政府追求短期经济数据的漂亮，对贫困地区和贫困者内生发展能力的关注不够。在广大一线农村地区，"输血式"扶贫在1986年以后的很长一段时间内仍然占据着重要地位。

　　图4-2呈现了甘肃省自1983—2000年主要扶贫资金安排情况，不难看出，在甘肃省这数十年的扶贫开发工作内，绝大多数资金都是用于粗放式、区域式的经济开发支出，而与人力资本开发相关的资金仅占不到5%。这一数字的巨大差距某种程度上反映出扶贫思路侧重于经济维度，而忽视了其他贫困维度，如劳动资本的投入。从总体上看，这段时间内，尽管自1986年以来国家已在区域层面上制定开发式扶贫方针，但甘肃省在贫困户的个体贫困救助上，仍然一定程度延续着之前的"输血式"扶贫思路。

---

① 金融扶贫因其为帮助贫困户自我发展提供资金支持而被认为具有"造血"属性。然而，目前的小额信贷扶贫往往是低息或无息，具有无偿性，也因此金融机构参与积极性不高，往往是出于政治任务考虑，未形成良性市场机制，因此也具有"输血"属性。

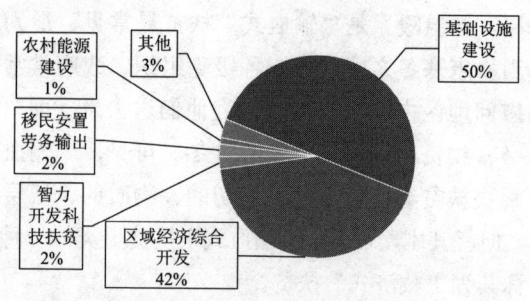

图 4-2　甘肃省 1983—2000 年主要扶贫资金安排情况

数据来源：甘肃省扶贫开发办公室. 甘肃省扶贫开发资料汇编 [G]. 2012：681.

一项基于云南大理巍山县的扶贫政策实施情况走访调查显示，在 2018 年总计调查的 3 000 余户贫困户中，享受产业帮扶的占 22%，教育帮扶的占 10%，而其余的绝大多数扶贫手段其实都是金融扶持或资金收益（如图 4-3 所示）。经一线调查人员走访确认，这些手段本质上可以归类为"输血"扶贫。

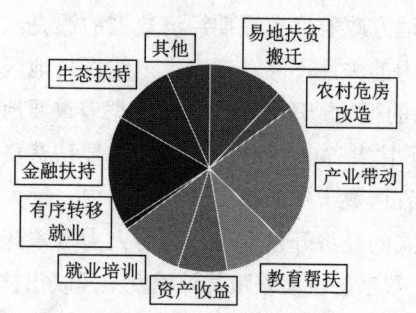

图 4-3　云南大理巍山县扶贫政策实施情况

数据来源：王东琴. 云南传统农耕文明区的旅游扶贫模式研究 [D]. 世界地理研究，云南师范大学，2020（1）.

另一项基于河南省 8 县 2 884 户贫困户或脱贫户的调查同样显示，当地最主要的帮扶措施仍为最低生活保障（30.3%）等"输血式"手段（如图 4-4 所示）。调查人员在实地访谈中发现，由于部分帮扶主体没有树立正确的扶贫观念与思维，对贫困户的帮扶停留在看望慰问、给予慰问金等"社会救助"层面,没有给予贫困户发展措施和发展手段,只能解决其一时之需而不能解决长时之困,引起了部分渴望快速脱贫、长期脱贫的贫困家庭的不满。

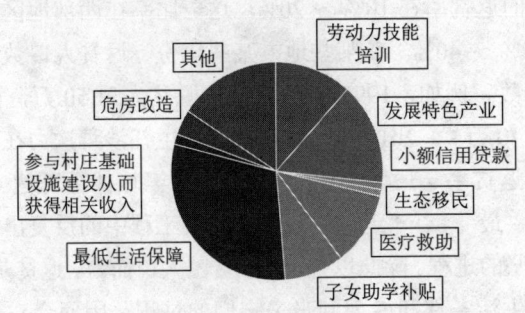

图 4-4 河南省某区域扶贫政策实施情况

数据来源:陈建华.不同地理环境下农户致贫与脱贫机理的多尺度比较研究[D].信阳:信阳师范学院,2019.

二、"造血式"扶贫

1. "输血式"扶贫的局限与不足

"输血式"扶贫在短期内解决当前急迫需求有着奇效,但对于长期的、根本性的贫困,"输血式"模式却并不是一个足够好的解决手段。有学者这样评价"输血式"扶贫:长于脱贫,短于致富;长于见效,短于巩固;面对"复杂贫困形势"则力所不及。"脱贫"只是一个短期目标,而"可持续脱贫"并且实现"共同富裕"才是扶贫工程的长期目标。"输血式"扶贫尽管可以通过外部支援从而在短期内实现表面上显著的扶贫成效,但对"被输血"贫困群体内生的、复杂的致贫缘由无能为力,本质上有着其结构性短板,因此,其扶贫成效难以得到巩固。一旦外部支持退出,之前"被输血"的贫困群体是否还能自主地持续地创造财富?如若不能,在短期经济数据上已脱贫的群体就会因为外部支持的缺失与自身造血能力的缺乏而重返贫困,这就是"返贫"现象。

"返贫"现象是"输血式"扶贫弊端与不足的集中体现。进入 21 世纪以来，中国扶贫工程越发坎坷，尤其是返贫问题日益突出，返贫人口占贫困人口比例逐步增加。数据显示，20 世纪 90 年代以来，中国贫困地区的返贫率在 10%～20%，这一比率在西部地区更高，一些地方高达 30%～40%。在某些地方某些年份，返贫人口数甚至已经超过脱贫人口数。例如，1995 年西北某省脱贫人口 50 万，而同年返贫人口达到了 70 万①。2010 年，甘肃扶贫办主任沙拜次力在一次会议中表示，该省返贫率一般为 20%～30%，灾年时甚至可达 45% 左右，成为全国之"最"②。"返贫"现象在扶贫工程中的反复出现，严重拖慢了扶贫攻坚的进程。除此以外，对于贫困人口而言，返贫是由好变坏、由拥有基本生活条件和能力到丧失它们的过程，因而会对群众的脱贫信心造成更严重的打击。客观上的进度落后和主观上的信心丧失相结合，进一步制约了贫困人口脱贫致富的步伐，加大了扶贫攻坚的难度。

　　"返贫"现象的出现原因在于"输血式"扶贫忽视了致贫原因的多样性和贫困的多维性。长期以来，"输血式"扶贫将贫困的识别理解为"一维"概念，仅从经济单一维度对贫困群众予以一次性的帮扶。然而，阿马蒂亚·森早已指出，一个人的处境不能简单地以收入或者罗尔斯的"基本物品"来判断，而应"从一个人所具有的可行能力，即一个人所拥有的、享受自己有理由珍视的那种生活的实质自由"来判断③。基于这一观点，贫困应当被识别为对贫困群众基本可行能力的剥夺而非单一的收入低下。基于此，阿马蒂亚·森提出了多维贫困理论，将贫困定义为包括高死亡率、营养不良、识字率低下等在内的基本能力或权利的缺失④。根据多维贫困理论，"输血式"扶贫仅在短期内解

---

①　焦国栋，廖富洲. 扶贫攻坚中的返贫现象透视 [J]. 学习论坛. 2001(1)：7-9.
②　刘薛梅，杜得华. 甘肃贫困发生率返贫率均居全国最高　扶贫任务严峻 [EB/OL]. [2010-03-15].http://www.chinanews.com/gn/news/2010/03-15/2170685.shtml.
③　森. 贫困与饥荒　论权利与剥夺 [M]. 北京：商务印书馆，2011：316.
④　程世勇，秦蒙. 中国城市农民工多维贫困测度与精准扶贫策略选择 [J]. 教学与研究，2017(4)：33-43.

决了单一维度——经济维度——的贫困,而对于其他维度的贫困无能为力,因此,出现"返贫"现象也在意料之中。

"输血式"扶贫面对代际贫困现象同样无能为力。贫困的代际传递理论源自社会学的阶层地位研究,描述了贫困在贫困家庭的代际、贫困社区的代际传承的现象。现有研究指出,贫困代际传递存在如下三种可能的路径:第一是先天基因缺陷导致的禀赋权利缺失;第二是教育制度缺陷所致的权利缺失与人力资本缺失;第三是文化资本或者社会资本的缺失[①]。马克思主义学者也有相关的讨论,他们通过对资本主义生产过程的分析,阐释资本积累的趋势及其一般规律,得出社会分层的实质:随着资本积累的过程产生社会贫富两极化[②]。强调物质资本和经济资本转移的"输血式"扶贫既在空间上无法阻断贫困代际传递的路径,而在时间上也不具有可持续性,难以维持经济资本向人力资本、社会资本的持续积累与转换。从时空两个维度来看,"输血式"扶贫思想面对贫困的代际传递显得无力。Azpitarte也曾指出,"救济金"只能帮助贫困人口维持基本生存,并不能够帮助他们摆脱贫困,因为贫困的根本原因在于再生产资本的稀缺,这是救济手段无法弥补的。目前,解决贫困的代际传递的主流做法是通过教育手段提升贫困者的人力资本,这已经超出了"输血式"扶贫的可能性边界。

2. "输血式"向"造血式"的转变

尽管上述局限客观存在,但不可否认"输血式"扶贫思路在中华人民共和国成立初期对中国贫困地区的经济发展起到正面积极的作用。然而,随着社会发展,扶贫工作不断推进,贫困群众的异质性越发明显,其致贫原因的复杂性和多元性特征越发显著。在此背景下,扶贫思路逐渐从"输血"转向"造血"。古人云,"授人以鱼,不如授人以渔"。"授人以鱼",不过三餐之需。"输血式"扶贫,"输"的是外来的血,固然能解决一时的生活之需,却往往是帮得了一时帮不了一世。

---

① 郭晓娜. 教育阻隔代际贫困传递的价值和机制研究——基于可行能力理论的分析框架 [J]. 西南民族大学学报(人文社会科学版). 2017, 38(3): 6-12.

② 张兵. 贫困代际传递理论发展轨迹及其趋向 [J]. 理论学刊. 2008(4): 46-49.

"授人以渔",才是终身受用。因此,扶贫思路逐渐由"输血"向"造血"转变,帮助加强贫困群众自身的"造血"能力,引导贫困群众,使其能够自力更生,通过自己的劳动源源不断地可持续"造血",长期稳定地实现脱贫致富。1986年6月,国务院办公厅提出"彻底改变过去那种单纯救济的扶贫办法",实行"新的经济开发方式"[①]。2016年,习近平总书记在扶贫座谈会上表示,东西部扶贫协作要注意由"输血式"向"造血式"转变,着力注重对贫困地区自我发展能力的提升,实现东西部的互利双赢、共同发展[②]。2018年中共中央、国务院发布指导意见,明确提出"把开发式扶贫作为脱贫基本途径,针对致贫原因和贫困人口结构,加强和完善保障性扶贫措施,造血输血协同,发挥两种方式的综合脱贫"[③]。

"造血式"扶贫是指扶贫主体通过投入一定的扶贫要素(如生产资源)扶持贫困地区和农户改善生产和生活条件、发展生产、提高教育和文化科学水平,以激发贫困地区和农户的内生发展能力,逐步脱贫致富的扶贫思路。在实践中,教育扶贫、产业扶贫等具体扶贫模式都是"造血式"扶贫思路的集中体现。"造血"同样涉及外界资源的支持与扶贫资源的转移,但有别于"输血"直接提供物资帮助贫困人口渡过难关,"造血"更强调生产要素的转移而非产出的直接转移,更强调扶贫客体(即贫困主体)自身的主观能动,在精神上提倡贫困群众自力更生,在文化上强调文化传承与科教发展一类,在生产和生活条件习惯上宣传可持续的现代化的方式等。一言以蔽之,在对贫困人口予以经济支持的基础上,要调动激发他们的内生发展动力。

---

① http://cn.chinagate.cn/povertyrelief/2017-06/20/content_41061166.html.
② 习近平在东西部扶贫协作座谈会上强调 认清形势聚焦精准深化帮扶确保实效 切实做好新形势下东西部扶贫协作工作[EB/OL].[2016-07-21]. http://politics.people.com.cn/n1/2016/0721/c1024-28574448.html.
③ 中共中央 国务院关于打赢脱贫攻坚战三年行动的指导意见[M]. 北京:人民出版社,2018.

变"输血"为"造血"实例：不再穷惯了的徐万粮村

位于滨州市沾化区泊头镇的徐万粮村是山东省省级贫困村，土地贫瘠，基础建设也十分滞后。

比物质贫穷更令人心忧的是已经"穷惯了"的百姓们。徐万粮村的原有基层组织干部年龄偏大，思想活跃度不够，思想还停留在"等补助、要物资、靠上层"这一层面，连带着整个村的村民都"等、要、靠"思想严重，村民改变现状的信心被泯灭，战胜贫困的意志被消磨，失去了脱贫的志向。

自2015年4月徐万粮村被选派新任驻村第一书记以来，原本"输血式"的扶贫方式被反思、改进，"造血式"扶贫被大力推进。徐万粮村新任基层组织从基础设施建设、精神思想建设、产业发展建设三方面着手开展扶贫工程，取得了良好成效。

脱贫攻坚，基础先行

徐万粮村将基础设施建设作为扶贫工程的基础。通过走访，基层扶贫干部深入贫困群众内部，倾听心声，打开心锁，从他们反映的热点、难点入手，对其进行重点整治和修缮。例如：硬化村里的道路，解决群众交通问题；实施电网改造，保证村民用电安全；改造该村的自来水管道，保证村民饮水安全；治理村庄脏脏和凌乱的环境，建立健身广场并安装健身器材……路通了，电稳了，村民心里豁亮了。

观念转变，思想进步

该村第一书记在日记中记载道："精神上的'瘦骨嶙峋'，比生活上的'面黄肌瘦'更让人痛心。"徐万粮村居民秉持严重的"等靠要"思想，认为是别人要求自己脱贫，缺乏脱贫的主观能动性，这也和原有的"输血式"扶贫思路离不开关系。要实现脱贫血液源源不断地创造，必须要让贫困户的观念从"要我脱贫"转换为"我要脱贫"。为此，徐万粮村基层扶贫干部组织村内干部、党员团员、农业大户等人，多次前往外地学习、考察，引导他们树立"摆脱贫困靠自己发展"的意识，有针对性地增强其脱贫的主观动机。

重视产业，持续"造血"

原本的徐万粮村并没有什么主导性特色性产业，原来的送钱送物的"输血式"扶贫只是一时之计，难解长久之忧。只有变"输血"为"造血"，家家户户都有产业项目，才能实现可持续性脱贫。为此，徐万粮村基层扶贫干部大力引导产业发展，从农业、旅游业、新能源业等多个行业同时入手，让群众发挥脱贫的主观动力，通过参与产业建设可持续地创造财富。

农业方面，该村大力发展种植经济，每户都有葡萄树作为产业。同时，扶贫干部也组织当地党员、农业大户联合起来，成立了畜牧业、种植业等产业合作社，吸纳贫困群众进入，以此起到带动作用。

在服务业方面，徐万粮村还坚持发展红色旅游。村党支部书记说："村里啥都缺，就是不缺文化底蕴。"利用这一历史资源，扶贫干部深入挖掘整理"徐万粮战斗"革命故事，在开发红色旅游文化上做文章，建成徐万粮战斗纪念馆，大力发展红色旅游，增加村集体收入，在打造出徐万粮村脱贫攻坚的新引擎的同时，也让艰苦奋斗的红色基因代代相传。

新能源产业也是徐万粮村的重点扶贫产业。通过大力推广集体分布式光伏扶贫，该村将119户贫困群众纳入当地的光伏公司，每年为每户贫困户创造收益达7 000余元。

材料来源：李学瑞."输血"解困"造血"脱贫（扶贫手记）[EB/OL].[2016-11-29]. http://dangjian.people.com.cn/n1/2016/1129/c117092-28905380.html.

徐万粮村基于自身原始条件，通过"输血"到"造血"的转变，取得了良好的扶贫成效，探索出变"输血式"扶贫为"造血式"扶贫的道路转变。在"输血式"扶贫思路已经进入瓶颈期时,扶贫效果逐渐减弱,甚至让百姓形成了严重的"等补助、要物资、靠上级"思想,脱贫工作继续开展十分困难。在此瓶颈期,新任驻村第一书记上任,推动扶贫思路由"输血"向"造血"转变,关注到经济维度以外的多维度贫困,从基础设施、精神思想、产业建设三方面着手开展扶贫工作,引导提升贫困群众的文化资本、人力资本,取得了良好的脱贫成效,可见"造血式"扶贫在调动贫困群众内生发展动力方面相较于"输血式"扶贫更具优势。

三、精准"造血"的提出

"造血式"扶贫是扶贫攻坚的理想思路,是措施可持续的、成效可巩固的扶贫方法。然而,虽然其理想效果十分卓越,但具体到实践中,"造血式"扶贫对瞄准机制、项目安排、组织能力、成效考核等环节提出了极高要求。有学者指出,实践中的"造血""开发"扶贫基本上是以区域为对象,对具体贫困个体的异质性关注不够,往往使得扶持力度和措施与农户具体情况不匹配[1]。

部分学者提出"造血式"扶贫的瞄准机制存在偏差,将农村贫困看作是地区发展条件不同的结果,因此开发式的扶贫仍然基于城乡分割的二元经济结构,对农村的相对贫困化无能为力[2]。开发式扶贫遇到贫困识别与项目安排两方面的突出问题:贫困识别方面,最贫困地区和最贫困群众时常无法得到足够的扶贫资金支持;项目安排方面,贫困群众对"上级决定/强制实施项目"不满[3]。东北某贫困山村的驻村第一书记试图依托旅游产业进行扶贫,却在大会上遭到了村民的集体

---

[1] 赵昌文,郭晓鸣. 贫困地区扶贫模式:比较与选择 [J]. 中国农村观察,2000(6): 65-71.

[2] 赵卫华. 农村贫困的新特点与扶贫战略的调整 [J]. 吉林广播电视大学学报,2005(1): 5-10.

[3] 郑易生. 中国西部减贫与可持续发展 == Poverty reduction and sustainable development in western China[M]. 北京: 社会科学文献出版社,2008.

反对，体现出贫困群众对扶贫干部、扶贫瞄准机制的不信任①。

可见，这些观点与反思指向一个共同的结论，即在目前扶贫思路已经发生由"输血"向"造血"转变的这一思路前提下，扶贫路径的选择也需要发生改变，从以往的区域式、粗放式变为个体式、精准式，对贫困群众的致贫缘由和脱贫项目作出更为精准的识别与安排。

第二节 从救济到产业

救济式扶贫，即"输血式"扶贫，如上文所述，能够解决的是扶贫客体短期的、迫切的、物质的、低层次的需求，通常是以直接给予物质或经济补助的形式进行。从救济到产业，指的是在提升贫困居民经济收入这一方面，从直接给钱给补助的方式，转变成发展产业以为贫困群众提供就业、增加可持续工资性收入的方式，这是扶贫思路由"输血"向"造血"转变的具体呈现。

产业扶贫的是益贫式增长理论。在多数经济学说中，经济增长本身就具备提高贫困者收入、降低贫困发生的作用。即使社会分配不完全公平，但增量效应能够一定程度上吸收缓解经济存量的偏向，通过工资的上升、税收的增加导致政府支出扩大和消费的繁荣等实现贫困人口的增收和贫困发生率的持续降低②。产业扶贫拉动脱贫的机理源于此。在此基础上，要实现"益贫性增长"，社会分配需要公平，具体来看，产业脱贫也离不开公平保障。"益贫式增长"应当是一种"基础而广泛的增长"，需要依托于市场化调节来实现和维持。因此，在增长过程中，劳动者在

---

① 杨静，向定杰，管建涛. 扶贫干部喊屈：我干你看，我帮你怨 [EB/OL]. [2018-12-11]. http://www.banyuetan.org/jzfp%C2%A0%C2%B7%C2%A0ggcx/detail/20181217/1000200033138061545010876586881505_1.html.

② 顾天翊. 产业扶贫的减贫实现：理论、现实与经验证据 [D]. 吉林：吉林大学，2019.

市场公平原则下参与其中实现收入最大化,而政府则需要通过支付转移手段与二次分配,缓解一次分配不公[1]。由此,就业机会的保障也构成"经济增长的基础"。同样有学者指出,"益贫式增长"需要以社会收入分配体系重构为基础,重点关注保障贫困人口公平参与市场、保证贫困人口工资收入、向低收入人群倾斜社会服务和政府适度支持等[2]。

产业扶贫是目前扶贫实践中最常见、最主要的"造血"方式。2016年习近平提出,"……发展产业是实现脱贫的根本之策,要因地制宜,把培育产业作为推动脱贫攻坚的根本出路"[3]。根据"益贫式"增长理论,依靠产业发展,不仅是贫困地区可以形成摆脱贫困的"造血"机制实现经济增长,贫困群众也能分享红利、就地就业,这能够提高扶贫效率,可持续地巩固脱贫成效。

一个地区想要摆脱贫困、发展经济,清晰的认知和准确的定位十分重要,正所谓"好钢用在刀刃上"。在进行产业扶贫的时候,应当因地制宜,对所扶持的产业以及采取的利益联结模式进行精准的选择,这需要当地扶贫干部发挥本地的比较优势选择扶贫产业,并根据当地贫困群众的实际能力水平和所在地资本情况选择合适的利益联结模式。本节我们将从产业选择、利益联结机制、产业可持续发展保障三个方面引入产业脱贫的典型案例,为广大贫困地区如何依靠产业发展实现脱贫提供参考。

一、产业选择

"特色产业"是近年扶贫文件中出现频率较高的词汇,表4-1总

---

[1] Lucas R E. Life Earnings and Rural-Urban Migration[J]. Journal of Political Economy, 2004, 112(S1): 29-29.

[2] 蔡昉,王德文. 经济增长成分变化与农民收入源泉(*The Relationship between the Change in Economic Growth Elements and the Source of Peasant Income*)[J]. 管理世界, 2005, (5): 77-83.

[3] 习近平宁夏考察第一天:长征永远在路上 [EB/OL]. [2016-07-19]. http://politics.people.com.cn/n1/2016/0719/c1001-28565976.html, 2016.

结了部分相关的文件及内容。

表 4-1 部分"特色产业"相关扶贫文件及内容

时 间	提出机构	名 称	内 容
2011 年	中共中央、国务院	《中国农村扶贫纲要（2011—2020）》	提出"充分发挥贫困地区生态环境和自然资源优势，推广先进实用技术，培植壮大特色支柱产业"
2014 年	中共中央办公厅、国务院办公厅	《关于创新机制扎实推进农村扶贫开发工作的意见》	将特色产业增收工作列为十项重点工作之一，提出"指导连片特困地区编制县级特色产业发展规划"
2016 年 4 月	农业部等九部门	《贫困地区发展特色产业促进精准脱贫指导意见》	提出发展目标："到 2020 年，贫困县扶持建设一批贫困人口参与度高的特色产业基地，建成一批对贫困户脱贫带动能力强的特色产品加工、服务基地，初步形成特色产业体系；贫困乡镇、贫困村特色产业突出，特色产业增加值显著提升，品牌产品占比显著提升；贫困户自我发展能力明显增强，确保产业扶贫对象如期实现脱贫。"

"特色产业"意味着，各地需要对贫困地区所在地的市场行情做好评估分析，在此基础上综合考虑当地生态环境、地理条件与特色资源的比较优势，找准适合当地发展的"特色"产业，从而集中生产要素的投入，充分发挥所在地的禀赋[①]。"特色产业"同样强调对当地自然资源的有效开发和利用，实现人与自然的协调可持续发展。

农村经济结构与城市经济结构相同，都由一、二、三产构成，其中第一产业以大农业（种植业、畜牧业、水产业等）为代表，第二产业主要是由农村经济主体所兴办的轻加工业、运输业，第三产业则主要是同农业生产有着密切联系的文化娱乐业和商业服务业。近年来，一二三产融合的业态也逐渐显现，为贫困群众脱贫提供了更多可选方式。

---

① 殷浩栋.产业扶贫：从"输血"到"造血"[J].农经，2016(10)：25-31.

1. 第一产业——基于新型农业经营主体和可持续发展理论

以种植业与畜牧业为代表的农产业是农村经济的传统支柱型产业，也是贫困人口生活收入的最主要来源。在扶贫工程中，农产业历来扮演着重要角色。随着农村经济发展，农业经营主体发生了从改革初期以家庭经营为主体向以农业专业大户、农村专业合作社与农业企业为代表的新型农业经营体为主体的转变。相比于传统农业经营主体，新型农业经营主体在经营规模、辐射带动、盈利能力等方面具有明显优势[①]。因此，新型农业经营主体已成为脱贫攻坚的重要力量。

从实际情况看，很多贫困地区往往具有较好的生态自然资源，拥有可持续发展的优势，而基于比较优势理论，贫困地区发展农业正是一个合理选择[②]。直至今日，易于脱贫的地区已经实现脱贫，针对现有的仍然处于贫困的地区，更要因地制宜，抓住地区优势，有针对性、可持续性地开发自然、发展农产业，助力人民群众脱贫。

湖北英山县神峰山庄有机农业精准扶贫模式

由湖北先秾坛生态农业有限公司于国家级深度贫困县投资打造、入选2017年全国产业扶贫十大案例的湖北英山县神峰山庄扶贫模式很好地做到了种植业、畜牧业的因地制宜。神峰山庄充分利用英山县地处大别山腹地，山清水秀、空气清新、无任何工业污染的生态环境优势，紧紧抓住"绿色生态"，将山庄核心战略定位于开发价值较高的有机农业，以"绿色、安全、健康、养生"食品消费市场为导向，瞄准城市群众对于高端有机农产品的需求，有针对性地大力发展有机农产业。

在有机农产品的生产上，神峰山庄紧紧围绕"原生态"理念，

---

① 黄祖辉，俞宁.新型农业经营主体：现状、约束与发展思路——以浙江省为例的分析[J].中国农村经济，2010(10)：16-26，56.

② 刘解龙.经济新常态中的精准扶贫理论与机制创新[J].湖南社会科学，2015(4)：156-159.

禁止使用化肥、农药、畜禽饲料添加剂等现代化工业制品，而是采用传统原生态农业生产技术，使用有机肥和动物粪便来满足农作物的营养需要，采用有机饲料来满足畜禽的营养需求。这样，山区农民都可发挥自身的优势参与到生产链条中，最大限度地发挥贫困户的内生动力和自我发展能力，从而实现增收脱贫。

目前，神峰山庄的生态农业共涉及四大板块。其一为有机蔬果。山庄在 31 个村建成有机蔬菜、水果种植基地 34 个，种植面积 4 553 亩，年产有机蔬果约 1 000 吨。其二为山区黑土猪——黑禧猪。截至 2018 年，山庄已发展定点规模养猪户 300 多户，2017 年出栏黑禧猪 5 500 头。其三为林下散养眼镜山鸡。2017 年，山庄销售山鸡 12 万只，鸡蛋 15 万斤。其四为有机水产品，主要是利用山庄附近水库养殖甲鱼、家鱼和小龙虾等。2017 年，山庄放养鱼苗 20 万尾。对生态农业的精准定位与针对性发展，为神峰山庄扶贫工程助力良多。

材料来源：国家统计局.中国农村贫困监测报告 2018 版 [R].北京：中国统计出版社，2018.

中国扶贫网.ttp://www.cnfpzz.com/index.php?m=Archives&c=IndexArchives&a=index&a_id=35992.

　　湖北英山县神峰山庄专业企业为经营主体，着力发展农业产业进行产业扶贫，并强力打造"绿色生态""有机农业"的特色品牌，发展有机蔬果、黑土猪、散养眼镜山鸡、有机水产品四大板块，并将山区农民纳入生产链条中，激发贫困主体的"动能"，探索出一套具备投入产出功能的可持续脱贫扶贫机制。三年里，神峰山庄大批贫困户变身致富能人，扶贫企业规模也不断增长[①]，实现了贫困户和扶贫企业的"双赢"。除此以外，神峰山庄禁止使用现代化工业制品，采用传

---

① 徐思弘，占博林.英山神峰山庄长效扶贫机制的探索：攻坚过后是常态 [N/OL].农村新报 [2017-04-11].http://hbfp.cnhubei.com/2017/0411/353422.shtml.

统原生态农业生产技术，对自然资源合理地利用、开发，把握住维护自然环境与谋求发展的平衡，维系了人和自然的和谐发展，这与可持续发展理论的思想内核不谋而合。

2. 第二产业——产业集群理论

贫困地区实现的第二产业扶贫模式往往是基于农业的轻工业，比如以纺织为代表的手工业和以农产品加工为代表的食品加工业。工业化是实现社会主义现代化的基础和前提，对扶贫脱贫有重要影响，而农村工业化进程的前提和基础是产业聚集的成长和发展[①]。以亚当·斯密为代表的古典经济学家认为，产业集群是分工和专业化的结果。分工与专业化可以促进劳动生产率提高和技术进步，从而促成生产规模扩大；同时，分工与专业化促进"迂回生产"和生产部门细化，进而形成某一特定空间内经济活动的集中，形成集聚经济[②]。新古典经济学代表人物马歇尔则强调产业集群可以从外部规模经济中获得收益[③]。区位论的创始人韦伯则指出产业集聚具有如下所述的两方面利益：大规模生产或经营的利益和不同行业的企业集中协作、分工、共同利用基础设施的利益[④]。

然而，由于中国长期以来的城乡二元经济体制，农村第二产业发展并不健全，无法形成完善健全的集聚效应，因此需依托地方资源特色，或是在第一产业的基础上进行产业链的延伸，或是实现差异化打出品牌特色，才能保证生产要素得到高效利用，使得扶贫成功具有可持续性。

[①] 徐维祥，唐根年，陈秀君.产业集群与工业化、城镇化互动发展模式研究[J].经济地理，2005(6)：868-872.
[②] 斯密.国民财富的性质和原因的研究：上卷[M].北京：商务印书馆，1997：5-7.
[③] 马歇尔.经济学原理：上卷[M].北京：商务印书馆，1997：279-280，284.
[④] 韦伯.工业区位论[M].北京：商务印书馆，1997.

贵州黔西南州册亨县"锦绣产业"的做法与启示

贵州黔西南州册亨县就通过大力开发锦绣产业，促进了少数民族地区贫困群众的收入增长，带领群众绣出致富新思路，绣出脱贫新进程。

因地制宜盘活资源

册亨县70%左右的布依族家庭妇女都掌握纺纱、织布、染印、刺绣、缝纫手工民族服饰等技艺，这样充满民族工艺精神的"绣花技艺"为其先后赢得"中华布依第一县""中国布依族刺绣艺术之乡""布依戏之乡"等荣誉。因此，册亨县也依托这样的文化资源优势，积极实施"锦绣计划"，用一根根针承载起丰富多彩的布依文化，用一双双手托起妇女群众的脱贫致富梦，实现民族文化传承与创业就业脱贫的融合发展。目前，全县共有布依小作坊143家、绣娘2万余人，其中掌握高级绣技的绣娘1 500余人。

为了进一步提升民族技艺的人力资本，册亨县还加大培训力度，精准掌握全县2 857名优秀绣娘情况及在家自主纺织的妇女情况，针对不同刺绣水平，进行不同层次的培训。同时，册亨县发挥能工巧匠带头引领作用，在每个锦绣坊组织5至8名手艺精湛的绣娘长期在坊内做技术指导和业务培训。2017年，册亨县共培训15期1 595人，集中培训就业573人。册亨县还在全国范围内举办培训班，培训绣娘1 235人，将刺绣艺术开枝散叶。册亨县政府也搭建平台，组织绣娘参与国内外交流，拓展绣娘视野，鼓励绣娘参加"非物质文化遗产传承人""中国工艺美术大师"等称号的评选，积极培养国家级、省级刺绣艺术人才。目前，册亨县共有国家级非物质文化遗产传承人2人，民间手绣艺人74人。

因资谋划规模集群

一方面，册亨县加大基础设施投入。2017年，册亨县投资200余万元，成立占地408.2平方米的秋弄锦绣农民合作社，充分

> 利用其娴熟的纺织、刺绣等技艺，做大做强民族民间工业产业。另一方面，政府也积极引入外来企业和学术机构，鼓励推动绣娘组织与它们进行战略合作，将刺绣技艺与生态旅游、文化创意、手工商品等产业发展相结合，通过产业集群，把小利益变成大效益。
>
> **因势而为塑造品牌**
>
> 册亨县的品牌塑造从两个角度发力。一方面，积极推动本土的布依族服装生产企业与外界成熟的公司企业、民间文化艺术协会和学术机构等交流合作，共同致力于布依族服饰的产品研发、款式设计、品牌推广和市场开发，不断提升布依服饰品牌形象。另一方面，册亨县也积极推动布依锦绣艺术在中国国际时装周等各种文艺活动中出场亮相，以此提升品牌知名度。
>
> 资料来源：国家统计局.中国农村贫困监测报告2018版[R].北京：中国统计出版社，2018.

册亨县是依托地方资源特色和放大集群效应开展产业脱贫的典例。作为"中国布依族刺绣艺术之乡"，册亨县70%以上的布依族妇女都掌握着锦绣工艺，这为册亨县开展产业脱贫提供了良好的产业特色基础和人力资本基础。在此基础上，册亨县进一步加大人力资本投入，并且将民间工业产业化、标准化，通过集群效应放大产业效益。此外，册亨县也重视品牌打造，进一步推动了地方特色产业在国内乃至国际上的知名度，使妇女特色手工产业成为脱贫工程的新亮点、新支柱。

3. 第三产业——旅游经济效应

就业门槛低、吸纳劳动力就业能力强、产业带动优势明显的第三产业越来越为广大扶贫开发地区所重视。由于广大农村贫困地区的自然地理优势及其对其他产业强有力的带动效应，旅游产业得到更多扶贫干部的青睐。旅游扶贫是在具有一定旅游资源条件、区位优势和市场基础的贫困地区，通过开发旅游资源带动整个地区经济发展、贫困群众脱贫致富的一种产业扶贫开发方式①。旅游扶贫可以变资源优势为经济优势,发展旅游可以引起旅游乘数,从而扩大当地就业、增加当地收入、拉动当地产业②。已有研究指出,在贫困发生率更高的西部地区,农村居民具有高于全国平均水平的边际消费倾向,因此,随着旅游收入的提高,在投资、政府支出等其他经济指标保持稳定的情况下,当地的生产总值能够以高于全国平均水平的速度增加③。

2014年1月,国务院办公厅颁布《关于创新机制扎实推进农村扶贫开发工作的意见》,明确将乡村旅游纳入中国国家扶贫开发十项重点工作,标志着乡村旅游开始从旅游产业自身小循环真正向国民经济、扶贫攻坚的整体大循环转变④。

云南德宏州盈江县太平镇生态旅游脱贫突出"四个改变"

云南德宏州盈江县太平镇雪梨村石梯村民小组是一个位于中缅边境的贫困山村,2015年底贫困发生率达到31.7%。通过对生态环境的保护和对特色旅游品牌"中国犀鸟谷"的打造,石梯村民小组实现了一个民族贫困村的生态巨变,走出了一条生态旅游促进脱贫的路子。

保护特色,打造品牌

石梯具有充沛的野生动植物资源,生态多样性极高。然而,过去居住在石梯村民小组的景颇族、傈僳族同胞,为了生存,曾毁林开垦、乱砍滥伐,打野味、挖野菜、摘野果,造成森林生态破坏,不仅作为景颇族"神鸟"的犀鸟几近消失,自身发展也陷入停滞不前的怪圈,有的村民一年半载都吃不上肉。

---

① 吴玲.昆明北部山区旅游产业扶贫的潜力[J].社会主义论坛,2016(1):41-42.
② 张辉.旅游经济论[M].北京:旅游教育出版社,2002:280-281.
③ 张小利.西部旅游扶贫的乘数效应分析[J].商业时代,2007(7):89-91.
④ 刘学敏.寻找扶贫产业实现可持续发展的出路[J].中国发展观察,2019(9):49-51.

"绿水青山就是金山银山",习近平总书记的这番论述给石梯村民小组的脱贫观念带来巨大改变。在基层组织的指导下,石梯群众转变生产方式,调整产业结构,大力建设生态文明,尤其是大力发展"中国犀鸟谷"生态旅游。为了保护生态种群、提升当地就业,盈江县聘用了当地的建档立卡贫困户为护林员,对犀鸟种群予以特殊保护。当地政府也将当地群众纳入"中国犀鸟谷"旅游产业链条的各个环节,让他们切实感受到保护鸟类的经济收益,从而转变经济发展观念,实现人与鸟类的双赢。当地政府还加大宣传力度,为村民发放犀鸟画册、播放犀鸟录像,以金钱激励群众为鸟类留影,鼓励村民爱鸟护鸟。在政府的正面引导下,当地村民放弃对鸟类的捕杀,转而爱鸟护鸟,使得消失的犀鸟又重回石梯。

发展特色,收入自来

围绕着"中华犀鸟谷",当地村民提供了观鸟、饮食、住宿、交通一系列服务,大幅增加了收入。截至2018年,当地村民人均年收入已从2 000元不到提高至超过8 000元,曾经将猎枪对准犀鸟的贫困户变为脱贫致富的"鸟导游"。据不完全统计,2017年,石梯共开发生态观鸟点25个,全年接待了超过2万名观鸟游客,仅"生态观鸟"这一项业务就为当地居民总计提供了超过百万元的收入。围绕观鸟业务,许多村民还将自家的房子改造为民宿,提供餐饮、住宿等服务,进一步扩大了收入渠道。

对旅游产业的精准开发使得石梯从过去偏远落后的穷山沟变成了远近闻名的美丽山寨、令人神往的观鸟天堂。石梯通过发展生态旅游,打造了独属于当地脱贫的不二法宝,有力带动了贫困群众脱贫增收,践行了"绿水青山就是金山银山"的生态脱贫观。石梯的巨变,是旅游脱贫的一个典型缩影。

材料来源:国家统计局.中国农村贫困监测报告2018版[R].北京:中国统计出版社,2018.

云南石梯村民小组的脱贫成果堪称旅游扶贫优势的体现典范。过去，石梯村民一味追求经济开发，忽视生态环境，打破了人与自然相处的均衡，因而长期落入了不可持续发展的怪圈。在可持续发展观指导下，石梯村民转变生产方式，调整产业结构，从猎鸟人变为护鸟人，有效利用起当地的生态资源，打造特色旅游品牌"中国犀鸟谷"，扩大了居民就业、提高了居民收入，并且以此为基点拉动了土特产销售、住宿、饮食等诸多产业的发展，发挥了旅游扶贫的乘数效应，有力建立起贫困群众、贫困地区的内生"造血"机制。正如案例结尾，"石梯的巨变，是旅游脱贫的一个典型缩影"。

4. 农村一二三产业融合——产业融合理论

近年来，农村一二三产业融合的发展趋势逐渐明显。2015年，国务院办公厅印发《关于推进农村一二三产业融合发展的指导意见》，支持"贫困地区立足当地资源优势，发展特色种养业、农产品加工业和乡村旅游、电子商务等农村服务业，实施符合当地条件、适应市场需求的农村产业融合项目"[①]。

农村一二三产业融合发展背后的理论依据是产业融合理论。所谓产业融合，就是基于技术创新或制度创新形成的产业边界模糊化和产业发展一体化现象[②]。产业融合的主要途径有产业渗透、产业交叉、产业重组等方式，产业融合的结果往往是引发产业功能、形态、组织方式和商业模式发生变化。产业融合可以通过提高资源利用率、降低交易费用和促进产业升级与经济增长来使得农业获益，帮助贫困居民增收[③]。在贫困地区，产业融合的主要形式是从农业出发，"接二连三"地向农产品加工业、农村服务业顺向融合，也可以依托于加工业、服务业向农业逆向融合。推进贫困地区产业融合，有利于更好地延伸当

---

① 中央政府门户网站，http://www.gov.cn/xinwen/2016-01/04/content_5030570.htm.
② 李培林，魏后凯，王萍萍，等.中国扶贫开发报告 2017[R]. 北京：社会科学文献出版社，2017：398.
③ 苏毅清，游玉婷，王志刚.农村一二三产业融合发展：理论探讨、现状分析与对策建议 [J].中国软科学，2016(8)：17-28.

地的产业链条。产业链条是价值链条、企业链条、空间链条及供需链条的综合反映,是企业从生产到交易整体环节的关联系统[1]。产业链条的延伸,一方面可以形成产业的内在运转动力,实现链条内各产业部门的共同发展;另一方面也让更多贫困群众参与到更多产业环节中,从而拓宽贫困群众的增收空间,将经济发展的成效更多维地转化为扶贫成效。

一般而言,产业融合发展模式可以归结为如下四种:"第一产业+第二产业""第一产业+第三产业""第二产业+第三产业"以及"一二三产业融合"的发展模式。在实践中,由于地理自然资源优势和地方文化特色,以及大多贫困地区工业化生产能力所限,"第一产业+第三产业"模式被认为是深度贫困地区脱贫最重要的突破方向。常被提及的农业旅游扶贫和农业电商扶贫皆属此类。

江西井冈山农旅结合/农商结合脱贫经验

被誉为"中国革命的摇篮"和"中华人民共和国的奠基石"的江西井冈山属于中国国家扶贫开发重点县。2014年,井冈山开始实行精准扶贫。到2016年,短短两年内,井冈山就在全国范围内率先实现摘帽,贫困发生率降至1.6%,是中国贫困退出机制建立后首个脱贫的贫困县。在井冈山的脱贫经验中,农旅产业的融合和电商的引入扮演了重要角色。

井冈山因地制宜,依托丰富的土地资源优势,重点打造了20万亩茶叶、30万亩毛竹、10万亩果园的"231"富民工程。在此基础上,井冈山坚持以旅游开发带动扶贫的开发理念,大力发展旅游业,依托当地的旅游资源,融合农业生产、农家乐、农业观光等多样化、个性化、差异化的全域旅游,构建"大井冈旅游区",并将旅游范围从原有的单一的井冈山上拓展至山下,充分开发出"农旅融合"的潜力。诸如菖蒲金葡萄园、国家农业科技园等农

---

[1] 王玉霞. 基于共生视角的四川省乡村旅游产业整合发展分析[J]. 湖北农业科学, 2014, 53(16): 3947-3951.

业观光项目,也吸引了大量的游客前来观赏、体验,为一大批种植业的贫困群众带来收益。

伴随"互联网+"概念的兴起与发展,电商平台成为农村产品销售的重要渠道。井冈山也顺应时代潮流,完善网络基础设施,积极搭建电商平台,拓宽销售渠道,帮助贫困户把资金、技术、管理"引进来",把资源、产品、服务"卖出去"。目前,井冈山已在全山乡镇建设"村邮乐购·农村e邮"电商扶贫站点18个,形成"前店后村"的农业电商业融合发展模式,为贫困农户的增收拓展了渠道。

资料来源:

国家统计局.中国农村贫困监测报告2018版[R].北京:中国统计出版社,2018.

李培林,魏后凯,王萍萍,吴国宝等.中国扶贫开发报告2017[M].北京:社会科学文献出版社,2017: 398.

依托地方自然资源和历史文化资源,江西井冈山走出了一条农旅结合、农商结合的脱贫之路。凭借丰富的土地资源,井冈山开展茶业、竹业、水果业的第一产业开发,并以此为基础挖掘旅游资源,推进农业和旅游观光的结合与融合,制造产业发展的差异化和独特性,为贫困群众开启了农旅结合的绿色脱贫方式。随着互联网发展日新月异,井冈山进一步将农业生产与电子商务相结合,在产业链条上不断探索、延伸,拓宽了贫困群众的脱贫渠道和增收空间。

二、利益联结机制选择

利益联结机制是指在扶贫过程中,各扶贫主体与扶贫客体的投入选择、责任划分、产出分配模式。在设计利益联结机制时,农户收入的可持续性以及风险防范性需要着重考虑。主要的产业扶贫利益联结机制可分为以下四类:直接带动模式、就业创收模式、资产收益模式和混合带动模式。

1. 直接带动模式

直接带动模式主要采用"公司+合作社+贫困户"的组织方式。此外，也有"公司+基地+农户""公司+合作社+基地+农户"等，但这些模式的核心逻辑和基本分工类似，都以第三方（主要是合作社）作为贫困农户和公司之间的桥梁与中介，这主要是考虑到成本和风险两方面。企业直接与农户对接面临较高的服务成本和交易成本，因此扶贫部门让贫困地区的能人、大户与贫困农户先自行组成农村专业合作社后，再与扶贫企业进行对接，这样的模式更兼顾效率与成本。此外，企业对合作社提供的产业技术支持与服务，也可以有效地降低产业发展的技术风险与市场风险。至于利益分配问题，往往是企业进行主导，在生产环节让利于贫困户，而在后续的加工环节和销售环节实现盈利。除此以外，也有"公司+农户""能人+农户"这种无中间组织直接与贫困农户对接的模式。

海南儋州市就采取了上述直接带动模式，积极推广"公司+合作社+农户"模式，以牧春绿色生态农业开发有限公司为龙头，积极发展林下经济，辐射带动市区周围贫困村，共种植灵芝、蘑菇等近1 000亩，参与农户30多户，产值达1 200万元，年户均增收4万元[①]。

2. 就业创收模式

就业创收模式着眼于贫困群众的就业问题，通过吸纳技术水平低、劳动能力弱的贫困群众进入产业从事低技术性、低强度的工作为他们提供扶持。这类贫困群体主要包括年纪较大、因病致贫的贫困户，在贫困地区存在不低的比例。因其技术水平低的特征，合作企业往往属于劳动密集型产业，通过合作也能为自身企业发展提供充足劳动力。

实践中有许多就业创收模式的典例。史丹利农业集团先后在江西、广西、湖北等老区投资建厂，通过培训让农民到企业打工就业，实现

---

① 孙华，张俊林. 特色生态扶贫产业的海南实践：林下经济 [J/OL]. 中国扶贫，2018（2）. http://fpb.hainan.gov.cn/fpb/jgdj/201801/e283e78431c449fe8968b69c5d413703.shtml.

由农民向产业工人的转变，直接提供就业岗位近万个[①]。北京德青源农业股份有限公司在河北威县生态园专设保安、保洁、门卫等低技术要求的爱心岗位150个，协助乡镇集体通过创办物流、包装企业创造就业岗位600个，各贫困村设立6个公益岗，让有劳动能力的贫困群众通过力所能及的劳动创造收入，实现脱贫[②]。温氏集团也通过加强基地建设积极吸纳贫困农民就近就业，真正让贫困户实现离土不离乡[③]。

3. 资产收益模式

资产收益模式是指在扶贫项目中，将自然资源、公共资产（资金）或农户权益资本化或股权化，由相关经营主体经营使用，再按照一定比例将经营收益分配给贫困村和贫困户的模式。

资产收益模式自身也存在许多细分类别。在投入资产的类型选择上，一般包括自然资源、农户自有资产、村集体自有资产、扶贫资金等[④]。实践中常见的光伏扶贫、土地权益扶贫、扶贫资金入股投资等皆为以上资产类型运作的代表。在资产去向上，有的直接进行资产流转以获取租金收益，也有的通过资本化运作入股扶贫企业、合作社等农业经营主体或城乡供水、供热等营利性基建等，再从中获取分红利益。资产收益模式对农户的劳动能力和经营能力几乎没有任何要求，因而往往用于低劳动能力或完全失去劳动能力的极端贫困人口。

实践中，各地正在积极推行资产收益模式。贵州开阳县高寨乡扶贫部门就积极引导群众以土地、劳动力、扶贫资金等形式入股扶贫产业，让贫困户享受扶贫产业带来的红利。其领导下的高寨村和谷丰村发展的黄花菜种植项目中，以土地入股的农户占股30%、专业合作社占股39%、村集体公司占股31%，该项目覆盖的67户贫困户一

---

① 胡照顺.打造产业扶贫综合服务平台[J].农经，2016(8)：51.
② 孙华，张俊林.河北威县：德青源"金鸡"资产收益扶贫新模式[EB/OL].[2019]. http://cyfz.chinadevelopment.com.cn/cyfp/2018/06/1290984.shtml.
③ 孙华，张俊林.苍梧：温氏集团养鸡业惠及2 000多户贫困户[EB/OL].[2019]. http://gx.people.com.cn/n2/2019/1011/c390645-33425384.html.
④ 汪三贵，梁晓敏.我国资产收益扶贫的实践与机制创新[J].农业经济问题，2017，38(9)：28-37，110.

次分红 10.32 万元[①]。

4. 混合带动模式

混合带动模式是上述三种模式的混合,即强调贫困群众既参与到产业生产中,也通过资产分红获取产业发展的红利。该模式既有稳定的资产性收益,也通过产业生产或就业提高贫困人口的自我发展能力,不容易形成坐享其成的依赖性,总的来看扶贫效果最为理想。混合带动模式的难点在于机制设计相对复杂,但在地方实践中已有不少成功经验。

河北省武强县就同时采用了直接带动模式、直接就业模式和资产收益模式,既组织贫困户成立农业合作社,又鼓励贫困户将扶贫资金投入农业合作社中,扶贫资金所有权属贫困户,使用权属合作社,合作社每年按扶贫资金不低于 10% 的比例发放股金红利,既解决了合作社融资难题,又解决了贫困户独立搞项目资金少、缺技术、风险大的问题[②]。具体来看,武强县下属西王庄村组织贫困群众成立农村养殖合作社,社员将每户的 5 000 元扶贫资金投入合作社,合作社再与扶贫企业蒙牛乳业签订扶贫资金使用协议,每年按入股金额的 10% 定期给社员发放收益。在此基础上,扶贫企业还对合作社社员及其子女提供优先的就业安置,通过提供就业岗位进一步返利于民。截至 2016 年,武强县已有超过 3 000 户贫困户入股蒙牛公司,脱贫致富超 1.15 万人。

三、产业持续发展保障

产业扶贫往往被认为是贫困地区实现脱贫的根本之策,是其他扶贫方法取得良好成效的基础。产业发展的可持续性,决定和保证了贫困群众脱贫的可持续性。从近几年的实践情况看,产业扶贫为中国扶贫事业作出巨大贡献,但其可持续性也面临着如下几个方面的问题。

---

① 产业扶贫显成效 贫困农户领分红 [N/OL]. 贵阳日报 [2019-08-16]. http://gz.people.com.cn/n2/2019/0816/c384377-33257246.html.
② "股份合作"助力精准脱贫 [N/OL]. 人民日报 [2016-10-16]. http://society.people.com.cn/n1/2016/1016/c1008-28781326.html.

1. 产业独特性

产业独特性是保证产业扶贫可持续性不可回避的问题之一。尽管各地都宣称"依托当地资源编制特色产业脱贫规划",但实践中仍有许多地方政府制定扶贫产业规划时急于求成,存在跟风效仿现象,导致扶贫产业选择的同质化现象。例如,湖北省扶贫产业规划中,明确了粮油、水果、蔬菜等十大扶贫产业布局[1],与贵州省的扶贫产业规划存在较多重叠部分[2],如在水果细分产业选择上,两省都将猕猴桃作为特色给予支持,在畜牧产业都重点强调了肉牛、肉羊、蜜蜂养殖的特色发展思路。其结果是,不同地区间的产品竞争趋于激烈,利润空间不断下降,扶贫产业发展面临更大风险。

陕北的某一贫困区就面临这样的问题[3]。陕北黄河沿岸土石山区是全国五大集中连片红枣产区之一,在新一轮扶贫开发政策推动下,发展红枣产业成为陕北多地扶贫工作目标。然而,对于并不处在红枣优产区的李家沟村(化名),由于不具备竞争力,村民们并未从红枣产业中收益,都指望着政府补贴。当地村民李方圆说,很多项目都是政府补贴、农民种植。农民往往会对补贴高的产业青睐有加,一哄而上,同质化极其严重。贫困户经不起这样折腾,扶贫项目一旦失败就很难恢复元气。2015年底,陕西某市林业局公开数据表明,截至当年10月底,该市红枣销售量仅占全市红枣总量的1/5,滞销现象严重,这与全国各地在2014年大力发展红枣产业、不断扩大种植面积和产量有紧密联系。

为更好地发展具有当地特色的产业,一方面,贫困地区需要对市场需求结构作出充分的调研和判断,基于当地优势实现细分行业差异化竞争战略。譬如,同样发展核桃种植业,有的地区种植"纸皮核桃"——

---

[1] 宜昌市人民政府扶贫开发办公室,湖北省产业精准扶贫规划(2019—2020年),http://fpb.yichang.gov.cn/content-41402-971976-1.html, 2019.

[2] 贵州省扶贫办,贵州省"十三五"脱贫攻坚专项规划,http://fpb.guizhou.gov.cn/xxgk/zdgk/ghjh/201709/t20170905_1997102.html, 2017.

[3] 部分区县扶贫盲目跟风:什么产业火 就上马什么[J/OL].[2016-09-18]. http://www.xinhuanet.com//politics/2016-09/18/c_129286107.html.

皮薄仁多，有的地方种植"把玩"核桃——褶皱多、纹路美。差异化产品对应着各自的细分市场，避免了同质化所引发的低价竞争，提高了产业利润空间。另一方面，贫困地区扶贫政策也应灵活应变，尊重市场选择取向，根据市场需求结构变化作出适时调整。

2. 产业链完整性

扶贫产业链条的完整性同样应受重视。由于土地分散、经营规模小、经济发展受限、技术水平低等因素，贫困地区的产业发展往往处于较低层次，产业链条不完整，大多只有生产环节，而缺乏深度加工与销售的环节。这样，贫困地区产业链上只有第一个链条，缺乏后续链条支撑，难以实现规模化生产，降低了生产效益，发展空间受限。同时，贫困地区往往依赖的生产与初加工环节处在产业链的最底端，附加值较低，显示出对产业潜力的开发不足，难以拓宽农民的就业渠道，带动农户脱贫致富的能力有限。

现在，呼声越来越大的产业融合对此现象具有很好的解决效果。通过产业融合发展，农业产业链能被有效延伸，农民也能更好地参与农产品加工业和流通、旅游等相关服务业，拓展贫困群众的增收空间。贵州赤水就围绕"一棵竹子"进行产业融合，形成了完整的产业链[①]。从产业上游的竹种植，到中游的竹编、竹雕等初加工，再到下游的造纸业等深加工，再到依托竹林场地进行的乌骨鸡养殖，赤水市依靠着当地的自然禀赋，形成了完整的产业链，推动了产业结构调整和农村富余劳动力就业。据赤水市扶贫办资料显示，2018 年，20 万竹农每年仅靠出售竹原料和竹笋增收 3 200 元以上，助推 8 000 多户近 3 万贫困群众实现产业脱贫。

3. 产业发展环境建设

产业发展环境建设是产业扶贫可持续发展与否的根基。产业发展环境建设需要从三方面进行，一是基础设施的建设；二是人力资本的

---

① 孟哲. 调查：贵州赤水围绕"一花""一竹""一鸡"践行"两山论"[EB/OL].[2019-09-16]. http://env.people.com.cn/n1/2019/0916/c1010-31354102.html.

培养，三是加强完善配套的服务支持。

新的扶贫产业发展模式为贫困地区带来新的商业模式、新业态，为脱贫进程带来了新空间。然而，更为先进的产业发展模式自然也对贫困地区的基础设施建设和人才储备提出更高要求。目前，受经济基础和市场环境影响，贫困地区的通信、交通、物流、电力等基础设施还相对较为落后，交通条件也比较差，高昂的物流费用为产品销售带来消极影响。此外，绝大多数贫困地区的空心化和老龄化现象都十分严重，既缺乏专业技术人才，也缺乏青年劳动力，难以支撑扶贫产业的发展。

为了改善基础设施落后现状，贫困地区应当适当加大对基础设施建设投入，根据发展产业选择，有针对性地对交通、物流、电力、通信等基础设施进行完善、改进，并配套后期维护保障。同时，贫困地区也需充分发展"能人经济"，在大力培养人才的同时，积极鼓励有技术、懂经营、有经验的农民工返乡创业或引入类似优秀人才。为实现这一点，地方政府不仅要"动之以情"，还要"晓之以理"，为他们选择市场前景好、产品附加值高的产业，并提供政策和配套服务的支持，如提供充足的融资支持、提高政务便利度等，解决他们的后顾之忧。对于普通的劳动力，只要有"能人"将产业搭建起来，收入和前景都有了保障，再有政府的宣传与鼓励，自然会有许多务工者选择回到熟悉的家乡工作和生活。

第三节 从区域到精准

2013年11月，习近平总书记在湖南考察时，首次提出了"精准扶贫"的概念，自此"精准扶贫"这一词汇成为各大政策、新闻热点议题，学术界也对其展开了广泛而激烈的讨论。在中国知网上以"精准扶贫"作为关键词进行指数分析发现，2013年"精准扶贫"相关文献只有3篇，2014年增长41倍达到129篇，2018年发表的"精准扶贫"中文文献量已达 6 410 篇。

本小节将首先基于历史事实和背景现状，探讨实施精准扶贫的必要性。然后，基于习近平总书记论述以及学术界相关讨论，对精准扶贫内涵进行更深层次界定。最后对精准扶贫相关讲话、政策、文件按照时间顺序梳理、分析。

一、精准扶贫的提出背景

精准扶贫最基本的定义是通过对贫困家庭和人口有针对性的帮扶，消除导致贫困的各种因素和障碍，增加贫困人口自主发展的能力，从而达到可持续脱贫的目标[1]。

"精准扶贫"的背面，是原有的"区域扶贫"。过去，贫困的区域性集群出现导致扶贫瞄准以区域为目标。在经济、历史、自然条件多方面因素作用下，中国的贫困呈区域状发生，尤其集群出现于中西部地区[2]。20 世纪 80 年代中期，中国聚焦贫困区域，扶贫对象主要锁定在贫困县，实施减贫战略，区域性整体减贫成效明显。1980 年，中国农村地区贫困人口数为 22 000 万人（1978 年标准），截至 2000 年，这个数字为 3 209 万人，减贫成效显著[3]。区域性扶贫取得了区域性贫困基本解决的成功，这为精准扶贫的提出提供了基础。

但进入 21 世纪以来，国内外经济、社会、环境的巨大变迁，在当前的社会经济背景下，以县为单位的区域性扶贫瞄准机制暴露出了其瞄准性差、扶贫资金漏出增加以及扶贫成效低等弊端[4]。2020 年全面脱贫的时点已经迫在眉睫，而截至 2013 年底，中国仍有 8 249 万农村

---

[1] 汪三贵，刘未．"六个精准"是精准扶贫的本质要求——习近平精准扶贫系列论述探析 [J]．毛泽东邓小平理论研究，2016(1)：40-43．

[2] 国家统计局．扶贫开发持续强力推进 脱贫攻坚取得历史性重大成就——新中国成立 70 周年经济社会发展成就系列报告之十五，http://www.stats.gov.cn/tjsj/zxfb/201908/t20190812_1690526.html，2019．

[3] 数据来源：《中国统计年鉴》、EPS 数据平台。

[4] 同[1]。

贫困人口[①]。国务院扶贫办主任刘永富于2014年表示，在2020年前的6年时间内，要确保7 000多万人全部如期脱贫，平均每年脱贫1 200万人，任务艰巨[②]。剩下的贫困人口的致贫原因并不相同，"都是'硬骨头'"，区域性扶贫并不适应这一背景。在这种背景下，无论是减少贫困发生、加快贫困地区发展的内在需求，还是促进共同富裕、全面建成小康社会的外在需要，都在呼唤一套更为切合当前国情、行而有效、综合性的扶贫政策体系，"精准扶贫"顺应而生。

二、精准扶贫的内在含义

自从2013年"精准扶贫"被提出以后，学术界围绕其进行了广泛而深刻的讨论。不同的学者基于不同的学术背景与知识体系，为"精准扶贫"的内涵进行了不同角度的定义和阐释。

1. 习近平总书记明确：六大精准

2015年，习近平总书记在贵州召开部分省区市党委主要负责同志座谈会时，明确提出精准扶贫六大"精准"，即扶持对象精准、项目安排精准、资金使用精准、措施到户精准、因村派人（第一书记）精准、脱贫成效精准。在2015减贫与发展高层论坛的主旨演讲中，习近平将精准扶贫作为中国扶贫的基本方略。精准扶贫不仅成为指导中国农村扶贫的基本方针，而且成为扶贫实践的主要抓手。对这六大"精准"学界已有较为翔实的讨论[③]，基于此并辅以案例可更为全面地对其进行探讨。

（1）扶持对象精准。扶持对象精准指的是准确地找到要扶持的贫

---

① 2010不变价标准，数据来源：http://opinion.people.com.cn/n/2014/1216/c159301-26217079.html.

② 李婧．习近平提"精准扶贫"的内涵和意义是什么[EB/OL].[2015-08-04]. http://politics.people.com.cn/n/2015/0804/c70731-27408438.html.

③ 汪三贵,刘未．"六个精准"是精准扶贫的本质要求——习近平精准扶贫系列论述探析[J]．毛泽东邓小平理论研究，2016(1)：40-43．

困家庭和人口[①]。整体来看，目前的贫困人口识别办法主要依托于基层的民主评议与建档立卡。实践中，陕西安康市汉滨区为打好教育扶贫攻坚战，在当地扶贫部门建档立卡数据的基础上，组织学校"逐村、逐户、逐生"开展摸排核对，建立贫困家庭学生学校、镇办中心校、区教体局三级精准信息库，并根据贫困学生学段转换、转学等变化实行网络化动态管理，确保了扶贫路上不落下一个贫困孩子。而四川达州大竹县在实施易地扶贫搬迁时，为了突出搬迁对象的精准性，"搬迁谁，群众公开评"，采取贫困户申请—书面搬迁承诺—组评议—村评议—村公示—乡镇公示—动迁公式"精准识别法"，公开政策、公开评议、公开对象，把每一个拟搬迁家庭的人口、财务、就业、生活信息搞清楚，把知情权、监督权交给群众。

（2）项目安排精准。项目安排精准指的是在扶持对象识别出来并建档立卡以后，根据贫困户和贫困人口的实际需要进行有针对性的项目帮扶，做到因户因人施策[②]。这需要找准每个贫困家庭的致贫原因，并在此基础上有针对性地安排扶持项目。实践中，江西井冈山全方位摸清贫困户的致贫原因与工作现状，针对不同的需求作出不同的扶贫项目安排：对愿意就业的，积极联系适合的工作岗位；对能创业的群众，予以资金、政策支持，鼓励其发展；对缺乏劳动能力、难以自我发展的群众，合理帮助他们以扶贫资金或其他土地资源入股已有的产业，共享发展成果；对完全丧失劳动能力的群众，实施多重保障政策。此外，对于仍居住于危旧土坯房的居民，政府还积极为他们解决住房问题。

（3）资金使用精准。资金使用精准指的是以合理规划、精准调配的资金支持保证扶持项目得到实施[③]。过去，扶贫部门对扶贫资金的使用不够灵活，安排存在僵化问题，地方政府在资金的使用上缺乏自主权，

---

① 汪三贵，刘未. "六个精准"是精准扶贫的本质要求——习近平精准扶贫系列论述探析[J]. 毛泽东邓小平理论研究，2016(1)：40-43.
② 同上.
③ 同上.

从而扶贫精准度不够。为了保证资金安全和审计便利，扶贫部门往往对资金的用途、使用的方式、扶持的标准规定过死，导致一些贫困户需要的项目没有资金来源，不需要的项目却安排了资金，大大降低了扶贫资金的使用效率。精准扶贫面对的是"硬骨头"，贫困群众的致贫原因有较大异质性，因此他们对扶贫资金的需求也大不相同，这就要求在充分监督的情况下给予基层政府组织在资金使用上足够的自主权，让其根据每个贫困户实际情况因人制宜确定项目和分配资金。比如，河南卢氏县通过金融手段，完善每个农户的信用档案，按级别提供信用额度，为扶贫资金的使用提供了信用依据。

（4）措施到户精准。措施到户精准强调将贫困户切实纳入项目安排中。以往的扶贫经验指出，由于贫困户在资金、技术、经验、信息方面的缺乏，很多扶贫项目都难以到户，即使到户，效果也不尽如人意。基于自身禀赋，贫困户很难单家单户地参与市场竞争。因此，为了切实将贫困群众纳入项目发展、享受项目红利，地方政府需要重点对贫困户与脱贫项目的利益联结机制作出探索与安排，保障扶贫效率到户。例如，在产业扶贫模式中，就需要重点选取合适的利益联结措施，比如引入龙头企业提供专业信息和技术，采用"公司＋合作社＋贫困户"模式，将贫困群众纳入产业链条中。

（5）因村派人精准。因村派人精准强调精准扶贫的组织保障。村一级组织是扶贫的一线工作者，是大量的扶贫政策、项目、措施的落地者和实践者。村一级组织干部的能力，极大地影响了扶贫工作的开展成效。加之乡村地区经济发展落后，大量年轻人选择外出就业，以致原有的基层干部普遍年龄偏大、能力不足，对扶贫工作的开展形成一定不利条件。因此，上级政府选派能力优秀、背景合适的第一书记等扶贫干部前往贫困村开展工作十分有必要，可以迅速提升贫困村扶贫工作的组织管理水平。例如，北京师范大学硕士黄文秀在毕业后，出于建设家乡的坚定志向考取了广西百色市选调生，回到家乡百坭村担任扶贫干部，坚持战斗在脱贫攻坚的第一线，发挥着自己的能力与学识，一年时间内就将村里贫困发生率从 22.88% 降至 2.71%[①]。

（6）脱贫成效精准。脱贫成效精准瞄准的是扶贫考核机制。精准扶贫的目的就是要使现有标准下的贫困人口到 2020 年全部脱贫，并且要保证扶贫成果的真实性与可持续性。要达到脱贫成效精准，前面的五个"精准"是保障，在此基础上，还需要对脱贫效果进行科学的考核和评估，防止成果造假和贫困人口被脱贫现象的发生。各级政府机构都要严抓脱贫成效考核，杜绝"数字脱贫""虚假脱贫"等浮夸风气。实践中，脱贫成效考核在紧锣密鼓地进行。2018 年 12 月 4 日，国务院扶贫开发领导小组正式印发 2018 年脱贫攻坚成效考核工作方案，并于该月 13、14 日在北京举办动员部署会议，分别组建省际交叉考核工作组、第三方评估组、媒体暗访组、资金绩效实地评价组，2019 年元旦后即赴中西部 22 个省区市开展实地考核。

2. 学界相关讨论

前文已经给出精准扶贫的最基本定义，简单而言，精准扶贫就是在原本以县为瞄准单位的区域性扶贫的基础上，扶贫到户，扶贫到人。但对于精准扶贫的深层次内涵，学界的讨论仍十分广泛而热烈，学者们都基于各自的学科背景提出了不同观点。胡志平将学术界围绕习近平总书记讲话所形成的"精准扶贫"思想内涵分为了如下七类具有代表性的观点：四精准说、六精准说、扶贫政策说、扶贫模式说、扶贫资源说、扶贫机制说、扶贫治理说[②]。基于此，可对现有理论进行较为全面的回顾。

"四精准说"和"六精准说"强调的都是精准扶贫的基本内容，其区别在于"四精准说"认为精准扶贫的基本内容包括四个方面，而"六精准说"则为六个方面。"四精准说"主要认为精准扶贫的基本内容

[①] 回到家乡，到党和人民最需要的地方，共产党员黄文秀——用美好青春诠释初心使命 [EB/OL].[2019-07-02]. http://dangjian.people.com.cn/n1/2019/0702/c117092-31208770.html.

[②] 胡志平. 精准扶贫：文献综述及研究展望 [J]. 上海行政学院学报. 2019, 20(3)：102-111.

包含识别、帮扶、管理、考核四方面的"精准"[①][②][③]。在"六精准说"中，左停认为精准扶贫涵盖了宏观层面上的认知精准、重心精准，中观层面的措施精准、管理精准，微观层面上的识别精准、帮扶精准[④]。支俊立则对当前的"六大精准"作出对象、目标、内容、方法、考评、保障六个层次的解读[⑤]。

其他的学说基于不同学科视角对精准扶贫进行阐释。"扶贫政策说"是从扶贫政策措施的针对性角度来对精准扶贫进行解读。梁土坤指出，精准扶贫也是一项具体政策，具备系统性、发展性的政策特征以及托底性的政策底线[⑥]。"扶贫模式说"着重从扶贫模式视角来理解精准扶贫，将精准扶贫视作对之前的粗放式模式的超越。贺东航和牛宗岭认为，精准扶贫在扶贫对象、扶贫方式、扶贫措施和扶贫效果四方面都比粗放式模式更为清晰细化[⑦]。肖正中、王姣玥、王林雪等学者也认为，精准扶贫是粗放扶贫的对立与超越[⑧]。"扶贫资源说"则是从资源配置有效性视角来对精准扶贫进行解读，认为精准扶贫强调对各类扶贫资源的优化配置和弹性配置[⑨][⑩][⑪]。"扶贫机制说"强调以扶贫机制的视角

---

① 葛志军，邢成举. 精准扶贫：内涵、实践困境及其原因阐释——基于宁夏银川两个村庄的调查[J]. 贵州社会科学，2015(5): 157-163.
② 吴雄周，丁建军. 精准扶贫：单维瞄准向多维瞄准的嬗变——兼析湘西州十八洞村扶贫调查[J]. 湖南社会科学，2015(6): 162-166.
③ 汪三贵，郭子豪. 论中国的精准扶贫[J]. 党政视野，2016(7): 44.
④ 左停. 精准扶贫战略的多层面解读[J]. 国家治理，2015(36): 16-21.
⑤ 支俊立，姚宇驰，曹晶. 精准扶贫背景下中国农村多维贫困分析[J]. 现代财经(天津财经大学学报)，2017, 37(1): 14-26.
⑥ 梁土坤. 新常态下的精准扶贫：内涵阐释、现实困境及实现路径[J]. 长白学刊，2016(5): 127-132.
⑦ 贺东航，牛宗岭. 精准扶贫成效的区域比较研究[J]. 中共福建省委党校学报，2015(11): 58-65.
⑧ 王姣玥，王林雪. 我国精准扶贫风险识别与模式选择机制研究[J]. 农村经济，2017(8): 40-44.
⑨ 郑瑞强，王英. 精准扶贫政策初探[J]. 财政研究，2016(2): 17-24.
⑩ 韩庆龄. 精准扶贫实践的关联性冲突及其治理[J]. 华南农业大学学报(社会科学版)，2018, 17(3): 1-9.
⑪ 杨秀丽. 精准扶贫的困境及法制化研究[J]. 学习与探索，2016(1): 108-110.

来对精准扶贫进行解读，认为精准扶贫是对以往不合理的扶贫机制的改革和优化，更注重扶贫机制的针对性和扶贫效果的有效性[1][2]。"扶贫治理说"则强调从社会治理理念和方式的角度来理解精准扶贫，将精准扶贫视作扶贫治理在经济新常态、国家治理现代化、快速城市化时代背景下的新阶段[3][4][5]。

"四精准说"和"六精准说"立足于精准扶贫的主要内容开展分析，其他的精准扶贫解释学说则各自立足于"扶贫政策精准""扶贫模式明确""扶贫资源配置有效""扶贫机制合理"和"扶贫治理现代化"，对精准扶贫进行多角度的探讨。这其中，"四精准说"对习近平的六大精准进行概况提炼，"六精准说"则是在对习近平的六大精准进一步多层次的分解，"四精准说"到"六精准说"的转变是对精准扶贫的基本内容和特征的进一步丰富和完善。其余观点则是立足习近平的思想进行视角的延伸与扩展，是不同学科话语关注重点的不同展现。经济学关注资源配置问题，管理学强调机制、模式，政治学关注政策、治理，都朝着如何实现精准扶贫的主要内容进行解构。因此，不同观点背后其实遵循着如何有效运用资源配置、转变方式、创新机制和构筑新的治理模式，实现不同层面的精准目标，最终达到精准脱贫。

三、精准扶贫政策体系演进梳理

进入"十二五"阶段，中国农村的贫困问题已显现出从制度约束

---

[1] 吕方，梅琳."精准扶贫"不是什么？——农村转型视阈下的中国农村贫困治理[J]. 新视野，2017(2)：35-40.
[2] 代正光. 国内外扶贫研究现状及其对精准扶贫的启示[J]. 甘肃理论学刊，2016(4)：143-147.
[3] 李全利. 扶贫治理的"四大陷阱"及现代化转向[J]. 甘肃社会科学，2018(2)：230-236.
[4] 康儿丽，任彬彬，颜克高. 理念、机制与路径：社会治理格局下精准扶贫治理体系的构建[J]. 理论导刊，2019(1)：54-60.
[5] 吴华，韩海军. 精准扶贫是减贫治理方式的深刻变革[J]. 国家行政学院学报，2018(5)：143-149.

导致的贫困向区域条件约束、农户能力约束导致的贫困转变的特点，无论是消除贫困、加快贫困地区发展的内在要求，还是促进共同富裕、全面建成小康社会的外在要求，都需要精心设计一个有效的、综合性的扶贫政策体系。于此背景下，"精准扶贫"被顺势而为提出，并在实践中不断检验、完善、演进。表 4-2 为近十年来精准扶贫政策体系演进梳理。

表 4-2 精准扶贫政策体系演进梳理

时间	场 景	主要内容
2012.12	习近平考察河北阜平老区	指出"扶贫不能手榴弹炸跳蚤"
2013.11	习近平考察湖南湘西	首次提出"精准扶贫"的概念
2014.1	中共中央办公厅、国务院办公厅印发《关于创新机制扎实推进农村扶贫开发工作的意见》	中共中央、国务院提出建立精准扶贫工作机制，并将其确立为国家新阶段扶贫开发工作的六大机制之一
2014.3	国务院总理李克强在中华人民共和国第十二届全国人民代表大会第二次会议上做《2014年国务院政府工作报告》	提出实行精准扶贫的要求
2014.4	国务院扶贫办印发《扶贫开发建档立卡工作方案》	开始对贫困户、贫困村进行精准识别、建档立卡
2015.2	关于加大改革创新力度加快农业现代化建设的若干意见	推进精准扶贫，制定并落实建档立卡的贫困村和贫困户帮扶措施，扶贫项目审批权下放到县，建立扶贫公告公示制度，搭建社会参与扶贫开发平台，完善干部驻村帮扶制度，加强贫困监测
2015.6	习近平总书记在贵州召开部分省区市党委主要负责同志座谈会	明确"六个精准"，即扶持对象精准、项目安排精准、资金使用精准、措施到户精准、因村派人（第一书记）精准、脱贫成效精准
2015.11	中央扶贫开发工作会议召开，颁发《中共中央国务院关于打赢脱贫攻坚战的决定》	将精准扶贫、精准脱贫作为基本方略

续表

时间	场景	主要内容
2016.1	《中共中央 国务院关于落实发展新理念加快农业现代化实现全面小康目标的若干意见》	实施脱贫攻坚工程,实施精准扶贫、精准脱贫,实行社保政策兜底脱贫,实行脱贫工作责任制,广泛动员社会各方面力量积极参与扶贫开发,实行严格脱贫攻坚考核督察问责,健全农业农村投入持续增长机制,推动金融资源更多向农村倾斜,完善农业保险制度
2017.2	《中共中央 国务院关于深入推进农业供给侧结构性改革加快培育农业农村发展新动能的若干意见》	完善农村危房改造政策,建立健全稳定脱贫长效机制,严格执行脱贫攻坚考核监督和督查巡查等制度,发挥村党组织第一书记的重要作用
2018.1	《中共中央 国务院关于实施乡村振兴战略的意见》	建立选派第一书记工作长效机制,综合实施保障性扶贫政策,强化党政一把手总负责的责任制,做好实施乡村振兴战略与大号精准脱贫攻坚战的有机衔接
2019.2	《中共中央 国务院关于坚持农业农村优先发展做好"三农"工作的若干意见》	落实最严格的考核评估,精准问责问效,组织开展常态化约谈,主攻深度贫困地区,坚持扶贫与扶志扶智相结合,巩固和扩大脱贫攻坚成果,总结脱贫攻坚的实践创造和伟大精神,及早谋划脱贫攻坚目标任务2020年完成后的战略思路
2020.2	《中共中央 国务院关于抓好"三农"领域重点工作确保如期实现全面小康的意见》	全面完成脱贫任务,巩固脱贫成果防止返贫,做好考核验收和宣传工作,保持脱贫攻坚政策总体稳定,研究接续推进减贫工作

习近平于福建省履职时,就曾深感扶贫措施执行不到位、扶贫资

金去向不明确,提出要"真扶贫、扶真贫"。党的十八大以后,习近平走访河北阜平、湖南花垣等贫困地区,"看真贫",深感部分贫困地区扶贫思路偏差,没有落在实处,对扶贫项目选择、教育投入、基本公共设施保障等没有做到精准定位。因此,习近平强调"扶贫不能手榴弹炸跳蚤",并提出"精准扶贫"的概念。"……扶贫也要精准,否则钱用不到刀刃上。"他如此讲述道[①]。

2014年1月,中共中央办公厅、国务院办公厅印发《关于创新机制扎实推进农村扶贫开发工作的意见》,构建精准扶贫工作机制,由国家制定统一的扶贫对象识别办法,"精准扶贫"从概念产物变成实践中的工作机制。2014年3月,国务院总理李克强在中华人民共和国第十二届全国人民代表大会第二次会议上做国务院政府工作报告,提出实行精准扶贫的要求,"精准扶贫"进入政府工作中心。同年4月,国务院扶贫办印发《扶贫开发建档立卡工作方案》,开始对贫困户、贫困村进行精准识别、建档立卡,中央对精准扶贫开始第一步设计。

2015年6月,经过一定时间的探索和实践,习近平在贵州考察期间明确提出了六个精准的要求,即"扶持对象要精准、项目安排要精准、资金使用要精准、措施到位要精准、因村派人要精准、脱贫成效要精准",对精准扶贫的基本内容作出明确和进一步细化。同年11月,中央扶贫开发工作会议召开,颁发《中共中央国务院关于打赢脱贫攻坚战的决定》,将"精准扶贫""精准脱贫"作为扶贫攻坚的基本方略,标志着"精准扶贫"正式成为中国脱贫攻坚战的指导思想。

第四节 从收入到保障

2012年,习近平考察河北省阜平县扶贫开发工作时提到,"深入

---

① 习近平总书记的扶贫情结 [EB/OL].[2017-02-23]. http://politics.people.com.cn/n1/2017/0223/c1001-29103761.html.

推进扶贫开发,帮助困难群众特别是革命老区、贫困山区困难群众早日脱贫致富,到2020年稳定实现扶贫对象不愁吃、不愁穿,保障其义务教育、基本医疗、住房,是中央确定的目标"。对比之前仅以人均年收入作为贫困线标准,可以看出,扶贫标准已经发生了从收入到保障的转变。

本部分将主要讨论三个问题:为什么扶贫标准需要从收入到保障的转变?中国现有怎样的保障成效?现存的保障还有哪些不足之处以待发展?

一、扶贫标准转变

精准扶贫标准从收入到保障的转变实质上体现对"贫困"概念的理解发生变化,即从单一的经济标准衡量的贫困状况转变为多维度贫困评估。以前的贫困标准基于单一经济收入指标,以人均年收入作为贫困线的界定标准。进入21世纪以来,经济高速发展,贫困界定标准也在不断地在发展、调整改变。2000年,低收入标准为865元(人均年收入),2007年调整为1 067元,2009年上调至1 196元,2010年上调至1 274元,2011年又上调80%至2 300元,并规定以2011年2 300元不变价为基准,不定期调整。(图4-5)不断地调整侧面反映出贫困人群的收入问题已经逐渐解决,扶贫的视角更多着眼于贫困的多维属性,扶贫标准从单一的经济收入扩展到"两不愁三保障"的多维度。

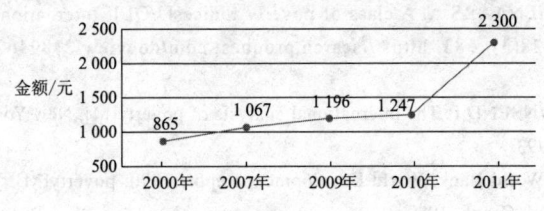

图4-5 贫困界定标准变化

实际上，学界对贫困的界定早已呈现出多维化趋势。1973年，阿马蒂亚·森(Amartya Sen)在其代表作《贫困与饥荒——论权利与剥夺》一书中提出了"能力贫困"的概念，阐述了贫困的本质。他认为，不能单纯以经济资源的多寡来判断贫困，而应以取得收入、社会地位和其他生活条件的能力来衡量。在此基础上，阿马蒂亚首次提出"多维贫困"概念，指出贫困不只是经济收入上的不足，更应包括健康、教育、居住等多个维度的能力缺失与剥夺。随后，更多的学术研究者开始关注到收入需求以外的维度。例如，哈格纳尔(Hagenaars)在构建多维贫困指数时，不仅考虑了收入维度，还引入了闲暇维度[1]。汤森德(Townsend)也指出，在现代社会除了考虑个人的基本营养需求，还要考虑个人对教育、住房和安全的需要[2]。

随着学术研究的不断推进，众多国际组织对于贫困的界定也不仅限于单一的收入维度。1990年，世界银行在报告中将贫困定义为对达到最低生活水准的能力的缺乏，指出在衡量贫困时应当考虑社会福利、公共物品和家庭消费等指标[3]。联合国开发计划署在1997年的《人类发展报告》中提出了能力贫困指标，包括三方面的内容：①基本生存的能力，即获取营养和健康的能力；②健康生育的能力；③接受教育和获取知识的能力[4]。1999年，亚洲开发银行提出把贫困划分为三个层次，即生存层次：营养、健康、饮用水/卫生设施；安全层次：工作/收入、住所、和平；能力层次：教育、参与权、社会心理。

在贫困界定愈发清晰全面的同时，对贫困的测量也随之逐渐多维化。2008年，Alkire和Foster提出利用"剥夺矩阵"来对多维度贫困

---

[1] HAGENAARS A. A class of poverty indices[J/OL]. International economic review, 1987,28(3), 583. https://search.proquest.com/docview/218946763?accountid=8554.

[2] TOWNSEND P. The international analysis of poverty[M]. New York: Harvester Wheatsheaf, 1993.

[3] The World Bank. World Development Report 1990: poverty[M]. Washingdon, D.C: World Bank Gronp, 1989.

[4] 联合国开发计划署驻华代表处组织.《中国人类发展报告——人类发展与扶贫，1997》——总论[J]. 科技导报，1998(9)：59-61.

进行识别、加总、分解，得到了学界的广泛认同与使用[①]。借鉴其方法并结合中国数据，国内学者对中国城乡居民贫困状况作了多维度的测算，结果表明，无论在中国城市还是中国农村，贫困都是多维化的，近 1/5 的家庭存在除收入以外至少三个维度的贫困，尤其是卫生设施、健康保险和教育三个维度[②]。

21 世纪后，中国贫困的经济维度已经在经济增长和开发式扶贫攻坚双重作用下得到初步解决。截至 2007 年底，按农村绝对贫困人口标准（全年人均纯收入）低于 785 元测算，年末农村贫困人口为 1 479 万人，按低收入人口标准 786 元至 1 067 元测算，年末农村低收入人口为 2 841 万人[③]。单从经济收入这一维度来说，中国的贫困发生率已经处于一个较低水平。但是，人们逐渐意识到，中国的贫困问题不再仅仅是单一的收入性贫困，而是全面建设小康背景下的城乡差距、收入差距等分化问题。在党的十七大报告中，"全面""贫困人口""公平"等词汇保持着较高出现率[④]。可见，这一时期，扶贫政策制定与运作已经引入"公平""全面"的政策逻辑。

在进入精准扶贫之后，中国扶贫重点已不仅仅是收入扶贫，而是包括教育、卫生、文化、生态、生活水平在内的多维度综合式协调扶贫。2011 年，《中国农村扶贫开发纲要（2011—2020 年）》将这一阶段扶贫开发总体目标定为"到 2020 年，稳定实现扶贫对象不愁吃、不愁穿，保障其义务教育、基本医疗和住房；贫困地区农民人均纯收入增长幅度高于全国平均水平，基本公共服务主要领域指标接近全国平均水平，扭转发展差距扩大趋势"，将用电、交通、饮水、住房、医疗、教育公共文化等列为这一阶段扶贫开发的主要任务，扶贫标准呈现出多维化的特征。2013 年，中国正式提出"精准扶贫"这一政策，强调"扶

---

① ALKIRE S, FOSTER J. Counting and multidimensional poverty measurement[J]. Journal of public economics, 2010(7): 476-487.

② 王小林，SABINA A. 中国多维贫困测量：估计和政策含义 [J]. 中国农村经济，2009(12)：4-10.

③ 数据来源：中华人民共和国 2007 年国民经济和社会发展统计公报.

④ 冉连. 建国以来我国扶贫政策：回顾、反思与展望——基于 1949—2017 年的政策文本分析 [J]. 山西农业大学学报（社会科学版），2018，17(12)：60-68.

持对象精准""项目安排精准",认识贫困的异质性,找出贫困户致贫根本原因,比如以因病致贫为代表的支出型贫困,并在此基础上对贫困群众有针对性地进行帮扶,这实质上与阿马蒂亚可行能力贫困理论的思想内核保持一致。2016年,《"十三五"脱贫攻坚规划》将脱贫攻坚战的目标定位设为"到2020年,稳定实现现行标准下农村贫困人口不愁吃、不愁穿,义务教育、基本医疗和住房安全有保障"(以下称"两不愁、三保障");贫困地区农民人均可支配收入比2010年翻一番以上,增长幅度高于全国平均水平,基本公共服务主要领域指标接近全国平均水平;确保中国现行标准下农村贫困人口实现脱贫,贫困县全部摘帽,解决区域性整体贫困",并提出"十三五"时期贫困地区发展和贫困人口脱贫的主要指标,如表4-3所示。

表4-3 "十三五"时期贫困地区发展和贫困人口脱贫主要指标(部分)

指　　标	2015年	2020年	属性	数据来源
实施易地扶贫搬迁贫困人口/万人	—	981	约束性	国家发展改革委、国务院扶贫办
贫困地区农民人均可支配收入增速/%	11.7	年均增速高于全国平均水平	预期性	国家统计局
贫困地区农村集中供水率%	75	≥83	预期性	水利部
建档立卡贫困户存量危房改造率/%	—	近100	约束性	住房城乡建设部、国务院扶贫办
贫困县义务教育巩固率%	90	93	预期性	教育部
建档立卡贫困户因病致(返)贫户数/万户	835.5	基本解决	预期性	国家卫生计生委

资料来源:国务院关于印发"十三五"脱贫攻坚规划的通知 http://www.gov.cn/zhengce/content/2016-12/02/content_5142197.html。

二、已有保障成效

2019年8月12日,中华人民共和国中央人民政府官网发布《扶贫开发持续强力推进　脱贫攻坚取得历史性重大成就——新中国成立

70周年经济社会发展成就系列报告之十五》,集中展示了截至2018年底,中国脱贫攻坚战取得的成绩。结合国家统计局公布的相关数据可以看出,自从精准脱贫提出以来,贫困地区的居民居住条件不断优化、基础设施条件不断改善、贫困地区公共服务不断提高、贫困地区的社会保障体系不断完善。

一是贫困地区农村居民居住条件不断优化。2018年贫困地区居住在钢筋混凝土房或砖混材料房的农户比重为67.4%,比2012年提高28.2个百分点;居住在竹草土坯房的农户比重为1.9%,比2012年下降了5.9个百分点;使用卫生厕所的农户比重为46.1%,比2012年提高20.4个百分点;饮水无困难的农户比重为93.6%,比2013年提高12.6个百分点。如表4-4所示。

表4-4 2012年与2018年贫困地区农村居住条件变化

指标名称	2018年	2012年	2018年比2012年变化
居住在钢筋混凝土房或砖混材料房的农户比重/%	67.4	39.2	+28.2
居住在竹草土坯房的农户比重/%	1.9	7.8	-5.9
使用卫生厕所的农户比重/%	46.1	25.7	+20.4
饮水无困难的农户比重/%	93.6	81(2013年数据)	+12.6

数据来源:国家统计局.扶贫开发持续强力推进 脱贫攻坚取得历史性重大成就——新中国成立70周年经济社会发展成就系列报告之十五,2019.

二是贫困地区基础设施条件不断改善。截至2018年末,贫困地区通电的自然村接近全覆盖;通电话、通有线电视信号、通宽带的自然村比重分别达到99.2%、88.1%、81.9%,比2012年分别提高5.9、19.1、43.6个百分点。2018年,贫困地区村内主干道路面经过硬化处理的自然村比重为82.6%,比2013年提高22.7个百分点;通客运班车的自然村比重为54.7%,比2013年提高15.9个百分点。如表4-5所示。

表 4-5　2012—2018 年贫困地区基础设设施建设情况

指标名称	2012年	2013年	2014年	2015年	2016年	2017年	2018年
通电话的自然村比重 /%	93.3	93.3	95.2	97.6	98.2	98.5	99.2
通有线电视信号的自然村比重 /%	69	70.7	75.0	79.3	81.3	86.5	88.1
通宽带的自然村比重 /%	38.3	41.5	48.0	56.3	63.4	71.0	81.9
主干道路面经过硬化处理的自然村比重 /%	—	59.9	64.7	73.0	77.9	81.1	82.6
通客运班车的自然村比重 /%	—	38.8	42.7	47.8	49.9	51.2	54.7

数据来源：国家统计局 . 中国农村贫困监测报告 2018 版 [M]. 北京：中国统计出版社，2018.

国家统计局 . 扶贫开发持续强力推进　脱贫攻坚取得历史性重大成就——新中国成立 70 周年经济社会发展成就系列报告之十五，2019.

三是贫困地区公共服务水平不断提高。2018 年，贫困地区 87.1% 的农户所在自然村上幼儿园便利，89.8% 的农户所在自然村上小学便利，分别比 2013 年提高 15.7 个和 10.0 个百分点；有文化活动室的行政村比重为 90.7%，比 2012 年提高 16.2 个百分点；贫困地区农村拥有合法行医证医生或卫生员的行政村比重为 92.4%，比 2012 年提高 9.0 个百分点；93.2% 的农户所在自然村有卫生站，比 2013 年提高 8.8 个百分点；78.9% 的农户所在自然村垃圾能集中处理，比 2013 年提高 49.0 个百分点。如表 4-6 所示。

表 4-6　2012—2018 年贫困地区公共服务情况

指标名称	2012年	2013年	2014年	2015年	2016年	2017年	2018年
所在自然村上幼儿园便利比例 /%	—	—	—	—	—	84.7	87.1
所在自然村上小学便利比例 /%	—	—	—	—	—	88.0	89.8
有文化活动室的行政村比重 /%	74.5	—	—	—	—	89.2	90.7
拥有合法行医证医生或卫生员的行政村比重 /%	83.4	88.9	90.9	91.2	90.4	92.0	92.4
所在自然村有卫生站的农户比重 /%	—	88.4	86.8	90.3	91.3	92.2	93.2

续表

指标名称	2012年	2013年	2014年	2015年	2016年	2017年	2018年
所在自然村垃圾能集中处理的农户比重/%	—	29.9	35.2	43.2	50.9	61.4	78.9

数据来源：国家统计局. 中国农村贫困监测报告 2018 版 [M]. 北京：中国统计出版社，2018.

国家统计局. 扶贫开发持续强力推进 脱贫攻坚取得历史性重大成就——新中国成立 70 周年经济社会发展成就系列报告之十五，2019.

四是贫困地区社会保障投入力度不断加大。2018 年，财政支出对城乡居民基本养老保险基金补助为 2 546 万元，比 2012 年提高 144.6 个百分点；最低生活保障预算 1 462 万元，农村最低生活保障支出 937 万元，分别比 2012 年提高 9.1 个和 36.4 个百分点；2016 年新型农村合作医疗预算支出为 3 025 万元，相比 2012 年提高 48.6 个百分点。如表 4-7 所示。

表 4-7 2012—2018 年中国与低收入人群社会保障相关全国一般预算支出变化

万元

项目名称	2012年	2013年	2014年	2015年	2016年	2017年	2018年
财政对城乡居民基本养老保险基金的补助	1 041	1 235	1 349	1 853	1 908	2 130	2 546
最低生活保障	1 340	1 441	1 558	1 665	1 658	1 476	1 462
城市最低生活保障支出	654	686	714	754	716	572	525
农村最低生活保障支出	687	755	844	911	941	904	937
新型农村合作医疗	2 035	2 429	2 732	3 096	3 025	—	—

数据来源：财政部《全国一般公共预算支出决算表》，2012—2018. http://www.mof.gov.cn/mofhome/yusuansi/qgczjs/201807/t20180712_2959592.html.

三、保障不足与未来

1. 风险保障力度不足够

目前的风险保障集中在疾病风险，以医疗保险的方式帮助贫困人群对重大疾病风险作出防范和抵御。然而，尽管制度上对贫困人群进行了医疗保险覆盖，提供高额报销比例，在实际执行中，力度仍不够到位，常常出现群众所患疾病、所需药物不在提供报销的名录中。一旦遭遇大病、重病，贫困群众仍然得不到充分保障，容易陷入贫困。除了疾病风险之外，由于贫困地区往往地理位置较为偏僻，贫困人群也面临着自然灾害的风险，给贫困家庭造成极大的经济和生活负担。同时，贫困地区的产业落后、地处偏远、信息不畅、人才缺失也往往会带来市场风险。目前，针对自然灾害风险和市场风险的保障手段并未形成有效的制度，无疑加重了贫困群众的生产生活和经济负担。

因此，需要进一步加大现有保障制度的执行力度，在实际中拓宽保障的广度与深度，保障人民群众的切身利益。同时，还要求各级政府和扶贫部门将眼光放长远，不仅是认识到当下的扶贫状态，还要在充分了解当地实际情况和地理、市场特征的情况下，对未来的灾害和市场风险作出提前预估和风险保障手段，以降低贫困群众生计的脆弱性，做到反贫困、预防贫困和防止返贫的有机统一。

2. 保障制度化不充分

目前，各地推出的保障政策具有临时性、运动式的属性特点，尚未形成制度性的安排，短期化倾向严重。许多的保障措施都带有"扶贫"的标签，尽管这在短期内有助于实现"社会保障兜底一批"，但对于已实现脱贫的群众，失去"贫困"标签和其带来的保障后，他们是得到新的保障措施还是因为失去原有保障重新"返贫"，值得更多的政策思考。同时，在保障措施的执行方面，2020年后，脱贫攻坚阶段就将结束，许多的帮扶单位和帮扶人员或许将撤离，保障能否持续、政策还能否继续到位，都需要打上问号。尽管2019年中央一号文件指出，"攻坚期内贫困县、贫困村、贫困人口退出后，相关扶贫政策保持稳定""做好脱贫攻坚与乡村振兴的衔接，对摘帽后的贫困县要通过实施乡村振兴战略巩固发展成果，接续推动经济社会发展和群众生活改善""建立第一书记派驻长效工作机制""落实村党组织5年任期规定"①，但对于此后的扶贫工作如何开展、扶贫干劲如何保持、扶贫产业如何再帮扶等细节问题，尚没有明确的规划。

因此，需要继续加大保障措施的执行力度，加大覆盖面，延长保障可持续时间，同时对制度政策本身进行完善和提高保障水平，并协调相关部门做好监督、评估、考核，力求使现有的好的模式制度化、长效化。从另一个角度看，保障也只是外部的工作。在强调保障的基础上，还需要加强贫困群众内生造血能力，以确保其在失去外部支持后，仍能够可持续地发展。

3. 特殊群体保障不到位

在扶贫的保障政策制定过程中，由于对贫困对象的异质性的认知不足，往往制定的政策会有所缺漏，对特殊群体的贫困对象关注度不够，造成保障缺位。

保障缺位的一个典例是对于学龄前儿童生长发育发展的干预缺位。农村学龄前儿童的生长发育对其未来发展至关重要，前期的及时干预能有效减少后期的干预成本，对儿童未来发展大有好处，应当得到重视。另一个保障缺位的表现是面向农村重度残疾人、失能失独老人的照料护理制度不足，不论是在物质方面还是在精神方面都缺乏关怀。

农民工也是一个特殊的"隐性贫困"群体。目前，来自劳动力转移的工资性收入是贫困人口增收的重要手段。据学者统计，在中西部22省份的剩余贫困户的收入来源中，工资性收入占比高达40.26%②。2018年农民工总量为28 836万人，贫困较为集中的中西部地区输出农民工分别占比33%（9 538万）和27.5%（7 918万），总计超过60%，可见贫困地区农民工数量之巨③。然而，农民工一般工作、生活环境恶劣，劳动强度大，劳动时间长，尤其是对于高龄农民工，尽管

---

① 新华社，中共中央 国务院关于坚持农业农村优先发展 做好"三农"工作的若干意见，http://www.moa.gov.cn/ztzl/jj2019zyyhwj/，2019.
② 左停，徐卫周. 综合保障性扶贫：中国脱贫攻坚的新旨向与新探索 [J]. 内蒙古社会科学（汉文版），2019，40(3)：36-44.
③ 数据来源：中国人力资源和社会保障部2018农民工监测调查报告。

短时间内收入水平远超贫困标准,却极有可能因为身体透支、疾病潜伏而成为未来的贫困群体。目前,对于农民工的保障政策仍然存在落实不到位的问题,以参加社保为例,虽然《社会保险法》明确规定"进城务工的农村居民依照本法规定参加社会保险",但最新数据显示,农民工参加城镇职工基本养老保险、医疗保险、失业保险、工伤保险的比例分别为21.65%、21.73%、17.09%、27.25%,覆盖面极其狭窄,保障力度严重不足[①]。

要解决此问题,在未来,基层扶贫干部需要全面、深刻地理解精准扶贫的内涵,继续践行"对象识别精准"与"项目安排精准",对特殊人群给予更多的关注,并且采取更加具备针对性、精准性、前瞻性的保障措施,确保其保持脱贫的稳定性。同时,特殊的贫困群体往往有着专门的组织机构负责相关工作,如贵州省针对农村学龄前儿童营养改善计划就由教育行政部门学生营养改善计划管理办公室负责组织[②]。因此,扶贫组织也应该积极与相关专业组织保持密切联系,进一步加深对该群体认知的同时,更好地进行协作分工,发挥扶贫效能,提高扶贫效率。

第五节 本章小结

本章结合理论探讨与案例分析,对扶贫路径从区域到精准的转变进行了阐述。首先,本章对精准扶贫的思路前提转变进行讨论,即分析了扶贫思路从"输血式"向"造血式"转变的背景与节点,并由目前实践中"造血式"扶贫的不足引出造血"精准"的概念。随后,本

[①] 数据来源:2017年度人力资源和社会保障事业发展统计公报。

[②] 贵州省人民政府,省人民政府办公厅关于实施农村学前教育儿童营养改善计划的意见(黔府办发〔2016〕37号),http://www.gzlps.gov.cn/zw/jcxxgk/zcwj/szfwj/201610/t20161024_1183564.html,2016。

章以"造血式"思想指导下的产业扶贫这一典型扶贫方式为例,从产业选择、利益联结机制选择和产业发展环境三方面开展讨论,揭示了"造血"与"精准"相结合的必要性。之后,本章通过分析具体数据总结出精准扶贫的时代背景与内外需求,并通过官方与学界的发言、讨论呈现了精准扶贫核心内容的完整图景,并梳理了精准扶贫政策体系的演进过程。最后,本章呈现了精准扶贫中,扶贫标准从收入到保障的侧重转变,并通过具体数据展现出已有的保障成效,指出目前扶贫保障的不足,并为未来保障加强方向给出建议。

第五章

激励相容：从强制性扶贫机制到诱致性扶贫机制[①]

中华人民共和国自成立以来，经过几十年的不断努力，终于从一个积贫积弱的国家走向富强，成为在国际上拥有话语权的经济大国。改革开放以来，在全国人民的不懈努力和奋斗下，亿万人民的温饱问题得到解决，无数农村贫困人口的困难得以化解，在"摸着石头过河"的探索历程中，中国积累了丰富的扶贫经验，取得了举世瞩目的成就，走上了一条具有中国特色社会主义特色的扶贫道路。事实上，这一独具特色的扶贫道路依赖于有效的制度供给，尤其是有着不同需求的不同扶贫阶段，更是呈现出制度供给演变的不同特征。中国的扶贫机制是什么？扶贫机制呈现哪些特征，又是如何变化的？扶贫机制改变的根本逻辑和动机是什么？强制性扶贫机制与诱致性扶贫机制的各自特征是什么？两者有何区别？又是如何相辅相成从而推动中国扶贫工作的演进？这些问题值得我们深入探讨。

---

① 感谢李亚兰为本章所做工作。

第一节 扶贫机制

从社会学的角度来说,机制指的是促进各类事物相关部分关系更好发展,以全面发挥其作用的运行方式。由此看来,中国的扶贫机制包括扶贫要素及它们之间的互动关系,以及"措施—主体—效果"这一扶贫循环反馈路径。

一、中国扶贫机制分析

(一)扶贫要素

理解一个事物,我们可以把这个事物的各个相对独立的部分分解开,称之为部分或者要素,理解这些部分或者要素也就成为理解这个事物整体的基础。

按照能动性程度划分,中国扶贫要素包括扶贫主体、扶贫客体。在这里,扶贫主体承担着中国扶贫工作的一切实践活动,是扶贫工作中的能动要素之一;扶贫客体指的是扶贫实践的针对对象,即需要接受扶贫的群体。中国的扶贫机制表现为主体之间互相作用的过程,以及主客体之间相互作用的全过程。

按照参与中国扶贫事业的利益相关者的角色划分,中国扶贫的主体可以划分为如下类型:一是中国共产党,即领导中国一切工作的政党,是主导政府扶贫政策走向的核心力量,中国共产党的扶贫战略和扶贫行动的制定者和实施者要视情况而定,由各级政府部门判断;二是政府部门,即制定和实施扶贫政策的主体,政府部门的政策由处于不同层级的政府机构负责制定和实施;三是贫困主体,即处于贫困线以下的贫困人口,是中国扶贫实践中被帮扶的对象;四是其他参与主体,即参与扶贫活动的其他经济、社会主体,包括主动或者被动参与扶贫事业的企业、事业单位,以及参与扶贫经济事务的商品、服务和劳务供给者。在中国扶贫实践的不同阶段,这些主体呈现出不同特征、不同利益诉求、不同目标①。

按照客体在扶贫中的作用程度划分,中国扶贫的客体包括:一是资源,即各扶贫主体拥有的社会、经济、自然等方面的基础性资源禀赋。资源是参与扶贫事业的利益相关者拥有的基础禀赋。二是政策,即政府实施扶贫计划采取的各种措施。扶贫政策可以视为政府施加于贫困主体、促进其脱贫的外源性力量。三是能力和意识。主体作为能动性因素,在中国扶贫实践中具有一定的能力和意识。能力和意识可以转化为中国扶贫的内源性动力和外源性动力②。这些能力和意识决定了扶贫被帮扶对象脱贫的条件和状态能否向良性趋势转变,也决定了扶贫力量施加方的帮扶力度强弱,从而也在内在基础上决定了外援性扶贫措施的成效。

(二)扶贫要素之间的互动关系

理解中国的扶贫机制要考察要素之间的互动关系。不同的互动关系类型随着时间的推移表现出不同的特征,从而主导了中国扶贫模式的历史演变。自中华人民共和国成立之后,中国就一直探索扶贫新途径,一开始,中国选取的扶贫模式是"输血式"扶贫,但这一扶贫模式导致被扶贫者较为被动,弊端太明显,后来,中国选择了"造血式"扶贫,让被扶贫者积极参与其中,扶贫工作由"大水漫灌"走向精准扶贫。不同的扶贫模式会带来不同差异,导致扶贫主体和客体、政府政策、扶贫资源分配等都存在差异。我们考察中国扶贫的模式和机制,需要分析两类互动关系类型。

1. 主体与客体之间互动关系

扶贫的主体和客体间的互动关系一直是扶贫机制中极为重要的部分,这一主客关系首先表现在中国共产党/政府与扶贫对象之间的互

---

① 赵玉.多维透视扶贫治理主体合作难问题[J].调研世界,2011(10).
② 万君,张琦."内外融合":精准扶贫机制的发展转型与完善路径[J].南京农业大学学报(社会科学版),2017(4).

动影响。对于扶贫对象而言,党的原则、宗旨经由党的方针路线体现出来,党和政府站在全局上统筹规划,借由政策这一中介工具进行合理的再分配,促进资源向贫困人口倾斜,激发和发挥贫困人口的自我发展能力和主动性以实现扶贫目标,这是扶贫的本质逻辑。第二类贫困主客体之间的相互作用,可以将其概括如下:第一,扶贫主体可以向贫困人口提供必要的资源以确保其获得就业机会,拥有生产和参与商业活动的平台,以此获得收入实现脱贫;第二,除却政策支持之外,社会力量也可通过积极参与扶贫发展项目辅助贫困人口获得收入来源和就业机会;第三,贫困人口也可发挥主观能动性,依靠自身力量或外部支持实现内生性扶贫。第三类是其他扶贫生态系统的其他参与者与扶贫对象之间的互动关系,包括两种细分:一是企事业单位利用自己的资源、政府资源以及贫困人口拥有的资源积极参与援助。扶贫主体使用良好的扶贫政策,为贫困对象提供一次性或多次援助;或发展某些工业项目,以促进贫困者参与实现利益和减轻贫困的项目;或激发贫困者的自我发展能力和主动性,以帮助他们减轻贫困的自主道路。二是参与减贫经济事务的商品、服务和服务的供应商。他们使用自己的资源,并按照市场规则以同等交易的形式参与减贫经济事务。为了自己谋取利益,一些地区客观地促进了扶贫经济事务的发展,促进了扶贫计划和措施的实施,从而促进了扶贫。

2. 主体之间的互动关系

实际上,在阐述主体与客体之间互动关系的时候,已经基本上梳理了主体之间的互动关系。主要是因为客体从属于一定主体,主体与客体发生互动关系,不可避免地导致主体之间发生互动关系。

中国扶贫主体之间的关系,围绕贫困主体展开。在互动过程中,中国共产党和政府是帮助贫困主体脱贫最重要的外部力量,其他参与主体是配合性外部力量。①扶贫主体的互相关系作用的主过程为:中国共产党的理想、宗旨和扶贫理念,通过政府制订的扶贫计划和扶贫政策措施,作用于贫困主体,使贫困主体缓解贫困乃至脱离贫困;②政府部门借助其他参与主体之一的科研单位研究的贫困主体识别方法、贫困标准、扶贫理论等,识别贫困主体,设定贫困标准,设定扶贫目标,制定扶贫计划和政策体系;③贫困主体积极参与政府制定的扶贫计划、扶贫方案,严格落实相关计划方案,开发扶贫项目,实施扶贫目的,贫困主体得以脱离贫困状态;④政府部门通过各级部门和官员对贫困主体进行监测(也可以借助第三方机构,第三方机构属于其他参与主体),设定扶贫目标主体和目标区域,监测贫困主体的贫困状态,考核扶贫官员的扶贫工作成效,评估扶贫计划实施情况;⑤其他外部参与主体——主动为贫困主体提供帮扶的企业、事业单位,把自有资源投入到政府扶贫政策和计划的落实过程中,或者提供一次性或者多次性物质或资金,或者开发产业项目,帮扶贫困主体;⑥其他外部参与主体——以市场交易方式参与扶贫事务的个体或者组织,他们以等价有偿的方式与政府部门、贫困主体发生互动,主观上为了获取自身利益,客观上推进了扶贫进程。

(三)扶贫循环反馈路径

中国贫困人口在历次提高贫困线标准之后总会大量显现,而且规模远超一般发达国家的人口规模。根据《扶贫蓝皮书:中国扶贫开发报告(2017)》显示,1985年中国贫困人口为1.25亿,经过多年的扶贫努力,2000年降为3 209万;随后扶贫标准由2000年的625元/年提高至2001年的872元/年,贫困人口随即陡升至9 029万,经过扶贫努力,2010年降为2 688万;扶贫标准由2010年的1 274元/年提高至2011年的2 536元/年,但贫困人口仍在增加,达到1.22亿。中国十八大胜利召开以来,精准扶贫工作取得的成效人所共知,到2019年12月底,中国农村贫困人口数量持续下降,仅有551万[①]。只不过,随着全面小康社会的建成,人均收入水平提升,水涨船高,贫困线标准届时将进一步提高,与之相应的贫困人口还需要继续脱贫。当然,不管贫困线怎么变化或者是否继续设置,处于社会底层的相对贫困人

---

① http://www.xinhuanet.com/2020-01/24/c_1125498602.htm,访问日期:2020年6月3日。

口的存在是不可避免的,对相对贫困人口的帮扶是一项长期任务。

扶贫是一项任重道远的事业,扶贫事业呈现出循环反馈路径。这条循环路径核心有三个环节,并由"措施—主体—效果"这三大环节构成一个基本单元。在此循环路径中,政府制订的扶贫计划通过一定政策措施作用于扶贫主体,产生一定的扶贫效果,落实了前期制订的扶贫计划,实现了阶段性扶贫目标。经过贫困状态监测和评估,尤其是针对上一轮扶贫效果的评估与分析结果(以扶贫主体的反馈结果为主),政府重新设定贫困标准,进一步瞄准贫困人口,进入下一轮的扶贫循环反馈路径。

二、中国扶贫机制的阶段划分

新中国成立以来,中国实施了一系列的贫困治理政策,农村扶贫和减贫工作取得巨大成就。根据各阶段的扶贫模式和机制,可将中国农村贫困治理分为五个阶段(如表5-1所示)。各个阶段扶贫机制的理论依据与实践模式呈现出与时俱进的特征。

表5-1 中国农村贫困治理的五个阶段

序号	时间	扶贫机制
1	1949—1978年	小规模救济式扶贫
2	1978—1985年	体制改革主导式扶贫
3	1986—2000年	以贫困县为重点的开发式扶贫
4	2001—2010年	以贫困村为重点的开发式扶贫
5	2011—2020年	精准扶贫阶段

1. 第一阶段(1949—1978年):小规模救济式扶贫

1949年,经过各种艰难险阻,中华人民共和国成立了,成立之初,中国因经历多年的战乱而积贫积弱,成为世界上知名的贫困大国。这个时间段,国内人均GDP仅有27美元,大部分人处于绝对贫困状态。[①]

---

① 数据来源于国家统计局2019年7月1日发布《新中国成立70周年经济社会发展成就系列报告之一》。

政府能够动用的资产不多，国家没有能力采取大规模的专项扶贫措施，主要实施小规模救济式扶贫[①]，瞄准的贫困主体为极端贫困人口（特困户）、战争伤残人口和"五保户"。此时，扶贫的中心在于解决贫困户的生存问题，由政府提供实物救助，为贫困户解决因自然灾害等带来的贫困问题。社会主义制度的确立，从"公有制""实现人民当家人做主"等要素就可以看出社会主义制度是人民的制度，是为人民利益服务的，这样的制度必然会对扶贫工作给予强有力的支持。因此，社会主义制度的确立实际上扫除了扶贫制度性障碍。在农村，硬件设施的改善可以解决人民群众的基本生活问题，这一阶段，中国政府采取了诸多措施促进农村生产力的发展，尤其是全国开展的基建设施建设活动，给很多农村修建了水利设施，改善农村灌溉条件，打通农村公路，改善交通条件。针对偏远落后地区，国家直接利用"输血式"扶贫模式进行救助。只不过，由于当时的计划经济体制以及城乡隔离机制，生产力发展并不明显，而且后期出现的"大跃进""文化大革命"等运动使国民经济比例严重失调，全国贫困未能改观，中国农村仍处于普遍贫困状态[②]，1978年全国尚未解决温饱的贫困人口高达2.5亿人[③]。

这个阶段贫困主体的识别范围相对固定和窄小，大量贫困人口没有纳入扶贫范围，党和政府拥有的扶贫资源有限；这一阶段的扶贫政策制定由于主要考虑发挥社会主义制度的优越性，以平均分配和城乡分割为基础，扶贫模式以"救济式"扶贫为主。例如，《高级农业生产合作社示范章程》（1956）的颁布实施，要求合作社必须对因公负伤或者因公致病的员工提供医疗救助，并结合实际情况，为其提供补助。

[①] 杨宜勇，吴香雪.中国扶贫问题的过去、现在和未来[J].中国人口科学，2016 (5).

[②] 朱小玲，陈俊.建国以来我国农村扶贫开发的历史回顾与现实启示[J].生产力研究，2012 (5).

[③] http://www.gov.cn/jrzg/2008-07/08/content_1039319.htm，访问日期：2020年5月30日。

这种平均主义并没有充分考虑到贫困程度的区别和中国当时社会生产力水平低下的现状,这种政府包揽的扶贫保障体系仅仅限于最低生活保障标准,有时甚至是最低保障标准都难以满足,因此,扶贫措施不具有计划性和系统性,受经济社会整体形势的影响,扶贫效果不太理想。从扶贫理论上看,支撑该阶段扶贫实践的理论是毛泽东同志的反贫困思想,以及社会应急救助理论和社会收入再分配理论。

关于贫困问题以及如何消除贫困,毛泽东提出,中国共产党是解决贫困相关问题的核心领导力量,广大农民群众反贫困需要中共的领导,反贫困目标实现的前提是工业化,基础是现代化,而反贫困的基本战略是合作化。中华人民共和国成立以后,毛泽东便开始着手引导农民进行合作化,认为"中国大多数农民只有联合起来,向社会主义的道路前进,才能改善生活、抵御灾荒,达到摆脱贫困的目的"[①]。毛泽东所作《关于农业合作化问题》(1955)的报告,其中提到的"共同富裕"的思想,其具体内涵就是,"在逐步进行工业化建设过程中,试着改造社会主义手工业和资本主义工商业,使其具有社会主义特色,基于此,实施合作化,消灭农村的富农经济以及个体经济制度,促使广大农村的人民群众走向富裕"。[②] 后来,《关于正确处理人民内部矛盾的问题》一文的发表,毛泽东进一步确立了共同富裕的目标:"让农村缺粮的农户不缺粮,除了以经营经济作物为主的农户,其它农户要么成为自给户,要么成为余粮户,让农村没有贫农,使农民群体都达到中农及以上水平。"[③]

从中华人民共和国成立到1977年改革开放前这一时期,党和国家领导人认识到了中国的贫困问题,但却没有系统性认知,政策安排缺乏针对性。此时的扶贫措施主要以加强农村社会保障、改善农村医疗卫生条件、改革农村土地制度等为主,辅以农村基础教育设施的改善,尽可能提升农村民众的福利及收入。当然,这些措施也取得一些成就。

---

① 毛泽东著作选读:甲种本[M]. 北京:人民出版社,1966:306.
② 毛泽东著作选读:甲种本[M]. 北京:人民出版社,1966:313.
③ 毛泽东著作选读:甲种本[M]. 北京:人民出版社,1966:344.

毛泽东深入分析当时的国情之后，找到了致贫的根源，确定了反贫困的奋斗目标以及消除贫困的步骤和战略，提出坚持中国共产党的领导以及农村反贫困工作中农民的主体地位,给农村反贫提供了制度保障。毛泽东在追求平等及共同富裕方面的思想，给邓小平扶贫思想的确立和中国扶贫事业的发展提供了理论基础。

在探讨贫困根源的过程中，毛泽东同志明确提出："中国的贫困是由当年的半殖半封的社会形态导致的。"①"社会主义时代来临，标志着真正幸福的时代到来了"②。在毛泽东等领导人的不断实践验证中，人们发现，能够救中国、能够消除中国人民贫困的，只有社会主义。与此同时，在社会应急救助理论下，要求平等、公平地对待救助对象，实施多元化救助，尽可能解决社会资源分配不均等问题，为发展地方经济做贡献；在社会收入再分配理论下，社会保障的再分配特点得以彰显，政府利用公众赋予的权力，将一些高收入群体的部分收入以实物、现金等方式转移给另一部分低收入群体，以构建社会安全网。以上的理论都建立在社会主义制度的基础上，符合当时的国情以及人们对于扶贫的认知。

2. 第二阶段（1978—1985年）：体制改革主导式扶贫

十一届三中全会胜利召开以后，党的工作重心发生了转变，由原来的"以阶级斗争为纲"变成了"以经济建设为中心"。在这一阶段，邓小平同志以实事求是的眼光来看待中国的贫困问题，他明确提出，社会主义的发展首先要解放生产力，其次是发展生产力，以达到消灭剥削、消除两极分化的目的，最终，实现共同富裕。这个阶段的扶贫工作以改革农村经济体制为主，家庭联产承包责任制的实施，让广大农民群体的生产积极性空前提高，农村生产力迅速发展起来，农村贫困人口大规模减少。同时，国家开始意识到专项扶贫的重要性，1980年，中央财政开始为扶贫划出专项资金，用来支持经济欠发达地区的发展，支援"老少边穷"地区，实现脱贫，走向富裕，基于此，实施"三

---

① 毛泽东选集：第5卷[M].北京：人民出版社，1977：117，403.
② 毛泽东选集：第2卷[M].北京：人民出版社，1991：683.

西"① 计划,制订区域性扶贫计划、"以工代赈"扶贫计划。该阶段以体制改革减贫为主,打破救济式扶贫的束缚,针对贫困区,有目的地开展相关扶贫行动②,也强调贫困地区要挖掘自身潜力。这个时期是中国减贫史上扶贫效果最显著的时期,同时实施扶贫和经济改革,促进了农村经济发展,让扶贫工作成为驱动农村贫困问题得以解决的动力,1978 年的 2.5 亿贫困人口,到 1985 年仅剩下 1.25 亿③。

从扶贫机制角度考察,本阶段的贫困主体范围相对扩大,但主要集中于贫困地带,党和政府扶贫的计划性增强,扶贫思路有所转变,扶贫政策措施从输血救济式开始转变到激发贫困地区内生动力的方式,但是贫困主体脱贫的内生动力还不够强。支持此阶段扶贫实践的理论是马克思主义反贫困理论和邓小平的反贫困思想。其中,在马克思主义反贫困理论下,我们可以发现,社会制度是贫困的根源,而经济及政治决定着什么样的人群成为贫困人群。同时,马克思始终坚信,消灭剥削才是反贫困的最佳途径,基于此,马克思提出,反贫困要消灭剥削,消除贫困,实现共同富裕,即推翻旧制度,建立新制度,解放和发展生产力才能从源头上消除贫困,经济发展了贫困问题就逐渐缓解了。邓小平继承和发展了马克思的反贫困理论,将共同富裕思想作为制定扶贫战略的指导思想,认为社会主义的本质应当是共同富裕,扶贫战略目标是实现全体人民共同富裕,在邓小平看来,贫困与社会主义相斥,二者没有必然联系④。所以,邓小平强调,发展才是硬道理,

---

① "三西":指 1982 年 12 月国务院启动实施的甘肃河西地区、定西地区和宁夏西海固地区的农业建设扶贫工程。"三西"扶贫共涉及 47 个县(市、区)(1992 年扩大到 57 个)。河西走廊是甘肃省重要商品粮基地;甘肃中部定西地区和宁夏西海固地区,干旱缺水,土地贫瘠,水土流失严重,生态环境恶劣,群众生活困难,俗称"苦瘠甲天下",是改革开放初期全国集中连片最困难的地区之一。

② 黄承伟,覃志敏. 论精准扶贫与国家扶贫治理体系建构 [J]. 中国延安干部学院学报,2015 (1).

③ http://world.people.com.cn/n/2015/1016/c1002-27703507.html,访问时间:2020 年 6 月 3 日。

④ 邓小平文选:第 3 卷 [M]. 北京:人民出版社,1993:116.

他指出了共同富裕目标,鼓励先富带动后富。

具体来说,邓小平继承了马克思和毛泽东的共同富裕思想,制定了新的扶贫战略,将社会主义的本质特征概括为共同富裕,确定扶贫战略总目标是实现全体人民共同富裕。在邓小平看来,贫困与社会主义之间是绝对相斥的[①];"搞社会主义,必须发展生产力,贫穷绝对不是社会主义,我们必须建立起比资本主义更优越的社会主义,但前提是要先摆脱贫困"[②]。邓小平指出:"就本质而言,社会主义必须解放、发展生产力,消灭剥削,消除贫困,实现共同富裕。"[③] 如此看来,实现共同富裕的基础是发展生产力,只有在生产力高度发达的基础上走社会主义道路,坚持四项基本原则,才能实现共同富裕[④]。在邓小平看来,农村经济发展应当与中国经济发展及人民群众生活水平提高紧密联系在一起。"中国社会安定与否,中国经济发展与否,都要看农村是否发展起来,农民生活水平是否提高"[⑤],"农民无法摆脱贫困,整个国家都会处于贫困状态"[⑥]。同时,邓小平始终认为改革才是消除贫困的终极手段,通过改革,可以加快反贫困进程。在探索建设具有中国特色的社会主义道路过程中,邓小平深刻认识到了中国脱贫的长期性、复杂性和艰巨性,南方谈话过程中,邓小平强调:"中国搞社会主义仅几十年,仍旧处于初级阶段,社会主义制度的巩固、发展都需要很长时间,需要后续几十代人共同努力、不懈奋斗,这个过程必须高度重视,不可掉以轻心。"[⑦]

综合来看,这一阶段贫困理论也是围绕改革开放谋发展这一制度实践展开的,相较于中华人民共和国成立之后社会主义制度刚刚建立,

---

① 邓小平文选:第 3 卷 [M]. 北京:人民出版社,1993:116.
② 邓小平文选:第 3 卷 [M]. 北京:人民出版社,1993:225.
③ 邓小平文选:第 3 卷 [M]. 北京:人民出版社,1993:373.
④ 邓小平文选:第 3 卷 [M]. 北京:人民出版社,1993:77-78.
⑤ 邓小平文选:第 3 卷 [M]. 北京:人民出版社,1993:237.
⑥ 邓小平文选:第 3 卷 [M]. 北京:人民出版社,1993:379-380.
⑦ 文建龙. 中央领导集体对新中国扶贫理论的贡献述评 [J]. 中共云南省委党校学报,2013(5).

党的工作重心已经转到了经济发展上，因此扶贫政策和措施也是围绕这一基本点展开的。

3. 第三阶段（1986—2000年）：以贫困县为重点的开发式扶贫

在这一阶段，中央转变了扶贫战略，开始以区域发展作为扶贫目标，此时，中共中央国务院专门设立扶贫机构，制定更为全面的扶贫方针，确定扶贫重心；通过专项资金划拨，对592个国定贫困县实施交通、教育、科技、文化、卫生、农田水利等各类扶贫措施，并开始建立东部沿海地区支持西部贫困地区的扶贫工作机制①。《国家八七扶贫攻坚计划（1994—2000年）》（1994）的颁布实施，指明了解决贫困人口温饱问题的方向，其颁布实施意义重大，可谓中国扶贫工作的划时代举措，给中国农村扶贫提供了指导意见。21世纪之初，中国贫困人口大幅缩减，仅余2600万人，贫困发生率大幅降低，远远低于10%，仅有3.5%，基本上解决了农村人口的温饱问题②。

从扶贫机制角度来看，这个阶段的扶贫主体中政府是主角，扶贫多元主体的作用有待加强，虽然开发式扶贫方针已经提出，但是地方政府仍然存在以输血救济为主导的扶贫思维惯性，贫困主体的发展能力和主动意识还没有充分激发起来。此阶段中国扶贫背后的主要理论基础是江泽民及其他同志提出的扶贫思想，江泽民同志在1996年6月9日召开的扶贫工作会议上提出："新世纪，中国要加大扶贫开发力度，全面解决所有人口的温饱问题，巩固现有扶贫成果，让温饱问题已解决的人群迈向小康，在解决人民群众温饱问题的基础上，全面发展贫困地区经济。这项工作是我们在21世纪必须综合考虑的主要经济发展战略之一，要将其与建设中西部、缩小东西部差距、实现共同富裕等结合在一起。"③ 基于"三个代表"思想，江泽民同志还指出："中共

---

① 汪三贵. 在发展中战胜贫困——对中国30年大规模减贫经验的总结与评价[J]. 管理世界，2008（11）.

② http://www.gov.cn/jrzg/2008-07/08/content_1039319.htm，访问日期：2020年5月30日.

③ 江泽民论有中国特色社会主义（专题摘编）[C]. 北京：中央文献出版社，2002：138-139.

全心全意为人民服务这一宗旨的体现和'三个代表'思想要求的满足都需要建立在人民群众生活得以改善的基础上。"[①] 所以，农村扶贫项目开发并不是权宜之计，必须将其当作社会主义初级阶段的主要任务去做。就扶贫策略而言，江泽民认为，扶贫工作必须有利于农村经济发展，扶贫模式要想开发式转变，应尽可能推广适用技术，加强劳动者教育，打牢农业基础。基于此，江泽民提出："扶贫资金的使用必须透明，要落实到每个贫困村的每一名贫困户身上，减少所有消耗扶贫资金的环节，这是扶贫工作者必须高度重视的问题。"[②] 同时，扶贫开始由关注贫困地区转向关注贫困人口，推动了中国农村扶贫战略的根本调整。在扶贫主体问题上，江泽民提出各级政府和社会各界参与的"他扶"与农村贫困人口"自扶"的有机统一。在扶贫路径和模式方面，江泽民同志要求广大扶贫工作者必须始终围绕"五个坚持"开展扶贫工作[③]。

党中央从政治高度审视贫困问题，坚持发挥贫困地区和贫困主体的自我发展能力，这也是扶贫战略和措施紧随时代发展要求的一个表现。把农村扶贫与国家发展、党建、农村基层组织建设、社会主义优越性体现、改革成果维护等融合在一起，结合贫困人口温饱问题解决与开发贫困地区，让政府与社会公众系统参与扶贫；把政府开发和贫困人群自力更生融合在一起，促进扶贫工作深入。这既是江泽民的扶贫开发理念，也是这一阶段中国扶贫思想的时代特征[④]。在江泽民的扶贫开发理念中，他针对"为何扶""扶谁""谁扶""怎么扶"等问题作出了回答，这是中国扶贫思想发展的又一里程碑，特别是将扶贫着眼点由贫困地区转向贫困人口这一观念，更是为精准扶贫奠定了基础。

---

① 江泽民论有中国特色社会主义（专题摘编）[C].北京：中央文献出版社，2002：138-139.

② 江泽民在中央扶贫开发工作会议上的讲话[N].人民日报，2001-09-18.

③ 孙迪亮.江泽民农村扶贫思想论析[J].西北民族大学学报（哲学社会科学版），2005（1）.

④ 韩广富，何玲.论江泽民农村扶贫开发思想的时代特征[J].中共青岛市委党校、青岛行政学院学报，2006（4）.

4. 第四阶段（2001—2010年）：以贫困村为重点的开发式扶贫

进入21世纪以来，社会经济迅速发展，中国国力明显增强，政府在不断反思中发展，一味追求经济增长不符合科学发展观的理念，需要重新思考构建和谐社会的新道路。首先，国家着力于解决区域差异，于是提出了西部开发政策，针对区域差距扩大[①]的情况，中国设立了西部开发领导小组，《"十五"西部开发总体规划》的出台，有力促进了西部区域的经济发展，改善了西部地区人民群众的生活水平。其次，国家推出了一系列专项扶贫计划以解决贫困问题，这建立在区域性、整体性贫困不断缓解的基础上，国家从整体上解决了贫困地区的温饱问题。《中国农村扶贫开发纲要（2001—2010年）》的颁布实施，将扶贫的目光转向各个贫困村，扶贫的重心围绕着全国14.8万个贫困村展开[②]，专项扶贫的持续优化，出现了很多代表性措施。例如，整村推进、劳动力技能及转移就业培训、农业产业化等综合扶贫开发措施；"公司＋农户"的产业扶贫模式及"雨露计划"教育培训等具体治理手段，也在扶贫工作中开始采用。最后，为了解决农村问题，国家颁布了一系列惠农政策，如在此阶段中后期，针对城乡差距扩大的情况和国家财政实力，国家出台了以取消农业税作为核心的惠农政策，围绕"多予、少取、放活"展开扶贫。《国务院关于在全国建立农村最低生活保障制度的通知》（2007）由中共中央正式颁布实施以来，这项制度就成了贫困户的兜底机制，标志着中国农村反贫困走向新的方向，具有里程碑式的意义。在2001—2010年这10年间，中国农村获得最低保障的人口由最初的304.6万人增加到5 214万人。[③]这一阶段，国家"三大政策"（西部计划、专项扶贫、惠农政策）共同发挥作用，促进西

[①] 这里的"区域差距"同前文的"区域差距"不是一回事，前文的"区域差距"指的是某一个具体区域内，贫困问题得到缓解，区域内的贫困差距减少，而这里的区域差距指的是不同范围和地区的贫困差距，如东部和西部区域的贫困差距实际上是扩大的。

[②] 林闽钢，陶鹏.中国贫困治理三十年回顾与前瞻[J].甘肃行政学院学报，2008 (6).

[③] 李薇，论城乡最低生活保障制度结构体系的整合[J].探索，2013（10）.

部贫困地区发展,中国贫困发生率从 10.2% 直接降至 2.3%①。

从扶贫机制角度考察,此阶段扶贫政策进一步细化、配套化,区域性开发政策和综合扶贫开发政策配套出现,兜底性政策开始发挥作用,贫困主体从县级范围进一步瞄准到村级范围。在这一阶段,胡锦涛同志提出的扶贫思想具有指导意义,十六届三中全会胜利召开之后,科学发展观便成为重要的理论。在胡锦涛看来,"科学发展观的核心是以人为本,第一要义是发展,并将统筹兼顾作为根本方法,把全面协调可持续作为基本要求"。② 如此一来,扶贫开发就必须遵循"以人为本"的原则,体现科学发展观的内涵。除此之外,胡锦涛还提出建设和谐社会的相关理论,论述了扶贫开发与建设和谐社会的关系,"扶贫开发作为中国特色社会主义事业的一项建设任务,同时也是构建和谐社会不可或缺的内容之一"。等到十六届五中全会之后,胡锦涛再次倡导"建设社会主义新农村"战略,认为新时代的农村应当符合"生产发展、生活宽裕、乡风文明、村容整洁、管理民主"等要求,建设新农村必须作为一项任务,扎实推进。中共中央十七大胜利召开之后,胡锦涛提出了全方位扶贫开发的理念。要将各个贫困地区的农村扶贫作为一项政治任务,建立帮扶体系,尽可能改善人民群众基本生活条件,扶贫要走开放式道路,结合社会保障、外部支持、自力更生,让社会扶贫、专项扶贫、行业扶贫有机融合。③

"以人为本"是胡锦涛提出扶贫开发理念的基础,构建和谐社会的前提是解决贫困地区贫困户的致贫问题。以科学发展观为理论基础,胡锦涛丰富了扶贫思想的内涵,将"以人为本"纳入其中,让反贫困具有时代内涵,探索到了新的反贫困路径,为全面建成小康社会、构建和谐社会奠定了基础,这有利于制定新的反贫困战略,为实现科学

---

① https://finance.qq.com/a/20190927/004083.htm,访问日期:2020 年 5 月 30 日。
② 胡锦涛总书记关于构建社会主义和谐社会的有关论述[J].党建,2005(5).
③ 李志平,杨江帆.胡锦涛农村扶贫思想论析[J].山西农业大学学报(社会科学版),2014(1).

发展做好铺垫①。在这个阶段,胡锦涛同志的扶贫思想具有时代意义,是马克思贫困理论中国化的表现,为后续完善中国扶贫思想体系提供了理论支撑。

5. 第五阶段（2011—2020年）：精准扶贫阶段

2011年,中国开始大幅度地提高贫困的标准。中共中央、国务院相继颁发了《中国农村扶贫开发纲要（2011—2020年）》等文件,并提出了关于贫困的新型理论,说明中国已经进入全面消除贫困人口的扶贫阶段。②精准扶贫的主要对象是14个集中连片特困地区③,扶贫对象精准到每户,实现特困片区、贫困县、贫困村、贫困户"多位一体"层级联动脱贫；政府有关部门领导企业单位、社会组织等投入到扶贫工作中,构建政府、社会、市场机制"三位一体"的扶贫方向；对于扶贫的格局,形成了专项扶贫、行业扶贫以及社会扶贫等扶贫方式。

中国政府之所以在这一阶段开展精准扶贫工作,其主要原因是进一步落实中国扶贫工作,帮助普通扶贫措施难以脱贫的贫困人口。根据有关贫困人口统计数据显示,目前符合精准扶贫的贫困人口主要分布在三类地区：第一类,生存环境相对恶劣,如山区等地区；第二类,贫困发生率超过20%的贫困县；第三类,长期贫困问题没有得到解决的地区④。这些地区的人民之所以难以脱贫,最大原因是普通扶贫措施难以提供最有效的帮助。精准扶贫工作在目前阶段已经取得良好的成绩,从2012年至2017年末全国贫困人口减少6 853万人,平均每年脱贫人数达到1 370万人,农村的贫困人口下降至3 046万人；贫困发生率累计下降7.1%,下降至3.2%；2013年至2017年贫困地区农村人

---

① 华正学. 胡锦涛同志对马克思主义反贫困理论中国化的新贡献[J]. 毛泽东思想研究, 2012（3）.
② 汪三贵, 郭子豪. 论中国的精准扶贫[J]. 贵州社会科学, 2015(5).
③ 14个连片特困地区包括六盘山区、秦巴山区、武陵山区、乌蒙山区、滇桂黔石漠化区、滇西边境山区、大兴安岭南麓山区、燕山—太行山区、吕梁山区、大别山区、罗霄山区、西藏、四省藏区、新疆南疆四地州。
④ 习近平, 在深度贫困地区脱贫攻坚座谈会上的讲话[EB/OL].(2017-08-31)[2020-05-30]. http://news.xinhuanet.com/poliiitics/2017-08/31/c_1121580205.htm.

口的可支配收入年均增长 10.4%，其增速比全国农村人口平均可支配收入高出 2.5%；2017 年贫困地区人口人均可支配收入达到 9 377 元，同比增长 9.1%，增速高出全国农村平均水平的 1.8 %[①]。

从扶贫机制角度考察，此阶段精准体现在扶贫要素的诸多方面，主要包括精确扶贫对象、精确扶贫措施、精确扶贫资金、精确基层政府工作、精准扶贫效率；对扶贫对象的扶贫方式呈现多元化，提出并实施了"四个一批"措施；本阶段的扶贫工作中主要贯穿扶志和扶智，为扶贫工作提供内在动力；而且扶贫中其他参与主体动员范围和参与深度都远远超过之前的四个阶段，涌现出许多"万企万村"帮扶模式典型、东西合作帮扶模式典型。此阶段中国的精准扶贫策略是以习近平同志所提出的精准扶贫战略为基础的。习近平同志在谈论到扶贫工作时，提出了扶贫工作的重要性和急迫性。他也亲身加入扶贫工作中，对很多贫困地区进行考察，为全国扶贫工作提供了动力。习近平同志曾说过"消除贫困、实现共同富裕是社会主义的本质要求"[②]"扶贫工作是中国奋斗一百年的重要工作，也是最为艰巨的任务"[③] 等，强调扶贫工作是中国人民和政府共同的意识，也体现了中国共产党全心全意为人民服务的根本宗旨，是中国可持续发展的内在动力，是中国社会本质要求。基于当前国际反贫困趋势以及中国经济社会转型发展的现实，习近平同志提出了"中国梦"的指导思想，体现出以人为本、全面发展、科学发展特点，既丰富了反贫困的行动内容，也将扶贫开发上升至全党全社会共同努力的事业。

习近平同志提出了精准扶贫的思想和战略方案，是中国扶贫工作的一次伟大创新，也体现出习近平总书记对扶贫工作的重视。2011 年以来

[①] 刘合光. 推进精准扶贫与扶志扶智深度结合 [N]. 中国社会科学报，2018-02-22(1).

[②] 习近平. 把群众安危冷暖时刻放在心上 [DB/OL]. [2020-05-30]. http://news.xinhuanet.com/politics/2012-12/30/c_114206411.htm.

[③] 习近平在云南考察工作时强调：坚决打好扶贫开发攻坚战 [DB/OL]. [2020-05-30]. http://www.gov.cn/xinwen/2015-01/21/content_2807769.htm.

的三年里，习近平同志在各大会议和重要场合都提到"精准扶贫"思想。2013年11月3日，习近平同志在考察湖南湘西地区时，提出了"实事求是、因地制宜、分类指导、精准扶贫"的指示，提出反对"一刀切"工作，应该综合考量不同地区的具体情况制定针对性的扶贫工作策略。习近平同志在对于贫困问题上指出"扶贫开发贵在精准、重在精准"，阐述"扶贫对象精准、项目安排精准、资金使用精准、措施到户精准、因村派人精准、脱贫成效精准"的"六个精准"，扶贫方式主要是以下四个方面：第一，通过扶持生产和就业脱贫；第二，通过移民搬迁安置脱贫；第三，通过给予低保政策脱贫；第四，通过医疗扶持脱贫。2015年11月23日，习近平同志在参加中央政治局会议时对扶贫工作进行进一步的阐述，并且指出"把精准扶贫、精准脱贫作为基本工作方针"。基于对中国贫困现状以及新阶段扶贫任务转变的认识，习近平在一系列考察、讲话中提出了一系列符合中国贫困地区情况的扶贫新观点和新要求。

习近平同志对于新时期中国扶贫工作的重要性和急迫性以及扶贫具体的策略方针进行了阐述，提出了内源扶贫、科学扶贫、精神脱贫、教育脱贫、社会保障兜底脱贫等思想，是中国现阶段扶贫工作的重点，也是他对马克思主义反贫理论作出的中国化改进，丰富和创新了中国扶贫思想，推动了中国扶贫工作的发展，为中国的发展指明了方向。

从中国扶贫发展实践的演变来看，扶贫机制呈现出渐进式演化特征，从被动、针对性较差的小规模救济式扶贫和经济体制改革主导式扶贫政策到积极主动的区域开发式扶贫，是中国扶贫模式的巨大变迁。目前进一步转向精准扶贫，以微观贫困个体脱贫为目标导向，扶贫工作的精准性不断提高，更加具有针对性，所得到的效果也越来越明显。中国农村贫困人口从1978年末的2.5亿人减少到2018年末的1386万人，农村贫困发生率从1978年末到2018年末，从30.7%降低至1.7%[①]。中国扶贫工作的时间贯穿了中国共同富裕的思想，贯彻了中国共产党的扶贫思想，为中国扶贫工作提供了重要的思想指导。从马克思主义

---

① http://www.gov.cn/xinwen/2019-02/15/content_5365994.htm，访问日期：2020年5月30日。

的反对贫困理论到毛泽东同志的摆脱贫困理论，再到习近平主席的全国实现全面彻底脱贫的理论，所有的贫困理论都是与国家不同阶段的国情和发展重点紧密联系起来的。中国从改革开放到中华民族的伟大复兴，体现了中国实现共同富裕的过程，也是一步步践行社会主义制度的过程，可以说，扶贫是实现社会主义共同富裕的必经路程和必然要求。中国在发展中经历的每一个阶段，都包含了丰富的扶贫实践。

三、中国扶贫机制的主要特征

理解中国扶贫机制，要对主体中的中国共产党和政府格外关注，这两个因素决定了中国扶贫机制具有两大明显特征，即中国扶贫机制是中国共产党领导下的、中国政府主导的扶贫治理机制。习近平同志提出，要切实做好扶贫工作，帮助困难群众脱贫，帮助贫困人口解决问题，让社会发展成果能够惠及更多人民，坚持中国共产党全心全意为人民服务的宗旨。在中国共产党强有力的领导下，社会主义体制下拥有强有力的资源调配能力的政府，这是对中国特色扶贫机制的最好诠释。

（1）中国共产党是主导扶贫的核心领导力量。中国共产党是中国的领导主体，其在诸多政党中处于核心位置，是具有强烈使命感和执行力的政党。中国共产党以全心全意为人民服务为宗旨，其远大理想就是实现共产主义，现阶段的目标是打造中国特色社会主义。在经济发展过程中产生的贫富差距是正常的，但是悬殊的收入差距是与中国共产党的使命和宗旨相背离的。因此，中国共产党富有强烈的、根植于内心的扶贫动力。在中国，中国共产党是中国扶贫事业的核心领导力量。在中国共产党发挥领导力量、组织力量的基础上，中国的扶贫工作充满动力，很多社会组织和个人响应政府号召，积极参与扶贫工作，目前各项扶贫工作顺利开展，扶贫成效比较显著。

（2）多元主体协同扶贫。多元主体协同扶贫是目前扶贫工作研究的重要领域，也是多元化理论的应用。所谓多元主体协同扶贫，就是在党和政府的领导下，社会单位和组织以及个人纷纷主动参加扶贫工作，针对不同贫困地区的具体情况，采用科学合理的方法制定扶贫工作系统。对贫困人口进行精准识别、帮扶和治理，实现中国全面消除贫困的目标[①]。中国制定的精准扶贫战略的背景决定了中国实行多元主体协同扶贫。从扶贫的主体上看，邻桌扶贫的主体促进包括不同地区不同政府部门之间的合作，还包括政府与市场的通力协作和社会与公众的共同协作等。相对于传统扶贫战略而言，这种精准扶贫策略能够有效地结合外部输入和内圆式发展，在一定程度上注重激发贫困地区的发展动力。从帮扶的主体上看，由传统的单一主体转向了多元主体协同，政府与社会以及公众之间共同合作来全面消除贫困。在多元主体协同中，政府充分发挥其主导作用和指导作用，企业、社会组织以及个人积极承担起助力扶贫工作，而贫困人口作为精准扶贫的重要受益人，在接受扶贫工作帮助的同时，也注重提升自身的发展能力。

（3）从中国扶贫发展实践的演变来看，扶贫机制呈现出渐进式演化特征，从被动、针对性较差的小规模救济式扶贫和经济体制改革主导式扶贫政策到积极主动的区域开发式扶贫，是中国扶贫模式的伟大变迁。目前进一步转向精准扶贫，以微观贫困个体脱贫为目标导向，扶贫工作的精准性不断提高，更加具有针对性，所得到的效果也越来越明显。整体来看，中国扶贫机制之所以呈现出渐进式演化特征，一方面是因为中国是个人口众多的国家，从中华人民共和国成立初期的一穷二白一点点发展，世界上并没有其他国家的扶贫经验可以借鉴，因此，中国扶贫实践的每一步都是"摸着石头过河"，充满了不确定性和边实践边更正的特点；另一方面，中国扶贫情况复杂，各地贫困情况迥异，且区域差距较大，这注定了中国扶贫实践不能采取"一刀切"的方式。此外，不同阶段，精准扶贫工作的重点也存在着不同，但扶贫机制无论怎样变化和演进，终究是为了实现共同富裕这一目标，这一切导致中国扶贫机制渐进式演化特征的形成。中国扶贫工作的时间贯穿了中国实现共同富裕的思想，贯彻中国共产党的扶贫思想，为

[①] 何炜，刘俊生.多元协同精准扶贫：理论分析、现实比照与路径探寻——一种社会资本理论分析视角[J].西南民族大学学报（人文社会科学版），2017（6）.

中国扶贫工作提供重要的思想指导。这一过程同时也体现了强制性变迁到诱致性变迁的过渡。

第二节　强制性扶贫机制

一、强制性扶贫机制的理论基础

强制性与诱致性的扶贫机制是中国制度变迁的两种类型。制度变迁是指制度随着时间的变化而进行的调整。诺斯在《制度变迁理论纲要——在北京大学中国经济研究中心的演讲》中提出，所谓制度变迁，也就是指某个制度在特定时间出现了不吻合的情况，通过调整这个制度来取代原制度的行为。在制度变迁的过程中，既可由政府和有关部门提出有关法律法规强制进行，也可以由社会单位、个体自发地响应制度的调整，达到制度变迁的目标[①]，也就是指政府在为了实现制度合理化的目标下，通过制定有关法律法规来强制实行的强制性制度变迁和人们在制度不均衡时追求潜在获利机会的诱致性制度变迁两种类型。

在强制性制度变迁的过程中，以国家为变迁的主体，由政府主导新制度的开展。强制性制度变迁之所以是以国家为主体，主要有以下三个原因：第一，国家在制度供给上具有规模效应，能够降低制度实施和开展的成本；第二，制度具有独特性，属于一种公共产品，而国家提供的公共产品要比私人提供的公共产品更加有效；第三，是国家弥补制度不足的一种重要方式。

政府实行强制性制度变迁主要是由以下两种情况导致：第一种是由于诱致性制度变迁力度和供给不足。由于诱致性制度变迁比较容易出现外部性和搭便车的问题，所以很难满足社会的需求量，出现制度

[①] 林毅夫.关于制度变迁的经济学理论：诱致性变迁与强制性变迁.卡托杂志, 1989.

供给不足的现象，这种情况下只能通过政府强制性制度变迁才能弥补供给的不足。例如很多省份都贯彻落实扶贫工作，但是其重点在于扶农而不是扶贫，缺乏针对性，这种情况下不利于国家整体脱贫目标的实现，需要国家作为制度变迁的主体能够在制度变迁的过程中起到统筹作用。第二种情况是由于政府为了追求自身利益最大化，主动提出强制性制度变迁。例如，国家为了实现2020年全体脱贫的目标，在2020年之前的几年会大力度号召各地方打好"脱贫攻坚战"。实际上，对于各地区来说，扶贫是个有条不紊的渐进式完成的过程，这种情况下强制性的中央政策会迫使各地方政府不得不把当年的精力和重点更多地投入到扶贫工作中。

二、救济式扶贫阶段下的强制性扶贫机制

（一）救济式扶贫阶段的主要模式及其机制

1. 财政扶贫模式

财政扶贫模式主要是通过给予一定的资金扶持、适当的财政政策和税收优惠等措施来帮助贫困地区进行经济建设，以达到帮助该地区发展的目的，从而改善这个地区的经济落后状况，提高贫困地区人民的生活水平和生活质量，缩小地区与地区之间的经济差距，促进农村经济的发展和国民经济水平的增长。其主要方式是通过开发地区项目并适当投入足够的资金以此来达到加快欠发达地区发展的目标，国家设立的财政扶贫资金主要用来发展欠发达地区、经济落后革命根据地以及处于边缘的欠发达地区，通过给予适当的资金支持来改变它们的落后面貌，提高农民的生活水平，促进社会的发展，所以国家为了达到这一目标设立了专项资金。[①]

财政扶贫资金主要用于帮助落后地区发展本地的经济，开发地区

---

① 财政部、国务院扶贫开发领导小组、国家发展计划委员会，财农字〔2000〕18号《财政扶贫资金管理办法》（试行），2000年5月30日。

产业项目,吸引当地老百姓做工,并且还为当地的创业项目提供资金支持和贴息资金,在经济落后地区出台为学生补助生活费的政策,少数民族地区提供适当的事业补助等。财政扶贫资金主要是通过中央财政和地方政府联合拨出一部分资金,一般情况下地方政府拨出的资金不应该低于国家安排的资金的30%,所以实践中通常是按这种比例落实配套资金,地方政府的配套资金应该是由地方各级财政部门共同承担,但是各部门所需要负责资金比例由省人民政府来规定,如果该地区经济发展水平低,经济落后,财政部门无法负担这部分资金的话,那么这部分资金就会由省财政部门承担。如表5-2所示,为中央财政资金的各种扶贫模式。

表5-2 中央财政扶贫资金简表[①]

资金名称	用 途	设立时间
新增财政扶贫资金	着重扶持贫困区域改善生活生产环境	1997年
以工代赈资金	1984—1996年以实物形式以工代赈,人民银行担负38%,中央财政担负62%。1996年之后变成中央财政专项拨款	1996年
扶贫贷款财政贴息资金	1999年9月起中央财政对所有新的扶贫贷款进行贴息,比例是统一优惠和正常贷款之间的利率差值	1986年
三西农业建设专项补助资金	着重扶持西海以及宁夏等地的农业发展,以解决这些地区穷困人员的温饱难题	1983年
支援不发达地区发展资金	着重扶持边远、少数民族等地区,还有乡镇企业以及文教等相关事业	1980年
边境建设事业补助资金	财政扶贫的起点,扶持边境、陆地等区域的生产建设	1977年

2. 以工代赈模式

以工代赈是指扶贫对象通过承担一定的社会角色,参加相应的公益劳动,从而获得相应报酬的一种独特扶贫方式。这种方式出现于

[①] 资料来源:中国扶贫信息网 http://f.china.com.cn/node_72370482.htm,访问时间:2020年5月30日。

1984年末,政府不再像过去那样直接给予一定的资金支持,而是通过开发一些项目,帮助贫困人民在劳动中获得报酬,从而达到改善当地经济的目的,促进该地经济的发展,并且同时还能够达到加强基础设施建设的目的。所以这种方式不仅可以在短期内增加地区经济收入,还可以解决就业问题,也是因为这种优势,这种方式从出现就得到了社会的广泛关注和利用。不过这种方式适用于经济欠发达的农村地区,并且政府开发的扶贫项目也一般属于劳动密集型产业。所以以工代赈主要是通过加强贫困地区的基础设施建设,其主要以交通、农田水利等为主,解决人畜用水和交通便利等问题,并且通过易地搬迁、房屋改造等方式解决人们的居住问题,改善贫困人民的生产、生活环境。例如,山西省吕梁市2017年颁布以工代赈政策:基本农田建设工程,新增1亩补助资金原则上不突破4 000元,改良1亩补助资金不超过2 500元;农田水利工程,新增1亩有效灌溉面积补助资金原则上不突破3 000元,改善或恢复1亩水浇地补助资金不超2 000元[①]……以此来鼓励贫困人群通过农田建设来获得救济。以工代赈的资金是国家安排的专项资金,是通过国家预算,进行审核的财政支出,但是这部分资金并没有进入一般性转移支付方案,所以其在分派的过程中适当地用到了兼顾因素的基数法。以工代赈的专项资金支出主要有两种办法,一种是省级部门直接按以工代赈的名目将资金拨付给贫困地区;另一种是采用专款、统调资金的方式。

  以工代赈这种方式的执行者主要是政府,而农村贫困人民可以通过这种方式来获得一定的收入,主要是通过参加必要的社会公益活动。这种方式在一定程度上刺激了农村贫困人民的工作积极性,让他们愿意参与到农村建设中去,也能够满足他们按照劳动付出获得报酬的要求,形成一种良性循环机制,从而提高农民的经济收入,转变他们的思想观念,同时也大大地加强了农村基础设施建设。实践证明,以工代赈是现阶段能够短时间内改善贫困人民生活最行之有效的扶贫方式之一。

---

① https://www.sohu.com/a/154203952_99916599,访问时间:2020年5月30日。

以工代赈项目的资金主要是有两种方式,一种是由国家财政部门直接拨付给有关地区,并提供必要的实物和资金,来支付农民工在劳动过程中所应当获得的报酬;另一种是地方政府通过其他的方式募捐资金,筹集配套资金,来满足项目在实施过程中的资金开支。通过以工代赈的方式来加强贫困地区的基础设施建设,比如饮水、公路等,这些在一定程度上改善了农村人民的生活水平,加快了农村经济的发展,缩小了贫困地区与发达地区之间的贫富差距。

（二）强制性扶贫机制的共同特征

我们在梳理上述扶贫模式共同特征的时候需回归理论。作为强制性变迁与诱致性变迁的提出者,诺斯将政府视为制度变迁的核心主体。在他看来,政府应该通过不断完善制度结构来减少交易成本,确保制度的变迁符合社会发展的方向,有利于推动社会的健康发展。为此,依据对制度变迁中政府所发挥作用的判断,诺斯将制度变迁分为强制性变迁和诱致性变迁两种,其中:依赖于政府指令或者法律引入才得以实现的制度改变是强制性制度变迁;诱致性变迁则指的是人们为了获取更多的利润,从而对目前已有的制度进行调整。由此可见,强制性变迁是由政府主导来推动政策改变的,诱致性制度变迁则主要是发挥了非政府部门的力量,通过"自下而上"的政策程序以推动政策演进的模式。

基于制度变迁理论的分析可以发现,早期的财政扶贫模式与以工代赈扶贫模式都是由政府主导的,具有强制性的特征。从改革开放初期风靡一时的财政扶贫发展到20世纪八九十年代流行的以工代赈模式,在这一政策变迁中,政府都发挥着主要作用,是扶贫机制创建和推进的主体,由几乎百分之百依靠中央财政扶贫资金的注入欠发达地区进行支援可见一斑。既然从目标的制定到贯彻执行再到物质资源的拨予,扶贫机制的方方面面无不渗透着政府的意志,那么我们可以判定扶贫机制的创建和推行是自上而下的,这也是强制性扶贫机制的又一明显特征。此外,由于早期的财政扶贫模式与以工代赈扶贫模式主要由中央"一刀切"地来制定扶贫目标，各地方政府在其中只扮演被动执行的角色，为完成中央的扶贫指标，获得更多的资源和政绩，各地容易陷入"扶贫锦标赛"的陷阱中，不顾本地的实际情况和承受能力，虚报谎报真实信息，使得强制性扶贫机制带有激进冒进的性质；且各地经济发展水平、资源环境差异巨大，"一刀切"的扶贫目标和资金供给无法真正满足各地的现实需求，使得扶贫机制针对性较差，扶贫工作无法真正落到实处、取得进展。[①]

三、强制性扶贫机制的构建逻辑

理解扶贫机制的构建逻辑，我们首先要回顾扶贫的定义。事实上，扶贫可以被定义为由政府主导、各社会团体参与的，基于一定的规划下，制定相应的政策来帮助贫困地区的农户摆脱贫困，增加他们的经济收入，改善贫困地区人民的物质生活及精神文化生活。[②]基于此，笔者认为扶贫可以理解为：扶贫是由政府引导的，但同样需要各社会团体的协助，更重要的是贫困地区自身对于摆脱贫困的追求与决心，要全民参与扶贫，而不是只靠政府；共同的目标在于摆脱贫困，提升生活质量，全面建成小康社会；扶贫的方式主要包括产业扶贫、教育扶贫、健康扶贫、金融扶贫等；最后，对于扶贫过程中各项政策资金的落实要有完备的监督管理机制以及对于扶贫后的效果要有及时的评估与追溯机制。

扶贫工作是一个长期而复杂的过程，有效高效的扶贫机制的建立对于扶贫工作的开展具有重要的意义。笔者认为，强制性扶贫机制需要包括以下五个过程（图 5-1）：

[①] 王卓. 扶贫陷阱与扶贫资金政府管理效率 [J]. 四川大学学报（哲学社会科学版），2008（6）.

[②] 付亚南. "统一战线 + 精准扶贫"模式：逻辑、困境及出路 [J]. 重庆工商大学学报（社会科学版），2019（11）.

（1）扶贫目标。进行扶贫工作时，首先要确定此次扶贫所要达到的目标，包括整个扶贫工作所要达到的总目标以及不同区域、不同时期所要达到的各个分目标，由于强制性扶贫机制的程序是自上而下的，因此整个扶贫工作的总目标和阶段目标都是由中央来制定的，强制性扶贫机制中地方处于弱势地位，中央制定的扶贫目标未必同各地区的实际情况一致。

（2）扶贫参与者（包括扶贫的引导发起者与扶贫的对象）。在强制性扶贫的整个闭环中，政府扮演着引导者和决策者的角色，全权负责全国的扶贫工作，各级政府负责执行本地区的扶贫工作，中央政府在整个机制中发挥决定性的作用。

（3）扶贫的具体方式手段。强制性扶贫机制在确定扶贫的方式与手段时，往往由中央"一刀切"来主导，各地的扶贫方式单一且互相模仿，并没有因地制宜地采取适合被帮扶地区发展的扶贫方式。

（4）政府自体监督。在强制性扶贫机制中，对于扶贫资金、具体工作、具体政策与宣传等的落实监督情况主要是中央和地方政府自体监督，政府部门虽然成立了相关的扶贫监督部门，但是在早期，对于扶贫的相关政策与资金扶持并没有做到对扶贫群众透明，让贫困群体、社会公众来监督扶贫工作。自体监督容易造成腐败，这也是强制扶贫机制的一个弊端。

（5）扶贫评估追溯。扶贫的一系列资金、政策保障到位后，要评估扶贫的整体效果，如贫困地区的经济改善情况及贫困群众的生活条件改善情况等，强制性扶贫机制中评估主体主要由政府扶贫工作评估部门进行。由于庞大的工作量及信息不对称性的影响，强制性扶贫机制并未强调后期对于脱离贫困地区的长期追溯、考察，以至于"返贫"迹象在各地频发。[①]

---

① 陈标，艾凌. 扶贫对象精准甄别机制的构建与完善——基于信息不对称理论的视角 [J]. 嘉应学院学报，2018（12）.

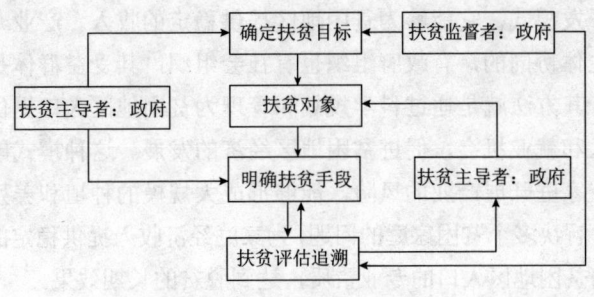

图 5-1 强制性扶贫机制过程

第三节 诱致性扶贫机制

一、诱致性扶贫机制的理论基础

诱致性制度变迁,是指现行制度安排的变更、替代和创新。其主体是个人和企业组织,在响应机制不均衡的情况下,想要获取更多的机会时,自主开展有目的性的变迁活动。之所以会出现诱致性制度变迁,主要是因为原制度存在着不均衡的情况,企业或者个人无法获取更多的利润。如果从制度安排的生产和交易成本方面进行考虑,那么制度安排集中地要明显比其他制度安排更加有效,这样就极大可能产生诱发制度变迁。[①]

二、精准扶贫阶段的诱致性扶贫机制

(一)精准扶贫阶段的主要模式及其机制

1. 产业开发模式

所谓产业开发模式,是指以种植、养殖为基础的区域性农业产业

---

① 林毅夫. 强制性制度变迁与诱致性制度变迁 [C]. 现代制度经济学. 北京:北京大学出版社,2003.

的一种开发模式，它能够为贫困地区提供稳定的收入。产业开发模式是多元主体协同的，有政府组织也有社会组织，其受益群体是贫困地区人口，其方法就是通过科学规划和管理为贫困地区人口提供稳定的经济收入和就业机会，促进贫困地区经济的发展。这种模式能够有效避免单个家庭开展产业的风险，能够形成大规模的种植和养殖产业，能够成片解决多个贫困家庭的问题，为家庭经济收入提供稳定的保障，也能提高贫困地区人口的专业素质，达到脱贫的长期效果。

产业开发模式对发展目前贫困地区的生产力有重要的作用和影响，能够充分利用当地的资源，把分散的家庭经营与大市场联系起来，从而带动整个地区的发展，因此受到广大贫困农户的欢迎。例如贵州省盘县大博米彝族文化旅游示范村和织金县"以那古镇"，充分利用当地的旅游资源发展地方经济。当地政府号召贫困人群创建民宿，为来到当地的游客提供舒适且具有特色的居住服务，这一举措取得了很好的效果，对帮助当地居民脱贫有着重要的作用。但在开展工作的过程中还有一些问题，主要表现在三个方面，即市场信息服务、技术服务和营销服务落后。除此之外，产品在生产、销售、售后中也存在一些难题，还有待解决。对于这两个县来说，由于当地信息的闭塞，很少人会使用旅游类软件在互联网上发布民宿启事，而外地游客往往会利用这类软件预定住宿，这种信息不对称性造成尽管当地贫困人口依靠旅游产业脱贫的热情十分高涨，但是实施效果仍然不理想。

2. 对口帮扶模式

1996年，为了加快西部地区的发展，党中央作出了东西部结合的重大决策，实行东部带动西部、东部支援西部地区的政策，从而加快西部地区的发展。这是党中央领导人邓小平思想的核心，也是社会主义制度相较于西方资本主义制度的巨大优越性的体现。在党中央领导给予高度关注的情况下和人民群众先进思想的引导下，使得这一政策的实施比较顺利，贫困地区的干部也能明白自己的职责，积极作为，高效完成自己的任务，使得扶贫工作取得明显进展。这个策略极大地发展了贫困地区的经济，并且在东部地区的带动下，拓展了发展空间。

而且通过这一实践，我们也可以发现对口帮扶是现阶段最有效的扶贫方式，在扶贫工作中有着重大的影响。

对口帮扶模式实际上是政府与非政府之间的合作，以此来帮助贫困百姓，其帮扶手段也是多种多样的，如智力支持、资金帮扶等，我们可以因地制宜，选择最合适的方式来帮助贫困地区发展。而且这种模式能够很好地结合地区优势，实现可持续发展。此种模式下，从根本上说，积极响应了国家的号召，能够促进小康社会的快速建设。换句话来讲，全国各个地区实现共同富裕是最终目标，但是由于资源的有限以及扶贫的长期性，扶贫工作的完成必须有先后之分，尽管存在时间上的先后，但是先摆脱贫困的地区可以反过来帮助尚未脱贫的地区，最终都会实现共同富裕这一总目标。实践证明，对口帮扶模式取得的成效是相当明显的。

现阶段，对口帮扶工作已经取得较大的成果，有效带动了贫困地区经济的发展，但仍然存在些许不足，如缺乏经济协作项目、贫困地区的基础设施落后等，明显削弱了对口帮扶的作用。

3. 生态建设模式

这一模式首先是在贵州开始实行的，主要是为了发展贵州地区和毕节地区的经济，因为毕节是中国重要的岩溶山区，自然环境差，交通不便，发展动力不足，而且人均资源占有量少、生态环境恶劣、经济落后是该地区面临的主要问题。为了加快毕节地区的可持续性发展，贵州省着力探索了该地区的优势条件，采取措施保证经济和环境的和谐发展。1988年，中国建立了毕节"开发扶贫、生态建设"试验区。

贵州毕节试验区生态扶贫模式

该区试验的举措主要包括以下三个方面：①发展旅游业，试验区是贵州西线旅游区的重要组成部分，在统一规划的指导下，开发旅游区（点），逐步形成网络，尤其是鼓动和倡导当地贫困户参与进来，共同交流经验。②发展农业，走生态农业之路，逐步形成生态农业网,生产粮食和农副产品。生态农业网的层次是:生态农业户(80%是贫困户,当地政府给予贫困户一些资金支持)——生态农业村——生态农业乡——生态农业区——生态农业县——生态农业地区。六个层次都按照生态经济学原理建造,形成一个功能完整、结构合理的生态农业网络。③在规划建设好大型生态工程(如3356工程、四县水土保持工程)的同时,还应规划设计小流域生态工程,农、林、牧、渔综合工程,环境污染治理工程。重点是三岔河流域、六冲河流域的水土保持工程和生态农业工程,八个县城的环境综合整治工程和土法炼锌、炼硫污染治理工程。在此阶段中,政府给予当地贫困户大量的政策和资金支持,在运行过程中经常会组织专家为贫困户培训,并由各村自主展开交流,使得贫困户不仅仅只在当下脱贫,更能获得一种长久的脱贫能力和技能。

生态建设模式实施的主体呈现出多元化的特征,包括政府组织、个人、社会团体,受体为农村贫困农户,主要是在保护生态环境的基础上,通过开发山区资源、发展农业产业来大力发展当地的生产力,从而带动当地经济的发展;通过提高生态环境的质量促进粮食更好地生产,从而养育更多的人口,更多的人口反过来可以保护生态环境、发展绿色经济,有利于实现生态和经济的和谐发展。生态建设模式最大的优势在于可以保护生态环境,不会以牺牲生态环境为代价来促进经济的发展,符合中国的可持续发展战略和科学发展观。贵州毕节试验区取得了良好的成绩,成为模范。

毕节从实际出发①,有针对性和有重点地综合配套改革,促进机制的转换和组织的革新,能够把农村改革工作与发展问题紧密联系在一起,逐步提高贫困地区人口依靠自身发展经济的水平和能力。

---

① http://guizhou.china.com.cn/2020-06/03/content_41173157.htm,访问时间:2020年6月3日。

毕节根据岩溶山区的特殊自然环境，通过开发扶贫和生态建设的实验，创造了一条通往成功的道路，并且取得了一定的成效，创新了农村的工作方式。例如五子登科模式（在山顶植树造林，在坡梯上种植拴带子，坡地种植绿肥地膜，建设基本农田种谷子，庭院经济抓票子）立体生态农业生产方式，这种新型农业生产方式的提出，不仅能够解决山区人民农业发展中存在的难题，也能够提高农业的生产效率。这种开创性的做法，不仅为山区贫困人口提供良好的经济发展机会，而且给整个社会带来了一定的社会效益，为全国扶贫工作的开展提供了一定的参考。

（二）诱致性扶贫机制的共同特征

基于制度变迁理论的分析可以发现，诱致型改变主要包含文章前面有涉及的产业开发形式、生态建设形式与针对性扶持形式。即尽管政府在政策变迁中发挥着主要作用，但是扶贫机制创建和推进的主体已经不只有政府了，非政府组织（如企业、非营利组织等）也是扶贫机制创建和推进的主体；扶贫资金的来源也不仅仅依靠中央的财政拨款，各地方依据当地的实际情况开始进行"自我造血"以满足扶贫的物质资源需求。这使得地方在开展本地扶贫工作时有更多的话语权与自由裁量权。从近几年的扶贫工作情况来看，多元主体共同推进和创建扶贫机制，扶贫机制的创建和推行遵循自下而上的程序，各地扶贫工作也取得了较大的成就，这是诱致性扶贫的两大明显特征。此外，从中国农村贫困地区的自然资源来看，"老、边界、人口少、贫穷"区域，尤其是"边、少"区域，其自然资源，包含能源、原材料、农林牧等在内均在中国占据重要位置，具有巨大的开发与发展潜能。上文涉及的十四块聚集性分布的贫困区域，主要包含六盘山地区、大兴安岭南麓山区等地区，它们均蕴藏着丰富的矿产资源，而且很多区域都具备开发商品经济的先天资源环境，这为国家及地方政府提供了制度供应与实践的空间。同时，区域自身具备良好的劳动力及自然资源条件，中国农村经济全方位的快速发展，现在普贫问题在农村中得到了解决，但是却致使扶贫对象在一定程度上呈现聚集态势，贫困区域本身的累积与发展，再加上就像贵州省的生态扶贫等形式的带头作用，中国工业发展带动农业发展的提升等，均给贫困区域的扶贫开发打下了坚实的基础。

三、诱致性扶贫机制的构建逻辑

通过前文对诱致性扶贫特点的分析和归纳，笔者构建了诱致性扶贫机制过程模型图（如图 5-2 所示），其包含以下五方面内容。

（1）扶贫目标。进行扶贫工作时，首先要确定此次扶贫所要达到的目标，包括整个扶贫工作所要达到的总目标以及不同区域、不同时期所要达到的各个分目标，由于诱致性扶贫机制的程序是自下而上的，因此往往是中央制定指标并划分给各个省市，地方在不违背中央扶贫指标要求的前提下，享有一定的自由裁量权，但自由裁量权的行使务必与本地的实际情况保持一致。

（2）扶贫参与者（包括扶贫的引导发起者与扶贫的对象）。在诱致性扶贫的整个闭环中，引导者和决策者的主体更加多元化，除了中央政府负责主持统筹全国的扶贫工作之外，各级政府则负责执行本地区的扶贫工作，此外，企业、非营利机构等组织和个人也在整个机制中发挥了关键的作用。多元主体会汇集社会多方力量进行精准帮扶，确保能真正地给贫困户及贫困地区带去帮助，以扶持其早日脱离贫困。

（3）扶贫的具体方式手段。诱致性扶贫机制在确定扶贫的方式与手段时，由于参与主体的多元化，且各自的资源和能力并不相同，使得各地方能更好地因地制宜，采取适合被帮扶地区发展的扶贫方式。

（4）扶贫监督。在诱致性扶贫机制中，对于扶贫资金、具体工作、具体政策与宣传等的落实监督情况主要是中央和地方政府以及参与的企业、非营利组织等多元化主体共同监督，且媒体和社会舆论也在其中发挥着关键作用。相较于强制性扶贫机制，在整个扶贫工作过程中，对于扶贫资金、具体工作、具体政策与宣传等的落实更能及时监督，政府部门不仅成立相关的扶贫监督部门,其他主体的监督(诸如非营利机构等)也能确保对于扶贫的相关政策与资金扶持做到对扶贫群众透明,多元主体共同参与到扶贫工作的整个环节中。

(5)扶贫评估追溯。扶贫的一系列资金、政策保障到位后,多元主体的参与会使得扶贫工作的整体效果评估更加高效,如贫困地区的经济改善情况及贫困群众的生活条件改善情况等,不同于强制性扶贫机制,诱致性扶贫机制中评估主体可由政府扶贫工作评估部门及第三方评估机构联合进行。例如国务院扶贫办在举行 2018 年脱贫摘帽县抽查工作时,就曾通过公开招投标,从 40 多家符合资格条件的投标单位中择优筛选 10 个单位作为第三方扶贫组织[①]。而这 10 家第三方评估单位,组织能力、动员能力和管理能力都比较强,且多次承担过国家脱贫攻坚第三方评估任务,能切实反映扶贫效果。此外,后期对于脱离贫困的地区进行长期追溯、考察这一巨大的工程也不必完全由政府来完成,其他主体,尤其是专业的非营利组织完全可以胜任,这种机制的好处在于对于出现"返贫"迹象的地区能及时发现,并及时采取措施助力其巩固扶贫成果,继续向前发展。

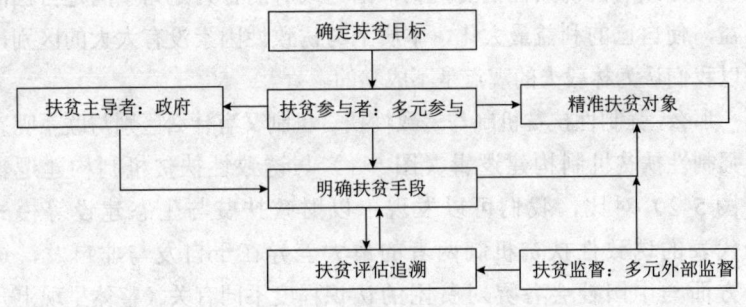

图 5-2 诱致性扶贫机制过程

---

① http://www.gov.cn/xinwen/2019-07/03/content_5405599.htm,访问日期:2020 年 5 月 30 日。

四、强制性扶贫机制与诱致性扶贫机制的比较

将强制性扶贫机制与诱致性扶贫机制进行比较，需要回归到强制性变迁与诱致性变迁的内涵中来看。事实上，诱致性变迁和强制性变迁在相关理论中存在着较大的差异。林毅夫曾经认为："诱致性变迁是指当一个群体或个人在某种因素的诱导下引致获得巨大利润的情况下所进行的自发性变迁；强制性变迁是指由政府强制执行。"但是黄少安却否定了这个观点，认为不存在这两者区别，他对林毅夫的观点提出了质疑：我们是依据什么标准来进行划分的？

对应到扶贫机制上来，按照林毅夫的观点来看，两种扶贫机制的主要差别在于变迁主体的不同，强制性扶贫机制的主体是政府，其他主体主导变迁的机制则可归类于诱致性扶贫机制。这种说法表面上似乎是可行的，但是如果我们从自身利益出发去扶贫，把个人为了满足自己的最大利益而进行的扶贫机制当作是诱致性变迁，那么由政府主导的扶贫机制就不满足使个人获得利益这一条件，所以这种区分并不能得到广泛的认可。其中最主要的是我们也可以将政府的扶贫强制措施看作是政府的诱致性扶贫机制，因为政府的行为是为了满足自己的利益，使自己的利益最大化，本质上与诱致性因素没有太大的区别，所以我们认为林毅夫的观点是不成立的。

那么，强制性扶贫机制与诱致性扶贫机制又有什么区别与联系呢？将强制性扶贫机制构建逻辑（图 5-1）与诱致性扶贫机制构建逻辑（图 5-2）对比，我们可以发现：以财政扶贫与生态建设等模式为代表的诱致性扶贫机制两者的最大差异在于自发与非自发，这一方面与中国社会各界对贫困的认识程度不同有关（整体呈现上升的趋势），这一点具体尤为明显的是能够加强对城市贫困的认识。城市贫困与农村贫困不同，中国对城市贫困并没有划定准确的界定，仅有生活保障线，且各地的生活保障线并不统一，因此各地区对城市贫困的认识也不一样。但若按照农村贫困的界定来判断，显然是不存在城市贫困的，就算用相对较高的贫困线来判断，据相关调查可知，仍

然只有低于1个百分点的城市贫困人口[①]。也正是因为如此，使得中国忽略了城市贫困这一潜在问题。另一方面，同不同时期、贫困态势而采取的战略和策略不同有关。例如前文提到的改革开放后以经济建设为中心的情况下，采取的是体制主导式扶贫策略，而到了全面建设小康社会的情况下，采取的则是精准扶贫策略。这两方面的不同使得强制性扶贫机制和诱致性扶贫机制没有时间先后、孰好孰坏之分，而仅仅在于推进的逻辑是自发还是非自发的。非自发往往是以中央政府自上而下的逻辑为特点，而自发往往是以多元主体自下而上的逻辑为特点。此外，值得注意的是，强制性扶贫机制和诱致性扶贫机制并非是此消彼长的，它们是共同存在的，共同促进中国扶贫工作的开展。农业产业化扶贫能够反映出这两种制度变迁的统一性，政府加大对农业产业的扶持力度能够推动农业的发展，从而维护农业产业企业与农民之间的合作，以带动农民经济的发展，政府应该做好领头人，正确引导方向。

第四节　激励相容：从强制性扶贫机制到诱致性扶贫机制

一、强制性扶贫机制的困境

1. 强制性扶贫机制会加剧官僚机构、利益集团之间的冲突对抗，增加成本

从公共选择学派的角度出发，以他们的利益集团理论为依托，去考察中国的精准扶贫项目，探索这其中的委托代理关系。国内扶贫对象都满足"经济人理性"这一条件，并且在扶贫过程中都想要自己获得最大利益。扶贫对象会根据自身的特点和需要，从属于不同的利益

---

① 杜启霞.通货膨胀对城市贫困的影响研究——基于贫困人口消费价格指数的分析[J].当代经济，2016（13）.

集团,形成集团与集团之间的经济斗争。其实在实际生活中,并没有绝对的公共利益,并且一旦委托代理关系形成并且利益集团出现,一定会给扶贫开发工作带来一定的不利影响。假如委托代理关系没有得到有效的解决,利益集团所追逐的利益没有得到满足时,就会对扶贫开发工作带来一定的负面作用。例如,首先扶贫资金不能得到有效的利用,其次扶贫开发过程中出现协商成本,最后是监控部门的工作不能得到有效的开展。如果我们不对这种行为进行一定的干预,让其随之发展,那么最终会导致政府的扶贫工作没有较好的效果,所以本书将会从财政扶贫资金的利用为基础进行研究。

我们从中央政府这一级来看,财政扶贫资金的使用权不仅仅是财政部一个部门可以作出决策,而是需要包括发改委在内的多个部门进行合作,共同协商,并且各个部门都有它自己的决策权,能够在财政扶贫资金的使用过程中发挥一定的作用。因为各个部门的目的不同、利益关系不同,会在决策过程中出现较多的矛盾,并且这种矛盾还会延续到下一级部门,导致扶贫资金的利用率降低,有关部门不能及时地攻坚克难,做好扶贫工作。另外,政府部门既是扶贫工作的执行者,也是扶贫资金的传递者,从而造成了由监管别人变成监管自己的局面,所以一旦和自己的利益发生冲突后,就会导致监管部门的职能失效。如果我们一再纵容委托代理关系,那么就会导致政府无作为,并且也起不到很好的监督作用,从而导致政府职能失效。

在经济相对落后的地区,财政扶贫资金会从上级主管部门一直纵向延续,而且在这个过程中也需要多个部门合作,共同协商,从而作出决策。第一,我们站在代理人激励的角度来看,作为代理人的执行部门并不单单指扶贫开发,还包括其他各项职能的限制,相比于将扶贫资金用到收益较低、不能够在短时间内获得收益的项目而言,将扶贫资金运用到收益较高、能够在短时间内获得效益的项目更能够激发代理人的积极性,但这种情况下就会容易导致资金的挪用。第二,除开中央政府有明确的规定以外,政府对于扶贫资金有绝对的控制权和使用权,他们能够根据眼前的利益去抽调资金,来满足自己的利益需求,这也会造成统一协商转变成少数服从多数的利益妥协，造成政府工作的不彻底，影响扶贫效率，而且下级代理人和上级管理者属于同一利益团体，所以他们在工作中所反映的情况会从符合自己利益的角度出发，在一定程度上影响决策的正确性。第三，政府在一定程度上可以起到监督的作用，但是与扶贫部门并没有隶属关系，相应地在某些方面，扶贫相关部门还能够对政府起到一定的限制作用，财政部门决定着政府的资金支出，所以这种限制造成政府对于财政部门的监管力度可能放宽，监督职能也变成了部门与部门之间妥协的产物。

2. 强制性扶贫机制代表着政府的利益和意志，容易出现制度供给不足与过剩

一方面，因为在强制性扶贫机制条件下，起到主体作用的是政府，同时政府的主体作用也是唯一的，一般情况下，中央政府机构对扶贫规划及目标进行拟定，但是需扶贫地域在扶贫资源包含扶贫资金等方面的直接管控度却有待提升，这种情况会导致贫困地区政府主动性不够，不能深入参与相关工作等后果。另一方面，因为中央政府对贫困地区情况了解程度有限，则会致使其拟定的扶贫规划和当地实际状况有出入，易造成政府供应过度抑或不足等问题。

近年来，学术领域的部分探究更深入地阐述了这一问题。学者张全红通过向量自回归模型探究出在对农村的扶贫方面，扶贫资金发挥的作用相当有限。[①] 同时，张全红的分析还总结了政府在扶贫中产生失效问题的原因，重点是由于强制性扶贫机制与实际成效间有相当程度的悖论。首先，为确保扶贫实际成效，则必然要求进行精细化的扶贫，但是这样却阻碍了政府利用集体力量的竞争力以彻底解决问题。其次，政府不但是参与者，还是结果的评判者，所以就易导致舞弊情况发生。最后，若干贫困人员由于扶贫精细至家庭，所以让其产生不思进取的思想，导致产生新的问题。学者 Adams 与 Richard 通过分析涉及 60 个经济不成熟国家的 100 余个阶段的数据得出贫困水平对国家扶贫支持

---

① 张全红. 中国农村扶贫资金投入与贫困减少的经验分析 [J]. 经济评论，2010(2)：42-51.

的弹性呈下滑趋势。[①]这就进一步说明了政府扶持贫困人口及地区发展的资金利用率呈现下滑趋势的情况。

3. 强制性扶贫机制监督体系属于自体监督，容易滋生腐败、降低效率

相比于部分地区，贫困地区能够获得更大的政府支持力度，不管是政策方面还是资金方面，然而因为强制性扶贫机制完全是政府"一言堂"，仅仅是自体监督，所以容易滋生腐败现象。此外，由于待扶持地区其本身监管体制不健全，纠错及控制机制缺位，导致监管信息在整个进程中流通不畅，扶贫工程运作进程中各个体系相互脱离，而挪用扶贫资金或者资金漏出等问题发生比例一般较其余地域高，极大地制约了扶贫的实际收效。

根据 2001 年至 2010 年的县区板块相关数据，学者赖明与成天驻实例对比了贫困县和非贫困县财政支出在经济发展方面的财政刺激效果，结果表明非贫困县的政府财政刺激效果较贫困县的要好。因为扶贫财政支出在贫困县中具有相当大的比例，所以偏低的财政激励效应说明政府扶贫在成效上的损失[②]；学者李盛基等借助脉冲效应函数的应用，分析发现若干扶贫资金没有发挥减少贫困人口的作用，同时在降低贫困水平方面，基本上所有的扶贫资金都收效甚微[③]。而有关政府扶贫效果不佳的缘由，主要有常规性的政府功能有待完善、资金管控不健全、政府官员违法挪用资金等，还存在一个可能性，即因为政府人员管控相关扶贫资金，造成人为选择抑或寻租等导致扶贫目标改变和脱离。而这主要是指扶贫支持与项目原计划的扶持贫困人口脱离贫困队伍，达成发展目的，在切实操作进程中被另外的目标替换，虚假扶贫，政府扶贫财政支出遗漏、被官员挪用等问题在扶贫工程中相当普遍。

---

① ADAMS R H J. Economic growth, inequality and poverty: estimating the growth elasticity of poverty[J].World development, 2004, 32（12）：1989-2014.

② 赖明，成天柱. 财政扶贫的效率损失——基于财政激励视角的县级面板数据分析 [J]. 经济问题，2014(5)：33-37.

③ 郑功成. 中国的贫困问题与 NGO 扶贫的发展 [J]. 中国软科学，2002(7)：9-13.

举例来讲，伴随以工代赈工程下拨的扶贫资金，在配置进程中常常被用于为贫困地区政府人员的薪资发放，抑或被政府用到其更重视的领域，如维持本地治安和稳定、保持本地政府的常规运作、对相关的工业工程进行投资等，更严重的还发生过多个企业申报相同的以工代赈工程、工程资金反复下拨等现象，贫困百姓无法获得切实的支持和发展，扶贫的真正目的被替换。

二、诱致性扶贫机制的动因

1. 贫困人群分化导致扶贫诉求发生改变

2012年后中国正式进入全面建设小康社会阶段，在经历经济发展带来的普遍贫困消退后，大部分人已走上致富之路，遗留的一般是难以脱贫的大工程，假如依然使用普遍的全面撒网的形式开展扶贫工作，不但成本较大，也无法收到预期效果。唯有依据各种贫困情况进行有针对性的扶贫，因地制宜，才能实现全面脱贫。这种情况下贫困人群已经出现分化并带来扶贫诉求的改变。剩余的贫困人口主要分化为两大类，首先，生活环境相当恶劣，不适合人们生活与发展，亟须迁移的群众；其次，生存能力不足，健康及教育水平落后的群众。目前，针对地区的开发式的扶贫形式若要获得高水平的制度效用，需满足以下两个基础性要求：首先，需扶持的人群需具有一定的集中性及地域性，这才可以让针对区域的开发式扶贫充分地涵盖、针对贫困者。其次，贫困人群需具有相当程度的自身发展能力，才可以让以充分激发自身能力为目标的开发式扶贫发挥作用。然而，一方面，一般性贫困消除之后，剩下的贫困户零星散布在各个地区，尤以交通闭塞的山区为主，特殊的地势使得贫困人口分布较为分散；另一方面，闭塞的山区基础教育资源、信息资源都较为滞后，贫困人口较少具备自我发展能力，两个基础性要求均很难实现。在这个前提下，新阶段体制革新的要求，就在于由针对地区的政策转变为针对家庭与个人的政策；改变事后弥补特点的补救策略，推行针对农村家庭的抗风险性弱、有一定预先干涉、预防风险功效的发展型策略；改变以往的非长期性、固定性的治理，推行长期性、平稳性且可预估的体制化进程策略；搭建主导是经济开发型的政策、辅助是赈济边缘人员的保障性策略，两者相辅相成的局面。

2. 旧有扶贫机制遭遇困境，促进机制改革创新

根据中国2000年前的贫困管控实际状况来看，其管控重要的难点包含以下几方面。

（1）不断下滑的边际效用，即中国不断收缩扶贫范围，然而扶贫边际效用依旧不断下滑。换句话说，就是每单位扶贫支出可创造的贫困人数下降、贫困发生率下滑呈放慢的态势，扶贫工作任重道远。

（2）返贫突出。即政府在当年给予贫困人口经济上的救助，但因扶贫长效机制尚未建立或者贫困人口因变故又重新回到原来的贫困状态。

（3）回应性不足。即政府缺乏对救助后的脱贫人群生活状况长期的追踪，在实际应对贫困人数持续变动的要求时较为困难等。

对以上几个方面进行深层次的探究，问题产生的原因之一，即为开发式扶贫体制运作条件的变化，主要包含贫困人群从以往的集中性、地区性特征，转变为相对集中、分散性的特征。但是扶贫机制在实际中遇到的问题，一般是推动革新的动力之源。举例来讲，由于要应对公社化导致的生产力发展缓慢问题，家庭联产承包责任制应运而生；为解决不平衡的增长问题，"三西"农业规划及"八七"扶贫战略顺势而出。在这个进程中，扶贫机制遇到的困难，不但是引发制度更新的根本原因，同时还明确了制度革新的途径、主要目标及方向。一方面，扶贫机制的困境能够切实反映出当下扶贫机制设计和运行中的问题，这自然成为政府下一步进行制度改革的重点和紧要问题；另一方面，扶贫机制暴露出的问题也为政府制度改革提供了抓手和切入点，循着扶贫机制的逻辑也能很迅速地发现问题、解决问题。

3. 运动式扶贫治理忽略后期的成果稳固，导致返贫现象频发

严格意义上讲，中国的扶贫机制的发展是一个基于制度条件变更进行逐步改变的进程。而在此进程中，制度形成初始点则为革命战争阶段的宝贵经验，利用汇集集体力量做大事的攻坚形式统一协调、分配资源进行扶贫而获得，这是具有中国特色的治理贫困的传统型形式。然而，截至2001年，借助统一配置和运用有限的扶贫资源，已成为中国管控贫困的常规模式，该管控贫困的形式具有非长期性、分散化、特定性等特点。部分专业人士把此种形式叫作运动式管控。例如国家政策计划与项目名称中常采用"攻坚"二字，国家八七攻坚计划重点在于治理贫困，类似的还有"普六"（普及六年义务教育）、"普九"（普及九年义务教育）攻坚计划重点是要清除文盲和半文盲人员[①]。"攻坚"这两个字说明了治理贫困的难度极大，同时还蕴涵了运动化的特征。而在运动性政策落实的进程中，更易被关注的是攻坚进程自身，相较之下，攻坚过程会弱化攻坚之后的收获的稳定性。换言之，相较于攻坚进程中的严密规划，后续反馈和跟进的部署相对简单，容易被忽视，尽管中国农村扶贫形势出现转机，但2004年高达10%左右的返贫率就是一个最好的例子[②]。这在相当意义上阐释了中国系列规划，尽管收获颇丰，然而取得成绩后的跟进却仍需改进，否则会导致返贫问题的不断出现。

三、依靠激励实现制度兼容，提高扶贫效率

在探究考察体制的兼容水平对制度考核的作用时，首先要权衡的要素即为激励要素。所有制度的设置中，需保持政府与一群人最佳绩效选择相统一，二者对各种考核的偏向，即对各种考核自愿给付的价格相对比重一定要一致，就是所谓的激励相容。其次监督的支出是干扰经济绩效的另一个关键性要素。因为经济活动者有着一定的机会主义偏向，但是部分经济结果的评估缺少客观标砖，因此监督是相当关键的。然而监督的费用也许会较高，进而在相当意义上抵充了获得的

[①] "普六""普九"计划：指"六年制义务教育普及计划"与"九年制义务教育普及计划"。

[②] 张珺，当前我国农村返贫现状与问题分析[J].中国管理信息化，2011（6）.

收益。所以，怎样减少监督方面的支出，也是确保经济制度消耗最低的成本运作的重要课题。最后，由于制度途径缺少独立性，制度是不是可以自行完善，以及强化的方式和成本也是一个重要因素。

以扶贫工作为例，从强制性扶贫机制到诱致性扶贫机制，无论是通过信息沟通渠道还是直接从主体的行为中，各方主体的诉求都能够得以表达。通过这种沟通互动，双方能够契合彼此期望，通过扶贫获得各自期望获得的结果，即政府想完成扶贫的目标，贫困人口想获得收入以养家糊口，公司要得到劳动资源与政策支持，担负起相应的社会责任，打造正面的公司形象。所以，依靠激励实现制度相容，对于扶贫效率的提升是极为有帮助的。

此外，政府也可以充分将这两种制度结合起来，一方面，通过打"组合拳"的形式出台一些相关的制度和政策，不仅通过制度充分调动贫困户依靠劳动、依靠创造摆脱贫困的积极性，而且还要积极开展职业技能培训，增强贫困户脱贫能力；另一方面，依靠制度激励参与扶贫的其他主体，给予其更多的便利和优惠，形成多元主体共同参与扶贫的局面，从而提高扶贫的效率。

第五节　本章小结

回溯中国扶贫机制发展与演变的总体历程，可以发现在中国共产党的坚强领导下，中国始终不渝地坚持共同富裕的发展目标，对于贫困人口的脱贫工作一直高度关注，扶贫机制的制度路径为从强制性扶贫机制向诱致性扶贫机制转变，其扶贫目标由小规模救济型扶贫向精准扶贫转变，扶贫范围由基础性扶贫向多元化扶贫方向转变，工作方式基本呈现出由县到村再到户、由温饱到小康再到全面小康、由市场反贫到政府反贫再到全社会反贫的发展脉络，这与中国特色社会主义追寻"先富带动后富"的发展理念高度契合。中国扶贫机制发展到今天，不但成功地解决了中国数千万人口脱贫致富的问题，使得中国民众在民生福祉领域有了跨越式的发展，而且对于中国实现"两个一百年"的奋斗目标及推动全人类的减贫事业都具有极强的示范效应。

无论是强制性扶贫机制抑或是诱致性扶贫机制，都应根据中国新时期下的扶贫形式和扶贫环境寻求一种制度兼容状态，以此提高扶贫效率。通过制度的激励和约束等相关机制，降低监督成本，加强各方主体的沟通，充分听取多方主体诉求，实现扶贫体系下的共赢。

第六章
有效扶贫治理：管制—治理—善治—治理生态[①]

反贫困是人类社会的共同愿景，但扶贫事业艰难繁重，实现有效扶贫需要扶贫理论与实践的双重创新。以强调主体多元化为特征的治理理论与公共治理中重要的一环——反贫困相结合，创新出的贫困治理理论，在世界范围内有效助推了人类的反贫困事业发展。改革开放以来，中国共产党领导下的各级政府始终以消除贫困为重要的执政任务，通过与时俱进地出台不同的扶贫政策、措施，不断实践与革新贫困治理的理论、方式、手段，实现了管制—治理的有效转向。中国政府已经完成多个阶段性贫困治理任务，取得了举世瞩目的扶贫成就，形成了各级党委和政府、市场组织、社会组织与贫困群体协同合作、相互联系的贫困治理生态，全元合力的扶贫大格局初步构建起来。消除贫困是执政者应负的政治责任，也是衡量全面建成小康社会的重要指标。2020年，中国政府需要利用好独特的政治优势和制度优势，克服疫情带来的不利影响，团结带领各扶贫主体，强化扶贫措施落实，确保剩余贫困人口全部脱贫，决胜脱贫攻坚战。

---

① 感谢黄仕杰为本章所做工作。

第一节 贫困治理

一、治理与反贫困

贫困问题，是整个人类社会面对的历史难题，更是当今世界民族冲突、环境恶化、恐怖主义蔓延等人类社会共同面临危机的重要根源。贫困作为一种复杂的社会现象，表现出一系列社会的特征，涉及经济、政治、历史、社会、文化各个方面，因此给贫困下一个全面且科学的定义是很困难的，用不同的维度切入贫困或用不同的理论背景来考察贫困，会得出不同的结论。随着人们对贫困研究的深入，诸如绝对贫困与相对贫困，客观贫困与主观贫困，生存贫困、温饱贫困与发展贫困等对贫困的分类类型也越加丰富。但无论贫困具体定义是什么，贫困都是人们想逃离的一种生活状态，一种由于收入低下造成的基本生活物质缺乏、发展机会不足的生活状态。没有人愿意陷于贫困之中，与贫困做斗争是人类的内在本性。

贫困不是结果，而是问题，贫困是可以消除的，不是永恒不变的。贫困问题是社会问题之母，是经济、社会和文化问题的集中体现。贫困是一个历史问题，人类的文明发展史，既是与愚昧和野蛮的斗争史，也是与贫困和落后的斗争史。"人类越是发动对其古老敌人——贫困和愚昧的战争，也就越是发动了对自身的战争。"[1] 人类发展的历史就是与贫困斗争的历史，人类是在脱离贫困状态的过程中发展起来的。

贫困与反贫困（anti-poverty）是一体两面的，反贫困是以消除贫困为目标的。20世纪60年代，纲纳·缪尔达尔（Gunnar Myrdal, 1970）在《世界贫困的挑战——世界反贫困大纲》中，首次提出反贫困这一学术概念。国内外对反贫困这一概念存在以下四种不同的表述：减少贫困（poverty reduction），强调反贫困的重点是减少贫困人口的

---

[1] 亨廷顿. 变动社会的政治秩序[M]. 张岱云, 等译. 上海：上海译文出版社，1989：45.

总体数量；减轻贫困（poverty alleviation），强调反贫困的重点是减轻贫困的程度；扶持贫困（support poverty），把反贫困的主力放在政府上，强调反贫困中政府制定与执行的扶贫计划、项目及其结果；消除贫困（poverty eradication），强调反贫困的目的是最终消除贫困。① 这些表述在学术意涵侧重上虽然有所不同，但本质上都是关注如何解决贫困这一人类历史难题。

贫困伴随着人类社会从原始文明向工业文明发展的全过程，在不同的历史阶段表现出不同的特征。贫困问题不会随社会历史的发展而自动解决，无论生产力发展到何种先进的水平，贫困也不会自然而然地消失，对人类社会来说，反贫困是一项永恒议题。"反贫困是一场借助于外部力量干预并重塑贫困风险承担者生活方式，使之融入主流经济社会体系的实践历程"②，反贫困的终极目标是消除贫困。消除贫困是人类社会的共同愿景，是人类社会共同的价值追求。

贫困是"一种剥夺，贫困者无法享有权利、长寿、知识、尊严和体面生活标准等众多人类发展的机遇和选择的权利"③。由于贫困，贫困群体必须忍受饥饿，从而营养不良，比普通人更可能遭受疾病的折磨；对于经济状况的担忧还给贫困群体带来心理上的巨大负担，影响贫困群体的心智发展；加之社会上不可避免存在的对贫困群体的歧视，最终使得贫困群体被排斥在主流社会之外，得不到基本的生活保障、应有的公共服务、平等的受教育机会，导致贫困群体权利和自由的丧失。人类社会追求公平、正义、民主、自由这些价值，首先要保障最基本的人权，即生存和发展的权利。要想保障每个人生存和发展的权利，就必须消除贫困。

---

① 缪尔达尔.世界贫困的挑战——世界反贫困大纲[M].顾朝阳，张海红译.北京：北京经济学院出版社，1991.

② 李瑞华.贫困与反贫困的经济学研究——以内蒙古为例[M].北京：中央编译出版社，2013：6-7.

③ 联合国开发计划署.人类发展报告（1997）[R/OL].[2019-12-09]. https://news.un.org/zh/tags/ren-lei-fa-zhan-bao-gao.

反贫困是全球各国政府都高度重视的问题，消除贫困是人类社会共同的愿景。2000年召开的联合国大会将"发展与消除贫穷"列为联合国千年发展目标之一，指出要"在2015年之前将全球贫困水平（以1990年为标准）降低一半"[①]。到2015年年底联合国千年发展目标到期时，全球极端贫困群体已经从2012年的9.02亿人下降到7.02亿人，占全球群体的比例从12.8%下降到9.6%，全球极端贫困群体占比首次下降到10%以下[②]。全球反贫困事业取得的成就是巨大的，但是人类社会反贫困的形势依旧严峻，剩余贫困人口的解决更加复杂困难，依然需要人类社会共同的努力。2015年联合国发展峰会上通过的《2030年可持续发展议程》继续将"在全世界消除一切形式的贫困"作为17个可持续目标之一，具体而言是要"到2030年在全球所有群体中消除极端贫困（每人每日生活费不足1.25美元）"[③]。这一目标，为世界各国解决贫困问题指明了方向，也对各国治理贫困的能力提出了更高要求。

20世纪90年代治理理论兴起以来，贫困治理理论，即把反贫困与治理结合起来的理论出现并迅速发展。贫困治理要求以政府为领导者，一方面维持经济的持续稳定增长，创造可持续发展的宏观环境；另一方面，针对具体贫困问题，制定与主导相关的反贫困政策、措施、法规，联系与引导社会中的多元主体，有效地推动各种社会力量的合作，从而达成共同的反贫困目标。

贫困治理是针对贫困群体的综合性治理过程，涉及贫困群体生存、生活与发展，包含政治、经济、教育、公共服务等诸方面，必须依赖政府的强力推动与保障，同时离不开社会中其他主体的积极参与。政府与社会中的其他主体，通过扶贫资金投入、扶贫政策出台与执行、

---

① 联合国千年发展目标[EB/OL]. http://www.un.org/millenniumgoals/bkgd.shtml.
② 世界银行发布最新国际贫困线[EB/OL].[2015-10-06]. http://world.people.com.cn/n/2015/1006/c1002-27665912.html.
③ 联合国可持续发展目标[EB/OL].[2018-11-01]. https://www.un.org/sustainabledevelopment/sustainable-development-goals/shtml.

扶贫制度设计与安排，增加贫困群体收入，改善贫困群体经济地位，提高贫困群体生存与发展能力，矫正贫困群体被剥夺、被排斥的社会不公平的待遇，帮助贫困群体融入主流社会。

二、中国贫困治理的价值诉求：共享发展

中国共产党执政以来，始终坚持以人民为中心的发展思想，不断保障和改善民生、增进人民福祉。中国共产党第十八届中央委员会第五次全体会议公报中指出要坚持共享发展，"坚持发展为了人民、发展依靠人民、发展成果由人民共享"①。共享发展理念强调全体人民群众共同享有发展机会、共同享有发展过程、共同享有发展结果，实现保障基本民生和公共服务供给的均等化及全面覆盖，以达成全民共同进入全面小康社会的目标。坚持共享发展，意味着党和国家必须作出更有效的制度安排，切实做到发展为了人民、发展依靠人民、发展成果由人民共享，使全体人民在共建共享中有更多参与感和获得感，以此增强社会整体的发展动力，朝着共同富裕的方向稳步前进。②

共享发展成果是公共治理的重要价值追求。公共治理既追求行政的效率、效能，更追求行政结果的公平和社会大多数人利益的保障。公共治理的重要价值取向正是努力保障公共利益和提升公共福利，正是使发展成果公平地惠及最大多数人。贫困治理作为公共治理重要的组成部分，也是以共享发展为最终的价值追求。

2017年，习近平在中国共产党第十九次全国代表大会作的报告中，强调深入开展脱贫攻坚、打赢扶贫攻坚战是确保全体人民共享改革发展成果、实现共同富裕的重要举措。贫困治理的根本目标是使贫困群体能够享有与非贫困群体同等程度的生活保障和发展权利，共享发展

---

① 习近平. 十八大以来重要文献选编 [M]. 北京：中央文献出版社，2016：827.
② 同上。

追求的是人民群众能够共享改革开放带来的发展机会，共享发展内在地要求解决贫困问题。如果不解决贫困问题，不提高贫困群体的生活质量、保障贫困群体的发展权利，共享发展就不可能实现。坚持共享发展，要"加大对革命老区、民族地区、边疆地区、贫困地区的转移支付。实施脱贫攻坚工程，实施精准扶贫、精准脱贫，分类扶持贫困家庭，探索对贫困群体实行资产收益扶持制度"[①]。共享发展的理念内涵与中国反贫困的根本目标是契合的，共享发展正是中国贫困治理的价值诉求。

习近平总书记明确指出要"深入开展脱贫攻坚，保证全体人民在共建共享发展中有更多获得感，不断促进人的全面发展、全体人民共同富裕"。[②] 这表明中国进行贫困治理，力争打赢脱贫攻坚战背后的价值诉求正是共享发展，保障贫困群体享受到改革开放的成果。社会主义的本质是解放生产力，发展生产力，消灭剥削，消除两极分化，最终实现共同富裕。实现全体人民共同富裕是社会主义的理想愿景，与共享发展理念的内涵是一致的。共享发展符合社会主义的本质要求，而只有消除贫困，消除贫富差距，保证每个人享有平等的生活条件和发展权利才能做到共享发展。"贫穷不是社会主义，社会主义就是要消灭贫穷"[③]。通过消灭贫困，才能实现共享发展，凸显社会主义的优越性。邓小平指出："社会主义与资本主义的不同特点就是共同富裕，不搞两极分化。"通过贫困治理消除两极分化、逐步实现共同富裕，是实现共享发展的必由之路。[④] 国家通过治理贫困，改善民生，缩小收入分配差距，扩大中等收入群体，促进社会公平正义，才能真正实现共享发展成果、全面建成小康社会的目标。

---

① 习近平.十八大以来重要文献选编 [M].北京：中央文献出版社，2016：828.
② 习近平.决胜全面建成小康社会　夺取新时代中国特色社会主义伟大胜利——在中国共产党第十九次全国代表大会上的报告 [M].北京：人民出版社，2017：14.
③ 邓小平文选：第 3 卷，[M].北京：人民出版社，1993：255.
④ 邓小平文选：第 3 卷 [M].北京：人民出版社，1993：123.

第二节 管制—治理

一、从管制到治理

管制，即强制管理，强调的是行政主体——政府对于公共事务的管理控制，本质上体现的是传统公共行政的统治性质。管制意味着权力体系中只存在单一的权力主体——政府，这一主体利用自上而下的垂直权力体系及其威权来解决社会问题和公共产品的供给，维持稳定的社会秩序。管制的实质是统治，政府通过设定若干的制度和程序，运用政治强权对社会强制性地推行其管理政策，依靠国家暴力机器的垄断性支配资源，从而在社会系统内部产生出相对稳定的社会秩序。

管制的特征在于"强制性"，政府依靠强制手段进行统治，直接针对的管理对象是行政相对人，只体现行政主体单方的意志，行政相对人的意志被压制。政府行政采取的是强制性的方式，行政相对人很难有表达其主体性话语的空间，其结果是剥夺了行政相对方的主体性和能动性。[1]正如哈耶克所说，"强制是一种恶，它阻止了一个人充分运用他的思考能力，从而也阻止了他为社会作出他所可能作出的最大贡献"[2]。社会中的多元主体只能作为被管理者，不能参与管理，多元主体解决社会问题的智慧和能力都无从表现，这极大地压抑了社会的活力，也使得政府行政面临危机。

治理（governance），意为控制、指引和干预。1989年在世界银行《撒哈拉以南非洲：从危机到可持续增长》一文中，"治理危机"（crisis in governance）第一次被用来概括当时非洲国家的落后发展。从那时起，"治理"一词作为一个区别于统治（government）的概念，被广泛运用于与国家的公共事务相关的政治发展研究中。理解治理的前提条件是区分"治理"与"统治"，治理理论最著名的口号正是"少一些统治，

---

[1] 崔卓兰,蔡立东.从压制型行政模式到回应型行政模式[J].法学研究,2002（4）.
[2] 哈耶克.自由秩序原理（上册）[M].邓正来译.北京：生活.读书.新知三联书店,1997：165.

多一些治理"（less government, more governance）。①

什么是治理？治理如何不同于管制，相比之下又有何优势？

治理理论主要创始人詹姆斯·罗希姆(James N. Rosenau)提出："治理是一系列活动领域里的管理机制，是一种由共同的目标支持的管理活动。"②这些管理活动的主体不一定要是政府，而可以是社会里的其他组织，这套机制也无须依靠国家的强制力量来执行，而是依靠主体间的谈判、协商、合作来运作，但却能有效地管理公共事务。罗希姆认为治理与管制的区别就在于用治理理论处理公共问题时，允许多元的治理主体，政府不是唯一主体，甚至可能无须政府的参与，而传统的管制，只存在唯一的权力主体——政府，社会中的其他主体只是作为被管理者，没有参与管理的权利。

治理理论的另一创始人罗伯特·罗茨(Robert Roots)认为：治理"意味着一种新的统治方式，意味着有序统治的条件已经不同于眼前，或是以新的方法来统治社会"。治理是一种全新的、不同于管制的社会管理方式。罗茨认为治理具有以下几个基本特征：①组织之间的相互依存；②相互交换资源以及协商共同目的的需要导致的网络成员之间的持续互动；③游戏式的互动以信任为基础，由网络参与者协商和同意的游戏规则来调节；④保持相当程度的相对于国家的自主性。③罗茨强调治理是在一个基于信任而形成的网络中进行的，这一网络体系的建立是多元主体追求共同目的的需要，国家对这一网络体系有一定程度的调控权，但参与者也保有部分自主权。这意味着不同于管制中被管制者丧失了全部自主权，治理充分尊重与保障除政府外其他社会主体的自主权，期待社会多元主体发挥能动性，利用其智慧为解决共同问题提供新的方案。

格里·斯托克（Gerry Stoke）在《作为理论的治理：五个论点》中

---

① 张国庆.公共行政学：第3版[M].北京：北京大学出版社，2007：596.
② 罗希姆.没有政府的治理[M].伦敦：剑桥大学出版社，1995：5；21世纪的治理[J].全球治理，1995.
③ 罗茨.新的治理[J].政治研究，1996（154）.

归纳了治理的五个主要特征,指出"治理意味着办好事情的能力并不限于政府的权力,不限于政府的发号施令或运用权威"[①],这表明区别于管制对于政府及其行政能力的依赖,治理更强调社会的参与,更依靠社会主体的集体智慧来解决公共问题,而不仅仅把管理的责任托付给政府。

在 1995 年发表的《我们的全球伙伴关系》的研究报告中,联合国全球治理委员会提出:治理是各种公共的或私人的个人和机构管理其共同事务的诸多方式的总和。它是使相互冲突的或不同的利益得以调和并且采取联合行动的持续的过程。这个定义强调治理既涉及公共部门,也涉及私人部门,治理的基础是协调而不是控制,明确指出治理是一个过程。

从上面的几种定义可以看出,与传统的管制的单一主体不同,治理意味着在解决公共问题时主体的多元性,意味着包括政府在内又不限于政府的社会活动主体,意味着达成公共事务既定目标的能力并不仅限于政府的权力,不限于政府的强制命令或使用权威。在公共事务管理方面,不再是政府自己单独应对,而是允许各个私人部门和公民自愿性团体的参与,国家和社会共同参与到为社会及经济问题寻求解决方案的过程中。

治理与传统的政府管制存在共同之处。治理,与政府管制一样,目的都是维持社会秩序,满足社会需要,都需要政府权威的运用。但治理与管制本质是不同的。从方式的角度看,管制的基本方式是控制,治理的基本方式是协调[②];从主体的角度看,管制的主体只能是政府,政府是唯一的权威主体,治理的主体包括政府,也包括私人机构和公民团体,治理是政治国家与市民社会的合作;从过程的角度看,管制的过程是自上而下的,是政府运用政治权威,通过制定政策和强制执行政策,对社会公共事务实行单一向度的管理,治理的过程则是一个上下互动的管理,它主要通过主体间的协商合作、建立伙伴关系、确

---

① 斯托克.作为理论的治理:五个论点[J].国际社会科学(中文版),1999(2).
② 吴丹.从"统治"到"治理":城市规划管理的深度转型[J].云南民族大学学报(哲学社会科学版),2017(4).

立共同愿景来进行公共事务管理。[①]

管制意味着单一的政府权力主体、自上而下的垂直权力体系以及通过威权来解决公共问题；治理意味着政府、市场、社会等多元化的主体，互动沟通的横向权力网络以及通过政府与市场、社会的合作来解决公共问题。从管制走向治理，既是西方发达国家现代公共管理转型的价值目标与主要趋势，也是中国国家治理体系与治理能力现代化的道路选择。

二、中国贫困治理历程

"治理"这一概念通常在解决公共领域的某一具体问题时使用，如贫困治理、洪灾治理、环境破坏治理等，因此"治理"可以被理解为一个过程，一个政府在特定的范围内使用权力来维持秩序，指导、控制和规范公民活动的过程，一个在社会的参与下满足公众的需要或完成既定目标的过程。治理的目标是更好地管理社会、维护公众利益。治理重视社会管理主体的多元化，重新定义了政府的角色和作用，政府不再被视为承担公共责任的唯一主体，而是把部分属于政府的权力让出来，给社会里的其他主体参与公共事务管理的空间。

治理的实质是国家将部分原先由它独自承担的职责转移给社会，把国家有效地嵌入到社会之中，使国家与社会相融，借助社会的力量，包括营利的私人部门和非营利的公民团体，有效地提高国家管理的效能。治理理论强调治理主体的多元性，并不意味着可以忽视政府的主导作用。在治理过程中，政府是最重要的主体，在整个治理过程中充当"元治理"的角色，是诸多平等主体的领导者，承担制定目标、确立规则、维持秩序的责任。政府要设定共同的目标，建立新的制度和机制，把社会中的其他主体协调进来，分配好各自的职责，并在行为主体发生利益冲突时维持秩序。政府是治理体系的核心，社会中的其

---

① 俞可平.引论：治理与善治 [M]// 俞可平.治理与善治.北京：社会科学文献出版社，2000：6.

他主体参与国家治理,是作为平等主体在政府引导下进行的,一定程度上受政府调控。

中国的贫困治理,是政府主导、推动,市场、社会主体积极参与的事业:一方面,中国政府通过改革开放,维持了中国经济的持续稳定增长,创造了一个可持续发展的宏观环境;另一方面,中国政府针对具体贫困问题,不断出台相关的反贫困政策、措施、法规,同时积极联系与引导市场、社会中的多元主体参与到反贫困中来,推动政府与社会力量的合作,从而达成共同的反贫困目标。

(一)开发式扶贫方针

1. 方针内涵与提出过程

开发式扶贫即在国家提供必要支持的基础上,贫困地区因地制宜利用自身所有的自然资源进行开发性的生产建设,发展农工产业,逐步培养起贫困地区贫困户的自我积累、自我发展能力,使其能够独立解决温饱问题,进而脱贫致富。开发式扶贫是传统救济式扶贫的发展,传统的救济式扶贫指国家向贫困地区及贫困户单向输出其所需资源,依靠救济的方式帮助贫困户脱贫。

1986年以前,中国政府的扶贫方针以救济式扶贫为主,采取了"大水漫灌"式的工作方式和"输血"式的手段。救济式扶贫通过政府直接发放资金和生活物资,可以快速、简单地解决贫困群体的温饱问题。但是中国幅员广阔、贫困群体众多与经济社会发展水平不够充分的国情决定了大面积救济式扶贫在中国是行不通的,"输血"式的救济式扶贫政策救助形式单一、资金有限,难以解决根本问题。

1984年9月29日,中共中央、国务院发布《关于帮助贫困地区尽快改变面貌的通知》,纠正了要扶贫单纯依靠救济的观点,要求贫困县把贫困治理的工作重点转向经济建设,以经济开发为主要手段解决贫困地区群体的温饱问题。[①] "尽快改变贫困地区面貌的立足点,应

---

① 王振川.1984中国改革开放新时期年鉴[M].北京:中国民主法制出版社,2015:740-742.

当是依靠群众,自力更生,发展生产,而不能单纯依赖国家支援,单纯依靠救济"①。贫困地区需要通过对当地资源的充分利用来发掘自身的发展潜力,面向市场适度发展商品生产,升级经济结构,改造传统产业,开发新兴产业,增强本地区经济的内部活力,为贫困户提供就业机会、增加收入。

1985年民政部等部门联合向国务院呈递《民政部、国家经济委员会、财政部、中国农业银行、农牧渔业部、商业部、国家物资局、劳动人事部、教育部关于扶持农村贫困户发展生产治穷致富的请示》,指出扶持贫困户要贯彻自力更生的原则,并辅之以国家和社会的积极帮助,要求各级人民政府要在识别贫困成因基础上对贫困户采取不同的帮扶措施,对仍有劳动能力者的帮扶要以自力更生为原则,对丧失劳动能力贫困户实行社会补助或救济。②扶贫要兼顾"扶志"和"扶本"。扶志,就是要加强思想教育,帮助贫困户树立摆脱贫困、奋发向上的志气,克服其单纯依赖救济的思想;扶本,就是要从发展生产入手,生产自救,千方百计地帮助贫困户种好承包田、自留地,搞好多种经营,广开财路,增加收入,摆脱贫困。③

"自力更生"原则演变为之后中国扶贫工作始终坚持的基本方针——开发式扶贫。1986年,中央层面,中国成立国务院贫困地区经济开发领导小组(1993年更名为"国务院扶贫开发领导小组"),统一规划和指挥全国反贫困工作;地方层面,相关省、自治区、直辖市和地级、县级政府成立专门的扶贫组织机构,负责本地扶贫开发工作。

---

① 安徽省省委、省政府.中共安徽省委 省人民政府关于贯彻中共中央、国务院《关于帮助贫困地区尽快改变面貌的通知》的意见[EB/OL].[1985-01-07]. http://m.law-lib.com/law/law_view.asp?id=46399&page=1.

② 民政部、国家经济委员会、财政部、中国农业银行、农牧渔业部、商业部、国家物资局、劳动人事部、教育部关于扶持农村贫困户发展生产治穷致富的请示[EB/OL].[1985-04-26]. https://code.fabao365.com/law_35544.html.

③ 国家经济委员会、民政部、财政部、中国农业银行、商业部、对外经济贸易部、农牧渔业部、教育部、国家物资局关于认真做好扶助农村贫困户工作的通知[EB/OL].[1982-12-15]. http://www.cnki.com.cn/Article/CJFDTotal-GWYB198301022.htm.

国务院贫困地区经济开发领导小组明确将中国扶贫方针由传统的救济式扶贫转为开发式扶贫,扶贫的手段从向贫困户直接提供资金支持转为利用专项资金加强贫困地区基础设施建设,区域经济的发展从资金单方面投入转为资金、技术、培训和管理的综合投入。

2011年12月,中国政府公布《中国农村扶贫开发纲要(2011—2020年)》,明确指出扶贫开发是长期历史任务,要坚持政府主导,坚持开发式扶贫。只有实施开发式扶贫,促进贫困地区自身的经济发展才是解决中国贫困问题的治本之策。中国政府扶贫方针由救济式扶贫向开发式扶贫转变,要求政府要控制政府转移支付和直接物质给予的比重,把政府资金主要用于扶贫开发而不是直接救济,有限制地使用物质扶贫方式。要"逐步减少转移性收入的比重,更多地通过产业发展、稳定就业和定期资产收益等来解决收入问题"[①],改变贫困地区对于外部资源和帮扶资金过度依赖的"刚性扶贫"模式。对丧失劳动能力或身患重病即那些严重失能的贫困群体,可以采取政府救济的方式;对于有劳动能力的贫困群体,要以"自力更生"为原则,以为他们创造劳动机会、提供就业岗位为主要的扶贫方式。"脱贫致富离不开产业支撑,要大力扶持贫困地区特色优势产业发展",要把产业扶贫作为解决贫困的主要途径,鼓励、引导和帮助具备劳动能力的扶贫对象通过自身劳动来摆脱贫困。

2. 开发式扶贫实践成效

1)有组织开发式扶贫阶段(1986—1993年)

1986年,中国成立了国务院贫困地区经济开发领导小组,旨在彻底改革传统的救济式扶贫方式,确立了在全国实行大规模扶贫开发的战略方针。国务院安排专项资金,出台专门的优惠政策,把扶贫重点放在贫困地区,以区域(贫困县)为瞄准对象,实施"重点扶贫"政策,重点解决绝对贫困群体的温饱问题,开启了有组织、有针对性的开发式扶贫新阶段。国家各级扶贫机构的设立,完善了中国贫困治理体系;

---

① 汪三贵,曾小溪. 从区域扶贫开发到精准扶贫——改革开放40年中国扶贫政策的演进及脱贫攻坚的难点和对策[J]. 农业经济问题(月刊),2018(8).

重点贫困区域、贫困县的确定，提高了中国贫困治理的针对性；专门扶贫政策的出台，提高了贫困治理效率。这一阶段，中国政府通过实施以区域瞄准为主的开发式扶贫方针，帮助贫困地区实现了经济较快增长，缩小了贫困地区农民与全国农民的平均收入差距。[1]到1993年底，中国贫困群体由1985年的1.25亿人减少到8 000万人，贫困发生率从14.8%下降到了8.7%。[2]

2）专项计划攻坚阶段（1994—2000年）

1987年10月党的十三大提出到20世纪末使全国达到小康水平，但是到1993年底，仍然剩余8 000万贫困群体，这些贫困群体的温饱问题不解决，就无法完成"小康"目标。1994年中央政府公布了中华人民共和国历史上第一个有明确目标、对象、措施和期限的扶贫开发行动纲领《国家八七扶贫攻坚计划》（1994—2000年），要求努力提高扶贫开发效益，积极为解决剩余贫困群体温饱问题创造基本条件。《国家八七扶贫攻坚计划（1994—2000年）》明确提出要动员社会各界力量，集中人力、物力、财力，用7年时间解决这8 000万贫困群体的温饱问题，这标志中国贫困治理进入冲刺突破阶段。中国政府继续坚持开发式扶贫方针，利用政策发挥贫困地区自身优势进行开发性生产建设，形成贫困地区区域性的支柱产业；不断加大扶贫资金投入，同时争取到世界银行、亚洲开发银行等组织扶贫资金的支持，中央扶贫资金7年累计投入1 127亿元，相当于1986—1993年扶贫资金总投入的3倍。[3]在各级政府主导下，社会中的其他主体积极参与贫困治理，贫困地区各项社会事业全面发展。到2000年年底，全国没有解决温饱问题的贫困群体减少到3 200万人，占农村贫困群体的比重下降到3%左右，"八七扶贫攻坚计划"目标已经基本完成。[4]

---

[1] 王琳.中国扶贫开发的理论演进——实践发展与思路创新[J].宏观经济研究，2018（1）.

[2] 中华人民共和国国务院新闻办公室.中国农村扶贫开发白皮书[J].2001.

[3] 闫坤等.中国特色的反贫困理论与实践研究[M].北京：中国社会科学出版社，2016：40.

[4] 中华人民共和国国务院新闻办公室.中国农村扶贫开发白皮书[J].2001.

3）重点调整效果巩固阶段（2001—2010年）

到2000年底，中国尚有3 200万贫困群体温饱没有解决，6 000多万低收入群体生活困难，这9 000多万贫困群体分布更加分散，居住地条件更加恶劣，扶贫工作难度更大。①2001年5月，党中央公布《中国农村扶贫开发纲要(2001—2010年)》（以下简称《纲要》），作为新阶段指导全国扶贫开发的纲领性文件。《纲要》强调这一阶段要把贫困地区尚未解决温饱问题的这部分贫困群体作为首要的扶贫开发对象，同时要继续帮助初步解决温饱问题的贫困群体增加收入，进一步帮助这部分贫困群体改善生产生活条件，巩固扶贫成果。②《纲要》坚持以开发式扶贫为主要扶贫方针，指出扶贫要综合开发、全面发展，充分发挥社会主义集中力量办大事的政治优势，积极动员和组织社会各界参与到贫困治理中来；确定了扶贫工作重点县，下移了扶贫瞄准单位，贫困村成为基本的扶贫瞄准单位。《纲要》实施后，中国反贫困事业取得巨大成就：根据中国当时扶贫标准，到2010年，农村贫困群体下降到2 688万，10年来共有6 734万人实现脱贫，贫困发生率下降到2.8%，③《纲要》提出的扶贫目标全面实现。

（二）精准扶贫战略

1. 提出过程与背景

精准扶贫是指遵循科学的标准和程序对贫困区域、贫困村和贫困户进行精确识别，按照当地实际开展联动帮扶和分类管理，并引入动态的准入和退出机制开展精准考核的过程。④总结起来，就是运用合规

---

① 闫坤等.中国特色的反贫困理论与实践研究[M].北京：中国社会科学出版社，2016：41.

② 中国农村扶贫开发纲要（2001—2010年）[EB/OL]. [2018-11-01]. http://www.gov.cn/zhengce/content/2016-09/23/content_5111138.html.

③ 新华社.打好新一轮扶贫开发攻坚战[EB/OL].[2011-10-18].http://news.enorth.com.cn/system/201110/18/007963969.shtml.

④ 李鹍、叶兴建.农村精准扶贫：理论基础与实践情势探析——兼论复合型扶贫治理体系的建构[J].福建行政学院学报，2015（2）.

有效的程序对扶贫对象实施精准识别、精准帮扶、精准管理和精准考核的治贫方式。[①]"精准扶贫"是"漫灌"式扶贫和划片区扶贫的战略转型,在区域发展的基础上,扶贫瞄准精确到户到人。

2013年11月,习近平于湖南湘西考察时作出了"实事求是、因地制宜、分类指导、精准扶贫"这一重要指示,习近平形象地说,扶贫不能"手榴弹炸跳蚤","遍撒胡椒面"解决不了大问题,必须变"大水漫灌"为精准"滴灌"。[②]2014年1月,中共中央办公厅、国务院办公厅印发了《关于创新机制扎实推进农村扶贫开发工作的意见》,详细规制了精准扶贫工作模式的顶层设计,指出精准扶贫要以"精准识别、精准帮扶、精准管理"为核心,用"精准滴灌"的方式解贫困户之渴,推动了"精准扶贫"思想落地。[③]

2015年11月27日,习近平在中央扶贫开发工作会议上发表重要讲话,深刻论述了精准扶贫精准脱贫的重大理论和实践问题,指出精准扶贫是为了精准脱贫,要解决好"怎么扶"的问题,按照贫困地区和贫困人口的具体情况,实施"五个一批"工程,标志着精准扶贫思想基本成型。[④]两天后,《中共中央 国务院关于打赢脱贫攻坚战的决定》公布,这可以视为对精准扶贫思想的系统化总结,确立了精准扶贫精准脱贫的基本方略地位,解决了政治动员、全方位支撑、统一思想等关键问题。[⑤]

中国在2013年正式提出"精确扶贫"概念之前的30年扶贫历程中,

[①] 王宇,李博,左停.精准扶贫的理论导向与实践逻辑[J].贵州社会科学,2016(5).

[②] 王子晖.十八大以来,习近平对脱贫攻坚作出超强部署[EB/OL].[2017-06-28]. http://www.xinhuanet.com/politics/2017/06/28/c_1121223629.html.

[③] 杨雪.总书记为何反复强调"精准扶贫"? [EB/OL]. http://dangjian.people.com.cn/n1/2016/0118/c117092-28063659.html.

[④] 习近平出席中央扶贫开发工作会议并作重要讲话[EB/OL]. http://china.cnr.cn/news/20151129/t20151129_520628571.shtml.

[⑤] 参见《中共中央国务院关于打赢脱贫攻坚战的决定》,百度百科,https://baike.baidu.com/item/中共中央国务院关于打赢脱贫攻坚战的决定/18940922?fr=aladdin.

扶贫对象范围逐步调整，实现了从区域到县、村的转化，瞄准单位逐渐下移。但是，随着社会的不断发展，贫困的定义变得更加多层次，贫困群体数量总体虽然大幅度下降，但其分布呈现出小集中、大分散的状况。一方面经济增长的减贫效应不断下降，开发式扶贫效果受到结构性因素制约，本该由贫困群体获得的扶贫开发资源却被精英群体占据，农村收入不平等程度持续扩大，需要推行新的扶贫战略以破解此类结构性限制；另一方面贫困群体分布更加分散，在部分老少边穷区域又有所聚集，贫困群体致贫原因复杂多样，客观上需要缩小扶贫瞄准单元，精准到户。集中扶贫的措施可能会造成扶贫资源浪费，真正需要帮扶的人得不到救助，以区域为瞄准的机制已经不再适用于中国今后的扶贫工作。现实情况的改变呼吁扶贫战略的转变。在这样的历史背景下，中国政府提出实施精准扶贫战略，将扶贫对象进一步下移，直接精准到贫困个人，并采取有针对性的扶贫措施。

2. 精准扶贫战略内涵与实践

习近平总书记在 2015 年 6 月召开的扶贫开发工作会议上强调："扶贫开发贵在精准，重在精准，成败之举在于精准。"精准扶贫战略内涵就体现在精准识别、精准帮扶、精准管理和精准考核之中。

精准识别，回答精准扶贫"扶持谁"的问题，这是精准扶贫战略的前提。精准识别包括对贫困户的精准识别和对致贫原因的精准识别，前者是指要把贫困者平等且无遗漏地纳入扶贫体系，精确到村到户到人，后者则是指要找准贫困的"病根"并对症下药。[①]依据国务院扶贫办《扶贫开发建档立卡工作方案》划定的 2013 年农民人均纯收入 2 736 元贫困识别标准，2014 年全国动员了 80 万名干部，培训了 60 万相关人员，精准识别贫困村和贫困户，并为其建立"专属档案"。[②]2015 年 8 月至 2016 年 6 月期间，全国共计动员了 200 万人开展建档立卡新一轮的审核工作，807 万贫困群体补录入扶贫系统，929 万识别不准的

---

① 易棉阳. 论习近平的精准扶贫战略思想 [J]. 贵州社会科学，2016（5）.
② 刘华清. 略论习近平老区扶贫开发思想 [J]. 中国浦东干部学院学报，2015（9）.

贫困群体统一退出系统,识别精准度逐步提高。① 通过精准识别,建档立卡,回答了"扶持谁"的问题,为实施精准扶贫战略解决了首要问题,保证了扶贫政策和扶贫资金有效施行。

精准帮扶和精准管理,回答精准扶贫"谁来扶"和"怎样扶"的问题,这是精准扶贫的点。在完成精准识别任务后,要对致贫根源展开深入分析,进而落实帮扶责任人和其他扶贫主体,逐村逐户制订帮扶计划,并集中力量予以扶持,这就是精准帮扶。② 精准帮扶解决的是"谁来扶"的问题。精准管理解决"怎样扶"的问题,是精准识别和精准帮扶的制度保障,体现在宏观和微观两个层面:宏观层面是指建立自上而下的精准扶贫机制,中央、省级和市(地)县级要各司其职并相互配合;微观层面则是指对贫困户进行全方位、全过程的监测,做到有进有出、动态管理。③ 目前在精准帮扶方面,村一级,中国已经形成了村"两委"(村中国共产党支部委员会和村民自治委员会)、驻村第一书记、驻村帮扶工作队、帮扶责任人四大扶贫"推动力";在精准管理方面,为了实现扶贫对象有进有出,扶贫资源精准投放,国家建立了全国扶贫信息网络系统对贫困家庭和贫困群体进行动态管理。

精准考核,回答精准扶贫"怎样了"的问题,即精准扶贫战略的落实问题,指的是对贫困户和贫困村识别、帮扶、管理的成效,以及对贫困县开展扶贫工作情况的量化考核,并依据考核结果奖优罚劣,具体包括精准扶贫政策实施评价、扶贫开发效果评价、群众满意度评价等内容。④ 中共中央办公厅、国务院办公厅2016年2月联合下发了《省级党委和政府扶贫开发工作成效考核办法》,明确了精准扶贫考核的内容和指标,将帮扶责任人与扶持对象挂钩,提高

---

① 刘华清.略论习近平老区扶贫开发思想[J].中国浦东干部学院学报,2015(9).
② 聂伟,龚紫钰.十八大以来精准扶贫研究进展与未来展望[J].中国农业大学学报(社会科学版),2018(5).
③ 易棉阳.论习近平的精准扶贫战略思想[J].贵州社会科学,2016(5).
④ 聂伟,龚紫钰.十八大以来精准扶贫研究进展与未来展望[J].中国农业大学学报(社会科学版),2018(5).

了扶贫工作的效率和水平。

在实践中,精准扶贫战略体现为"五个一批"。"五个一批"是指按照大体贫困成因提出的五条基本扶贫路径:通过发展生产脱贫一批,通过易地搬迁脱贫一批,通过生态补偿脱贫一批,通过发展教育脱贫一批,通过社会保障兜底一批。发展生产脱贫一批即通过培训和引导有劳动能力的个人,助力其掌握专业技能,提高自主生存能力,实现脱贫致富。易地搬迁脱贫一批则是结合实际情况和调研结果将难以实现就地脱贫的贫困家庭和群体实施有组织的易地搬迁计划,通过分期分批将贫困户迁移到生活条件适宜且可持续居住的地区,改善其生存条件,并促进贫困群体通过发展生产实现脱贫致富。生态补偿脱贫一批主要针对贫困地区生态保护问题,力求扩大生态修护力度和范围,增大重点生态功能区转移支付,增加当地贫困群体转移收入。发展教育脱贫一批是指国家将教育经费向贫困地区、基础教育、职业教育倾斜,通过扶持教育提高贫困群体自力更生的能力。社会保障兜底一批意为对完全或部分丧失劳动能力的贫困群体,通过统筹协调农村扶贫和低保标准,加大医疗救助、贫困救济等社会救助力度的方式进行社会保障兜底。

党的十八大以来,中国政府以精准扶贫和精准脱贫为扶贫基本方略,以户为扶贫单位,分析不同贫困户各自的致贫原因,从而"对症下药",采取有针对性的扶贫措施,极大提高了贫困治理有效性。这一阶段中国反贫困事业进展迅速,2018年底,全国贫困人口由2012年的9 899万人减少到1 660万人,平均每年减少1 373万人。[①]2019年,全国贫困人口减少了1 109万人,贫困发生率降至0.6%,吹响了决胜脱贫攻坚战的号角。[②]

---

① 李克强.政府工作报告[N].人民日报,2019-03-06.
② 李克强.政府工作报告[N].人民日报,2020-05-23.

第三节 治理—善治

一、治理失灵

治理由政府实现,但也离不开社会的参与。治理需要政府与其他参与主体在特定的领域合作,形成一个自主的体系网络,私人部门和公民团体在这个网络里分担政府职责,与政府一同处理公共事务。治理自然不是万能的,治理存在失败的风险,治理也可能会失灵。

治理的提出,是为了解决传统的市场与政府的二元对立模式所带来的国家失灵与市场失灵的问题。国家失灵指的是国家未能尽好保障公众利益最大化的职责,造成公共利益损失的情况。市场失灵指的是市场分配资源没有实现资源的最佳配置,造成资源配置效率低下、资源浪费的情况。如果只有政府的统治,忽视市场的作用,仅仅依靠国家的计划与命令,是无法达到资源的最佳配置的,国家低效的资源配置效率最终会损害公民的政治利益和经济利益。如果让市场自由配置资源,不要政府的管理,则会导致行业垄断、公共产品提供不足、生产失调,最后导致社会的崩溃,这就是市场失灵。因为国家失灵和市场失灵的存在,我们寄希望于通过治理促使国家和社会的良性互动,建立二者的合作机制以弥补国家和市场单独配置资源时的不足与缺陷,从而推动经济发展和社会进步。

"市场、国家和治理都会失败。这没有什么可奇怪的,因为失败是一切社会关系的重要特征"[①]。治理能够弥补国家和市场在调控中的某些不足,但治理也有内在的局限性。治理体系,虽然有助于同时克服"看得见的手"和"看不见的手"固有的缺陷,但是它"不能代替国家而享有合法的政治暴力,它也不可能代替市场而自发地对大多数

---

① 杰索普.治理的兴起及其失败的风险:以经济发展为例的论述[J].国际社会科学(中文版),1999(2).

资源进行有效的配置"。[①]治理只能对国家和市场手段进行补充,它只有在国家和市场的基础上才能发挥作用。如果处理不好国家和市场的关系,就会导致治理失灵。

治理是政治国家与市民社会、政府机关与非政府组织、公共机构和私人部门的合作,这种合作会建立一个新的协调的自主管理体系,即治理体系来替代政府机制和市场机制。但治理机制对政府机制和市场机制的替代不一定是有效的。合作的基础是信任,是对共同目标的追求。"治理完全建立在对话和共同做好事情的意愿上,这不会在真空里发生"。[②]治理成功需要满足必要的条件。在治理体系里,怎样维护政府和社会的双向信任,怎样建立坦诚的交流渠道减少噪声干扰,怎样在存在着大量利于短期而破坏持久合作基础的不当竞争行为的情况下进行负面协调以消弭敌意,怎样监督政府权力不借此侵入私人领域,怎样规范私人企业的逐利本性不至于侵吞公共资源,都需要我们认真思考。

如果不能很好地回答这些问题,不能建立起一个科学的治理体系,治理体系对政府机制和市场机制的替代也逃脱不了失灵的结果,甚至可能付出比单纯的市场失灵或国家失灵更惨重的代价。因为当政府让出权力时,也给权力寻租提供了机会,逐利的市场很可能和政府里的人员相互勾结,把政府让出的权力转化为谋利的工具,侵害公众利益。我们可以根据程序的和实质的标准来判断治理体系的有效性,评判它是否比市场机制效率更高,是否比政府单向的权威统治效果更好,判断是否出现治理失灵的问题。

二、善治:建立有效治理体系

善治回答的是如何避免治理失灵、有效实现既定公共目标的问题。

[①] 俞可平.引论:治理与善治[M]//俞可平.治理与善治.北京:社会科学文献出版社,2000:7.

[②] 斯莫茨.治理在国际关系中的正确运用[J].国际社会科学(中文版),1999(2).

善治即良好的治理、有效治理。治理的本质是在双方合作的基础上，政府与社会对公共事务的共同管理。善治意味着政府和社会在治理体系中达到合作的最佳状态，意味着政府和社会都既履行了自己的职责也达成了各自的目标，从而实现公共利益最大化。

治理是通过治理体系这一自主网络实现的，善治意味着建立有效的治理体系。善治离不开有效的治理体系。有效的治理体系，需要划清国家和社会、政府和市场的责任界限，需要稳定有序的政治环境，需要政府和市场相互的信任，需要公开透明的信息交换。如果这些因素不能保证，就会出现治理失灵，导致治理目标不能实现，公众利益受损。有效的治理体系，必须建立在法治社会、政府有效行政、政府负责、信息公开的前提下，如果一个治理体系是建立在没有法律与规则、政府不受监督、信息不公开的基础上，那么治理的结果必然是失败。

治理实际上是让部分公权力从政治国家回归到市民社会里，治理的过程就是一个还政于民的过程。善治是国家和社会、政府与公民良好合作的结果。治理要取得成功，取决于治理主体据以协调活动实现目标的环境，即治理体系。善治需要政府与社会通过协调各方的利益达成高度一致的目标，需要以法治为基础上建立起双向的监督制度、高效的沟通机制，需要实现高度的信息透明。只有在这样的治理体系中，才可能达到政府和社会主体间良好的合作状态，实现善治，避免治理失灵。

有效治理要求治理的目标具有高度的社会共识。政府设定的治理目标，只有是真正解决公民所关心的问题，只有充分地协调公民之间以及公民与政府的利益矛盾，才能得到社会最大限度的同意与认可。越有共识的目标，才越能吸引公民的参与与投入。有效治理离不开负责任的政府，更离不开公民积极地参与。无论公民是以私人部门即企业的形式，或者是以非营利的社会团体的形式，乃至于以个体公民的形式，只有吸引公民参与到治理过程中，才有可能实现有效治理。有效治理需要政府还权与社会承权并行。

有效治理要求治理的过程具有高度的透明性。政府与社会在管理公共事务过程中，要收集、处理、分析、交换大量数据信息，然而政府与社会在此过程中却面临着信息不对称状况，并进而产生信任缺乏问题。只有每个公民能通过各种传媒获得与自己的利益相关的政府信息，只有提高政府信息的透明度，才能让公民有效地参与到公共治理的过程中，才能有效地监督政府在治理过程中的行为，才能与政府达成足够的互信。治理过程的透明度越高，有效治理的可能也越高。

有效治理要求治理的主体具有高度的责任意识。治理的主体，既包括政府，也包括社会，治理是政府与社会合作的过程，政府和社会都必须承担起自己的责任，哪一方的缺位、失位都会影响治理的有效性。有效治理要求运用法律和道义双重手段，从监督制度建设和社会责任意识培养两方面入手，增大政府和社会的责任意识，促使二者都尽职地履行自己的职责。

有效治理要求治理的沟通具有高度的有效性。治理是一个过程，一个不断协商的过程，多元主体在治理体系中持续地互动。这就要求在政府和社会之间建立起一个有效的沟通机制，政府要对公民的要求与提问作出及时的回应与解答，甚至主动地向公民征询意见，公民也有责任及时与政府沟通。沟通机制越有效，治理体系就越高效。

有效治理要求治理的基础是法治。合作建立在平等的前提下。治理的基本要求是参与主体的平等，没有参与主体的平等，就不可能有良好的合作。这一点只有通过法治才能实现。真正反映人民意志的法律既规范公民行为，更把政府权力关到了笼子里，制约着政府的权力。只有以法律约束政府，才不至于让公权力欺压私人权利。没有健全的法制，没有建立在法律之上的社会程序，有效治理就不可能实现。

治理要取得成功，取决于治理主体据以协调活动实现目标的环境，即治理体系。有效治理，离不开构建有效的治理体系。这个治理体系里政府与社会通过协调各方的利益达成高度一致的目标，以法治为基础上建立起双向的监督制度、高效的沟通机制，实现高度的信息透明。只有在这样的治理体系中，才可能达到政府和社会主体间良好的合作状态，实现有效治理。

三、有效的贫困治理

(一) 有效贫困治理条件

"治理型贫困"正是治理失灵在贫困治理领域的表现。"治理型贫困"是指由于国家的扶贫方式与手段越来越精细化和技术化,随着政府推进贫困治理,贫困群体、贫困地区因为国家的扶贫行为产生的目标之外的后果,即贫困治理行为本身所造成的扶贫困境。例如,在经历了1990年代市场化改革以及新世纪的行政科层化改革之后,中国的治理结构已经从双轨二元社会治理结构转向技术化的治理结构。技术治理表现在贫困治理领域就是诸如整村推进、精准扶贫、定点扶贫、联村包片等一系列精细化扶贫手段的使用与推行。技术化治理带来了效率的提高,但是也产生了诸如瞄准偏离、资源流失、精英俘获、扶贫返贫、门槛效应等治理问题。这就对建立有效的贫困治理体系、解决贫困领域出现的治理失灵问题提出了要求。[①]

贫困问题的成因及表现是复杂的,对贫困的有效治理,取决于一个国家治理体系的完善程度和贫困治理能力的高低。完善的贫困治理体系、强大的贫困治理能力,取决于一个国家的政治、经济和社会条件是否充分满足贫困治理的需要。贫困治理,需要高效的政府、完善的市场经济体制,需要社会力量的充分发展。

1. 经济条件

市场是最有效的资源配置手段,是发展生产最具活力的因素,市场机制参与贫困治理可以优化配置贫困地区的土地、劳动力、资本等要素,带动贫困群体人力资本的提升,促进贫困地区经济发展。有效的贫困治理离不开充分发展的市场经济体制。完善市场经济体制,需要建立低成本的市场经营环境,减少企业经营的外部成本;要完善市场产权划分制度,提高市场透明度;要全面实施市场准入负面清单制度,

---

① 许汉译. 贫困治理转型与"治理型贫困"的兴起——以滇南南县调查为讨论中心 [J]. 中国延安干部学院学报, 2016 (3).

清理妨碍公平竞争的各种规定；要建立新型政企关系，提高经营投资企业自主权。只有建立起完善的市场经济体制，才能更好地发挥市场在贫困治理中的积极作用。

2. **政治条件**

政府是贫困治理的主导者，政府在贫困治理中肩负着促进经济发展、维持社会稳定，为反贫困事业提供宏观环境；制定和采取专项扶贫政策，投入扶贫专项资金，直接参与贫困群体扶助；完善社会保障体系，为贫困治理兜底；鼓励和支持市场及社会参与贫困治理等一系列任务。贫困治理要有效，离不开高效的政府。高效的政府建立在严密有效的科层体制上。一个政府只有建立权力关系明确、等级层次有序的组织机构，确立正式的规章制度，招募专业人士，能自上而下地落实政策指令，才具有高效地解决问题的能力。高效的政府离不开有力的监督激励机制。要通过制定和贯彻法律及规章制度，建立有力的监督激励机制，即使执掌国家权力的公务员不得滥用权力，防止公共权力的异化，同时使他们能充分把自己的聪明才智用在为人民服务、履行政府职责上。高效的政府需要处理好中央-地方关系，既保证中央政府权威，确保中央意志能传达到地方，又要给予地方政府充分的自主权，发挥地方政府的主观能动性。

3. **社会条件**

有效的贫困治理离不开社会的参与。政府在全面的、综合的、精细的贫困治理中存在着客观局限，需要社会参与来弥补政府的缺陷。要引导社会参与贫困治理，充分发挥社会在贫困治理中的积极作用，贫困治理需要社会力量的充分发展。政府要通过道德教育和法律指引，提供公民的社会责任感，提高公民参与国家治理的积极性、主动性；要培育专业有效的社会组织，各种专门的社会组织是社会服务提供的主体，只有社会组织具备一定的组织规模、有效的管理机制与支撑组织正常运转的资源，才能充分发挥社会组织对特定贫困群体脱贫的积极作用；要鼓励学界创新和发展贫困治理理论，创新是驱动社会经济发展的核心动力，实践基础上的理论创新是社会变革的先导，贫困的成因及表现随社会经济条件的变化而变化，学界创新和发展贫困治理理论能为贫困治理指明方向、提高贫困治理效率；要引导社会里各个领域、行业的优秀人才参与扶贫，掌握先进技术、具备高深专业知识的优秀人才参与扶贫，可以为贫困群体脱贫做具体有效的规划，用技术指导贫困群体脱贫，能极大地提高扶贫效率。

技术扶贫

安徽大学生命科学学院教授何家庆致力于科技扶贫，通过到贫困地区开设培训班，推广魔芋、栝楼的科学栽培技术，为贫困地区提供了种植魔芋、栝楼的产业扶贫良方。魔芋、栝楼适合山区生长，科技含量低，适合在文化落后的贫困山区推广，何家庆把科学的栽培技术通过培训班传授给贫困山区的农民，使得这些文化素质较低的农民也能通过改变种植作物，获得高额作物产量脱贫致富。

这说明社会整体的文化技术水平越高，培养的各行业人才越多，脱贫扶贫的事业也就拥有越多的人才储备，只要善于引导这些人才参与扶贫，贫困治理就能更科学、高效。

资料来源：一位"布衣教授"的初心[N].光明日报，2019-10-21.

（二）贫困治理有效性评价

中国的反贫困不仅在短期之内使得占人口总数绝大部分的贫困人口跨越贫困陷阱，还在这一过程中有效地避免了扶贫治理的政府失灵与市场失灵难题，真正做到了有效治理。① 贫困治理是阶段性的过程，治理主体在每个阶段会设定相应的治理目标和考核指标，如阶段性的

---

① 许汉译.新中国成立70年来反贫困的历史、经验与启示[J].中国农业大学学报（社会科学版），2019（5）.

贫困群体减少数量、贫困发生率降低量、贫困群体人均可支配收入增长量、扶贫资金投入产出比、基础设施建设情况等。贫困治理有效性，就是指在贫困治理过程中，贫困治理主体能够有效达成各项贫困治理的阶段性目标。评估贫困治理的有效性，包括评估贫困治理"政策制定是否得当、政策制定过程是否合理合法、政策结果是否达到预期目标"[①]，这关系到贫困治理的经验总结和下一阶段的目标制定、方式改善，也影响着贫困治理工作的进一步推进。

随着贫困治理的深入，贫困治理是否有效需要通过评价贫困治理的绩效来衡量。对工作进行绩效评价是提高工作效率和质量的有效工具，将绩效评价应用在贫困治理中，可以更高质量地完成治理任务。准确的贫困治理绩效评估，可以客观评价阶段性贫困治理效果，分析各项贫困治理措施的效果，发现该阶段贫困治理的不足，总结该阶段贫困治理的经验与教训，为下一阶段贫困治理工作的开展奠定基础。

对贫困治理绩效进行评价首先要确定评价主体。绩效评价主体指的是对某项工作进行评价的主体，只有具备公信力、对评价对象有专业的了解、掌握科学评价标准和工具的主体才能充当评价主体，评价出来的结果才有可信度。政府是贫困治理的主导者，领导着贫困治理过程，从贫困政策出台、贫困资金投入到吸引社会力量参与贫困治理，都离不开政府，因此政府是贫困治理绩效评价最重要的主体，政府自评是贫困治理绩效评价最重要的方式。

政府自评主要包括两方面，一方面是直接贫困治理主体即各级政府中直接负责贫困治理的组织机构对自己工作状况的评价，如国务院扶贫办公室对每一年度全国扶贫工作所作的评价；另一方面是政府内各种外部主体对贫困治理绩效的评价，包括各级政府对自己管辖范围内贫困治理绩效进行评价，各级权力机关即各级人大对各级政府贫困治理效果的评价，各级司法机关对各级政府贫困治理的司法评价等。

---

① 刘俊英，时帅.论贫困治理绩效评价——价值理性与工具理性的双重分析[J].长白学刊，2018（4）.

政府主导贫困治理的全过程,掌握最全面的信息,因此政府自评是贫困治理最具权威的绩效评估方式,其评价结果也是最全面的。

但是"自己评价自己"容易出现报喜不报忧的情况,会影响绩效评价结果的客观性,仅有政府自评是不够的,需要第三方评估主体参与评估。第三方评估即由独立于政府部门的专家、社会组织和机构对政府贫困治理绩效进行评价。贫困治理的第三方评估主体主要包括专家学者组成的高校智库,如北京大学贫困地区发展研究院、中国人民大学中国扶贫研究院、北京师范大学中国扶贫研究院、兰州大学中国地方政府绩效评价中心等;专门负责绩效评估的公司或机构,如承担政府贫困审计工作的外包公司、专业的政务咨询公司等;专业的无政府非营利组织,如国际红十字会。第三方评估主体独立于政府之外,拥有专门的绩效评估标准和工具,可以高效地完成贫困治理绩效评价,其评价结果往往更具客观性,能够弥补政府自评的不足。"扶贫成效如何?谁说了算?只能是群众说了算"[①],除了政府和专业的第三方,毫无疑问人民群众也可以根据自己的经历、感受,借助社会舆论对政府贫困治理进行评价。

贫困治理绩效评价要明确评价对象。绩效评价的对象也就是需要评价的客体,是和评价主体相对应的概念。[②]理论上参与贫困治理行为的各级政府、企事业单位和社会团体等组织都应该成为绩效评价的对象。贫困治理作为国家治理的重要组成部分,是由政府主导的。虽然贫困治理主体是多元的,但政府作为统筹各方的领导者,在贫困治理中的地位和作用都是无可替代的,企事业单位、社会组织参与贫困治理,皆是在政府的引导、管理下进行的,因此对贫困治理进行绩效评价主

---

① 刘司可.精准扶贫视角下农村贫困退出机制的实践与思考——基于湖北省广水市陈家河村152户贫困户的问卷调查[J].农村经济,2016(4).
② 刘俊英,时帅.论贫困治理绩效评价——价值理性与工具理性的双重分析[J].长白学刊,2018(4).

要以政府作为评价对象,贫困治理绩效评价的客体是每个治理阶段的各级政府。

评价贫困治理绩效是对政府主导下每个贫困治理阶段的结果进行评价。贫困是复杂的社会现象决定了贫困治理是一项复杂的工程,要解决的不仅仅是贫困群体收入的提升,还涉及贫困地区的社会经济发展、基础设施完善和公共服务改善。贫困是多维的,因此对阶段性贫困治理绩效进行评价也是多方面的。对阶段性贫困治理的结果进行评价,主要是评价阶段性贫困治理产生的直接脱贫成效、经济绩效、社会绩效三方面。[①] 直接脱贫成效指的是各地区贫困群体的减少情况,包括贫困群体下降数、贫困发生率下降比例、贫困群体占总群体比例下降比例等;经济绩效指的是贫困地区整体的经济发展水平提升情况,包括居民人均可支配收入和政府财政的提升、企业投资环境的改善、企业投资资金的增加、各种产业的发展等等;社会绩效主要指的是贫困地区基础设施的完善、社会服务水平的提高、涉及交通条件、文化教育、医疗卫生、住房及家庭设施等的改善状况(图6-1)。要充分考虑贫困地区人民的满意度与幸福感,把贫困群体的主观感受也纳入绩效评价内容。贫困治理绩效评价的结果是反映贫困治理有效性的重要标准。贫困治理绩效评价的目的是改善贫困治理,提高贫困治理的效率。全面客观的贫困治理绩效评价能发现贫困治理过程中的具体问题,揭示治理结果的不足与缺陷,为政府下一阶段贫困治理目标、政策制定提供依据,以推进贫困治理的深入发展。要不断改进绩效评价,切实提高绩效评价的有效性和针对性,发挥好贫困治理绩效评价对贫困治理的促进作用,从而进一步提高贫困治理有效性。

---

① 刘俊英,时帅.论贫困治理绩效评价——价值理性与工具理性的双重分析[J].长白学刊,2018(4).

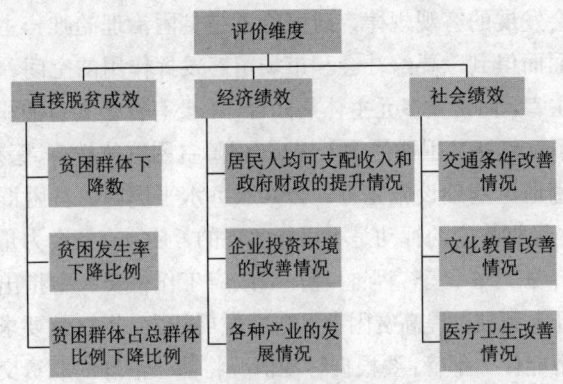

图 6-1 贫困治理绩效评价指标

第四节 多元—全元

一、主体多元化的必要性

政府主导是中国贫困治理的主要特征与重要优势,但是贫困治理不能仅仅依靠政府。治理的本质特征就是治理主体的多元化,要求政府转变职能,把部分职责让渡给社会组织,发挥社会组织在特定领域治理的作用。中国的贫困治理体系要改变过去政府一元的管理格局,需要社会组织的积极参与,需要通过制度改革、职责转移、公私合作等方式鼓励社会组织参与到治理的过程中,给社会组织充足的参与空间,切实推进治理主体多元化。

政府扶贫的范围和领域是有边界的。治理贫困要对症下药,针对不同贫困地区不同的致贫原因、不同的贫困群体构成采取不同的措施,做到有效治理。贫困治理需要政府主导,但不意味着政府包办一切,不意味着政府资金的无限制投入,不意味着政府采取扶贫措施可以无视经济社会发展的客观规律，政府绝不是贫困治理的唯一主体。政府扶贫不能面面俱到，要给社会和市场留够发挥作用的空间。贫困治理不能一元主宰，而是要多元主体共同合作，要有社会力量的积极参与。贫困治理不仅包括贫困群体收入提高、保障贫困群体教育、医疗和住房，也包括贫困地区基础设施完善、公共服务水平提高、贫困群体幸福感提升，这些仅靠政府的行动是不可能实现的，必须有社会力量的参与。

2019年3月6日李克强总理在《政府工作报告》中指出，贫困治理要强化社会帮扶，提高贫困地区自我发展能力。[1]这就要求政府在治理贫困时不能什么都管，要根据客观情况将部分治理的职责交给社会，交给企业和第三方组织。要划分政府扶贫范围的边界，做好政府该做的，政府做不好的或者做起来效率低的，就交给社会。政府要完善政府退出机制，在产业引进、项目上马后适时退出，避免因政府的过度参与影响效率。在引导市场主体参与方面，政府要发挥企业、中介组织、行业协会等市场主体的作用，倡导企业承担社会责任，鼓励企业采取多种方式，推进贫困地区经济发展、生活水平提高；在鼓励社会组织和群众参与方面，政府要通过建设激励机制来鼓励社会组织和个人通过多种方式参与扶贫开发，弥补政府治理的不足。创新推动发展，政府要积极探索、创新政府和社会治理贫困的合作模式，提高贫困治理的效能，如通过鼓励企业到贫困地区开办爱心超市、爱心养老院、爱心医院等方式使其参与扶贫事业。政府通过与企业合作，只需对企业提供适当补助，就可以利用企业的人力、资源和渠道来扶贫，极大地提高了贫困治理的效率。

二、政府主导扶贫事业

作为世界上最大的发展中国家，贫困问题是中国发展所要解决的关键问题，反贫困是中国国家治理的重中之重。国家治理在中国反贫

---

[1] 李克强.政府工作报告[N].人民日报，2019-03-06.

困中扮演着关键性角色,无论是推动贫困区域的经济增长还是克服收入分配两极化,无论是缓解贫困群体的社会不平等还是打破贫困的恶性循环,都需要国家的主导,需要政府的干预。反贫困是中国当前国家治理的重点问题,关系到中国经济协调发展与社会和谐稳定,对于中国而言具有深远意义。

中国的贫困治理是一个长期过程,每个阶段都有不同的目标,这个过程离不开政府发挥主导作用,利用其公共权威和影响力,拟定相应的扶贫政策,建立有效的扶贫机构,投入充足的扶贫资金,引导多方力量参与,确保扶贫目标的有效实现。《中国农村扶贫开发纲要(2011—2020年)》中明确指出扶贫开发是长期历史任务,要坚持政府主导,基本原则是"政府主导,分级负责",要完善政策体系、扩大财税支持、提高投资倾斜、落实产业扶持,坚持中央统筹、省负总责、县抓落实的管理体制,把贫困治理当作政府行政的重要任务,把脱贫绩效当作政府工作的考核体系的重点。[①]2015年12月,中共中央、国务院发布的《关于打赢脱贫攻坚战的决定》中,再次明确要把"坚持政府主导、增强社会合力"作为扶贫事业的基本原则,各级政府要把扶贫开发工作作为重大政治任务来抓,发挥政府投入在扶贫开发中的主体和主导作用。

改革开放以来,党和政府致力于缓解和消除贫困,通过政府主导,借助具有强大的整合和动员能力的国家治理体系,引导和鼓励市场与社会各界参与扶贫,在反贫困上取得了举世瞩目的成就。改革开放40多年来,中国解决了7亿多人的贫困问题。按每人每日消费支出1美元、1.25美元、2美元三个不同的国际贫困线来计算,1981—2001年间中国对全球的减贫贡献率分别达到95.1%、122%、951%,对世界减贫的贡献率超过了70%。[②]

---

① 中国农村扶贫开发纲要(2011—2020年)[EB/OL]. https://baike.baidu.com/item/中国农村扶贫开发纲要(2011—2020年)/15118937?fr=aladdin.
② 贾玉娇. 反贫困的中国道路:1978—2018[J]. 浙江社会科学,2018(6).

三、市场参与扶贫

市场是最有效的资源配置手段，市场是贫困治理体系中最具活力的参与主体，市场参与贫困治理，可以优化配置贫困地区的土地、劳动力、资本等要素，充分提高扶贫效率，创新扶贫模式，提高贫困地区的经济产业水平。贫困治理离不开市场的参与，《国务院办公厅关于进一步动员社会各方面力量参与扶贫开发的意见》明确指出，要"鼓励民营企业积极承担社会责任，充分激发市场活力，发挥资金、技术、市场、管理等优势，通过资源开发、产业培育、市场开拓、村企共建等多种形式到贫困地区投资兴业、培训技能、吸纳就业、捐资助贫，参与扶贫开发，发挥辐射和带动作用"。[1]

市场参与扶贫，主要有两种模式：一种是产业扶贫，通过在贫困地区创造新的市场组织，发展一定的主导产业，通过产业发展带动贫困地区经济的增长，同时吸纳贫困群体就业，帮助贫困群体加入市场，实现人力、财力、资源等要素的有效整合；一种是现有的市场主体，即各类公司企业，利用自身资源、产业优势，发起或参与政府主导的帮扶行动，直接帮助贫困群体脱贫致富，如阿里巴巴发起的电商扶贫、工商联发起"万企帮万村"行动。

进行产业扶贫，引入市场参与贫困治理，可以将企业自身发展与贫困地区的特定自然资源、廉价劳动力等优势要素结合在一起，因地制宜地把贫困地区潜在优势转化为切实的商品优势和市场优势，有效带动贫困地区经济发展，提高贫困群体收入，提高脱贫效率，实现可持续脱贫。同时，由于进行产业扶贫，市场机制在贫困地区发展起来，给贫困地区带来更多市场信息，贫困群体的市场意识也会随之增强，对市场规律的把握也会提高，这有助于提高贫困群体增强自身的致富能力。[2]

---

[1] 国务院办公厅关于进一步动员社会各方面力量参与扶贫开发的意见 [EB/OL]. [2014-12-04]. http://www.gov.cn/zhengce/content/2014-12/04/content_9289.htm.

[2] 闫坤，等. 中国特色的反贫困理论与实践研究 [M]. 北京：中国社会科学出版社，2016：51.

市场组织发起或参与政府主导的扶贫行动,一方面可以弥补政府人手、资金投入的不足;另一方面可以在某些政府不适合介入的领域,利用市场组织的灵活性,帮助政府解决问题,提高扶贫效率。下面以碧桂园结合当地情况创新的绿色扶贫模式为例进行说明。

碧桂园树山村模式

2010年起碧桂园开始帮扶广东省英德市树山村,结合树山村的苗木优势和碧桂园自身需求,提出了绿色产业扶贫模式,由碧桂园派驻技术人员,成立苗圃示范基地,免费对村民进行培训,按市场价提供种苗,引导村民成立合作社作为发展平台,村民提供土地和劳动力,以"公司+合作社+农户"的模式发展产业。苗木栽培达到一定条件后,由碧桂园按市场价或保护价负责收购。碧桂园不会永久收购树苗,待村民学会通过市场交易拿苗木到花卉市场买卖时,便停止收购。因苗木成本较大,碧桂园为农户垫付50%~90%的种苗款,农户卖了之后再还本,赚钱归农户,还本后发展下一批苗木时可以再借。至2015年底,项目实际垫资600万元,总共发展167户农户种植苗木400余亩,产值超过2 000万元,村民获利1 000余万元,户均增收约7万元。

碧桂园的绿色产业扶贫模式,通过企业垫资与技术培训,把当地的资源优势、劳动力优势转化为商品优势,形成了可持续发展的苗木产业,通过产业发展解决了树山村的贫困问题,充分体现了市场组织利用其经济眼光参与扶贫的优势。

资料来源:龙月.碧桂园:把扶贫作为主业不断创新扶贫模式[EB/OL]. http://finance.sina.com.cn/roll/2018-06-24/doc-iheirxye7955690.shtml.

四、社会组织辅助扶贫

社会组织是贫困治理体系重要的组成部分，社会组织参与扶贫，能对解决贫困问题起辅助作用。截至 2015 年，中国民间社会对中国扶贫事业的贡献率达到了 20%，社会组织成为中国扶贫事业的一支中坚力量。[1] 社会扶贫是指各类非政府组织及个人为主体进行的扶贫行动，主要以基金会、志愿者协会等公益组织为主，主要途径包括向贫困地区捐赠资金物资、组织贫困群体技能培训、直接向贫困群体提供就业岗位、参与政府主导的各种专项扶贫项目等。

社会组织能够提高资源向贫困群体流动的有效性，从而弥补政府对公共物品供给的不足；可以避免政府和市场具有选择偏好的影响，从而实现资源的公平分配，让贫困群体能够获得脱离贫困和自我发展的必要条件；社会组织具有较强的灵活性，可有效避免官僚制的僵化和低效。[2] 中国政府积极引导社会组织参与扶贫，支持社会团体、基金会、民办非企业单位等各类组织积极从事扶贫开发事业，通过政府面向社会购买服务、社会组织承担扶贫项目实施的方式来充分发挥社会组织作用，形成强大合力。

公益基金会、社会团体等社会组织参与扶贫是中国扶贫开发工作的重要补充。中国扶贫基金会、中国青少年发展基金会、中国儿童少年基金会、宋庆龄基金会等组织都是社会扶贫的重要主体。这些社会组织，可以针对贫困地区的具体情况，提供针对性的帮扶行动，改善贫困群体的基础生活条件，帮助他们提高自我发展的能力。此外，国际组织的参与也是中国贫困治理的一大助力，联合国开发计划署、世界银行等国际组织都是中国贫困治理的重要参与者，中国政府以开放的态度积极利用国际组织的反贫困援助，切实推进贫困治理进程。

---

[1] 朱火云，杨超柏.城市新贫困：政府与非政府组织合作扶贫研究[J].杭州师范大学学报（社会科学版），2019（5）.

[2] 向雪琪，林曾.社会组织扶贫的理论基础与实践空间[J].中南民族大学学报（人文社会科学版），2017（5）.

中国青少年发展基金会于1989年发起"希望工程"项目，通过建设希望小学，资助贫困地区失学儿童重返校园，改善农村办学条件，栉风沐雨30年，全国希望工程项目已经援建希望小学20 110所，资助困难学生594.9万名，为教育扶贫作出极大的贡献。[①] 中国扶贫基金会与中国邮政集团公司合作发起了"爱心包裹"项目，通过组织爱心包裹捐购的形式，改善农村小学音体美教学现状和学习生活条件。该活动参与便捷，全国3.6万个邮政网点（中国扶贫基金会爱心包裹捐赠站）均可办理捐购，也可以进行网上捐购，吸引了社会各界人士的广泛参与，截至2011年年底，已经捐购学生型文具包2 000 639个，学生型温暖包15 974个，学校型体育包24 341个，家庭型温暖包6 549个，直接改善了贫困地区儿童的学习条件。[②]

五、贫困群体积极脱贫

贫困群体不仅仅是贫困治理的客体，更是贫困治理的主体。贫困群体的"主体性就是贫困者个体能够始终持有自觉、自主的心理状态以及主人翁意识，对发生在自己身上的事情有一定的参与权"[③]。在中国的贫困治理过程中，贫困群体普遍存在"等、靠、要"的思想，把脱贫希望全寄托在政府、社会身上，自身不愿意为脱贫做努力。从"要我脱贫"到"我要脱贫"就是贫困群体从扶贫客体到扶贫主体的转变，通过激励贫困群体主动摆脱贫困，才能切实提高脱贫效率。

贫困群体作为主体参与扶贫事业将对贫困治理效果及贫困群体本身产生重要影响，可以促进其与其他三个主体的合作交流，自身诉求可以及时表达，如此便会提高扶贫政策的精准性。扶贫事业要有效、可持续，离不开激发贫困群体脱贫内生动力，改变贫困群体"等、靠、要"的思想。要充分发挥扶贫对象自身的主动性和创造性，尊重贫困

---

① 数据来源：《希望工程，陪伴了我们几代人长大》，共青团中央微信公众号。
② 数据来源：爱心包裹官网，http://baoguo.fupin.org.cn.
③ 郭湛. 主体性哲学[M]. 北京：中国人民大学出版社，2010：10.

群体的主体地位，提高其自我管理水平和发展能力，立足自身实现脱贫致富。要改变以往更多地以政策和制度依赖为主导的外生驱动模式，变迁为以贫困主体自我责任、主体意识为主导的内生驱动模式。①

贫困治理要坚持群众主体，激发内生动力，要重视精神扶贫的作用，而不仅仅是依靠物质扶贫。精神扶贫就是扶志，就是"扶思想、扶观念、扶信心，提高贫困群体的生存、生产、发展能力"②。通过精神扶贫解决中国贫困群体中存在的内生发展动力丧失的问题，帮助贫困户树立"自力更生，勤劳致富"的观念，激发贫困群体脱贫动力，积极为自身脱贫努力。精神贫困往往比物质贫困更可怕，扶贫不扶志，可能陷入好政策养懒人的局面，贫困群体缺乏脱贫内生动力，即使一时依靠"输血"脱贫，也很容易再度返贫。开发式扶贫要取得成效，除了离不开政府资金投入，也离不开贫困群体自身能力的提高和其参与度的提升。

六、全元扶贫：多元主体聚合

政府、市场、社会、贫困群体都是贫困治理的主体，扶贫事业要可持续推进，离不开其中任何一个主体。政府具有高效的执行力、强大的动员力，可以利用自身的权威性引导市场和社会力量的参与，整合全社会原本分散的资源，"集中力量办大事"；市场在资源配置中起决定性作用，市场机制可以有效提高资源配置效率，提高脱贫效能；社会组织具有志愿性、服务性、专业性等特点，在治理过程中可以帮助政府和贫困地区有效承接国家及市场调配的发展资料；贫困群体主动参与贫困治理，成为决策和实施的主体，积极致力于自身脱贫，可以减轻政府、社会扶贫负担，为脱贫致富提供更多新思路。

---

① 高洪波.2020年后中国贫困治理结构新变迁[J].人民论坛-学术前沿，2018（23）.

② 汪三贵，曾小溪.从区域扶贫开发到精准扶贫——改革开放40年中国扶贫政策的演进及脱贫攻坚的难点和对策[J].农业经济问题（月刊），2018（8）.

中国的贫困治理，要聚合多元主体共同扶贫，通过有效整合社会各项资源，动员各方帮扶力量，提高贫困治理的社会化水平，创新扶贫治理模式，形成全元扶贫新机制。构建政府、市场、社会、贫困群众多元主体聚合、全元参与扶贫的局面，一方面需要政府搭建宽领域的社会参与平台，完善政策支撑体系，营造良好的社会氛围，充分鼓励各类市场主体、社会组织参与扶贫，发挥市场、社会组织自身优势和创造性，因地制宜，创造出符合贫困地区实际的扶贫模式，以需求导向，针对贫困户的实际情况提供具有针对性的多样化帮扶措施；另一方面需要尊重贫困群体的主体地位，充分尊重贫困群体自身意愿，促进帮扶双方的交流互动，通过精神扶贫，激发贫困群众内生动力，使贫困群体改变被动受扶的心理，自力更生、主动脱贫，与帮扶群体形成强大合力。通过强化政府责任，引领市场、社会协同发力，构建专项扶贫、行业扶贫、社会扶贫互为补充的大扶贫格局，形成全元扶贫的扶贫机制。

第五节 治理生态

一、治理生态：内涵与特征

生态是指由生物群落和与之相互作用的自然环境、能量流共同构成的系统，是一个动态、复杂的整体。人类社会本身便是一个经济效益、社会效益与生态效益相统一的复合生态系统。治理生态指的是在公共治理过程中，由政府主导，市场、社会参与，多元治理主体彼此联动、相互影响而形成的复合生态系统。

人类社会是以人为主体、以资源环境为依托、以社会体制为经络、以物质能量信息流动为命脉的经济—社会—自然复合生态系统，理当遵循生态系统的各种运行规律，顺应这些发展规律，人类社会的运行才会和谐可持续。为保持社会生态系统中人与环境之间的动态平衡与循序渐进，人类的发展必须努力实现主体与客体关系即人与自然的和谐协调、可持续发展，如此人类社会这一生态系统才折射出主导性、开放性、多样性、个体性、创新性、整合性等特征。①

治理生态作为由人类进行公共治理而产生的复合系统，为实现既定的公共治理目标，必须在与外界环境的充分交流下，进行科学规划和设计，规范各个主体行为，明确主导性的治理目标，并通过占主导地位的核心力量合理支配资源，维持和谐的生态秩序，实现社会效益与生态效益的协调增长。②

二、中国贫困治理生态

1.中国贫困治理生态概况

贫困治理生态，是一个类似生态系统、由贫困治理的多元主体和环境所构成的有机的、自上而下可协调的自组织系统，各个主体、各个要素形成一个彼此依赖、相互影响制约的动态系统③。中国贫困治理生态是指以消除贫困为目标，在党的领导和政府主导下，市场组织、社会组织、贫困群体等多元主体参与，相互联系、协同合作形成的贫困治理生态系统。

首先，中国贫困治理生态是一个多元主体互通的系统，在党和政府的主导下，各级党政机关具体负责，市场组织、社会组织协同参与，贫困群体主体意识觉醒、主动脱贫，形成跨区域、跨行业、跨部门、跨民族的治理系统，构建起专项扶贫、行业扶贫、社会扶贫互为补充的大扶贫格局。

其次，在系统内部居于主导地位的党委和政府，已经构建起从中

---

① 参见王遐见.论生态化社会主义价值观[J].哲学研究，2012（7）.
② 王遐见.论新时代中国社会生态化治理新范式[J].现代哲学，2018（11）.
③ 中国农业银行四川省分行金融扶贫课题组.整体推进、立体帮扶，全力构建产融扶贫大格局[J].农银学刊，2017（2）.

央到地方,省市县乡村五级一起抓扶贫、层层落实责任制的治理体制。在每级党政机关中,各级党委总揽全局、协调各方,不同部门分工协作,分别负责对口领域的扶贫工作,党政机关构成了贫困治理生态系统的支柱力量。

再次,中国贫困治理生态已经形成特色产业脱贫、易地搬迁脱贫、生态保护脱贫、教育脱贫、医疗保险脱贫、农村最低生活保障制度等各扶贫政策、方案相衔接,东西部扶贫协作机制、定点扶贫机制、社会力量参与机制等各扶贫机制相协调的由党组织全方位统筹的可持续扶贫生态。

最后,中国贫困治理生态是一个具备内生动力的系统,改革开放以来的贫困治理实践中,党和政府始终坚持以开发式扶贫为主、救济式扶贫为辅,坚持群众主体,激发贫困群体脱贫内生动力,注重扶贫先扶智,增强贫困人口自我发展能力,形成国家、社会帮扶和贫困群体自身努力脱贫的贫困治理生态。

饶阳县贫困治理模式

管中可以窥豹,以河北省衡水市饶阳县贫困治理为例可以帮助理解中国贫困治理生态现状。以开发式扶贫为方针,饶阳县委县政府确立了发展设施农业产业的脱贫战略,以科技进步为脱贫助推器,大力推广温室、大棚种植技术,把葡萄、甜瓜作为特色产品,面向全国宣传饶阳特色水果产业。

一方面,政府直接向贫困户提供资金、技术、销售渠道支持,鼓励贫困户通过发展设施农业脱贫致富;另一方面,政府通过提供金融贷款、土地流转政策、特殊优惠政策等吸引企业落户,投资建设大规模的设施农业厂及农产品流通交易市场,带动设施农业产业的进一步发展,从而能为贫困群体提供更多就业岗位,让贫困群体有更多通过劳动致富的机会。

政府聘请河北省农业科学院、中国农业科学院、中国葡萄协

> 会的相关技术专家为顾问,通过开设免费的培训班,向当地农户推广温室、大棚种植技术,同时为企业与科研院校牵线搭桥,协助企业改良作物品种、品质,提高企业农产品竞争力。通过设施农业产业的发展,以产业脱贫为主轴,饶阳县实现了把政府的政策引领优势、市场企业的经营管理优势、资金优势,社会专家的技术生产优势与贫困群体脱贫致富的需求紧密结合在一起,政府、市场、社会、贫困群体多元主体互惠共赢的可持续贫困治理生态。
>
> 资料来源:作者根据饶阳县有关政府文件整理而来。

2. 中国贫困治理生态特征

(1)中国贫困治理生态具有创新性。创新是经济增长、社会进步的核心动力,也是解决中国贫困问题的必由之路。贫困治理生态以消除贫困为目标,它不是各类主体僵化的系统,而是在扶贫实践中,通过信息交互、资源共享、智慧碰撞不断创新的系统。在贫困治理过程中,政府、市场、社会组织、贫困群体是一个相互交流、群策群力、共同探索贫困治理新机制,不断突破旧有扶贫思路限制,创新扶贫理念、模式的有机整体,呈现出活力四射的景象。从救济式扶贫到开放式扶贫方针的转变过程中,中国政府、市场、社会、贫困群体多元主体合力,通过发挥主观能动性和创造性,结合各地具体实际,完善和创新扶贫脱贫体制、机制和模式,切实落实了开发式扶贫方针。精准扶贫战略,正是在中国贫困治理实践中创造出来的最新成果,而精准扶贫自身也经历了一个从概念到制度再到国家战略不断演进和发展的创新过程。

(2)中国贫困治理生态具有整体性。中国贫困治理生态内部各主体、各要素之间不是孤立存在的,而是密切配合、相互依存的,是一个完整的统一体。贫困问题成因复杂,涵盖经济、政治、社会、生态多领域,决定了贫困治理不能独立作战,需要聚合多元主体共同参与。在中国的扶贫治理之中我们可以看到政府干预、社会动员、个体参与以及市场开发等多种元素的综合与多重逻辑的影响。① 中国贫困治理生态是一个由党和政府主导，市场企业、社会组织积极参与，贫困群体自力更生的整体，具有强大合力。在长期贫困治理过程中，中国已经初步构建起政府、市场、社会协同发力的扶贫大格局。扶贫大格局涉及多个领域的系统整合，实现了政府内部之间，政府与市场、社会之间，不同层级机构的跨越式合作，从宏观领域到微观领域都具备全局性、普适性的整体性特征。在贫困治理历程中，中国政府通过土地、金融、教育、医疗、生态产业、易地搬迁、最低生活保障等领域的政策创新与施行，全方位多维度进行贫困治理，逐步形成了各项治贫制度之间无缝衔接的整体扶贫格局。

（3）中国贫困治理生态具有开放性。消除贫困是人类永恒的难题，贫困治理具有阶段性，不同阶段要解决的任务是不同的。中国贫困治理生态并不是一个封闭的系统，而是一个不断发展变化的系统，具有开放性。改革开放以来，中国政府以收入标准为依据，根据国情变化来制定与改变贫困线，1985 年中国的绝对贫困标准是家庭人均纯收入 206 元/年，以此为标准，1985 年中国贫困人口的总数为 1.25 亿人②，而 2011 年 11 月 29 日中国政府将家庭人均纯收入 2 300 元/年（2010 年购买力不变价）作为新的国家扶贫标准，调整后 2012 年中国贫困人口总数为 9 899 万人。③ 作为扶贫标准的贫困线的变化带来需要帮扶的贫困群体的变化，使得中国政府得以据此不断调整阶段性扶贫目标，分阶段进行扶贫开发，体现了中国贫困治理生态的开放性。中国仍然是发展中国家，处于社会主义初级阶段，处在全面建成小康社会的关键时期，这一阶段中国贫困治理的主要任务应该是解决绝对贫困问题，

---

① 许汉译. 新中国成立 70 年来反贫困的历史、经验与启示 [J]. 中国农业大学学报（社会科学版），2019（5）.

② 数据来源：中华人民共和国国家统计局. 中国统计年鉴（2008），中国统计出版社，2008.

③ 数据来源：陈志刚. 应对世界性难题中国始终倡导并践行全球减贫事业 [EB/OL]. [2018-05-24]. http://www.cpad.gov.cn/art/2018/5/24/art_61_84345.html.

解决贫困人口基本的温饱问题,只有待中国生产力进一步发展后,才能将解决相对贫困问题作为贫困治理的目标。因此,在全面考虑中国国情的基础上,2015年《中共中央国务院关于打赢脱贫攻坚战的决定》才把"到2020年,确保中国现行标准下农村贫困人口实现脱贫,贫困县全部摘帽,解决区域性整体贫困"当作中国这一阶段贫困治理的目标,把阶段性扶贫目标定位在消除绝对贫困中。

三、中国贫困治理生态发展建议

生态系统要可持续发展,关键是系统内的诸生物、诸要素之间,能量能够顺畅地循环流通,实现动态平衡。中国贫困治理生态仍然在构建中,制约其发展最大的障碍正是生态内部各主体之间的联动不足,综合的协调统筹机制不够完善,没有充分整合政府、市场、社会的力量。治理贫困,需要协调中央与地方之间,政府部门之间,政府与市场、社会之间,政府与贫困群体之间的关系,统一整合到扶贫大格局中来,各司其职,各尽贡献。但是,在中国贫困治理生态构建过程中,存在许多阻碍各主体联动的问题。

在中国贫困治理生态中,党委和政府居于主导地位。目前,在政府各部门之间,虽然有中国共产党的统一领导,但具体到各部门的扶贫任务上,存在分工不够明确、职能交叉的情况,使得各部门在相互推诿的过程没有作为,导致党和政府制定的扶贫政策执行不够到位,降低了扶贫效率和效能。因此,要促进中国贫困治理生态可持续发展,提高生态内政府扶贫资源的配置效率,确保扶贫工作落到实处,需要在坚持中央统筹、省负总责、县抓落实的管理体制的前提下,在同级政府设立统筹各部门扶贫行动的机构,明确各部门扶贫工作分工,明晰各部门扶贫权责,便于整合各部门资源,切实落实责任制,有效监督各部门的扶贫工作。

在中国贫困治理生态中,市场组织是重要的能量提供者,是扶贫治理中沟通政府与市场的桥梁。目前,存在政府引导和鼓励市场组织参与扶贫的宣传、组织不力的情况，市场组织追逐的是利益，而政府在引导市场组织参与扶贫的过程中，强调企业的社会责任过多，而对企业的补贴、鼓励较少，使得企业主动参与扶贫开发的动力不足、积极性不高、参与度不足。因此，要完善中国贫困治理生态，贯彻开发式扶贫方针，就要切实加强贫困地区与企业之间的联系，政府需要通过政策鼓励、引导企业参与扶贫，做好宣传、组织工作，全面落实各类市场主体到贫困地区投资兴业、带动就业增收的相关支持政策，对积极参与扶贫开发、带动贫困群众脱贫致富、符合信贷条件的各类企业给予信贷支持，并按有关规定给予财政贴息等政策扶持，通过这样一系列优惠政策联系市场组织参与扶贫事业，减轻政府扶贫压力。

　　社会组织是中国贫困治理生态里的生力军，能为政府扶贫事业提供重要补充。但是，社会组织参与扶贫目前存在着明显的障碍。一方面，社会组织的注册门槛高，而且政府管理比较僵化，不利于社会力量组织起来参与扶贫；另一方面，既有的社会组织参与扶贫经验不足，过去政府又不重视社会力量对扶贫的作用，没能为社会组织参与扶贫提供实践平台和业务指导，社会组织参与扶贫渠道少，效果一般。因此，中国贫困治理生态要形成大扶贫格局，让社会组织发挥好生力军的作用，需要政府积极为社会各界参与扶贫解决障碍，降低扶贫社会组织注册门槛，简化登记程序，地方各级政府和有关部门要对社会组织开展扶贫活动提供信息服务、业务指导，鼓励其参与社会扶贫资源动员、配置和使用等环节，建设充满活力的社会组织参与扶贫机制。

　　贫困群体是受帮扶者、扶贫客体，也是重要的脱贫主体，是中国贫困治理生态最关键的一环。在之前的贫困治理过程中，贫困群体主要是作为帮扶对象被动地顺应国家的政策，被动地接受扶贫资金、政策以实现脱贫，贫困群体自身的主体性较少体现，更多的处于单方面接受的地位。贫困群体只作为脱贫工作的客体，这就导致贫困群体缺乏脱贫参与感。扶贫是一个帮扶双方良性互动的双向反馈工作，贫困人口没有脱贫参与感，也就没有"脱贫自觉性"，其积极主动性就无从发挥，就不利于构建长效稳定的中国贫困治理生态。因此，要激发贫困群体脱贫内生动力，构建自主、自发的贫困治理生态，政府需要打造贫困治理参与式发展，形成以贫困群体为主体，政府、市场、社会等外部因素为辅的积极互动扶贫模式，引导贫困人口在个体和组织层面主动参与贫困治理，成为扶贫决策和实施的主体，利用贫困群体对当地扶贫环境、条件、缺点的深刻认识，发动贫困群众寻找适合自身发展的脱贫道路，特色脱贫、自主发展，为贫困群体发挥主观能动性提供舞台。

第六节　本章小结

把反贫困与治理结合起来的贫困治理理论，要求以政府为领导者，针对具体的贫困问题，制定与主导相关的反贫困政策、措施、法规，联系与引导社会中的多元主体，有效地推动各种社会力量的合作，从而达成共同的反贫困目标。贫困治理是针对贫困群体的综合性治理过程，涉及贫困群体生存、生活与发展，包含政治、经济、教育、公共服务等诸方面。

"坚持发展为了人民、发展依靠人民、发展成果由人民共享"[①]的共享发展理念强调全体人民群众共同享有发展机会、共同享有发展过程、共同享有发展结果。中国政府的贫困治理以共享发展为最终的价值追求，其贫困治理的根本目标是使贫困群体能够享有与非贫困群体同等程度的生活保障和发展权利。从扶贫方针以救济式扶贫为主转向开发式扶贫为主，再到精准扶贫基本方略的提出，改革开放40多年来中国政府不断在贫困治理实践中创新贫困治理的方式方法，中国反贫困事业取得举世瞩目的成就，到2018年底，全国贫困人口由2012年的9 899万人减少到1 660万人，平均每年减少1 373万。[②]2020年中

---

① 习近平.十八大以来重要文献选编[M].北京：中央文献出版社，2016：827.
② 数据来源：李克强.政府工作报告[N].人民日报，2019-03-06.

国将迎来决胜脱贫攻坚战、实现现行标准下贫困人口全部脱贫、全面建成小康社会的关键一年。

任何一种理论都不是百试百灵的，治理也可能会失灵。贫困治理存在失灵的可能，"治理型贫困"正是治理失灵在贫困治理领域的表现。善治理论，即有效治理理论，回答的正是如何避免治理失灵、有效实现既定公共目标的问题。贫困问题的成因及表现是复杂的，对贫困的有效治理，取决于一个国家治理体系的完善程度和贫困治理能力的高低。有效的贫困治理，需要高效的政府、完善的市场经济体制，需要社会力量的充分发展，需要对贫困治理绩效进行及时准确的评价。

治理的本质特征就是治理主体的多元化，要改变过去政府一元的管理格局，让其他主体参与到贫困治理的过程中。政府、市场、社会、贫困群体都是贫困治理的主体，扶贫事业要可持续推进，离不开其中任何一个主体。中国的贫困治理，要聚合多元主体共同扶贫，通过有效整合社会各项资源，动员各方帮扶力量，提高贫困治理的社会化水平，创新扶贫治理模式，形成全元扶贫新机制。

中国贫困治理已经形成以消除贫困为目标，在党的领导和政府主导下，市场组织、社会组织、贫困群体等多元主体参与，相互联系、协同合作形成的贫困治理生态系统，具有创新性、整体性、开放性。中国贫困治理生态仍然在完善中，制约其发展最大的障碍正是生态内部各主体之间的联动不足，综合的协调统筹机制不够完善，没有充分整合政府、市场、社会的力量。为完善中国贫困治理生态，下一步要采取措施充分协调中央与地方之间，政府部门之间，政府与市场、社会之间，政府与贫困群体之间的关系，将全部有用的力量统一整合到一个扶贫大格局中来。

第七章
自力更生扶贫：激发内生动力[①]

在贫困人口的脱贫致富道路上，政府等外源主体为贫困人口的可持续发展提供了外在动力。然而，扶贫根基在于扶志，在于让贫困人口自主"造血"，贫困人口内生力量才是脱贫的动力源泉，是致富的根基[②]。只有培育贫困人口主体观念、发挥主体能动性，使他们获得能动性脱贫意识、有效的内源式脱贫能力，贫困人口才能产生持续的自力更生、自主脱贫的动力和创造力，从而彻底摆脱贫困[③]。因此，只有贫困人口学会自力更生、积极运用外在资源、自主创造发展机会，才能够真正地走向富裕的人生；也只有贫困人口、贫困地区以内生动力积极脱贫，中国才能真正地消除贫困，走向富裕的未来。

贫困人口若想要从根本上提升自身脱贫致富的可行能力，便需要自主"扶智"与"扶志"。"扶智"与"扶志"能够让贫困人口积极提升智识水平和精神面貌，逃离智与志的贫瘠之地。同时，"扶智"与"扶志"也是创造物质财富、获得生活收入来源的重要依托。"智"是财富的源泉，与个体自身的文化观念和个体所处的文化环境密切相关，"志"则是创造财富的动力，深刻影响着个体脱离贫困的意志和

---

① 感谢赵一鸣为本章所做工作。
② 徐志明. 贫困农户内生动力不足与扶贫政策绩效——基于江苏省 342 个贫困农户的实证分析 [J]. 农业经济，2013(1)：63-65.
③ 王曙光. 中国农村 [M]. 北京：北京大学出版社，2017.

精神面貌。因此，贫困人口的自力更生、自主脱贫，要求其发挥能动性，进行文化再造和精神重构。文化再造能够提高贫困人口的内在思想素质和外在文化环境，增强自主脱贫的能力，创造自主脱贫的机会；精神重构则为自主脱贫提供强大推动力，让贫困人口对自身命运与国家脱贫工作充满信心。

在此需要强调的是，无论是文化还是精神的发展，都需要消除主流社会和贫困人口之间的隔膜，加强相互间的沟通与理解，以使处于社会边缘的贫困人口能公平、有效地享用社会资源。这不仅需要主流社会向贫困人口敞开怀抱，更需要贫困人口自身冲破心理障碍，积极主动地去融入社会，一方面体现在社会关系、社会网络的构建上；另一方面也体现在贫困人口与主流社会的文化交织、精神互助上，即贫困人口的社会融入包含文化和精神的维度。由此可见，只有文化再造、精神重构、社会融入三者结合，贫困人口才能够真正发挥自身能动性、自力更生，走上通往富裕的道路。

第一节 文化再造

文化与贫困息息相关，其既体现为"文化贫困"，又发展出"贫困文化"。

在文化贫困方面，文化资本的贫瘠遏制了贫困地区的多维发展，地区、群体间的文化差距折射出发展差距[①]。布尔迪厄指出，文化资源作为一种资本，其再生产是当前社会重要的分层机制，这一过程不断再造着社会不平等。因此，穷人陷入"没有选择"的困境，这种选择无力感的根源是竞争中的文化资本的缺乏[②]。在中国，文化贫困主要体现为贫

---

① 陈家涛, 王雪岩. 文化发展视角下中国贫困文化治理政策创新[J]. 海派经济学, 2016, 14(2): 165-176.

② 斯沃茨. 文化与权力——布尔迪厄的社会学[M]. 陶东风, 译. 上海：上海译文出版社, 2006.

困人口文化素质水平较低、贫困地区公共文化设施供给不足等[1]，文化资源的匮乏深刻制约着贫困地区经济、社会等多方面的进一步发展。

在贫困文化方面，贫困群体易形成"亲贫困"的文化偏好，并在这种文化偏好的引导下陷入贫困循环[2]。奥斯卡·刘易斯指出，贫困文化是贫困群体所共同构造的、区别于主流文化的生活方式[3]，其包括长期陷于贫困之中的人群的思维和行为定式、惯习、习俗等非物质形式[4]，也包括贫困人口制造出的物质产品[5]，其中的价值观、行为、态度会沿着代际传递[6]。例如，邓志军在对贫困大学生的研究中指出，贫困大学生往往具有较差的抵御风险、挫折的心理能力，容易形成自我否定、自我排斥的思想，以消极态度应对挫折[7]。这种思维定式不仅来源于其较为贫瘠的成长环境，也会反过来抑制贫困大学生的进一步发展，使他们陷于贫困恶性循环之中。由贫困大学生的例子可知，贫困文化极大地影响着贫困人口的思维模式和行为选择，因此，脱贫工作需要贫困人口改造原本的贫困文化。

由上可见，贫困人口脱贫，需要改善文化资源贫瘠状况、摆脱落后文化观念、再造贫困地区新文化。而文化再造不仅需要政府等外界主体提供外源性动力，更需要贫困人口自身创造出内生性动力。文化内生性重构以贫困人口主体脱贫意志为根基，通过文化要素的创造性生产改变

---

[1] 斯沃茨. 文化与权力——布尔迪厄的社会学 [M]. 陶东风，译. 上海：上海译文出版社，2006.

[2] 王蒙. 贫困生成的多元视角及其整合路径建构 [J]. 社会科学动态，2018(5)：94-103.

[3] 周怡. 贫困研究：结构解释与文化解释的对垒 [J]. 社会学研究，2002(3)：49-63.

[4] 吴理财. 论贫困文化 [J]. 社会，2001(8).

[5] 方清云. 贫困文化理论对文化扶贫的启示及对策建议 [J]. 广西民族研究，2012(4)：158-162.

[6] 克博. 社会分层与不平等：历史、比较、全球视角下的阶级冲突：第7版 [M]. 蒋超，等译. 上海：上海人民出版社，2012.

[7] 邓志军. 当前贫困大学生心理贫困的现状、成因及教育对策 [J]. 教育探索，2004(12)：94-96.

贫困人口在文化领域的相对滞后状态，推动贫困人口文化发展[①]。其具体体现于器物文化重构、制度文化重构、观念文化重构三方面。从发生学上，学界倾向将文化结构分为三个层次，由外向内依次为：器物文化、制度文化、观念文化。其中，器物文化指社会生产的文化产业、设施及产品，它是贫困地区发展文化的根基，为贫困人口的文化再造提供现实条件；制度文化指法律等正式制度和社会中的非正式制度，为贫困人口文化发展提供方向性指导；观念文化则包含人生观、世界观、价值观等，其使得文化不断再生产，推动贫困人口的文化脱贫工作永续前进。在文化内生性重构过程中，以上三层次相互作用，共同推动贫困人口脱离文化贫困的境遇和贫困文化的约束，依"智"脱贫、走向富裕。

但是，贫困人口的文化再造并非全盘否定其原有的文化，而应当辩证地看待自身文化，在弥补短处的同时，尽力发扬长处。这便需要贫困人口逐渐树立文化自觉和文化自信，对自身文化形成不偏不倚的深入认识。

一、文化自觉与自信

1. 文化自觉与自信的意涵

文化自觉本质上是对文化价值的觉悟，即深刻理解文化在推动历史进步中的重要作用，在把握文化发展规律的基础上承担发展文化的重要使命[②]。在脱贫实践中，它要求贫困人口正确认识自我和他者文化的长处与不足，在此基础上正确地处理文化发展与交流的问题。贫困地区的文化不全然是"贫困文化"，因此当地人民应当擦亮眼睛，一方面明智判断自身文化中何为精华，何为糟粕；另一方面正确认识其他文化、选择性接纳。

文化自信是指对自我文化价值、意义和可持续发展能力的信念。

[①] 李晶. 贫困地区文化"内生性重构"研究 [J]. 图书馆论坛，2016(6)：27-33.
[②] 云杉. 文化自觉 文化自信 文化自强——对繁荣发展中国特色社会主义文化的思考：上 [J]. 红旗文稿，2010(17)：1-9.

习近平同志指出,中国特色社会主义的自信具有四个维度:道路自信、理论自信、制度自信和文化自信。其中,文化自信立足于中国优秀传统文化,同时流淌着革命文化的血液,在社会主义先进文化的带领下不断推陈出新,创造新的文明成果。在这一源源不断的文化创造过程中,人民群众不仅是其中的参与者,更是文化的"剧作者"[①],因此只有在人民群众的积极创造、不断传承、共建共享下,才能开创文化发展新阶段[②]。在贫困地区,许多文化未能够得到当地人民的肯定与发展,如山西的晋商文化,优秀文化由此不断衰落、走出人们的视野。为了防止优秀文化的消逝,贫困地区应当对本地"失落的遗珠"重振信心,将之发扬光大,发展优秀文化以摆脱文化贫困、推动社会全方位脱贫。

2. 贫困地区的文化自觉与自信

贫困人口逐渐认识到文化自觉和自信对本地文化脱贫的重要意义,通过一系列文化活动来挖掘自身文化潜能,并创新性地以文化带动社会全方位的脱贫发展。

宁夏回族自治区西海固地区文化产业发展

宁夏南部的西海固地区,是国务院确定的重点扶贫地区。虽然这里经济社会发展较为落后,但农民们对文化发展非常重视,不断丰富乡村文化生活。为了将作为国家非物质文化遗产的秦腔推出去,宁夏彭阳县城阳乡自发组建了"农民秦腔团",并按照市场化方式运作。这不仅起到了保护与传播当地文化的作用,还收获了经济效益。当地农民还在口述和文字资料的基础上,以砖雕的方式重现古城的历史面貌。泾源县仰仗六盘山生态资源,打造当地特色"农家乐"旅游,使得当地文化旅游日益兴盛。

西海固农民积极发展当地文化遗产,让原本面临衰落的秦腔和固原古城获得新生,并通过文化复苏获得了经济利益,实现文

---

① 习近平. 在文艺工作座谈会上的讲话 [N]. 人民日报, 2015-10-15.
② 赵付科, 孙道壮. 习近平文化自信观论析 [J]. 社会主义研究, 2016(5): 9-15.

> 化和经济起飞。2017 年，宁夏隆德县新和村，共接待游客 5 万多人，创造经济效益近 30 万元[①]。在原有文化的基础上，农民们还因地制宜，打造"农家乐"文化品牌，为当地文化产业开凿了新的活水源头，将文化转化为可利用的经济资源并进行价值变现。
>
> 资料来源：刘文长，王琼.文化自觉与农村文化服务和管理创新——以宁夏南部山区为例[J].宁夏党校学报，2009，11(6):123-126.
>
> 光明日报，2018 年 1 月 16 日 07 版。

宁夏贫困地区农民以高度的文化自觉和文化自信，使得西海固文化中的精粹得以传承和发展。不仅仅是在宁夏，全国许多贫困地区都积极地将本地特色文化与旅游业结合，创造本地区脱贫发展的新途径。例如在贵州省黎平县四寨村，当地人民借助侗族文化资源，开展侗族大歌、侗族摔跤、侗族武术等表演活动，并开发出侗族香禾糯、山油茶等具有当地特色的旅游产品。文化旅游的兴盛，使 2017 年当地旅游经济收入达 38 亿元，全县实现 14.43 万人脱贫[②]。由上可见，贫困人口深入理解本地文化的内涵，正视文化意义，通过对自身文化优势的认识和运用，将本地特色文化打造成文化品牌，并将之与其他产业融合，创造脱贫新动能。文化自觉和自信，在充分肯定本地文化意涵、价值之上，扩大了自身文化的包容性和影响力，实现文化脱贫发展。

二、器物文化的建设

1. 器物文化的意涵

器物文化，是指那些可观察到的显性文化现象或产品[③]，它是制度文化与观念文化发展的物质基础，同时具有一定的经济、社会价值。

[①] 刘文长，王琼.文化自觉与农村文化服务和管理创新——以宁夏南部山区为例[J].宁夏党校学报，2009，11(6)：123-126.

[②] 黎平.旅游助脱贫 同步奔小康[N].人民之声报道，2018-07-17.

[③] 王兆萍.解读贫困文化的本质特征[J].中州学刊，2004(6)：173-176.

而在贫困地区,器物文化的贫困主要体现为文化设施不齐全、文化产业不发达、文化产品不丰富等,制约着当地社会各方面的发展。因此,提高器物文化水平是贫困地区进行文化再造、实现文化蜕变的必经之路。这便要求贫困人口自主发展器物文化,不仅要根据本地自身需求自主建设器物文化,也要积极地、合理地利用好外在帮助,让文化设施、文化产品得其所用。

2. 贫困地区建设器物文化的实践

近年,贫困地区深刻意识到器物文化的匮乏对可持续发展的阻碍作用,于是努力、自主建设文化设施,发展文化产品,将群众的智慧融入器物文化建设之中,贫困地区的器物文化水平日益提高,贫困人口积极利用器物文化、开拓自身发展潜力的能力也逐渐增强。

电子图书馆打造文化新生活

地处山区的河北省保定市顺平县,虽然部分乡村文化基础设施薄弱,但与之相对,村民的文化需求十分蓬勃。当地山地多、交通不便,线下图书馆无法满足全体村民的要求,因此,县里投资建成了全覆盖无死角的线上电子图书馆。由于电子图书馆操作简单、内容丰富,村里顿时掀起阅读的热潮,许多村民积极运用线上图书资源来提高自身本领。稻农李卫明通过线上图书馆学习水稻种植知识,改善自家稻田的选种和密植方式,水稻亩产有了很大的提升;中学生葛向东利用课余时间在线上图书馆上阅读有益书籍,不仅改掉了沉迷网络游戏的不良习惯,还获得了更佳的学习成绩[①]。可见,作为贫困地区的顺平县通过文化设施的建设推进了自主脱贫进程,作为贫困人口的当地村民也积极地运用文化设施深入学习各个领域的知识。

资料来源:徐亚宁. 河北顺平电子图书馆全覆盖 [N]. 人民日报,2018-08-14(11).

---

① 河北省保定市顺平县 [N]. 人民日报,2019-08-14.

> **云南省文化产业蓬勃发展**
>
> 云南省是少数民族的聚居地,截至2019年,境内仍有40个贫困县。云南人民以当地种类丰富、极具特色的传统民族文化为依托,自主发展了各式各样的文化产品。云南民族民间工艺逐渐发达,涵盖了8大类优秀的传统民间工艺。这些工艺品扎根于云南民族悠久的传统民族文化,并仍然具有当代价值。此外,基于当地民族歌舞资源,云南人民在原生性文化的基础上加入现代元素,使之更符合人们的观赏习惯,成功开发出保护和发展民族文化资源的"杨丽萍模式",由此赢得市场,创造了巨大的经济效益。
>
> 资料来源:云南省人民政府门户网站:http://www.yn.gov.cn/.

由上可见,河北顺平县因地制宜,通过电子线上图书馆来满足当地百姓日益增长的文化需求,使贫困人口的文化发展获得了器物基础,当地百姓也积极利用文化设施来增强脱贫能力;云南的贫困人民创造丰富的器物文化,主动挖掘云南民族文化特色,并在此基础上创造性地变现为特色文化产品,扩展本地文化的形态和发展方向,同时将本土文化加以改造,使之更具有大众化的特点,并充分利用抖音等大众媒介制造文化热点、树立文化品牌,利用文化带动本地多类型产业的发展。

贫困地区人民自主参与当地器物文化建设的实践,广泛且深刻地改变了当地的文化环境和发展条件,在推动文化脱贫的同时,还生产出一定的社会与经济效益。

三、制度文化的发展

(一)制度文化的意涵

由于制度是人类长期共同生活的经验积累,因而它也属于文化的范围。制度是指能有效地处理人们之间关系的一套规则，它产生于人们长期的共同生活经验，呈现出长期共同生活所凝结的成果①，它不仅包括法律、规章等正式性制度，还包括惯习、习俗等非正式制度。制度为集体生活提供了规范性体系，深刻影响着人们的行动方式和方向。

在制度主义视角下，反贫困实践具有三个维度：价值、规则与实施。价值指反贫困制度中所蕴含的意识观念，属于非正式制度范畴；规则是指反贫困政策内容体系，属于正式制度范畴；实施则指反贫困政策具体实施的科层结构②。由此可知，脱贫需要非正式、正式制度文化的共同发展、相互配合。一些贫困地区仍然保留着不完善的正式制度与保守落后的非正式制度，如法律漏洞、高价彩礼等，对贫困地区的脱贫工作形成阻碍，因此再造制度文化、规范正式制度、推进移风易俗是贫困人口走向富裕的必要工作。贫困人口可以积极参与到制度建设之中，为制度的完善和新制度的建设建言献策，并采取行动，努力让制度落到实处。

（二）贫困地区发展制度文化的实践

1. 正式制度的发展实践

正式制度的完善离不开政府力量的参与，政府的制度建设对改善贫困人口生活境遇具有重要作用。在医疗方面，在健康扶贫工程、完善医保制度等措施下，580万以上因病返贫的贫困人口实现了脱贫。其中，在农村，自付医疗费用的贫困户下降到接近10%，共900多万患病贫困人口得到精准治疗，20余病种列入大病专项；资源较好的三级医院通过与贫困地区县级医院结对子，利用远程医疗网络实现相互帮扶③。医保制度更大程度地避免贫困民众陷入因病致贫的泥沼，也有

---

① 王思斌.中国社会的求—助关系——制度与文化的视角[J].社会学研究，2001(4)：1-10.

② 彭华民.制度主义视角下的中国反贫困政策研究[J].社会建设，2014，1(1)：23-32.

③ 因病致贫返贫贫困户已脱贫581万户[N].人民日报，2018-10-18（10）.

利于促成福利社会的形成，让群众形成对国家的信赖，社会形成互助的风气，贫困民众形成获得福利、使用权利的自主意识。

医保制度的有效实施，离不开各个地方的自主实践。贫困民众对医保制度的运用，不仅是对制度的肯定，也是他们自身国民意识、权利义务观念的提升。

> **医疗脱贫改善民生**
>
> 河北省康保县是深度贫困县，自然环境较为贫瘠，产业发展落后，农业人口比重占90%以上，但农村空心率达70%。在医疗疾病方面，康保县贫困人口老弱病残多，因病致贫的贫困人口近50%[1]。
>
> 针对此现象，该县一方面大力宣传国家医保政策；另一方面也积极开展医疗脱贫实践，按照"两不愁三保障"要求，立足实际，开展健康扶贫政策宣传，医护人员进入康保县各村，进行入户调查、政策传播和体检等活动。此外，还组建33支"白大褂"服务队，医生与贫困户一对一对接，使得群众的就医需求能够更精准、更有效地得到满足。截至2018年底，共有7.6万人参加"白大褂"服务活动，覆盖全部贫困户、计生特殊家庭，全县3 100余名医生走访4.4万人，健康体检2万多人，贫困户的健康意识也显著提高，因病致贫的状况也得到极大改善。2018年底，全县贫困人口下降到1.8万人；贫困发生率下降约30%，当地的脱贫攻坚事业取得显著进步。
>
> 资料来源：徐运平，张腾扬.河北康保县——战贫困，三支队伍拧成一股劲[N].人民日报，2019-11-11（10）.

由案例可见，康保县基于本地实际因病致贫的情况，开展精准医疗帮扶实践，体现了贫困地区人民的身体健康意识、关于福利的权利

---

[1] 河北康保县——战贫困，三支队伍拧成一股劲[N].人民日报，2019-11-11（10）.

意识的提升。这说明制度文化并非仅上级政府的构建，基层群众在制度文化的实践和创新中，也能够不断地为制度文化注入新活力。只有政府与民众合力，制度才能真正地扎根到贫困地区的土壤中，发挥实际效用。

2. 非正式制度的发展实践

在共同生活的积累中，人们形成了许多非正式的习俗、惯例，其中一些习俗、惯例不仅无助于贫困人口致富，反而会加重贫困人口的负担。例如在一些农村，仍然存在婚丧嫁娶大操大办、盲目攀比的情况，村民不得不以巨额酒席、彩礼费用来撑"面子"。针对此种陋习，许多地区大力移风易俗、以红白理事会来推动婚丧嫁娶活动习俗的进步。例如，在海南三亚大茅村，党员率先扬新风——确定凑份子钱和婚车上限，减少水席桌数，不重复使用鼓乐队。逐渐地，节俭操办红白事的风俗从大茅村推广到三亚全市，不仅减轻了农民负担，还改善了社会风气[1]。通过非正式制度的及时止损，贫困人口的思想文化意识逐渐提高，不仅有助于贫困户的经济与文化脱贫，还防止了非贫困人口因不良社会风气和习俗而落入贫困。

四、观念文化的转变

1. 观念文化的意涵

甘斯认为，人格结构中存在一定规范，通过代代的传承凝聚成文化，这便是贫困人口的观念[2]。这种观念长期处于自我惯性运动中[3]，体现于贫困人口的宿命观念，从而构建了不断自我再生产的贫困链，

---

[1] 丁汀. 党员动起来 新风扑面来 [N]. 人民日报，2018-09-27（15）.

[2] GANS H. The war against the poor: the underclass and antipoverty policy [M]. New York: Basic, 1995.

[3] 王铁林. 论认识主体与文化环境的相关效应 [J]. 社会科学战线，1991(2): 82-87.

即"对贫困的顺应"①。从结构主义角度看来，贫困人口的观念文化是其面对不合理结构的自我平衡、自我保护的内在机制，体现出身处低下的社会地位的贫困人口面对僵化社会结构的迷茫、怀疑与逃避等心理观念②。这些观念使得贫困人口的心理和精神受到禁锢③，逐渐陷入自我否定的恶性循环之中。

从"人本主义"理论出发，以扶志与扶智为途径，挖掘贫困人口能动性，是贫困人口重塑自信心、发挥自我价值的源泉和动力。罗杰斯认为，个体是生命体验的起点，在"自我实现"内生动力下不断丰富自我④。因此，脱贫问题的着力点应当是提高贫困人口"自我实现"的动力和能力，即通过扶志和扶智，重塑贫困人口观念文化，完善贫困人口的自我人格。由此可见，观念文化是贫困人口的思想基底、行动指南。贫困人口若是想要破除贫困的恶循环，首先应当主动反省自身的价值观念，从原有的思维模式中跳出来，不断更新自己的观念结构，以适应社会发展的需要。

2. 贫困地区转变观念文化的实践

乡村中，一些贫困户仍然存在安土重迁的传统观念，这不仅制约着贫困人口自身的发展，也一定程度上阻碍了贫困地区的现代化进程。例如，山西省忻州市赵家洼村是吕梁山深度贫困村，全村只有一口水井，没有公交车，村里所剩居民大多年老多病。面对政府的易地搬迁扶贫计划，当地居民却不愿离开这片贫瘠的土地。后来，经过村里干部的劝说，老人们终于同意住进广惠园移民新村，一段时间后他们也十分

---

① Galbraith J K. The nature of mass poverty [M]. Cambridge Massachusetts Harvard University Press, 1979, 94(4).

② 田丰韶. 文化振兴视角下扶贫扶志理论思考与政策创新 [J]. 改革与开放，2018(19)：53-55.

③ 吴理财. 论贫困文化 [J]. 社会，2001(8)：17-20.

④ 莫光辉，张菁. 基于"人本主义"视角的贫困人口扶志扶智路径创新 [J]. 中共中央党校学报，2018，22(3)：102-110.

适应新生活，甚至有些老人在县城找到了工作[①]。老人们对乡土老宅的留恋固然可以理解，但只有将这份留念珍藏在记忆里、积极拥抱新的生活，才能够使贫困老人获得更好的生活质量。因此易地扶贫搬迁工作中，需要通过多种途径宣传搬迁好处，帮助人们改变安土重迁的观念，争取在更好的环境中实现自我发展脱贫。

此外，贫困人口的教育观念也要不断转变。治贫先治愚、扶贫先扶志，发展教育、提升贫困人口素质和能力是脱离愚昧、提高志气的根本手段，也是让贫困代际传递不再延续的重要方法[②]。贫困代际传递，是指贫困及其致贫因素在代际间不断流动，使子女陷入父母一般的贫困境地的过程，是社会阶层固化与地位获得的延伸[③]。在阻断贫困代际传递的过程中，教育作为人力资本的主要衡量标准，能通过提高个人知识水平和认知能力、改变个人价值观等途径，促进代际阶层流动[④]。因此，教育制度和观念的发展对贫困子女脱贫具有重要意义。

当今中国九年义务教育全面普及、高等教育持续发展，贫困子女获得更多的教育机会。同时，贫困家庭越来越重视子女教育，通过提高科学文化素养，提高自身脱贫能力，推动社会阶层流动。

科学早教让孩子赢在起跑线

"虽是贫困县，但不能让大山挡住视野"，在陕西宁陕县，贫困家庭的教育观念逐渐发生变化，不再满足于简单的"吃饱穿

---

① 总书记的深情牵挂：人民日报聚焦山西岢岚县赵家洼村[N].人民日报，2019-02-10（1）.

② 王嘉毅，封清云，张金.教育与精准扶贫精准脱贫[J].教育研究，2016，37(7)：12-21.

③ 谢治菊.教育五层级阻断贫困代际传递：理论建构、中国实践与政策设计[J].湖南师范大学教育科学学报，2020(1)：91-102.

④ YUAN Z, LIN C. The trend and mechanism of intergenerational income mobility in China: an analysis from the perspective of human capital, social capital and wealth[J]. World economy, 2013, 36(7): 880—898.

> 暖",而是希望孩子能够形成更丰裕的心智、情志。
> 　　由此,宁陕县共建成20个养育中心,全部投入使用,不仅为幼儿提供智力和综合素质发展课程,还帮助家长形成科学育儿观念。例如,在筒车湾养育中心,养育中心为亲子互动提供了各式各样的教具、绘本,还为家长提供精细化育儿的相关课程。截至2019年5月,该养育中心共开展了1 300余次一对一课程,极大地提高了家长育儿的热情和自信心,推动科学育儿方式在全县普及。
> 　　同时,为了照顾深山村庄中的宝宝,幼儿多的地方,家长到养育中心参加活动;在一些人口密度较为稀疏的地区,养育中心的教师进行上门教学。此外,县里还主动在偏远山区建立了6个养育服务点。宁陕县早教全覆盖,使得当地教育从娃娃抓起,赢在起跑线上。
> 　　资料来源:高炳.陕西宁陕县引导家长用科学方法进行早教——山里的娃娃也细养(一线探民生)[N].人民日报,2019-07-05(14).

　　如果说教育基础设施是教育发展的物质前提,那么受教育意识则是教育发展的观念前提。陕西省宁峡县贫困家庭早教意识日益提高,表示贫困人口读书无用的观念在改变,如今他们越来越深刻地意识到教育对个人发展、阶级流动的重要性,这不仅是观念文化本身的进步,还为其他文化形式的创新创造动力,为贫困地区的未来发展构筑更加坚实的基础。

第二节　精神重构

一、精神贫困与精神扶贫

　　江泽民同志认为,社会主义不应当是物质贫乏的,同样也不应当是精神空虚的。在当今的"后脱贫时代",制约贫困人口发展的主要障碍是精神贫困,即不愿主动争取机会脱贫致富的状态。具体而言,精神贫困主要指,面对脱贫阻碍和结构性制约因素,贫困人口精神价值层面匮乏,无法跟上社会物质生产的步伐,从而不仅影响了贫困地区经济发展,也使得贫困人口自身的思维方式、文化素质需求处于无法满足的状态[①]。

一方面,精神贫困是致贫的原因。精神贫困既反映个体追求、信念等价值理性认知的偏差,也反映其基本生存和发展能力等工具理性认识的缺失[②]。其象征贫困人口对边缘地位的反抗心情和长期惯性,表现出无法满足主流价值目标的绝望和无助。而且,精神贫困会以价值与行为机制、透过家庭机制进行代际传递,从而使得贫困人口很难摆脱困境[③]。

另一方面,精神贫困是贫困的表征。马克思的异化劳动概念指出,劳动者无法在劳动中获得自我肯定的能力和幸福感,从而陷入自我奴役之中,这便是一种精神贫困[④]。到20世纪中后期,甘斯、罗德曼、雷恩沃特等学者指出,穷人在心理和文化上遭遇排斥与隔离,呈现出"曲解价值""忍受不完美"等具象的精神文化压抑现象。随后,在人类学、心理学的"思维、社会和行为"分析框架下,"贫困认知消耗"观点逐渐形成,贫困人口常常陷入思维钝化与认知匮乏的内部框架中,从而不愿、不期望改变生活境地[⑤],丧失想象更好生活的能力[⑥]。

---

① 余德华.论精神贫困[J].哲学研究,2002(12):15-20.

② 刘欣.致贫原因、贫困表征与干预后果——西方贫困研究脉络中的"精神贫困"问题[J].中国农业大学学报(社会科学版),2019,36(6):96-103.

③ LEWIS O. Five families: Mexican case studies in the culture of poverty[M]. New York: Basic Books, 1966.

④ 马克思.1844年经济学哲学手稿[M].北京:人民出版社,2000.

⑤ Appadurai, Arjun. The capacity to aspire: culture and the terms of recognition [M]// RAO V, WALTON M. Culture and public action. Stanford: Stanford University Press. 2004.

⑥ 世界银行.2015年世界发展报告:思维、社会与行为[M].胡光宇,赵冰,等译.北京:清华大学出版社,2015.

由上可见，精神贫困使得贫困人口丧失持续脱贫的内在动力和热情，因此，改善贫困人口的精神面貌是脱贫工作的重中之重。而贫困地区的精神重构，首先需要贫困地区人民自我赋能，以自立自强精神赋予群众以建设力量，让贫困人口相信自己具有能力或获得能力的潜力；其次，在脱贫过程中，由于脱贫工作的曲折性、漫长性，艰苦奋斗的优良传统不可或缺，它能够使得贫困地区人民不畏惧前方的阻碍，战胜困难、不断前进；最后，在脱贫具体实践中，创新是永恒的动力，只有贫困人口具有创新精神，才能够在不断探寻崭新发展道路的过程中收获更丰硕的果实、遇见更美丽的风景。

二、自立自强精神

1. 自立自强的意涵

自立要求人脱离依赖他者的状态、自我努力；自强则指不满足于现状的奋斗进取、勇于承担自我责任的精神[1]。培育自立自强精神是搭建精准扶贫内生动力的重要基石，也是培育扶贫内生动力的现实路径。它有利于个体发展科学文化素质和生产生活技能；有利于贫困人口在精准扶贫过程中价值感、获得感的升华；有助于贫困人口从脱贫实践中增强幸福感。由此，贫困人口应当自立自强、自我赋能。

2. 贫困人口自立自强的实践

许多贫困群体都展现出自立自强、立志脱贫的精神。如残疾人因自身生理缺陷和社会制度结构问题，易陷入贫困境地。但许多残疾人不自怨自艾，而是独立自主、努力改变自我境况。统计数据显示，精准扶贫战略实施以来，中国贫困残疾人数量从700多万人下降到2019年底的近50万人[2]。这不仅需要针对残疾人的扶贫政策为支撑，更需要残疾人本身树立脱贫的自立自强精神。如湖南娄底清桥村村民廖爱

---

[1] 陈玲玲，曾长秋，陈倩倩. 略论大学生的自强自立精神及其培育途径[J]. 思想政治教育研究，2007(3)：63-65.

[2] 中国贫困残疾人生活更有尊严更加幸福，新华社新媒体，2020年5月18日。

分,走路都有困难的他努力考取助残车驾照,认真送货、积极推销,腰包鼓了之后,主动要求退出贫困户,牵头创办合作社,带着乡亲加工红薯片脱贫增收[①]。廖爱分的自立自强,在让自己获得人生价值的同时,也回馈了他人与社会。

残疾人之外,妇女也逐渐培养自立意识。20世纪70年代,"贫困女性化"受到研究者瞩目,其是指在性别不平等结构下,女性群体的贫困水平比男性群体上升更快。妇女贫困的背后,不仅是基本收入的缺乏,更是创造收入的机会、资源和能力的不足,包括资产、社会资本、文化、精神等多维贫困[②]。因此,贫困妇女应当改变传统性别观念、树立女当自强的意识。在农村,过去由于传统"男主外,女主内"观念的束缚,大量妇女未进入劳动力市场,经济上完全依赖作为一家之主的丈夫。近年来,许多妇女认识到自立自强、自主脱贫的重要性,积极参与到旅游业、手工业、养殖业等产业的生产之中,并在其中发挥越来越重要的力量。

中国妇女的自主脱贫实践

妇女既是脱贫对象,也是脱贫主体。在山西曲回寺村,针对本村妇女的具体情况,村里鼓励贫困妇女开办农家乐。但一些男性仍然因循守旧、保留着女人主内的传统观念,使得许多妇女无法走出家庭。随后,村里工作队针对这一现象,积极说服这些家庭改变观念。如今,已经有近10个贫困户中的妇女开始经营农家驿站,展现出自立自强的女性精神,真正做到撑起贫困地区经济"半边天"。

同样,贵州省具有悠久的民族文化传统和丰富的文化遗产,很多少数民族妇女自小便习得了苗绣等传统技能。2013年开始,

---

① 自强的身影多动人(民生观)[N].人民日报,2019-05-22(10).
② 张雪梅,李晶,李小云.妇女贫困:从农村到城乡,从收入贫困到多维贫困——2000年以来中国"妇女贫困"研究评述与展望[J].妇女研究论丛,2011(5):99-105.

> 贵州省积极开展"进修计划",许多农村妇女积极参与培训,技术大大提升,不仅使得民族传统技艺得到了传承,还创造出巨大的经济效益。到2018年底,贵州省有约50万妇女积极参与到手工业等行业的建设中,产值接近60亿元。
>
> 资料来源:姜军旗.精神上的帮扶最重要(今日谈·砥砺奋进的五年·驻村蹲点话脱贫)[N].人民日报,2017-05-26(1).
>
> 万秀斌,蕙娴,程焕.巧手绣娘 脱贫有方(脱贫故事)[N].人民日报,2018-10-19(11).

由此可见,男女都平等地具有能力提升、发展自我的机会,妇女的脱贫实践不仅需要外在政策、条件、观念的转变,也需要她们自我赋能、自立自强,相信能用双手撑起半边天。

可见,贫困人口只有树立自我信念,依靠自身力量,才能争取到更多的发展机会,走向更为富裕的人生。

三、艰苦奋斗精神

1. 艰苦奋斗的意涵

艰苦奋斗精神,需要坚忍不拔的精神风貌、不怕困难的思想觉悟。"幸福都是奋斗来的",习近平同志的这句话表示,民族、国家和政党的振兴,都需要艰苦奋斗精神作为精神支柱。因此,在自主脱贫工作中,艰苦奋斗精神对贫困人口具有重要意义,贫困地区自身咬紧牙关、奋斗拼搏,才能为脱贫致富提供永续动力。

2. 贫困地区艰苦奋斗的实践

近年,贫困地区人口自主开拓脱贫路径,努力突破所处自然环境的限制,积极改变当地物质条件,发挥艰苦奋斗精神,使脱贫攻坚战踏入新阶段。

贫困地区的艰苦奋斗实践

贵州省海雀村贫瘠的生态环境，使得当地缺少发展的物质资源，限制当地可持续发展。因此，改善当地自然环境是脱贫致富的关键。当地人怀抱着愚公移山的觉悟，连续开战了3年的植树活动，在全村共种植一万多亩的华山松、马尾松，使得每一个走进海雀村的人的心灵受到震动。村党支部书记文正友指出，全村林木价值有8 000万元以上，极大地改善了农户的生活状况，一些村民能仅通过采松果来获得足够的生活收入来源。正是村民们的艰苦奋斗精神，帮助当地贫困率下降了近50%，2017年，人均可支配收入达到8 000余元。可见，恶劣的自然条件并没有阻碍海雀人民脱贫致富的步伐，他们以自身坚定的意志与信念将荒凉之地变为富足之地。

同样通过艰苦奋斗脱贫致富的还有湖南省湘潭市银田村。要想富，先修路。过去银田村交通条件恶劣，导致经济发展十分颓靡。村民们根据道路规划，自主组成施工队，主动承担了路基建设的任务。短短几年，银田村便建设成20余公里的柏油路和水泥路，与外界的沟通变得更加顺畅，许多企业也因交通的改善而纷纷来村投资。现在，银田村已经是小康村、美丽乡村示范村，村民过上了更富足、更方便的生活。村民们不坐等帮助，而是以自己的双手搭建与外界沟通的桥梁，其艰苦奋斗精神正是脱贫致富的重要原因。

资料来源：王一彪，禹伟良，万秀斌，汪志球.脱贫攻坚看海雀（新春走基层）[N].人民日报，2019-02-13（1）.

周立耘，申智林.韶山：发扬红色传统　建设美丽乡村（庆祝改革开放40年·百城百县百企调研行）[N].人民日报，2018-11-11（4）.

由上述案例可见，贫困地区的艰苦奋斗，开拓出一条自主脱贫的道路，以汗水浇灌出丰硕的果实。脱贫工作并非总是一帆风顺，只有贫困群众肯吃苦、肯攀登，才能跨越脱贫攻坚的困难，以精神脱贫带动物质脱贫。

四、敢于创新精神

1. 创新精神的意涵

改革创新精神是新时期发展的重要推动力。在马克思主义与时俱进的理论指导下，改革创新精神实现了中华民族精神的升华，并在当下践行着自我奉献的革命精神。在当代中国已进入新时代的历史条件下，中国精神以改革创新精神为基底，为铸造中国梦提供精神动力，具有鲜明的实践特征和价值旨趣。

在脱贫攻坚工作中，也应当贯彻创新精神，因此"反贫困创新"具有重要意义。20世纪90年代以来，国际反贫困理论的核心概念从"社会保障"转变为"社会保护"，在人力资本、生命周期和社会风险管理理论的基础上，发达国家政策结构逐渐从制度完善过渡到对家庭、个人的直接干预[1]，创新了反贫困理念与实践，保障了反贫困计划的中长期发展。这说明创新具有反贫困使命，反贫困实践中需要引入创新思想。反贫困创新即是促进创新理论和创新思想在反贫困实践中的深度应用，进一步推动落实新发展理念，赋能贫困人口的生产和发展。围绕以人为本这一核心，反贫困创新涉及科技、制度、金融、教育、创业、跨边界协同等六个领域，加速脱贫工作朝精确化、能动化转变，促进贫困人口能力增长、生态改善[2]。而在反贫困创新的过程中，贫困群众是反贫困的主体，具有诉求、参与、执行和监督的多重任务，贫困群众积极参与脱贫攻坚工作，不仅对脱贫进程本身也对民主社会的

---

[1] 徐月宾，刘凤芹，张秀兰.中国农村反贫困政策的反思——从社会救助向社会保护转变[J].中国社会科学，2007(3)：40-53，203-204.

[2] 陈劲，尹西明，赵闯，朱心雨.反贫困创新：源起、概念与框架[J].吉林大学社会科学学报，2018，58(5)：33-44，204.

建设和公民权利的实现具有深远的影响①。由此可见，创新精神对贫困地区人民尤其具有深刻意义。陈旧体制的不断循环只会让贫困户长期陷于贫瘠之中，只有不断地突破现有的局限，才能够实现新的超越，使贫困地区的物质条件、体制机制、人民面貌彻底转变。

2. 贫困地区的创新实践

许多贫困群众都深刻意识到创新发展在脱贫发展过程中的重要性，实践中我们要积极动用群众智慧，开创贫困地区发展新思路，自主进行反贫困创新实践。

广西壮族自治区龙州县创新致富

在地方贫困地区的创新实践中，广西壮族自治区龙州县根据本地地处边陲的实际特点，完善创新扶贫模式。第一，构筑边贸城新模式，即在边境地区设立扶贫搬迁安置点，以补助等优惠政策动员和鼓励本县需要搬迁安置的建档立卡贫困户向该类安置点搬迁。第二，创新边民互市模式，龙州县由政府牵头组建边贸互助小组，以边贸发展实现脱贫致富。第三，创新进口落地加工模式，即充分发挥边境口岸优势，建立现代化的坚果贸易加工交易基地，以"加工企业＋贫困农户＋务工"的形式，为本地人提供就地就业的机会。第四，创新边境经济合作区模式，加强边境合作，强化自身作为东盟合作枢纽的地位，通过口岸经济创造发展新活力，并引进相关产业龙头企业入驻，改善贫困人口就业状况，推动他们脱贫致富。

龙州精准扶贫模式具有多个层面的创新之处：形式上，脱贫不单单依靠政府的力量，还利用贫困人口之间的互助作用，实现脱贫双赢；方式上，不单单集中于社会福利的给予，还"授之以渔"，以特色产业发展带动就业；范围上，不单单依托国内政策和市场，还充分运用边境优势加强国外合作；影响上，不单单具有社会效

---

① 张欣，池忠军. 反贫困治理结构创新——基于中国扶贫脱贫实践的思考 [J]. 求索，2015(1)：18-22.

益，还有国防意义。其精准扶贫创新模式不仅对龙州本地脱贫工作具有重要意义，还对中国新时代边境贫困地区脱贫发展具有示范性意义。

资料来源：姚慧芹，张涛.边境贫困地区精准扶贫模式创新研究——以广西龙州模式为例[J].经济论坛，2019(6):118-123.

由此可见，贫困地区在本地特点的基础上，开拓新的脱贫致富道路，实现自身可持续发展的同时，也为其他贫困地区指引了方向。贫困地区应当在中央政策的基础上，打破旧有思维，积极创新，根据本地实践走出新路，让百姓过上更为富裕的生活，让整个地区的面貌焕然一新。

五、精神扶贫的体制机制

习近平精准扶贫思想中，精神脱贫是重要一环[1]。贫困人口在此并不仅是扶贫的受体，更是自主脱贫的主体。因此，精准扶贫一方面要求脚踏实地，让扶贫措施能真正深入到贫困群众日常生活中；另一方面也要提高贫困人口自主发展的内在能动性，为贫困人口自立自强、艰苦奋斗、创造创新等实践指引方向[2]。在精准扶贫思想的指导下，各贫困地区积极完善扶贫与扶智的体制机制，努力提升贫困人口的精神面貌、改变社会风气。

在精神扶贫体制机制中，党建扶贫是具有中国智慧的社会动员实践。根据美国政治学家多伊奇的研究，社会动员具有人的现代化、政府治理方式、社会运动等三重意涵。在中国党建扶贫中，党首先确立贫困治理的价值意义，并努力让脱贫攻坚方针深入人心，形成良好的舆论环境，并通过明确政治责任、强化考核评估、培养选拔人才、树立脱贫典型、构建问责体系等方式强化扶贫激励，实现党建扶贫的意

---

[1] 唐任伍.习近平精准扶贫思想阐释[J].人民论坛，2015(30)：28-30.
[2] 增强脱贫致富的内生动力（新知新觉）[N].人民日报，2018-11-26（7）.

义建设、意志和渗透，让脱贫共识广泛融入社会基层[①]。在组织动员上，党采取了党委领导、书记挂帅、组织联动、精英下乡、资源下沉、组织变革等多重动员方式，建立脱贫创新的组织体系。如辽宁省通过完善贫困地区党组织的方式，向贫困村输送驻村工作队和驻村干部，加强了党员与基层群众的联系，让当地脱贫工作有了"领头雁"[②]；广西则从干部作风入手，以脱贫攻坚责任制厘清干部的权利义务规定，同时明晰考核办法和奖惩制度，加强党员脱贫工作的精准性和有效性，提高群众对党员的工作认同[③]。此外居委会、村委会等也积极采取多种措施来促进精神改变，如一些村委会通过村规家训、牌匾楹联等方式积极宣传新乡风文明，正确引导乡村的文化习俗；还有一些村委会通过开展多种精神文明评选活动，表扬精神先进的优秀个人，树立带头典型。这些精神扶贫的体制机制，通过基层政府和组织的积极实践，对改变贫困人口的精神面貌具有重要的引导意义。

一些贫困地区以"脱贫攻坚党旗红"为口号，探索党建扶贫新方向。在脱贫过程中，党组织发挥重要作用，不仅深入群众、解决贫困人口切实问题，还高瞻远瞩、创新发展路径、走特色发展之路，极大地改善了党组织和贫困群众的精神面貌，消除"等、靠、要"的消极、被动、功利心态，推动贫困人口发挥自身能动性，主动投入脱贫建设之中。

> **脱贫攻坚党旗红的地方实践**
>
> 陕西扶风县依托基层党组织，推动一对一帮扶活动全面覆盖，创造机会让工作队、党员与贫困户相互对接，以加强对当地的产业指导。截至2018年初，帮扶活动已帮助3 000余贫困人口脱贫。

---

① 彭红波.贫困治理中党建扶贫的内在机制及深化路径[J].行政与法，2017(12): 59-68.

② 辽宁扶真贫真扶贫——"结上穷亲戚，改变等靠要"[N].人民日报，2018-01-29（6）.

③ 发挥党建优势 促进脱贫攻坚——集中连片贫困地区抓党建促脱贫攻坚工作座谈会发言摘编[N].人民日报，2016-05-22（6）.

河北承德市也依托于党建活动，在村中设置专业合作社，并支持党员干部投身于合作社建设之中，使当地经济发展党建结合。其中兴隆县双路台村融合党、企业和贫困户的力量，带动村民融入产业建设，提升自主能力；平泉县则依托党支部的力量，大力推动合作社发展，145家贫困户参与到养鸡产业之中，实现脱贫。到2016年，在党员的模范作用下，贫困村产业蓬勃发展，家庭农场、合作社、农产品公司蒸蒸日上；参与实际经营的党员达到4万余人，将近一半的贫困人口在经营合作组织中持有股份，当地形成了党、企、民相互支持、共同发展的精准脱贫新模式。

资料来源：孟祥夫.精准发力 斩断"穷根"[N].人民日报，2018-01-09(18).
史自强，武海波.党建带扶贫 扶贫促党建[N].人民日报，2016-09-01(13).

　　以上贫困地区通过将扶贫开发和党的基层建设有机结合起来，积极发挥党员的带头帮扶作用，让贫困人口的脱贫工作有了带头人；同时，党员的精神面貌还深刻影响了贫困人口对脱贫工作的认识和自身的脱贫决心，有助于在整个贫困地区形成争先脱贫的良好氛围，加速脱贫致富的进程。

　　此外，基层政府还广泛开展宣传活动、出台规划方案，通过制定正式与非正式制度，引导贫困地区人民形成更加良好向上的精神风貌。例如，云南省禄劝县大力开展人居环境治理，完善村规民约和奖惩制度，改善农村风气，提升居住环境，提高农户精神面貌，把改善村貌列入长期发展任务之中，不仅使得农村生态环境更加美好，还使得文明风气深入村民心中[①]。

　　在基层体制机制的发展下，扶贫工作更加精准、深入地与贫困户对接，通过带头人的引导和地方宣传的鼓励、规范的制约，极大地改变了贫困地区的文明风尚。同时，贫困人口对精神脱贫重要性的认识

---

① 昆明：文明新风提升村民精神面貌 成乡村振兴强大动力，昆明文明网，2019年2月16日。

也更加深入,有助于脱贫工作物质和精神两手抓,实现贫困地区平衡、健康、可持续发展。

第三节 社会融入

一、社会融入的意涵

"社会融入"这一概念可以追溯到经典社会学的讨论中。社会学家涂尔干提出社会整合概念,认为在集体凝聚、有机分工的基础上,整个社会才能维持稳定、持续的合作关系,从而将社会融入概念纳入对社会结构、社会发展的考量之中。随后,法国社会学家布尔迪厄进一步发展了社会融入概念,以"资本"的角度看待个体所拥有的社会资源、社会网络,提出社会资本概念,指一个群体中的成员身份,以及该成员所获得的集体支持[1]。在社会学领域之外,社会政策学者也将社会融入程度作为政策制定和效果衡量的重要指标,其中,学者马克斯威尔提出了社会融合的经济和价值两个层面,认为贫富差距的缩小、共同的社会观念是社会融入程度提高的重要表现,并发展出社会融入的六个维度,指出社会融入对个体感受、群体凝聚、社会公平的重要意义。

中国研究者也基于本土情境对社会融入概念作出解释。任远、邬民乐提出,社会融入的终极方向是社会的和谐发展,这一过程需要不同主体、群体、文化相互磨合,实现共存[2];崔岩则认为,社会中存在特定群体,其在经济地位、社会资源、观念认知上和主流社会存在差异,

---

[1] BOURDIEU P. The forms of social capital [M]//RICHARDSON J G. Handbook of Theory and Research for the sociology of education. Westport, CT.: Greenwood Press, 1986.

[2] 任远,邬民乐. 城市流动人口的社会融合:文献述评[J]. 人口研究,2006,30(3): 87-94.

而社会融入便是该群体与主流群体间的裂隙逐渐缩小的动态过程[1]。由上可知,在社会融入问题上,一方面,社会排斥是权力环境的结果,是社会制度对个体的忽视,另一方面,个体也应当承担社会责任、发挥能动性、积极把握机会、参与社会关系管理[2]。

就贫困与社会融入的关系而言,一方面,社会排斥理论论证贫困是社会排斥的过程和结果,社会孤立不仅意味着不同阶级群体之间的关系纽带十分薄弱,而且也意味着现有状况反过来进一步强化了贫富间区隔的效应[3]。另一方面,以社会资本的视角来看,贫困人口缺乏获取社会资源方式的了解,无法获得参与集体行动、社会组织的机会,这便反过来加深了贫困人口在社会关系上的弱势地位,从而将贫困人口结构性地排除在主流社会之外[4]。

对于中国贫困人口而言,融入主流社会不仅意味着与主流社会大众建立更为紧密、持久、稳定的社会关系,获得信息和情感上的支撑,摆脱人际关系贫乏的窘境,也意味着他们能够积极融入社会就业市场,平等享受社会权利,并从文化和心理层面对社会产生认同感和归属感,摆脱物质和精神层面的贫困。因此,融入社会对贫困人口的脱贫具有重要意义。

贫困人口的社会融入不仅深刻地受到社会结构和制度的影响,还与贫困人口自身的自主性息息相关。因此,自主脱贫需要贫困人口从孤立思维中跳出来,寻求融入主流社会的条件和机会,积极地与主流社会沟通,充实自己的社会资本。

---

[1] 崔岩. 流动人口心理层面的社会融入和身份认同问题研究 [J]. 社会学研究,2012, 27(5): 141-160, 244.

[2] PETE A. Understanding poverty[M]. Basingstoke: Palgrave Macmillan, 2006.

[3] 威尔逊. 真正的穷人——内城区、底层阶级和公共政策 [M]. 成伯清, 等译, 上海: 上海人民出版社, 2007: 85.

[4] CLEAVER F. The inequality of social capital and the reproduction of chronic poverty[J]. World development, 2005, 33(6): 893-906.

二、贫困人口社会融入的现状及问题

当前中国,贫困人口的社会融入程度呈现出多层面、复杂化的特征。根据已有的阶层研究,当今中国,在生活方式的区隔越来越不明显的同时,各阶层的身份认知、社会关系、居住条件仍然存在很大差异[①]。可见,贫困人口的社会融入在许多层面仍然遇到困难和阻碍,其根据贫困人口的类型可分为本地贫困人口社会融入问题和易地搬迁贫困人口社会融入问题,其中,前者主要体现为贫困标签下的福利污名化,后者则主要体现为对外来贫困人口的制度性排斥、外来贫困人口社会资本的匮乏与局限。

1. 贫困标签下的福利污名化

在"标签理论"视角下,社会中处于资源优势的群体掌握着话语主动权,使得对弱势群体的刻板印象不断固化。脱贫实践中,"贫困"与"污名"紧密相连,但同时,社会福利有时也成为贫困人口身上的污名标签:由于贫困与救济所带来的耻辱感,贫困人口可能会因心理障碍、社会歧视等产生退缩心理。因此,脱贫攻坚需要从"文化结果论"的视角出发,深入分析脱贫攻坚相关政策在文化上的兼容性,即这些政策是否能够真正落脚到贫困地区当地的社会土壤、社会价值中,是否能够被贫困人口自身和贫困人口所属社群所接受。

例如,在中国低保制度秉持公开、透明的原则。这虽然保证了公平性,但同时也间接构筑了社会区隔、群体划分。在低保程序识别过程中,政府要对贫困家庭进行彻底调查,通过民主评议等方式进行资格审查,并以公告名单等方式接受监督。这使得特殊化的贫困标签不仅加大了普通民众与接受救助者的距离,同时,低保受助者也潜移默化地接受了低人一等的地位标签,产生自卑、自闭等心理[②]。

---

① 刘精明,李路路. 阶层化:居住空间、生活方式、社会交往与阶层认同——中国城镇社会阶层化问题的实证研究 [J]. 社会学研究,2005(3):52-81,243.

② 洪大用. 当道义变成制度之后——试论城市低保制度实践的延伸效果及其演进方向 [J]. 经济社会体制比较,2005(3):16-25.

2. 制度性排斥

一些制度限制和不完善可能会影响贫困人口融入社会。一些学者指出，外来人口社会融入程度较低的主要原因是，户籍制度影响下，公共服务资源对本地人口和非本地人口存在差别对待[①]。一些地方还限制外来人口就业，从而造就了大量外来务工人员无法获得工作权利，从而难以获得正式收入以维持在城市的日常生活[②]。可见，即使外来人口主观上希望融入城市的主流生活，但在户籍制度的束缚下，外来人口不仅难以与城市居民构筑稳定的社会情感联结，还缺乏一些应有的城市权利，从而被长期排除在城市的公共服务和社会资源之外[③]。

3. 社会网络与社会资本

法国学者布尔迪厄首先提出社会资本概念，他将社会关系纳入"资本"范畴，并把交织着各式社会关系的网络定义为"场域"，而处于"场域"中不同位置的人具有不同的资源地位，这进一步决定了其在社会中的权力位置。在中国语境下，社会资本研究往往关注社会成员的关系、网络。白小瑜将社会资本分为初级社会资本和次级社会资本，认为前者是先天具有的，后者是自致的、通过行动不断创造和构建的[④]。其中，初级社会资本是一把双刃剑。以流动人口为例，在农民工进入城市初期，初级社会资本帮助保证了职业信息的真实性、提高了获得信息的效率，能够有效降低农民工的求职和生活成本[⑤]，但长期看来，初级社会资本的强大使得农民工与城市当地居民的社会关系更加薄弱，难以建立对打工城市的归属感[⑥]。例如移民研究显示，许多外来人员和当地居民之

---

① 张展新. 从城乡分割到区域分割——城市外来人口研究新视角[J]. 人口研究, 2007, 31(6): 16-24.
② 柏骏. 农民身份——一个社会学研究的视角[J]. 唯实, 2003(12): 90-93.
③ 崔岩. 流动人口心理层面的社会融入和身份认同问题研究[J]. 社会学研究, 2012, 27(5): 141-160, 244.
④ 白小瑜. 新生代农民工的社会资本[J]. 湖北民族学院学报(哲学社会科学版), 2006, 24(1): 148-150.
⑤ 李培林. 流动民工的社会网络和社会地位[J]. 社会学研究, 1996(4): 42-52.
⑥ 牛喜霞. 社会资本在农民工流动中的负面作用探析[J]. 求实, 2007(8): 51-54.

间的生活不存在交集和互动，移民的社会网络仍然构建于同乡、同事等熟人关系之上。不过，移民社会融入程度较低的现象，不仅是移民自身的社会关系选择，也是主流社会对移民的排斥的结果，如户籍制度、职业分化与贫富差距、文化活动等[①]，流动人口很难建立强大的次级社会资本，处于尴尬的社会夹缝之中。

由于社会关系是获取信息、资源、情感支持的重要来源，而外来人口社会资本匮乏、局限，无法与流入地的主流社会建立稳定的社会关系，使得他们没有渠道获得有用的信息和资源，错失阶层流动的机会；外来人口所能获得的社会支持也更加有限，可能陷入精神的孤独、无助。此外，作为流入地中的少数群体的外来人口相互抱团，本地人也没有机会接触外来人口，从而容易给外来人口贴上污名的标签，这进一步使得外来人口融入本地主流社会的难度增高，形成社会排斥的恶性循环。因此，社会资本的匮乏和局限导致原本贫困的外来人口难以获得脱贫的机会，非贫困的外来人口也有可能因无法融入本地社会而陷入贫穷。

三、社会融入问题的相关应对

社会学家科尔曼发展了布尔迪厄的社会资本概念，将之定义为"个体所拥有的社会结构资源"，并认为个体的社会资本受到多因素的影响，包括关系网络、社会结构和价值形态等[②]。可见，贫困人口的社会融入问题，并不单单是贫困人口本身的问题，还涉及政治制度、社会结构和机制等。因此若要加强贫困人口的社会资本，推动贫困人口积极融入主流社会，需要政府、社会、贫困人口三方主体的努力。在当今中国，政府是推动贫困人口融入主流社会的主导性力量；社会力量主要以社

---

① 吴新慧.关注流动人口子女的社会融入状况——"社会排斥"的视角[J].社会，2004(9)：10-12.

② COLEMAN J S. Social capital in the creation of human capital [J]. American Journal of Sociology, 1988: 94.

会组织的形式得以凝聚，对贫困地区脱贫作出一定贡献，但其影响力仍然有限；贫困人口的自主融入则是贫困人口社会融入问题的中心，只有贫困人口自身积极地适应，才能脱离弱社会资本状态，真正融入社会。

（一）政府应对

政府从贫困人口具体致贫原因出发，对症下药解决社会排斥问题。针对外来人口中的贫困户，政府通过户籍改革、扩大社会保险覆盖率、加强社区管理和服务等，保障外来人口社会权益，推动外地人在文化、行为、经济等方面的本地化过程；针对因污名化标签而无法融入社会的贫困户，政府以提供就业服务、社会福利、心理开导等方式，帮助他们获得融入社会的资源和信心。

在具体措施上，针对贫困农民工，政府加强新生代农民工党团组织建设，鼓励他们积极参与企业民主管理和社区治理，并在农民工聚居地加强有关设施，方便他们了解外部社会的信息。针对刑满释放人员，据了解，一些刑满释放人员贫困比例相当高、贫困程度比较深，为了让这部分人员尽快融入社会，政府全面推进社区矫正机制，通过社区对刑满释放人员进行管理，同时为他们提供心理咨询、行为规范服务，并为刑满释放人员尽快适应社会提供帮助，严防他们因与社会脱节而陷入贫困，为社会服刑人员的可持续发展提供支持[①]。

然而，政府措施仍然存在一定缺陷，体现在补偿而非发展、物质而非精神两方面。如在流动人口的社会融入问题上，一些学者表示，迄今为止，流动人口的社会融入尚未得到充分的重视和根本解决，现有政策并未着力培养流动人口的可持续发展能力，仅仅是补偿性的、片面的[②]，因此无法从根本上解决流动人口融入问题。同时，如在贫困儿童问题上，政府和社会为低收入家庭儿童主要提供的是物质帮助，

---

① 促进社区服刑人员更好地融入社会 [N]. 人民日报，2014-05-28.
② 李迎生，刘艳霞. 社会政策与农民工群体的社会保护 [J]. 社会科学研究，(6)：105-110.

这种物质上的救助在相当程度上解决了城市低收入家庭儿童的生活问题，但是单一的物质救助并不能解决儿童的许多潜在问题，如贫困儿童的心理健康、家庭和朋友关系等[①]。可见，今后的政府政策应当在立足于平等的基础上，兼顾物质与精神需求、现实状况与未来可持续发展，以推动贫困人口更加迅速地融入主流社会之中。

（二）社会组织参与

精准扶贫需要广泛的社会基础。社会组织凝聚着广大社会力量，专业性更强、行动变通性更强、盈利目的较弱，是脱贫攻坚过程中的重要主体[②]。推动社会组织积极参与脱贫工作建设，不仅能够帮助脱贫工作降低成本，更能极大地提升脱贫工作的有效性、精确性[③]。

近年，已有多地的社会组织积极参与到扶贫工作中，充分调动整合力量、调动资源，利用专业的技术和服务优势，充分发挥自身积极作用。据统计，2018 年以来，全国共有约 4.2 万家社会组织专门立项开展脱贫攻坚，项目超过 6 万个。其中，全国性社会组织共有 686 家，开展项目 1 536 个，支出约 323 亿元，受益建档立卡贫困人口约 581 万；省级社会组织超过 4 500 家，立项逾 8 000 个，投入资金 80 多亿元，受益人口 1 600 多万[④]。社会组织深入扶贫各个领域，在社会多方面展开贫困帮扶实践。具体到贫困地区，可以看到社会组织针对贫困当地的主要问题，帮助贫困人口突破难关。

---

① 何长菊. 社会工作视角下城市低收入家庭儿童的社会融入研究 [D]. 南京：南京大学，2015.

② 康宗基. 中国政府与社会组织关系研究——基于"国家与社会关系"的视角 [M]. 北京：人民出版社，2017：195.

③ 沈海燕. 试论社会组织在精准扶贫中的作用及实现路径 [J]. 大连海事大学学报（社会科学版），2018，17(4)：82-86.

④ 回望 2019·社会组织篇：脱贫路上，社会组织与你同行 [N]. 中国社会报，2019-12-28.

> **湖南省邵阳市社会组织结对帮扶**
>
> 2018年,在民政局指导下,湖南省邵阳市百余家社会组织与1 400余户贫困家庭结成对子,并一改曾经的资金、物质救助方式,通过技能培训等方式帮助贫困人口创业、就业。
>
> 在农业方面,社会组织积极开展农业技术培训和咨询服务,让农户能零距离与农业专家进行交流,使得当地农民很大程度上摆脱了农业技术上的困境。市瓜果协会已发展130多个示范基地、1.3万示范户,借助模范带头作用,让先进技术和农产品品种迅速在贫困地区推广;市电子商务行业协会则积极依托电商平台力量,拓宽农产品销路。
>
> 由案例可见,邵阳市积极健全"三社"联动工作机制,形成了政府、社会、贫困人口的合力,让专业人才在精准扶贫中发挥作用,使得当地脱贫工作更高效地进行。
>
> 资料来源:邓旭,陆益平.邵阳社会组织发挥优势"造血"扶贫[N].湖南日报,2019-11-12(13).

但值得关注的是,根据各地目前社会组织的活动状况来看,大多数社会组织仍然依靠政府的资金支持,在政府的扶贫动员下参与扶贫工作,因此如何提高自主为扶贫事业做贡献的能力,更广泛地调动社会力量帮助贫困人口的积极性,并积极寻求可持续的志愿服务模式,是今后的扶贫工作中社会组织亟待解决的重要问题。

(三)贫困人口的自主融入

面对社会排斥和贫困再造的恶性循环,贫困人口突破现有束缚、发挥自主能力也是非常必要的,这主要体现在经济、文化和行为三方面。

1. 贫困人口的经济整合

贫困人口的经济整合,即为贫困人口积极融入社会生产生活之中,破除职业的贫富隔离与贫富的职业隔离,获得公平的职业待遇。经济整合的过程，不仅是贫困人口提升自身"经济资本"的过程，也是加强与主流社会联结、提高社会资本的过程。

> **残疾人积极就业　努力脱贫**
>
> 在湖南衡阳，一群志同道合、身残志坚的残疾人支撑起了明亮爱心一号工作室。公司的创始人董明亮虽自己也是残疾人，但他不仅自己积极创业，还希望带动社会中的其他残疾人积极就业，在工作中寻找自我价值和人生追求。目前，明亮爱心一号工作室吸引了全国各地200多名残疾人共同从事AI数据服务、采集及标注、户型图绘制、图片字幕上传、文字识别等业务，合作对象不乏百度、海天等知名公司。
>
> 此外，在湖北行唐，43岁的贾茹运营着残疾人双创园，让许多残疾人走出贫困低谷。行唐县残疾人双创园不仅为残疾人提供医疗、托养等服务，同时还创设就业、技能培训等板块，推动残疾人提升自身技能、自立自强脱贫致富。行唐县的双创园不仅服务于本县，也辐射到周边各个地区，目前收容近90名贫困残疾人，累计帮助3 000余贫困残疾人脱贫致富。
>
> 资料来源：脱贫一线丨他用残疾之身撑起全国200多名残疾人的创业梦，红网，2019年10月17日。
>
> "幸福生活越来越有盼头了"（在国新办新闻发布会上）[N].人民日报，2018-10-17（6）．

残疾人由于生理上的特殊性，在就业市场中往往处于劣势，从而陷入失业所导致的贫困之中。当今许多残疾人为自我赋能，相信自我能动性，克服劣势、发挥优势，通过就业获得生活来源和价值归属感，积极创造社会资本，提高社会融入程度。

2. 贫困人口的文化接纳

贫困人口也积极地接纳主流社会的文化。例如，对少数民族人民而言，学习普通话是积极融入主流社会、与主流社会加强沟通的重要方式。扶贫先扶智,扶智先通语,若是不懂普通话,不仅在文化沟通上受到阻碍,还有可能致使他们在就业市场、社会活动和服务中处于劣势,从而落入经济和社会保障的贫困。因此,许多少数民族人民积极学习普通话,表现出社会融入的强烈要求和愿望。

2019年,农村和少数民族普通话培训人数达93万,比上年翻了一番;少数民族汉语水平等级考试人数46万,继续保持两位数增长速度[①]。可见,学好普通话是广大少数民族同胞的心愿。对于少数民族人民中的贫困人口而言,学习普通话,不仅能帮助一些同胞摆脱因语言不通而导致的文化匮乏、疏离,还能够提升自身就业的竞争力、参与社会活动和公共事务的能力,使他们摆脱物质和精神的双重贫困。

在教育方面,贫困人口的教育观念也不断改进。在教育部推动农民工高等教育政策的指引下,许多农民工抓住机会,申请工会补贴,申请报读国家开放大学等学校的专科、本科,利用网络媒介,并坚持工作和学习两厢兼顾。截至2018年,全国20万余农民工在"求学圆梦"行动中接受继续教育、提升学历[②]。农民工积极求学、充实自我,体现了他们想要跟上国家教育步伐、提升自身文化水平的急迫心情。由此可得,贫困人口通过接受教育来提高自身文化素养、文化本领,从而能够更加顺畅地与主流社会文化沟通和对接,在自身获得文化提升的同时,反哺社会和国家。

3. 贫困人口的行为适应

贫困人口还积极改变生活方式、行为模式,以适应主流社会的节奏。例如,对农民工而言,由农村走向城市,不仅意味着空间上的转变,还意味着身份和自我认知的转换,这三重转换过程进一步推动他们的行为模式发生变化[③]。近年,新生代农民工表现出了比上一代农民工更加强烈

---

① 教育部:去年农村和少数民族普通话培训人数翻倍,澎湃新闻,2019年5月31日。

② 让更多农民工圆深造梦 [N]. 人民日报,2018-12-03(15).

③ 梁波,王海英. 城市融入:外来农民工的市民化——对已有研究的综述 [J]. 人口与发展,2010,16(4): 73-85, 91.

的社会融入的要求,他们积极调适自我行为以增强城市身份认同感。一些新生代农民工不选择回家乡买房,而是在务工城市安家[①];赚钱之余,新生代农民工还自主加强与务工城市的联结,提高自身的生活品质[②]。

面对城市与乡村生活方式的巨大差异,新生代农民工积极调整自身行为模式,通过行为上的自主调适,像新生代农民工这样的贫困人口能够削弱自身与主流社会之间的异质感,更加积极地参与到主流社会的社会活动和建设之中,在增强对主流社会的归属感的同时,也能反过来推动主流社会以更加包容、友好的态度对待贫困人口,从而化解贫困人口和主流社会之间的隔阂。

由上可见,贫困人口在经济、文化、行为等多维度上,努力运用和创造社会资本,拉近与主流社会人群的距离,发挥自身能动性,融入主流社会中去。

第四节 自力更生

一、自力更生的意涵

著名经济学家厉以宁指出,内生力量比外生力量更重要[③]。扶志、扶智是扶贫的首要条件和必然要求,如果贫困人口不愿主动谋求发展道路、而总是处于被动扶贫的状态,返贫的可能性很高。可见,输血式扶贫只能止一时之渴,并不是推动贫困人口和地区可持续发展的根本途径,贫困人口只有依靠自身力量,自主扶志、扶智,才能真正地脱下贫困的帽子,做自己的主人。

---

① 内地新生代农民工:行走于"归属感"的阶梯,中新社,2016年3月13日。
② 刘旭.农民工居住调查:曾常住简易房 现在城市找到归属感[N].工人日报,2018-08-02.
③ 厉以宁.改革的内生力量更为重要[J].国企,2012(10):24-24.

自力更生的核心在于发挥人的主体性。贫困人口的主体性具有四个层面的意涵：自主性、自觉性、能动性、创造性。自主性指独立性，即贫困人口根据主体意志进行实践的态度、能力；自觉性，即贫困人口在实践过程中对自我主体性的认知，要求贫困人口不满足于停留在被动接受帮助的"扶贫"受益层面，更应当发挥自身能动性和力量脱贫致富；能动性，则指贫困人口不被外界社会条件所束缚，也不被命运观所羁绊，而是听取自己内心的意愿，主动调整自我观念和行动；创造性即是贫困人口通过创新发展来改变自我贫瘠状态，争取物质和精神生活的超越发展[①]。可见，贫困人口的主体力量才是脱贫致富的根本动力，只有他们自力更生、挖掘自身潜能，才能真正地脱离经济、社会、文化等多层面的贫困。

贫困人口自主金融脱贫

在山西吕梁文水县，当地贫困人口不断探索新的创收道路。在当地龙头企业的领先作用下，政府、企业、合作社和贫困人口四主体形成合力，创新发展了金融扶贫模式，贫困人口以贷款来入股专业合作社，从而获得一定分红收入。同时，在金融扶持下，贫困人口获得了产业拓展资金，更加主动地参与到农村创业浪潮中，拓展自身经营范围，提高经营规模和效率。

此外，当地贫困户还以互联网金融的方式拓展农业经营。通过线上三农金融平台，农民们积极开展网络融资，为优化经营筹集资金。截至2017年末，当地共有15万余农民参与互联网金融贷款，不仅通过互联网完善自身农业经营，还积极通过网络拓展销售渠道，实现了互联网创新脱贫。

资料来源：武添鑫，韩艳琴.文水：引导贫困户自力更生脱贫致富[N].吕梁日报，2018-12-14（7）.

周雨农.创新服务网络　引流金融活水[N].人民日报，2018-03-09（18）.

---

① 张志胜.精准扶贫领域贫困农民主体性的缺失与重塑——基于精神扶贫视角[J].西北农林科技大学学报（社会科学版），2018，18(3)：78-87.

通过以上案例可见,贫困人口独立自主脱贫致富,自觉到发展自我的重要性,并积极拓展脱贫路径,通过金融脱贫实现本地产业发展。在此,政府并非带动贫困户脱贫的主力,仅为贫困户创造了自我提升的机会和条件,让他们能够在良好的帮扶环境下,运用自身的能力成长发展,贫困人口自身才是主人公。

二、自力更生的政策方向:从"精准扶贫"到"精准脱贫"

在中央扶贫开发工作会议上,习近平同志表示,社会主义的本质要求和党的重要使命,要求我们以共同富裕为追求,消除贫困、改善民生,打赢脱贫攻坚战,让贫困人口都能在全面小康社会中实现脱贫[①]。学者虞崇胜、余扬认为,这是我国脱贫政策从"精准扶贫"向"精准脱贫"转变的开始。这一转变表明,在观念和实践两层面,中国的脱贫工作转向了自主脱贫、提高能力为核心的可持续发展方向,积极发挥脱贫工作的根本动力,从源头上根除贫困现象[②]。

精准脱贫战略始终围绕"提高可行能力"的核心价值关怀,即将贫困人口作为脱贫工作的核心主体,并重视贫困人口的"能力贫困"。阿马蒂亚·森指出,可行能力体现了个体在社会中的权力位置和关系,其代表一个人可以选择理想生活方式的自由。而贫困不能归咎于个人,更是社会对贫困人口基本可行能力的剥夺。精准扶贫战略立足于致贫根源,帮助贫困人口摆脱能力、权利贫困,并充分发挥贫困人口自身的主体力量,辅以国家和社会的支持,从根源上消除贫困。

---

① 坚持精准扶贫、精准脱贫,坚决打赢脱贫攻坚战,人民网,2015 年 11 月 27 日。
② 虞崇胜,余扬."扶"与"脱"的分野:从精准扶贫到精准脱贫的战略转换 [J]. 中共福建省委党校学报,2017(1):41-48.

三、如何自力更生

（一）政府的精准脱贫实践

贫困人口的自力更生实践中，政府是他们的指导者、领路人。作为国家重大战略决策，政府应当在精准脱贫中发挥引导作用，完善相关体制机制，以带领贫困人口脱离能力、权利贫困，并通过建立相关制度来让贫困人口有法可依，帮助他们树立脱贫意识、提高脱贫本领、具有脱贫保障。

精准脱贫的核心机制为能力脱贫。贫困人口具有"显性脱贫需求"和"隐性脱贫需求"，其中，正是"隐性需求"未被满足导致了贫困的恶性循环[1]。能力脱贫便是以动态、发展的眼光，实现从"显性需求"到"隐性需求"满足的上升，通过提高贫困者的"可行能力"来帮助他们不仅获得基本保障，还获得权利保障，从而稳固脱贫实效。在现实生活中，政府应当针对贫困者的能力和精神状态，将扶志与扶智结合，给予每一个人以平等的机会与条件，给予社会以自由成长的空间，鼓励和激发贫困者自己的力量，使他们释放出应有的潜力和活力。

同时，能力脱贫要与权利脱贫和制度脱贫结合起来。贫困不仅是贫困人口可行能力的贫困，还折射出其背后更深层的权利的贫困。一些贫困人口不仅因社会资源的匮乏而难以行使正当权利，还可能因为权利的丧失而进一步陷入资源的贫瘠。例如，中国城镇发展二元化问题的主要原因之一，是贫困人口缺乏社会资源及资源背后的社会权利，从而导致贫困人口在教育、医疗等方面陷入困境。改善贫困人口的资源贫瘠状态，便需要首先赋予他们享受一定的社会服务的权利。同时，精准扶贫也要求制度扶贫。罗尔斯的"社会基本善"概念指出，社会制度建设很大程度上决定了人们的财富、权利、自由，因此，能力脱贫和权利脱贫，都需要背后的制度框架体系提供保障和支持。由上可见，

---

[1] 王磊，张冲.能力扶贫：精准扶贫的发展型视角[J].理论月刊，2017(4)：157-161.

只有在社会制度和贫困者自身的共同努力下,贫困人口才能彻底摘下贫困的帽子,在能力、权利、制度等各方面实现脱贫[①]。

(二)贫困人口的自主实践——扶志与扶智

1. 扶志与扶智的必要性

党的十九大提出,基于精准扶贫的决定性进展,要进一步坚决打赢精准扶贫攻坚战。其中,核心思想便是将扶志和扶智作为脱贫攻坚工作的重中之重,以志、智脱贫推动精准脱贫进程。扶志与扶智基于贫困地区的现实状况,旨在推动脱贫致富工作的可持续进行。直接提供资金和物资帮助,不能从根本上改变一些贫困人口精神面貌消极、文化智力发展落后的状况。因此,在当下攻坚克难阶段,只有提升贫困人口志气、提高贫困人口智力和能力,通过自主"造血"的方式,以贫困人口自身动力来巩固至今的扶贫成果,推动扶贫向脱贫转变[②]。

2. 如何扶志

"志"指意志、志气,在脱贫工作中,指的是贫困人口努力脱贫致富的意志、信心,是贫困人口内生动力的来源。习近平同志指出:脱贫致富贵在立志。"扶志"从贫困人口的内在源头出发,让贫困人口坚定脱贫意志、树立致富精神,从而为勤劳脱贫提供源源不断的内在动力[③]。

从政府的角度看,扶志不仅需要帮助贫困人口形成思想自觉、树立正确脱贫观念,还要帮助他们建立脱贫自信。具体到实践工作中,即应做好贫困人口的思想工作、升华贫困人口的自我观念,不仅要让他们认识到党、政府在脱贫攻坚工作中的行动付出、精神信心,还要帮助他们树立自立自强、敢于创新等精神,从"等、靠、要"的传统

---

① 虞崇胜,余扬."扶"与"脱"的分野:从精准扶贫到精准脱贫的战略转换[J].中共福建省委党校学报,2017(1):41-48.

② "志智双扶"提升脱贫内生动力(有的放矢)[N].人民日报,2018-10-21(5).

③ 王怡,周晓唯.习近平关于精神扶贫的相关论述研究[J].西北大学学报(哲学社会科学版),2018,48(6):53-60.

被动脱贫思维模式中跳出来,认识到自身主体价值,主动发挥脱贫工作中的主体地位①。

从贫困人口的角度看,扶志即应当认识到脱贫致富这一任务的重要性和必要性,对脱贫工作保持信心,并树立自立自强、艰苦奋斗、创新等脱贫精神,努力挣脱落后局面,通过可持续发展方式来推动自身和本地的全面脱贫进程。

扶志脱贫 创造旬阳新风尚

陕西省旬阳县通过树新风、强教育的方式,积极进行脱贫的扶志和扶智实践。在当地的道德评议会上,村民们选出本地的风尚模范,并对后进村民进行提醒批评,使得脱贫意志成为道德衡量的新标准,受到村民的评判与督促,从而提升本地脱贫风气。旬阳县还积极对有志脱贫的村民提供资金、技术等多方面支持,以鼓励村民提高脱贫精神面貌,在贫困群众内部创造比学赶超争致富的良好风气。

同时,旬阳县还完善村规民约,将中华传统文化精神和现代生活相结合,大力开展移风易俗的文明创建活动。在活动中,充分尊重村民的能动性,将法律和道德治理相结合,通过文化教育、宣传的方式,让自立自强、艰苦奋斗精神真正融入村民的思想和实践之中。

旬阳县的扶志脱贫实践,使得当地贫困人口的精神面貌得到彻底转变,村民脱贫意愿显著增强,从而推动了乡村振兴和脱贫致富进程。

资料来源:龚仕建.甩掉穷帽子 干出好日子[N].人民日报,2019-08-14(12).

从贫困地区的扶志实践中,能够看到当地对文化与精神贫困现状

---

① 促进扶贫与扶志扶智深度融合(治理之道)[N].人民日报,2018-12-10(7).

的重视，对贫困人口可行能力的培养、主体地位的尊重。可见，只有贫困人口自身脱贫意志强烈，脱贫工作才能获得内生动力。

3. 如何扶智

"智"是方法、本领，在脱贫工作中，指贫困人口脱贫的能力、技能，是脱贫致富的重要智力支撑，为"志"的充分发挥提供保障。"智"是内力，其不仅为经济脱贫提供基本支持，还推动贫困人口在精神上的提升和思路转换。"扶智"通过激发贫困人口内在动力和能力，提升他们自我能动发展、改善贫困现状的主观意愿，不仅改善当下的贫困状况，还进一步抑制贫困的代际传递[①]。

从政府的角度看，在扶智工作上，首先应当完善当地的物质文化，即提供更多文化服务和资源、完善基础文化设施、开展公益文化项目等；其次还要重视教育对提升贫困人口综合素质、阻断贫困代际传递的重要意义，让更优质的教育资源落实到贫困地区，保障贫困子女的教育机会，提升贫困地区教育水平和人民文化素质；最后要结合当代科技发展潮流，让科技扶贫企业在贫困地区落地，鼓励科技人员积极投入到扶贫攻坚建设之中[②]。

从贫困人口的角度看，扶智即是要夯实知识基础，积极参与教育机会，提升自身素质能力；培养自身的专业技能，提高工作效率，掌握一技之长，充分运用自己的智能和智慧。

推广普通话 AI 助力提升扶智

四川省昭觉县，由于生态环境、物质条件等限制，当地彝族孩子无法接触到优质教育资源。其中，普通话薄弱成为孩子与外界沟通的主要束缚，一定程度上限制了他们社会流动的机会。在国家"扶智先通语"的政策号召下，当地政府将普通话学习与"AI

[①] 王怡，周晓唯. 习近平关于精神扶贫的相关论述研究 [J]. 西北大学学报 (哲学社会科学版)，2018，48(6)：53-60.

[②] 促进扶贫与扶志扶智深度融合（治理之道）[N]. 人民日报，2018-12-10（7）.

教学"相结合，使得每一个山区孩子都拥有专属的普通话老师，弥补了当地师资弱的不足，也使得普通话在当地的普及程度大大提升，并提高了山区孩子们的综合素养。

在普通话教学之余，AI老师还提供专业课辅导，不仅能够帮助纠正孩子的英语发音，还能够引导孩子听写单词，甚至还可以自动批改数学题目。这不仅使得当地山区孩子获得更优质的教育资源，而且还获得更有效的学习反馈，提高了孩子的学习效率和兴趣。AI老师让贫困地区学生获得充分利用优秀教学资源的机会，提高学生学习兴趣，有助于贫困地区孩子文化素养的提高，从而缩小中国教育的地域差距，推动教育脱贫进程。

资料来源：薛思. 山里娃有了人工智能好帮手[N]. 人民日报，2018-09-18（15）.

四、当前中国自主脱贫工作的问题

目前，中国自主脱贫工作取得一定成效，但仍然存在一些问题，这主要体现在法律和政策、干部和贫困人口三方面。

第一，在法律和政策层面，中国与精准脱贫相关的法律法规、社会政策仍然处于摸索阶段。在地方具体脱贫实践中，国家和地方层面的法律、法规是缺失的，脱贫工作主要依靠中央和地方具体政策措施的指导，未能够做到"有法可依"[①]。在政策上，也存在一些政策偏误、空缺，如一些贫困连片地区的脱贫政策较为笼统，未能具体深入到各地的实际土壤中[②]；一些社会救助措施以低保资格为门槛，未能将具体项目性质与其对应的扶贫对象对接，使得一些真正需要帮助的人被排

---

① 厉潇逸. 精准脱贫的法治保障[J]. 法学杂志，2018，39(6)：133-140.
② 万君，张琦. 区域发展视角下我国连片特困地区精准扶贫及脱贫的思考[J]. 中国农业大学学报(社会科学版)，2016，33(5)：36-45.

斥在受助资格之外[1]。由于法律、政策的不完善，贫困人口的自主脱贫工作得不到法律保障，抑制了贫困人口自主脱贫的积极性，阻碍了自主脱贫的进程。

第二，部分脱贫帮扶干部未能正确认识自身角色、发挥自身能力。扶贫干部具有参与者、执行者、监督者的多重身份，这使得在精准脱贫工作中容易滋生贪污腐败等不良现象[2]。同时，"扶贫"到"脱贫"的工作转变，需要干部自身意识和能力的提高，由于干部各自术业有专攻，不一定能够将自身的学科知识与贫困地区的实际状况全面对接，从而难免出现对专业问题把握的偏差、知识的缺乏[3]等现象。可见，脱贫帮扶干部自身存在的问题，给脱贫工作带来不正之风，不利于贫困人口自主脱贫工作有效开展。

第三，部分贫困人口未能够及时转变文化观念和精神态度，从而具有一定的返贫风险。一些贫困人口自主性不够强，一味沉浸在消极思想之中，习惯了贫穷现状，不愿主动改变贫困文化、提升精神面貌，对新的尝试、新的挑战感到畏惧；一些贫困人口虽然有脱贫意愿，但却畏于脱贫过程的艰难，不愿艰苦奋斗、自主付出劳动；甚至一些贫困人口十分享受贫困户身份所带来的政策福利，不愿主动脱贫，而是希望坐享其成[4]。这不仅使得贫困户自身贫困状况无法得到改善，陷入贫困的恶循环中，还易使其他勤劳向上的群众感到不公平，助长社会的不良风气。

在自主脱贫工作中，首先需要法律规范为保障，同时需要基层干部的有力支持，更重要的是，贫困人口自身应当树立正确的价值观念，自我赋权。由上可见，自主脱贫工作仍然需要法律、干部、贫困人口三方面的努力。

---

[1] 兰剑,慈勤英.后脱贫攻坚时代农村社会救助反贫困的困境及政策调适[J].西北农林科技大学学报(社会科学版),2019,19(3):63-68.

[2] 厉潇逸.精准脱贫的法治保障[J].法学杂志,2018,39(6):133-140.

[3] 莫光辉,陈正文.脱贫攻坚中的政府角色定位及转型路径——精准扶贫绩效提升机制系列研究之一[J].浙江学刊,2017(1):156-163.

[4] 高守应.安顺市扶贫与扶志扶智关系断裂的现状调查及对策建议[J].新西部,2019(Z1):68-73.

五、中国自力更生脱贫工作方向

根据前文所述自力更生脱贫工作中的问题可知，政府和贫困人口都应当正视自身目前存在的问题，积极行动、弥补不足，为自力更生脱贫工作注入更多的活力，推进自主脱贫进程更有效、更长久地发展。

对政府而言，应当加强脱贫相关法律、政策建设，在脱贫对象、扶贫助困、统筹管理、评估考核四方面做到有法可依。首先，要精准识别贫困人口，完善贫困人口识别标准和方式，让社会救助、公共资源更加精确地与真正有需求的贫困人口对接；其次，应当不断完善制度体系，进行能力、权利的双重扶贫，并完善帮扶手段，推动贫困人口与政府深度互动；再次，应当具有全局眼光，推动脱贫攻坚各个环节能够有机配合、高效合作，并在制度、规范中落实各扶贫主体的权责；最后，还要完善评估机制、考核机制，确保脱贫工作切实开展。

同时，基层干部也应当正确认识自身在脱贫工作中的责任、提高工作效率和质量。作为脱贫政策的具体实践者和领头人，基层干部的思想观念与实践能力直接影响着脱贫政策的落实、脱贫工作的实际效果。因此，首先，政府官员应当积极学习精准脱贫相关制度规定，形成对脱贫工作的正确认识，并树立良好的作风和精神面貌，在扶志和扶智工作中发挥榜样作用。其次，基层干部还应当走在脱贫工作的最前方，通过提升自身致富能力和技能，加强对本地产业与生活实际状况的了解和指导；再次，基层干部还应当明确自身义务和责任，参与到精准脱贫体系的建设与完善之中；最后，基层干部还应当主动弱化主导地位，让贫困人口树立主人翁意识，积极联合社会各个主体力量，共同建设贫困地区新局面。

对贫困人口而言，首先应当深刻认识到脱贫致富对自身、对地区、对国家的必要性和重要性，不仅对自身的贫困现状进行了解与分析，还应对外部社会的发展现状和趋势有清晰的认识，从社会发展和自身情况的差距中领悟自力更生脱贫的重要意义；其次，贫困人口还应当形成对国家脱贫政策的清晰认识，学习运用相关政策来为自身的脱贫实践服务；最重要的是，贫困人口应当树立高度的自觉和自信，相信自身的发展潜力，树立发展目标，以积极的精神面貌参与到自力更生脱贫的进程中。

在法律政策逐渐完善、基层干部意识和能力逐渐提升、贫困群众自身坚持努力的基础上，自助脱贫工作将更加全面、有效地展开，从而促进中国贫困地区的脱贫进程。

第五节 本章小结

本章从"扶志"和"扶智"两个角度出发，论述文化再造、精神重构、社会融入三个层面与贫困的理论关联，并介绍当下中国贫困人口自力更生、积极脱贫的反贫困实践。

精准脱贫主体从政府向贫困群众转换，表示贫困群众自身内生性力量才是使得贫困人口自身和贫困地区摆脱贫困、实现可持续发展的源泉，这一方面需要贫困人口的文化素质即"智"的发展；另一方面也需要贫困人口精神面貌即"志"的提升。在此，"智"主要指贫困人口的文化再造，即在器物、制度、观念等方面提升文化水平；"志"主要指贫困人口的精神重构，要求贫困人口在脱贫攻坚过程中树立自立自强、艰苦奋斗、敢于创新的精神。"志"和"智"相互支撑，共同塑造了贫困人口的脱贫素养、提高贫困人口脱贫潜能。

"智"和"志"两方面的脱贫，要求贫困人口主动打破现有僵化的社会区隔和排斥结构，与国家、社会多方主体相结合，通过多方合力来推动阶层流动。这便需要贫困人口积极融入主流社会，努力破除社会刻板印象和污名标签，把握经济机遇、主动就业，融入主流文化、提升文化素养，加强行为适应、提高自身身份认同，并积极运用政府、社会的帮扶力量，冲破隔阂，提高自身社会资本，争取更多的竞争机会。

只有贫困人口脱贫能力、脱贫意愿、脱贫机会三方面得到发展，贫困群众的反贫困进程才能获得长久、深层的动力,即自力更生的动力。在充分发挥自身自主性、自觉性、能动性和创造性的基础上,贫困人口逐渐完成从"扶贫"到"脱贫"的意识和行动转换,将自身看作脱贫攻坚工作的主体和关键,积极与多方力量配合,从根本上完成能力和意志的脱贫,使得脱贫攻坚工作能从贫困人口内部源源不断地提供再生动力,贫困地区获得可持续发展的内部支撑力,极大地加速贫困人口脱贫进程,从而促进中国整体更稳定、全面地发展。

第八章

政府主导：有为政府—有效政府[①]

中国建设社会主义的过程，就是摆脱贫困、实现共同富裕的过程。从救济式扶贫到开发式扶贫，从攻坚式扶贫到精准式扶贫……一系列阶段性的扶贫政策相继实施并取得显著成效，标志着中国扶贫工作稳步前进。

从中国的扶贫方式可以看出，从中华人民共和国成立到改革开放后的很长一段时间扶贫工作是由政府主导的，即政府制定扶贫政策与目标、政府提供扶贫资金与资源、政府评测扶贫效果等，可谓"事无巨细、事必躬行"。此模式下，中国扶贫事业取得巨大进展，但是随着扶贫进程推进，扶贫难度增加，中国扶贫工作单纯依靠政府这一主体力量已经显得"独木难支"。因此中国逐步转变传统扶贫模式，在2014年《国务院办公厅关于进一步动员社会各方面力量参与扶贫开发的意见》中首次明确了转变方向，即形成社会多元主体参与扶贫的方式。自此，中国政府主导式扶贫模式转变为政府引导模式，坚持多元主体、群众参与成为中国新时期扶贫的新要求。

政府引导模式下有为政府的积极作为带领中国成为世界上减贫人口最多的国家，扶贫效果得到世界的认可[②]。但有为政府扶贫过程中仍

[①] 感谢刘吴丹为本章所做工作。
[②] 中国全面小康增进世界包容发展 [EB/OL].[2020-05-25]. http://www.ccdi.gov.cn/yaowen/202005/t20200525_218666.html.

然存在诸多问题，如扶贫效率的不充分性：中国不同地区或是同一地区不同贫困县政府扶贫效率差异明显，部分地区存在"木桶效应"及效率短板[①]。导致效率短板问题的因素有很多，如部分政府政策刻板、行动迟缓、倾向于"扶富不扶贫"或者拒绝内部分化而倡导"平均主义"等[②]。因此，随着对扶贫要求的提高，政府不仅需要"有为"，还要做到"有效"。

从主导到引导，从有为到有效，中国政府始终着眼于现实，调整自身的工作模式以适应扶贫进展；中国政府始终致力于全面脱贫的目标，推动扶贫进程；中国政府带领全国人民在通往富裕之路上走得愈发踏实。

第一节 政府主导到政府引导

一、政府主导型扶贫和政府引导型扶贫的含义与特征

政府指管理国家具体事务的行政机关，本章是从社会治理体系中治理机构的意义上看待政府[③]。在历史长河中，政府治理模式依次呈现为"统治型政府""管理型政府"与"服务型政府"，其中农业时代为"统治型政府"，随着工业化的到来，现代意义上的"管理型政府"诞生，并成为主导当时社会发展的治理主体，这一概念类似于下文中所说"主导型政府"，而当社会步入后工业发展阶段，"多元社会治理因素的出现打破了长期的政府主导社会治理的模式，即要求政府转

---

① 北京师范大学政府管理研究院，江西师范大学管理决策评价研究中心. 2017中国地方政府效率研究报告 [M]. 北京：科学出版社，2017：20-22.
② 唐天伟，刘文宇，周峰. 我国贫困县政府扶贫效率不充分性分析 [J]. 行政管理改革，2019（3）.
③ 程倩. 政府信任关系的历史类型 [M]. 北京：光明日报出版社，2009：32.

化为服务型政府"①，即对应下文所说"引导型政府"②。

政府主导是指虽然国家以市场经济为主导对资源进行配置，但是政府以强有力的战略性计划和控制性政策对资源配置施加影响，以达到某种短期或者长期的目标③。政府主导型扶贫即由政府负责制定扶贫政策，确定扶贫对象，完成资金筹措，把控扶贫工作执行，评议扶贫效果。总之，政府在扶贫工作中起到关键性和决定性作用。

政府引导是指充分运用市场规律发挥市场机制的调节作用，通过必要的宏观调控措施弥补市场自发调节存在的弊端，保证市场处于良性状态，提升经济发展，促进经济的健康高效发展④。政府引导型扶贫即政府通过宏观调控和政策扶持来激发全社会的内生动力，引导全社会共同参与扶贫工作。正如2014年《国务院办公厅关于进一步动员社会各方面力量参与扶贫开发的意见》中提道："要形成政府、市场、社会共同推进的大扶贫格局，支持社会团体、民办非企业单位、基金会等各类组织积极从事扶贫开发事业⑤。"

二、政府主导到政府引导的必然性分析

政府主导型扶贫具有先天的优势，能够最大限度整合并利用社会资源，能够卓有成效地在短期内集中力量消除局部贫困。中国的扶贫开发工作长期以来都采用政府主导型模式，首先在扶贫资金投入上，1978年至1986年间的扶贫资金几乎都来自政府财政，1986年至2007年间，政府财政投资占扶贫项目总投资的72%；其次从扶贫的运作模式上看，扶贫的相关政策和制度以及贫困区域划分、贫困线的标准均由政府主导制定；最后从扶贫资源的分配和决策上看，政府显然拥有

---

① 张康之. 论伦理精神 [M]. 南京：江苏人民出版社，2010：9.
② 郑家昊. 论引导型政府职能模式的兴起 [D]. 南京：南京农业大学，2012.
③ 韩琪. 中国政府主导型市场经济的分析 [J]，管理现代化，2013（1）.
④ 李攀. 从政府主导到政府引导：政策性农业保险法律制度完善研究 [D]. 武汉：华中农业大学，2018.
⑤ 国务院门户网：http://www.gov.cn/zhengce/content/2014-12/04/content_9289.htm.

更多的话语权[①]。在中国贫困地区，选择政府主导型扶贫模式本应是事半功倍的，但是在实践中常会进入一个主观性的误区，从而降低了政府主导型扶贫的成效。这种主观性主要体现在：一方面，扶贫单单依靠政府全面承担，没有充分发挥政府主导下的社会扶贫力量，导致政府扶贫任务繁重而艰辛。例如在现在精准扶贫背景下的"建档立卡"制度中，识别贫困户的资金和人力成本高昂，未充分激发社会扶贫活力情况下，基层政府工作负担过重。调研发现宁夏某乡每识别一个贫困户的成本约 30 元，而乡级的工作经费只有 8 000 元，且乡村干部人手不足，需整整一个月才能完成识别工作[②]。可见，若单单依靠政府主导来实现脱贫，无论是资金还是时间成本都过于繁重。另一方面，政府主导下的扶贫出于工作惯性，往往会局限于传统的行政管理模式，与灵活易变的市场机制契合度较低。例如中国从 1984 年开始实行的贴息贷款制度[③]，最初的目的是为支持贫困县的乡镇企业。但政府在从上至下的拨款中并未对其可行性进行分析，只要满足条件就予以帮助，却不分析该企业的产品是否有市场，如贵州政府 1986 年至 2006 年间投资的 24 亿元扶贫资金，用来开发 5 000 个扶贫项目，但最终有成效的仅有四分之一[④]。这种情况下，政府的确按规定审批并发放了贴息贷款，但只是机械地工作，却因为没有考虑市场因素导致行政偏好与市场因素不符合，从而造成资源浪费。

宫留记也提出政府主导型扶贫在实践过程中会面临一些问题，政府主导型扶贫模式易造成资源重复配置、用力过猛、盲目兜底等问

---

① 姚迈新.对扶贫目标偏离与转换的分析与思考——政府主导型扶贫模式中的制度及行动调整[J]，云南行政学院学报，2010（3）.

② 唐丽霞，罗江月，李小云.精准扶贫机制实施的政策和实践困境[J]，贵州社会科学，2015（5）：151-156.

③ 贴息贷款制度：主要用于支持贫困县建设，能安排大量贫困户劳动力就业的资源开发型和劳动密集型乡镇企业，以及可以直接解决群众温饱的种植业、养殖业与相关的加工、运销业等。

④ 陕立勤.对我国政府主导型扶贫模式效率的思考[J]，开发研究，2009（1）：152-155.

题①。之所以在精准扶贫中会出现"政府失灵"问题,主要源于政府主导模式和精准扶贫存在一定的悖论:①政府主导向来是要发挥其强制力、集中资源的能力等,而精细化扶贫措施强调精准和细致,很明显不利于发挥政府集中兵力打歼灭战的优势。②政府既是运动员,又是裁判员,难免会出现"数字工程"与"面子工程"情况。③精准扶贫到户后,有政府做"后台",反而会助长一些贫困人口的依赖思想,产生一些新的矛盾。

于是伴随着经济发展与时代更新,政府引导型扶贫应运而生。2011年出台的《中国农村扶贫开发纲要(2011—2020年)》提出:政府应当广泛推动社会各界参与扶贫开发工作,同时完善机制,拓展领域,注重实效,积极鼓励、引导、支持和帮助各类社会组织承担定点扶贫任务,营造全社会参与扶贫的良好氛围②。即政府引导下的其他组织及社会各方面的扶贫具备了国家纲要层面的合法性与合理性。这也就是孙文中基于新发展主义主张的一种扶贫机制:政府在发展经济的同时需兼顾消除贫困,发挥其强制力来发布指导文件、制订计划、规划方向,将扶贫方案运用于市场中,提高运作效率,社会、组织和个人依靠互助与合作发挥其服务、筹资、监督等功能③。

三、政府引导型扶贫的实践——重庆市永川区"百家企业驻村"活动为例

政府"有形的手"要积极发挥作用,引导人民群众参与扶贫资金、项目,通过政府引导推动扶贫目标更好更快地实现。政府引导型扶贫强调在政府的带领下,通过宣传、教育、指导、激励、动员等形式引

---

① 宫留记.政府主导下市场化扶贫机制的构建与创新模式研究——基于精准扶贫视角[J],中国软科学,2016(5).

② 国务院公报:http://www.gov.cn/gongbao/content/2011/content_2020905.htm.

③ 孙文中.创新中国农村扶贫模式的路径选择——基于新发展主义的视角[J].广东社会科学,2013(6):207-213.

导社会参与到扶贫工作中来。一方面，政府出台相关扶贫政策，对扶贫工作提出相应的要求，并发动全社会力量共同开展扶贫工作。另一方面，在具体实施过程中，综合运用宏观调控措施推进扶贫工作顺利进行。重庆市永川区的政府引导企业入村实践便是典型的政府引导型扶贫案例之一。

重庆市永川区地处重庆西部，是成渝城市群的节点城市，全区土地面积1 576平方公里，辖7个街道、16个镇。截至2018年底，全区常住人口114.2万人。长期以来，虽然政府开展大量扶贫工作，但当地贫困人口仍然较多，靠着输血扶贫而非造血扶贫，使得贫困问题并未得到很好的解决。2012年，重庆市永安区政府总结原因，创新扶贫模式，在广泛征求意见的基础之上，区委统战部、区工商联提出了扶贫开发和企业发展共赢的"百家企业驻村"活动。着眼于"服务"与"引导"，地方政府遵循"五型驻村模式"开展相关具体工作，即智囊型驻村、建设型驻村、帮扶型驻村、合作型驻村、调研型驻村。

智囊型驻村是指让见多识广、足智多谋的企业家驻村担任村干部。让他们利用自身优势，推动村落发展。如永川文峰食品厂厂长、重庆峻雄建筑工程有限公司总经理刘世禄分别担任村党支部书记和村委会主任，他们充分利用该村自然资源，带领村民发家致富，使原本人均收入不足1 000元的贫困村，变成了人均收入上万元和实现高度民主管理的"新农村建设示范村"。

建设型驻村是指建设基础设施如修公路、建设文化卫生站等，改善村民生活条件。如松源建材有限公司来石松村投资，其中副会长出资60万元建设水厂，解决了当地385户群众的饮水问题。

帮扶型驻村是指通过协调当地的教育和就业，寻找致富项目，激发村民致富意识和内生动力，提高他们的创业就业能力。如浙江商会、安徽商会和汽车商会等主动帮助200多名贫困学生完成学业。还有多家企业在当地建立生产基地，吸纳贫困百姓就近就业。

合作型驻村是指引导企业发挥所驻村的优势，实现企业增效、农民增收。如重庆市玉琳茶业有限责任公司在驻村成立春雾茶叶种植股份合作社，采用"公司+专业合作社+农户"发展模式，新建茶叶基地。既解决了茶农生产资金不足、生产技术缺乏、产品无销路的后顾之忧，又解决了企业自建基地劳动力不足和难以收购到标准化原料问题，实现了茶农和公司的双赢。

调研型驻村是指政府及驻村的成功企业家通过深入贫困百姓生活，开展调查研究，了解百姓所需，研究致贫原因和探索创新脱贫道路等。

截至2016年，村企合作共结成210对对子，落实项目资金约10亿元，落实建设与帮扶资金8 893万元，建设基础设施217处，落实帮扶项目199个，村民收入近1亿元，企业共创造8亿多元产值。

资料来源：重庆精准扶贫力推"百企驻村"用"五型"模式探索民营企业助力扶贫攻坚的好路子．http://epaper.cbt.com.cn/epaper/uniflows/html/2016/05/13/01/01_96.htm，中华工商时报，2016-05-13（1）．

总体来看，"百家企业驻村"活动取得了丰硕成果，由于村企合作双赢、关系融洽，日后会长期合作，所以脱贫群众并不仅仅是短暂的脱贫，而是有了工作技能和较为稳定的工作机会，确保日后不返贫。通过重庆市永川区"百家企业驻村"扶贫活动的成功，我们可以总结出以下两点经验。

（1）政府引导是基础。永川区政府根据中共中央和重庆市委市政府的扶贫精神，结合当地的情况，在总结之前经验的基础上推出的"百家企业驻村"活动。①专门设立领导小组。为了确保活动顺利并达到预期效果，永川区成立了活动领导小组，专项负责，民政、工商、扶贫办、残联等部门联合办公，互相协作，责任到人，进一步提高服务指导水平，真正将扶贫工作落到实处，使得该活动有方向、有人管、有人问、有人负责。②因地制宜定政策。永川区政府的扶贫领导班子在深入调研之后，针对当地实际情况和发展预期，制定出明确的目标和详细的策略。因地制宜，凸显特色，如在石松村发展柑橘产业、涨谷村发展黑色食品产业、龙凤村发展养殖业和茶叶产业等，再根据各村的情况引进企业驻村。③坚持政策宣讲。活动开展过程中，永川区政府也从未落下过政策宣讲，帮助参与者更好地了解政策，认清形势，帮助困难群众解决疑虑和困惑，更坚定了大家的脱贫信念。

（2）非政府力量是重要举措。永川区政府并非所有事情都亲力亲为，而是在政府引导下呼吁社会力量参与，此项活动主要是呼吁企业和困难群众的参与。政府的力量是有限的，而社会的力量是无限的。①永川区政府重视企业的力量。首先是选择一些见多识广的企业家驻村任职，成为各个村的"领头羊"，他们凭借自己丰富的人生阅历和成功的致富经验来带领整个村子脱贫致富。其次是引导企业驻村，通过智囊型驻村、建设型驻村、帮扶型驻村、合作型驻村、调研型驻村可以根据村民和村落的实际情况，提供多方面的帮助，不仅仅是输血式帮扶，而是造血式帮扶。农民的收入有所提高，并且有了更多的就业机会和选择空间，改善了生活环境和生活水平，促进了区域经济的发展，与此同时也增加了企业的效益，解决了招工难、成本高等问题，真正实现了互利共赢。②永川区政府以贫困群众作为扶贫工作的关键。永川区政府认识到，困难群众作为脱贫工作的主体，他们自身的主观能动性对扶贫工作起着关键作用，所以政府首先帮助贫困群众树立脱贫的信心以及致富的目标，有志气才会有动力有干劲。主观上的工作做足之后，客观上还要培养贫困群众的综合技能，针对每一类人群制订不同的学习培养计划，使他们都能在自己合适的岗位上工作。

总之，在政策的支撑和政府扶贫工作人员的引导下、企业的帮助下以及贫困群众自身的努力下，"百家企业驻村"活动才得以顺利进行。该活动深刻体现了政府引导型扶贫的优势。

四、政府引导型扶贫的意义

1. 充分利用社会资金

在政府主导型扶贫工作中的资金绝大多数都由政府投入,一方面导致政府财政压力增大;另一方面仅仅依靠政府支持是满足不了贫困地区的需求的。而政府引导型扶贫充分利用了政府之外的社会组织、团体、个人良好的社会资源动员能力,一方面,他们可以通过多种形式的募捐活动来号召更多的人加入慈善捐赠,甚至吸收海外资金和资源用于扶贫事业;另一方面,他们还能号召更多志愿者参与到扶贫工作中,可以极大地减轻政府的负担。

2. 精准确定扶贫对象

如若主要采取自上而下的管制型扶贫机制,那么决策权归属于"精英"阶层,而剥夺了贫困群众自身的参与权与决策权。再加上基层政府在扶贫资金的分配与运作中避免不了一定程度的利益博弈,更导致一些真正贫困的人没得到相应的帮助,扶贫资金的投向存在一定的偏差。而政府引导型扶贫下的社会组织、团体和个人等作为扶贫主体,绝大多数与基层有着天然的联系,再加上有针对性的访谈、调查研究,且他们更有时间来听取贫困人群的呼声,因此,能够更准确地瞄准扶贫对象。

3. 加强扶贫工作专业性

社会上某些特定领域的人才掌握的专业知识和经验,可能相对于政府工作人员来说对相关的扶贫工作更加专业。例如地质、环境等专业的工作人员对由于自然原因导致贫困的地区能针对当地情况提出建设性意见;医疗工作者对于疾病致贫的群体能提供更有效的帮助;社会学家对于解决贫穷的留守儿童留守老人问题或许有更多的见解等。政府引导型扶贫下,社会组织能充分利用自己的义工资源,其他群众可有组织地参与扶贫事业,通过专业人才深入贫困地区,提高扶贫工作的专业性,加强相关基础设施建设,促进资源向贫困地区转移,也就是在缩小贫富差距,促进社会公平。

第二节 有为政府

一、有为政府概况

20世纪初期,以庇古为代表的福利经济学派提出了"市场失灵"的概念,他们认为市场在资源配置中是存在缺陷的,因此需要政府作为补充手段。而随着20世纪30年代世界经济危机的到来,人们更加意识到政府必须有所作为,主张政府作为"看得见的手"来干预市场这一"看不见的手"的凯恩斯主义被许多西方国家所接受,政府从最初的只干预金融领域到后来对宏观微观领域均有所作为,"有为政府"成为被广泛认同的新的价值取向[1]。人们普遍接受了这样的观点:在信息不完备、市场竞争不完全的环境下,政府积极、有效的干预,可以实现帕累托改进(Pareto Improving)。

作为一个拥有悠久的中央集权和大政府历史的国家,中国政府并没有出现过像西方政府那样仅仅担任"守夜人"的情形。与西方国家公民相比,中国公民对于政府尤其是高层政府抱有坚定的信赖以及更多的期待,希望政府能够担当经济发展、政治稳定、社会进步、文化繁荣等多重职责。尤其是在发展中国家基础设施较为落后、营商环境还不健全、法律法规有待完善的情况下,政府不可能等待市场完善再来发展经济,而是要作出选择,运用有限的资源和执行力创造出最有利的条件,这些都要求政府知道市场失灵在何处,怎样设计方案应对以及如何执行该方案,并要求政府有能力、有意愿、有信息来做好[2]。这也就是民众期望的有为政府在法定权限内应该做的。

有为政府(facilitating state)是林毅夫新结构经济学的重要概念,

---

[1] 姜杰,蒋文丽,梁贝贝. 行政定为的演变与"有效政府"[J]. 中国行政管理,2014(11).

[2] 林毅夫,王子晨. 论有为政府和有限政府[J]. 理论建设,2016(6).

林毅夫指出有为政府指的是在基础设施建设、营商环境打造和法律制度构建方面的积极有为①。王勇、华秀萍将"有为政府"定义为在各个不同的经济发展阶段能够因地制宜、因时制宜、因结构制宜地有效地培育、监督、保护和补充市场，纠正市场失灵，促进公平，增进全社会各阶层长期福利水平的政府。②笔者认为有为政府至少是政府应该扎实做好本职工作，积极作为，提高效能，以高质量的行政服务最大限度上满足社会公众的合法需求。政府拥有的统筹全局、宏观调控和政策导向等权力使政府在社会公共事务管理中处于领导地位。有为政府同时要创新行政管理模式，应采取弹性适度的行政方式，实现从管理型政府向服务型政府的转变。优化资源配置，实施多方资源共享。实行政务公开，积极发挥社会各界的知情权、参与权和监督权，营造透明、公平、公正的政治环境，促进社会和谐稳定发展。

而在扶贫过程中的有为政府，意味着政府要在扶贫计划中充分发挥能动性，通过决策功能、管理协调功能、组织功能和执行功能来对公共资源进行一次再分配。即政府以消除贫困为目的，对扶贫资源进行管理和支配，将其分配给缺乏自我改善能力的贫困对象。

二、有为政府针对扶贫工作的实践

（一）针对自然环境恶劣致贫

1. 致贫原因

中国幅员辽阔，各地自然环境差异较大。在西北地区和华北北部存在荒漠化地区；在四川南部、贵州北部等存在边缘高寒、深山石山、水土与光热情况难以维持基本生活生产需要的地区；还有一些地质灾害频发、地方病高发地域以及国家禁止开发的地区。例如气候极度干

---

① 林毅夫.中国经验：经济发展和转型中有效市场与有为政府缺一不可[J].行政管理改革，2017（10）：12-14.

② 王勇，华秀萍.详论新结构经济学中"有为政府"的内涵：兼对田国强教授批评的回复[J].经济评论，2017（3）：17-30.

旱的内蒙古阿拉善盟地区，地处巴丹吉林和腾格里大沙漠地带，森林覆盖率仅有0.27%，年降水量均不足100毫米，风蚀面积几乎为百分之百，沙尘暴等灾害频发[1]，这种环境下生活的人们已经沦为生态难民。总之，中国的一些地区存在着"一方水土养育不了一方人"的问题，这些地区的突出特点为生态环境恶劣，当地群众的基本生存资源难以满足，容易导致世世代代贫困。

2. 应对方案

面对自然环境恶劣致贫地区，政府采取的主要措施是易地搬迁，试点工作从2001年开始实施，《中国农村扶贫开发纲要（2001—2010年）》要求易地扶贫搬迁工作在完善试点工作的基础上，有计划地实施下去。易地搬迁方法即将生态环境极度脆弱、生活条件恶劣、开发难度大的地区人民搬迁到自然条件相对较好、开发难度小的地区。

3. 易地扶贫搬迁实践——以郭勒木德镇为例

> 郭勒木德镇作为青海省格尔木市的贫困乡镇，位于沙漠化地区，淡水饮用困难且土地盐碱化严重，许多村民只能饮用自家压井里的咸水。大部分村民都居住在年代久远的土坯房中，且村里电力管线也十分混乱，所以用电条件较差，基本生活条件得不到保障。
>
> 2010年，当地政府决定响应国务院号召，进行易地扶贫搬迁计划。首先，通过实地考察和分析，选定了安置点——格尔木市，并经过两期工程，共建设房屋88套，面积约25 480平方米，安置人口450人。村民目前都住进了新房子，且全村通符合饮用水标准的自来水，绿化覆盖率达到92%，大大改善了居住环境。其次，在搬迁之后，政府注重迁入地移民的生活来源，于是对移民进行职业培训，加强与周边经济体的用工合作，并且在当地引进枸杞等种植品种、发展畜牧业、建设旅游景点等，为农民创造了许多

---

[1] 李媛媛. 新阶段内蒙古生态脆弱地区扶贫移民研究[D]. 呼和浩特：内蒙古农业大学，2014.

> 就业岗位。郭勒木德镇的人民从沙漠搬到城镇，从危房住到楼房，从贫困人口身份变为市民身份，生活水平显著提高。
>
> 材料来源：李佳佳.民族地区易地扶贫搬迁政策研究——基于青海省格尔木市的实地研究[D].昆明：云南师范大学，2018.

4. 政府作为

郭勒木德镇的脱贫实践离不开党中央与上级政府的政策支持，以及格尔木市政府的落实。

国务院颁布《关于支持青海等省藏区经济社会发展的若干意见》，提出了改善生态环境、人均基本公共服务达到全国平均水平等目标，并给出了要求发达省市、中央机关及企事业单位对口帮扶等扶持政策。青海省委、省政府出台《青海省易地扶贫搬迁项目工程管理办法》明确了搬迁对象和方式、安置区的选择、建设及补助标准等。加上财政资金向西部地区和农村地区的倾斜、中央财政加大对易地扶贫搬迁的资金投入等，都为郭勒木德镇的易地扶贫搬迁提供了政策支持和资金保障。

格尔木市政府首先根据国家规定确定了需要搬迁的地区：郭勒木德镇，接着对搬迁对象进行了精准界定，主要依据建档立卡贫困人口中生活条件恶劣的贫困户。其次，在资金方面，格尔木市主要通过中央与省级的财政扶贫资金、专项资金、低息贷款等渠道筹集，并用于为搬迁群众提供基本的生活生产设施，如住房、农田、乡村道路等。搬迁资金严格按照工程进度及时拨付，保障了迁移按计划落实。最后，即便在人们落户之后，政府仍然持续推进基础设施建设，推动生产方式完善。当地政府保障迁移群众和当地居民享受同样的教育和医疗服务，保障迁移人口的交通、就业、教育、就医等。政府大力推进产业扶持，提供许多就业机会，推动农业生产机械化、规模化，发展枸杞等种植业，发展旅游业，居民们从过去拒绝政府帮助到现在主动要求政府提供技术支持。

可见，有为政府通过易地扶贫搬迁模式很大程度上解决了在自然环境恶劣的情况下产生的贫困现象。

（二）针对因灾因病致贫

1. 致贫原因

一方面，多数贫困地区处于山区、牧区、高原、沙漠中，山体滑坡、泥石流、地震、沙尘暴等自然灾害频发，自给自足、以农牧生产为主的农牧民无法有效地抵御旱、涝、病虫害等灾害。如云南省2019年第三季度因自然灾害造成直接经济损失18.67亿元，导致110.74万人受灾，共致上万间房屋倒塌，致使多地贫困加剧及发生返贫现象[1]。另一方面，部分贫困人口突发或继发重大疾病，身处医疗落后的贫困地区无法及时获得有效救治，延误病情，且病后丧失劳动力，无法获得经济收入。此外，还要长期承担高昂的医疗费用，不得不背上巨债，导致贫困加剧。

2. 应对方案

1）保险扶贫

中共中央、国务院在《中国农村扶贫开发纲要（2011—2020年）》中提出"积极发展农村保险事业"，具体为健全自然灾害保险制度、完善受灾群众的生活救助、加快普及新型农村社会养老保险制度。随后，中国银保监会、财政部等纷纷给出具体的保险扶贫方案，提出了改善生态环境、人均基本公共服务达到全国平均水平等目标，并给出了要求发达省市、中央机关及企事业单位对口帮扶等扶持政策。

首先，意外保险和医疗保险这样的商业保险能够杜绝群众因灾因病致贫或者返贫现象的发生。政府为贫困群众购买保险或者是提供购买保险的补贴，使没有抗风险能力的贫困人口将突发的自然灾害和疾病风险转移致保险公司。其次，财产险类的商业保险可以充分发挥担保和融通资金的作用，从而促进生产。比如农业保险除了我们理解的担保"天灾"之外，还有农产品目标价格险等，为农民的生产注射"安

---

[1] 劳学丽. 云南省第三季度因自然灾害造成直接经济损失18.67亿元[N]. 昆明信息港，2019年12月4日 https://m.kunming.cn/news/c/2019-12-04/12777418.shtml#/.

心剂"。再如"政银保"模式由政府提供保费或者保费补贴等,由银行提供贷款,由保险公司为贷款主体提供保证险,以此解决贫困人口融资难、创业难问题。最后,社会保险兜底扶贫作用愈发重要,截至 2018 年末,全国参加基本养老保险人数为 94 293 万人,其中实际享受代缴保费的贫困人员有 2 741 万人,城乡居民基本养老保险使 4 936 万贫困人口直接受益。参加失业保险人数为 19 643 万,失业保险金月人均水平上涨到 1 266 元,且 2018 年全年国家为领取失业保险金人员代缴基本医疗保险费 92 亿元。[①]

2) 医疗设施与服务建设

2015 年,《中华人民共和国国民经济和社会发展第十三个五年规划纲要(2016—2020 年)》中提出要使社会基本公共服务体系更加完善,而医疗卫生设施是美丽乡村建设和扶贫工作中重要的公共服务设施,是落实新型农村医疗政策的载体。目前建设的乡村医疗设施主要为三大层次:第一是公共卫生服务,包括各类健康知识宣传、传染病的疫情防控、妇幼保健知识教育等;第二是基本医疗,主要是确保农村人口的基本健康状况,诊断、治疗常见病,免费体检,地方病和慢性病筛查等,包括门诊和住院服务;第三是较高层次的医疗服务,《乡镇卫生院建设标准》(建标 107—2008)规定:人口少于 1 000 人的小型村庄需要满足基本医疗要求,即设置村级卫生室等,人口超过 2 000 人的大型村庄或乡镇在保障基本医疗之外,还需要增加农村合作医疗管理等服务;此外该标准还规定了最低建筑面积、最低床位数量等。这在很大程度上解决了贫困人口看病难的问题,缓解了因病致贫现象。

3. 保险扶贫实践——以河南省南召县为例

> 南召县作为国家贫困县,当地主要收入来源是种植农作物和养殖牲畜,但由于只追求效率而过度使用农药等,使得土地质量下降,对自然灾害的抗击能力极弱。当地贫困人口主要分布在偏僻的山村

---

① 数据来源:《2018 年度人力资源和社会保障事业发展统计公报》。

中，且年龄偏大，看病难、看病贵问题十分突出。容易陷入由于贫困不能抗灾抗病，而又因灾因病导致更加贫困的恶性循环中。

南召县政府利用上级财政支持，为当地群众补贴保费，如农民自付20%，政府补贴80%，以此减轻贫困人口购买保险的经济负担。目前已经建立的保险模式主要有：①健康型扶贫保险模式。南召县建立了多层次的医疗保障体系，通过购买商业健康保险来解决看病贵的问题，实现了基本的医疗服务。基本医疗保险是贫困家庭保障健康、转移风险的主要保险，它也有效推动了南召农村医疗保险的发展。同时，南召县通过优化新型农村合作医疗保险来推进农村贫困人口大病商业补充保险，并根据南召县贫困群众的具体情况来制定有针对性的保险产品，很大程度上解决了看病难、看病贵和因病致贫、返贫情况。②特色保险产品。即政府引导保险公司针对南召县的实际经济状况开发不同金额的寿险、成本价格损失险、农业产品险等险种，其中政府对农业保险的补贴逐渐增大，从原先包括水稻、小麦在内十四类品种扩展到肉羊、大枣等二十八类品种。总之，责任保险品种使得南召县的医疗卫生、安全生产等方面的风险都有了保障，使得当地农村居民收入保持12%的增长率。2017年，贫困人口数量从10万人减少至3万人，扶贫效果显著。

资料来源：高虎.保险精准扶贫模式评价[D].开封：河南大学，2019.

4. 政府作为

保险是分散风险、稳定收入、解决因病致贫返贫的良方，但是仅仅依靠保险公司是无法做到保障贫困人口的生产生活的，必须由政府进行推广，并协调保险公司与贫困人口之间的产品合同关系。

在南召县利用普及保险减少贫困的实践中不难看出政府的作用。首先，南召县政府出台一系列政策鼓励与支持保险公司参与扶贫项目，针对贫困人口定制保险产品。如与中国人保公司合作，在当地推广农业保险，若发生自然灾害等导致农作物减产，保险公司则赔偿农户经济损失，替没有风险承担能力的贫困群众承担风险。其次，南召县政府使用扶贫资金帮助贫困群众购买意外保险、基本医疗保险等，降低贫困人口自掏腰包的比例，扩大参保人员范围。同时，医保的完善也推动了当地医疗服务机构的完善，当地医院机构开展了更多的医疗点来提供医保服务。目前南召县已经做到在基层医疗机构保证门诊的报销比例；同时构建和完善特大疾病保险管理制度；对于低收入人员，可以将其报销点适当提高等。

保险利用其本身的运行机制势必会提升脱贫攻坚的效果，但目前全国来看保险的参与度仍不够理想，这就更要求政府发挥好"导航仪"和"指挥棒"的作用，结合当地实际，利用多种方式鼓励或者帮助贫困群众购买各类适合的保险服务。

（三）针对教育致贫

1. 致贫原因

教育的缺失是导致世代贫困的主要原因之一。首先，由于贫困家庭本来收入水平就低，一些家庭基本生活都无法维持，更谈不上供子女读书；另一些贫困家庭虽然可以维持基本生活，但受封闭思想影响，"读书无用论"的说法长期存在，主动接受教育的思想淡薄。其次，伴随着教育改革，教育市场化、产业化趋势越来越明显，贫困家庭可接受的公平教育的机会越来越少，城乡间的教育资源差距也逐渐扩大。最后，贫困家庭供子女读书很大的原因就是希望子女能通过受教育而找到高薪工作，改变家庭现状，但由于现在就业市场竞争大，即使高才生也不一定能找到满意工作，所以贫困家庭更不愿为孩子教育而投资。种种因素导致贫困家庭的孩子辍学现象严重，而教育的缺失使他们观念落后、掌握的知识和技能不足，于是只能从事低端的、机械化、低薪的工作，甚至找不到工作，从而加剧了家庭的贫困。例如针对重庆市大足区贫困群体的调查显示，因教育缺失致贫占比最高，高达31.94%。而祖辈就处于贫困状态，如今仍是贫困户的比重为75%，此现象发生的根源即为祖孙三代均未接受较好教育。①

2. 应对方案

习近平总书记在中央扶贫开发工作会议上提出："教育才是阻断世代贫困的根本办法，贫困地区的教育事业应当为长远发展考虑，必须下大力气抓好。"②2015年《中共中央关于打赢脱贫攻坚战的决定》也十分重视贫困代际传递理论，明确提出"扶贫先扶智"，把教育脱贫放在了脱贫事业的突出位置，以"发展教育脱贫一批"作为"五个一批"工程的重要内容。教育扶贫政策的立论基础在于发挥知识和能力在促进社会流动中的关键作用，这便是现代社会所推崇的"贤能主义"(meritocracy)。教育扶贫的两大重点目标是：第一，人人都有机会接受教育，教育资源全覆盖；第二，贫困地区教育的总体水平显著提高，社会经济发展能力明显增强③。其具体措施则是贯穿学前教育、义务教育、高中阶段教育、高等教育、职业教育和继续教育的全过程。

教育的起点是学前教育，这是贫困地区普遍薄弱的教育阶段，政府目前正积极创立公办幼儿园（即幼儿园的院长等工作人员由教育局任命，校内设施建设，教学期间的各类经费以及工资等都由财政拨付），同时大力扶持民办幼儿园（即与公办幼儿园相对），为其提供普惠性服务等，最终实现"幼有所育"。在义务教育阶段，目前全国已经处于全面普及基础上的提高水平阶段。近年来，中央的一些重要文件都提出推动城乡义务教育一体化发展的要求，各地政府也为此做出许多努力，深入推进教育均衡发展，均衡配置教育资源，合理分配师资力量，全面提高贫困农村义务教育的质量和水平。同时进一步完善义务教育经费保障措施，保障所有适龄儿童接受教育的权利。在高中阶段教育方面，以加快普及中等职业教育为主，并对贫困家庭人口开展有针对性的职业中专、技工学校教育，加强技能培训，提升其脱贫能力。

---

① 张佳佳. 教育影响农村家庭贫困代际传递的实证研究——以重庆市大足区为例 [D]. 重庆：重庆工商大学，2017.

② 在中央扶贫开发工作会议上的讲话 [N/OL]. 人民日报 [2015-11-27]. http://paper.people.com.cn/rmrbhwb/html/2019-04/18/content_1920338.htm.

③ 教育脱贫攻坚"十三五"规划.

而高等教育方面,国家出台各类助学贷款、贫困生奖学金等措施,各类高校也有相应的勤工俭学等制度来减轻贫困学子的经济负担。除此之外,政府还有定向招生计划、营养餐计划、职业教育补贴等政策,保障贫困学子不因经济原因而失去受教育的机会。

3. 教育扶贫实践——以安徽省泗县为例

> 泗县隶属于安徽省宿州市,位于安徽省东北部,地处大别山特困连片地区,2012年被确定为国家扶贫开发工作重点县。
>
> 2016年开始,泗县采取系列教育扶贫措施。
>
> 一方面,泗县政府落实对贫困学生的资助。县政府为贫困家庭学生建档立卡,定期为这些孩子发放补助金,标准为每人每年学前幼儿600元,寄宿小学1 000元,初中学生1 250元。县财政还另外发放补助金每人每年500元。针对义务教育阶段,不仅仅是免除学费,学生作业本费用也予以免除,且设立助学金计划,对优秀学生每人每年3 000元的补助。对被普通高校录取的本专科贫困学生,给以办理助学贷款,且在首次办理时给予每人1 000元的入学补助。从2017年秋季学期的统计数据来看,建档立卡的学前、义务教育阶段贫困学生分别为1 824人和6 625人。各类免学费和补助政策共帮助到2 486名学生。另外,大学生信用贷款政策帮助了407位为学费发愁的学子,大学生资助金政策帮助了346名大学生。
>
> 另一方面,泗县提高当地学校条件和教育水平。泗县之前师资力量匮乏,于是政府提升乡村教师的各方面待遇和生活保障水平,免除乡村教师的后顾之忧,采取"省考,县管"的方式吸引更多优秀的教师前来任教并留下,防止教师流动性过大而影响教育的连贯性。同时在城镇的优质学校中选取教师去贫困乡村支教,保障贫困地区的教学水平。在学校建设方面,政府财政加大投入,购买各类教学仪器、设备、书籍等,并改善教室和宿舍条件。但凡有条件的地区,都实现宽带接入,提高网络覆盖率,并推动远程教育等的发展。

> 最后，泗县还努力提升农村义务教育阶段学生的营养水平，各学校食堂需按规定制作食谱，力求科学搭配、营养均衡。对于无法供应餐饮的学校采取企业送餐的方法，总之，力求营养计划能普及全县的中小学生。当然，提高餐饮质量的同时也降低学生开销，小学生每人每天仅需一元，初中生仅需两元，其余都由政府补贴。截至2019年12月，泗县共有80 800名学生享受"营养餐"计划，且由食堂供餐的学校达95.3%。
>
> 资料来源：宿州市人民政府网：《泗县：阻断贫困代际传递 教育扶贫提标扩面》http://www.ahsz.gov.cn/11708289/28319217.html；刘守亮. 泗县8万余名农村义务教育学生享受"营养餐"[N]. 拂晓报，2019-12-10.

4. 政府作为

泗县政府从以上三方面进行教育扶贫，使贫困人口树立依靠自身力量脱贫的信念，帮助贫困学子完成学业，使其获得知识与技能，从而获得更多就业机会，收获更高的经济收益。在资金方面，泗县政府投入巨大。仅2017年秋季学期对各类免学费和补助政策的累计投入金额便达到70.575万元；帮助大学生申请信用贷款40.7万元；发放大学生资助金69.55万元。[①] 此外，还有为保障全县学子尤其是贫困学子的营养所投入的资金；为保障师资力量，留住乡村教师所做的投资；为提高教学条件而对学校的硬件进行的投资等。可以说如果没有政府的资金投入，泗县通过内在动因之一的教育来脱贫的目标是无法实现的。在政策方面，泗县政府制定一系列优惠政策鼓励适龄人群接受对应的教育，并通过人才引进政策吸引优质教师前来教学等。2016年当年，泗县便成为全省脱贫攻坚绩效考核最优秀的县之一，并计划在2020年彻底摘除贫困县的称号。虽然教育投资获得的回报许多都需要等待较长周期，但终究能逐步使贫困人口的文化素质提升，使贫困地区的科学技术得到普及，进而从根本上带动当地经济发展，实现当地脱贫的目标。

---

① 卫晓蔷. 泗县教育扶贫问题研究[D]. 合肥：安徽大学，2018.

（四）针对就业障碍致贫

1. 致贫原因

贫困人群由于总体受教育水平较低，劳动技能较差，大多为初级技能劳动者，只能从事机械化程度低的简单体力劳动，这些岗位报酬低却消耗体能大，且可替代性强。而随着科技的快速发展，越来越多的企业由劳动密集型转为技术密集型，简单劳动岗位将被机器替代而减少，这些低技能低薪的劳动者面临着被市场淘汰的风险，导致他们贫困程度增加。再加上贫困人口本身就没有积蓄，承担不起自主创业的投资风险，于是没有工作又不敢创业的他们没有了生活来源，只能等待社会救济。

2. 应对方案

习近平总书记曾说："一人就业，全家脱贫，增加就业是最有效也是最直接的脱贫方式[①]。"可见保障就业对脱贫事业意义重大。为提高就业率，政府采取了多种措施：①加强就业服务和培训：政府要注重提升当地劳动力的技能，根据当地企业的用工需求组织失业贫困人口进行职业技能培训，或者给予一定的职业教育补贴。②支持当地创业带动就业：创业不仅能解决自身就业，而且可以带动多人就业。政府制定完善的扶持创业政策为回乡创业者提供制度保障，并为其提供资金贷款支持、创业培训等。③支持企业驻村：政府通过减免税收等政策，鼓励劳动密集型企业驻村，为农村提供更多就业岗位的同时也解决了企业的招工问题，实现双赢。

3. 就业扶贫实践——以江苏省宿迁市为例

江苏省宿迁市位于江苏省北部，其 GDP 水平多年位于江苏省 13 个地级市的末位[②]。宿迁市有 180 个村被江苏省划定为经济薄弱村[③]，

---

① 习近平.东西部扶贫协作座谈会上的讲话 [EB/OL].[2016-07-20]. http://cpc.people.com.cn/xuexi/n1/2018/0921/c385476-30306848.html.

② 小云.江苏最"穷"的地级市，GDP 仅 2610.94 亿元，是你家乡吗 [EB/OL]. [2018-12-26]. www.sohu.com/a/246002697_100056250.

③ 《中共宿迁市委 宿迁市人民政府 关于推进脱贫致富奔小康工程的实施意见》，宿迁市政府网，2016 年 1 月 8 日：http://www.suqian.gov.cn/cnsq/sqyw/201601/64eb9cf4cbd641199db1c7654d7bd1be.shtml.

有63.17万人为江苏省低收入人口[①]。2015年宿迁市成为国家扶贫改革试验区。

> 就业扶贫是宿迁市国家扶贫改革试验区建设的重要举措之一。宿迁市首先从就业者出发,对其进行培训教育与就业引导。针对有就业能力但是缺少就业意向的群众进行引导,鼓励并帮助其找到合适岗位;对于贫困家庭中文化水平低的劳动力开展免费的技能培训,使其有一技之长,并实施优惠政策等鼓励贫困家庭中的适龄子女接受正规的职业教育。其次,宿迁市拓宽就业渠道,增加就业岗位。如市政府引进"家门口就业"工程,这些岗位都离家近,仅步行10分钟左右,工作都是计件形式,多劳多得,当地劳动者认为这些工作既方便了他们照顾孩子和老人,收入又十分客观。目前工程累计实施989个项目,使5.9万贫困人口实现就业,许多外出打工者也开始回流;市政府鼓励农民返乡创业,并给予税收优惠等;针对丧失或部分丧失劳动能力的贫困人口,政府为其提供一些公益性岗位,如邻里互助类、巡防巡护类和村务服务类等;通过南北协作等项目,使农户进入富裕的苏南地区就业等。宿迁市在中央与省政府政策的指引下,一步步落实就业扶贫计划,2018年,宿迁市12.8万低收入人口、46个省级经济薄弱村达到脱贫目标,超额完成扶贫任务。
>
> 资料来源:侯苏雨,许建,张亮."稳"字当头,宿迁就业形势持续向好[EB/OL].[2019-04-25]. http://www.suqian.gov.cn/cnsq/sqyw/201904/3bbe944c1fe046f2a1a5ac937968f02d.shtml;2019年宿迁市政府工作报告:http://www.suqian.gov.cn/cnsq/zfgzbg/201901/8ab57f7ea6fd4e32be1f9cace832f5f1.shtml。

[①]《宿迁:建档立卡低收入人口医疗保障水平"再提高"》,宿迁市政府网,2018年6月29日:http://www.suqian.gov.cn/cnsq/bmdt/201806/62858c26ccbc4484bdb923e0408c5f20.shtml。

4. 政府作为

"十三五"规划以来,国家多次强调就业扶贫的重要性,如人力资源和社会保障部、国务院扶贫办颁布的《关于做好 2018 年就业扶贫工作的通知》中指出要多渠道开发就地就近就业岗位、大力加强就业服务等;在《关于开展深度贫困地区技能扶贫行动的通知》中强调了技能培训的重要性。宿迁市政府根据国家及省政府的政策,结合当地实际,开发出前文所述的众多就业扶贫项目。政府通过在就业扶贫前提供制度和组织保障,在就业扶贫过程中提供就业渠道、就业培训、资金支持等,在就业扶贫后期提供相关费用优惠与减免等,构造了本地劳动就业为主、劳动输出为辅、公益性岗位为补充的和谐就业环境。

(五)针对市场经济发育程度低致贫

1. 致贫原因

由于区位因素(如气候、地形、运输成本等)、历史因素(周边环境动荡、经济南移、港口建设等)、政府政策(税收政策、区域金融中心建设等)的影响,各地市场经济发育程度的起点差距较大。而市场发育程度则直接影响贫富状况,因为金融资源作为生产要素会追逐利益而被分配到最高受益的地区,即市场化进程快、市场经济发育程度高的地区,这些地区由于本身起点高,再加上被投入更多资源,则市场会愈发繁荣。相反,市场发育程度低的地区本身起点低,又无法吸引这些追逐利益的投资,会与市场发育程度高的地区贫富差距越来越大,导致区域化贫困。久而久之,这些地区陷入了"马太效应"的怪圈。

2. 应对方案

为提高当地市场发育程度,各地政府采取各类措施优化产业结构,改善经济发展方式。如大力发展旅游业。旅游脱贫是具有其自身天然优势的,近年来农家乐等旅游度假形式越来越受欢迎,这就给乡村带来了商机。乡镇政府要结合当地情况,选择最具竞争优势的特色旅游产业,可以利用自身良好的生态环境和纯正的民族文化吸引游客。又如大力推动电商行业。贫困地区大多有自己的特色农产品或者传统的手工业制品等,如果通过网上营销的方式,树立自己的品牌,推出特色产品,可以使这些产品以更低的成本更高效地售出。当然,前提是当地的基础设施条件需要跟上,如互联网的普及、物流条件完善等。

> 恩施土家族苗族自治州地处武陵山集中连片特困地区腹部,全州8县市均为国家扶贫开发重点县市。恩施州聚集了湖北省四分之一的贫困人口,市场经济没有活力,故脱贫任务艰巨,必须选择高效的脱贫路径,而恩施州最大的优势就是文化旅游资源丰富。
>
> 恩施最早将旅游纳入国民经济统计序列是2004年,但是直到2009年,市政府才开始对旅游开发进行投入,这可能是因为2010年恩施市开通火车与高速公路,为旅游业的发展提供了基础设施。按照省政府提出的"大力发展旅游业促进农民自主创业"要求,恩施市把乡村旅游业尤其是"农家乐"作为重点扶贫项目,探索出一条具有恩施特色的乡村旅游发展道路。以恩施大峡谷为例,过去大峡谷周边交通不便、地处偏远、经济落后,是典型的"穷乡僻壤",恩施市政府2010年引进投资公司对大峡谷进行开发,2014年,该景区就接待了80.2万人,直接带动当地695人就业,人均收入2.5万元以上,是5年前的10倍,并且充分发挥其辐射作用:搭建创业平台,将景区商铺承租给农户经营;带活了饭店、旅店等配套服务行业;促进了农村劳动力转移,景区的工作人员优先录用当地村民,尤其是失地农民。
>
> 材料来源:胡柳.乡村旅游精准扶贫研究[D].武汉:武汉大学,2016.

3. 激活市场扶贫实践——以湖北省恩施市为例

从 2004 年恩施市政府看到旅游业带来的经济效益，到 5 年后的 2009 年开始投资，再到 5 年后的 2013 年取得的效益具体如表 8-1 所示。

表 8-1　2004—2013 年恩施市旅游业发展和扶贫效果[①]

年份	旅游人数/万人	旅游总收入/亿元（保留两位小数）	旅游收入占GDP比率/%	旅游投资总额/亿元	贫困人口数	贫困发生率/%
2004	31.5	0.85				
2005	38.5	1.52			283 625	43.95
2006	55.2	1.92			283 600	44.50
2007	112.44	5.43	15.7		262 100	41.30
2008	125.02	8.70	14.8		244 800	38.74
2009	162.4	8.98	12.4	0.41	236 200	37.38
2010	276.32	17.32	19.9	1.28	218 700	33.89
2011	466.05	30.50	28.9	2.34	255 000	40.74
2012	720.73	40.95	33.3	4.04	238 800	38.15
2013	1 010.5	54.83	38.7	5.16	176 220	28.20

从表 8-1 中很明显看出 2004 年到 2013 年 10 年间，恩施市的旅游业从无到有，再到繁荣发展，旅游收入从 0.85 亿元到 54.83 亿元，已经占到国民生产总值的 38.7%，恩施市的旅游业发展实现了质的飞跃。可喜的是，当地农民人均纯收入一直保持两位数增长，贫困人口数量与贫困发生率显著下降[②]。旅游收入占 GDP 从可以忽略不计到 2013 年已达到 38.7%。至少可以印证，恩施扶贫的高绩效与旅游扶贫业的开发高度相关，恩施市旅游业的快速发展极大地促进了当地经济。恩施市"旅游+"造血式扶贫模式已入选为联合国减贫案例。

---

① 数据来自 2004—2014 恩施市国民经济和社会发展统计公报与湖北省扶贫开发统计监测资料。空缺部分为缺乏统计数据。

② 除了 2011 年由于贫困标准由 1 274 元提升至 2 300 元导致贫困人口和贫困率增加。

4. 政府作为

恩施市依托旅游业脱贫致富的经验证明旅游扶贫是一种理想的扶贫方式，而其取得的成就与政府的作为是分不开的。

首先，政府发现了旅游业这项适合当地的朝阳产业。通过乡村旅游业扶贫必须满足有一定的区位优势等市场条件，如当地旅游资源条件良好、游客衣食住行基本需求能得到满足以及开发成本较低等。恩施市政府发现恩施市是满足旅游业扶贫的条件的，第一，恩施处于巴楚文化、抗战文化、红色文化兼具的文化富集区，当地是国家重要的生态功能区，有鬼斧神工的自然景观如恩施大峡谷、神农溪、腾龙洞等，还有风格独特的文化遗产如鱼木寨、唐崖土司皇城遗址等，且气候舒适，温度适宜，具有优质的旅游资源。第二，区位上，恩施境内横贯长江水道、318国道、沪渝高速、宜万铁路等，且当时机场等其他重大项目已在建设过程中，恩施是中国中东部地区进入西部及入川的重要门户。第三，开发难度和开发成本也较低，因为当地自然景观居多，不用人造景点，且物价较低。于是恩施市政府把生态文化旅游业当作恩施市的重要支柱产业来培育。恩施州政府编制《全州旅游扶贫总体计划》，科学地编制了整体规划，明确当地旅游扶贫的目标、方向、重点和具体措施。而政府确定将旅游扶贫定为当地扶贫路经之一的时间也是恰到好处，大约为2009年。在此之前政府资金主要用于交通建设，这是发展旅游业的前提，随着高速公路和铁路的开通，市政府才开始对旅游业进行大投入，而此时正是基础牢固、高投入高回报的时期。

其次，恩施市旅游业的迅速发展离不开政府的开发投资。一是对交通的投资，无论是提高恩施的可进入性还是恩施旅游点内部景区之间的可达性都对节约游客的费用成本和时间成本十分重要。在与外部连接上，政府投入建设铁路网和高速网，形成恩施连接长江中游城市群的"四小时交通圈"与周边省会的"三小时交通圈"。在内部景点之间，政府增设旅游客运站、旅客集散中心等设施。二是对景点开发的投资。无论是景区的修缮和美化开发工作，还是景区内的旅客休息区域、商店、旅馆等服务区域的建设，以及对原本居住在景区内的村民进行搬迁安置补偿工作等都需要大量资金投入才能完成。三是对公共服务设施的投资,建设停车场、公共厕所、各类标识牌、消防设备、垃圾处理设备等,提高通信、网络等覆盖面积,推进当地的"硬化、绿化、亮化、净化、美化"工程,在提升旅游景点吸引力的同时改善了当地居民的居住环境。可见恩施旅游业从兴起到后期发展都与政府的投资密切相关。

最后,政府保障当地旅游业的可持续性。第一,政府正确处理旅游开发与环境保护之间的关系。在法律法规制定上,政府出台《大气污染防治十条》《丹霞地貌保护条例》《清江保护条例》等,通过执法加大对破坏环境的惩治。在行政上,政府充分发挥管理权能,重视旅游规划,开发中尽可能采用无污染的新工艺,使得景区建设与环境保护良性互动。第二,政府力争解决当地旅游业发展的最大瓶颈即人才缺失。政府一方面通过高薪、分红等政策来吸引规划、管理、营销等方面的有才之士,这是短时间内提高旅游业发展水平的有效方式。另一方面为了走可持续旅游发展道路,政府还注重培养本地人才,主要通过组织干部到先进地区学习考察,定向委培本地职业学校的旅游专业的学生,以及对当地从事旅游相关行业贫困人口的专业指导。这都是与纯粹为利益的资本开发不同的。只有保证当地自然环境不被破坏,旅游景点才可以持续被参观;只有持续有专业人士来规划、管理这些旅游景点,才能使恩施市旅游业繁荣发展下去。

三、扶贫工作现阶段的成果

1. 贫困人口数量大幅减少

中国从 2013 年开始精准扶贫,2016 年打响脱贫攻坚战,6 年来,脱贫攻坚取得了举世瞩目的伟大成就。全国原本有 12.6 万个贫困村,现在仅剩 20% 左右未脱贫;累计减贫 8 239 万人,年均减少贫困人口 1 300 多万人,贫困发生率由 2012 年的 10.2% 下降到 2018 年的 1.7%。

2018年仅"三州三区"[①]地区就减少贫困人口134万人,贫困发生率下降了6.4个百分点,下降幅度高于全国平均水平近5个百分点。2016年、2017年和2018年全国相继有28个、125个和约280个贫困县摘帽;2019年预计约有330个贫困县摘帽,剩余少量的贫困县,将在2020年脱贫摘帽;返贫率方面也是逐年大幅下降的,2016年返贫人数是68.4万人,2017年是20.8万人,2018年是5.8万人,[②]到2019年只有几千人[③],可见脱贫质量越来越高,脱贫攻坚步伐明显加快。2012—2019年贫困人口脱贫情况如表8-2所示。

表8-2 2012—2019年全国农村贫困人口脱贫情况

年 份	贫困人口/万人	贫困发生率/%	年脱贫人口/万人
2012	9 899	10.2	2 339
2013	8 249	8.5	1 650
2014	7 017	7.2	1 232
2015	5 575	5.7	1 442
2016	4 335	4.5	1 240
2017	3 046	3.1	1 289
2018	1 660	1.7	1 386
2019	551	0.6	1 109

数据来源:国家统计局.中国统计年鉴(2013—2019)[EB/OL]. http://www.stats.gov.cn/tjsj/ndsj/.

2. 贫困地区生产生活条件逐步改善

截至2016年,贫困地区农村人口的年人均收入平均增长为10.7%,稳定保持两位数增长速度。有57.1%的农户已经居住在钢筋混凝土房或砖混材料房,有67.4%的农户使用管道供水。自然村通电接近全覆盖、通电话比重高达98.2%、道路硬化高达77.9%。在自然

---

① 指四川凉山州、云南怒江州、甘肃临夏州、西藏、南疆四地州和四省藏区。
② 夏更生在2019年3月12日做客人民网"高谈客论"访谈节目。
③ 环球网:《国务院扶贫办:2019年返贫人口已减至几千人 脱贫质量越来越高[EB/OL]. [2020-03-12]. http://k.sina.com.cn/article_1686546714_6486a91a0200103.hk.html?from=international

村上幼儿园和小学便利的农户分别达到 79.7% 与 84.9%。自然村里有卫生站的比重达到 91.4%①。

贫困地区住房条件、交通条件、教育、医疗卫生等都有了明显提高，人均收入也在稳步增长，人民幸福感增强，基层治理体系和治理能力明显提升。

四、政府扶贫工作面临困境

虽然目前中国的扶贫开发事业已经上升到新的高度，但正如党的十九大报告指出的那样：目前中国的精准扶贫工作仍然存在不少短板，脱贫攻坚任务依旧艰巨。

1. 政府扶贫目标偏离

政府在扶贫的过程中起了引导者的作用，所以，政府很大程度上决定了资源再分配的结果。但由于在扶贫过程中有各种利益分配和社会关系的问题需要处理，再加上决策者可能没有准确掌握各个村各户人家的准确信息，所以多多少少会出现资源分配不合理或不公平的现象，导致政府最初的扶贫目标发生偏离。

最直接的体现就是在低保户及扶贫资金发放对象的确定上。中国的最低生活保障制度是针对由于丧失劳动能力等原因导致家庭中年人均纯收入低于当地最低生活保障标准的贫困群体，为保障他们的温饱而设立的。但是在低保户的确定和资金的发放中，由于确定低保户的标准模糊，制度执行的不规范、不透明，再加上监督不规范，在很多地方出现"人情保""关系保""富人享低保""死人吃低保"等现象。2019 年 6 月至 9 月，全国清退不符合条件的低保对象 92.8 万户 185 万人，新纳入低保 96.5 万户 185.4 万人；地方各级民政纪检监察机构共发现或收到移交问题线索 389 条，其中立案 160 件，问责干

---

① 数据来源：新华网，http://www.xinhuanet.com//politics/2017-10/17/c_1121817973.htm。

部 182 人[①]。目前扶贫基金有 44.5% 覆盖了富裕户，20.2% 覆盖了中等户，仅有 35.3% 真的用在了贫困户身上[②]。例如农村小额信贷资金发放过程中，由于富裕农民的偿还能力较高就更易得到支持。扶贫资金是有限的公共资源，当这些不该享有的人抢占了资源，那真正的贫困人群的生活便得不到保障，也败坏了低保等扶贫政策以及政府的公信力。

不仅如此，在扶贫项目的投入上，一些基层政府更偏向于投入到城市周边乡镇和村落，这样方便实施，更容易取得工作绩效。而那些真正地处深远、资源匮乏的村落便未得到应有的重视。如 2006 年苏北某贫困村申请省财政的扶贫资金 18 万元为 45 户贫困户建造猪舍，原本是要建在一个贫困且适合养猪的自然村，但镇领导认为建在另外一个通水泥路的自然村更容易看到猪圈成果，于是在公路两边建立起整齐的 45 个猪舍，但由于这个村落的农户并不愿意养猪，导致猪圈闲置[③]。中央扶贫政策的初心和目标到了基层就容易发生偏离，导致扶贫资源的浪费，阻碍扶贫事业的发展。

2. 政府扶贫资金管理不够合理

政府扶贫资金的管理日趋严格，2017 年全国人大常委会的调研数据显示：当年我国扶贫资金管理使用上审计查出的问题金额占总抽查金额的比率为 7.93%，相比于 2013 年下降了约 28.37%[④]。但说明仍然有部分扶贫资金存在管理和使用上的问题。例如四川省旺苍县 2016—2017 年间向金融机构贷款 7.63 亿元计划用于扶贫工作，直到 2017 年 10 月底，资金中的一半竟然都未使用，被上级责令整改之后，直到 2018 年 9 月仍有闲置资金约 1.9 亿元；再比如小额信贷逾期贷款现象

---

① 2019 年民政部第四季度新闻发布会上，社会救助司司长刘喜堂的讲话。
② 据中国扶贫基金会副会长何道峰统计。
③ 徐志明. 扶贫资金投资效率与市场化反贫困机制的建立 [J]. 乡镇经济，2008（9）：83-87.
④ 辛识平. 严防"蚁贪"啃食扶贫资金 [EB/OL]. [2018-06-26]. http://www.xinhuanet.com//2018-06/26/c_1123040347.htm.

多发，甘肃省扶贫小额信贷截至 2018 年 9 月底，贷款逾期率 4.22%，有 36 个县逾期率超过 3%，且贷款用途不符合规定、户贷企用没有兑现承诺收益。内蒙古自治区、湖北省分别有 14 个县、12 个县逾期率超过 3%[①]。

由于扶贫资金涉及面较广，再加上有一些重复补贴现象，也使得一些扶贫资金没有用在刀刃上。例如农业、民政、交通等多个部门都对同一地域进行扶贫工作，而各个部门有自己的工作计划，如果部门之间没有提前沟通，很有可能导致对一些项目重复补贴，从而造成扶贫资金浪费、效率低下的问题。与此同时，一些需要大量扶贫资金投入的地区补贴不足[②]。

面对问题扶贫资金的存在，扶贫资金监督管理机制仍需进一步完善，对挪用、克扣扶贫资金问题保持"零容忍"态度。

3. 部分政府机关搞形式主义

扶贫是一项长期的艰巨任务，短时间内难以有显著效果，这使得一些扶贫干部搞形式主义、面子工程、"数字脱贫"等。例如中央脱贫攻坚专项巡视组指出：青海省扶贫领域中官僚主义较突出，各类督察、检查、考核数量过多；云南省整改落实有差距，存在"数字整改"现象；新疆整治形式主义、官僚主义问题不够有力等[③]。这些主要表现为：①玩数字增收游戏：政府给贫困户算增收情况时，将未长大的牲畜就已经算进收入，将未结果的果树已经算上果实收入等。②工作情况造假：政府干部为了迎接上级检查，去贫困户家中帮忙做农活等，仅仅为了拍照发新闻，并不是真心为贫困户做事，又或是当某项政策被传达下来，乡镇紧急召集一帮干部开会，打着学习的旗号实则读读文件讲讲空话了事。

---

① 于文静. 国务院扶贫办就资金监管等问题 约谈相关省区和贫困县 [EB/OL]. [2018-11-30]. http://www.gov.cn/xinwen/2018-11/30/content_5344830.htm.

② 王昕. 扶贫资金管理模式创新与成效 [J]，财会学习，2019(3).

③ 王卓. 专项巡视列出"三区三州"所涉地区问题清单 [EB/OL]. [2019-01-31]. http://www.ccdi.gov.cn/toutiao/201901/t20190131_188098.html.

精准扶贫的核心就在于精准,而形象工程中盲目追求短期效益和随意调高贫困户收益等阻挠了对贫困人口的真实统计和实实在在的帮扶。形象工程做好了,但是贫困群众的现实生活没有得到任何改善,这是完全违背精准扶贫初衷的。正如中国共产党第十八届中央委员会第六次全体会议公报中指出:领导干部必须立足于实际、扎根于基层,要多到条件艰苦、情况复杂、矛盾突出的地方锻炼自己解决问题的能力,要全心全意千方百计地为群众排忧解难,杜绝一切劳民伤财的"形象工程"和"政绩工程"行为[①]。

第三节 有效政府

一、有效政府的概念和特征

20世纪70年代,西方许多国家步入"滞胀"时期,政府机构臃肿、办事效率低下、腐败现象层出不穷等使得人们开始怀疑凯恩斯理论,其中哈耶克提出限制国家干预,布坎南提出"政府失灵"理论,人们此时开始关注政府的管理效益与效能,开始更深入思考政府与市场之间的关系。斯蒂格利茨曾在阐述市场缺陷与政府干预之间的关系时指出,这其中的关键问题并非市场缺陷,而是如何给出正确的判断以确保政府干预的必要性,因此便要求政府能有效地行使职能[②]。

1997年世界银行提出:"有效的政府是经济、社会持续发展的保证。对于不同国情的国家来说,有效政府的模式也是大不相同的。但是都应满足:一个有效的政府发挥的作用与其能力要相适应,即政府该做

---

① (受权发布)中国共产党第十八届中央委员会第六次全体会议公报[EB/OL]. [2016-10-27]. http://www.xinhuanet.com//politics/2016-10/27/c_1119801528_2.htm.

② 斯蒂格利茨. 政府为什么干预经济[M]. 北京:中国物资出版社, 1998: 90, 215, 226.

什么以及如何做，以此提高其有效性和公共资源使用效率。"① 有学者认为，有效政府强调的并非仅仅是政府规模的大小或是政府职能的宽窄，而是政府在促进经济社会发展上、促进社会市场体系发育上取得的实际效果如何，更何况世界上永远不会存在一种绝对正确的政府管理模式，它必然是面对市场经济发展的不同进程有着不同的评价标准，而"有效性"是其中最基本的评价依据②。

1. 有效政府与发展密切相关

在现代化过程中，发展问题成为时代的主题，成为人们关注的中心问题。而各个国家的发展进度与该国政府的有效性紧密相关，某种程度上来说，政府决定着该国经济发展的动力和水平，在经济增长过程中，政府的有效性已经是一个重要的内生变量。有效性高的政府带领全国发展经济，而低效率政府往往导致经济萧条。"倘若没有有效的政府做保障，经济与社会的可持续发展都是不可能实现的"。③

2. 有效政府关注政府的能力

政府的能力是衡量政府有效性的重要标准。一个有能力的政府绝对不是凡事"一刀切"的，而是着眼于当下的市场环境，根据过去的经验教训，调整当前的政策，运用宏观调控，促进集体行动。效率也是衡量政府能力的一项重要指标，有能力的政府是通过较少投入得到较高产出的。但是，有效政府和有能力的政府也并不是可以画等号的，必须是政府的能力用在满足人民利益、实现社会效益上，才能认定其有效性。

3. 有效政府重视运作结果

价值取向和运作过程对有效政府来说固然重要，但有效政府绝对不可忽视运作结果。首先，一个有效政府必须是一个法治政府，它做

---

① 世界发展报告：《变革中的政府》，1997年，第27页。
② 何显明. 区域市场化进程中的"有效政府"及其演进逻辑——"浙江现象"中的政府角色之40年回顾[J]. 浙江社会科学，2018（3）.
③ 1997年世界发展报告: 变革世界中的政府[R]. 世界银行.[1997.06.01].1997: 1.

出的每一行为、制定的每一政策都必须在法律的约束之下，这是保证其结果有效性的前提。其次，有效政府的行为必须与公众需求保持一致，即便其过程符合效率高、能力强的标准，但其最后落脚点在不在公众，那也不能认定该政府的行政行为符合有效性。

二、有为政府与有效政府的联系与区别

如果将"有为政府"理解为政府能做什么和不能做什么的问题，那么"有效政府"则更侧重于政府做得好不好以及如何做好的问题。

有为政府实际上是有效政府的前提与基础。在经济发展和社会转型中，政府必须起到填补社会空缺、弥补市场失灵的作用，所以有为政府的存在是必要的。第二次世界大战后，有为政府的作用更加突出，众多发达国家以及以中国为代表的发展中国家的政府积极有为，主导国家的经济发展，根据当下的市场形势和自身的资源条件，制定有利于当地发展的政策，引入资源要素，进行合理的产业布局等促进本地经济发展。而相比之下，一些"无为政府"也是"无能政府"，在市场失灵的情况下也没有充分发挥宏观调控的作用，使得国家的社会治安混乱、基础设施落后、经济和社会发展落后。所以"无为政府"连"作为"都没有，更无法评价其作为是否有效了。因此当我们谈论有效政府时，它存在的前提是一定程度上的有为政府。

但有为政府与有效政府之间还是有一定距离的，主要体现在以下几方面。

1. 是否科学限定政府职能

有为政府只强调政府要作为，却忽略了政府作为的范围，导致政府容易干预太多而压缩了社会空间，阻碍市场发展。但有效政府却清晰地划分政府的职能界限，强调政府在什么职权范围内作为。中国政府一直以来就是"有为政府"，政府通过强有力的干预，推动经济高速发展，改革开放取得巨大成就。但中国政府目前已逐步迈向"有效政府"，能够做到明确划定政府职能，做到法无授权不可为。政府在

坚持简政放权、充分发挥市场和社会自身调节能力的同时，强化在社会保障、医疗卫生、公共设施建设等方面的权力。

2. 是否高效处理社会问题

有为政府只要求政府能处理社会问题和突发事件，而有效政府要求政府与此同时运用最少的社会资源和最短的时间，即低成本、高效能。在现代社会，时间就是最重要的成本，发达与落后其实也只是时间问题，这就要求有效政府要降低时间成本。其他综合成本的降低也是必不可少的，有效政府在履行职能时不能为换取短期经济效益而付出高昂的社会成本或是以环境污染为代价。政府运作所付出的社会成本与其行为所带来的收益之间的差额越大，则政府的效率越高。

三、有效政府扶贫的实践——以湘西州"互联网+扶贫"为例

如今，世界已经全面迈进信息时代，互联网已经是社会生活中必不可少的部分。互联网与各行各业的跨界融合成为当今世界的潮流，其发展的前景与潜力是不可估量的。2015年7月，国务院顺应世界"互联网+"的发展趋势，出台《关于积极推进"互联网+"行动的指导意见》，指出在如今的大环境下，我们需要把握住这个时代机遇，使贫困地区能借助"互联网+"来创新扶贫的政策和模式，推动扶贫工作的有效开展和效率提升。

（一）湘西"互联网+"扶贫模式背景

湘西州坐落于湖南省西北部，地处武陵山贫困片区。当地自然条件恶劣，社会经济发展落后，人民生活水平不高，2017年的生产总值和人均可支配收入均为湖南省倒数第二[①]，是湖南省扶贫攻坚的重要战场。

---

① 湖南省2017年国民经济与发展统计公报。

在国务院的号召之下,在国家扶贫的政策大环境下,为贯彻《武陵山片区区域发展与扶贫攻坚规划(2011—2020年)》,湘西州政府于2015年开始进行"互联网+贫困村"即"湘西为村"平台的试点建设工作,以政府为主导,以腾讯"为村开放平台"为技术支撑,以"为村"公众号为中心,建设互联网平台,积极探索"互联网+"模式下的扶贫。这一平台主要的板块有便民通讯录、村务公开、书记信箱、办事大厅、活动信息、村内筹款、电商扶贫、村有好货等,其主要的功能有村民之间或村民与村干部之间的情感交流、资源交互等。这一高效扶贫模式取得了良好效果,国务院扶贫办和国内外知名媒体纷纷对"湘西为村"进行了报道。

(二)湘西政府采取的措施及成效

> **湘西州探索"互联网+贫困村"开放平台**
>
> 近日,湘西州启动"互联网+贫困村"扶贫开发新模式——"湘西为村"。"湘西为村"以"腾讯为村开放平台"为切入点,为湘西州贫困村、贫困户接通互联网,利用互联网手段连接村庄的留守者与外出者,彼此交流情感。同时充分利用电子商务、众筹等互联网平台,发展特色产业,发现村庄的独特价值,建设美好村庄,带来实实在在的经济效益。目前,按照"为村"培训操作流程,正在做的第一件事就是建村群,目标是所有村民触网、用网。
>
> 据"湘西为村"试点方案,试点目标分为三个层次:第一,村适龄人员(含外出与留守者)参与村QQ群、微信群及公众号的比例达90%以上。第二,通过微信公众号进行贫困人口识别及进退公示,村务管理咨询、讨论、决策、财务公开等逐渐互联网化。第三,村民借助互联网主动将村庄导入可持续发展的脱贫轨道,有一支不断壮大的、能深入运用互联网脱贫致富的团队。
>
> 湘西州将安排互联网扶贫项目资金重点扶持试点过程中实现高级别目标的优秀项目,如新公益、众筹、互联网金融、特色村

> 庄规划、特色民宿规划等互联网扶贫开发项目,以及试点村农产品销售的电子商务等项目。
>
> 资料来源:彭书凤.湘西州探索"互联网+贫困村"开放平台[EB/OL].[2015-11-25]. http://www.xxz.gov.cn/zwgk/zwxx/201511/t20151125_1086280.html.

1. 构建新型营销模式

湘西州政府建立"湘西为村"平台,主要是试图推动"互联网+"背景下当地农产品的多渠道销售,提升农产品销售效益,助力广大村民脱贫致富。

而创造"互联网+"销售模式的前提是村民会运用互联网。于是政府首先为每家每户装上互联网光纤,并保障村民主要活动的场所无线局域网全覆盖,基础设施条件的提升为村民运用互联网提供了基础。随后,政府安排工作人员上门又或是通过微信公众号推送的方式进行互联网知识的讲解,主要内容为"淘宝""微店"的建设、销售、推广等,使村民学会用互联网进行农产品的销售与推广。

条件具备之后,政府利用微信公众号发布优质产品信息,并通过互联网、电视媒体等多渠道进行优质产品的宣传推广,使消费者了解到这种由村民直接销售农产品的质量和价格优势。在公众对湘西农产品有了初步印象之后,政府又鼓励村民注册当地农产品的"专属商标",增强村民对品牌的保护意识,从而促进农户对农产品质量的严格把控,增加消费者的满意度。而村民在对互联网模式下的销售有了直观感受之后,明显更有销售积极性了。如此良性循环下,湘西的农产品可成为具有一定生产规模,具有自身品牌价值的特色农产品。例如2016年,湘西州龙山县比耳村通过"湘西为村"平台推送,发动村中110多户人家以微店形式进行有组织的、高质量的脐橙销售工作,网销脐橙50多万斤;2017年,村里参与网销脐橙的增至230多户,网销100多万斤,这为村民带来良好的经济效益。如今比耳村的脐橙线下直销价格均已提升，线上销售价格更是比原来增长了 2.5 倍，为全村果农增收 2 000 余万元，为贫困户增收 450 万元。①

"湘西为村"平台不仅通过推送教村民使用互联网进行销售，还通过推送农业技术信息对村民进行农产品种植培训，通过平台发布农产品的供求信息，并连接其他互联网资讯平台，促进农产品的推广和销售。为村商城的销售模式也助力村民在淘宝、微店等网上店铺的运营。

湘西政府通过互联网销售知识的简单教学和普及带动全州农产品热销，这突出了有效政府低投入高产出的高效作风，展示了有效政府带领当地发展的能力，同时体现了其高效率、强能力的落脚点是群众，其所追求的结果是让当地群众利用互联网销售提高收入、提高生活水平，使贫困人口快速脱贫。

2. 提升贫困人口自我发展能力

尽管通过"湘西为村"平台进行销售农产品是平台建设的主要动因，但政府并不仅仅将"湘西为村"平台局限于此。首先，以建设该平台为契机，使之前没有接触过互联网的贫困人口跨越巨大的数字鸿沟，感受这个信息化、科技化的世界。其次，随着平台建设与发展，对村民们的培训也越来越深入。村民们开始通过平台参与村内事务，参与监督村委会的工作；村民们在"湘西为村"商城、淘宝、微店为自己的农产品进行宣传、推广与销售，体会到了电子商务的高效便捷；在不断探索过程中，村民们开始渴望学习更多的互联网知识，"湘西为村"平台也实现了从最开始单方面的输出和村民被迫接受到现在村民们主动参与的大转变。

总之，"湘西为村"平台并不仅仅聚焦于"互联网＋农业"或是"互联网＋村务"，而是注重对贫困人口的引导与培训，激发其内生动力，教会村民利用互联网参与电子商务、基层治理、进行信息交互、事务办理等。授人以鱼不如授人以渔，这样的扶贫方式才是"造血式"扶贫，这才是有效政府注重持续发展、希望使贫困人口获取更长久稳定利益的选择。

---

① 湘西扶贫办.龙山比耳：产业＋为村 致富拔穷根 [EB/OL].[2018-07-30]. http://www.xxz.gov.cn/2018zhuanti/jztpztxx/jztpgzdtxx/201807/t20180730_916364.html.

3. 构建政务管理沟通机制

"湘西为村"平台不仅为村民们带来了巨大的经济效益，还提高了村干部的办事效率。平台设有"智慧村务"板块，其中包括"政务公开""办事指南""换届选举""书籍信息"等栏目。村支两委通过这些板块以文字、图片、视频等方式上传工作文件、公开财务信息等，及时将换届选举信息、扶贫信息、村务信息通过平台实时传达与公开，而村民如果有自己的建议也可以直接通过平台表达，村两委会直接回复。甚至还通过"湘西平台"召开会议，减少了线下开会的时间成本以及各项办公费用等，极大地提高了办事效率。其实这就是将单向且低效的大喇叭和公示栏变成了双向且高效的互联网平台，满足有效政府对高效的要求。

有效政府倡导与支持的"互联网+"模式推动扶贫由"粗放管理"向"精准管理"转变，由"大水漫灌式"向"精准滴灌式"转变，由"线下"向"线上"转变，由"输血式"向"造血式"转变，由扶贫"生存型"向"发展型"转变。"互联网+"精准扶贫的模式创新，为扶贫工作注入了新的活力，毋庸置疑，也提高了扶贫效率。

（三）湘西政府面临的困境

1. 基层团队建设落后

第一，村级管理人员不稳定。"湘西为村"平台管理团队组成人员主要是会用网的热心村民和村"两委"。其中热心村民都是兼职管理员，而村支"两委"也会经历每3年换届，所以管理人员是十分不稳定的。第二，平台的管理员团队欠缺专业性。在平台建立初期，管理团队主要负责建立微信群等，这对管理员的技能要求不高，村民还能胜任，但是到了中后期，当包括电商、村务等数十个板块同时运用的时候，要求管理员不仅掌握互联网的专业技术知识，还要对当地特色农产品等十分了解。缺乏专业技能的管理员会阻碍平台与时俱进，不利于平台长远发展。第三，平台的管理员工作是无薪资报酬和补贴的，这无法引进社会上的专业团队。这种无偿性会影响平台的高效发展，使扶贫效果大打折扣。

2. 资金来源渠道单一且不稳定

第一，平台建设资金及扶贫资金来源单一，主要是由湘西州政府划拨。腾讯公司的激励资金有各项当地难以完成的任务为考核，故当地几乎拿不到这笔激励资金，而再无来自社会上其他的捐赠和资助，村民自发的筹集也是杯水车薪。

第二，平台建设资金投入不稳定。2015年时，"湘西为村"平台没有专项资金，只依赖于政府提供的简单办公设备和腾讯公司针对贫困地区的优惠政策，而到2016年湘西州扶贫办发布《"湘西为村"推广方案》[1]时才投入6万元专项资金，用于初创阶段的公众号建立等，但到中后期更多功能的开发，以及针对不同村民需求制订个性化方案等费用却再无资金投入。

3. 贫困人口的自主性仍待加强

虽然从上到湘西州政府及各个县、乡镇政府、村支"两委"都针对"湘西为村"平台的开发、维护等技能培训予以指导和帮助，但是村民实际上最主要是依靠平台管理员和村支"两委"的引导，而由于这两类成员都是无薪酬的非专业人士，这种情况下对村民的培训和引导是不够细致和专业的，导致之前未接触过互联网的村民还是对平台的使用有畏难情绪，不会用、不敢用各项平台业务。再加上习惯于政府对扶贫工作的大包大揽，村民自主脱贫的决心较小，难以自主探索"互联网+"模式下的脱贫路径。这导致了"湘西为村"平台目前关注度、使用量与活跃度仍没有期待中那么高。

上述三点困境都会极大影响政府效率。基层管理团队落后是绊脚石。群众是需要被引导的，而引领者的水平一定程度上决定了群众的水平，所以在基层管理水平不高的情况下，投入很难有大回报。资金不足是硬伤。即便有投入产出比较高的项目，也必须要有投入。贫困主体缺乏主动性是最大遗憾。贫困人口自身才是扶贫工作的参与主体，

---

[1] 具体见湘西州扶贫开发办公室门户网：http://fpb.xxz.gov.cn/zwgk_191/ztzl/xxwc/.

政府的十分号召不如他们自身的一分行动,只有贫困人口的脱贫意识被激活,致富的潜能才会被激活,才是扶贫最高效的情形。

四、有效政府扶贫的对策建议

1. 加强监督密度,重视培养扶贫干部

有效政府是绝不允许形式主义和面子工程这种劳民伤财的低效甚至无效的工作方式的。为避免"数字脱贫"这种虚假脱贫和"被脱贫"的现象发生,我们需要严格监督,通过内部上下级的监督、外部群众和媒体的监督,以及类似于相关科研机构等专业的外部考核力量的监督,来保证对扶贫绩效计算的客观与科学。使有效政府做到实在的高效而不是虚假的高效。

扶贫政策的落实、扶贫工作的开展始终是需要人来完成的,尤其是需要落实到基层干部身上的,所以基层干部工作能力的高低直接关乎扶贫效果的好坏。首先,要建立完善的人才选拔机制,要做到对症下药。不同岗位、不同区域的基层干部面临的工作不同,当我们面临类似"湘西为村"的建设时,需要选拔计算机技术型干部;当我们面对基层混乱需要治理时,要选拔精通政法的干部等。其次,要建立针对扶贫干部的培训制度。要保障基层干部与时俱进,了解最新的政策,学习其他地区的先进经验,保持高质量的扶贫办公水平。只有基层扶贫干部高效,政府的扶贫工作才能高效。

2. 整合社会资源,提高资金利用率

扶贫工作向来都不该是政府单打独斗,有效政府要重视社会力量在扶贫事业中的作用。2017年国务院扶贫开发领导小组发布《关于广泛引导和动员社会组织参与脱贫攻坚的通知》,即强调社会组织要响应党和政府的脱贫攻坚号召,要有社会责任意识。政府应当做好政策支持,充分发挥市场和社会力量的资源优势。如有效政府联手企业共同扶贫,向作出突出贡献的企业授予"国家扶贫龙头企业"荣誉称号,树立模范。有效政府还鼓励个人或社会机构设立扶贫基金会或扶贫公

益组织等。当政府鼓励社会各界广泛参与之后，中国扶贫的实施渠道更多元，则资源更丰富，扶贫实践更高效。

当然，即使加入的社会力量使得扶贫资源尤其是资金变得更加充足，但是其始终是有限的，所以一定要把资金用在刀刃上。在各项扶贫项目的经费投入上应该做好严格的审核和把关，强化监督机制。要确保帮扶对象是否精准、该扶贫项目是否有长远意义、该投入方式是否最符合比例原则等。有效政府的优势正是用最少的资源取得最大的社会效益。

3. 扶志又扶智，增强贫困人口内生动力

有效政府想要提升扶贫工作效率，就不能单方面地向贫困人口发放补贴，而是政府与贫困人口的双向努力，即要激发贫困人口的内生动力。党的十九大报告提出"注重扶贫同扶志、扶智相结合"。扶志是强调通过宣传教育等途径鼓励贫困户树立脱贫的愿望。精神贫困是贫困人口长期处于贫困状态的内在根源，只有精神支柱，贫困人口才能有信心摆脱现状，才能更好地配合政府参与到脱贫工作中。扶智强调的是通过各种技能培训，培养贫困户摆脱贫困的能力。授人以鱼不如授人以渔，政府只有投资教育进行文化扶贫，才能使贫困人口个人具有脱贫能力。当贫困人口既有脱贫意识又有脱贫能力，则政府只需稍加扶持，就能达到事半功倍的效果，提高扶贫工作效率。

第四节 本章小结

中华人民共和国成立以来，以政府为主导的扶贫工作有序开展并取得了瞩目的成绩，但随着扶贫工作进入攻坚期，扶贫由区域"大水漫灌"到贫困人口"精准滴灌"，工作难度逐渐加大，政府的扶贫模式也必须随之改进。为解决扶贫过程中存在的"强政府、弱市场"困境，政府从扶贫的主导者逐渐向引导者转变，本章第一节通过阐述二者的

区别，总结出这一政府角色转变的必然性，并通过重庆市永川区"百家企业驻村"实践来体现政府引导型扶贫的优势。

中国幅员辽阔，各地区发展水平差异大，贫困地区的致贫原因各有不同，本章第二节详细论述了有为政府在扶贫开发过程中针对各类致贫原因制订的解决方案，充分肯定了中国政府在扶贫开发过程中的付出与成就，但即使是有为政府也不可避免地会陷入角色困境，如扶贫目标偏离、形式主义等，所以扶贫工作不仅要求政府"有为"还要求政府"有效"。第三节通过对有效政府的概念和特征的阐述，对扶贫过程中的政府提出更高的要求，并利用湘西州政府"互联网+"的高效扶贫模式来分析有效政府应如何作为，以及还有哪些困境有待解决，最后提出针对性的建议。

第九章
多方参与：从分工到融合[①]

消除贫困，走向富裕，是人民的期望，也是党的承诺与担当。回顾中国 40 余年曲折艰难而卓有成效的贫困治理之路，从分工到融合，从政府全面主导到市场、社会力量逐步参与并最终形成多元主体协同参与的扶贫生态，正是多方力量的广泛参与与深度融合形成了社会合力，推动了贫困的消除，遏制了返贫的发生。因此，习近平总书记反复强调要坚持和构建大扶贫格局，强化社会合力抓脱贫攻坚[②]。

本章首先介绍中国贫困治理的四大主体，结合理论和实践介绍中国共产党、政府、市场、社会组织在贫困治理中的地位、作用、优势及不足，进而梳理各主体协作关系的演变史，阐明构建从分工到融合的扶贫生态的必然性。然后，笔者将介绍不同扶贫参与形式的理论基础与实践路径发展。从救济、慈善、公益到自我发展，扶贫方式的变化，体现了对贫困治理认识的深入。最后，笔者将系统阐述"扶贫生态"的概念、内涵与结构。

[①] 感谢王子行、刘晓昊为本章所做工作。
[②] 习近平. 确保农村贫困人口到 2020 年如期脱贫 [EB/OL].[2015-06-19]. http://www.xinhuanet.com/politics/2015-06/19/c_1115674737.htm.

第一节 贫困治理主体：
中国共产党、政府、市场、社会组织

政府、市场和社会三者的关系及各自作用，一直以来都是政治学、经济学以及社会学等社科研究领域中的重要议题。国际扶贫工作的理论研究成果和实践经验都表明，政府对减少贫困起着主导作用，同时市场、社会又与政府高度互补，其作用也日益重要。在几十年的贫困治理实践中，中国不囿于国外理论与经验，基于特殊国情，积极开拓创新，形成了中国共产党领导、政府主导、市场与社会参与的有中国特色的多元治理模式，取得了举世瞩目的成就。

一、中国共产党领导扶贫

1. 中国共产党在贫困治理中的地位与必然性

社会选择理论首创者阿罗（Kenneth J. Arrow）通过"一般可能性理论"（general possibility theorem）证明，以任何加总方法把个体的偏好加在一起，仍然无法避免矛盾的出现，稳定的多数、均衡政治态势很难形成。而依照社会选择理论的逻辑，稳定的多数选择也不存在。因此无论任何工作都需要抓住主要矛盾，尤其在引领事物发展的进程中更要有主次之分，以确保意见的统一和落实。中国的扶贫工作必须由中国共产党领导和人民政府主导，凝聚各方主体力量，形成合力，共同推进。中国共产党作为中国社会主义事业的领导核心，当然也是贫困治理工作的领导核心。中国共产党在农村脱贫攻坚工作中始终总揽全局、协调各方①，加强党对农村工作的领导，是实施乡村振兴战略和脱贫攻坚工作的根本保证。各级党组织在脱贫攻坚中发挥的职责不同，总体上实行中央统筹，省（自治区、直辖市）党委和政府负总责，

---

① 习近平在首都各界纪念现行宪法公布施行30周年大会上的讲话 [N]. 人民日报》，2012-12-04.

市（地）级党委协调落实，县级党委、政府承担主体责任的责任机制，坚持片区为重点、精准到村到户。"中央统筹"是指党中央、国务院从顶层设计上制定不同方面的扶贫开发方针政策，统筹实施重大工程项目。"省（自治区、直辖市）党委和政府"负总责，即指该级部门要确定具体目标、下达具体项目、投放适当资金、动员组织一切可能力量并开展监督考核等工作。[1]"市（地）党委和政府抓落实"，就是要求其负责上级党委政府与下级县的衔接，在其管辖范围内上下协调、左右贯通，并督促检查贫困区域的扶贫工作，把工作精力主要集中在贫困县按时按标准摘帽上。"县级党委和政府承担主体责任"是指县委书记和县长是第一责任人，承担脱贫摘帽工作的进度安排、脱贫项目的落地实施、扶贫资金具体分配和使用、相关人力的调动和配合以及其他各项脱贫工作的推进和实施等。以上各级党委都要一层一层地签订脱贫攻坚责任书，特别是脱贫开发任务重的省级党政主要领导还要与中央签署脱贫责任书。中国共产党各级党组织分工明确有序，以其独特的组织和政治优势成为贫困治理的核心主体。[2]

中国共产党领导扶贫，既是社会主义的本质要求，也是中国共产党的性质、宗旨所决定的。1992年初，邓小平在南方谈话中提出："社会主义的本质，是解放生产力，发展生产力，消灭剥削，消除两极分化，最终达到共同富裕。"[3]而领导广大人民群众实现社会主义的，必然是始终代表中国先进生产力的发展要求、中国先进文化的前进方向、中国最广大人民的根本利益的中国共产党。[4]中国共产党是中国工人阶级的先锋队，同时也是中国人民和中华民族的先锋队，是中国社会主义

---

[1] 《贫困地区发展特色产业促进精准脱贫指导意见》，农业部、国家发展改革委、财政部、中国人民银行、国家林业局、国家旅游局、银监会、保监会、国务院扶贫办 2016 年 5 月联合印发。

[2] 参见《关于打赢脱贫攻坚战的决定》，中共中央、国务院 2015 年 12 月发布。

[3] 中共中央文献研究室. 邓小平年谱 1975—1997: 下 [M]. 北京: 中央文献出版社，2004: 1253.

[4] NIU Siwen, XIE Chunlan, XIA Jinmei, et al. Botryotins A-H, Tetracyclic diterpenoids representing three carbon skeletons from a deep-sea-derived bartholinian fuckeliana[J]. Organic letters, 2019.

事业的领导核心，它的初心和使命，就是为中国人民谋幸福，为中华民族谋复兴。缓解和消除贫困是中国共产党的初心和使命以及以人民为中心的发展思想最生动的体现，最能体现中国共产党"为人民服务"的宗旨和社会主义的本质要求。领导扶贫工作，既是中国共产党的使命，又是中国共产党的担当。

2. 中国共产党在贫困治理中的作用

中国共产党在贫困治理中的作用体现在以下几方面。

一是领导全局，指出脱贫攻坚的前进方向。中国共产党从中国贫困地区现状和问题出发，把脱贫工作作为一项系统工程来抓，从整体上系统规划、从各个环节和层面指引，为脱贫攻坚指引方向。从精准识别、精准帮扶到脱贫考核评估等各个环节，党严格严肃地按照脱贫标准开展工作，加强对各级各部门的考核，奖优罚劣，使脱贫攻坚取得实效。

二是协调各方，为脱贫攻坚提供资金和技术支持。在党的号召下，各级各部门结合各自行业特点，积极投入到扶贫事业中来，以项目的形式将各种资金、物资、技术等集中有效地投向贫困村与贫困户，为贫困村带来了资金、技术和就业务工等发展机会。贫困村发展迎来了前所未有的变化，修桥铺路，美化村庄，提升服务，农村面貌和环境在短时间内得到了较大改善。以 2015 年为例，在党的领导下，当年交通运输部安排资金超过 1 300 亿元，支持 14 个集中连片特困地区改造农村公路、普通国省道、高速公路 10.4 万千米，建设 1.86 万个乡村客运站点、110 个县级客运站，解决片区 143 个乡镇、1.05 万个建制村道路通畅问题，实现 14 个片区 86.5% 的建制村和 96.1% 的乡镇通了沥青(水泥)路，81% 的建制村和 95% 的乡镇通了客班车，圆满完成"十二五"交通扶贫目标任务。[①]

三是提供坚实的组织保证。各级党组织一级一级向下抓，充分发挥了基层干部"敢担当、善突破"的脱贫攻坚作用。2018 年中央发布《国家乡村振兴战略规划（2018—2022 年）》，提出村级组织中村书记和

---

① 《中国扶贫开发年鉴》编委会. 中国扶贫开发年鉴 2016[M]. 北京：中国财政经济出版社，2016：67.

主任"一肩挑"的农村选举导向，2019年中央又要求落实村党支部书记依合法程序兼任村主任制度，为乡村党支部增强战斗力提供了有力的制度保障。注重从熟悉农业、科技致富、产业发展的机关干部和农村致富带头人中，选出能够担当脱贫攻坚重任的优秀人才进入村"两委"班子，体现村集体组织领导的综合能力。[①]

二、政府主导扶贫

（一）政府扶贫的优势

社会主义的本质要求是消除贫困。中国政府主导扶贫，既是中国社会性质、党的宗旨所决定的，又是中国国情的必然要求。在贫困地区"面广""人多"的背景下，政府充分发挥主导性作用，作为扶贫制度供给的主导力量，针对贫困地区制定了大量扶贫政策、减贫计划以及实施措施，中国减贫取得丰硕成果。减少贫困作为社会秩序供给的重要部分，集中体现了政府相对于其他组织和机构的独特优势。

1. 政府的合法性优势

合法性是指能让组织管辖下的个体相信其管理行为正义性，进而认同并遵从其管理的心理属性。政权合法性一般来源于三方面：一是公民在认知、信仰和价值观等意识形态上的认同，二是支持政权科学高效运行的制度和规则，三是政权在经济、文化和社会方面政绩的有效性。[②] 合法性三要素中，意识形态的认同是核心性和本质性要素，制度规范和有效政绩是显性的要素。[③]

中国政府是人民政府，是人民代表选举的产物，是人民意志的执

---

① 中共中央 国务院.中共中央 国务院关于建立健全城乡融合发展体制机制和政策体系的意见[EB/OL].[2019-05-06]. http://www.xinhuanet.com/2019-05/06/c_1210126521.htm.

② 倪星.政府合法性基础的现代转型与政绩追求[J].中山大学学报(社会科学版)，2006(4)：81-87，126.

③ 马晓星，张峰.权力之善与国家治理现代化的内在关联[J].理论导刊，2017(5)：39-42.

行者、利益的捍卫者，在意识形态上与人民群众是统一的、一致的。人民代表大会制度的根本政治制度与政治协商、民族区域自治和基层群众自治的基本政治制度保证了广大人民群众的政治权利与政治参与，为政府的合法性提供了制度基础。而新中国成立以来中国政府在中国共产党的带领下为国家谋富强为人民谋幸福取得的巨大成就则提供了有效性基础。意识形态、政治制度、治理绩效三个层次的统一为中国政府提供了强大的合法性。政府独特的合法性赋予其制定政策和法规的权力，因而能够通过政策和制度安排来管理公共资源，促进农村贫困人口的减少。

20世纪90年代中期以来，中国政府出台了一系列综合性的惠农政策，制订了大量有针对性的扶贫开发计划。这些政策改进了农村的基础设施建设，缩小了贫困地区和一般地区的发展差距，对农村的扶贫开发工作产生了重要作用。除此之外，政府的扶贫工作依托行政管理机制、具备权威的决策机制和上通下达的管理渠道，使得政府得以从宏观上对扶贫工作进行布局，协调整个扶贫开发工作，确保扶贫工作顺利开展。

2. 政府的资源调配优势

政府最大的优势就是极强的资源统配能力和动员能力。在中国共产党执政之后，国家通过社会控制机制、资源配置机制和国家认同机制建立起极强的统配整合能力。这种"集中力量办大事"的资源调配能力使得政府能够在短时间内将大量的资源投向贫困地区，从而有力地推动扶贫事业发展。政府通过提供基础设施、公共服务和转移性收入等方式直接提高贫困人口的收入水平、降低其生产成本、提高其生活质量，通过大量的扶贫资金，直接或间接地促进扶贫。

"十二五"（2011—2015年）期间，中央财政累计安排财政专项扶贫资金约1 898.22亿元，年均增长14.5%。2016年中央和省级财政安排专项扶贫资金1 160亿元，2017年突破1 400亿元，2018年和2019年单是中央财政专项扶贫资金就分别达到1 060.95亿元和1 260.95亿元。这一年的投入较《中国农村扶贫开发纲要（2001—2010年）》实施

10 年的总投入 1 440.34 亿元还要多。①

党的十八大以来中国扶贫攻坚工作取得一系列决定性成绩,从 2012 年底到 2019 年底,中国农村贫困人口从 9 899 万人减少到 551 万人,累计减少贫困人口 9 348 万人,贫困发生率从 10.2% 下降到 0.6%,减少了 9.6 个百分点。截至 2019 年底建档立卡贫困村从 12.8 万个减少到 2 707 个,有 12 万个贫困村已经脱贫退出。截至 2020 年 5 月 17 日,全国 832 个贫困县已经有 780 个宣布摘帽。②巨额财政投入与显著扶贫成效,显示了政府在贫困治理中强大的资源配置优势。

尤其需要强调的是,东西协作扶贫是政府扶贫行为中资源调配优势最集中的体现。东西扶贫协作就是经济发达的东部省市援助西部欠发达地区技术、资金、人才、项目等,以促使西部贫困地区发展、贫困人口脱贫的扶贫模式,这是中国独具社会主义特色的扶贫方式和战略决策。该决策自 20 世纪 90 年代中期正式提出并加以实施以来,逐步通过政府援助、企业协作、社会帮扶、产业发展、人才培训、干部交流、劳务输出等形式,在扶贫主体、扶贫渠道、扶贫手段、扶贫机制、扶贫领域、扶贫举措等多方面不断完善和优化,形成了多主体、多渠道、多手段、多层次、多措并举的东西协作系统,开创了东西扶贫协作新局面。据统计,1996 年至 2014 年,东部各省市共向西部贫困地区投入财政援助资金 118.2 亿元,引导企业实际投资 1.2 万亿元,实施合作项目 8 万余个,帮助西部地区输出劳务人员 664.3 万人次,实现劳务收入 538.3 亿元,为西部贫困地区培训各类人才 55.7 万人次,引进各种科技实用技术 3 072 项。③

3. 政府扶贫行为的连贯性优势

政府扶贫行为的连贯性体现在扶贫战略、扶贫资金和扶贫项目三

---

① 胡静林. 加大财政扶贫投入力度 支持打赢脱贫攻坚战 [J]. 行政管理改革,2016(8).

② 数据来源:国务院新闻办公室 2020 年 5 月 18 日就确保如期完成脱贫攻坚目标任务有关情况召开的新闻发布会上的公开数据。http://www.cpad.gov.cn/art/2020/5/18/art_2241_501.html.

③ 数据来源:李慧. 东西扶贫协作:双向互动实现共赢 [EB/OL].[2015-11-28]. http://www.xinhuanet.com/politics/2015-11/28/c_128477181.htm#.

个方面。自 1986 年成立国务院贫困地区经济开发领导小组以来，政府先后制定了《国家八七扶贫攻坚计划（1994—2000 年）》《中国农村扶贫开发纲要（2001—2010 年）》和《中国农村扶贫开发纲要（2011—2020 年）》等纲领性文件。这三份文件都针对中国农村地区的贫困群体，致力于消除农村地区的贫困现象，体现出中国政府在扶贫战略上的延续性和连贯性。在资金方面，自八七扶贫攻坚计划实施以来，中国政府对贫困地区的扶贫资金连年稳定增长，且投向各个扶贫领域的资金大致稳定。在扶贫项目方面，政府的强调配能力使得其在不同地区实施贯彻同一个扶贫项目，使得扶贫政策在不同地区得以整齐划一地实施。例如 2014 年开展的"中央企业定点帮扶贫困革命老区百县万村活动"给全国范围革命老区贫困村都带来极大的提升和发展，2015 年，有 46 家央企制订了实施方案，实施项目 305 个，投入资金 2.5 亿元。修建通组路、生产路、联户路等 374.3 千米，修缮小水窖、蓄水池、供水管道等项目 137 个，惠及贫困人口 8.6 万人。[①]

4. 政府的组织优势

中国政府的组织优势集中体现于：中国共产党的领导、思想统一、系统的组织架构，能集中力量办大事以及受人民拥护。中国政府在中国共产党的领导下开展一切工作，以为人民服务为宗旨，对人民负责为原则，思想高度统一，在扶贫工作中能够真正想民所想、应民所需。坚持党的领导是中国政府组织优势的根本所在。在党的领导下各级政府思想统一、行动高效，同时构建了系统的组织架构。

为确保政府的权威性和强制性，政府组织要求建立金字塔式的科层制结构，使上下级之间建立严格的领导和被领导关系。政府科层制的组织结构、严格的组织纪律、烦琐的组织规程和庞大的组织规模常常导致政府行动不够灵活、不适应某些变化多端的领域。[②]但在中国共

---

① 中国扶贫开发年鉴 2016[M]. 北京：中国财政经济出版社，2016：385.
② 易承志. 社会转型与治理成长：新时期上海大都市政府治理研究 [M]. 北京：法律出版社，2009：131.

产党的领导下，通过政治任务的形式下达指令，可以动员各级政府和广泛的社会力量针对某些突发性事件或国内重大的久拖不决的社会疑难问题进行有组织、有目的、规模较大的群众参与的"运动式治理"[①]，将常态化、制度化治理与高效的运动式治理相结合。在中国的扶贫工作中，政府的组织优势集中体现于党的领导下系统科学的政府组织架构与工作责任机制。

2019年中央一号文件明确要求加强党对"三农"工作的领导，实行中央统筹、省负总责、市县乡抓落实的农村工作机制，制定落实省、市（州）、县（区）、乡（镇）、村五级书记抓乡村振兴责任的实施细则，加强了党政系统的组织能力建设。截至2018年，中央累计向贫困村和软弱涣散村选派第一书记43.5万名。[②]"五级书记抓扶贫"的工作链条，让脱贫攻坚工作得到了空前的重视，为扶贫攻坚提供了组织保障，在实践中取得了显著的成效。

党的领导、思想的统一、系统高效的组织架构使得中国政府能"集中力量办大事"，动员一切人力物力投入到打赢扶贫攻坚、全面建设小康社会的宏伟大业之中，并取得巨大成效。党的十八大以来中国平均每年减贫1 300万人以上，截至2020年5月，中国贫困人口降至551万，780个贫困县已经或拟摘帽退出，贫困发生率降至0.6%[③]，创造了历史性成绩。这些看得见、摸得着的成绩，使得中国政府备受人民的拥护。

（二）政府主导扶贫的不足

从运行机制上看，中国政府的结构体系由中央政府、省级政府、

[①] 杨林霞. 近十年来国内运动式治理研究述评[J]. 理论导刊，2014(5)：77-80.

[②] 数据来源：吹响大国攻坚嘹亮号角　我国精准扶贫成效显著[EB/OL]. [2018-09-27]. https://www.sohu.com/a/256653214_224813.

[③] 数据来源：国务院新闻办公室2020年5月18日就确保如期完成脱贫攻坚目标任务有关情况召开的新闻发布会上的公开数据。http://www.cpad.gov.cn/art/2020/5/18/art_2241_501.html.

市级政府、县级政府和乡镇政府这五个体系构成[①]。这种层级架构为政府部门之间的竞争、博弈提供了组织条件,增加了治理的难度。政府作为社会制度的强制性供给主体,需要制定"因地制宜"和"因时制宜"的政策措施,以满足各方利益群体的需求。然而,在实际情况中,由于基层治理中的"经济人"利己主义行为决策导致信息不对称和信息失真问题,政府的政策往往无法兼顾各个利益群体,容易产生政策执行偏差、降低资源配置效率的现象发生,导致无法实现"帕累托最优"。同时,基础性和制度性机制设计的缺乏也导致了部分地区治理失灵。

1. 信息失真

由于中国区域广袤、人口众多,统筹全局的政府部门难以全面掌握底层社会的具体信息。同时在收集信息的过程中,由于各行为主体的经验、态度、预期等因素的不同,对信息的接受、理解带有一定的倾向性和选择性,他们根据自己的理解、诉求传递信息,从而导致信息失真。

政府为了解决"瞄准偏差"的问题,采取"数字下乡"的手段来收集地方社会的具体信息。在数字生产过程中,涉及作为发包者的扶贫办、作为转包者分配具体任务的县扶贫办、作为承包者的驻村干部和最了解底层信息的村干部四个行为主体。然而,当村干部向驻村干部提供信息时,倾向于站在自身立场来决定提供什么样的数字,驻村干部仍然无法打破村干部对真实信息的垄断[②]。当驻村干部将收集到的数据上交给县扶贫办时,县扶贫办更注重数据在逻辑性上符合上级部门考核指标,而不是数据的真实性。除此之外,另一个常见的现象是地方政府为了获得更多扶贫资源的覆盖,在上报数据的过程中上报既能够反映当地扶贫成效、又能够说明当地贫困状况的数据,人为地利用上级政府的信息劣势。因此,虽然中央政府试图通过数字手段最大

[①] 湖北省人民政府新闻办公室 湖北省扶贫开发领导小组办公室 湖北省扶持革命老区建设委员会办公室. 着力构建政府市场社会协同推进的大扶贫开发格局[N]. 湖北日报, 2014-02-28.

[②] 王雨磊. 数字下乡:农村精准扶贫中的技术治理[J]. 社会学研究, 2016(11).

化地收集真实数据,但由于各个行为主体有着不同的利益出发点,自上而下的信息收集方式往往难以避免信息失真的情况。

2. 基础性和制度性机制设计的缺乏导致治理失灵

政府作为扶贫工作的主导力量,一方面是资源投入与实际操作的主导;另一方面是顶层设计的核心与主体。但在具体的扶贫实践中由于缺乏基础性和制度性的机制设计,在部分地区出现了治理失灵问题。

第一,中国扶贫法律尚不完善。"治理和制度是可持续性增长和减少贫困的最为关键性的决定因素"[①]。虽然中国政府不断推出各项政策推动了扶贫工作的开展,但直到现在中国都未出台一部系统的、完备的扶贫法规或行政条例。致贫原因多样化与个性化导致目前扶贫工作的复杂性,没有法律对于扶贫主体、客体、方式、机制的有针对性的系统规定,势必导致实践中的权责不明与资源浪费。

第二,缺乏基础性和制度性的机制设计也表现为当前的"压力型体制""运动式扶贫"机制。社会学家马克斯·韦伯在其创立的科层制理论中认为科层制组织一方面具有有效率性的正功能;另一方面又具有缺乏适应性和灵活性的反功能。[②] "运动式治理"实际上是对组织高效的科层制的反功能的有益补充,但实践中也暴露出了系列问题。在 2015 年底召开的中央扶贫工作会议上,中央与 22 个贫困问题较为严重的省级行政区签订了扶贫攻坚"军令状",之后的《省级党委和政府扶贫开发工作成效考核办法》建立起"省级评估—第三方评估—数据汇总—综合评价"的考核步骤。这种"扶贫军令状"是扶贫中目标责任制的表现,也是"运动式治理"机制的特殊产物。军令状式管理是压力型体制下中央对地方扶贫工作考核的重要工具,本意在于形成倒逼机制,通过自我加压和外部施压,在有限的时间和资源的条件下超常地实现脱贫目标,实现大跨步的发展。但不论是政策执行、财

---

① 张巍.中国农村反贫困制度变迁研究》[M]. 北京:中国政法大学出版社,2008:7-8, 14, 22, 236.
② 王春娟.科层制的涵义及结构特征分析——兼评韦伯的科层制理论[J]. 学术交流,2006(5):56-60.

政能力还是社会治理等方面，基层政府在政府系统中的力量都是最薄弱的，面对层层分布的扶贫任务，要在短时间内完成较重的扶贫任务，而又缺乏完成目标的现实条件，地方政府难以避免地会出现对策性扶贫和策略性扶贫，甚至于虚假扶贫的情况[①]。例如为了在扶贫项目的考核验收中得到良好评价从而获得更多资源，基层政府会选择把资金投入到某一个项目中，集中进行建设和报账，只选取这些项目进行报账。这种行为逻辑扭曲了扶贫工作的本质，从长远来看不利于地方扶贫工作取得进展，也会导致实际上的政府失灵。

三、市场参与扶贫

贫困地区对市场经济陌生、不与市场接触、不参与市场竞争，是制约其经济发展的重要原因。因此，扶贫开发工作需要引入市场主体参与，以提高贫困群体参与市场竞争的能力。除此之外，政府主导的扶贫虽然覆盖面广，但资源利用率和灵活度较低，无法完全做到精准施策，且不易激发贫困主体的积极性。比较而言，市场主体资源利用率高，能够与政府主体形成优势互补，所以引入市场主体参与扶贫是必然选择。《中国农村扶贫开发纲要（2011—2020年）》也提出"推广政府和社会资本合作、政府购买服务"以及"探索资产收益扶贫"等市场化扶贫模式，为发展市场化扶贫提供了政策条件。

（一）市场主体参与扶贫的特点

1. 以市场规律为主要原则

市场主体参与扶贫开发遵循市场规律，运用市场的手段来配置资源，使各类资源达到最优配置。相对于政府主体而言，市场主体更加注重与市场接轨，更加注重市场竞争。这对于提高贫困地区自我发展意识具有推动作用。外部企业进入贫困地区，改变了过去政府主导产

---

① 邢成举.压力型体制下的"扶贫军令状"与贫困治理中的政府失灵[J].京农业大学学报（社会科学版），2016（16）.

业时的盲目性,避免了发展产业的低效和重复,提高了资源的使用效率,也推动着贫困户更好地适应市场经济。但同时,市场主体难以避免地面对诸多不确定性因素带来的风险,对于贫困地区而言,面临风险的产业主要是农业。农业是一个弱质性产业,深受自然灾害、气候变化和市场波动的影响。市场参与、遵循市场逻辑运行的扶贫反而可能加剧贫困群体的贫困。

2. 以经济效益为主要目的

虽然市场主体参与扶贫体现出其社会责任感,兼顾了经济效益和社会效益的双重目标,但是经济效益仍然是各类市场主体参与扶贫开发的首要目标。这是市场经济的本质决定的。在不影响收益的前提下,市场主体基于吸纳劳动力、土地以及扶贫资金的需要,才承担扶贫责任。市场主体在扶贫过程中的逐利本性消解了社会责任感:利益最大化原则与扶贫让利价值取向是相抵触的。

3. 以产业发展为主要方式

从参与方式来看,市场主体参与扶贫主要是开发产业。结合贫困地区的地域与资源特色,发展最适合的特色产业,带动贫困地区和贫困户的发展。产业发展是将贫困户纳入市场经济体系的根本途径,从长远来看是贫困户脱贫的根本办法,因为只有市场掌握最多的经济资源,贫困户不进入市场,就意味着与源源不断的资金、货币等经济要素相隔绝,从而难以保证赖以生存资源的可持续性。但同时不可忽视的是,发展产业推动脱贫往往是发展"一村一品"等特色农业,农业的弱质性与市场的不确定性也使得产业脱贫具有不稳定性,正因脱贫是产业链上的贫困户集体实现的,一旦产业出现波动,依附在链条上的所有主体都将受到冲击,甚至返贫。

(二)市场参与扶贫的优势

凭借政治合法性、资源配置优势与政策连贯性优势,中国政府在贫困治理中有着不可动摇的主导作用。但随着扶贫实践的发展与认识的深入,政府在扶贫工作中也不断暴露出新问题。例如扶贫专项资金使用不规范、以往贫困地区不愿"摘帽"、政府扶贫的强力输血压缩其他主体参与等。面对新情况，要解决新问题，要求改变传统的政府全面主导的"大水漫灌"式扶贫为"精准扶贫"，变救济式扶贫为开发式扶贫，从兜底保障深入到能力建设。相较于政府全面主导扶贫工作模式，政府主导下的市场参与模式则更适应这一系列转变的要求。市场参与扶贫的优势集中体现于以下几方面。

1. 参与产业扶贫的专业性

政府的资源配置优势主要集中在宏观层面，往往主导一个地区的产业发展规划。"精准扶贫"需要精确到自然人个体，这种要求与政府管理、服务层面的优势不能很好匹配，追求整体发展水平增长不能保证任何单独个体的发展是同步的，产业扶贫引入的市场竞争机制又是政府的短板。当前精准扶贫、产业扶贫工作有极强的市场化专业化要求，由专门的商业组织参与扶贫工作能弥补政府在微观管理与市场竞争方面的不足，使扶贫效率更高。

2. 灵活性与内生性

"精准扶贫"要求精确瞄准贫困户。当前中国区域性大片贫困基本消除，贫困群体具有分散性、个性化特点。市场机制通过市场能够灵活有效地将贫困群体联结起来，在经济利益刺激下可以极大地激发贫困群体的主观能动性，产生远高于政府主导下"被动"脱贫的强大内生性动力。

3. 政府适当放权

市场参与扶贫有利于优化原来政府全面主导扶贫工作的模式，厘清政府、市场权责和边界，通过明确的分工合作提升扶贫工作效率。政府适当放权，不搞"家长制作风"，跳出具体的市场事务，集中进行政策制定、引导、监管考察等工作，既可确保扶贫政策的效果，又符合构设服务型政府的要求。

4. 实践经验丰富

扶贫不但要脱贫，还要防治返贫。防治返贫就要提升贫困群体的内生发展能力，就要引入市场竞争机制。但市场是把双刃剑，不了解市场则必然承担巨大风险。而市场主体参与市场竞争，相较于政府、贫困群体具有更丰富的市场经验，能更好地规避市场风险获得经济收益。同时，多年来市场主体在参与各地扶贫的实践中，积累了大量市场扶贫经验，"电商扶贫""旅游扶贫""消费扶贫"等市场参与的扶贫模式遍地开花，为精准扶贫奠定了实践基础。

（三）市场主体参与扶贫的方式

市场主体是指在市场经济制度环境下，通过产权独立和理性的市场行为，谋求利益最大化的各类组织，如企业组织、商业组织和金融机构等。总的来看，市场主体参与扶贫开发主要包括两个方面，一是通过慈善捐赠、项目帮扶等对贫困地区的直接帮扶，二是通过在贫困地区发展产业等方式，促进贫困户参与市场活动来增收脱贫。具体而言，不同的市场主体参与扶贫主要情况有以下几种。

1. 企业组织

首先，产业扶贫是企业参与帮扶的主要手段。产业扶贫主要是指引导企业进入农村，把资金、技术、管理经验、市场优势和农村的特色资源、土地资源及劳动力资源优势结合起来，以市场化理念、工业化模式、项目化运作来带动贫困地区和贫困人口的发展。在这种模式下，企业通常采取"公司+基地+农户""公司+合作社+农户"等组织形式，农户成为企业市场链条中的重要一环，农户在企业的带动下发展产业，实现脱贫致富。农民还能通过把土地流转给企业，或者通过土地入股的方式取得企业分红，从而增加收入。企业通过产业扶贫，改变了贫困地区传统的产业结构，推动了农业的组织化、市场化和现代化，提高了农户的竞争能力及增收能力。

其次，企业也越来越多地参与到对贫困地区的对口帮扶中来。企业在贫困地区投资建设经济发展类项目和社会事业类项目，带动贫困地区和贫困户的发展。例如茅台集团支持贵州省"三农"建设，投入帮扶支持建设有机高粱基地。近十年来，茅台集团在贵州省仁怀、习水、金沙共建立有机认证高粱基地63.8万亩，投入帮扶资金1.97亿元[1]。除此之外,企业组织还直接投入资金改造贫困地区的基础设施建设,如兴建广场、学校等项目。2014年,中央决定开展"中央企业定点帮扶贫困革命老区百县万村"专项活动,动员68家中央企业定点帮扶108个贫困老区县,用三年时间,帮助贫困老区县村解决用水难、行路难、用电难"三难"问题,除部分边远地区外,其他地区的基础设施都有了极大的改善。

除此之外,公益慈善也是企业组织参与扶贫的重要途径之一,即通过捐赠财物直接向贫困地区和人群提供帮扶。主要有三种方式:一是直接捐赠财物给贫困对象;二是将扶贫开发资源捐赠给基金会等社会组织;三是企业成立基金会,募集扶贫资金。企业是当前慈善捐赠的主力,《2018年度中国慈善捐助报告》显示2018年中国企业捐赠量占全国捐赠总量的61.89%[2]。企业从直接捐款捐物,到在贫困地区援建学校、体育设施等基础设施,体现出企业对社会责任的承担与扶贫参与的深化。

2. 农村合作经济组织

农村合作经济组织是指农民自愿联合组成的互助性经济组织,吸收农民参与进行规模经营。首先,农民专业合作社可以组织农户共同发展产业,带动农民增收。合作社可以集中采购种子、农药、化肥等原料,无偿或低偿分配给合作社成员,成员按照合作社统一标准安排生产,产品收获后由合作社统一收购、加工和营销。以合作社为平台发展产业提高了农户的生产组织化程度,降低了交易成本并整合了市场信息,增强了农户应对市场风险的能力。其次,农业合作社通过股份合作的方式增加农民收益。贫困农户一般把土地作为入股要素,享受合作社的收益分配。在这种合作中,合作社经营的状况直接关系到农户的收益。农村合作经济组织有利于资源的

---

[1] 资料来源于2015年5月13日召开的"贵州省扶贫开发重点县结对帮扶工作座谈会"上茅台集团的发言材料。

[2] 参见《2018年度中国慈善捐助报告》,中国慈善联合会2019年9月发布,第22页。

优化配置，提升农户的经济效益。

3. 金融机构

经济学家纳克斯提出的贫困恶性循环理论与缪尔达尔的循环累积因果关系理论都强调了缺乏资本积累是贫困的重要因素，中国贫困人口脱贫的一大困难也在于缺乏资金。金融机构可以为贫困户提供小额信贷，国家财政资金和扶贫贴息贷款是其主要资金来源，作为经办者的金融机构包括按国家扶持或贴息政策提供此类贷款的正规金融机构、半官方组织以及民间组织。满足贫困户的资金需求，做好扶贫开发金融工作，对于使贫困户增收、促进贫困地区经济社会发展具有积极意义，是"输血式"向"造血式"转化、建设脱贫长效机制的必要举措。

（四）问题和风险

虽然市场力量参与扶贫已成为共识，但其中的风险也不容忽视。一是市场本身的不确定性因素会对市场化扶贫工作带来风险，扶贫成果不稳定。二是结构性贫困导致市场参与扶贫中"精英俘获"的存在。三是市场追求利益最大化的逻辑是一把双刃剑：当贫困地区与贫困群体的固有资源与市场的逻辑吻合时，自然会出现市场主体与贫困地区的双赢，然而，在其他情况下，市场主体将自身资源投向贫困地区并不一定能实现其利润最大化的目标时，这种互惠关系就可能被"市场剥夺贫困人口"所取代。讲求社会效益的扶贫行动与逐利的市场逻辑相消解，从根本上影响了市场参与扶贫的有效性、稳定性、可持续性。

1. 市场化扶贫下的精英俘获

精英俘获概念的提出最早是在经济学领域，而后进入政治学、管理学和发展学领域。Dutta（2009）认为，精英俘获指这样一种现象，即本来是为帮助多数人而转移支付的资源反而被少数人无偿占有，这些少数人在政治或者是经济方面具有一定的优势。[1]扶贫领域的"精英俘获"是指一些针对贫困群体、贫困村的发展项目设置的门槛过高，

---

[1] 徐建慧. 关于精英俘获的文献综述 [J]. 经济论坛，2017(4): 150-152.

与贫困群体的资源薄弱相违背,导致发展项目流向精英群体,如贫困村内的富裕精英群体或其他富裕村。[1]即使这些项目能够与贫困群体的资源和能力状况相吻合,精英群体也能够凭借自身在政治权力、经济水平和项目信息方面的优势将发展项目"俘获"。而许多产业扶贫项目要求精英群体参与其中,这就不可避免地为精英群体俘获项目资源提供了政策空间与操作机会。[2]扶贫中的精英俘获不但扭曲和异化了贫困治理工作的目标与原则,同时也加大了村庄内和贫困地区间的社会分化,并带来贫困的固化。

2. 市场主体能力不足

总的来说,目前参与扶贫开发的市场主体的能力还比较弱,一是一些农民专业合作社还处于起步阶段,自身发展能力不足,带动贫困人口增收的作用有限;二是大部分市场主体规模较小,而实力较强的大企业参与扶贫的力度还不够;三是农业企业作为产业链中的上游企业,利润率较低,面临的市场风险较高,以致市场主体投入的产业盈利能力还比较薄弱。除此之外,市场主体参与扶贫还会出现参与意愿不够强烈、积极性较低的问题。市场主体在能力和意识上的不足对其连贯稳定、精准有效地参与扶贫开发造成阻碍。

3. 逐利性导致市场主体剥夺贫困人口利益

市场参与扶贫能在一定程度上消除贫困群体过度依靠政府的"等、靠、要"思想,增强其内生发展动力。但贫困群体仍属于"边缘人",在市场竞争中处于劣势,逐利性导致市场主体可能在利益分配上侵占贫困群体应得利益,向贫困群体转嫁市场风险,或是骗取政府补贴。例如,湖南省某县引进一外省农业公司,该公司与当地村民订立合同,鼓励农民种植高价值的竹荪,合同收购价为每公斤600元。当地农民积极性很高,大多放弃原本作物改种竹荪,由第一年试种40多亩到下一年猛增到2 000多亩。但该农业公司借口合同年限为一年,把第二

---

[1] 舒丽瑰. 公共政策视野下惠农资源领域的"精英俘获"现象[J]. 农村经济, 2019(6).

[2] 孙冰清. 精准扶贫实践中"精英俘获"现象及其治理[J]. 领导科学, 2018(35).

年收购价格压至一公斤不足100元,农民损失巨大。①

4.政府市场边界模糊

长期以来,无论是宏观层面还是微观层面,中国政府都是扶贫工作的绝对主导者,不仅在国务院层面制定总体扶贫计划与政策法规,还通过层层传导的压力型体制把"政治任务化"的扶贫工作具体化、逐级落实,形成"全国一盘棋"的贫困治理体系。但这种全方位的政府主导扶贫模式在客观上也会造成行政权力过度扩张,挤压市场主体参与扶贫的空间与活力。加之在扶贫工作方面只有工作计划而无系统扶贫法,只有鼓励各主体参与扶贫而无对各主体参与的领域、方式、限度的规定,政府与市场的边界更加模糊。边界模糊造成的政府行为与市场运行的摩擦,导致扶贫工作的效率损失,限制了市场主体在扶贫工作中力量的发挥。

四、社会组织参与贫困治理

中国的社会组织按法律规定分三大类,包括社会团体、民办非企业单位、基金会。传统的社会组织在中国贫困治理中往往被忽略,参与形式也主要是参与慈善公益活动。在实践中,受中国政治体制的影响,往往只有官方背景或半官方背景的社会组织才能顺利开展工作,非官方社会组织往往受到地方政府的忽视甚至阻挠,只有挂靠在官方社会组织名下才能顺利开展工作②。政府对社会组织的不重视,社会组织实际工作中的乏力,加上法律监管缺失下社会组织中管理层的不良行为导致的信誉损失,使得社会组织在扶贫工作中参与广度、深度不足,十分弱势。③党的十八大以来,中国更加鼓励社会组织参与扶贫,社会组织通过与政府、市场主体协作,深入基层进行贫困户的精准识别、

---

① 常健,付丽媛.产业扶贫项目的风险管控[J].学习论坛,2018(10).
② 丁越峰.民间组织参与农村贫困治理的理论与实践研究[D].武汉:华中师范大学,2014.
③ 赵佳佳.当代中国社会组织扶贫研究[D].吉林:吉林大学,2017.

扶贫项目的计划与成果调研、扶贫工作执行监督等工作，拓宽了社会组织参与扶贫的领域，拓展了社会组织参与扶贫的能力。

陕西省府谷县民营企业参与扶贫开发

府谷县民营企业参与扶贫开发的主要做法有以下四种。

第一，搭建民营企业参与扶贫开发的平台，发挥企业的社会责任感。府谷县党政机关、扶贫办等积极拉动民营企业家参与扶贫工作交流，使企业家了解民众的穷困情况，激发企业家的责任感，实际上是在发挥政府主导的边际效应，这符合马克思主义反贫困理论的前提要素之一，即政府的推动。

第二，实施"双百"工程，使企业家的"想法"变为"行动"。2007年，府谷县实施了100机关单位带100村、100工业带100村的"双百"工程。这一行动体现的是党政体制下扶贫工作要避免集体行动混乱、保障多元参与的理论标准。在党的一元化领导下，政府积极推动扶贫工作的开展，丰富参与形式，为多元主体参与提供路径，在此进程中实现多种力量的合力。"双百"工程的实施，打通了民营企业家参与扶贫开发的道路，很多当地企业家具有帮扶村庄建设与发展的强烈责任感，只是在缺少组织的情况下，企业家不了解如何选择项目、以何种方式帮扶，因而无法采取实际行动。"双百"工程成功地使民营企业家的想法转化为扶贫开发的实际行动。例如武家乡高庄则村设施农业工程，该项目的建设内容包括公益居住区、蔬菜生产区、养殖加工区、产粮区和生态区等五个功能区，农业工程的实施显著提高了该村农业科技水平与农业综合生产能力，是科技扶贫的典型代表。

第三，盘活企业家与村民资源，构建互惠共赢机制。在实施"双百"工程和"村企结队"时，政府部门广泛地征求了企业和乡村的意见，尊重企业家意见，力争做到把企业安排在企业所在地村、企业主家乡村、企业主愿意帮扶的村以及能给企业和农民带来互利双赢的村。

第四，强化制度保障，拓宽融资渠道。政府制定了项目选择设计制度、帮扶资金协议制度、帮扶资金管理制度等。在民营企业帮扶的同时，政府进一步加大各级财政投入并整合资源，形成了扶贫开发工作的社会合力。市场参与扶贫，不是市场单一主体主导扶贫，而是在政府主导下，在具体操作层面更多地引入市场因素，实现政府与市场的有机结合、优势互补。在政府的正确引导下，府谷县民营企业参与扶贫开发取得了良好的效果。农村基础设施得到了改善，培育起来的主导产业有效促进了农民增收。除此之外，政府、企业、农民三位一体的扶贫开发模式形成合力，促进了农村地区的科学发展。

资料来源：陕西"府谷现象"研究课题组.民营企业参与扶贫开发的环境与机制[M].北京：中国农业出版社，2010.

（一）社会组织参与扶贫的理论基础

1. 政府失灵与市场失灵

自国家出现以来，政府就是主要的资源配置主体。随着社会的发展，资源配置的结构发生转变，由一元主体逐步向政府与市场的二元主体结构进行转化。但是在实际资源配置行为中，政府和市场两个主体内部都存在无法克服的局限因素，导致两者失灵。萨缪尔森认为："当政府政策或集体行动所采取的手段不能改善经济效率或道德上可接受的收入分配时，政府失灵便产生了。"[1] 政府失灵如政策的取消会导致扶贫工作陷入明显的进度缓慢状态，市场失灵则会导致贫困主体既得利益受损，使扶贫工作成效大打折扣。

政府机构和市场主体在贫困治理领域的局限性，给社会组织留下

---

[1] 萨缪尔森.经济学：第12版[M].北京：中国发展出版社，1992：1189.

宽裕的活动空间,因此社会主体能够在贫困治理中发挥独有优势和作用。由此可见,社会组织存在并发展是极为必要的,其必要性必须得以凸显:其一,社会主体能够有效引导资源,流动到贫困人口上。这一作用可以补救公共物品供给领域的政府缺位现象。其二,社会主体一般没有选择偏好,可以避免追求政绩或商业利益最大化等目的导向,在更大程度上实现有限资源的合理公平配置,让贫困人口能够获取脱贫致富的必要基础。其三,社会组织较强的灵活性可以满足不同需求者的各种需要,较好地引导贫困群体参与到扶贫工作中,避免出现不灵活的"反效用"。

2. 治理理论

社会治理理论强调各治理主体间合作共生的关系,提倡各主体之间以合作的方式达成共同目标。首先,贫困的复杂性决定了扶贫工作多元主体共治的格局。贫困的复杂性是指贫困人口数量多、基数大、贫困结构特征复杂、致贫原因多样化、贫困的表现各异等。复杂的贫困结构直接挑战着政府治理能力。政府无论是在资源配置还是在具体运作方面都略显力不从心。因而,在贫困治理方面,不仅需要政府力量支持,还需要社会组织介入。作为贫困治理中的重要主体之一,社会组织参与贫困治理合情合理,而且能够有效弥补政府治理的不足。其次,社会组织的参与也是协调利益关系问题的必要之举。反贫困是对社会资源的创造与再分配,是实现不同群体利益均衡的重要过程。仅靠政府行政管理系统已不足以构成完备、有效的贫困治理体系,也难以应对复杂的利益关系,而社会组织的参与则可以为调整各种利益关系提供基础,其参与贫困治理能够较好地满足贫困人群的利益诉求,实现社会整体层面上利益均衡的局面。

(二)社会组织参与扶贫的优势

1. 组织架构清晰

社会组织的组织架构非常清晰,由于其人力、物力资源有限,需要采取集约化管理，不易出现组织职能部门的功能重合、多头管辖等情况。与政府不同，社会组织不采取垂直式等级体制，其各成员关系平等，属于自愿地结合在一起。其活动是以民主、自愿的方式来开展的，更能追求决策的民主性和科学性。社会组织采取部门分工下的集体工作方式，有别于政府的首长负责制，组织内人员无行政隶属关系，不存在级别等级造成的诸多问题。社会组织通常具备制度化的组织架构，职务分层与部门分工结构也是根据不同的功能和分工来确定的。对成员活动的约束主要依靠其内部组织规范，组织结构明确、职能划分科学，难以产生部门之间的利益冲突和管理矛盾等问题，因而社会组织参与扶贫能够产生超越政府组织的效率。

2. 组织成员专业化

较权威的社会组织成员通常是某一领域的权威和精英，或是拥有一定的特长或专业能力，可以根据自己的能力特点在比较擅长的领域开展扶贫活动。从实践来看，社会组织参与的扶贫领域也主要是依据其组织成员的优势确立的。例如大巴山生态与贫困问题研究会依托其科研专业能力，得到了国内外基金机构的支持，为贫困地区争取到了许多项目，在巴中市开展了30多个项目，给当地贫困户带来极大发展。[①]因而，在贫困治理的参与中，社会组织能够体现较强的专业性，进行高效的扶贫工作。

3. 扶贫理念先进

服务性和公益性的性质，决定了社会组织在扶贫参与中，立足于提供最优服务的理念。社会组织同政府组织和市场组织相比较，有更纯粹的利益关系。多数成员有强烈的社会责任心，热心于公益事业，参与扶贫并非为了追求自身利益，他们不谋取政治权力且不介入政治权力之争，因而在自身利益和工作利益上较少存在冲突。服务理念决定了社会组织在扶贫过程中为贫困群体谋取最大限度的"公益"，能够真正发挥扶贫济困的作用。

---

① 数据来源：互联网公开资料，http://www.baike.com/wiki/ 大巴山生态与贫困问题研究会。

(三）社会组织参与扶贫的局限

1. 社会组织的发育不够成熟

在总量上，中国的社会组织已经相当可观，但是其发展质量和现状令人担忧。大量的社会组织并没有严格意义上的组织特征，具体表现为组织架构、组织制度、自身建设等方面水平较低，都还处于初步发展阶段，自身拥有的资源尚不具备足够的参与扶贫的基础和能力。很多社会组织名存实亡，并没有真正运作。[①]大部分社会组织陷入了资源匮乏、关注度低、发展艰难这一恶性循环。纵观中国30多年的扶贫史，能够广泛参与的社会组织，大多是实力充足的国际社会组织，或者是带有官方背景的本土社会组织，如世界自然保护基金会、红十字会等。官方背景使这些组织可以从官方与民间得到较多的扶贫资源，但多数社会组织由于自身发展层次较低，"心有余而力不足"，实际上无力参与到扶贫工作中。

2. 社会组织的扶贫资源匮乏

菲佛和萨兰基克提出了组织资源依赖理论，认为组织生存的关键是获取和维持资源的能力。[②]而组织的资源动员模式决定了资源获取和维持能力。因此，社会组织只有具备高效、可持续性的资源动员模式才能有效地进行扶贫活动。当前，国外社会组织已经形成社会企业、政社合作、社社合作三种典型的扶贫资源动员模式。[③]在中国，社会组织仍然未获得社会的全面认可，其很难从社会层面获取资源，仅得到官方支持的社会组织能够获取较多的民间捐赠支持。社会组织在实现自身发展和提供优质服务的资源方面严重不足。许多社会组织自身获取的资源仅能够维持其组织内部自行运转，并不具备为贫困人口提供服务的能力。从已经参与到扶贫工作的社会组织来看，其资源紧张的

---

① 崔春丽.特困片区县域社会组织发展状况调查研究——以泾川县为例[J].现代商贸工业，2019，40(34)：17.

② 菲佛，萨兰基克.组织的外部控制：对组织资源依赖的分析[M].北京：东方出版社，2006：2.

③ 社会组织与贫困治理：国外的典型模式及其政策启示.

矛盾也长期存在。2006年,中国政府的扶贫资源首次向社会主体开放,政社协同开展扶贫的先例开启了。但是政府通过社会组织投放的资源仍然比较有限,许多关键问题依然存在。

从能力上看,由于中国本土社会组织成立时间仍短,大多兴起于20世纪90年代,总体上还在学习模仿西方模式的阶段,在服务贫困群体上还显得十分不成熟,本土经验积累缺失。此外,社会组织在协调各种关系、应对危机、发展创新等方面仍显乏力。显而易见,严重分化的中国社会组织,支撑自身发展的资源就已经十分匮乏,多种因素更是导致其扶贫能力的不足。

3. 社会组织扶贫的政策缺位

在政策上,《中国农村扶贫开发纲要(2011—2020年)》《国务院办公厅关于进一步动员社会各方面力量参与扶贫开发的意见》等官方文件,均明确强调了社会组织参与扶贫具有重要意义。大力倡导社会组织积极有效参与扶贫工作,在国家政策层面使得社会组织的"扶贫权力"具备了合法性。但是在现实操作层面不难发现,事实上大部分社会组织又被排斥在外。一方面,政策制度上有关社会组织的认定,构成剥夺大部分社会组织的身份和权利的行为。目前中国官方认可的社会组织,主要包括社会团体、基金会和民办非企业,①有关社会组织的历年统计也是据此口径形成的。大量活跃于扶贫领域的其他民间组织,事实上并未取得官方认可的合法身份,因此其权利也无法得到保证,这使得该部分社会组织在动员方面显得非常尴尬。另一方面,政府对扶贫资源方面的垄断,显然限制了社会组织自由进入扶贫领域的渠道:政府对资源分配的主导,干扰了市场的正常运转,同时强势的政府介入也会排斥社会组织在相同领域的参与,因此在官方和市场的渠道上社会组织的参与都受到了限制。中国的扶贫系统延续着稳定的结构,总体上仍然是传统的从中央到基层的垂直管理体系,且扶贫资源的配置倾向于具有官方背景的社会组织,国家层面针对社会组织参与扶贫

---

① 国务院:《社会团体登记管理条例》《民办非企业单位登记管理暂行条例》《基金会管理条例》。

的政策还比较缺乏。

社会组织扶贫参与——大巴山生态与贫困问题研究会参与扶贫的实践

大巴山生态与贫困问题研究会是通江县本土民间社会组织,主要提供生态保护、贫困发展等领域的服务。研究会旨在通过争取和整合政府部门、国际组织等机构的资源,改善通江县贫困地区的生态环境,提高贫困地区的可持续发展能力。通江县大巴山生态与贫困问题研究会的行动及成效主要包括以下几个方面。

1. 乡村基础设施建设

大巴山生态与贫困问题研究会的扶贫项目中有部分以提供硬件帮助,如修路、饮水工程等基础设施建设为主,项目的实施有助于改善村民的生活质量。2004—2005 年,大巴山生态与贫困问题研究会在亚洲开发银行资金投资、政府技术人员支持及公务员参与的情况下,顺利实施了板桥乡白岩坪村 80 户的人畜饮水项目,项目获得 2005 年"福特汽车环保奖"二等奖。研究会将所获得的 10 万元奖金用于鲁坝灌渠 1 800 米、走马村人畜饮水 60 户的项目。2013 年研究会为巴州区、通江县的 7 个乡镇 17 个村社的 1 300 多户农户提供社会服务。

2. 乡村生计项目推进

大巴山生态与贫困问题研究会利用对养殖项目的技术培训等产业扶持策略帮助农户解决生计问题。养殖项目通过小额的资助与资金传递引导村民通过发展养殖直接提高收入,通过畜牧师与兽医的培训提高了参与农户的技术水平,为其获得长期收益提供技术支撑。与当地社区组织共同完成道路、渠系建设 6 000 米,湿地生态园建设 300 亩,生态池建设 25 口,各种文化景观建设 10 余处,多次开展乡村人文历史文化抢救性保护与培训活动,乡村生计活动改善显著,农户户均增收 500 余元,取得卓有成效的业绩。

> 3. 乡村人文重塑
>
> 　　大巴山生态与贫困问题研究会以乡村价值观重塑为契机，深度挖掘本地优秀文化，形成内外互动与融合的文化张力，提升社区软实力。研究会在乡村项目建设活动中，十分重视乡村价值观的发现培育，从当地优秀传统文化中寻求乡村文化回归与涵养，开展传统节日文化的复兴、乡村生态与艺术审美、乡村人文智慧深度挖掘、乡村治理传统伦理等多项人文活动。
>
> 　　资料来源：张新秀. 赋权理论视角下社会组织参与农村贫困治理的路径研究[D]. 武汉：华中师范大学，2017.

第二节　从分工到融合

一、中国贫困治理建设重要任务：多元协作扶贫生态模式

（一）中国贫困治理主体理论的发展

　　政府、市场、社会是贫困治理的三大主体。自1986年中国正式开展扶贫工作以来，思想界对于这三者在贫困治理中的关系的认识及理论与贫困治理实践相互作用、相互影响，理论引导实践，实践推动理论发展。1986年到2010年，基本坚持政府全面主导扶贫工作模式。马克思主义反贫困理论、凯恩斯主义、福利经济学对扶贫实践都有影响。其中，1992年市场经济体制改革开展后，市场机制逐渐被引入各地的扶贫实践中，但基本上处于分散、自发状态，缺乏深入的系统的研究，也并未纳入国家顶层设计。2011年之后，"精准扶贫"的提出为市场、社会主体参与贫困治理提供了政策机遇，传统模式的弊病不断显露与

市场经济逐渐成熟提供了现实条件,多中心治理理论则为其提供了理论基础。

1. 马克思主义反贫困理论

马克思的反贫困思想见于其《1844年经济学哲学手稿》和《资本论》之中。它以生产力和生产关系为基点,揭露了贫困产生的根本原因、表现形式和摆脱贫困的实践路径等问题,致力于引导无产阶级掌握政权,凭借自主劳动实现全面发展、提高生活水平,最后实现全人类的共同解放。马克思指出,贫困的根源在于生产关系和私有制。中国是社会主义国家,已经消灭了剥削的生产关系、上层建筑。基于此,中国的贫困在于生产力的贫困,为了消灭生产力的贫困,应当由代表中国先进生产力的发展要求的中国共产党作为扶贫的主体与主导。中国自1986年正式开展扶贫工作,此时虽已开始经济改革,但未触及计划经济体制,因而这一阶段的扶贫在理论和实践上都体现出全面的计划性、政府主导性。

2. 凯恩斯主义经济学

凯恩斯主义经济学的时代背景是资本主义经济大危机与自由主义失灵,面临严重的生产下降、失业暴增的萧条局面,凯恩斯指出市场存在缺陷,"市场失灵"要求国家干预,进行宏观调控,尤其是在触及社会公平的领域与扶贫上。[①] 中国在1992年开始市场经济体制改革后,面临的一个重大问题就是体制转型,怎样处理好政府与市场的关系。凯恩斯的宏观调控理论对于中国的经济体制机制改革有重要影响。马克思主义理论与凯恩斯主义经济学对于政府主体作用的强调,也影响了中国对贫困治理主体的认识,即以政府为主体。

3. 福利经济学

福利经济学是研究社会总体经济福利的经济学,由庇古和霍布斯于20世纪20年代创立。福利经济学的核心观点是"分配越均等,社会福利就越大",主张收入均等化,基于福利经济学理论,第二次世

---

① 贝拉西斯等.新凯恩斯主义经济学,1994年(英文版)。

界大战后一些欧洲国家在实践中建立了"福利国家"。① 福利经济学强调国家制定政策法规、完善相关体制机制、增加财政投入以实现分配公平、提高社会福利的思想与福利国家经济繁荣、社会稳定的现实影响了中国对贫困治理的主体、方式、模式的认识与实践。

4. 多中心治理理论

奥斯特罗姆夫妇首提多中心治理理论，意在建立公共服务的多中心秩序。② 也可理解为一种"多中心的政治体制"。多中心体制的优势在于能够打破单中心下权力高度集中的格局，形成多主体、多渠道、多方式承担公共物品供给，从而形成相互竞争。这一方面可以缓解政府财政紧缺问题； 另一方面也有利于解决搭便车现象，还有助于"维持社群所偏好的事务状态"。多中心治理理论主张公共品的供给是一个主体多元的协作过程，要求构建政府主体、市场主体和社会主体三元架构下的多中心供给模式，以避免单靠市场或政府来提供公共品的不足。③ 多中心治理理论为当前中国贫困治理的多元治理提供了理论基础与指导。

（二）发展多元主体协作模式，打造扶贫生态

随着中国经济社会发展，扶贫工作不断深入，在中国扶贫工作取得巨大进展的同时，扶贫工作出现了新特点新难题，传统的政府主导扶贫模式的弊端也日益暴露：一是政府扶贫投入项目与贫困需要不一致，即所供非所需，这不仅产生不必要的资源浪费，同时也往往造成诸如增产不增收现象；二是运动式贫困难以适应各种各样的致贫因素，扶贫治理精确性变低；三是掌握扶贫资源的行政人员存在"寻租"行为，或者出于所谓"理性人抉择"而导致原有的扶贫目标不断偏离甚至转移；四是政府既作为运动员参与实施扶贫，又作为裁判员监督评估扶

---

① 庇古. 福利经济学 [M]. 金镝，译. 北京： 华夏出版社，2017.
② 奥斯特罗姆. 公共事务的治理之道——集体行动制度的演进 [M]. 余逊达，陈旭东，译. 上海：上海译文出版社，2012.
③ https://wiki.mbalib.com/wiki/ 多中心治理.

贫工作，难以构建起科学高效的评估评价体系体制。[①] 政府主导工作中的信息失真、缺乏基础性制度性设计导致的政府失灵也是难以克服的难题。实践结果表示，传统的政府全面主导的扶贫模式已不能满足中国的扶贫需要。同时，中国市场经济体制的逐渐成熟也为引入非政府主体创造了条件。市场主体在扶贫工作中的灵活性、高效率、专业化是政府的有效补充，不断成熟的社会组织又能在政府与市场同时失灵时发挥作用，从而保证贫困治理的进行与效率。可见，创新中国贫困治理的多元主体协作模式，打造系统性、规范化的扶贫生态，是中国贫困治理建设的重要任务。而扶贫生态的打造，也是一个从分工到融合，从救济、慈善、公益到自我发展的过程。

二、各主体协作关系的演变

集体行动理论对于行为的分析告诉我们，每个作为个体的人即便拥有相同的目标，即便在理性、逐利的前提下，他们也不会自愿地实现共同利益。这其中以奥尔森的经典论证为代表：即使一个大集团中的所有个人都具备足够的理性并愿意追求个体利益，同时作为一个集团，集体行动能够保证每个人都能在实现目标后获益，但这并不能推出所有个人会采取行动来实现这一目标，除非有外界强制力或特殊手段的出现。[②] 笔者认为，这一理论虽然是有着大胆的假设和推理，但必须要承认其归纳的现实状况，以及对不同个人自身能力、心理、偏好甚至品德等方面的考量，正是因为个体的复杂性以及集团包罗众多的个体，所以集体的目标才更难实现。摆脱贫困是作为个体的公民、社会、国家的共同目标。集体行动理论的论述为实现这一目标需要克服的问题作出了方向性阐释。在中国贫困治理道路上，有三种不同的力量在发挥着作用：政府力量、市场力量和社会力量。随着个体的能力、

---

① 姚迈新.对扶贫目标偏离与转换的分析与思考——政府主导型扶贫模式中的制度及行动调整[J].云南行政学院学报，2010，12(3)：122-126.

② 奥尔森.集体行动的逻辑[M].陈郁等，译.上海：格致出版社，2014.

心理等方面素质不断提升,其组成的集体所产生的作用也在不断变化。这也体现在个人、社会、国家等主体以及不同主体所使用的工具所发生的作用在变化。政府力量、市场力量和社会力量这三种力量在不同减贫时期发挥着不同的作用。1978—1991年是农村经济改革带动减贫的时期。起源于1978年的家庭联产承包责任制和后续实施的农产品流通体制激活了农村地区的生产积极性,提高了农业收入;而兴起于20世纪80年代的乡镇企业和个体私营经济则为农村居民提供了非农就业机会。农村地区的经济制度改革为农村居民参与市场经济并获益提供了机会。1978—1991年,中国农村地区不管是农业收入,还是非农业收入都有了很大的提高。这是市场力量带动减贫的重要时期。

到了20世纪90年代,中国农业产量增幅不明显,局部地区出现回落[①],农村居民难以通过农业发展达到脱贫致富的目标。与此同时,乡镇企业逐渐衰弱及其后的改制,也减少了农村居民的非农就业收入。以政府为主导的有组织扶贫开发在减贫过程中的作用越来越大。与政府投入的扶贫资金和扶贫行动成正比,农村贫困人口数量持续下降。这是政府力量促进减贫的关键时期。

上述两个阶段,政府在中国减贫上占据主要地位,而进入21世纪以后,由于种种因素的影响,市场和社会力量逐渐彰显其减贫作用,因而得到社会各界的广泛重视。首先是社会主义市场经济体制改革的进行促进了市场力量的发展,其次是国家放松对社会力量的控制,开始构建"强政府大社会"的治理格局。这是社会力量能够发育的政治因素。再次是国家在1996年大规模实施的对口扶贫工作,从政策上激励社会力量参与到扶贫工作当中,为其他社会力量作了示范。最后是西方社会"全球结社革命"传入中国,激励了中国本土社会组织的发展,中国民众的参与意识和治理能力也因此得到发展。在这四个因素共同作用下,市场和社会扶贫力量成为弥补"政府失灵"和"市场失灵"的重要扶贫机制。这可以看作是市场和社会力量发挥减贫作用的重要时期。

---

① 牛若峰. 90年代中国农业发展问题探究——《20世纪90年代中国农业发展论坛》综述[J]. 农业经济问题, 1993(5): 2-12.

2010年之后尤其是十八大以来，中国的贫困治理进入了新时期。2013年11月，习近平总书记在湘西考察对扶贫工作提出"实事求是、因地制宜、分类指导、精准扶贫"的指示和要求。"精准扶贫"思想的提出，标志着中国的扶贫工作进入新阶段。虽然政府一直以来在中国扶贫工作中都处于主导地位，并起到了重要作用，取得了诸多成绩，但也存在着不少问题。在"精准扶贫"时代下，政府全面主导扶贫的旧模式存在的瞄不准、形式化和"一刀切"等问题显得格格不入。而市场、社会主体作为更为微观的市场细胞与民间组织，恰恰能弥补处于宏观层次的政府在具体操作方面的不足，满足"精准扶贫"的需要。在政策上，《中国农村扶贫开发纲要（2011—2020年）》开启了企业、社会各界、社会组织和个人以多种方式参与扶贫开发的中国贫困治理主体多元化的新篇章。

值得注意的是，这种划分是相对而言的，在政府力量发挥尤为显著的作用时，市场力量和社会力量虽然并没有被淹没在政府强大的控制之下，但市场力量和社会力量并非没有积极、主动地回应政府的扶贫行动。在以农村改革带动扶贫开发阶段，国家部门采取一系列促进农村地区发展的措施，市场力量也在国家力量的推动下发展起来，此时的市场力量和社会力量只是顺应国家力量变化而作出反应。面临新时代对于减贫的要求，既要构建一种包括政府机构、市场主体和社会组织在内的三方力量共同参与贫困治理的局面，更要改变以往单向的互动关系，构建市场和社会主动参与的、三个行为主体有机融合的双向互动关系。

三、构建各主体优势互补的扶贫生态必要性

1. 致贫原因多样性

贫困理论基于实践发展而不断深入，经历了从单维到多维、从纯经济学分析到多学科交融、宏微观结合的演变道路。构建各主体优势互补的扶贫生态，既是对实践中出现的问题的回应，也是对科学理论的印证。

贫困最早被界定为物质匮乏，集中于个体、家庭的收入贫困，后来对贫困的界定逐渐扩展到社会的、精神的、文化的"缺乏"，贫困的定义突破了原来单一维度——物质缺乏的限定。世界银行《2000—2001年度世界发展报告》指出，贫困不仅仅指收入低微和人力发展不足，它还包括人对外部冲击的脆弱性，包括缺少发言权、权利和被社会排斥在外。不同标准贫困的对比如表9-1所示。

表9-1 不同标准贫困的对比

特征	绝对贫困	相对贫困	多维贫困
识别对象	现有农村贫困者	潜在收入贫困者	能力贫困者
衡量标准	可支配收入	收入的相对差距	以消费、健康、教育为主的福利水平
治理手段	地方经济开发与转移支付	人力资本培育	开发式扶贫
实践案例	中国的三阶段贫困线： （1）1978年的100元/人/年 （2）2008年的1196元/人/年 （3）2011年的2300元/人/年 2020年贫困线：4000元/人/年	中国以全体居民收入五等份后收入最低的20%为相对贫困人口；美国用依托基本生活费用指数计算的月收入标准作为贫困线，常年有约10%～15%的人口生活在此线以下	联合国开发计划署实施的全球多维贫困指数MPI，包括经济收入、健康、教育和工作质量等

与单维贫困对应的贫困解释理论可以概括为一种"资源稀缺论"，即缺乏资本、自然资源以及自然环境恶劣。纳克斯（Nurkse）于1953年提出，"一国穷是因为它穷"，即他认为发展中国家持续贫困的原因是社会经济中存在若干互相联系、互相作用的"恶性循环系列"。[①] 贫困恶性循环产生的原因在于资本匮乏、资本形成不足。Grant J P (1994)提出了"PPE（poverty, population, environment）怪圈"，

---

① 纳克斯. 不发达国家的资本形成问题[M]. 北京：商务印书馆，1966.

即贫困、人口和环境之间存在一种恶性循环:贫困与人口增长增加了对自然资源的攫取压力,加上落后的生产方式和粗放的利用,导致环境退化;而环境退化限制和恶化了发展基础又加剧了贫困问题。如此恶性循环,使生态脆弱和贫困地区在发展与环境问题上陷入困境,步履维艰[①]。

其他学者则从文化、制度等角度切入,对贫困及贫困的代际传递的产生进行了独到的解释。人类学家刘易斯提出了"贫困文化"的概念,他将贫困视为一种有其自身结构和理论基础的亚文化,是"一种特有的生活方式,是长期处于贫困生活中的群体的习惯、风俗、生活风格、行为方式、价值观和心理定势等非物质形式"[②]。贫困群体固化的生产生活环境与方式产生了贫困文化,作为一种生活方式的贫困文化再生产了贫困。贫困文化具有强大的稳固性和继承性,通过贫困文化的代际传递使得贫困也具有代际传递性。

除了文化解释,制度的或者说结构的解释也得到了学术界的普遍认可。制度性贫困是指由于政治权利、分配制度、就业制度、财政转移支付制度、社会服务和分配制度、社会保障制度等因素决定的生活资源在不同社区、不同区域、不同群体和个人之间的不平等分配造成的某些社区、区域、群体或个体处于贫困状态。1974年诺贝尔经济学奖获得者冈纳·缪尔达尔试图在经济、政治、文化及相关制度、习俗等层面上研究欠发达国家的贫困原因,尤其突出了制度分析。冈纳·缪尔达尔提出了"循环累积因果关系"理论,认为社会、经济、政治和制度等方面综合作用使得收入低下,从而导致不发达国家越发贫穷。[③]

以上的贫困理论在宏观层面从不同角度揭示了贫困及贫困的代际

---

① Grant J P. The State of the World' Children[M]. NewYork: UNICEF/Oxford University Press, 1994.

② Lewis O. The culture of poverty[J]. Scientific American, 1966, 215(4): 19-25.

③ 缪尔达尔、金.亚洲的戏剧:对南亚一些国家贫困问题的研究[M].北京:商务印书馆,2015;缪尔达尔.世界贫困的挑战——世界反贫困大纲[M].顾朝阳,等译.北京:北京经济学院出版社,2010.

传递的成因与机制，阿马蒂亚·森则面向微观个体，发展了制度性贫困的解释，提出了"能力（权利）贫困"理论。他认为，人们之所以贫困，是由于缺少获得正常生活条件的权利，贫困是人的权利问题。阿马蒂亚提出了四种代表性的基本权利：基于贸易的权利、基于生产的权利、自我劳动的权利、继承和转移权利。生产和贸易权利的失败是导致贫困和饥饿的主要原因。贫困不仅指一个人身处贫困状态，而且包括由个人环境和社会限制造成机会缺失，从而使其失去自由选择的权利。阿马蒂亚·森将贫困与饥荒视为社会问题和伦理学问题，而不仅仅是经济问题和经济学问题，他提出通过拓展人的自由权利来实现经济发展。①

以上理论都存在自身的不足，不能完全解释与解决中国的贫困问题，但在中国的扶贫实践中，贫困群体与生态脆弱地区的高度耦合性、"等靠要"甚至以贫为荣的精神贫困、依旧存在的城乡二元经济体制等资源的、文化的、制度的致贫因素充分反映了贫困的共性与复杂性。作为经济矛盾、政治矛盾、文化矛盾相交织的复杂矛盾系统，贫困这一社会问题涉及整个社会与所有主体，无论是政府、企业还是社会组织都无法单兵突击解决所有问题。主体多元、手段多样的系统的扶贫生态势在必行。

2. 扶贫主体互补性

政府、市场、社会三大主体各有其优劣，都在贫困治理中发挥重要作用。而实现各主体的优势互补，基础是明确各主体的优劣特点从而加以分工。

从政府和市场的关系看，二者在扶贫开发上的合作能够更好地解决新时期的贫困问题。中国农村返贫现象突出的一个重要原因是贫困农户适应市场经济或抵抗市场风险能力较差。政府可以通过政策导向将农户引入与农户资源禀赋相符合的市场中，从而使其在参与初期就具备较好的政策环境。例如改革开放以后在政策上允许农户进城务工，

---

① 阿马蒂亚·森.以自由看待发展[M].于真等,译.北京:中国人民大学出版社,2002:14.

很多贫困农户便有了参与市场竞争的机会。贫困农户不仅通过务工提高了收入水平,还通过市场参与提升了自身的生计水平,从而能更好地抗击来自市场的风险。

从政府和社会的角度来看,二者在扶贫工作中的联合能带来意想不到的扶贫效果。政府最大的优势在于对资源的调配和政策制定方面具有天然权威和合法性,这使得政府能够根据实际情况进行战略设计和资源下拨,而社会组织在资金和制度安排等方面力量较弱,阻碍了其更好地发挥扶贫职能。反过来看,政府的不足则是社会的优势所在,社会组织的灵活性、机动性能弥补政府行动过程中的烦琐和低效。如果二者能够在减贫事业上取长补短,比如政府在政策制定和资金安排方面向社会组织倾斜,那社会组织在扶贫方面的优势便能够更好地发挥出来,扶贫资源配置水平将得到提高。

从市场和社会的角度看,贫困群体缺乏发展资金是制约其摆脱贫困的一个经济因素。为此,商业银行和社会组织都曾为贫困农户量身打造小额信贷业务。但商业银行的"逐利性"导致信贷资金流向富裕群体,社会组织信贷资金匮乏导致信贷业务的不连贯性。这正需要以公益性为主要目的的社会组织的补充。企业与社会组织合作可以带动贫困地区的经济增长:一是按照每个贫困村至少与一家企业或者专业合作社建立合作关系的要求,依托工业园,培植一批龙头企业或专业合作社,扶持一批能人大户,走"企业+基地+专业合作社(能人大户)+贫困户"的产业化经营路子,带动贫困户稳定增收。二是可以转变贫困个体的就业观念。贫困户经过培训,在龙头企业内部工作,一部分成为种植和养殖专业人士,一部分成为技术工人,身份在一定程度上发生了变化,生活方式也逐渐远离贫困。三是可以促使贫困人群摆脱福利依赖。当贫困人群有了生产技能和生活出路时,对福利的依赖程度就会随之降低,脱贫的目标也就会实现。

分工是实现优势互补的基础,而发展是实现优势互补与各方多赢的关键。从发展历程上看,中国贫困治理主体经历了由政府全面主导到市场、社会机制逐渐应用到贫困治理中的历程。实践证明,政府、市场、社会三大主体都有内生的不可避免的缺陷，单一主体无法满足贫困治理的需要，只有三者实现合理分工进而有机融合，打造系统性规范化的扶贫生态，才能顺应贫困治理发展的需要，进一步取得扶贫攻坚的胜利。而定点扶贫正是一种从分工到融合、整合各主体资源优势的扶贫形式。随着改革开放的进行，城乡差距与农村贫困问题越来越凸显。在这样的背景下，定点扶贫得以提出、发展，并成为中国扶贫格局中的重要一环。1986年，随着中共中央、国务院《关于1986年农村工作的部署》出台，中国政府性扶贫行动启动，并迅速扩展，逐步取得显著成绩。到《中国农村扶贫开发纲要（2011—2020年）》颁布，定点扶贫工作开始，国家积极鼓励、引导、支持和帮助各类各级政府、团体、国有企业事业单位、部队、民主党派组织以及非公有制企业、社会组织承担定点扶贫任务。[①] 目前，已经实现了扶贫资源和贫困县全覆盖，各主体既分工又合作，有机地融合在一起，形成了主体多元、手段多样、优势互补的定点扶贫工作系统。

第三节 从救济、慈善、公益到自我发展

一、理论基础与实践路径发展

1. 救济式扶贫

救济式扶贫是从中华人民共和国成立到1985年期间由中国政府对贫困人口实行单纯的救济政策，这一政策出台时遵循简单的"缺啥给啥"直线思路。[②] 其主体在中国通常是政府为主，接受扶贫行为的对象

[①] 国务院.中国农村扶贫开发纲要(2011—2020年)[EB/OL].[2011-12-01].www.gov.cn.

[②] 李莎.从救济式到开发式：中国扶贫思想的转变[J].三峡大学学报（人文社会科学版），2005（S1）.

（即扶贫客体）即是贫困人口。救济式扶贫在中国扶贫工作系统中长时间作为主要工作方式，有着重要地位和突出贡献。得益于中国一元化领导的党政体制优势，中央和政府在调动资源、再分配平衡行为上占有天然优势[①]，这也体现了中国党政体制为人民服务的宗旨。景跃进等政治学者提出的党政体制理论明确指出中国政府由中央到地方不同级别所掌握的资源支配能力具备同构性，因而能够"集中力量办大事"，越是高层能够提供帮扶救济的力度也就越大，越是基层救济力度越小。

救济式扶贫通过扶贫主体直接向扶贫客体给予物质或经济补助，如提供生产和生活所需要的粮食、衣物等物资或现金，以及类似性质的行为，达到解决贫困人口短期内较为急切简单的物质需求从而渡过难关。救济式扶贫主要有三种方式，一是直接给贫困人口提供相关物质资料（如衣物、粮食、肥料等各种生产生活资料）；二是直接为贫困人口提供小额贷款，又称为小额信贷扶贫，通常情况为无息或低息；三是出台相关优惠政策，利用农业生产补贴、财政支出、政策咨询、技术培训等给贫困人口以帮助等。

以英国为例，2020 年英国 25 岁以上工作者最低时薪为 8.72 英镑，按照每周 40 小时工作制计算，每周收入至少为 348.8 英镑。[②] 而根据英国政府 2020 年福利救济和退休金标准，国家为长期丧失工作能力群体提供每周 114.15 英镑的津贴，为短期丧失工作能力群体依年龄提供每周 86.10 英镑至 114.15 英镑的津贴。如果因生病或残疾，从而限制了工作能力，则可以领取新型就业和支持津贴（ESA）。例如因 2020 年新型冠状病毒（COVID-19）造成生活困难而无法自我隔离，也可以申请新型 ESA。该救济金最高可为申请人提供每周

[①] 景跃进，陈明明，肖滨. 当代中国政府与政治 [M]. 北京：中国人民大学出版社，2016：115-120.

[②] 数据来源：英国政府官网，https://www.gov.uk/national-minimum-wage-rates，2020 年 5 月 25 日访问。

148.40 英镑作为补助津贴。①

中国作为社会主义国家,在社会保障的推行上有着天然的优势和责任,为社会贫困"兜底"是无法推辞的。当然,无论是中国还是外国,救济式扶贫都面临一个问题,就是听任贫困人口"等、靠、要"的思想。救济式扶贫不利于激发贫困人口的自主自发意识,单纯的"输血"没有从根本上解决贫困地区的内生性贫困问题。近年来西方高福利国家的这种社会保障福利政策面临可持续问题和众多现实质疑。"授人以鱼不如授人以渔",和"输血"相比,显然实现"造血"才是扶贫工作的落脚点。既要解决贫困地区现实中的眼前需求,又要实现贫困地区的可持续发展,才是脱贫致富长远之计。因此,救济式扶贫现实内涵也在不断扩充,扶贫工作中"扶志"的重要性也日益体现并得到重视。自 1997 年以来,党中央设立中央精神文明建设指导委员会,领导全国精神文明建设,不断塑造与社会主义核心价值观相一致的国民精神思想。救济式扶贫的行动目标也自然要囊括精神扶贫,让贫困人群接受思想帮扶,才能将扶贫目的与国家发展方向彻底统合。

2. 慈善与公益

社会主义国家的价值取向与中国改革开放以来的发展红利分享,造就了一批有社会责任感的企业和社会组织。作为市场主体的企业与法人,和社会重要组成部分的社会组织等第三方主体都自发主动地参与到扶助贫困工作中来,形成政府主导、多方参与的扶贫格局。从政府主导的救济式扶贫,到市场主体和社会组织共同参与、协同合作的扶贫格局中,无论是政府救济,还是第三方开展的慈善和公益项目,本质上都是以外部力量扶贫。对于长期陷入贫困的居民而言,外部的扶贫主体帮助自然必不可少。

但是商业运作往往造成虚假宣传、炒作等漏洞,过于积极的第三方参与还有可能打乱政府整体部署,造成"大水漫灌、九龙治水"的

---

① 数据来源:英国政府官网,https://www.gov.uk/government/publications/benefit-and-pension-rates-2020-to-2021/benefit-and-pension-rates-2020-to-2021#employment-and-support-allowance-esa,2020 年 5 月 25 日访问。

乱象。中国的国情是"强国家"而非"强社会",社会的自主发展壮大意识固然重要,但是不成熟的社会参与将会造成扶贫工作的杂乱无章。无论是国家主体还是社会主体,扶贫的最高成效应该是贫困地区获得了可持续发展的能力,能够解决自我发展能力欠缺的问题。让贫困人口获得自我发展能力,是巩固扶贫工作成果、防止其脱贫又返贫的最佳路径。

二、自我发展能力

(一)自我发展能力的内涵

一个地区或区域自我发展能力的内涵是综合的,指一个地区的自然生产力和社会生产力的总和,是对一个地区的自然、物质以及人力和社会资本积累状况的整体描述。[①]这一定义,将地区的环境承载力和人口劳动能力以及社会宏观发展状况都纳入进来。地区自我发展能力,应当是改善自然资源、社会条件、环境资源等基础环境条件来增强环境资源承载力,依托环境资源、借助社会发展进步形成经济聚集能力,达到更新地区思想观念与习惯文化的层次。这是贫困地区发展的导向。毫无疑问,这是建立在可持续发展理论基础上并对其进行改良的理念。发端于20世纪60年代的莱切尔·卡森(Rachel Carson)提出的可持续发展理论,针对经济、生态和社会三方面可持续发展提出了符合人类历史发展规律的标准,简而言之就是平衡经济发展与环境保护、效率与公平[②]。与之一脉相承,胡锦涛同志在中共十六大提出了科学发展观,其组成部分之一即为可持续发展观,目的之一即为彻底摆脱贫困并且创建高度发达的社会主义文明。这在扶贫领域即发展为"自我发展能力"。

[①] 王科.中国贫困地区自我发展能力解构与培育——基于主体功能区的新视角[J].甘肃社会科学,2008(3).

[②] 卡森.寂静的春天[M].张白桦,译.北京:北京大学出版社,2015.

中国贫困地区多数地处偏远,由于自然条件、经济基础和制度环境等多重因素的影响,基础设施建设欠账较多,公共服务供给缺乏,生产生活条件较差,享受的国家制度供给也相应较少,严重地制约着贫困农户自我发展能力的提升。[①] 在此基础上,考虑到对于贫困人口而言,提升自我发展能力并不是一个简单机械的系统,而是受多重因素影响的复杂问题,有学者认为贫困人口的自我发展能力包含生存发展能力和自我认知能力两部分[②]。其中生存发展能力主要表现在生产能力、经营管理能力、市场应变能力、创新创业能力、诚信履约能力和沟通协调能力六个方面;自我认知能力则是贫困人口在观念上的蜕变以及文化素养上的提升。

对大多数贫困群体而言,参与劳动的生产能力是最基本的生存发展能力。这项能力对于一个健全的人而言是不构成阻碍的。目前而言,农村贫困人口存在的主要问题是基本生产能力无法改变因自然环境、社会因素等造成的发展水平衰微。在中国的农村地区尤其是山区,当地人民不具备足够的土地资源来满足耕作需求,也不具备足够的就业机会和收入来源,因此贫困严重。仅就脱贫标准来看,2019年国家扶贫标准人均年收入为3 747元,到了实现全面小康的2020年,国家扶贫标准人均年收入为4 000元[③],这是不难解决的。但持续性发展是一个核心问题,这也由此可以理解环境承载力造成的贫困。

实现贫困地区人口自我发展,满足基本需求之后,重点在于跟紧社会发展趋势、实现经济凝聚。这对贫困人口的经营管理、应变、创新、协调、优化等方面给出了明确要求。从另一方面看,这也是对于救济、慈善、公益的主动开发。实现社会发展,需要新技术、新模式的补充。

对于贫困农村而言,基础生产条件满足后,更进一步的发展需求

---

① 张永亮.论贫困农户自我发展能力提升[J].湖南社会科学,2018(1).

② 严伍虎,张淑琴.贫困人口自我发展能力精准提升研究[J].陕西行政学院学报,2018(4).

③ 数据来源:国务院扶贫开发办公室官网,http://www.cpad.gov.cn/col/col164/index.html.

也就随之产生。在生产经营过程中,如何实现农业生产技能的现代化,如何在产业链中提高加工技能,这是贫困人口实现发展首先要解决的问题。中国建设发展的目的是实现现代化,路径在于缩小差距、扭转地区发展不平衡局面。因此贫困地区自我发展,实现外部因素的"造血"帮扶,目标就是要达到发达地区的现代化水平,实现经济聚集。

如前文所述,将市场主体引入扶贫开发中,利用贫困地区特色资源和文化背景,开发适合当地实际情况的特色产业,为贫困地区引入有助于长期经济发展的源泉,有助于提高贫困人口的生产能力,使其在市场经营中更具竞争力。

提高经营管理能力对贫困人口而言同样至关重要。随着农村经济合作社以及"农户+企业"模式的蓬勃发展,提高贫困人口经济管理能力、用科学正确的手段高效地管理生产及产业,对于内生式扶贫而言十分关键。因此,要将转型中的贫困人口打造为农民企业家,扶助其成长、壮大,在其发展企业的路上着重提升其对于资产管理和公司运营等专业能力的掌握。

市场应变能力对于贫困人口应对市场经济的风险同样重要。身为市场经济中的经营者和生产者,贫困人口必须掌握足够的市场信息。对于市场中存在的过剩或不足,以及由此带来的价格波动等问题必须及时应变。这是农业人口且是贫困或刚脱贫的农业人口在商业领域素质的体现。贫困农村地区长时间的商业竞争氛围真空所导致的市场意识淡薄、商业嗅觉失灵等问题也代表着落后的农业生产向先进的综合产业模式转化中思想和文化素养的进步。

只有贫困人口在脱贫攻坚战中具有脱贫的自主意识,又了解并掌握运用了脱贫的方法和思想,辅以外部渠道的救助,这才能称为获得消除贫困过程中的自我发展能力。

(二)贫困人口获得自我发展能力的途径

贫困人口首先在外部帮扶下有了自发意识,并深刻领会了发展思想,从而实现了自我发展。在此过程初期,外部帮扶仍然重要。创造行之有效的发展措施、提供发展渠道,是实现贫困地区脱贫致富可持续发展的必经之路。以发展的眼光来看,贫困人口获得自我发展能力的途径大致有如下几点。

1. 打造教育扶贫长效机制

对于贫困人口而言,尤其是存在代际传递的贫困人口,"知识改变命运"是发展的铁律,教育扶贫能够增强其内生发展动力,从根本上扭转贫困人口的劣势。

教育扶贫既能"扶志"又能"扶智",能起到标本兼治的作用。当前的消除贫困人口与中华人民共和国成立初期的消除文盲有着类似的社会背景和现实关怀。九年义务教育降低了文盲在人群中的比例,教育扶贫则是在创造新一代具备自我发展能力的主人翁。教育是根除精神贫困最直接的途径,"教育要面向现代化、面向世界、面向未来"①。贫困地区走出落后贫穷的过程,也是贫困地区的人口走向现代化、建设新世界、拥抱未来的过程,这是与教育发展相辅相成的。随着扶贫工作成效不断提高,对于贫困人口而言,其自我发展能力的要求也不断提高,因此必须首先将教育扶贫作为基础性工程来抓,并在此基础之上打造长效的教育扶贫机制。这就要求振兴贫困地区的基础教育事业。

必须承认的是,中国城乡之间教育资源的差距是不断加大的。尤其在基础教育领域,教育资源分配不均已经是严重的社会问题之一。实现贫困地区发展,这就要求政府必须在公平问题上仔细思考,要将教育资源重点投放到贫困地区,以振兴其基础教育。尤其是学前教育和义务教育,政府需要提供高质量的公共服务,在思想上种下发展的种子。

除此之外,还要促进职业教育在贫困地区的发展。政府要提升职业教育水平作为对口打造职业和专业人才的重要方式,这对于就业形势和劳动人口素质的提高至关重要。而在贫困地区的职业教育发展中,

---

① 中共中央.中共中央关于教育体制改革的决定,1985年5月27日.

贫困地区可以因地制宜，根据本地区需求来确定本地区职业教育发展导向，为当地贫困人口技能提高和就业机会提供保障。

需要注意的是，教育与培训是相互区别的。相较而言，教育为长期行为，而培训为短期行为。在内容上，教育提供的教学内容强调的是培养学生基础理论知识的掌握与运用，培训强调的则是与企业工作密切相关的知识和技能的掌握及运用，培训带有更为明确的目的性。所以，教育和培训相互结合、共同发展，才能更好地推动贫困人口自我发展能力的提升。完善贫困地区教育扶贫的长效机制之外，也要创新培训机制。

2. 创新培训机制

创新是发展的血液，培训是吸收先进经验的通道。将政府主导的培训体系与市场化培训机构相结合，建立多样化培训组织体系，实施分类、分层培训，是逐步提升贫困人口发展能力、培育自我发展能力的有效途径。

通过政府主导，引进市场化运作机制，提高培训的针对性、可操作性和实用性，形成运行有效的常态化机制。在培训机制创新上，实现培训资源的有机整合，利用好丰富的高校师资资源，又要充分发挥市场化培训机构接地气的优势，还要加强与巨头企业的深度合作，不断提升培训内容的实操性。

充分发挥政府的主导作用，确保将培训工作落到实处，一方面体现了社会主义制度的优势所在；另一方面也是贯彻社会主义制度优势的必然要求。一是政府直接出面组织，或者由政府牵头与培训机构合作，在充分调研的基础上，针对具体需求，根据实践情况要"常训"，也要"短训"，既形成常态化培训，又不干涉生产实践的进行，开展有计划、分批次的短期技能培训；二是与高校、培训机构或巨头企业合作，通过定制培训方式实施培训方案，实现"产—学—研"一体化；三是把受训对象选送到发达地区，跨区域交流合作，通过顶岗见习方式完成培训工作，以实践检验真理、掌握真理。在培训内容上，围绕实际问题展开，使得培训内容和实际操作无缝衔接。

3. 切实加强贫困地区精神扶贫的体系化建设

由于过去人们对于贫困问题认识的不深入，还有出于观测统计方便，对贫困的界定往往从物质贫困着手。物质贫困，顾名思义就是在物质标准上的相对不足，主要表现为收入在贫困线以下。而随着经济社会的发展和人们在消除贫困的实践与认识上的深入，"精神贫困"越来越受到人们的重视。在导致贫困的恶性循环与"返贫"的诸多因素中，"精神贫困"是一个十分重要的因素与催化剂。因此，从"三大攻坚战"（即防范化解重大风险、精准脱贫、污染防治）被确定以来，精神扶贫是中国扶贫工作的重要阵地之一。

关于精神贫困的具体表现形式，我们可以从三个方面进行界定。第一，贫困是相对的，有些贫困人口因为没有了解和接触更高层次的富足生活，因而并不认为自己贫困。在这种环境下，贫困人口更倾向安于现状。尽管因为互联网科技不断发展，对外界接触不多的贫困人口已经变少，但个别信息闭塞的贫困地区仍然问题严重。比如笔者在随新疆阿克苏地区某乡镇扶贫工作队走访时了解到，当地干部用最通俗的语言跟贫困人员沟通，告诉他"吃馕喝茶"和"吃肉喝茶"是不一样的，但部分贫困人员均表示"我觉得吃馕喝茶挺好的"。由于该种思维的固化，导致对扶贫工作的消极配合，进而对当地扶贫工作的顺利开展形成了一定阻碍。第二，尽管意识到了自身的贫困，但是由于贫困人口自身能力有限以及社会心理习惯作用，导致其不愿意作出改变，对于变革发展往往展示出其保守的一面。第三，贫困人口的攀比心理不足。由于周边人群经济水平相似，整体收入水平并不高，而在"贫困户"的"帽子"之下，贫困人口能够得到一些资源倾斜，因此他们反而将贫困视为一种资源和光荣。这些因素都会导致贫困人口的脱贫意愿大打折扣，精神贫困深入骨子里。扶贫干部首先要解决的是贫困人口沉浸在自我世界中不愿脱贫的问题。[①]

加强贫困地区精神扶贫的体系化建设，首先要精准识别精神扶贫

---

① 刘浩然，胡象明. 精神扶贫的三个维度 [J]. 人民论坛，2019（15）.

的扶贫对象。对此,在习近平新时代中国特色社会主义思想中有有明确内容。习近平总书记强调:"要解决好'扶持谁'的问题,确保把真正的贫困人口弄清楚,把贫困人口、贫困程度、致贫原因等搞清楚,以便做到因户施策、因人施策。"明确精神扶贫对象,才能找到导致精神贫困的原因,从实际出发,更好地制定相关政策、展开精神扶贫工作。

其次,加强教育来综合提高贫困人口的素质技能。各级政府要加大向贫困地区的教育资源倾斜力度,更新教育理念,完善教育事业规划,不断提升贫困地区义务教育、学前教育与职业教育水平的质量,完善贫困地区教育的硬件设施与软件条件,综合提高贫困人口的身体健康素质、技能素质、文化精神素质。

再次,加强对贫困人口的综合培训,将培训的精神扶贫与产业的物质扶贫相结合。毛泽东说:"物质可以变成精神,精神可以变成物质。"[1]物质贫困与精神贫困既作为原因又作为结果的循环中以彼此为中间环节与催化剂,两者一体两面构成了贫困问题系统。因而,解决精神贫困问题,构建精神扶贫体系,也必须将精神扶贫与物质扶贫有机结合。物质与精神贫困的矛盾集结点在于人的素质技能低下,精神与物质扶贫的集结点在于加强教育培训、提高劳动者素质技能,使之适应于现代经济,进行产业扶贫。要开展多种形式的技能培训、创业培训,培养一批懂技术、能创业的群众,并围绕"带动能力强、发展潜力大、效益显著"的扶贫产业,充分利用各县区资源禀赋、区域优势,大力发展特色产业、民族手工业、种养殖业等,促进产业发展带动贫困群众脱贫。

最后,发挥党组织"火车头"作用与党员先锋模范作用。在较为封闭的贫困农村地区,农民是"火车",党员领导干部就是"车头"。"火车"固然需要不断前进,但是"车头"的带动引领必不可少。党员是党的肌体的细胞和党的行为的主体,发挥党员干部的先锋模范作

---

[1] 毛泽东.人的正确思想是从哪里来的?[M].北京:人民出版社,1964.

用，带领人民群众发家致富是社会主义制度存在和发展应有之意义。中国的农业文明持续了几千年，人民群众早已经习惯于这种局限的、迟钝的生产生活模式，贫困问题由来已久。如何激发人民群众摆脱贫困、实现发展，是执政者需要深思熟虑的。"火车跑得快，全凭车头带"，只有党员领导干部的先进性彰显出来，才能为发展开创先导。党员干部真抓实干是保证扶贫工作成功有效的首要条件。

（三）创造发展条件和环境

"举国之力"扶贫是强国之路和发展之途。集中力量办大事是中国特色社会主义的优势和特色。在当前扶贫工作之中，各项工作的进展也离不开这一优势。在扶贫工作中，无疑只有中国这种党政体制，即国家已经在部分领域撤出，但仍然具备一元化领导体制的国家模式才能最有效地做到消除贫困。当前中国部分贫困地区能够实现发展，得益于稳定的国家环境和经济、政治、文化条件不计成本的支持。[①]实现贫困人口自我发展，必须创造发展的条件和环境。中国的发展条件与环境，是由国家经济、政治、文化、军事、科技等不同领域相互交叉、相互作用而形成的。实现良好的发展必须扬长避短。

首先，中国社会制度的最大优势就是中国共产党的领导，需要坚持党对一切工作的领导，必须"健全总揽全局、协调各方的党的领导制度体系，把党的领导落实到国家治理各领域各方面各环节"[②]。党和政府要努力实现贫困地区发展经济，同时保护生态环境、改善政治生态。既要为贫困地区提供充足的政策支持，满足脱贫致富需求，满足发展和改革需求；又要打造互联互通、开放有序的营商环境，促进地区间交流，弥合资源鸿沟。在党的领导下利用国内国外两种资源、两个市场，为贫困地区创造并扩大发展环境。"办好中国的事情，关键在党。中国特色社会主义最本质的特征是中国共产党领导，中国特色社会主义制度的最大优势是中国共产党领导。坚持和完善党的领导是党和国

---

① 陈希．健全党的全面领导[J]．求是，2019（22）．
② 中国共产党十九届四中全会《决定》．

家的根本所在、命脉所在,是全国各族人民的利益所在、幸福所在"。①放眼古今,只有中国共产党把扶贫作为执政的一项任务来推进,也只有在这一体制之下,才能实现集中力量办大事。实现脱贫致富从被动到主动的历史性转变,需要党的领导,中国消除贫困进程中取得的巨大成绩,正是中国共产党为人民交上的时代答卷。

其次,创造发展条件与环境主要包括以下三个方面,一是要按照"生活富裕"的要求完善贫困农村基础设施条件;二是要按照"产业兴旺"的要求完善乡村经济发展基础;三是要按照"治理有效"的要求完善村级民主政治氛围。②

针对贫困家庭所在的自然环境,要重点围绕交通、水利、农田、能源、通信、住房、生态等农村基础设施建设重点,因地制宜,突出重点,有计划、有步骤地推进。加大对农村交通、水利、电力、信息、网络、广播电视等基本生产要素的建设力度,重点解决路、电、水、通信等问题,使绝大部分贫困地区能通路、通电、通信、通水、通广播电视,加强其对内对外的交流。

关于贫困地区现有的经济基础,应遵循新时期农业农村现代建设的要求,积极推进乡村振兴战略,做大做强做实村域经济,为贫困农户自我发展提供良好的机会和载体。制订"村域经济"发展规划方案,调整贫困地区的农业生产结构。以村为单位,结合区域资源,根据市场需要及当地气候条件,大力发展特色和优质农产品生产,实现助困、立项、种植、加工、销售一条龙服务,帮助农户实现增产增收,形成"政府主导、团体协助、企业参与、市场运作"的规模化、专业化生产销售与产业化经营新格局。

对于贫困地区的基层队伍现状,要切实加强村支两委建设,优化村干部队伍,深入推进抓党建促脱贫攻坚工作,选好配强村"两委"班子,培养农村致富带头人,促进乡村本土人才回流,打造一支"不走的扶贫工作队",进一步夯实基层组织实力。架起贫困农户利益表

---

① 2016年7月1日习近平总书记在庆祝中国共产党成立95周年大会上的讲话。
② 张永亮.论贫困农户自我发展能力提升[J].湖南社会科学,2018(1).

达和诉求实现的渠道，时刻关注贫困人口的合法权益，让他们的表达和诉求得到及时的实现，最大限度地为贫困人口提供及时有效的帮扶。通过宣传或者会议等手段，加大基层民主政治制度和政策的宣传，让贫困农户了解民主，了解自己的权利和义务，将关心村级事务、履行监督职责、维护村民权益作为自己的本职工作，做一个真正的"关心人"。

三、案例分析：多元主体参与扶贫的"毕节实验"

贵州省毕节市位于贵州省、四川省、云南省三省交会处，地处乌蒙山区腹地，是"开发扶贫、生态建设"试验区。毕节市作为革命老区有着优良的革命传统，同时毕节市也是有着多个少数民族聚集的地区。但毕节市的发展相对缓慢，作为贫困地区，集"老、边、穷"于一体。2014年毕节试验区境内8个县区中，有5个县是国家扶贫开发工作重点县[①]。除金沙县以外，毕节市所有县区均被列为乌蒙山集中连片特殊困难地区片区县，被称为全国最贫困的地区之一。

1988年6月由时任贵州省委书记的胡锦涛同志亲自倡导创建的毕节试验区，作为经国务院批准建立的全国唯一一个"开发扶贫、生态建设"试验区，该市始终着力于在喀斯特地理环境贫困地区开展改革试验，寻求破解制约经济社会发展难题的对策。经过27年的探索，毕节试验区一方面在经济、政治、文化、社会、生态建设上取得了显著成效；另一方面构建了具有区域特色和时代特色的后发赶超路径——"毕节试验"。这一经验和路径的形成为推进贵州乃至全国同类"老少边穷"地区实现快速健康发展，起到了"做示范、探路子"的特殊作用。毕节地区也成为中央统战工作及多党合作示范区，得益于扶贫各方帮扶，形成了贫困地区科学发展的典范。[②] 毕节市2014—2018年

---

① 数据来源：参见陈晓军."毕节试验"对西部反贫困的启示[J]. 理论与当代，2008(1)：21-24.

② 数据来源：毕节市2018年国民经济和社会发展统计公报，http://www.bijie.gov.cn/sq/jjfz/201906/t20190620_5360019.html.

贫困人口数量及贫困发生率如图9-1所示。

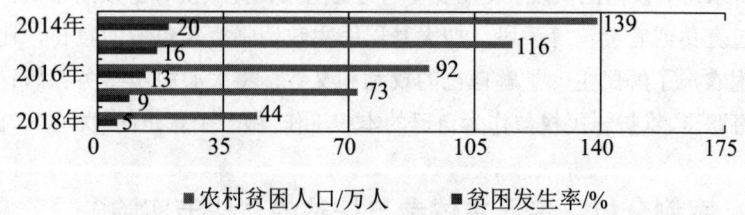

图9-1 毕节市2014—2018年贫困人口数量及贫困发生率

数据来源：毕节市人民政府官网，http://www.bijie.gov.cn/sq/jjfz/201906/t20190620_5360019.html。

1."毕节试验"的四个阶段

"毕节试验"以科学发展理念为指导，其试验主题聚焦"开发扶贫、生态建设、人口控制"，把握加快和推进区域发展的主线。该试验利用中国共产党领导的多党合作、政治协商制度优势，坚持资源开发与经济扶贫并举、生态环境恢复与现代化建设并进、人口数量控制与生活质量提高并重，着力打破人民深陷贫困、生态不断恶化、人口持续膨胀的恶性循环。在正确处理经济发展与资源环境的关系、捋清人地矛盾、理顺发展方向等方面，地区政府推动毕节地区由资源大区转变为经济强区、由石漠化严重地区转变为生态环境优美地区、由人口大区转变为人力资源大区、由欠开放地区转变为全方位开放地区，最终把毕节建设成为经济快速发展、生态不断改善、社会和谐稳定、人民安居乐业的试验区①。"毕节试验"围绕多主体合作展开扶贫开发工作，其模式的形成主要经历了以下四个发展阶段。

第一阶段自1988年试验区划定到1996年。在当时基本处于商品经济发展的初级阶段，毕节试验区树立了以繁荣商品经济为目标的扶贫开发战略。当时主要的举措是进行产业结构科学调整，调动农民进行商品生产的积极性，发挥集体经济、非公经济、个体经济的作用，

---

① 孙卫艺，廖迎庆."毕节实验"：内涵、经验与启示[J].毕节学院学报，2011（1）.

变"输血"为"造血"。在经济建设之外,进行生态建设和流域治理,并初步探索发展农畜牧业及控制人口。经过第一阶段近10年的反贫困探索,毕节初步解决了280万农民的温饱问题[①],缓解了生态恶化、水土流失和人口增长过快等问题,这是试验区的第一次飞跃。

第二阶段自1997年开始至20世纪末。在前10年的探索基础上,毕节地区以发展农业经济、实现农民脱贫致富、加快农业产业化进程为重点,把农业生产放在发展经济的首位,着重强调在扶贫开发中粮食生产的地位和作用。通过大力推进科教兴农、抓好资金等要素的投入,促进多元扶贫生态建设及多元扶贫开发主体的形成。以生态建设促进经济发展,实现粮食、人口、生态良性循环的思路,进行机制方面的创新。

其中最重要的是实现了扶贫开发与运行机制的衔接,建立了从上而下的扶贫开发体系,涉及市场建设、劳动力转移、科技推广、生态建设及人口素质提升等方面。在领导机制方面,实行党政领导负责制,以科学发展观为指导思想,在以人为本的前提下探索发展方式,坚持可持续发展理论,分别在人口规模、能源利用、生态环境三个目标领域开展全方位的应对措施;投资方式采用组建扶贫承包集团,同时以资源为依托,促进开发,发展贸工农、产供销一体的农村合作经济组织,提高资源利用效率,把资源优势变为商品优势;在劳动力转移方面,探索"三个异地扶贫",即进行异地的就业、开发与安置;在科技方面,促进农业科技推广,加强农业耕种技术的提升;在生态建设试验方面,主要是进行小流域治理试验和生态农业小区试验,通过以粮换工、以工代赈,实现经济效益和生态建设相结合,发展一批生态乡、生态村;在生态建设工程试验方面,主要以长江中上游防护林体系建设工程及长江上游水土保持重点防治区毕节片区工程为载体,保障生态环境不再恶化、向好发展,探索依托工程进行高效生态建设之路;在人口控制与素质提高方面,主要进行三个重点试验:把控制人口与解决温饱、

[①] 数据来源:参见陈晓军."毕节试验"对西部反贫困的启示[J].理论与当代,2008(1):21-24.

增加收入相结合,把土地制度改革与人口控制相结合,在二轮承包过程中,定下"增人不增地,减人不减地"的集体土地分配原则,引导人口少生优生,对农民进行培训与扫盲,实施农科教相结合,控制人口规模与提升人口素质同时并举。

在第二阶段,毕节地区农民人均纯收入达到了 1 393 元[①],基本解决了长期困扰当地人民的粮食短缺问题。同时,生态恶化也得到了初步遏制。

第三阶段是进入 21 世纪以后。西部大开发战略正式提出,毕节试验区的扶贫开发工作进入新阶段。在此时期,毕节地区以能源为主要的发展引擎,以西电东送工程和资源开发为重要载体,在原有的水电工程基础上,深化能源产业发展,拉动经济增长,提高农村公共产品供给水平,力图让更多农民从经济增长和农村公共产品改善中提高生活水平。除此之外,毕节地区继续深化已有的扶贫机制,将退耕还草、扶贫开发与人口政策相结合,将经济发展与生态环境保护的目标相结合。

第四阶段是新一轮的扶贫攻坚时期。在此阶段,毕节试验区迎来新的发展机会,2008 年,石漠化综合治理试点在国家支持下启动,截至 2015 年,毕节累计造林 117.32 万亩,种草 17.6 万亩[②]。在现有基础上,毕节继续开展改革试验,以建设科学发展试验区、现代产业聚集区、创新扶贫示范区、生态文明先行区、改革开放创新区、多党合作模范区"六大区"为目标、全面深化各项改革,瞄准着力点开展试验区试点工作。毕节试验区针对"精准扶贫"这一要求,不断探索新的扶贫机制,优化扶贫体系。通过建立工业梯田开发、工业地产统包代建等机制,形成聚工业之气、造工业之势、成工业之强的"园区经验";率先垂范建设园区,扩充招商引资形式,跳出能矿发展产业,实现经

---

① 数据来源:参见陈晓军."毕节试验"对西部反贫困的启示 [J]. 理论与当代,2008(1): 21-24.

② 数据来源:贵阳网,毕节扶贫开发系列报道之石漠化治理"五子登科",http://www.gywb.cn/content/2015-05/19/content_3110565.htm 2020 年 6 月 2 日访问。

济结构优化；完善转型升级的山区特色产业发展道路的"金沙之路"；形成开发即受益、水泥企业和用地业主出资、矿石资源按投资比例分成、低丘缓坡土地开发利用模式的"大方模式"；探索出规划引领、基础先行、多轮驱动、产业支撑、建管并重、人本拆迁、"城镇带县"的特色城镇化建设的"黔西经验"。

截至2018年，毕节市扶贫发展工作已经取得了卓越成绩，贫困发生率下降到5.45%，剩余贫困人口数量仅为44.41万人、仍存贫困村542个。经济建设也实现了飞跃发展，全市实现地区生产总值1 921.43亿元，同比增长10.2%。① 毕节市2014—2018年地区生产总值及其增长速度如图9-2所示。

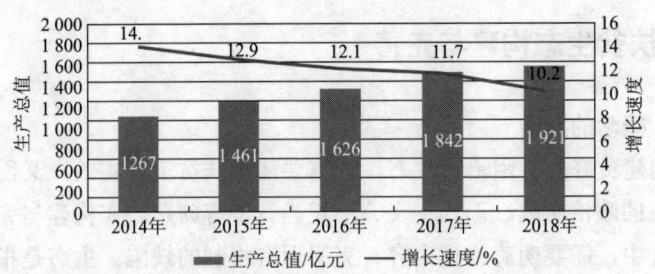

图9-2 毕节市2014—2018年地区生产总值及其增长速度

数据来源：毕节市政府官网

2. "毕节试验"的主要特点

从理论层面来看，多元参与是"毕节试验"的重要理论基础。"毕节试验"扶贫成效的取得是多元主体参与的结果，由于贫困问题的复杂性和动态性，单个主体不可能单方面地解决贫困问题，需要多方主体的共同参与。从参与的理论基础来讲，参与其实就是政治上的"多元主义"，即整个社会是由各种政治、经济、文化、宗教等重叠的利益团体组成的，整个政治决定的作出是通过相互之间约束、妥协、调适、互惠所达成的。多元参与的形成依据政策和体制的创新与完善，以实

---

① 数据来源：毕节市2018年国民经济和社会发展统计公报，http://www.bijie.gov.cn/sq/jjfz/201906/t20190620_5360019.html。

现对公共事务的治理，改善贫困状况。从组织层面来看，"毕节试验"包括了多元主体共同参与。其创新在于，各民主党派、工商联在中国共产党的领导下都作为组织参与主体，为毕节试验区提供了强大的智力支持，为实现科学发展而长期共同推动贫困地区建设。多党合作参与的"毕节试验"的文化内涵是"同心"，在统一战线参与毕节试验区建设的过程中，这一思想贯穿于全过程和各方面。

第四节　扶贫生态

一、扶贫生态构建与完善

1. 概念的提出

构建良好的贫困治理生态，既需要体现扶贫工作实效，又需要防范潜在的政治腐败、形式主义、不正当竞争等问题。在构建与完善这一系统中，需要明确构建内容、克服现有机制的缺陷。生态是指由生物群落和与之相互作用的自然环境以及其中的能量流过程构成的系统。在本节中提出"扶贫生态"这一概念，既是审视当下扶贫工作成就与困难，也是为消除贫困评估做先导性指引，完善扶贫工作，打造良性发展的扶贫环境和范式。

扶贫生态，指的是在扶贫行为发展环境的一定空间内，有关各方与贫困地区构成的统一整体，在这个系统中，各主体与现实贫困环境之间相互影响、相互作用（在中国即为政府主导、社会多元主体参与，提升贫困群众生存发展能力）。在消除贫困进程内，扶贫生态处于相对波动的不平衡状态，这个状态的动态导向是形成前进和发展的多元协同合作系统。正如前文所述，任何实践都离不开原有理论作为支持基础，但从辩证法的观点来看，社会存在又要求社会意识一切以时间、地点、条件为转移，而非对采纳的理论生搬硬套。但同时也要正确分析事物,马克思主义理论以矛盾分析法为工具,在分析事物时要求抓住主要矛盾,这就引导我们对于其他理论取其精华、去其糟粕,发挥积极作用。因此,综合多中心治理理论、多元参与理论中对主体广泛性的要求,结合党政体制理论和全能主义国家理论的现实需要及政府(市场)失灵理论的现实批判,在马克思主义反贫困理论的立场观点下参考凯恩斯主义经济学和福利经济学等理论,本书提出扶贫生态这一概念,并将其进行理论构建和发展。

完善扶贫生态,需要针对扶贫主体进行系统构建。在当前扶贫生态框架之内,在"扶"的领域,包括市场主体诸如企业、公司等,以及政府和社会组织。由于扶贫生态系统中,市场发挥作用更多的是依靠政府和社会组织进行市场化运作,企业出于商业利益最大化考虑,成为扶贫的中坚力量还需要较大提升,成为扶贫中坚力量的潜力还有待开发。大多数民营企业由于成本的制约,无力承担一些资金量大、回报率低和回收慢的公益性项目,而国有企业大多是以"输血"模式为主,并未达到村企共赢的效果,且存在"扶贫投入大,但产出不明显"的现象,由此企业公司尚未成为扶贫的中坚力量[①]。因此需要完善的主要是政府与社会组织两个主体,这也代表着对两种资源的重新整合。在"贫"的领域,则需要重构村民自治的能力,这体现着扶贫工作的成果与发展方向。扶贫生态的构建,是以消灭贫困为目的,利用优势的政府资源和社会参与扶持,提高贫困主体的生活水平,进而激发其自身的积极性,主动地致富、发展、建设,在党和政府的领导下摆脱物质贫困,实现精神文明进步。扶贫成果的检验标准以贫困群众的利益为出发点和落脚点,成果牢固与否在于有无物质返贫风险,以及是否实现精神脱贫。从最终结果的层次来看,"精神脱贫"与否是判断扶贫生态系统良好与否的重要指标。

2. 中国扶贫生态的"脊椎"

中国的扶贫生态系统,最重要的特征,在于中国共产党领导下的

---

① 文丰安.新时代社会力量参与深度扶贫的价值及创新[J].农业经济问题,2018(8).

政府不计成本的支持和参与。政府是否应该退出扶贫机制，长时间以来都是西方争议的焦点。西方经济学认为政府的参与对于消除贫困并无根本作用。但是综合中国几十年的发展成就可以看出，离开中国共产党和中国政府谈建设、谈发展、谈成果，都属于罔顾事实的空谈。致力于批判政府管理没有边界限制的全能主义国家理论也无法针对中国进行等量齐观，因为中国在其党政体制的作用下已然撤出许多领域，为社会增添了活力，而放眼西方国家也无法做到政府完全的"无为而治"，反而可以看到超级大国行政权力膨胀的迅速。中国共产党的领导与政府参与，是中国扶贫生态的"脊椎"，少了它，人民与国家的联系就会中断，社会、市场也难以对人民的需要作出反应。

中共中央、国务院印发的《中国农村扶贫开发纲要（2011—2020年）》，已经明确了扶贫开发作为长期历史任务，首先要坚持政府主导。扶贫工作的基本原则，就是"政府主导，分级负责"，坚持中央统筹、省负总责、县抓落实的管理体制，由此贫困治理成为政府行政的重要任务，脱贫绩效也成为政府工作考核体系的重点[①]。2020年要求全面建成小康社会，实现所有贫困人口脱贫，"消灭"贫困人口，贫困地区党政干部在岗施行"不脱贫不许动"，各级领导干部立下"军令状"，换来了脱贫攻坚战胜利在望的明朗局势。2015年12月，中共中央、国务院发布了《关于打赢脱贫攻坚战的决定》，再次明确"坚持政府主导、增强社会合力"是扶贫事业的基本原则，各级政府对待扶贫开发工作，要作为重大政治任务来抓，发挥政府投入在扶贫开发中的主体和主导作用。良好的政治工作一向是党政组织运行的基础条件，政治生态澄清，国家、社会、人民就不会有被剥夺感。在这场战斗中，领导干部充分发扬了革命精神和奉献精神，不仅"不脱贫不许动"成为共识，"不脱贫不退休"也成了很多党员领导干部的选择。

"实践是检验真理的唯一标准"，在1990年到2014年的20余年

---

① 中国农村扶贫开发纲要（2011—2020年），https://baike.baidu.com/item/中国农村扶贫开发纲要（2011—2020年）/15118937?fr=aladdin。

间，中国对世界减贫的贡献率超过了70%[①]。这一数据体现着党和政府扶贫事业的成绩，也是彰显其重要性的最佳答卷。中国的扶贫生态最重要的特征，即党和政府的主导，这是对西方传统扶贫模式的创新，正是由于这一创新，使得中国扶贫生态变得更具备活力。

二、市场与社会组织参与下的协同合作系统

1. 政府引导下的有序市场参与

市场生态、营商环境的好坏直接关系到扶贫生态的变化，市场生态和营商环境的良性与否直接关系到扶贫生态的发展。受传统农业生产方式和城乡非均衡发展双重影响，中国农村的基础设施比较落后，市场主体和市场环境发育不足。在这种情况下，市场主体在落后地区投资设厂的成本不仅要比基础设施较好的城市地区高出很多，而且在投资风险上也要比基础设施较好的地区大。在此前提下，政府积极合理地为市场参与贫困治理提供必要的保障措施则是促进市场参与的必要因素。

实际上，中国各级地方政府一直以来都从扶贫战略或扶贫政策上鼓励和支持各类市场主体参与扶贫开发。鼓励并保障市场主体参与扶贫开发的措施主要有如下两种。

一是出台市场参与扶贫的激励政策。中国的扶贫政策主要包括国家层面的普惠性支持政策和扶贫类专项政策。虽然这些扶贫政策涉及的领域比较广泛，但主要从金融和税收两个方面给予市场主体政策鼓励和政策支持。在具体实践中，地方政府与企业开展经济合作、招商引资等扶贫项目时，地方政府往往会出台各类优惠政策，比如在土地使用、税收减免、行政审批、项目支持等各方面给予优惠措施，方便市场主体在贫困地区开展扶贫行动。此外对于有突出贡献的企业，政府优先采购其生产产品，成为稳定扶贫生态框架下保障商业主体运营

[①] 新华网.中国对全球减贫贡献最大,http://www.xinhuanet.com/world/2017-01/16/c_129447792.htm 2020年6月2日访问。

发展的坚实基础。

二是加强贫困地区与外部市场沟通。长期以来，贫困地区恶劣的生态环境和地理区位是制约贫困地区生产发展的关键因素。这些生态和地理上的因素会进一步造成贫困地区的市场主体与市场环境发育程度不高。即使贫困地区有着丰富的资源优势，但是基础设施的落后会阻碍其将资源优势转化为市场优势，造成贫困地区"出不去"、外部市场"进不来"的状况。由此，加强贫困地区与外部市场沟通对于保障市场主体参与扶贫开发具有重要作用。

从市场本质属性上看，市场主体在市场经济环境中趋向于将优质资源投向投入与产出比高的地区和行业，进而谋取更多利润。所以，将市场主体引入贫困地区而无相应的制约机制，很容易出现市场剥夺贫困群体的弊端。市场的目的是盈利，扶贫的目的是让贫困人口获得经济效益摆脱贫困，某种程度上市场主体与贫困人口既存在共同利益又存在矛盾冲突。鉴于此，政府需要对市场参与进行合理引导，鼓励市场主体将市场活动与贫困地区发展有机结合起来。

因此，政府的合理引导对市场参与扶贫非常关键。一方面，政府妥善地处理与市场的关系，找准政府和市场在大扶贫格局之中的位置。在政府和市场协同作战的扶贫过程中，政府部门一改过去惯有的扶贫开发手段，让渡部分政府不擅长的领域给市场主体，发挥市场优势以实现利益最大化。政府部门在此过程中主要对项目实施过程进行监督以及对项目结果进行评估，以防止市场主体的"资本逐利"行为。另一方面，政府将贫困地区可用的发展资源与市场主体的优质资源连接在一起，将市场主体可能产生的风险降到最低程度，构建市场主体与贫困地区共赢局面。

2. 社会组织与政府协同参与

中国的历史发展脉络呈现的国家结构始终是"强国家"，而非"强社会"。这与西方许多国家的情况恰好相反，但这并不意味着一个高效、有序、强大的社会是中国不需要的。通过社会扶贫的历史实践可以发现，政府主导、"集中力量办大事"确实是社会扶贫得以发展的重要原因。

政府主导在社会扶贫发展的初级阶段有其特有的积极影响。在社会组织的数量很少以及公众的扶贫意识还不成熟的时期，社会力量还比较薄弱，由政府出面动员社会力量参与扶贫更易于操作、更立竿见影。

此外，政府主导是社会扶贫的政治保障，社会扶贫过程中的资源整合协调、监督管理等都需要政府部门的介入，政府主导有利于推动社会扶贫向常态化、规范化和持续化的方向发展。从某种程度上而言，在社会扶贫的初级阶段，政府主导有其必然性，也有其必要性。这也是中国扶贫工作几十年来取得较大成效的重要因素。在今后的一段时期内，扶贫局面仍然会延续政府主导、社会力量广泛参与的格局，这将会为社会扶贫的进一步发展奠定坚实基础。

在社会扶贫的进程中，广泛挖掘社会力量参与扶贫开发为社会扶贫发展提供了动力。政府在挖掘和鼓励社会力量参与扶贫开发方面做出重要努力。一方面，从社会扶贫主体来看，除政府以及与政府部门关联紧密的社会力量之外，各级政府通过积极鼓励、引导、支持和帮助各类所有制企业、社会组织、社会公众等力量参与到社会扶贫中来。前面提到，扶贫生态是一个波动的不平衡的系统，正因为政府主导力量强大，才有可能造成"运动式"扶贫，加大政策风险。而社会组织在此过程中即起到了减小负面波动、承接资源倾斜、缓冲政策影响的作用。随着社会扶贫力度的加大，参与主体也不断扩展，社会扶贫的覆盖面和影响力不断提升，越来越多的社会力量正在增强扶贫意识、提高参与能力和加大投入力度，为社会扶贫作出了重要贡献。另一方面，广泛挖掘社会资源为社会扶贫服务。通过努力挖掘民间资源，建立社会、企业参与扶贫的激励机制，充分发挥党委、政府及部门的积极作用，使政府、市场、社会的资源形成合力，为社会扶贫的持续发展提供动力。

为更好发挥社会组织扶贫力量，需要从以下三个方面着力。第一，政府部门在兼顾社会经济秩序的同时，应该尽可能地完善相关的社会扶贫政策，以便社会力量能在一个更加开阔和健全的政策环境下发挥自身的扶贫优势。第二，政府应支持社会组织获取公共资源。与政府部门相比，社会力量掌握的资源总量较少，但其在开展具体扶贫项目时效率可能更高。因此政府可通过政府购买等方式，实现部分扶贫资源向社会组织转移，通过更合理的资源分配来提高扶贫资源使用效率。第三，构建制度化、常态化参与机制，使社会扶贫被放置到一个与政府扶贫同等重要的位置，进而保证社会扶贫的长效性。制度化参与机制除了要保证参与过程是制度化的、不是人为主观性选择的结果外，还要确保有一整套行之有效的运作规范、动员机制、协调机制、整合机制、激励机制和评估机制等。社会组织的参与、企业的融合要随着扶贫工作的深入而不断延伸，在扶贫工作结束之后仍然留在当地进行发展而非退出。需要政府支持的地方政府不准缺位，市场可以引入的领域积极吸纳社会组织，对于市场的运作进行有效的服务和监管，这是参与机制的基本架构。

3. 充分发挥市场机制作用

发挥市场作用是政府让渡社会职能的表现，也是扶贫治理的必然要求。发挥市场机制，首先要活跃市场主体，引进市场主体和机制。贫困农户从生产、消费再到生产大多是在一个相对闭合的内部循环圈进行。在这种循环圈内，贫困农户"共享"的是低度发展要素，这造成贫困农民很难摆脱贫穷与落后的困扰。在这种情况下，探索能够打破贫困群体内部循环圈并将其纳入外部环境的贫困治理手段就显得尤为重要。一个切实可行的路径是变革政府行政支配式的贫困治理手段，将市场要素引入扶贫开发之中，提升贫困群体参与市场竞争能力，进而提升扶贫开发的效益。在政府大力倡导"政府市场社会大扶贫格局"理念下，引入市场要素已经成为当前扶贫方式创新的共识。

饶河县小南河村消费扶贫＋旅游扶贫

小南河村是黑龙江省饶河县的贫困村，共 226 户村民，生存发展依靠种植玉米、土豆等作物，休闲娱乐主要是打牌、喝酒。2015 年全国打响脱贫攻坚战，小南河村第一书记带领村"两委"摸索出独具小南河特色、效果凸显的乡村旅游发展模式。2018 年，

> 国务院办公厅下发了《国务院办公厅关于深入开展消费扶贫助力打赢脱贫攻坚战的指导意见》，小南河村通过旅游带动产业，通过产业带动持续增收。通过消费扶贫，使一个村庄悄然改变，以点带面改变了全县的产品销售模式。
>
> 在脱贫攻坚"消费扶贫"中，思想先进的村民引领其他村民积极致富，在县里的支持下，打造"大顶子山关东情——小南河农家摄影旅游基地"，打造老关东氛围。其独特文化通过摄影资源传播受到人们广泛喜爱。
>
> 通过一二三产业高度融合，"以摄影旅游基地发展为基础，围绕摄影景观带建设，立足旅游抓三产，推出了东北民俗表演等游玩项目"，在农家乐统一推出"六大盆"农家美食，为让游客有得玩又有得买，服务三产促二产，推出了以辣椒酱、酒坊为主的生产企业。在此基础上，为保证游客吃到原生态的食品并保证生产加工企业用原材料，建立种养基地，实现了一二三产业的链条融合发展，奠定了小南河产业发展的总基调。通过村集体、村民联合企业成立的小南河村农业旅游开发有限公司，实现接待游客3万人，创收400余万元。
>
> 卓越的脱贫成绩和独特的优势，使小南河村被列为黑龙江省乡村民俗旅游示范村。
>
> 资料来源：开创摄影旅游基地　实现脱贫致富梦——饶河县小南河村产业消费扶贫+旅游扶贫案例[J]. 中国经贸导刊，2019（21）.

引入市场要素包含两个方面：一是引入市场主体，二是引入市场机制。引入市场主体是促进贫困地区市场发展的首要步骤。市场主体是指在市场上从事经济活动、享有权利和承担义务的个人或组织，在贫困地区一般是指各种类型的企业、农村合作经济组织、农业生产大户和一般农户。而在贫困治理中引入市场主体便意味着将具备一定市场竞争能力的市场主体引入贫困地区，通过这些市场主体将贫困地区和贫困人群纳入市场经济之中,以促进贫困地区和贫困农户的发展。

其次,要防范市场风险。市场的收益是与风险并存的。贫困地区人民风险承担能力较弱,必须做好利益与风险的权衡。市场风险是市场经济体制下的客观存在,其危害所涉及的行为主体不仅包括市场内的生产交易主体,还可能包括处于市场体系之外的群体。与长期在市场体系内进行生产交易的市场精英相比,贫困人口规避风险的能力几乎微不足道。就农民而言,在家庭联产承包责任制"分散经营"制度下,农户各自为政,难以形成集体力量对抗来自外部的风险。此外农户天生的资源弱势地位,不利于其采用更有效率的手段处理与外部环境相关的问题。当市场浪潮侵袭而入时,农户除了屈从市场力量外别无他法。由此,要将市场力量引入贫困农户的生计模式之中,如果缺乏保护或者防范措施的话,市场浪潮很可能会恶化贫困农户的生存状况。为了更好地发挥市场的作用,企业有必要采取一些必要措施帮助贫困农户降低市场风险,比如出台针对农户生产农产品的商业保险,事前评估市场风险并及时宣传。以专业方法摸清市场需求和风险,根据市场需求和风险对贫困地区的总体产业进行布局,使不同地区实行差异发展。这能够尽可能地降低贫困人口参与市场竞争的风险,使他们具备参与市场竞争的条件。

市场经济能够拓宽扶贫资源和提升总体扶贫效率,但也可能让贫困群体陷于更加贫困的状况。在减贫难度加大、政府扶贫效率下降和扶贫期限逼近的情况下,市场参与贫困治理成为必然之举,容纳企业有生力量成为必然选择。此外,加强企业参与非具体事务的操作,是提高市场运行效率的重要内容。对于市场机制的自发性、盲目性和滞后性等劣势,政府制定正确的政策进行引导至关重要,企业有效参与则是实际解决问题的最佳途径。就中国社会与经济发展状况来看,市场经济的发展成果很难自动惠及社会底层群体。

因此,发挥消费扶贫作用是利用市场机制扶贫的应有之义。市场交易是贫困户通过增加收入来脱贫的最直接和最重要的途径,也是贫困地区可持续发展的市场动力。2019年1月国务院出台文件,将"消费扶贫"正式纳入国家脱贫攻坚的政策体系[①]。《关于深入开展消费扶贫助力打赢脱贫攻坚战的指导意见》指出：消费扶贫是社会各界通过消费来自贫困地区和贫困人口的产品与服务，帮助贫困人口增收脱贫的一种扶贫方式，是社会力量参与脱贫攻坚的重要途径。[②]消费扶贫坚持政府引导、社会参与、市场运作的模式，是中国贫困治理中多元主体协作的新形式。

消费扶贫的实践过程实质上是政府，各级机关和国有企事业单位、东部地区企业和机关、学校、医院、企事业单位，民营企业和贫困农户等多元主体利益机制建构过程。政府通过政策引导和资源投入吸引农产品与服务消费主体及贫困农户积极参与其中，从而增加对来自贫困地区和贫困人口的产品与服务的消费，增加贫困农户的经营性、工资性等方面的收入。各消费主体在同等条件下，优先消费来自贫困地区和贫困人口的产品与服务，既保证了自身的效用水平，又服务了国家战略目标。而贫困农户的产品与服务的市场价值的实现，也充分调动了他们的主动性和积极性，增强了内生动力[③]。运用市场机制达到实现供给与需求的有效对接，通过多种方式将居民消费内容和贫困地区的产品与服务的供给相对接，从而将居民消费行为转化为扶贫行为、将居民消费支出转化为扶贫绩效等，是消费扶贫的重要作用。

中国的扶贫开发工作，内在地包含如下两个部分：一是鼓励和动员市场力量参与到贫困治理中，二是制约和避免市场力量对扶贫工作所可能产生的负面影响。只有在政府部门出台实施合理的政策文件指导下，越来越多的市场主体才能在参与扶贫开发的过程中发挥积极的减贫作用。

---

① 葛建华. "一站式"消费扶贫电商平台的构建及运营研究 [J]. 广东社会科学，2019（3）.

② 国务院办公厅. 关于深入开展消费扶贫助力打赢脱贫攻坚战的指导意见 (国办发〔2018〕129 号)[EB/OL].http://www.gov.cn/zhengce/content/2019-01/14/content_5357723.htm.

③ 厉亚，宁晓青. 消费扶贫赋能脱贫攻坚的内在机理与实现路径 [J]. 湖南科技学院学报，2019（2）.

第五节　本章小结

在几十年的贫困治理实践中，中国不囿于国外理论与经验，而是基于特殊的国情，积极开拓创新，形成了中国共产党领导、政府主导、市场与社会参与的有中国特色的多元治理的扶贫生态，取得了举世瞩目的成就。

作为中国特色社会主义事业的领导核心，中国共产党始终总揽全局、协调各方，全面领导贫困治理工作。加强党对农村工作的领导，是实施乡村振兴和脱贫攻坚工作的根本保证。在党的领导下，中国政府坚持以马克思主义反贫困理论为扶贫工作理论基础，在实践中丰富和发展了马克思主义。政府开展扶贫工作具有资源调配高效、行为连贯性强和组织完善等优势。资源调配优势集中体现于东西部地区扶贫协作，能够通过系统的组织架构最大限度地调动人力财力实现扶贫目标。但同时，政府在扶贫中也存在着信息失真与治理失灵等问题，在新时代的扶贫工作中无法完全满足"精准扶贫"的需要，且不易激发贫困主体的积极性，因而需要其他扶贫主体的参与与配合。

在市场参与扶贫的过程中，市场主体始终以市场规律为主要原则参与扶贫，在保障经济效益的同时兼顾社会效益，从而达到产业发展与人文发展的合奏。正因为市场参与扶贫有其专业性优势，同时得益于市场机制内在共生的灵活性和内生性，市场活力越发凸显，实践经验得以积累。企业组织、农村合作经济组织、金融机构等市场主体形成了适合于其自身特点的参与扶贫的方式。当然由于市场本身存在风险性，导致市场力量的扶贫效果存在不确定性，比较突出的就是逐利性导致市场主体剥夺贫困人口的风险。此外，中国的政府和市场边界依然模糊，由此带来的权力扩张、权利被剥夺现象依然存在。这就需要社会组织作为政府与市场的补充参与到扶贫事业中来。

在社会组织参与贫困治理的过程中，主要以社会团体、民办非企业单位和基金会三种社会组织为代表。由于政府失灵和市场失灵的存在，社会发挥治理作用实现自治和善治有其现实基础以及理论支持。社会组织的组织结构框架往往更加清晰简单，组织成员更加专业，思想理念更加先进开放，虽然当前中国的社会组织仍然存在发育不够成熟、统筹控制资源匮乏以及政策缺位等局限，但是不言而喻，社会组织参与扶贫治理一定是社会发展进步的重要表现之一。

从分工到融合，不同主体发挥了各自的作用。多中心治理理论与多元参与理论贯穿本章中心，即便在党政体制理论下存在主次之分，也仅是作用程度不同而非地位不同。中国的贫困治理主体，主要由中国共产党领导下的政府主导，综合了市场和社会组织等多方面主体共同参与，通过分工来实现各主体之间优势互补，形成了以主体多元、手段多样、优势互补为特征的扶贫工作系统模式。同时，中国的扶贫工作从救济到慈善，到公益，再到自我发展，不断递进，不断提升。既体现了社会主义制度的人文关怀和优势，也发挥了广大人民群众创造历史的主动性和积极性；既发展物质文化建设，又推动精神文明建设。

几十年来，中国的扶贫治理机制以实现打造多元协作的扶贫生态模式为目标，在贫困治理主体理论上不断实现突破。在实践工作中也发展了多元主体协作模式，打造出符合中国国情的扶贫生态。这一独特的理念，得益于中国共产党领导、政府引导下的有序市场参与和社会组织与政府协同参与，并充分发挥了市场机制的作用，也发挥了政府的资源供给能力，构建了制度化的参与机制。在这一扶贫生态系统中，多方主体的组织能力建设得以加强，扶贫目标得以更好地实现。

第十章
市场机制：从共享到分享[①]

　　自中华人民共和国成立以来，中国一直致力于改善贫困人口的生活状况，带领全国人民一同走入小康社会。70多年的贫困治理实践表明，要达成2020年现行贫困标准下绝对贫困人口全部脱贫的目标，仅依靠政府力量是远远不够的，打赢脱贫攻坚战必须动员凝聚社会各方力量一同参与到贫困治理中。而在全社会力量和组织介入扶贫开发实践的过程中，市场化的扶贫机制所起到的作用无疑是不可小觑的。事实上自1978年改革开放以来，市场机制已经逐步显现其在贫困治理中的威力。尤其近年来，产业扶贫已成为中国精准扶贫战略中的重要一环，这不仅从实践中凸显了市场化扶贫机制的重要性，更从国家战略的层面表明市场化扶贫机制已经成为中国进行贫困治理的一大利器。本章将从市场机制入手，探讨共享理念、分享经济模式以及产业、金融和企业等市场主体在扶贫开发过程中所起到的重要作用和有效经验。

[①] 感谢张春艳为本章所做工作。

第一节 从共享到分享

一、共享理念与扶贫

1. 共享理念

共享,从最直观的字面意思来看,就是共同分享,此处共享的范围可以是经济、资源、信息等。党的十八届五中全会上强调,共享是中国特色社会主义的本质要求,必须坚持发展为了人民、发展依靠人民、发展成果由人民共享。[1]

共享的理念不是新时代才有的产物,早在马克思主义经典作家马克思、恩格斯、列宁等人的著作中就已有了对未来社会发展成果如何共享的理论阐述。在此,我们做一简要梳理。

(1)共享的主体。既然从直观意义上共享就表示共同分享,那么就涉及一个核心问题,谁来共享社会发展成果?关于这个问题,马克思主义经典作家们以人民群众的利益为出发点进行了阐释。马克思、恩格斯认为这个社会上所有的成员都有权利并且应当平等地享有社会财富,尤其是讨论废除私有制后要"结束牺牲部分人的利益,来换取另一部分人的需要的情况",从而实现"全体民众能够共同享有大家创造出的福利"[2]。列宁认为这个社会的"共同劳动的成果以及各种技术改良和使用机器带来的好处,都由全体劳动者、全体工人来享受"[3],这里列宁强调的是劳动人民能够用自己生产的产品来满足自身的需要,从而实现人的解放。

中国的学界研究对于共享发展理念虽然存在多种视角的阐释,但在对共享主体的认识上却有着普遍共识,即共享发展的主体不管在理论还是在实践上都应是发展成果的创造者,也就是全体人民。另外学

---

[1] 习近平. 习近平谈治国理政:第二卷 [M]. 北京:外文出版社,2017:200.
[2] 马克思恩格斯选集:第一卷 [M]. 北京:人民出版社,1995:8.
[3] 列宁选集:第一卷 [M]. 北京:人民出版社,1995:192.

界研究者们还特别强调要让社会弱势群体也能够参与分享社会发展的成果。①

(2) 共享的目标。解决了主体的问题,我们再来看看共享是为了什么。众所周知,马克思主义构想中的理想社会是人与自然同生共存、人与社会和谐发展的社会,因此,共享的目标就是物的尺度与人的尺度的辩证统一。

从物的尺度出发,在马克思构想的社会中,用于生产的物质条件是全体社会成员的共同财产,每一个社会成员都有权用这些物质条件来维持自身的生存。从这个角度来看,社会必须要保障人民群众的生产劳动权。

从人的尺度出发,在马克思构想的共产主义社会中,既要能满足每个社会成员个体发展的需要,还要能确保整个社会是进步的。对此,在马克思、恩格斯和列宁的著作中都曾指出一个共同的问题,那就是保证每个个体自由发展的基础是共享物质保障权。这里说的物质保障权是指对有劳动能力的人来说,应该保障他们的劳动报酬以及为了确保劳动力再生产而所需的必要休息时间的获得;对丧失劳动能力或者失去稳定物质保障的群体,应该通过社会保障制度对其进行社保支持。

目前来看,由于中国社会的地域经济发展不平衡和不充分的特征,导致在不同经济发展背景下的地区的人群对于共享发展的需求也存在差异。基于这种特征,学界有研究者将共享发展分为生存型共享和发展型共享两类进行了分析,并认为只有科学、全面地掌握了共享发展在中国社会所体现出的这两个层面的特点,"才能有针对性地创造并配置共享资源,全面提升社会共享水平"。②

(3) 共享的实现。有了主体、有了目标,只需要一个条件,我们就能实现共享。马克思主义政治经济学认为,生产决定消费,社会发

---

① 苗瑞丹,代俊远.共享发展的理论内涵与实践路径探究[J].思想教育研究,2017 (3): 94-98.

② 孟宪生,关凤利.论共享发展的层次性及实现路径[J].思想理论教育导刊,2016 (8): 19-22.

展水平决定了整个社会成员的需求满足度。因此，社会只有不断推动生产力的发展，才能保证满足人民群众的基本需求，才能最终实现人的解放。中国作为一个社会主义国家，社会主义制度的本质就决定了中国必须实行和实现共享发展。① 可以说，共享发展的实现过程就是中国破解国内民生难题和贫富两极分化问题的方法路径。

从以上分析可以得出，马克思主义视域下的共享理念具有全面性、全民性、主体性和现实性的特点。人民群众不仅是共享发展成果的主体，也是整个社会发展共享成果的建设者，每个人的全面发展是整个社会全面发展的前提。因此在当下这个发展阶段，只有努力推动社会生产力不断发展，才能不断满足人民群众的需求，进而才能实现每个人的自由而全面的发展，最终达到整个社会的全面发展。

2. 消除贫困与共享发展

消除贫困和达到共同富裕这两个目标是共享发展理念的内在要求。全体中国人民群众都能共享经济建设成果，尤其是广大贫困地区的人民也能够共享整个社会的经济建设成果，这也是中国特色社会主义建设发展的客观要求。2015年11月，习近平总书记在中央扶贫开发工作会议上对实施精准扶贫政策作出了重要战略部署，消除贫困、精准扶贫战略的提出就是党中央和国家对共享发展理念的现实运用及实现共享目标的追求。

（1）从理论上看，消除贫困是共享发展理念的基本要求。党的十八大报告指出，"在新的历史条件下夺取中国特色社会主义新胜利……必须坚持走共同富裕道路"②，走共同富裕道路——允许一部分人一部分地区先富起来，先富带动、帮助后富，从而达到全体人民共同富裕——体现了社会主义的本质要求，体现了社会主义制度的优越

---

① 刘思帆，张春晓.新时代我国共享发展理念研究综述[J].中共云南省委党校学报，2019（1）：53-59.

② 胡锦涛.坚定不移沿着中国特色社会主义道路前进 为全面建成小康社会而奋斗——在中国共产党第十八次全国代表大会上的报告[M].北京：人民出版社，2012：13-15.

性，也体现了新发展理念中的让人民群众共享社会主义建设成果这一重要特点。要实现共同富裕，首先就要消除绝对贫困，否则贫困问题会成为阻碍共享发展的拦路虎，因此，共享发展的理念决定了中国特色社会主义必须消除贫困，而在共享发展理念下的消除贫困，其核心在于可持续减贫。三者之中，共享解决的是发展的最终目的，脱贫则是实现共享的基本条件，而可持续反贫困实践则是实现共享的关键。①

（2）从实践上看，消除贫困是实现共享的必然选择。只有努力消除绝对贫困、提升减贫效果，才能让贫困地区的人民充分享受到社会主义现代化发展的红利②。消除贫困是走向共享发展的必由之路，当前一个历史时期，要实现共享发展必须始终推进脱贫攻坚战略的实施。

在脱贫攻坚战略实施的过程中，2017年10月，中共中央办公厅、国务院办公厅印发了《国家生态文明试验区实施方案》（以下简称《方案》），《方案》中明确提出要积极探索生态扶贫新模式，建立共享机制。这种新模式主要旨在让贫困人口在生态共建中共享"生态红利"③，从而实现消除贫困与生态建设的双赢。学界有研究者认为，生态扶贫是共享发展理念在扶贫开发领域的一个具体体现，是一种新型的可持续的扶贫模式。④而这一扶贫模式的顺利推进需要共享发展理念的指导。

二、分享经济

1. 分享经济理论

早在1982年，美国经济学家马丁·威茨曼就提出了分享经济理论。

---

① 雷明，邹培. 共享发展理念下扶贫生态系统构建 [J]. 南京农业大学学报（社会科学版），2019（6）：9-19.

② 此处的红利不单指经济学所指的利润，也指在中国社会现代化发展进程中所能发挥经济效用、能够带来经济收益的多种因素，如改革开放、互联网经济等。

③ 此处的生态红利主要是指贫困地区在脱贫过程中秉持保护生态、利用生态、转化生态的科学发展理念，将当地独特的生态资源优势转化为经济发展优势。

④ 李仙娥，李倩，牛国欣. 构建集中连片特困区生态减贫的长效机制——以陕西省白河县为例 [J]. 生态经济，2014（4）：115-118.

他在《分享经济》中基于对现实社会经济运行机制的分析，对工资制这种制度提出了质疑，他指出，在经济繁荣时工人拿固定工资是合理的，但是当经济萧条的时期，如果还是采用固定工资的制度，工人只能被裁员，因为在资本主义社会中工人的工资和企业的盈利多少没有关系，这对工人的就业是极大的不公平。马丁·威茨曼从而提出了"分享制"来解决这种问题。何为"分享制"呢？即工人应该参与到企业的利润分享过程中来，也就是工人的工资应该随着企业所获得的利润多少而上下浮动。

在中国学界，李炳炎最早提出了分享经济理论。1982年，他在《劳动报酬不构成产品成本内容》中，第一次明确提出了社会主义社会经济运行过程中的分享经济理论的核心观点——工资不进入成本，取而代之的是净收入分成制，即取消固定工资和奖金，人们按照不同的比例来分享企业的净收入。

可以看出，以上两种对分享经济理论的阐述都更偏重于利益分配方面的问题。随着时代的进步，当前市场经济中的分享经济也日渐看重消费者在消费领域的表现，而其参与的主体分享的内容也不仅仅是企业利润的分配，而是扩展到了整个社会资源。这一点在《中国分享经济发展报告2016》中也可窥一二，这份报告中对分享经济做过如下定义：利用互联网等现代信息化技术手段对分散化的闲置资源进行整合和分享，以满足多样化需求的经济活动总和。① 由此可见，从理论上来讲，分享经济本质上是一种对资源的深度开发，并对资源的再商品化的经济活动。②

2. 分享经济的主要模式

目前的经济社会中，大众常见且经常参与的分享经济主要有三种：有偿分享、对等分享和劳务分享。

---

① 《中国分享经济发展报告2016》，http://www.sic.gov.cn/News/568/6010.htm，2016年2月29日。
② 张传洲.分享经济的缘起、演进及其发展[J].技术经济与管理研究，2019(3)：91-96.

(1) 有偿分享。有偿分享的主要特点是供给方将自己闲置的资源通过有偿的方式让渡给有需求的一方，这种资源可以是普通的物品，也可以是像轿车、房子这样的资源。有偿分享强调的是一种双赢的消费模式。现在人们生活中离不开的滴滴出行就是有偿分享的经典案例。2012年滴滴出行成立，经过8年时间的运转，如今已经成长为全球领先的一站式移动出行平台。在滴滴旗下经营范围比较广的快车、顺风车业务中，出行服务的提供者以兼职司机为主，他们将自己的闲置资源（私家车）通过滴滴出行这个平台以类似于传统出租车司机赚取佣金的服务方式让渡给有出行需求的一方，从而达到资源提供方（车主）和需求方（乘客）的双赢。

(2) 对等分享。对等分享的主要特点是供给方和需求方双方彼此交换某个资源进行使用，而无需向对方支付任何报酬。它所强调的是一种物与物的交换分享模式。比如甲乙双方去对方的城市旅游，为了节约住行成本而互相交换自己在本地的房子和轿车进行使用。对等分享经济模式在物品置换平台应用最广，以物换物这个我们今天听来较为古老的交易方式，却因为现代人苦恼于闲置物品如何有效处理而再次火爆了起来。目前市场流行的几个二手商品交易平台（如闲鱼、转转等）中都存在对等分享，大家将自己闲置的物品挂在交易平台上，双方皆有需求时即可进行无须支付报酬的物物交换。

(3) 劳务分享。劳务分享的主要特点是进行分享的资源是抽象的而非具象的，比如供给方让渡自己的时间或者知识给需求方，从而实现双方的共赢。劳务分享模式在美国十分流行。许多自由职业者以及工作时间较为分散的人群会出售自己的时间，通过帮同个或者附近社区的居民遛狗、取干洗衣物等活动赚取服务佣金，从而实现需求方（没有时间进行以上活动的人群）和供给方（自由时间较多的人群）的双赢。

3. 分享经济与消除贫困

基于以上阐释我们可以看出，分享是人民群众享有的一种权利，它十分强调分享的过程，包括对整个社会资源和机会的享有及使用。在消除贫困的语境下，分享经济更多指个人或者组织对分散化的闲置资源进行整合和分享，以满足全体社会成员的多样化需求，从而达到经济发展上的共赢。而互联网等现代信息技术手段就在当前互联网时代成为分享经济延展的主要渠道。

2016年，"分享经济"首次被写入《政府工作报告》，当年的报告中明确指出国家要支持分享经济发展，提高社会资源的利用效率，鼓励更多人参与到分享经济的发展中来，从而实现富裕的目标。今天我们已知的分享经济模式[①]虽然是在城市发端和成长起来的，然而其在农村则拥有更大的发展空间。可是由于基础设施建设跟不上、信息化能力不足等原因，农村没有充分分享互联网带来的经济成果，这就亟须借助信息公益、数字扶贫等方式对农村地区的分享经济进行重建和延续。

对于贫困地区的人们来说，当地无法完全消耗的特色产品、本土文化以及可供旅游参观的资源就是"闲置资源"和"过剩产能"，而这对于其他发达地区的人来说则是"稀缺资源"，只要好好利用这些资源，对其进行合理开发和宣传，就能将这些潜在的经济价值实现动能转化，从而推动当地经济的发展，进而提升整个社会的经济效率。

三、借助分享经济模式，实现共享发展

共享发展理念是党的十八届五中全会上提出的必须牢固树立并贯彻的五大新发展理念之一。从经济学的角度来看，实现共享发展和分享经济模式的运行是互融互通的。共享发展，实际上来说就是由市场本身来推动，是市场顺应创新时代潮流的"经济性分享"[②]。而通过前文对分享经济模式的阐述，我们也可以看出分享经济模式是中国实现共享发展的新的经济增长方式之一。

通过分享经济模式来推进共享发展，目前取得的最显著的成效体

---

① 分享经济模式旨在将整个社会海量、分散的闲置资源进行平台化、协同化地集聚，继而进行供需再匹配，以实现经济与社会价值的创新融合，它强调"使用而不占有"和"不使用即浪费"，城市因互联网的发达使得分享经济模式在城市快速发展。

② 吕红霞. 借力分享经济　实现共享发展[N]. 经济日报，2016-11-15.

现在城市系统，其中一个最主要的原因是分享经济模式最早出现在城市发展过程中，尤其是在北京、上海、广州、深圳这样的一线城市。在这些城市里最早出现的分享经济项目有拼车、短租房等，这是由于一线发达城市在有些资源配置上分布不均，于是供给一方拿出对于自己来说是闲置或是过剩的部分来进行有偿分享；对于需求方来说，他可能目前不需要完全占有这个资源，只是想拥有使用权，双方在平等互惠的基础上进行有偿分享，从而达到盘活存量资源、便利生活的目的，也让整个城市内部的经济进一步发展。以短租房为例——协同消费模式下新兴起来的房屋租赁模式——它是房屋业主将自己住所的空余部分短期出租给租客，从而获取利润的一种商业经营形式。短租房与周边同类型酒店相比一般租金便宜30%～70%不等，且更适合一家人居住，拥有更私密的个人空间，另外租客还能根据自己的喜好在房屋内洗衣做饭。这种分享经济形式，对于业主来说可以将自己的闲置空房通过租赁的形式进行有偿分享，对于短途旅行者或是刚到新城市还未完全定居下来的需求方来说，通过短租房这种形式可以达到节省开销的目的。

当然，分享经济模式要想走得更远，达到更高的、全社会的共享发展的目标，就一定要拓展市场，不能只局限在城市内部资源的共享上面。2017年7月3日，国家发改委等八个部门联合印发了《关于促进分享经济发展的指导性意见》，意见中明确指出要实现分享经济更好更快的发展，就要坚持以推进经济发展供给侧结构性改革为主线，要以满足经济社会发展的需求为目标，要以支持创新产业为核心，要以满足消费需求和消费意愿为导向，深入推进简政放权、放管结合、优化服务改革。而在全面实现小康社会、确保2020年农村贫困人口全部脱贫的脱贫攻坚战中，党中央提出的精准扶贫方略可以借助分享经济模式来实践。

乡村众筹分享经济：零成本建成五星级休闲农庄

在分享经济中，众筹分享模式是近年来比较流行的一种方式，与传统的众筹有区别的是，现代众筹首先利用的是互联网平台；

其次现代众筹的很多项目可能本身并不需要多少资金，只是借此为名来进行宣传从而产生热度和流量。分享经济的商业模式正在改变人们的生活方式，那在乡村、在农业领域是否也可以利用这种模式呢？答案是肯定的。

国家4A级景区、湖南五星级农庄——彭山山庄就是一个乡村众筹分享经济的典型案例。2004年，彭山山庄所在的地方还是一片荒山，但经过16年的经营运作，这里已经成为集休闲度假、生态观光、农业体验为一体的湖南省乡村旅游示范点。彭山山庄的成功，最让经营者引以为傲的是整个山庄除了在基础设施建设上的必要投资外，在游客游乐等项目上经营者并没有怎么投入资金，山庄的经营主要利用的就是"合作+众筹+共享"的经济模式。

利用众筹方式，经营者先后实现了在山庄建屋、餐厅建设等项目。为了吸引投资者在山庄建屋，经营者首先将山庄的土地以一亩地为单位进行租赁，租期30年，租金一共30万元，一次性付清，并且允许租赁者在所租赁的土地上建屋，房屋建好后，租赁者每年有两个月的居住时间，其余时间则由山庄打理，租赁者参与利润分成。

在这个例子中我们不难发现，山庄的经营者采用了一个非常讨巧的众筹方式就实现了共赢。一方面，通过租赁的形式众筹获得启动资金；另一方面，在众筹的过程中就对山庄进行了隐性宣传，前来租赁的人越多，山庄的热度和流量就越大。当山庄的房屋真正建成之时，因为租赁者参与利润分成，无形中他们又会担当起宣传大使的责任，必然会对山庄的经营不断冲击宣传热度。而山庄的经营效益好，则会带动周边乡村的经济向好发展，最终形成一个良性循环的经济生态圈。

资料来源：清华旅游规划.湖南彭山景区：零成本把3 000亩荒山，变成5星级共享休闲农庄[EB/OL].[2019-04-10].http://www.sohu.com/a/307121850_654573.

分享经济模式缘何能够实现精准扶贫和共享发展？其原因就在于分享经济也被称为点对点经济和协作经济。与传统市场经济的最大区别在于，分享经济可以吸引更多的弱势人群参与进来，分享经济模式可以为他们提供积极的服务。分享经济模式的进步之处在于，其是利用移动互联、大数据等信息化技术来进行资源匹配，并将闲置物品和资源整合重构，继而形成更多人可以使用的社会经济生态系统。与传统市场经济相比，在分享经济中消费者也可以变成供给者。另外，分享经济还可以通过互联网等高科技手段实现精准营销，将闲置资源的利用率最大化。在消除贫困的实践中，采用城市与农村链接的社区分享经济、合作社组织的合作分享经济、城乡电商分享经济、乡村众筹分享经济等模式，就可以很好地激活贫困地区的人力资源和自然资源，从而提高精准扶贫的实际成效。

第二节 市场有效

一、市场的作用

1. 市场在资源配置中的作用

在贫困地区进行扶贫脱贫实践需要各方面、各渠道的扶贫资源予以配套，这些资源从主体分类来看，分为政府扶贫资源、市场扶贫资源和社会扶贫资源三种。党的十八届三中全会明确指出，在社会主义市场经济运行机制中要更好地发挥市场在资源配置中的决定性作用。市场主体在资源配置中的决定性作用主要体现在两个方面：从微观层面来讲，市场在参与资源配置的过程中，主要是各个市场主体通过供求变化和竞争机制等市场规律来发挥作用；从宏观层面来讲，市场主体参与资源配置则主要涉及民生福利、社会公平、基础设施等领域。[1]

---

[1] 周旻. 浅析市场在资源配置的决定性作用 [J]. 中国国际财经, 2018（3）：170.

因此在扶贫领域中,要充分发挥市场主体在资源配置中的决定性作用,更要发挥市场机制在扶贫资源配置中的积极作用,就需要转变政府职能,遵循市场规律,不断培育贫困地区和群体的市场经济意识,积极培育市场,提高市场发育程度。这样更有利于市场主体积极主动地参与到扶贫脱贫中,以实现资源的合理流动,促进劳动生产率的提高和资源的有效利用,使扶贫资源产生出最大的效益,进而使脱贫具有可持续性和稳定性。

2. 市场有效性

市场有效性是指市场机制在扶贫领域的有效性,具体来说主要表现在以下几个方面。

第一,可以激发贫困地区贫困群体的内生动力,从而实现可持续发展。从中国的扶贫实践中,我们总结出一条经验,就是政府扶贫总会导致贫困主体处于一种被动、消极的状态。因此从1986年起,中国的扶贫方式转为以开发式扶贫为主,产业扶贫作为开发式扶贫的主要措施成为各级政府扶贫的治本之策。然而30多年的产业扶贫实践中很少有成功的案例,学术界对此进行了较为深入的研究。有学者认为,导致产业扶贫效果不理想的原因是政府行政主导权过大,贫困户弱势地位突出和主动参与不足。[①]在以往实行的扶贫实践中,政府只注重自上而下的资源输入,却忽视了贫困主体在整个扶贫实践中的参与度。而当前倡导的扶贫战略——把市场机制引入进来——正好可以激发个体的积极性,使贫困群体发挥自身的主观能动性,利用其自身的发展规律创造需求,进而实现持续性脱贫,最终摆脱贫困。

第二,可以提高扶贫效率,减缓政府的财政负担。近些年政府扶贫逐渐暴露了一些问题,一方面是扶贫资金存在着很大的缺口,各地政府压力非常大,仅2016年,国家计划完成脱贫人口是1 000

[①] 胡振光,向德平.参与式治理视角下产业扶贫的发展瓶颈及完善路径[J].学习与探索,2018(4):99-107.

万,但中央拨付的扶贫款项是 670 亿元人民币①。此后几年,虽然中央拨付的专项扶贫资金逐年在增加,但扶贫资金仍然存在缺口。截至 2019 年年底,这一年中央拨付的专项扶贫资金为 1 260.95 亿元人民币,②而当年国家计划完成的脱贫人口保底是 1 000 万人③。另一个方面的问题是政府扶贫资金的使用效率在不断下降。因此政府应该改变资金的投资方向,利用资金吸引社会资本参与扶贫,吸引市场主体参与扶贫,这样一来不仅能够最大效应地发挥资金的作用,又能缓解政府压力。

第三,可以实现社会各主体之间以及各方面的合作共赢。在市场化扶贫模式下,市场和扶贫对象可以看作是一个利益共同体,市场在扶贫的过程中实现着自己的利益,贫困户在市场的介入和帮助下获得收入、摆脱贫困,两者之间是合作共赢、利益共享的关系。

二、政府主导的市场化扶贫机制

> **以土地入股,农民变股民**
>
> 金陵寨村,地处湖北恩施州宣恩县李家河镇以南。2014 年摸底调查时,该村人口 3 880 人,有贫困户 731 人,全村人均收入不到 5 000 元,贫困人口收入在 2 700 元以下,是典型的贫困村。
>
> 为了摘掉贫困落后的帽子,李家河政府经过认真谋划,决定引进宣恩县富原农业有限公司进入金陵寨村,开始土地市场化经营,以土地作为资产入股,发展白柚产业。经过对群众讲政策、许承诺,最终,金陵寨村三、四、五、十九组 125 户村民在入股

---

① 财政部.关于 2016 年中央决算的报告 [EB/OL].[2017-06-26]. http://www.gov.cn/xinwen/2017-06/26/content_5205528.htm.

② 曲哲涵.2019 年中央专项扶贫资金已全部下达 [EB/OL].[2019-05-18]. http://www.xinhuanet.com/2019-05/18/c_1210136905.htm.

③ 国务院.2019 年政府工作报告 [EB/OL].[2019-03-05]. http://www.gov.cn/guowuyuan/2019zfgzbg.htm.

合同上签了字，先期入股土地500亩。农户按照当期最高土地租赁价格900元/亩/年计算，折合人民币作为股金占股49%，剩下51%股金由公司筹资。其分红方式是在收益前按每亩600元保底分红，收益后按效益比例分红。公司以"休闲＋农业园"为发展模式，既发展产业，还提供观光旅游服务，充分发挥土地资源优势，预计5年进入盛果期，每亩产量3 000公斤，按市场保底价，扣去管理成本，每亩收入1.5万元，按股分配，公司获利7 650元，农户7 350元，同时，贫困户还可打工获得工资收入。金陵村农户以土地作为资产进行入股，成功实现了资产到股产、农民到股民的转变。

金陵寨村的脱贫模式正是坚持政府主导、积极引入市场力量的典范。政府在经过研究之后，引入企业对当地的土特产品进行市场化经营，政府与企业二者优势互补，将专业的事交与专业的人去做。用土地入股、参与分红的方式，让农户没有了后顾之忧。企业以"休闲＋农业园"的经营模式，既发展了农产品生产经营，还为当地开发乡村旅游项目提供了可能，将当地的生态资源优势最大限度利用，最终解决了当地的贫困问题。

与以往政府主导的产业扶贫模式不同，恩施金陵寨产业扶贫以资产收益为依托，能有效激发企业主体和贫困群体双方的积极性，发挥市场主体的能动性，采用"公司＋合作社＋农户"的模式，让资金跟着贫困户走，贫困户跟着合作社走，合作社跟着产业走，产业跟着市场走，对资金进行整合，让利益共享，既解决了产业发展问题，也解决了市场主体与贫困户的收入分配问题，这种资产收益扶贫模式越来越受到政府的青睐，正在成为当前产业扶贫模式的主要方式。

资料来源：恩施土家族苗族自治州人民政府网站.股份制闹热金陵寨[EB/OL].[2016-03-28]. http://www.enshi.gov.cn/2016/0328/200735.shtml.

在扶贫实践中，由政府主导引入市场化机制，二者之间形成优势互补，共同消除贫困、解决贫困问题，这已经成为学界研究和政府实施政策上的共识。对于在扶贫实践中引入市场化扶贫机制，学界的研究方向主要体现在两个方面：一个主张是在消除贫困实践中引入市场机制以此转变政府在反贫困过程中的职能，如徐志明曾提出在国家反贫困的实践中引入市场机制是提高扶贫投资效率的关键所在，包括转变政府在扶贫过程中的职能、在贫困地区培育市场主体、培育市场能够快速成长起来的条件等[1]；另一个主张则是随着市场化扶贫机制的逐步推进而产生的新认识，如孙文中主张应该在扶贫过程中构建一种"政府主导、市场运作、主体参与"的创新扶贫机制[2]，主要提倡以政府强制性行为来为扶贫工作规划方向和制定依据，通过市场主体和贫困主体互相合作发挥作用、提高扶贫效率，在发展经济的同时达到消除贫困的主要目的。而在新形势下，市场化扶贫模式正好可以利用市场化机制的专业性和效率性来弥补近些年政府在扶贫过程中逐渐呈现出的效率递减和精细化不够的这些缺点。

然而需要注意的是，市场机制是以效率为目标导向，因此市场主体必然会具有内在的收入差距扩大的特点，市场化扶贫机制也是如此，单独依靠市场化扶贫路径进行扶贫不仅会影响扶贫的效果，也可能导致社会秩序的混乱。因此，在实施精准扶贫战略过程中，市场化扶贫机制必须坚持政府的主导地位，在此基础上注重引入市场力量。同时要注意，政府在精准脱贫过程中发挥的主导作用也绝不是单纯的政府统包统揽全部工作，而是在明确政府的主体地位和主体作用的基础上，充分发挥市场机制的积极作用，从而推动全社会各类主体关注、参与贫困治理的实践。

---

[1] 徐志明.福银投资低效率与市场化反贫困机制的建立[J].乡镇经济，2008（9）：83-87.

[2] 孙文中.创新中国农村扶贫模式的路径选择——基于新发展主义的视角[J].广东社会科学，2013（6）：207-213.

三、扶贫资源的市场化配置和利用

电商模式创收，激发经济活力

2013年，甘肃陇南地区结合本地区交通不便，但物产丰富、质优价廉的特点，跟随"互联网+"思想的发展，尝试用互联网方式解决本地产品难销的问题。为促进陇南市电商产业的发展，以电商带动农村反贫困，陇南市政府设立了专项财政扶贫资金用于支持电商，建立了一大批电商基地，多次开展电商知识培训，以提高当地农户对电商的了解和认识。鼓励大学生村干部等下乡进村，对当地农户进行一对一指导。与此同时，从政策层面制定了一店带多店以及保护价收购等机制措施，以避免电商发展初期由于农户在市场上的弱势地位而被挤出市场。

2014年，陇南市建立电商扶贫机制，开始在9个县区开展电商扶贫试点。经过发展，2015年，该市贫困户人均增收430元，2016年人均增收620元，2017年人均增收710元。截至2018年12月，陇南市已经建成网货供应平台83个，适销产品629类1 126种。另外，电商模式的积极开展也带动了陇南市生态旅游扶贫工作的推进。通过电视广告、网络等媒介的宣传，加之当地交通等基础设施的建设和物流等条件的改善，近年来，陇南市旅游人次大规模增加。2019年，陇南市全年旅游总人数达到2 179.86万人次，比2018年增长了23.93%；旅游综合收入为117.37亿元，同比增长27.35%；农村居民人均可支配收入也达到了7 734元，比上年增长10.3%。值得一提的是，自2015年以来，陇南市已经连续4年实现农村居民人均可支配收入的稳步增长。

陇南市电商扶贫机制的有效建立，刺激了当地农户的积极性，激发了陇南当地的经济活力。通过政府主导设立专项资金扶持电商基地发展，通过各种手段有效介入指导，在电商发展过程中将本地供过于需的特色农产品输出到外地、输出到整个市场竞争环节当中，充分利用了市场对于资源配置的积极作用，对本地资源进行重新分配，大大提高了本地资源的配置效率，实现了当地贫困主体的创收增收。同时，电商扶贫模式还提高了农户的风险意识、品牌意识和创新意识。这种"涟漪效应"带动了陇南地区发展的内生动力，促进了当地农户人均可支配收入的大幅度提高和贫困人口的大幅度降低。

资料来源：1. 甘肃山里娃创业 见证电商"陇南模式"崛起之路 [EB/OL].[2018-12-12]. https://baijiahao.baidu.com/s?id=1618739703040520567&wfr=spider&for=pc.

2. 2018 年陇南市国民经济和社会发展统计公报 [EB/OL].[2019-04-09]. http://www.longnan.gov.cn/4448264/17799514.html.

3. 2019 年陇南市国民经济和社会发展统计公报 [EB/OL].[2020-05-12]. http://www.longnan.gov.cn/4448256/29975552.html.

在精准脱贫过程中，要引入持续不断的动力和活力，重要的是激发贫困人口的内生动力，真正从依靠外力"扶贫"到自力更生"脱贫"。精准脱贫除了要着眼于公平以外，从本质上来讲也需要着眼于"效率"，要面向市场不断做大蛋糕，激发贫困地区的经济活力，将市场活水更多地引入贫困地区，从而提高各项扶贫资源的配置效率。

四、目前的问题

随着扶贫工作进入新的阶段，市场化扶贫的优点显著体现，不仅促进了地方经济的发展，也促使贫困群体摆脱贫困文化的束缚。这大大激发了贫困群体的生产积极性，从内在动力的根源上解决了贫困问题，然而当前的市场化扶贫机制还存在着许多问题。

第一，基础设施建设不足。一个地区产业的发展是市场化扶贫成败的决定性因素，而产业发展往往与本地区的基础设施密切相关。中国的贫困地区多分布在自然环境恶劣的山区，交通、通信等基础设施建设落后一直是贫困山区经济发展的短板[1]，比如陶冶在2016年去广西罗城仫佬族自治县做调研时发现，该地山清水秀、景色优美、生态环境良好，本该重点发展旅游业，但是该县却因为交通不发达，一直没有高速公路通过，因此阻碍了脱贫的步伐，而交通设施建设的落后也大大降低了该地市场在扶贫过程中的效果。[2]

第二，缺少利益约束机制。首先，是没有专门的法律作为支撑，市场体现的是契约精神，法律是保证市场有效的前提，没有法律的支撑，就难以保证契约的有效性，扶贫工作就处于法外之地，这必然会造成乱作为和不作为的现象。其次，市场层面缺乏合同和股份的有力约束，在参与扶贫开发工作的主体中，多方主体各自签订具有法律效力的合同，而在合同实际履行的过程中，合同的法律约束力实在有限。

第三，市场的无序竞争。当前，在中国的市场化扶贫过程中，产品的同质化无序竞争现象尤为突出。中国有400多个贫困县，但各地重点发展的产业项目差别却不大，通常都是茶叶、猕猴桃、苹果、食用菌等，并没有显著差别的产业项目，这就导致在市场化扶贫过程中，产品同质化无序竞争现象非常突出，整个市场中供大于求，最终的结果就是扶贫伤民。

第四，思想观念落后。贫困地区的人民思想观念落后，这已经成为当前制约市场化扶贫有效性的重要因素。当前许多还未摆脱贫困的地区，人民群众在思想认识上仍然存在自给自足的小农意识，缺乏脱贫的积极性，也缺乏对贫困的认识。有些贫困群众甚至宁愿将土地闲置也不愿意配合政府扶贫工作将其流转出租；有些贫困群众固执保守，不愿意让自己的子女出去与外界社会交流；有些贫困群众对政府给予的关怀毫不在意，如将政府的脱贫"鱼苗"作为盘中餐。以上种种过时观念的存在遏制了贫困主体的内在主动性，导致扶贫效果大打折扣。

---

[1] 张香. 民族地区产业扶贫问题及对策分析 [N]. 贵州民族报，2018-01-02.

[2] 陶冶. 市场化扶贫中政府的角色及调适研究 [D]. 武汉：中南民族大学，2018 (5).

第三节 产业导入

一、产业精准扶贫的理论

（一）产业扶贫

2001年，产业扶贫的概念第一次出现在政府文件《中国农村扶贫开发纲要（2001—2010年）》（以下简称《纲要》）中。在《纲要》中，国务院扶贫开发领导小组将产业化扶贫机制纳入"一体两翼"的扶贫模式当中。产业扶贫在定义上，是一种以市场为导向、以经济效益为中心，在相关龙头企业的带动下，充分利用贫困地区的优势资源，开发贫困地区的特色产业，从而形成一个完整的产业链，带动贫困地区人口脱贫致富的扶贫方式。而在学界研究中，对于这一概念较为统一的认识是，产业扶贫是指以市场为导向，在龙头企业的带动下，利用贫困地区优势资源，以经济活动中的产业链思维建立起利益联结机制，以经济效益为中心，持续稳定地带动贫困地区人口脱贫致富的扶贫方式。[①]

从发展战略上看，发展贫困地区的产业、形成完整产业链是解决经济落后地区贫困问题、农民增收致富的一项根本性和长远性的重要举措，是达成"从短期效益到长期效益""从输血到造血"的重要平台。在2011年中共中央、国务院印发的《中国农村扶贫开发纲要（2011—2020年）》中，中央政府更是明确提出要按照全国主体功能区规划，合理合规开发当地资源，积极发展当地新兴产业，承接当地产业转移，调整产业结构，以此增强贫困地区经济发展的内生动力。[②]可以看出，中国政府已经将产业扶贫当作现阶段扶贫开发工作的重点内容。

[①] 陈鑫.产业精准扶贫作用机制及风险防范研究[D].南昌：南昌大学，2018（6）.

[②] 《中国农村扶贫开发纲要（2011—2020年）》，http://www.gov.cn/gongbao/content/2011/content_2020905.htm，2011年12月1日.

（二）产业精准扶贫

产业精准扶贫与产业扶贫名称不同，侧重点也不同，二者的区别主要在于产业精准扶贫是以精准为核心。要了解产业精准扶贫的真正内涵，首先得要明确精准扶贫的概念，精准扶贫的提出是与粗放型扶贫相对的。在学界研究中，精准扶贫的治贫方式指针对不同贫困区域的生态和社会环境、不同贫困户的经济等各方面状况，运用科学有效的程序对扶贫对象实施精确识别、精确帮扶、精确管理的贫困治理方式。[①]而政府对于精准扶贫的定义则是要通过对贫困户和贫困村的精准识别、精准帮扶、精准管理和精准考核，由政府主导，市场参与引导各类扶贫资源优化配置，从而实现扶贫成效到村到户，逐步构建精准扶贫战略的长效机制，为科学、高效的扶贫工作奠定坚实基础。[②]

在精准扶贫的战略背景下，扶贫方式和发展阶段的变化也必然推动产业扶贫方式的变化和工作重心的转移，产业扶贫的对象也将逐步细化到县、到村、到户，升级为产业精准扶贫。[③]由此可见，产业精准扶贫的关键点在于最终精准到户，使贫困户能够真正参与到产业扶贫的项目中来。此外，还要注重产业扶贫项目的可持续性发展，以确保贫困户能够持续稳定脱贫以及全面脱贫目标的实现。

（三）产业精准扶贫的相关理论

1. 生产要素理论

生产要素理论是产业精准扶贫中运用到的一个重要理论。最早将土地和劳动作为生产要素进行研究的经济学家是威廉·配第，他指出："土地是财富之母，劳动则为财富之父和能动的要素。"[④]一般来说，

---

① 李小云.我国农村扶贫战略实施的治理问题[J].贵州社会科学，2013（7）：101-106.

② 《关于创新机制扎实推进农村扶贫开发工作的意见》，http://www.cpad.gov.cn/art/2014/2/13/art_46_12338.html，2014年2月13日。

③ 刘建生，陈鑫，曹佳慧.产业精准扶贫作用机制研究[J].中国人口·资源与环境，2017（6）：127-135.

④ 配第.赋税论[M].北京：商务印书馆，1978：66.

生产要素主要包括人的要素、物的要素和二者相结合的因素。在进行物质资料生产中,为何劳动者和生产资料是最基本的两个要素呢?因为在社会大生产中,无论以何种形式进行生产活动,从事生产劳动的人力要素和用于生产的物质资料都是必不可少的。

马克思主义政治经济学中的相关理论认为,生产要素包含三个部分:劳动者、劳动资料和劳动对象。劳动者是指正在或能够在社会大生产环节运行过程中发挥劳动功能的人。劳动资料则包括生产工具和一些基础设施,以及能源。而劳动对象分为天然存在的劳动对象和已经经过人类加工的劳动对象,比如存在于自然界中可以直接利用的土地、原料和经过人类加工而成的材料等。

随着经济的不断进步和经济理论的不断创新发展,西方经济学中的生产要素已经从最初的二元素论逐渐拓展为六要素论,其中包含了随着科技革命和知识经济兴起所普及起来的科学技术、信息等要素。无论是哪一种生产要素理论,我们都可以发现在一个劳动过程中,生产要素是其中最基本、最基础的要素。而产业扶贫作为一个生产劳动的过程,只有将各种生产要素的作用综合发挥才能发挥其真正的作用。

2. 比较优势理论

比较优势理论是产业精准扶贫中运用到的另一个重要理论。1776年,"经济学之父"、英国经济学家亚当·斯密在他的《国民财富的性质和原因的研究》一书中最早提出了比较优势理论。亚当·斯密的比较优势理论是指不同国家和地区都有适合自身种植和生产某种物品的天然优势,相应的也就有其不适宜生产的物品,当各个国家或地区将自己生产的优势产品同其他国家进行交换时,所有参与交换的国家都会因此获利。

在亚当·斯密比较优势理论的基础上,另一位经济学家大卫·李嘉图在他的《政治经济学及赋税原理》中提出了比较优势贸易理论,也称为比较成本贸易理论。比较优势贸易理论是指每个国家都应该按照"两利相权取其重,两弊相权取其轻"的原则,对本国具有比较优势的产品进行集中化生产并进行出口，而对于自己处于比较劣势的产品则采取减少生产或不进行生产转而从其他国家进口的方式来获得，只有这样每个国家才能更容易在贸易过程中获利。

对于贫困地区来说，它们有自己具备天然优势的特色产品，把比较优势理论运用到产业精准扶贫中，就是让贫困地区因地制宜，对当地具有比较优势的特色产品进行集中生产，将当地的资源价值最大化利用，以此实现脱贫致富的目标。

"基地"扶贫产业模式带领农户脱贫

江西省吉安县位于江西省中部、赣江流域中游，作为井冈山革命根据地的一部分，是赣南原中央苏区县。2002年，吉安县被列为国家扶贫开发工作重点县。为响应国家产业扶贫的战略号召，进一步增加贫困户的收入，吉安县推出了一户一亩横江葡萄、一户一亩井冈蜜柚、一户一个鸡棚、一户一人进园区务工的"四个一"产业扶贫模式。

以当地"十三五贫困村"良枧村为例，全村人口1 599人，2014年建档立卡贫困户53户146人。基于当地横江镇葡萄产业已具备一定规模，种植技术和销路都相对稳定的情况，帮扶单位（人保财险）最终确定将葡萄产业作为当地扶贫产业之一，并新增火龙果种植来丰富产品多元化。帮扶单位通过土地流转建立葡萄产业种植基地，投资50万元作为产业基地建立资金，另外与当地县财政统筹，为每户贫困户提供6 000元产业扶贫资金，创建了"良枧村委会基地合作社"。所有贫困户作为合作社的股东，每年可以根据种植产量参与合作社的产业分红，除此之外，农户在合作社或种植户务工还可获得务工收入。到2016年底，良枧村因产业发展，平均每户年增收超过2 500元，摘掉了"十三五"贫困村的帽子。而作为合作社的股东，2016年村里每户贫困户从合作社获得分红1 250元，2017年、2018年均为2 100元，2019

年为 2 600 元左右。"基地"扶贫产业模式极富成效。

  从吉安县良枧村的脱贫实例可以看出,当地在进行产业扶贫时,没有盲目引进新产业,而是根据当地已有的、发展现状不错的产业——葡萄作为精准扶贫产业,进行集中生产,将已有优势的资源最大化利用,节约了启动时间和额外资金投入,从而较快达成脱贫效果。

资料来源:1. 肖素娟.精准扶贫视角下如何发挥产业扶贫长效机制研究——以吉安县为例[D].南昌:南昌大学,2018.

2. 红土地上情谊长——记吉安县横江镇良枧村第一书记罗帅民[EB/OL].[2019-12-05]. http://jxja.jxnews.com.cn/system/2019/12/05/018679932.shtml.

二、产业精准扶贫的历程

(一)产业扶贫的历程

  产业扶贫的概念虽然最早在 2001 年提出,但产业扶贫的项目开启时间远远早于这一时间。表 10-1 展现了中国产业扶贫政策的演进。

表 10-1 中国产业扶贫政策的演进

年份	政策名称	政策内容
1997	《国家扶贫资金管理办法》	以提高贫困户收入为主要目标开展扶贫项目
2001	《中国农村扶贫开发纲要(2001—2010 年)》	正式提出"产业化扶贫"的概念; 发展区域性主导产业; 以村为单位,参与式扶贫
2011	《中国农村扶贫开发纲要(2011—2020 年)》	计划到 2020 年,初步构建特色支柱产业体系; 推进旅游扶贫产业; 发展专业合作组织带动贫困户脱贫

续表

年份	政策名称	政策内容
2012	《关于集中连片特殊困难地区产业扶贫规划编制工作的指导意见》	以村为基础，连片规划，循序渐进，编制片区产业扶贫规划；专项扶贫资金达到财政资金的70%以上
2014	《关于创新机制扎实推进农村扶贫开发工作的意见》	建立龙头企业、家庭农场、农民合作社等经营性组织的金融服务
2015	《中共中央 国务院关于打赢脱贫攻坚战的决定》	加大"互联网+"扶贫的力度；实施一村一品；设立产业投资基金
2016	《"十三五"脱贫攻坚规划》	以产业扶贫为重点工程之首，乡村旅游扶贫、电商扶贫、光伏扶贫协同发展
2016	《贫困地区发展特色产业促进精准脱贫指导意见》	确保精准推进产业扶贫；建档立卡；发挥龙头企业的带动作用；培育特色优势产业；让贫困户掌握1～2项实用技术
2017	《关于支持深度贫困地区脱贫攻坚的实施意见》	加大弘扬财政投入、金融扶持、生态扶持、干部人才及社会扶持力度
2018	《关于打赢脱贫攻坚战三年行动的指导意见》	把产业扶贫纳入成效考核机制；推进光伏扶贫；建立产销一体化

资料来源：国务院扶贫开发领导小组办公室.中国扶贫开发报告（2017）[EB/OL]. http://www.cpad.gov.cn/index.html.

从表10-1可以看出，中国的产业扶贫开始发展是在改革开放之后。进入21世纪以来，尤其是2011年以后政府对产业扶贫开始高度关注，这一点从政府发布的政策报告中就可窥端倪。从政策上和内容上来讲，2013年以来，产业扶贫成为精准扶贫工作的主要内容之一，是精准扶贫战略中的重要承接平台，也是从这时起，产业扶贫模式开始逐渐进化成为产业精准扶贫模式。

（二）产业扶贫的内容

2015年10月，习近平总书记第一次提出了"五个一批"的脱贫措施，其中一个"一批"就是发展生产脱贫一批，是指通过产业扶贫模式和当地产业发展来带动贫困地区人口脱贫致富。产业扶贫之所以能成为当前解决中国贫困问题的主要方式，究其根本，就是因为产业扶贫是典型的造血式扶贫。产业扶贫的优点在于其首先依照贫困地区各地的优势来因地制宜发掘和形成当地特色产业模式；其次按照产业扶贫实践中的组织模式，可以将扶贫方式划分为龙头企业带动型、合作社或者农业大户带动型，以及现下比较流行的电商平台带动型三种发展模式；最后按照扶贫利益联结机制，可以将扶贫方式划分为合同方式、合作方式和资产收益方式。① 产业扶贫实践活动就是以贫困地区的优势资源为基础，通过激活贫困地区人民群众的内在发展动力，在根本上阻断贫困发生的动因，推动贫困群众和贫困地区协同发展，从而真正实现经济效益和社会效益的稳定、可持续发展。

2016年11月23日，国务院发布了《国务院关于印发"十三五"脱贫攻坚规划的通知》，在这个通知中中央政府明确指出了当前中国产业扶贫的五个重要内容，即农林产业扶贫、旅游扶贫、电商扶贫、资源收益扶贫、科技扶贫。

1. 农林产业扶贫

农林产业扶贫主要目标在于促进贫困地区的产业融合发展。农林产业扶贫作为产业扶贫中的第一个重要内容，主要旨在对贫困地区农业的多种功能进行深度挖掘，积极推进农业与旅游、文化等产业进行深度融合，从而加快建立和形成农村现代产业体系。

大力扶持特色农业产业

河南省林州市横水镇地处林州东部，地势北高南低，是典型

---

① 孙久文,唐泽地.中国产业扶贫模式演变及其对"一带一路"国家的借鉴意义[J].西北师大学报（社会科学版），2017（6）：5-10.

的丘陵地区。近年来，横水镇地方政府以农业结构调整为主线，重视开发利用山坡地、撂荒地资源，大力培育扶持红薯种植特色农业产业，通过招商引资建成了豫北地区规模最大的红薯种植深加工基地。采取"公司＋合作社＋农户"的经营模式，把红薯种植和集体经济、农林产业扶贫结合起来，以基地为龙头带动集体和个人种植红薯。在整个红薯种植产业链中，公司负责统一提供种苗、肥料和技术，合作社集中流转贫困户土地，组织农户负责种植和采摘，最后由公司保价回购农产品果实并进行加工，生产环节中优先安排贫困户务工就业，增加贫困户收入。2018年，全镇合作社、农业大户规模种植红薯面积达5 000余亩，净收益超500万元，横水镇也被评为乡村振兴示范乡镇。

河南省林州市横水镇红薯种植特色农业产业创收的成功案例说明，贫困地区的产业融合发展对于当地经济发展具有极其重要的作用，要积极寻找和发现贫困地区的特色农产品项目，发挥特色农产品得天独厚的优势，对农产品进行再加工，努力形成种植、加工农业产业群，而不是一味靠天吃饭。

材料来源：林州市委宣传部．林州：壮大农林产业 助推乡村振兴[EB/OL]．[2019-25-29]．http://henan.people.com.cn/n2/2019/0529/c378397-32990862.html．

在实践过程中，农林产业扶贫的主要内容包括积极发现贫困地区的特色农产品项目，大力发展特色农产品深加工产业，引导农产品加工业的集中发展，努力打造贫困地区产业集群；积极培育贫困地区具有品牌特色的农产品，实施品牌战略，增强市场竞争力；推动贫困地区的批发市场、集配中心等基础设施以及农产品冷链物流运输等设施的建设。同时加大对农林产业创新技术的推广和培训力度；加强对贫困地区基层农林科学技术的推广应用；鼓励保护和开发地方特色农林资源及优良品种；建立贫困地区互联网等信息化帮扶平台；加强对贫困地区贫困群众的农林技术等方面的培训。

2. 旅游扶贫

旅游扶贫作为产业发展脱贫的重要模式之一，因其投资少、见效快以及产业就业门槛低、产业关联广等优点成为政府重点脱贫方式与学界研究的焦点。[①] 旅游扶贫工作主要侧重因地制宜发展乡村旅游项目，其扶贫的主要内容包括：对贫困地区现有的旅游资源进行普查，经过统计分析建立起乡村旅游扶贫项目重点村名录；对具备发展乡村旅游项目条件的贫困地区进行旅游方面的基础设施建设，安排贫困群众进行旅游服务能力的培训和就业。截至 2019 年 9 月，中国国家乡村旅游检测中心统计数据显示，在全国 25 个省（区、市）的 101 个建档立卡贫困村扶贫监测点中，通过乡村旅游项目实现脱贫的人数为 4 796 人，占总体脱贫人数的 30.4%，通过乡村旅游项目的运行使得贫困地区人口人均增收 1 123 元。[②]

3. 电商扶贫

电商扶贫主要是以农村电子商务为重要载体，通过培育电子商务市场主体来达到贫困地区人口脱贫致富的扶贫方式。其扶贫的主要内容包括，整合贫困地区现有的组织资源，提升贫困人口使用电子商务创业增收的能力；发挥大型电商企业（如京东、苏宁等）的孵化带动作用，支持贫困地区农民或合作社开办网上销售平台对当地特色农产品进行网上销售；另外鼓励电商平台与贫困地区建立直采直供的商务关系，引导电商企业开拓农村业务，实施农产品进城、工业品下乡的双向流通服务。以新兴电商平台的代表拼多多为例，根据统计数据显示，2018 年全年拼多多平台上架的农产品和农副产品的订单总额高达 652 亿元，与 2017 年相较同比增长 233%。[③] 到了 2019 年，拼多多

[①] 吴宾,史鲁颖.国内扶贫研究的热点主题与演化路径[J].广西师范学院学报（哲学社会科学版），2019（2）：61-70.

[②] 田虎.中国重点扶贫监测点超 3 成脱贫人口依靠"乡村旅游"[EB/OL].[2019-09-20].http://travel.people.com.cn/n1/2019/0920/c41570-31363510.html.

[③] 国际商报.电商扶贫成脱贫攻坚生力军[EB/OL].[2019-10-28]. http://www.cinic.org.cn/xw/fp/643272.html.

平台全年农（副）产品成交额则高达 1 364 亿元，较 2018 年同期增长 109%；平台农（副）产品年活跃买家数达到 2.4 亿，复购率超过 70%。[①] 由此可见，电商扶贫方式在现下产业扶贫实践中发挥着重要作用。

4. 资产收益扶贫

资产收益扶贫作为产业扶贫的重要方式之一，主要旨在鼓励和推动贫困户将已经确权登记的土地承包经营权转化为股份的形式，入股企业、合作社、家庭农（林）场与新兴经营主体等，以形成利益连接体分享经营收益。相对应的，财政扶贫资金、社会帮扶资金也可以投入到农业、养殖、乡村旅游等项目的基础设施中，以折股量化的形式入股到农村集体经济组织中，用以优先保障丧失劳动能力的贫困户。

以前述恩施金陵寨为例，2014 年，该地政府引进宣恩县富原农业有限公司，以土地作为资产入股，发展白柚产业，金陵寨村 125 户先期入股土地 500 亩，折合人民币作为股金占股 49%，以收益前按每亩 600 元保底分红、收益后按收益比例分红的方式进行分成，该镇充分发挥土地资源优势，以土地作为资产进行入股，成功实现了从资产到股产、从农品到股民的转变。[②]

5. 科技扶贫

科技扶贫项目主要致力于将新兴的科技成果向贫困地区转移以及提高贫困地区人口的创新创业能力。科技扶贫的主要内容包括：在向贫困地区转移科技成果上，鼓励各高校、科研院所以及企业解决贫困地区在产业发展上的技术性问题；加大贫困地区产业发展中的新品种、新技术的开发和引进力度；推进贫困地区建设科技成果转化产业发展的示范基地。在提升贫困地区人口的创新创业能力方面，则可以推行

---

① PingWest 品玩. 拼多多"2019 年农产品上行发展报告"：农副产品成交额达 1 364 亿元，同比增长 109%[EB/OL].[2020-04-21]. http://finance.sina.com.cn/stock/relnews/us/2020-04-21/doc-iirczymi7618340.shtml.

② 陈开银，徐兰珍. 股份制闹热金陵寨[EB/OL].[2016-03-28]. http://www.enshi.gov.cn/2016/0328/200735.shtml.

科技特派员等制度；大力实施对口贫困地区的人才支持计划或科技人员专项计划，鼓励支持高科技人才与贫困人口共同创业，以带动贫困地区人口的脱贫积极性；加强贫困地区和乡村地区的科普工作，引导科技人才为贫困地区老百姓提供培训。

以中国科学院（以下简称"中科院"）为例，在国务院扶贫办的统一部署下，中科院承担了4个国家级贫困县的定点扶贫任务，各分院和研究所共计承担或参与承担了地方6个县、9个乡、42个村57个点的扶贫任务。根据中科院官方网站统计数据显示，截至2019年6月底，中科院的帮扶资金投入累计达到4 428.6万元，引进帮扶资金9 402万元，培训贫困地区基层干部4 370人次，培训高新技术人员5 126人次，实现了已脱贫27 966户、101 041人的成绩。① 仅2019年全年，中科院就向3个定点扶贫县（包括水城、环江、库伦，不含六枝特区）投入帮扶资金1 535万元，引进帮扶资金4 653万元；培训基层干部2 288名，培训技术人员2 140名；直接购买贫困地区农产品1 180万元，并帮助销售贫困地区农产品1 685万元。② 中科院以自身的科技优势带动贫困地区的产业发展和产业升级，激发了当地经济的内生动力，使贫困地区的经济发展取得显著效益，实现了贫困地区和贫困人口的脱贫摘帽。

三、产业精准扶贫的成效

1. 产业扶贫

自产业扶贫成为当前一个时期扶贫工作的核心和重点方式以来，地方扶贫产业得到了迅速发展，取得了一系列不错的成绩。根据2019年农业农村部产业扶贫情况统计，截至2019年12月，22个扶贫任务

---

① 中科院召开新闻发布会介绍科技扶贫情况[EB/OL].[2019-07-16]. http://www.cas.cn/zt/kjzt/zgkxykjfp/zgkxykjfpky/201907/t20190716_4699843.shtml.

② 科技促进发展局.中科院连续两年获得中央单位定点扶贫工作成效考核等次"好"[EB/OL].[2020-04-26]. http://www.cas.cn/zt/kjzt/zgkxykjfp/zgkxykjfpky/202004/t20200426_4742526.shtml.

重的省份和832个贫困县的贫困地区累计实施扶贫产业项目98万多个，建成的扶贫产业基地近10万个。其中，832个贫困县初步形成了具有特色的主导产业1060个，累计培育市级以上龙头企业1.44万家，平均每个贫困县拥有17家龙头企业；累计发展农民合作社68.2万家，直接带动627万贫困户、2198万贫困人口实现增收。从参与度来看，截至2019年12月，全国已经有92%的贫困户参与到产业发展项目中；在实现脱贫的人群中，有67%的人口主要是通过产业扶贫项目从而实现了脱贫增收。[①]

以国家集中连片特殊困难地区、国家扶贫开发重点县全覆盖区域的青海省为例，全省贫困发生率达到8.1%。在产业扶贫政策和项目的带动下，青海省开始大力发展光伏产业，截至2018年8月，青海省就已成为全国光伏项目贫困村全覆盖的唯一省份，全省8个县共计150兆瓦光伏扶贫项目，带动了8000户贫困农户实现年增收4000元，而这只是青海省众多产业扶贫项目中的一项。自2016年以来，到2018年8月，青海省累计投入行业扶贫资金157.7亿元，新改建、修筑乡村地区公路1.2万公里，完成了843个贫困村的饮水安全建设工程以及593个贫困村的电网改造项目，在400个贫困村建起了综合文化中心，为464个贫困村完成宽带入村项目。[②] 以上这些着力推进青海省农牧业社会化服务体系的项目，自建设、完善以来发挥了很大成效，不断提升着青海全省贫困村的经济实力和人民的生活水平。随着宽带入村入户、电网改造升级完成，为青海省打造电子商务运营提供了基础条件，截至2019年12月底，青海省已建成电子商务运营中心19个、运营网点1021个；全年实现电商销售额达1.05亿元，各类农畜产品年订单销售额达15亿元。[③] 通过一系列产业扶贫项目，2020年4月21

[①] 农业农村部新闻办公室.产业扶贫取得重大进展 67%脱贫人口通过产业带动实现增收[EB/OL].[2019-12-19]. http://www.moa.gov.cn/xw/zwdt/201912/t20191219_6333644.htm.

[②] 陈晨.扶贫产业遍地开花 脱贫攻坚结出金果[N].青海日报，2018-08-21.

[③] 宋明慧.青海省不断深化供销合作社改革 助力农牧业高质量发展[EB/OL].[2020-05-26]. http://www.gov.cn/xinwen/2020-05/26/content_5514989.htm.

日,青海省政府发布公告,宣布全省42个贫困县(市、区、行委)、1 622个贫困村、53.9万贫困人口已经全部退出贫困序列。①

2. 电商扶贫

电商扶贫主要指利用互联网平台开展电子商务,通过电子商务加强贫困对象的产品、产业与市场的对接和拓展,从而促进贫困对象产品的销售,实现贫困对象脱贫。随着农村电子商务发展和国家"互联网+"战略的提出,电商扶贫已经成为产业精准扶贫中的一个重要模式,其主要原因是电子商务从市场层面解决了贫困地区产品的销售问题,使产品和市场实现了有效对接,促进了供给方和消费者的信息线上快速交流,使贫困地区的商品生产者可以根据市场情况及时调整自己的产品结构。电商扶贫的发展,增进了贫困地区与外界的联系和沟通,为贫困地区实现通过网络平台销售农产品、购买生活生产资料,并推动了相关产业的发展,促进了贫困地区的经济增长。

2015年,国务院扶贫办把电商扶贫列入"精准扶贫十大工程",国内的大型电商企业如京东、苏宁等响应国家号召,积极与地方政府开展合作。2015年末,国务院扶贫办与苏宁签订合作协议,合作内容包括电商扶贫O2O②展销专区、"电商扶贫双百示范工程""10·17扶贫购物节"、培养农村电商人才四个方面。2016年1月,国务院扶贫办再次与京东电商平台签订战略合作协议,致力于协作研究、开发"产业扶贫、创业扶贫、用工扶贫"的电商扶贫模式。根据商务部发布的《2019年全国网络零售市场发展报告》中的数据显示,2019年全国农村网络零售额达到了1.7万亿元,同比增长19.1%。其中,全国贫困县的网络零售额达1 489.9亿元,占农村网络零售额的8.7%,同比增速为18.5%。③

---

① 骆晓飞,白玛央措.青海省所有贫困县脱贫摘帽[EB/OL].[2020-04-21].http://www.gov.cn/xinwen/2020-04/21/content_5504887.htm.

② O2O是Online To Offline缩写,意为线上到线下,指将线下的商务机会与互联网结合,让互联网成为线下交易的平台。

③ 商务部电子商务和信息化司.一图看懂2019年全国网络零售市场发展报告[EB/OL].[2020-04-14].https://dzswgf.mofcom.gov.cn/news/5/2020/4/1586913870177.html.

京东大数据显示,在电商扶贫3.0[①]的支持下,截至2019年10月,京东集团已在全国832个贫困县上线商品超300万种,销售额累计超过600亿元,直接带动全国80万户建档立卡贫困户实现增收。[②]由此可见,"电商扶贫3.0"模式对地方产业,尤其是贫困地区的产业发展产生着越来越深刻的影响。

第四节 金融融入

一、金融扶贫

1. 金融扶贫的含义

金融扶贫是一种支持开发扶贫的方式,是精准扶贫这一综合系统工程的重要组成部分。它主要以政府部门和金融机构为主体,通过提供资金、技术以及金融服务等方式,为社会上的弱势群体提供融资服务。1979年9月,中共十一届四中全会通过的《中共中央关于加快农业发展若干问题的决定》首次提出了金融扶贫,对中国农业银行关于农村的信贷工作提出了要求,即要有计划地发放专项长期低息贷款,让那些有能力脱贫,但是由于没有获得资金的渠道而依旧处在贫困状态中的群体获得帮助。

金融扶贫与财政扶贫不同,关于金融扶贫的概念界定,学界有研究者认为金融扶贫是在国家政策的扶持和引导下,各金融机构一起对贫困地区、扶贫对象等提供其需要的金融产品和服务,用以推动贫困

---

① 此处的电商扶贫3.0,指京东通过"公司+农户"的模式,进一步增强贫困地区产品和产业的抗风险能力,将贫困地区从扶贫之路引入致富之路,实现其品牌化的扶贫模式。

② 海外网.京东荣膺2019网络扶贫十大案例 产业互联网扶贫成效显著[EB/OL].[2019-10-15]. http://www.xinhuanet.com//tech/2019-10/15/c_1125107261.htm.

地区的产业发展、提升贫困地区农户的自主发展能力。[①]2016年3月，七部门联合发布《关于金融助推脱贫攻坚的实施意见》，其中指出要完善各项支持措施和金融扶贫体制，协调落实金融政策和精准扶贫政策，为贫困地区重点脱贫人群提供准确的金融服务。

可以看出，现阶段金融扶贫更加强调保障农村弱势者的金融权利，是一种十分成熟的社会救助形式。它不仅能够保证资金的自发有效循环，使扶贫主体发挥自身优势，并从中获得持续盈利，实现共赢，同时还能极大地激发出扶贫对象的主观能动性，降低扶贫对象的依赖心理。对当前中国实行的精准扶贫政策来说，金融扶贫是十分有利的途径。

2. 金融扶贫的特征

中国的金融扶贫从扶贫方式来说是各金融机构在政府相关政策的指引下承担给贫困地区的兼具政策性与经营性的贷款业务。相较于传统扶贫模式，金融扶贫的特点主要有以下几个方面。

（1）实施主体为城乡、农村中的金融机构。以金融机构的基层服务网点为出发点，通过小额信贷或者是项目贴息贷款等形式将资金直接输向贫困人口，帮助其营造自我发展的条件和机会。

（2）资金发放至确定人群。金融扶贫帮扶对象是贫困户中有能力、有意愿通过自身努力摆脱贫困，但又缺少启动资金的贫困户，能够更有效地发挥扶贫资金的使用效率。

（3）坚持以市场为主体、政府辅助的原则。金融扶贫一方面在政府的支持和引导下通过贴息的方式向贫困地区"输血"，解决贫困人口的发展资金难题；另一方面利用市场自我运作方式，将更多的社会力量吸引到金融扶贫工作中，实现社会资源的优化配置。

3. 普惠金融

惠普金融是国际社会反贫困实践中引入的新理念和新方法，普惠金融的本质仍然从属于"金融"。目前关于普惠金融的概念，理论界仍未有一个公认且全面的界定。有研究者曾梳理了学界对于普惠金融

---

① 蔡则祥，杨雯.普惠金融与金融扶贫关系的理论研究[J].经济问题，2019（10）：26-31.

的三个认识阶段①：第一个阶段是基于对金融排斥现象和小额信贷实践的观察而得出的概括性描述，比如联合国曾提出普惠金融是"能有效、全方位地为社会所有阶层和群体提供服务的金融体系"②；第二个阶段是基于保障基本人权的角度对普惠金融进行阐释，中国学者杜晓山曾指出：普惠金融就是使所有有需求的人"平等"地享受金融服务的体系③；第三个阶段则更强调普惠金融是一种"共享"的金融发展方式，并且从金融基础理论和经济金融系统长期发展的角度对普惠金融进行理解。中国学界有研究观点认为，"普惠金融的本质应该同时具备效率、公平和包容"④，"普惠金融应该是让弱势群体积极参与经济循环过程"⑤。

2015年12月，国务院印发了《推进普惠金融发展规划（2016—2020年）》（以下简称《规划》），《规划》中指出普惠金融是在立足机会平等和商业可持续原则的基础上，以金融机构可负担的成本为有金融服务需求的社会各阶层和群体提供适当的、有效的金融服务。⑥从服务对象来看，农民、城镇低收入人群、贫困人群等都是普惠金融的重点服务对象。从国家发展战略的层面来看，现阶段大力发展普惠金融是实现脱贫攻坚和全面建成小康社会的必然要求。因此，不管是服务对象还是政策地位，普惠金融都与当前中国的减贫实践紧密结合。

---

① 钟润涛.中国普惠金融可持续发展及经济效应研究[D].沈阳：辽宁大学，2018-12.
② 周小川.践行党的群众路线　推进包容性金融发展[J].中国金融，2013（18）：9-12.
③ 杜晓山.小额信贷的发展与普惠性金融体系框架[J].中国农村经济，2006（8）：70-78.
④ 何德旭，苗文龙.金融排斥、金融包容与中国普惠金融制度的构建[J].财贸经济，2015（3）：5-15.
⑤ 曾康霖，罗晶.论普惠制金融[J].西南金融，2014（2）：3-5.
⑥ 国务院.推进普惠金融发展规划（2016—2020年）[EB/OL].[2015-12-31].http://www.gov.cn/zhengce/content/2016-01/15/content_10602.htm.

二、金融扶贫方式

（一）银行业的扶贫方式

在近年来的扶贫实践中，各地银行业根据中央及地方脱贫攻坚的要求，围绕精准扶贫和精准脱贫的国家战略，着力提高贫困地区和贫困人口的金融服务水平，配合中央和各地政府政策全面改进、提升扶贫金融服务的精准性及有效性，为实现脱贫攻坚助力。银行业助力精准扶贫的主要方式有以下几种。

（1）银行监管部门加大了服务指导力度。结合当地实际出台金融助推脱贫专项工作意见，拓展电子服务渠道，努力向拓展金融服务体系靠拢。加强普惠金融建设，借助"阳光信贷"系统有效确定具体发放对象。

（2）银行机构对扶贫政策的定位更加精准。近年来，银行机构在政府的主导下围绕建档立卡贫困户积极开展金融服务，通过实行特惠低息等方式确保银行业的扶贫实效，对经济发展薄弱的贫困村、设立了生源地助学贷款的区域等贫困地区实施定点扶贫、资金扶持特色产业等方式，开展有差别、个性化的扶贫。

（3）联合多方主体协同扶贫，切实突出扶贫实效。在银行业扶贫实践中，银行机构积极对接地方政府实施的"一村一品"等精准扶贫项目工程，帮助贫困地区发展特色产业；加强与地方财政部门的协调协作，与地方财政部门一道加强财政方面的服务水平，提高扶贫工作效率；积极向中国人民银行申请扶贫再贷款，用以专项支持建档立卡贫困户、种植养殖大户、家庭农场等产业的发展。

（二）非银行业的扶贫方式

除银行业外，社会各方(包括公司、农户、乡镇企业等)对贫困地区的资金投入也是十分重要的，而且它们还直接参与贫困地区开发的任务，是直接的受益者和风险承担者。

1. 市场融资

在市场融资助力扶贫工作的实践中，如何发挥好资本在精准脱贫战略中的重要作用，变"输血"扶贫为"造血"扶贫，成为当前融资市场面临的重要问题。近年来，资本市场的扶贫体系已经渐趋完善，从政府监管部门到上市公司再到证券期货机构都积极行动起来，发挥着融资市场服务脱贫攻坚战略的重要作用。根据证监会统计数据显示，1998年至2016年9月底，中国贫困地区首次公开发行股票并成功上市的企业有17家，融资总额约75亿元，贫困地区已上市企业再融资

> **大连玉米"保险+期货"模式助力精准脱贫**
>
> 2015年8月，中国第一单农产品期货价格保险签约庆典在大连举行，这张保单是中国人民保险公司大连市公司与义县有关农户及农村合作社签订的，保险内容是按期货市场水平分别为义县的两个农业合作社（桂勇玉米合作社和华茂谷物合作社）供应800吨和200吨的玉米价格保险。保单规定自2015年9月1日起至2016年8月31日止，当玉米的市场价格低于保单中确定的期货价格标准时，保险公司将支付理赔金给被保险人，以此保障玉米种植农户的利益。与此同时，为了转移自身所承担的玉米价格风险，中国人民保险公司又与大连商品交易所和相关期货公司签订了战略合作协议，商定双方在价格风险对冲领域互帮互助，以分散农产品价格剧烈波动造成的保险索赔风险。
>
> 众所周知，农产品不仅在种植生产的过程中会遭遇自然灾害的风险，还存在着各种各样的价格风险冲击，这些原因都会直接导致农户年收入的减少。大连市所采取的"保险+期货"运营的农业保险"大连模式"，则规避了农产品在市场经销中所遭受的价格波动的风险，切切实实为农户解决了后顾之忧。在实际操作中，农户买了保险，当农产品价格下跌，他们将得到保险公司的理赔；承保的保险公司由于购买了看跌期权，农产品价格下降产

> 生的风险也会转移给期货市场；期货市场则能利用保险金获得额外利益。总而言之，在这个经济活动循环周期里，农产品价格下降对农户不再造成伤害，贫困地区可以解除后顾之忧踊跃进行农业生产。
>
> "大连模式"的成功，令其连续三年被纳入中央一号文件。2019年1月，大连商品交易所玉米期货期权上市，随后又启动了针对大连普兰店区20个村、12 000多名贫困玉米种植者和瓦房店市5家经营玉米的贫困农业合作社的"保险+期货"扶贫项目，为更多低收入农户早日摆脱贫困提供帮助。
>
> 资料来源：程宁."保险+期货"模式助力我国精准扶贫研究——以大连玉米期货指数保险为例[D].沈阳：辽宁大学，2019.

的总额约293亿元；仅2013年至2016年9月，不到4年时间，就有181家贫困地区的企业成功在新三板挂牌。[①]债券发行方面同样也在不断创下新高，根据中国证券网统计资料显示，截至2018年10月，已累计发行扶贫公司债和资产支持证券60只，金额32.06亿元，这些扶贫债和扶贫资产支持证券的发行有利扩大了贫困地区的金融资源。[②]

2. 农产品期货扶贫

在农产品期货扶贫模式中，农产品指的是跟老百姓日常生活联系紧密且新鲜绿色健康的蔬菜瓜果、禽蛋肉类等产品。近年来，中国的农产品受国内外市场供需情况、生产成本以及种植养殖规模等因素的影响，价格波动较大，不但给农民带来了巨大损失，还降低了农民生产的积极性。在这种环境因素影响下，为了抑制这场市场价格风暴，便出现了这种以农作物为主的期货扶贫模式。例如通过联合保险公司

---

① 王淇悦，苗艺伟.证监会扶贫争议18年 贫困地区共17家企业上市融资75亿[EB/OL].[2016-10-17]. http://stock.hexun.com/2016-10-17/186454308.html.

② 王雪青.引资本"活水"滋润贫困地区 证监会系统精准扶贫成效显著[EB/OL].[2018-10-17]. http://news.cnstock.com/paper，2018-10-17，1068826.htm.

和期货公司形成的一种"保险+期货"的运行模式，便是一种新型的农产品扶贫模式，农户可以利用保险公司的保单做抵押争取银行等金融机构的信贷支持。通过整合各方力量，全方位支持贫困地区的农业生产者，从而减少农民的经营风险，促进农民增收，契合了当下精准扶贫的主题。

三、金融扶贫成效

在政府的统筹安排下，在各行业大力参与下，中国的金融扶贫工作成果显著。金融机构参与金融扶贫的积极性空前提高，金融服务第一次真正覆盖到贫困人口。

1. 金融机构参与度不断提升

完善的贷款担保机制和风险分担机制、健全的人员激励机制，解放了金融机构的生产力；开发式的扶贫思路，改变了扶贫资金无偿使用的性质，扩大了资金来源渠道。除财政资金外，还引入了银行资金、外国资金、其他经济实体资金以及贫困地区和贫困户自我积累的资金，多渠道的资金来源提高了扶贫资金投入的力度。截至2018年10月，已有中国人民银行、中国银保监会、中国证监会及中国农业银行等23家金融机构积极地响应国家政策号召，参与到金融扶贫中。[①]2019年11月29日，中国人民银行召开中央金融单位定点扶贫工作研讨会，截至开会时，22家金融单位就已超额完成2019年签订的责任书目标任务。另外，22家金融单位当年直接投入资金62 420.97万元，引进帮扶资金39 277.46万元，购买贫困地区农产品27 684.91万元，帮助销售贫困地区农产品145 772.61万元，[②]为贫困地区增收助力。同时村

---

① 蒋勇. 中央金融单位定点扶贫多管齐下已累计帮助312万人脱贫[EB/OL]. [2018-10-12]. https://baijiahao.baidu.com/s?id=1614094363389998288&wfr=spider&for=pc.

② 马腾跃. 为精准扶贫注入更多金融能量——中央金融单位定点扶贫工作硕果累累[EB/OL]. [2020-01-14]. https://www.financialnews.com.cn/zgjrj/202001/t20200114_175198.html.

镇银行作为新型农村金融机构，行业发展已初具规模，在改善县域金融服务、补齐农村经济短板过程中发挥了较好作用。

2. 扶贫小额信贷迅速发展

自2006年农村金融改革推进以来，中国在农村和贫困地区投入了大量的资金、落实政策为中低收入人群提供金融服务来支持金融扶贫工作的开展，帮助贫困人口脱贫致富。在农村金融扶贫实践中，各地政府在金融扶贫方面采取了一系列措施，如鼓励当地农村信用社、农业银行、农业发展银行等金融机构开展小额信贷业务，设立专门针对贫困户、小微企业等对象服务的地方性金融机构等。金融扶贫工作的不断推进，帮助部分贫困地区的贫困户实现了创业增收、脱贫致富的目标。

党的十八大以来，中国又新增了扶贫金融资金的投入方式，对想要搞产业创收但缺乏启动资金的建档立卡贫困户给予小额信贷支持——5万元以下的项目3年以内免担保、免抵押，金融机构按中国人民银行制定的基准利率进行放贷，实行扶贫资金全额贴息。自2014年这项政策制定执行以来，根据国务院扶贫办的统计数据显示，2015年全年放贷1 100亿元，2016年全年放贷1 700亿元，2017年全年放贷1 500亿元，2018年全年放贷近1 000亿元。截至2019年3月，金融机构的扶贫小额信贷已经累计放贷5 500亿元，按期还贷额达到2 600多亿元。①

四、当前问题与建议

1. 面临的问题

金融扶贫在实践过程中所获得的成效是有目共睹的，但同时也必须意识到这一进程中所暴露的短板。这些问题主要体现在以下三个方面。

---

① 国务院扶贫开发领导小组办公室.国务院扶贫办就攻坚克难——坚决打赢脱贫攻坚战答记者问 [EB/OL].[2019-03-07]. http://www.cpad.gov.cn/art/2019/3/7/art_2241_341.html.

（1）来自金融体系的问题。在金融扶贫体系中，主要的资金来源来自各国有大行及区域性银行，而政策性金融机构、保险公司及小额贷款公司等金融机构在三线城镇及农村的扶贫工作中参与度不高[①]，使得广大农村地区，虽有资金需求，但由于缺少获得渠道，以致流向农村的资金较少，造成资金闭塞。

（2）来自金融机构的问题。扶贫资金总量较小和期限不合理[②]，是金融扶贫工作中出现的两个问题，机构设置不完善导致权责利分配不均，基层金融工作人员水平有限则是导致上述问题的根本原因。

（3）来自贫困户自身的问题。自改革开放以来，中国已连续40多年不间断推进扶贫工作，大部分受益群众在政府的帮助下，依靠自身努力进入了小康生活。但不少贫困人口，对扶贫工作的认识仍存在一定偏差，导致其存在"等靠要"思想。[③]

2. 建议

针对在金融扶贫工作中出现的问题，提出以下两点建议。

（1）要健全金融扶贫机构。在完善农村金融机构体系方面，政府应发挥统筹协调作用，与有资质的金融机构合作，通过发展农村信贷基金等方式促进农村金融市场良性竞争。[④]

（2）要构建并完善多层次的金融服务体系。通过建立金融机构间的合作机制，发挥各机构的比较优势。[⑤]同时发挥金融扶贫服务中心的牵头作用，联合各金融机构、带贫主体，创建金融扶贫线上信息平台，针对扶贫工作需求及时作出反馈。

---

① 李瑞红. 银行业金融机构如何推动金融扶贫工作[J]. 银行家，2016（4）：70-71.

② 王琳颢. 泌阳县金融扶贫问题研究[D]. 郑州：郑州大学，2019-04.

③ 同上.

④ 同上.

⑤ 同上.

第五节 企业参与

一、企业参与贫困治理的理论遵循

1. 参与式治理理论

贫困治理的传统模式，不外乎以政府引领为主导，以经济增长为目的，但往往忽略了社会力量。在这种情况下，社会力量资源的效力发挥就会大打折扣，甚至白白浪费。包括央企、国企、民企在内的众多企业是中国经济的重要载体，是解放生产力、发展生产力的重要力量，在贫困治理方面同样能发挥出巨大能量，尤其在当前，中国城乡发展严重不平衡的情况下，企业的力量更加不容忽视。因此，在贫困治理过程中应加强企业的能动性，形成企业力量参与式贫困治理的新模式。

企业参与扶贫这一模式是在市场经济条件下，嵌入企业这一要素和作用在内的一种治理模式。也就是在贫困治理过程中包括国企、央企、民企在内的企业力量在政府的引导下，参与到贫困治理的各个方面。[①]从形式上来看，企业参与贫困治理的模式也并非简单的出钱、出物，而是通过同贫困人口建立合作社等形式参与到贫困治理中，注重激发贫困地区的经济活力，形成一种良好的互动机制，协同发力，共同为扶贫工作努力。

2. 企业社会责任理论

消除贫困是中国的发展目标之一，为了达成这一目标，中国正在实行精准扶贫战略。在这一战略的落实过程中，贫困地区的地方政府必然要负主体责任，但是"仅仅由地方政府主导、自上而下推行的扶贫体系远远不够"[②]，还需要社会的多元力量参与进来。其中，企业作为一股强大的社会力量，既有义务、也有责任在贫困治理工作乃至历史进程中发挥作用。企业社会责任是一个广义上的综合性概念。总体

---

① 龚明.新形势下国有企业投身精准扶贫的作用与机制探索[J].工作研究，2019（7）：165-166.

② 梁晨."企业包县"扶贫模式的实践、困境及对策[J].中国发展观察，2019（7）：59-61.

来说，企业社会责任有四个层次，即经济责任、法律责任、伦理道德责任和慈善责任。从其范畴上来讲，企业的社会责任会随着企业与社会关系的变化而变化，比如"企业对政府的责任、企业对股东的责任、企业对消费者的责任、企业对员工的责任、企业对环境和可持续发展的责任、企业对社区的责任"。[①] 企业关于贫困治理的社会责任，从层次上来看是其慈善责任的一种，从范畴上看则属于"企业对社区的责任"，具体而言，就是认为企业是地区的重要组成部分，在依托地区取得了发展的同时，理应以参与慈善事业、提供就业岗位等方式回馈地区，进而建立起一种与社区共同发展进步的和谐关系。

二、企业参与贫困治理的历程

新中国成立 70 年来，在不同的发展阶段，不同类型的企业参与扶贫工作的参与度按照时间发展的逻辑，大致可以分为四个阶段。

1.1949—1977 年：企业以间接形式参与贫困治理的阶段

1949 年新中国成立后，中国全国上下积极进行社会主义建设，以期快速地恢复国民经济。尽管国民经济得以迅速恢复，但是大部分民众仍然处于贫困状态，为了谋求发展，在此过程中城市和农村走上了两条不同的发展道路。城市走上了重工业化道路，工业企业如雨后春笋般建立起来，表 10-2 展现了 1949—1977 年中国工业总产值和工业企业数的发展情况。

表 10-2　1949—1977 年中国工业总产值和工业企业数情况

年份	工业总产值/亿元	工业企业数/万户
1949	140.00	—
1959	1 483	16.95
1977	3 725	32.27

资料来源：李先军，黄速建. 新中国 70 年企业扶贫历程回顾及其启示[J]. 改革，2019（7）：16-26.

[①] 雷雨辰. 基于多案例比较的企业扶贫社会责任影响因素研究[D]. 郑州：郑州航空工业管理学院，2019-06.

可以说，在这个阶段城市工业企业的快速发展奠定了后来中国工业化的基础，但同时也造成了一定的影响，即在城市主导下的发展模式和产业重工业化的发展方式中，企业难以发挥出改善民生的作用。表面上来看，居民收入水平增加了，但实际上这种增加远远落后于整体经济的增长速度，人们生活水平也就难以提高。农村则走的是大力发展集体经济和合作经济的道路，其建设重点是基础设施建设。

这一时期，企业还没有足够的能力展开大规模的帮扶，只能在其生产经营活动进行的过程中间接地缓解和解决民众的贫困。概括来讲，就是企业所创造的价值主要效力于国民经济的发展，这为增加人民群众的收入、推动脱贫实践提供了一定的物质基础。[①]

2.1978—2010年：企业开始广泛参与的开发式扶贫阶段

1978年，中国开始实行改革开放，这打开了中国经济发展的新局面，中国社会的经济发展潜力得到释放，人民群众的生活水平也越来越高。同时，从实行改革开放起，中国区域发展的不平衡性就使得城乡发展的差距不断扩大，贫困人口进一步在西部和农村集中。这个现实情况也决定了中国的扶贫工作重点聚焦在西部和农村地区。

1986年，中国成立了专门的扶贫机构——国务院贫困地区经济开发领导小组（现更名为"国务院扶贫开发领导小组"），中央政府成立专门扶贫机构的目的在于指导、引领全国上下进行有计划、有组织的大规模扶贫开发工作。在这一阶段，乡镇一级的企业成为中国开发式扶贫工作中的重要力量，在贡献税收、创造效益、提供就业等方面发挥了积极作用，取得了良好成效。根据国家统计数据显示，1978年中国乡镇企业的产值占农村社会总产值的比重还不到25%，然而仅仅过了9年，到1987年时，这一比重就提高至52.4%；而到1993年时，中国农村居民的家庭人均纯收入则达到了921.6元，与1978年相比翻了5.9倍。[②]

在乡镇企业的开发式扶贫发挥出巨大潜力的同时，城市企业也开

---

① 李先军，黄速建.新中国70年企业扶贫历程回顾及其启示[J].改革，2019（7）：16-26.

② 同上。

启了多种形式的对口扶贫工作,金融机构也对扶贫工作给予大力支持,解决了大量资金方面的问题。在这一阶段,中国的扶贫开发工作取得了相当可观的成绩。据统计,1978年中国尚未完全解决温饱问题的贫困人口共计2.5亿人,到了1993年底,这一数字就减至8 000万人,十几年间,中国的减贫工作就取得了巨大成就。[①]而这8 000万尚未完全解决温饱问题的贫困人口主要分布在中西部交通不便、地域偏远、文化落后、生产生活条件极为恶劣的"老、少、边、穷"地区,这也成为下一个阶段扶贫工作的重点。

3. 2011—2016年:企业参与精准扶贫工作的阶段

大规模的扶贫工作可以解决整体贫困问题,却难以解决个体贫困问题。2013年,习近平总书记在湖南考察时作出了现阶段扶贫工作要"实事求是、因地制宜、分类指导、精准扶贫"的重要指示。"精准扶贫"这一重要指示既对扶贫工作提出了新要求,也为扶贫工作指明了方向。2014年5月,国务院扶贫开发领导小组办公室等七个部门联合印发的《建立精准扶贫工作机制实施方案》标志着全国范围内精准扶贫工作序幕的开启。在这一过程中,国有企业和民营企业都在推动精准扶贫方面发挥了重要作用。据不完全统计,国资委集合中央企业的力量设立了"中央企业贫困地区产业投资基金"参与扶贫实践,仅仅两期募集到的资金就高达154亿元。[②]

与此同时,民营企业也在国家精准扶贫战略的指导下积极参与到了扶贫工作中。其中,1995年开始的"光彩事业"是民营企业在精准扶贫战略中成效非常显著的项目,仅2010年至2014年期间,中国共实施光彩项目39 559个,公益捐赠427亿元,这些项目的成功实施实现了654万人的就业,带动了826万人脱贫。民营企业参与扶贫的另一个高成效项目是2015年10月启动的"万企帮万村"的扶贫活动,这个活动是由全国工商联、国务院扶贫办、中国光彩事业促进会等部

---

① 李先军,黄速建.新中国70年企业扶贫历程回顾及其启示[J].改革,2019(7):16-26.

② 同上。

门和企业联合发起的,截至2019年6月底,"万企帮万村"精准扶贫行动登记在册、参与台账管理的民营企业已有8.81万家,实现对10.27万个村的精准帮扶(其中建档立卡贫困村有5.53万个),安置就业66.15万人,帮助带动1 163万建档立卡贫困人口增收。① 在这一阶段,企业参与到精准扶贫工作实践中既是对国家相关战略的积极响应,又是企业自身发展到一定水平后开始履行社会责任和创造社会价值的主动选择。②

4. 2017年至今:新时代背景下企业参与乡村振兴战略的阶段

2017年10月,党的十九大报告进一步提出了要实施乡村振兴战略和区域协调发展战略。2018年8月,中共中央、国务院发布了《中共中央 国务院关于打赢脱贫攻坚战三年行动的指导意见》,激励全社会企业、社会组织积极主动参与到脱贫攻坚战中。2019年3月,中央政府工作报告中明确指出"大力扶持贫困地区特色优势产业发展"的相关要求。以上种种都体现出新时代中国对扶贫工作作出的新要求,也凸显了进入新时代企业参与扶贫工作产生的新变化——企业扶贫是企业价值与政府扶贫工作的有机融合,企业扶贫项目的实施鼓励农村创业成为促进贫困地区脱贫的内生驱动力量。③ 大企业通过其规模优势有效地解决了农村发展的效率问题,进而使农村基础设施不断完善、农村市场交易成本下降、互联网普及,使农村逐步从大企业主导走向了内生驱动主导的脱贫模式,农村进入了创业时代。

三、企业参与贫困治理的成效

综上所述,新中国成立70年来,中国的贫困治理工作取得的成绩

---

① 龚亮.2019年全国"万企帮万村"精准扶贫行动论坛在京举办[EB/OL].[2019-10-15]. http://www.zytzb.gov.cn/wqbwc/319852.jhtml.
② 李先军,黄速建.新中国70年企业扶贫历程回顾及其启示[J].改革,2019(7):16-26.
③ 同上。

举世瞩目。企业在其中发挥了重要作用，在推动贫困地区的脱贫事业和持续发展、为中国乡村振兴提供可延续的发展路径等方面都取得了良好的成效。

（1）在扶贫大局层面，企业参与贫困治理成为中国扶贫体系的重要组成部分。随着企业参与的不断深化以及贫困民众积极性的高涨，乡镇企业和个体户增收的方式成为贫困民众摆脱贫困的自然之选。国有企业和民营企业以各自的优势参与到扶贫中，一起构成了企业参与贫困治理的体系，进而成为中国扶贫体系的重要组成部分，具有重要的推广和借鉴意义。

（2）在国家发展层面，推动了中国工业化和城镇化的进程。在扶贫实践中，企业的参与不仅帮助贫困地区民众提高了生活水平，还改变了贫困地区农民的生产生活方式和当地的经济发展面貌；既推动了贫困地区整体经济的发展，也促进了中国的工业化和乡村发展的有机融合，推动了工业化和城镇化的双向发展。

（3）在企业和贫困民众层面，以价值驱动激发了企业积极性并形成了辐射带动效应，这深层次改变了贫困民众的生活。企业的首要目标和需求是追求价值，贫困地区的最大需要是发展经济，二者之间产生了良性的互动。例如，农业领域企业的参与一方面加强了自身对农产品和农资产品市场的占有量，另一方面也带动了当地农业的发展；房地产领域企业的参与一方面达成了自身的战略目标，另一方面也改善了贫困民众的生活条件；旅游领域企业的参与一方面拓宽了自己的业务渠道，另一方面也增加了贫困民众的收入来源和信心，等等。中国扶贫工作在企业的有效参与下得到了长足发展。

四、问题及建议

1. 存在的问题

企业参与扶贫的模式在中国的扶贫工作中取得了很大的成绩，但同时也存在许多问题。

（1）在企业参与扶贫的合理性认知上还需要进一步深化。解决诸如"企业扶贫的价值表现在哪里""扶贫是否是企业的一项义务""企业扶贫是否有法律依据"等问题。①

（2）参与扶贫工作的企业存在失当行为。例如个别企业在参与扶贫实践的过程中，利用政府发放的扶贫资金以及政府提供的低利率贷款、税收优惠等政策，进行扶贫工作以外的企业生产经营活动②，这无疑是"钻空子"的行为。长此以往，不仅会降低企业扶贫的效益，还会引发社会的相关质疑，对企业扶贫工作的顺畅发展不利。

（3）参与扶贫的企业也存在较大的后顾之忧，其本身的生存压力也导致其参与扶贫的积极性不高等问题。③

2. 建议

针对以上问题，从政府层面出发，应该进一步深化对贫困地区的贫困原因和企业主体的本质的认识，引导企业更好地、高效地参与扶贫工作。

（1）政府要增强服务意识，为企业参与扶贫工作提供相关支持，比如优化农村的金融供给、优化精准扶贫的人才队伍结构、完善涉及农村企业的相关制度等。④

（2）志智双扶，加强教育扶贫。⑤强化企业扶贫工作的重点，就是要突出产业扶贫和教育扶贫两个方面，深度挖掘贫困地区的资源优势，实现优势资源的转化，促进资源优势转变成为经济优势。

---

① SUCHMAN M C. Managing legitimacy: strate gic and institutional approaches[J]. Academy of management review, 1995, 20: 571-610.

② 闫东东，付华．龙头企业参与产业扶贫的进化博弈分析[J]．农村经济，2015（2）：82-85.

③ 李先军，黄速建．新中国70年企业扶贫历程回顾及其启示[J]．改革，2019（7）：16-26.

④ 同上。

⑤ 衡虹，程鹏．中央企业助力脱贫攻坚的探索与思考[J]．经济界，2019（6）：59-64.

（3）建立起扶贫长效机制，将扶贫与企业税收优惠等政策挂钩[①]，以保障企业参与扶贫工作的可持续性和长远性。

第六节　本章小结

《中共中央关于制定国民经济和社会发展第十三个五年规划的建议》中，对于扶贫开发工作的部署是要确保到2020年贫困人口如期脱贫。2020年，中国的脱贫攻坚战进入关键决胜时期。为了打赢这场"战役"，提升和改进扶贫工作的质量，从国家层面出发，提出了精准扶贫的战略思想。精准扶贫，作为中国目前扶贫开发工作中的主要治贫方式，旨在对扶贫对象精确识别、精确帮扶、精确管理。在精准脱贫战略实施的过程中，必须要动员到全社会的力量，除了坚持政府主持主导工作外，还要广泛动员全社会的力量参与扶贫，其中以市场为主体的扶贫是不可或缺的一部分。本章从共享理念、分享经济模式、市场化扶贫机制、产业精准扶贫的导入、金融扶贫方式的融入和企业参与贫困治理的历程等方面，从理论和实践案例两方面系统论述了市场主体在扶贫开发过程中所起到的重要作用和现实意义。随着扶贫工作的不断深入，多层次、多元主体的扶贫体系正在逐步形成和完善，这有助于弥补政府一元主导扶贫工作的局限性，有助于发挥市场主体的扶贫优势，体现市场主体扶贫的高效性和灵活性。同时，我们也看到由于市场主体在扶贫工作中的能动范围较之政府略小，单一市场主体扶贫可投入资金总量没有政府财政支出那么多，市场主体在扶贫工作中的效果存在被制约的现象。因此，在扶贫工作中，一定要坚持政府主持的主导地位，市场主体广泛参与、协作介入，只有这样，各方势力才能够取长补短，将各自的优势和价值最大化。

---

① 李学锋，赵菲，王艺霏. 基于国有企业参与扶贫工作的研究 [J]. 现代营销，2019（5）：253.

第十一章
群众主体：以人为本[①]

贫困问题是中国通往富裕之路上的重要阻碍，也是中国反贫困治理的重要目标。在精准扶贫的视域下，中国之治必然要逐步向精细化的治理模式发展。而在扶贫工作中，不论是管理工作还是扶贫服务的宏观政策制定，抑或是长效反贫困机制的构建与教育医疗等具体方面的建设发展，都要抓住社会最小和最基本的单位，即每一个贫困个体本身来展开。中国之治正是因为紧紧围绕"人"这个出发点和落脚点，充分贯彻"以人为本"的群众主体理念，将扶贫工作与贫困群众紧密结合，并在结合过程中充分激发贫困群体内生动力，帮助其完成从"要我"到"我要"的转化，强化从自主到自觉的发展，并逐渐从参与扶贫工作到形成群众合力自我主导脱贫事业，最终才能成功共享有效脱贫成果。

第一节 以人为本

一、以人为本的概念

在中国的史书中，"以人为本"最早出现于西汉文学家刘向编撰

[①] 感谢李一冉为本章所做工作。

的记录春秋时期齐国名相管仲思想观点的《管子》一书中，距今约有3 000年历史。在"霸言"篇中，管仲曾对齐桓公建议说："夫霸王之所始也，以人为本。本理则国固，本乱则国危。"意为王者事业的良好开端要建立在以人民为根本的基础上，巩固这个根本则国家巩固，搅乱了这个根本则国家危亡。在《孟子·尽心下》中孟子则通过"民为贵，社稷次之，君为轻"表达了其"民贵君轻"的思想。

除此之外，在中国古代文献中与以人为本相关的内容包括"民为邦本""民为贵""民者，君之本也""闻之于政也，民无不为本也。国以为本，君以为本，吏以为本""国以民为本""民可以载舟，亦可以覆舟"等，这些观点都表达了人民群众对于政权巩固的重要意义。习近平总书记也曾引用过"人视水见形，视民知治不"的论述，即人在水中可以看到自己的样子，而观察民众则可以推断出政治治理的状况，群众反馈的重要作用体现了国家治理的"根基在人民、血脉在人民、力量在人民"特性。总体而言，虽然不排除有"君主统治"等封建思想杂糅在这些古籍文献之中，但取其精华，于今而言还是有很多关于以人为本的思想观点值得借鉴，如"民为邦本"和"国以民为本"都体现了群众为国家之根本的进步观点；"民可以载舟，亦可以覆舟"也体现了人民群众的决定性力量。

"人民"一词由来已久。在中国的古代典籍中，"人民"一词最早指生物学上的人类，如《管子·七法》中的"人民鸟兽草木之生物"的论述，同时"人民"一词也有"平民""庶民"的意思，如《周礼·地官·大司徒》中的"掌建邦之土地之图，与其人民之数"等。而在古希腊、古罗马等地，"人民"一词的使用则将奴隶主和奴隶区别开来，"人民"专指奴隶主与自由民，并不包括奴隶。近代后，"人民"的使用逐渐与"公民""国民"混同，泛指社会全体成员。在马克思主义的指导之下，"人民"的意义进一步深化，"人民"逐渐成为一个历史的、政治的范畴，细究本质，其主体必然始终是从事物质资料生产的劳动群体。但不同时代的"人民"必然有一些差别，如在中国的抗日战争时期，"人民"包括一切抗日的阶级和社会群体，到了解放战争时期，

"人民"则变成了一切反对帝国主义、封建地主阶级、官僚资产阶级的阶级集团,而在社会主义时期,工人、农民等一切拥护社会主义和祖国统一的爱国者都属于"人民"。以人为本就是在中国共产党领导下的中国要充分发挥广大群众的主观能动性,并重视广大人民群众的根本利益,将为人民谋幸福作为国家发展的出发点和落脚点,而也只有"紧紧依靠人民,充分调动最广大人民的积极性、主动性、创造性"才能最终实现中华民族伟大复兴的中国梦。

二、以人为本的理论发展

从古至今,无论是何种形态的社会,即使提出了所谓的"以人为本"或是宣称重视所谓的"人权",但这些或是以神的意志为中心的神本位,或是以财富、物资和产业为中心的物本位的世界,所宣扬的自由和平等皆是假象,都不是真正的人本主义。而从马克思主义开始,虽然没有明确提出以人为本或人本主义,但现实的个人终于成为社会发展的出发点和落脚点。例如马克思和恩格斯在《共产党宣言》中提出了代替资产阶级社会的联合体将是"每个人的自由发展是一切人的自由发展的条件"[①],体现了人的自由发展的人本主义思想是马克思主义的重要内容,又如恩格斯在《反杜林论》中提到的"人的自由"在共产主义社会中将会"第一次能够谈到"[②],也深刻体现了社会主义(共产主义)以人为本的特性。

马克思主义传入中国后,与中国革命和社会主义建设广泛融合,特别是毛泽东等马克思主义者对于马克思主义中的人本主义思想无不重视。中国的以人为本理论的发展和深化也从未停止,主要可以归纳为三个阶段。

1. 群众路线

最早在中国化的马克思主义中体现"以人为本"内涵的成果是群众

---

① 马克思恩格斯选集:第1卷[M]. 北京:人民出版社,2012:422.
② 马克思恩格斯选集:第3卷[M]. 北京:人民出版社,2012:492.

观点和群众路线的提出。在中华人民共和国成立前的土地革命、抗日战争和解放战争时期，以毛泽东为首的共产党人就意识到人民群众的决定性作用。毛泽东曾在《中国的红色政权为什么能够存在？》等多篇文章中强调了群众基础对于革命的重要意义。如他在《井冈山的斗争》中写道："红军每到一地，群众冷冷清清，通过宣传之后，才慢慢地起来。和敌军打仗，不论哪一军都要硬打，没有什么敌军内部的倒戈或暴动。"[1] 可见"人和"在革命战争中是比其他因素更为重要的。在《关心群众生活，注意工作方法》中他则直接表达了革命的胜利依靠的不仅是军事上的胜利，还体现在群众生活的方方面面。刘少奇也曾表达了中国共产党人的群众路线，"一切为了人民群众的观点，一切向人民群众负责的观点"，"全心全意为人民服务"的群众观点也于1944年提出，并在党的七大正式写入党章。中华人民共和国成立后，特别是中国进入社会主义建设时期以来，全心全意为人民服务的群众观点成为党员行动指南的同时也启发了中国共产党反贫困理论。群众观点的提出体现了指导反贫困工作认识趋于理论化，也开始为之后的实践提供了理论指导。

1981年，党的十一届六中全会通过的中共中央《关于建国以来党的若干历史问题的决议》第一次将群众路线概括为："一切为了群众，一切依靠群众，从群众中来，到群众中去"[2]。这四句话作为一个统一的整体，前两句是党的群众观点，也是群众路线的核心内容，三四句则是群众观点的具体化，是将群众观点落实到实践的方法指导。群众路线是马克思主义基本原理与中国革命和社会主义建设具体实践进一步相结合的产物，随着中国革命的建设和发展，随着中国共产党认识的不断深化，党的群众路线不断得到完善、丰富和发展。

2. "人民观点"和"以人为本"

改革开放之后，随着生产力的快速发展和人民生活水平的显著提高，"以人为本"逐步在人民生活的各个角落实现，其理论亦在稳步

---

[1] 毛泽东选集：第1卷 [M]. 北京：人民出版社，1991：78.

[2] 中共中央文献研究室. 关于建国以来党的若干历史问题的决议 注释本 [M]. 北京：人民出版社，1983：23.

发展。1994年江泽民提出了"以人民群众为本"的相关论述:"一切事情,都要顺应人民群众的要求和愿望去做,才能取信于民,我们的工作才能步步主动、节节胜利。这个历史真理任何时候都不能忘记。"胡锦涛同志也在 2003 年"三个代表"重要思想理论研讨会、党的十六届三中全会上多次阐述了人民观点。① 党的十七大正式将"以人为本"明确为科学发展观的核心,对"以人为本"的理念也第一次有了比较系统的论述。可以说在这一发展阶段,中国革命时期和初步探索时期形成的群众路线进一步得到深化,引入"人民"概念的同时,深刻强调了人民群众作为立国之本的重要地位,党和政府执政公信力的建立及工作能否顺利开展也取决于人民的要求和愿望能否得到满足。而从这个逻辑基点出发,为了保证人民群众的"本"的地位,必须要解决如官僚主义、形式主义等一切亟待解决的问题,这也是"以人为本"的必然要求。

3. "以人民为中心"

党的十八大之后,在新的发展时期,"以人为本"的理念继续发展深化,党的十九大报告强调:"必须坚持以人民为中心的发展思想""人民是历史的创造者,是决定党和国家前途命运的根本力量"②,"以人民为中心"的思想即是要维护人民根本利益,尊重人民要求和意愿,坚持人民主体地位并积极发挥人民的创造精神,在新时代继续践行全心全意为人民服务的根本使命。可见,在党的十八大以后,"以人为本"的概念解读更加深刻清晰:以人为本,就是将人民群众置于一切工作开展的中心,并且在工作开展的过程中要与人民建立高效的沟通机制,使人民群众的诉求第一时间被党和政府获悉,并以此为抓手践行为人民服务的宗旨。③ 习近平扶贫重要论述既是对马克思主义反贫困理论的

---

① 李金和. 马克思主义价值理论与和谐社会价值观建设 [M]. 北京:知识产权出版社,2016:140.

② 十九大报告全文 [RB/OL].[2018-03-13]. http://sh.people.com.cn/n2/2018/0313/c134768-31338145.html.

③ 习近平新时代中国特色社会主义思想研究中心. 重温党的历史牢记初心使命 [N]. 光明日报,2019-08-14(5).

丰富，也是对中国特色反贫困道路的创新，更是打好脱贫攻坚战的根本遵循和行动指南。习近平扶贫重要论述明确了：到2020年，在现行标准之下的全部贫困人口都要脱贫，所有贫困县都要摘帽，完成彻底解决区域整体贫困的问题。习近平扶贫重要论述的核心内容可以概括为"六个精准"，重点实施"五个一批"工程，力求解决"四个问题"[①]，各项举措均贯彻以人为本的发展理念，各项问题的提出均以人民为出发点和落脚点。习近平同志在"不忘初心、牢记使命"主题教育工作会议上的讲话中也提到了开展此次主题教育活动"是保持党同人民群众血肉联系的迫切需要"，也表达了中国共产党"来自于人民，为人民而生，因人民而兴"，党的一切工作是为了"实现好、维护好、发展好最广大人民根本利益"，以及"人民是历史的创造者、人民是真正的英雄"。[②] 新时代人民群众的地位随着理论发展进一步凸显，至此，"以人为本"的理论随着中国共产党的发展形成了相对完整的理论脉络，并且其必然会随着党的发展而不断与时俱进。

三、反贫困中的群众主体

1. 反贫困中人的核心地位

在人类社会发展更迭的过程中，人类创造了丰富的物质财富和灿烂的文化，但人类的发展史同时也是一部人类与贫困斗争的、到现在还未完结的巨著。由于社会是人的社会，所以在理解贫困和反贫困概念的过程中，人占据着唯一的关键位置。如果将贫困理解为因发展障碍等其他因素导致的生存危机或困境，那么这场生存危机或困境的主角就是人。

而历数世界衡量反贫困成效的数据，无论是人均GDP还是基尼系数，还是婴幼儿死亡率、受教育程度或者预期寿命，都是对一个人或者一群人的衡量。在中国，反贫困工作一般被称为"扶贫"，旨在帮

---

① 刘永富.以人民为中心发展思想的生动展现[N].光明日报，2019-10-17（11）.
② 习近平.在"不忘初心、牢记使命"主题教育工作会议上的讲话[J].求是，2019(13).

助贫困地区和贫困家庭发展经济与生产从而助其摆脱贫困。这种贫困的摆脱既意味着收入的提升,也着眼于对于贫困地区基础建设的发展以及社会福利等多方面成体系的建设和提升,更强调贫困人口对这些发展的主观感受。所以人在反贫困事业中居于核心地位,反贫困工作的一系列目的的最终结合点也是人。

贫困人口是扶贫工作的对象和客体,即所有扶贫工作都要围绕贫困人口展开,但同时应当注意,贫困人口亦是扶贫工作的主体,是扶贫工作能否取得成效的决定性因素。扶贫工作若没有贫困人口的积极参与,其举措和政策则很难取得良好效果,也无法真正实现脱贫。这就意味着在扶贫工作的任何环节都不能忽视贫困人口的实际需求,而且要将他们吸纳到扶贫工作中。贫困人口是扶贫工作的重要参与者,是至关重要的一部分,因为他们既是各种扶贫政策的服务对象,更是脱贫项目的实际执行人,也是脱贫帮扶资金的使用人;既是各种扶贫资源的接受者,又是多种独特资源和技艺的所有者。因此,在扶贫工作中,充分激发和利用贫困人口的主体作用,完善而翔实地了解作为客体的贫困人口的实际情况,对于提升扶贫工作的成效具有决定性影响。

2. 反贫困的价值倾向是以人为中心

中国反贫困事业中始终以贫困人口作为全盘工作开展的中心点,一切工作也从贫困人口的根本利益出发,并根据贫困人口的具体情况制定和调整反贫困政策。在历史各个时期,中国反贫困事业的开展都遵循这个原则,并将以人民为中心作为其价值倾向。以中国的贫困识别标准的计算方法为例,明确确立 2 100 大卡的必须营养标准,将标准细化为个人营养摄入量的同时根据必须营养标准的食品价格和消费来划定食物贫困线。[①] 由此可见,中国的反贫困事业实际上是将人作为工作的中心,是为了从根本上改善贫困人口的生存状况,并确保贫困人口的积极发展直到彻底脱贫,增强人民的获得感和幸福感的同时也

---

① 韩俊.韩俊:关于打赢脱贫攻坚战的若干问题的分析思考 [EB/OL].[2016-09-12]. http://theory.people.com.cn/n1/2016/0912/c40531-28708629.html.

能进一步促进反贫困事业开展，从而使脱贫事业从返贫现象中解脱出来转入良性发展的轨道。

从中华人民共和国成立之初的救济工作到改革开放后正式确立贫困人口标准，再到现如今的精准扶贫，贫困标准线不断提升的同时，反贫困工作力度和范围也在不断加大和扩大。中国反贫困事业之所以取得成就的重要原因就是其出发点和落脚点的正确与稳固。

3. 中国反贫困工作践行以人为本

从2013年开始精准扶贫，到2015年中国中央扶贫开发工作会议的召开，对脱贫攻坚进行专门的部署，正式对脱贫攻坚宣战以来，对"以人民为中心"理念的践行就一直在路上，脱贫攻坚工作的评价标准与贫困人口的挂钩也日趋紧密。

贫困地区发展方面，2016年、2017年和2018年中国相继有28个、125个和280个左右的贫困县摘帽，[①]2019年则有340个左右贫困县摘帽[②]，并计划在2020年全部摘帽。从数据来看，进入精准扶贫以来，每一年摘帽的贫困县较上年在数量上都有提升，扶贫效率的提高说明扶贫工作方法的进化，而这些方法的归纳必然是在与贫困群体充分接触的基础上进行的。

减贫人口数量方面，进入精准扶贫的6年来，中国的反贫困工作取得了举世瞩目的巨大成就，累计减贫人口达8 239万人，年均减少贫困人口1 300多万，贫困发生率从2012年的10.2%下降到2018年的1.7%。[③]返贫人口统计方面，2016年，全国返贫人数为68.4万人，到2018年则大幅下降为5.8万人，贫困发生率下降到1.7%，[④]而2019年，农村贫困人口再度减少1 109万人，贫困发生率为0.6%，比上年再度

---

① 李慧. 2018年全国预计减贫1 000万人以上[N]. 光明日报，2018-12-30（4）.
② 数据来源：国家统计局. 政府工作报告[EB/OL].[2020-05-22]. http://www.stats.gov.cn/tjgz/tjdt/202005/t20200522_1747505.html.
③ 数据来源：国家统计局. 新中国成立70周年经济社会发展成就系列报告之十五[EB/OL].[2019-08-12]. http://www.stats.gov.cn/tjsj/zxfb/201908/t20190812_1690526.html.
④ 蒋永穆，卢洋. 新中国70年的减贫事业[N]. 光明日报，2019-07-05（11）.

下降 1.1 个百分点，①显示出较高的减贫工作实效。贫困发生率和返贫人口的不断下降从侧面体现出精准扶贫的精准特性，迎合不同群体的致贫原因提出因地制宜、因人而异的扶贫方法，这同样是对以人为本的充分践行。

收入情况方面，到 2019 年，全国贫困地区农村居民人均可支配收入达 11 567 元，比上年增长 11.5%，扣除价格因素实际增长 8.0%。"小康不小康，关键看老乡"，贫困群众可支配收入的增加、人均工资性收入的提高和其作为贫困地区群众收入主要来源的地位保证了贫困群众生活质量的稳健提升，这是以人为本理念积极践行的重要反馈。

第二节　从"要我"到"我要"

一、"要我"态度的成因

反贫困工作难以开展的原因是复杂的，加上中国领土幅员辽阔，贫困人口的居住地区分散于全国各地，各区域贫困程度和原因各有不同，虽然中央和地方政府积极努力，但成效却十分有限。往往存在的情况是：扶贫的工作就像一阵风一样，风吹来的时候，人民群众的生活水平得到了一些提升，但等到这阵风过去，贫困人口又回到之前的贫困生活。例如，各级基层扶贫工作组织为了提高短期脱贫的效率，普遍重视对贫困个体的集中"输血"，而忽略了对贫困人口"造血"功能的培养；突出了量化考评，却没有重视到扶贫开发具体工作的细节；对贫困人口采用"大水漫灌"②的方式扶贫，从而一定程度上忽视了贫困人口的个体差异等。而且因为中国贫困地区呈散点状分布，故

---

① 数据来源：国家统计局．盛来运：稳中上台阶 进中增福祉 [EB/OL]．[2020-02-28]．http://www.stats.gov.cn/tjsj/sjjd/202002/t20200228_1728918.html.

② 庞柏林．中国扶贫开发中返贫问题研究 [J]．商业经济，2019（1）．

而返贫现象也呈现出明显的地域性，如西部地区因多方面原因导致有的地区返贫率高达20%，个别省份的净脱贫人数甚至是负数。[①] 这些扶贫工作虽然可以在短期内使群众的生活水平有一定提高，但长期来看却很难致富，甚至有返贫人口不降反增的情况出现。

> 新疆生产建设兵团第三师四十九团早些年的扶贫工作主要以"输血式"为主，其"输血"扶贫虽然在早期的效果与投入成正比，且见效极快，但随着时间推移，就出现了每年都基本上有1/3的脱贫户在次年重新返贫的怪现象。
>
> 四十九团五连的维吾尔族职工买买提·吐逊一家共5口人，生活极度贫困。团里曾连续三年对其进行帮扶工作，但一家人的生活始终没有得到根本性的改善，也没有真正脱贫，一部分原因就是早期团里采取的扶贫方式主要是"输血式"扶贫。如2011年吐逊的妻子生病住院需要进行手术，团里为其筹措捐款1.2万元，并在平时发放救济粮油等生活必需品；2013年由于棉田产量较低，生产收益不足，团里又为其免去了一年的水费和土地承包费用，并为其垫付了化肥费；基本在每年除夕前夕团里还会送去扶贫的慰问金和生活用品等；2014年为了帮助其家庭提高生产能力，团里为其争取了2.5万元的贴息贷款助其购买了30只羊，但半年后，团里却发现羊仅剩下十几只了，因为吐逊的脱贫意识较弱，饲养和管理羊群的能力也需要进一步提高，所以这些羊有的病死了，有的被宰杀掉用于日常饮食了，也有一些因为急需用钱被卖掉了。
>
> 这固然是因为在扶贫过程中没有充分重视对贫困人口的内生动力的培养导致的，对于贫困人口也没有进行充分调查，以便对他们采取适当的扶贫方式，所以"输血式"的扶贫方法，固然可以短期提升贫困人口的生活质量，但并不具有可持续发展性。这

---

① 张珺. 当前中国农村返贫现状与问题分析 [J]. 中国管理信息化, 2011.

> 就是扶贫工作落实充分导致的返贫现象产生的重要原因。
>
> 资料来源：何志江.从被动"输血"到主动"造血"——新疆兵团第三师四十九团扶贫开发工作综述[J].中国农垦，2015（11）.

针对返贫现象，其产生的主要原因可以归纳为以下三个方面。

1. 基层扶贫工作流于形式

在早期的以项目为中心的开发式扶贫工作中，贫困人口往往并没有被当成脱贫的主体，而是充当扶贫项目或工程的劳动力。在这些注重"输血"而忽略"造血"的脱贫工作中严重忽略贫困人口的自身发展问题，就会导致扶贫的"可持续性"指标被忽视，从而导致"数字化扶贫陷阱"（在扶贫治理效果评估环节出现扶贫数据和资料虚假、随意等形式主义）、"军令状扶贫陷阱"（受政治压力和官僚作风影响所形成的"纸上扶贫"，实际上扶贫工作并没有充分落实）、"扶贫机会成本陷阱"（在扶贫治理中因效率缺乏而造成的扶贫资源浪费或机会成本过大）[①]等不良后果，这种仅仅流于表面而没有深入到贫困人口中，且缺乏连续性的扶贫工作也为返贫现象的产生埋下了隐患。

2. "以人为本"理念落实不到位

政府主导、群众参与的扶贫模式主要目的是通过政府的正向引导提供政策宣传、引导规划、技术指导和提供全方位市场信息等方面服务。但在早期区域经济增长战略思想的指导下，扶贫工作服务的对象往往只对接到县一级，即贫困县是中国扶贫工作的主体对象，这固然是因为中国扶贫机制还在发展过程中，但也说明此时扶贫工作并未真正聚焦贫困群众。扶贫活动以县为对象，并主要以人均收入水平作为考察标准，这在一定程度上诱导了贫困地区及扶贫目标向本地区经济总量增长偏移，而不是贫困人口的脱贫。[②]这就导致群众在参与扶贫项目时往往消极被动、缺乏干劲，进而导致自身得不到发展。这些情况的出

---

① 李全利.扶贫治理的"四大陷阱"及现代化转向[J].甘肃社会科学，2018（2）.
② 余华银.论我国扶贫战略的误区[J].农业经济问题，1998（9）.

现很重要的原因是在扶贫过程中没有充分与人民群众对接，也在一定程度上体现了对"以人为本"理念落实的不到位。而也正因为缺乏群众力量，扶贫工作的整体效果往往得不到预期。

3. 贫困人口知识教育和人文关怀的缺失

由于贫困人口的文化技术水平受贫困地区教育环境较差等因素影响，致使其缺乏广泛就业的能力。而在较长的一段时间内，贫困人口往往自带标签，不被理解，遭到歧视。而且一些扶贫工作中，对于性别、年龄等差别的区分造成工作也没有充分落实，这就是没有充分重视对贫困人口的教育和人文关怀缺失所导致的必然后果。

由于扶贫工作上述方面开展得不到位，加上贫困地区群众自身存在的"惰性"，在中国的早期扶贫工作中，"要我"脱贫成为一种特殊的消极现象，即贫困群众对待扶贫工作不配合，仿佛扶贫工作并不能解决其生活困难且帮助其发展的现象。"要我"脱贫的情况中政府的扶贫工作往往收效甚微，贫困群体的生活也很难得到改善。消极的"要我"态度之所以在贫困人口中存在的原因可以归结为：针对贫困群体开展的扶贫工作没有真正贯彻"以人为本"的理念，致使群众的参与感、获得感、满足感不强，部分贫困人口中出现了"等、靠、要"现象，及"有体力、无能力"等情况。这种困境的解决必须依靠"以人为本"的理论的充分践行。

二、从"要我"到"我要"的转化路径

针对贫困人口存在的"要我"现象，如何将贫困群众从被动的状况中解脱出来，并激发动力让他们成为扶贫工作的主人翁就被提上了日程，而"要我"也亟待转化成"我要"。"我要"脱贫，就是要求贫困人口充分建立脱贫志向，开始自觉有意识地进行自我发展。"我要"体现了扶贫工作从"输血式"向"造血式"的转化，在充分重视不同贫困人口的特性的同时，深入挖掘其致贫原因并提出对策，真正将扶贫工作聚焦群众。

正如党的十九大报告指出的,以群众为出发点,就是要重视扶贫与扶志、扶智的紧密结合,这既是对"等、靠、要"现象的积极回应,也开始真正触及反贫困的本质问题——帮助贫困群体本身发展。扶贫工作逐渐深入实际,充分分析中国不同地区的自然禀赋和贫富差异的差别,从而提出因地制宜、因人而异的以人为本的扶贫方式。

> 四川省德阳市东潮村在对口帮扶98户贫困户的过程中,充分重视了如何让贫困户转变思想并充分培养其致富的观念的问题。
> 　　近年来,德阳市组织东潮村的专业合作社成员和贫困户分别到各地蔬菜专业合作社、水果专业合作社种植基地、果蔬集配中心、国家水产养殖示范区及鱼苗养殖基地等地方进行参观学习。通过学习,东潮村农专社获得了宝贵的养种植经验,并通过比较筛选找到了适合自身发展和摆脱贫困的道路。
> 　　此外,因为东潮村拥有相对优越的地质资源,并且土壤十分肥沃,是四川省农科院试验田的大米培育基地。当地的很多农民因地制宜,选择种植袁隆平精培的谷种,由于这种大米十分契合东潮村的土壤,因此形成了"旌益态"的大米品牌,在德阳旅游商品大赛中荣获二等奖。在此基础上,德阳市充分调动工商职能,指导东潮村大米农专社注册了商标,并鼓励农专社保证"谷种统一、种植方法统一、精细加工统一、销售方式统一"的四个统一原则,保证大米的生态有机、无公害的质量,逐步推动"旌益态"大米品牌的规范和产业化的同时也充分吸收贫困群体参与到农专社的工作中,为脱贫致富开辟了一条全新可持续的发展道路。
> 　　德阳市的扶贫干部还深入帮助贫困群体,采用"认对结亲""一月一访"的帮扶方式,通过给贫困户发放标注帮扶干部联系方式、姓名和职务的"连心卡",让贫困人口与扶贫干部紧密相连,扶贫干部也会在逢年过节去贫困户家中拜访并送上适当生活资料,更重

> 要的是要在务农工作时给予帮助，通过一同劳作，充分沟通，培养起贫困人口的脱贫志向，全面激发贫困群体的内生动力，实现了扶贫与扶志相结合，推动贫困户从"要我脱贫"向"我要脱贫"转变。
> 　　正是通过对扶贫群体脱贫志气的培养，贫困群体的内生动力也在此过程中被充分激发，脱贫积极性也必将进一步加强。
> 　　资料来源：陈晓霞."要我脱贫"变"我要脱贫"[N].德阳日报，2018-08-17.

1. 扶贫与扶志

习近平总书记在湖南考察时曾说："脱贫致富贵在立志"，这凸显出，脱贫志气的培养是扶贫工作的重要组成部分。可以说，扶志既是提升贫困群体思想水平和改变思维方式的重要实践，也是改善贫困人口生活模式和将先进文化注入贫困地区的积极探索。[①]

扶志即帮助贫困人口树立摆脱贫困的志向，从不具备脱贫自主性和积极性的"意识贫困"怪圈中走出来，也是对贫困文化[②]即贫困群体中滋生的维护自我精神的有别于主流生活态度和生活方式的精神文化体系的消解。"扶志"工作应围绕贫困群众的思想、观念、自信、意志展开，帮助他们树立脱贫理想、脱贫决心和脱贫志气，让群众主观上逐渐摆脱贫困，然后再与扶贫实践相结合，让群众真正地参与到扶贫的工作中，达到永久脱贫的目的。脱贫志气的建立有助于激发群众参与实践活动的积极性，并使之具备艰苦奋斗的精神和自强不息的勇气，从而根除"等、靠、要"的思想，真正克服困境，走出贫困。

党的十九大之后，负责扶贫工作的基层部门对于贫困群体脱贫志气的培养进行了积极的探索，通过成立扶志专项基金、结对帮扶等方式逐步引导群众树立脱贫志气。扶贫干部还与贫困群体结成帮扶关系，

[①] 景星维.论扶志的科学内涵、基本矛盾与实践创新[J].社会科学研究，2019（5）.
[②] 田丰韶.文化振兴视角下扶贫扶志理论思考与政策创新[J].改革与开放，2018（19）.

使干部和群众能够高效沟通。

沟通渠道和交流体系的充分建立使政府和人民能够真正做到"心连心",政府能够快速了解人民的脱贫需要,群众也能够第一时间反映脱贫工作进程,从而帮助政府改善工作方法。而在反馈过程中,群众参与脱贫工作的积极性也将进一步提高,从而达到从"要我"到"我要"的积极转变。

2. 扶贫与扶智

习近平总书记在河北考察时曾表达了"治贫先治愚"和"把下一代的教育工作做好"的重要意义,并着重强调:"把贫困地区孩子培养出来,这才是根本的扶贫之策。"[①] 贫困的代际传递是代际效应和代际壁垒在贫困问题中的重要表现,也是贫困不能根除的一大弊病。因为在人类发展过程中,后一代的发展往往受上一代影响较大,且很难摆脱上一代的社会特征,这种影响在贫困地区和贫苦群体中表现则更加明显。这种贫困的代际传递的产生原因既有教育因素,也受教育资源不平衡等方面的局限制约。

"能力贫困"是贫困发生的因素之一,是指贫困人口因能力不足引起社会资源获取等方面缺陷导致的贫困发生。由此可见"能力扶贫"的原始成因是贫困人口自身的能力不足,这种能力不足既有历史原因,也与地区发展的不平衡不充分息息相关,而解决"能力贫困"既要在社会资源的分配上对贫困群体进行倾斜,更重要的是对贫困人口本身能力的发展提高重视。

湖南出台扶贫扶志扶智 12 条

2019 年 10 月 9 日,湖南省扶贫开发办公室下发了《关于深入开展扶贫扶志扶智行动的实施意见》(以下简称《实施意见》),积极开展扶志和扶智教育,推出 12 条措施,旨在充分激发贫困人口内生动力。

---

① 习近平.做焦裕禄式的县委书记[M].北京:中央文献出版社,2015:24.

> 这12条措施包括加强技能培训、改进帮扶方式、促进贫困群众稳定就业、开展扶志教育、强化示范引领、引导贫困群众发展产业、倡树文明新风、夯实基层组织、加强组织领导、壮大集体经济、加大文化供给、加强不良行为惩戒。举措要求开展扶志教育必须运用"村村响"等教育平台,在宣传中央脱贫攻坚决策部署的同时,通过"讲习所""农民夜校""道德讲堂"等渠道,在充分发挥党员干部积极作用的基础上开展扶志、扶智教育。
>
> 《实施意见》要求,加强贫困地区带头人的培养,充分提高利益关联程度,推动消费扶贫和产业扶贫,充分促进贫困群众就业并保证就业的稳定性。此外,还要树立典型,增强先进脱贫人口的引领示范作用。加强干部队伍建设。广泛开展文明村镇、文明家庭创建,倡树文明新风等。而通过一系列扶志和扶智举措,能力贫困和贫困代际传递等问题也在一定程度上得到缓解。
>
> 资料来源:奉永成.湖南出台扶贫扶志扶智12条[J].湖南农业,2019(12).

扶智就是通过知识、技术的引进,对贫困人口,特别是对于青少年进行从学历、职业和社会等多个维度入手的教育,全面提升贫困人口的知识储备、实践技巧和劳动能力,并引导贫困人口养成成熟的思维方式,使其具备独立思考能力和实践能力,并培养良好的工作态度。从而妥善解决贫困的代际传递和因能力缺失而导致的贫困。

三、从"要我"到"我要"的转化重点

为了使贫困群众达成由消极被动到积极主动的态度转变,必须加强对贫困地区和贫困人口的调查研究,采取因地制宜、因人而异的创新扶志和扶智的新模式。在近几年的脱贫攻坚战中,扶贫与扶志、扶智相结合的工作在各地生根发芽,举措包括宣传中央政策、开展文化

教育、农业向知识技能下乡、高等院校向贫困地区倾斜招生、优秀企业家和脱贫致富带头人带领群众脱贫等。而为了进一步促进从"要我"到"我要"的转化，让扶志与扶智真正融入扶贫的群众工作中，就要注重转化路径中的重点。

1. 价值引领

对贫困人口的思想和价值观引领是使贫困群众主观脱贫的重要举措，也是从根本上摆脱贫困的重要保证，因为只有在政府的引领下使群众建立正确的价值观，后者才能成为脱贫事业的一分子，发挥自身的主体力量。为了确保脱贫攻坚的有效推进，必须视贫困群体为"争取对象"。实现扶贫工作与贫困群众"双贴近"的同时，提高群众对扶贫工作的价值认同，保证群众参与过程中的"参与感"和"获得感"，充分引领贫困群体的价值观塑造并形成"主人翁"意识。[1] 通过宣传国家扶贫政策和摆脱贫困的价值追求加强贫困群众的思想建设，改善其思维观念，提高其价值认知，使其树立脱贫决心、信心和恒心，并培养其自尊、自立、自强的积极态度，才能从根本上消除"等、靠、要"的不良现象，真正变"要我"为"我要"。

2. 教育建设

习近平总书记曾强调："把贫困地区孩子培养出来，这才是根本的扶贫之策"[2]，可见教育是解决贫困问题的关键一环，脱贫攻坚战的全面胜利必须借助贫困地区教育发展的深入推进。在让贫困群众接受良好教育、阻断贫困代际传递的同时，也要促进贫困地区教育水平的全面提高，使贫困地区教育制度化、广泛化，逐步提高贫困人口的综合素质，并通过教育促进"我要"态度深入人心。[3]

同时，要促进富裕地区带动贫困地区发展，鼓励青年教师积极参加支援贫困地区的教育和教学管理工作，让贫困地区的新一代尽可能获得较高水平的教育。要以义务教育为依托，全面深化教育扶贫政策，

---

[1] 黄叶军. 增强贫困群众"主人翁"意识 [N]. 海南日报，2020-01-07（4）.
[2] 习近平. 做焦裕禄式的县委书记 [M]. 北京：中央文献出版社，2015：24.
[3] 包蕾萍. 阻断贫困的代际传递 [N]. 社会科学报，2019-12-19（3）.

逐步降低贫困地区义务教育阶段辍学率，并进一步提高贫困地区义务教育质量。以贵州省为例，其在充分发挥教育引导扶贫工作上主要采取易地搬迁扶贫与精准培训并举的方式，具体包括引导搬迁群众参加就业推介会并在聘用后有针对性地进行培训，这种被称为"订单培训"[①]的脱贫方式既能够充分发挥不同贫困人口的特性，也具有脱贫的高效性。在这种高效的教育行动下，2019年1月至9月，贵州省建档立卡贫困人口的劳动力技能培训人次达39.13万，培训后实现创业或就业人次达26.05万；易地搬迁劳动力技能培训人次达12.94万，培训顺利就业创业人次达8.57万。[②]

3. 文化滋养

文化建设也是扶贫工作中需要注重的方面，精神文明建设能够充分强化贫困群体的主体意识，使"我要"成为一种积极向上的文化品牌。以文化滋养贫困地区是扶志和扶智的重点工程，要持续推进贫困地区精神文明建设，提升贫困人口精神风貌，倡导科学文明生活，提高贫困地区社会文化水平。要积极推动贫困地区公共文化服务体系形成发展，并逐步增加文化供给，为贫困群众提供高质量的精神营养。完善基层文化工作者的培养和工作机制，积极鼓励文化工作者深入脱贫攻坚战前沿，并通过培养、带动本土群众，逐步缓解贫困地区文化工作者的短缺。

而除了对贫困人口的精神文明建设，贫困地区的文化产业发展也是文化滋养的重中之重。2020年1月8日，文化和旅游部与国务院扶贫办印发通知表示："支持各地特别是国家级贫困县以传统工艺为重点……帮助贫困人口学习传统技艺，促进就业增收，巩固脱贫成果"[③]，充分体现了文化扶贫的重要意义。近几年，文化和旅游等相关部门着

---

① 陈良波，覃淋. 技能扶贫激发贫困群众内生动力 [J]. 当代贵州，2019（47）.
② 桂仁轩. 贵州省农民全员培训三年计划渐入佳境 [EB/OL].[2019-10-16]. http://gz.people.com.cn/n2/2019/1016/c194827-33439879.html.
③ 周玮. 文化和旅游部、国务院扶贫办大力推进非遗扶贫就业工坊建设 [EB/OL].[2020-01-09]. http://www.xinhuanet.com/culture/2020-01/09/c_1125437698.htm.

力推动"非遗＋扶贫"的文化推广和扶贫攻坚的关联发展，重点发挥文化在"扶志"和"扶智"工作中的滋养作用，也力图用文化产业发展带动区域经济向前，为脱贫致富寻找新的出路。仅2019年一年，全国就推动了393个国家级贫困县和150个省级贫困县发展非物质文化遗产工作，带动了20万建档立卡贫困户成功脱贫。①

4.科技扶贫

科技扶贫最早是科学技术部（原国家科学技术委员会）于1986年提出并实施的重要扶贫举措，是挖掘贫困区域资源禀赋、提升贫困群体内生动力的扶贫途径之一，②是中国政府开发扶贫的重要组成部分。如今为帮助现阶段贫困地区发展，应继续探索形成科技扶贫模式，推动当地产业转型和脱贫增收。也只有让贫困群众掌握了科学技术，"我要"脱贫才不是一句空话。2020年，精准扶贫进入攻坚决胜期，切实增加农业技术推广并增强服务供给、依靠科学技术推动贫困地区发展特色且具有优势的产业，是带动贫困户脱贫致富的有效途径。

但应该注意到的是，多数贫困地区农业技术推广服务供给羸弱，基层机构体系建设与脱贫攻坚的要求还有明显差距。③要重视贫困地区科技水平和人才结构不平衡的问题。科技扶贫要以市场为导向，以科技为先导，强调自我发展的同时，完善科技服务网络体系，使贫困地区能够接触到先进科学技术并与本地区资源开发相结合，逐步实现自我发展。同时要讲求两点论和重点论的统一，重点扶持贫困地区的部分企业率先发展，给予其市场准入、电商服务等政策并引进成熟适用的技术相配合，发展本地区特色产业。2017年起，天津农业科学院就带动成立了6个产业技术体系，并聘用了5名学者作为首席专家领衔5个产业技术体系，此外还有100余名作为岗位专家的科研人员参与

---

① 潘铎印.打赢脱贫攻坚战"非遗＋扶贫"大有可为[J].青海党的生活，2020（2）.
② 张瑞玲，张淑辉.科技扶贫的作用机理研究[J].乡村科技，2018（22）.
③ 佚名.强化产业扶贫科技支撑助力贫困农户脱贫致富——专访农业部科技教育司司长廖西元[J].农民科技培训，2017（10）.

科技扶贫。2018 年天津农科院更以在国家和天津市推广项目为契机，引进新品种 59 个，推广新品种 34 个；引进新产品 1 个，开发新产品 15 个；引进新技术 5 项，新设备 1 个；制定并实施新技术规范 23 项；种植业推广面积 142 463 平方百米，养殖业推广面积 14 800 平方百米；新增经济效益 43 525.3 万元。① 这充分体现了科技扶贫的可行性和高效性。除了推动科学技术带动农村农业技术发展，还要通过积极鼓励科技工作者扎根贫困地区，与当地社会力量及贫困群体深度合作，形成利益共同体，实现双赢成果。

第三节　从自主到自觉

一、自主

1. 群众自主

自主是指人能够充分发挥主观意愿进行思考和实践，并且能够为自身行为负责的态度和表现。自主的行为主体涵盖范围广泛，包括个人、群体、组织等，具体表现为能够自由表达意志、独立作出决定和自行推动行动进程等。② 作为人的集合体，群体的自主性主要体现于群体决策能动性的发挥，即能否就某问题表达其群体意志。在脱贫攻坚战中，群众自主就是在扶贫工作中，群体能够积极发挥主体决策能力，能够结合自身提出对本群体负责的发展方向和模式，且能够正向促进发展进程。

---

① 段骅，王春敏，兰璞. 天津市农业科学院科技支撑精准扶贫实践与启示 [J]. 农业科技管理，2019（38）.
② 马衍明. 自主性：一个概念的哲学考察 [J]. 长沙理工大学学报（社会科学版），24（2）.

2. 反贫困工作中的群众自主

自主性是人格独立的重要标志，就扶贫工作而言，群众自主性是本地区自立发展的重要依托。一个地区的群众只有具有自主的精神风貌，才能充分促进本地区的经济、文化、社会的全面发展，扶贫攻坚工作才能充盈无限活力。深化扶贫工作中群众的自主精神就是使贫困地区的人民摆脱糟粕的"等、靠、要"等思想观念的影响和限制，让他们真正挺起自立的脊梁。习近平总书记认为，群众参与是扶贫工作的基础，必须积极组织贫困群众自力更生、艰苦奋斗，引导发挥群众的自主性，从而从根本上杜绝"干部干，群众看"的不良现象，可见重视群众主体作用的重要意义。为了充分解决能力贫困所导致的贫困群体在社会资源的获得机会、能力的缺失等问题，必须建立健全贫困人口发展机制，充分凸显群众在扶贫工作中的重要作用。

要培养贫困群众的自主精神，解决能力贫困问题，既要健全落实反馈机制和与外界信息交换的渠道，也要加深贫困群体内部的良性交互。具体举措可归纳为以下三个方面进行展开。

（1）建立群众自主评议机制，培养群众参与决策。扶贫工作的开展要时刻注重群众的自主意见。通过健全群众对扶贫工作的自主评议机制，帮助群众树立主人翁意识，积极参与脱贫攻坚战的自主决策机制，从而使决策更加贴合群众意见，有利于从源头上发现并解决问题，且使政策方法更容易落地，也为扶贫工作提供更多可能性。各项扶贫工作都要围绕贫困群众的需求展开，并引导群众自主探索扶贫新方法。故而要通过建立信访窗口、设立网络站点、热线电话和电子邮件等多种方式让群众有更多的渠道能够自主参与到扶贫工作中来，通过反映情况、表达自身意见、呼吁解决问题等方式对本地区的脱贫发展产生积极影响，并进一步促进群众自主性的提高。此外还要充分建立政府的调研体系，作为政府充分了解贫困群体特征及需要的重要窗口，政府调研与群众自主评议机制要协调配合形成双保险，进而也能双向反馈、协同发展。

2016年，宜宾市珙县在建立群众自主评议机制的基础上，充分发挥了政府调研体系作用，通过政府引入第三方社会调查服务机构，对贫困人口脱贫情况和扶贫工作情况进行了社会评议调查，在准确定位调查目标的同时，更形成了系统科学的调查编制和机构，用真实数据促进群众反馈的有效性。

为全面、准确、真实、客观地评价脱贫攻坚工作成果，建立科学有效的贫困户脱贫机制，宜宾市珙县县委、县政府引入第三方社会调查服务机构，对2016年贫困户脱贫解困工作开展社会评价调查，以社会和群众的评价作为评判脱贫攻坚工作成效的依据，为全县的脱贫攻坚工作收集整理了第一手真实准确的数据资料，为县委、县政府决策提供了强有力的科学依据和信息支持。

此次社会评价调查紧紧围绕珙县2016年拟脱贫的贫困户脱贫退出标准，准确测算拟脱贫人口当年人均纯收入情况，重点调查能否如期实现"两不愁、三保障"和"四个好"的脱贫目标，使调查工作有极强的针对性和操作性。评价调查工作共有20人参与，历时20天，通过对全县2016年拟退出的2 000户贫困户、6 600名贫困人口开展全覆盖脱贫退出社会评价调查，并测算出相应的人均纯收入，真实准确地反映了每名贫困户的基本状况及能否达到脱贫解困目标。

各项指标的设置既考虑到了全面评价2016年拟脱贫贫困户退出和脱贫攻坚工作成效的需要，又尽可能考虑了群众、村社干部、第一书记对精准扶贫精准脱贫成效感知度、知晓度的实际，保证民意调查的成功率和准确性。在调查开展过程中，第三方调查机构还将根据珙县实际对各项指标进行调整，确保调查内容的针对性和实效性。这正是政府调研与群众自主评议机制体系建设的重要尝试。

资料来源：胡欢.珙县全面建立群众说了算评价机制[EB/OL].[2016-11-01]. http://www.ybxww.com/news/html/201611/248632.shtml.

（2）配强带头人，营造团结氛围。发挥群众自主性的前提是形成团结的群众主体，这也是脱贫攻坚工作形成群众力量的重要保证。而正确的干部选拔和任用是促进形成团结群体的重要方式，也有助于引导群众形成群体意志。在干部的带动下，可以积极推动贫困地区基层党支部建设和自治机制的形成，并引导形成扶贫工作公开透明化的工作模式。同时也要加强对干部的监督，遏制扶贫工作中的不正之风，可以通过完善扶贫申诉机制和中央巡查制度来促进群众群体中每个个体的公平公正地位，从根本上形成干部和群众一心一体的团结队伍。

（3）加强典型示范引领。在选好配强带头人、用干部引导群众形成自主意识的同时，通过对身边人或者"脱贫先锋"的积极宣传促进群众自我意识的觉醒，也能促进贫困群众真正形成"比学赶超"的进取精神，自觉形成自主意识，提升自我素质，克服自卑和消极心态，从而使自主意识生根发芽。

由国务院扶贫办、全国工商联共同主办的"中国社会扶贫创新行动优秀案例推介会"17日在京举行。此次会议旨在总结新阶段扶贫开发的创新经验，通过评选挖掘出优秀的社会扶贫典型案例，动员更多的社会力量参与扶贫开发。

广东省规划到户、责任到人"双到"扶贫开发，交通运输部定点扶贫阿坝州，上海市对口帮扶云南，华润集团共建希望小镇，湖南省开源集团参与武陵山片区扶贫开发，浙江省丽水市来料加工扶贫，清华大学教育扶贫和四川省嘉陵区融入儿童视角综合扶贫等8个案例分别代表了定点扶贫、东西扶贫协作、企业和社会组织参与扶贫等不同形式，会上也就各种扶贫形式进行了深入的经验交流。

据悉，国务院扶贫办从2012年开始启动实施"中国社会扶贫创新行动"，经过广泛征集案例和组织专家认真评审，共评选出100个社会扶贫创新案例。这些案例具有代表性、创新性和推广价值，为形成新一轮社会扶贫参与热潮提供了很好的思路。通过充分挖掘优秀的扶贫典型案例、树立模范典型在社会进行全面推广，从而感染贫困地区和群众积极投入脱贫事业。

资料来源：赵婧.100个全国社会扶贫创新案例总结推广[N].光明日报，2013-09-18（10）.

（二）自觉

1. 群众自觉

自觉是指人通过发挥主观能动性产生的意识或感觉，可以理解为自我发现和阐发意识的自我解放。它是人类在进化中否定之否定的发展内外矛盾关系而获得的基本属性，是人一切实践行为的本质规律和"回归曲线"，是有意识地维护和发展自我本体的人格基本属性，是创造自我的基本规律。如果脱贫工作中的群众自主是人民群众开始探索如何通过自身力量走好脱贫之路，那么群众自觉就是让脱贫的自发性成为一种习惯，成为一种时刻鞭策自身摆脱贫困的自觉性行为。作为人的集合体，群体的自觉性应体现为绝大多数人所具备的一种能够身体力行地自觉参与实践的意愿。深入激发群众的自觉性，是扶贫工作的重点之一。

2. 反贫困工作中的群众自觉

在考虑群众在反贫困事业中的地位时，不能单单只将他们看作是扶贫工作的对象，而是要确立其主体地位。要使整个群体中的每个个体都感受到脱贫事业的重要性，在精神上支持扶贫工作，并自觉付诸实践，在行动中体现其积极性是对反贫困工作中群众自觉培养的重要目的。

在前文中提及的扶志和扶智相结合的基础上，培养反贫困工作中的群众自觉，主要就是要多措并举，激发群众的内生动力。习近平总书记曾在河北省阜平县考察扶贫开发工作时强调："贫困地区发展要靠内生动力。"① 可见，促进群众内生动力发展能进一步提高群众参与扶贫工作的积极性，也能够进一步提高自身实践能力，从而在根本上提高其自觉性。

根据世界银行对贫困的定义，贫困主要具有三个特征，其中第一条就是贫困人口（或地区）缺乏参与经济活动的机会。② 就中国扶贫而言，在提升贫困人口劳动意愿的基础上，更应该进一步提升其劳动能力，使之有能力充分参与经济活动。在提升群众主体力量的同时，也应该继续完善高效参与、信息互通和风险补偿机制，实现贫困地区生产力的持续提升。

要增强中国贫困地区群众内生动力，培养贫困群众的自觉意识，应注重主要围绕以下四个方面进行。

（1）贫困地区的基础设施建设。扶贫工作起步往往较为困难的重要原因就是贫困地区的基础设施建设水平严重落后，导致资金技术甚至政策流入和落实情况缓慢。对于贫困地区的基础设施建设主要应围绕其交通等方面进行展开，并对贫困人口的具体生存环境给予重视，从而全面激发贫困地区的发展潜力和群众的自觉意识。

（2）扶持地区特色产业发展。扶贫工作既要重视对贫困群众劳动能力的培养，更要深入发掘贫困地区的特色产业潜力，将本地特色文化融汇于开发式扶贫中，逐渐发展形成适应市场的特色品牌和特色产品。还要结合条件开展特色旅游产业，发挥地域优势和文化资源，持续扩大扶贫工作的影响力，展示地区脱贫的新气象。

（3）全面落实社会保障机制。充分健全社会服务和福利工程，加快形成对特殊群体帮扶的保护伞，积极完善城市低保和农村低保，并建立公平完备的确认和统计的方式方法。实现对真正的贫困人口高效、有针对性的帮扶服务，并要充分利用共享发展，形成覆盖贫困地区的社会保障体系，建立健全更加公平且可持续的社会保障机制。

---

① 习近平.做焦裕禄式的县委书记[M].北京：中央文献出版社，2015：17-18.
② MBA智库百科：https://wiki.mbalib.com/wiki/权利贫困.

（4）基层党组织建设和基层群众自治紧密结合。在中国特色社会主义扶贫事业中，深入推进党对扶贫攻坚战的领导，并全面强化基层党组织对提升贫困地区扶贫工作的把握度和权威性，是增强群众内生动力的重中之重。基层党组织建设更要与基层群众的自治组织紧密结合，强化贫困地区扶贫工作的责任落实，使群众真正团结在基层党组织周围，从而建立脱贫自信，激发内生动力的同时强化参与脱贫工作的自觉性。

第四节 从参与到主导

一、群众参与

（一）群众参与的理论发展

在扶贫工作中，群众参与无疑是重要且关键的一环，随着中国的扶贫工作逐步走上正轨，参与理论也在不断深化发展，充分熔铸在中国特色社会主义建设的方方面面。扶贫工作的群众参与理论体系可以归纳为四个方面：一是参与标志贫困群体在发展中具有决策作用；二是参与体现在贫困社会环境发展下贫困群体对资源控制及对控制的影响；三是参与可看作政治经济权利向贫困群体逐渐让渡的过程；四是参与是社会主体构建平等地位的桥梁。① 其具体步骤又可以表现为四点：一是贫困群体共同对扶贫工作的政策、服务和支持系统等问题进行分析；二是贫困群体共同确定扶贫项目发展目标；三是贫困群体共同制定扶贫工作中问题解决策略；四是贫困群体共同制定扶贫项目战略。②

---

① 李小云. 参与式发展概论[M]. 北京：中国农业大学出版社，2007：21.
② 李小江. 谁是农村发展的主体[M]. 北京：中国农业出版社，2008：13-30.

（二）群众参与的重要意义

在扶贫工作中的群众参与是指充分调动各方面社会力量，尊重贫困群众作为脱贫攻坚的主体地位，并引导其参与到扶贫工作中的各个环节。值得注意的是，在现有的扶贫理论研究中，学界往往倾向于政府、市场和社会三者的协同发力，但一定程度上忽略了贫困地区群众对于扶贫工作的重要作用。在缺少群众参与的情况下，精准扶贫的工作落实实际上也就成为"纸上谈兵"。为避免这种错误倾向，必须明确群众参与对于中国反贫困事业开展的重大意义，具体可归纳为以下三个方面。

1. 群众参与贯穿中国革命、建设事业之始终

群众路线在20世纪三四十年代的抗战时期就是中国革命胜利的重要法宝，群众在其中起到不可或缺的决定性作用。中华人民共和国成立以后，不论是社会主义建设的初步探索阶段还是改革开放的发展阶段，始终都没有少过人民群众的身影；无论是科研攻关还是抢险救灾，人民的力量都会通过集体的形式迸发出来。在扶贫的工作中，群众最关键的决定性因素的地位仍然没有改变，所以没有群众参与，脱贫攻坚战就不可能取得胜利。

2. 群众主观能动性的发挥是打赢脱贫攻坚战的武器

历史是由人民群众创造的，只有依靠群众主观能动性的发挥，贫困地区才能旧貌换新颜，生活水平才能稳步提高。不可否认政府、市场和社会组织对于扶贫工作的重大贡献，但在精准扶贫的关键阶段，贫困人口的致贫原因趋于多样化和复杂化，仅仅凭借宏观调控等方式难以成为解决所有问题的"万能钥匙"，只有依托干部，以群众为主体开展扶贫工作，并在工作中引导群众积极发挥其主体性和能动性，才能取得显著的效果。

3. 群众参与是推动扶贫事业深化发展的基础

使人民群众永久摆脱贫困是中国反贫困事业的最终目的，而"输血式"的扶贫方式只能解燃眉之急，不具备可持续发展性，只有让群众积极参与到扶贫事业中，并在其中获得"造血"方式即自身得到了充分的发展，才能摆脱返贫困扰。当精准扶贫工作取得一定成就，贫困群体的生活得到充分改善，精神文化建设必然迈上新的台阶，结合党的十八大提出实施乡村振兴战略，在乡村振兴中进一步调动群众积极性，农村地区必然迸发出新的生机与活力，这同样是可持续扶贫的重要内容。

（三）群众参与的原有问题

消除贫困是政府、社会和群众的共同责任，精准扶贫则更强调对不同群众主体的精准帮扶。中国因国情特殊，需要政府在公共事务管理中保持一定的强势，故而往往对社会力量特别是群众本身的力量重视不足，所以在扶贫工作中的群众参与方面仍存在着一些问题，群众参与动力和激情也需要进一步释放，而这些在早期扶贫工作中存在的问题主要可归纳为以下三点。

1. 群众参与渠道的缺乏

早期扶贫工作的程序设定往往具有主观性，扶贫工作仅仅通过"输血式"开展，没有给群众留有反馈渠道。如此贫困群众很难有机会和渠道主动参与到扶贫项目中，对于项目决策安排处在完全不知情的状态，故而很难参与到项目中。而在缺乏调研的情况下，扶贫工作极易与现实情况脱节，如扶贫工作中出现的"民意代替"现象，即在扶贫资源和资金的分配使用过程中对群众意见搜集吸纳得不充分的现象，有时导致政府不能真正了解群众诉求，从而使扶贫工作的方向出现偏差。

2. 基层组织建设不足

脱贫攻坚工作的进行需要扶贫小组等基层组织发挥积极动员作用。贫困地区人口的生活居住区域较为分散，群众集体意识淡薄，加之交通通信不便，导致贫困地区基层组织水平较低。尽管通过贯彻中央精神，各贫困地区的驻村干部选派工作都进行了一定的补充，但应注意的是，驻村干部取得一定成效的同时，其作用发挥或多或少也受到了本地乡村干部的掣肘，这也是基层组织建设存在缺陷的体现。同时由于基层组织缺乏,部分地区的劳动力外流也降低了贫困群体参与建设的能力。没有基层组织对工作的指导,群众往往处在迷茫不自觉的状态,这也为群众参与扶贫工作的顺利开展蒙上一层阴霾。

3. 绩效评估机制不健全

2016年起各地区政府循序渐进地建立起了第三方绩效评估机制。取得显著成效的同时,也暴露出了诸多不足,如目前评估机制由于第三方机构缺乏扶贫工作的实际经验以及对群众认知度与和谐度的考察不足等方面,很难对扶贫工作成果起到正常的反馈作用。此外,目前中国扶贫工作评估还存在受委托第三方的评估能力不足和态度不端正等现象,往往导致评估结果参考性不强。并且尽管目前的评估工作采取问卷调查、入村入户调查、群众座谈、实地调查等多种方式相结合的评估方式,但在实际评估过程中往往存在如村领导介入等情况导致的评估效率低下等因素的影响。绩效评估作为扶贫工作的反馈机制应与群众保持"零距离",了解扶贫工作落实情况的同时还应致力于获得群众信任,充分畅通信息获取渠道的同时完善评估机制体系,让群众参与评估工作的同时思考扶贫工作的发展方向,这样才能进一步培养群众参与的积极性。

二、政府主导权的让渡

中国反贫困事业体系可归纳为党的领导下的,逐步建立起来的政府引导、全社会共同参与的减贫体系。而在以往的扶贫工作中,政府发挥的作用是巨大的、积极的、卓有成效的,之所以采用这样的政策与策略,与中国的特殊国情具有十分紧密的联系。

(一)政府主导的原因

政府主导,可以有效调动全社会的一切积极力量为扶贫工作服务,这是由中国具体国情决定的,也是中国扶贫的特色优势,主要表现为以下几点。

1. **政府的组织动员机制**

在政府主导扶贫的诸多优势中，政府的组织动员机制是最为明显的。在整合社会资源的同时，政府的主导可以使扶贫计划的实施更富连续性，且能保证政策在全国范围内的充分落实。特别是在中国地域辽阔、人口众多的特殊情况下，政府占据主导地位，才能使扶贫工作更加高效。而且，政府的权威性也能使群众参与度得到一定保证，如在现阶段易地搬迁的动员工作依旧需要在政府的引导下进行。

2. **负责干部的培养和任用**

扶贫工作中干部承担着重要责任。作为贫困地区扶贫脱贫带头人，干部的选拔和任用标准也必然十分严格。扶贫攻坚需要投入的人力极大，在保证数量的同时保证干部的质量是打赢脱贫攻坚战的重要因素。在政府的主导下，干部的选拔和任用能够得到保证。同时也要进一步完善干部扶贫的政绩评价机制和考核机制，并依托政府，在干部任免上起到把关作用，确保干部任免在不影响扶贫工作推进的基础上起到积极作用，而且政府也能根据不同贫困地区的需要培养合适的干部，达到事半功倍的效果。

3. **宏观调控，承担基本社会责任**

政府能够通过管制垄断、提供信息等多种手段避免扶贫中因市场失灵造成的不良后果，还能够通过公共政策高效地利用社会资源用于贫困地区的基础设施和公共服务体系的建设。政府主导扶贫能够妥善完善贫困地区社会保障体系建设，并一定程度上形成大病救助等政策，以及对于自身缺乏能力的群众提供基本的兜底保障，并主导健全贫困地区的义务教育制度。

（二）政府主导的问题

政府主导扶贫工作毋庸置疑取得了一定的成功，大多数贫困地区的面貌也迅速得到改观。但由于各贫困地区致贫原因各不相同，政府主导的劣势也在一定程度体现出来，即在贫困地区和贫困人口差异较大的情况下，政府单方面主导扶贫不仅使成本增加，而且很难取得长期可持续的发展。这主要是因为政府主导的机制很难充分发挥市场作用,有时甚至起到适得其反的效果。同时政府在扶贫的过程中,为了进行"造血式"扶贫,往往要进行产业扶持,但尽管地方政府能够对产业进行一定的设计,但由于这并不是政府的主要工作且工作量过大,故而就算加上政策支持,产业发展的结果依旧不能为政府决定,更不用说其成果还要经受住市场的考验。[①]所以在精准扶贫的大环境下,政府主导虽然仍具有相当的优势,但已不再是所有问题的答案。

(三)从政府主导到群众自主

中华人民共和国成立后,扶贫工作的开展从未松懈,因时代与国情的改变,中国的扶贫政策也在不断发展。对于政策阶段的划分,不同的学者给出的答案虽略有出入,但整体框架大致相同,通过分析学界现存的文献资料,笔者将自中华人民共和国成立起70多年来中国扶贫政策发展的五个阶段中政府职能变化做了简要分析。

1. 小规模救济式扶贫阶段(1949—1977年)

在中华人民共和国成立之初,由于国家处于普遍贫困的状态,贫困人口较多,可动用资源有限,所以国家并没有设计大规模扶贫工程的能力。此阶段的扶贫特点是以土地制度改革为依托,小规模救济式扶贫方式为特色,对极端困难的特困人口、战争伤残人口等进行重点扶贫。[②]增强农民土地权利的同时,也加强了农民对有形财产的使用权,并进一步完善了公共服务体系。在这个阶段,由于生产力水平和群众受教育水平较低,政府对扶贫工作起绝对主导作用,如两次推行土地制度改革,组织群众走集体化道路以及领导人民开展大规模基础设施建设等。

2. 体制改革主导扶贫阶段(1978—1985年)

改革开放以后,扶贫主要通过农村经济体制改革来实现。改革充分调动了贫困人口的生产热情,充分发展了贫困地区的生产力水平。

[①] 李梅.政府、市场、社会:精准扶贫的秩序维度[J].学术界,2018(7).

[②] 唐超,罗明忠,张菁锟.70年来中国扶贫政策演变及其优化路径[J].农林经济管理学报,2019(18).

同时还启动了农产品价格改革和农村市场化改革等农业体制机制改革，加上政府有意识地提出要激发群众的脱贫意愿，对部分贫困地区给予了更加灵活开放的新政策，使扶贫工作更富活力。此阶段的扶贫工作中政府仍居于不可动摇的主导地位，扶贫政策也仍然以"输血"为主，但也逐渐开始重视对贫困地区内生动力的激发，市场和群众也开始为扶贫脱贫贡献力量。

3. 围绕重点贫困地区开展开发式扶贫阶段（1986—2000年）

20世纪80年代中期，中国贫富差距还是持续增大，扶贫工作也成为政府的常规工作之一。政府有针对性地对592个贫困县进行了重点帮扶，使扶贫工作效率显著提高。[①] 此阶段政府的主导地位依旧没有动摇，扶贫工作也依旧是自上而下地进行，但由于扶贫工作被细化成各个小区域，各项具体工作的区分成为扶贫工作推进的抓手，复杂问题简单化的过程中贫困地区的干部和群众的主观能动性得到了进一步提升，群众的参与度也进一步增强。到了90年代中后期，政府进一步加强了东西部帮扶协作机制，并鼓励民间组织和机构甚至国际非政府组织参与扶贫。

4. "造血"扶贫的初步探索阶段（2001—2010年）

进入21世纪，中国扶贫逐步走上了可持续发展的重要阶段，扶贫工作的重点单位进一步由县转移到了乡村，贫困地区的基础建设和公共服务也在这一阶段逐步完善，并对贫困人口开始进行政策性兜底。在这个阶段，政府虽仍然主导着扶贫工作，但以村为单位的参与式扶贫工作方式已经出现。基层群众对于本地区的扶贫话语权进一步提升。

5. 精准扶贫阶段（2011年至今）

随着扶贫工作的深入推进，中国贫困人口数量显著减少，扶贫事业进入攻坚战，中国也不断提高了贫困标准。在新的历史阶段，扶贫开发的目标和扶贫对象进一步明确，从最早的县到村再到现在的户，

[①] 刘合光.中国扶贫机制与发展进程[J].石河子大学学报(哲学社会科学版)，2019（33）.

对群众内生动力的激发要求也比任何时代都高。[①]扶贫单位的不断减小凸显的正是政府在扶贫工作中的权力让渡。例如早期因时代局限将贫困县作为扶贫的最小单位，虽然有利于扶贫工作的开展，但贫困个体特别是身处乡镇和贫困村中的贫困者却很难有表达自身意见或建议的权利。而随着精准扶贫的精准化推进，每一个贫困者都有了发声的机会，都在政府的帮助之下有了摆脱贫困的办法，并不断发挥自身优势走上自主脱贫的道路。可以说政府的主导作用也逐渐演变为引导作用，群众逐渐成为扶贫工作的主导者。

（四）建立高效的群众参与机制

建立高效的群众参与和保障机制，并推动贫困地区集体化决策和公共事务管理机制的形成，才能真正使群众加入脱贫攻坚工作中，逐渐增强其自主性。针对以上在贫困工作中群众参与存在的问题和隐患，相应的对策可以大致归纳为以下四个方面。

1. 提高干部素养，形成沟通渠道

以干部为载体，逐步建立起一条双向交流的稳固渠道，使政府和群众做到信息互通、水乳交融，齐心为脱贫攻坚努力奋斗。如作为国家扶贫开发工作重点县的上犹县，自2015年以来，共安排了3 042名干部进行精准扶贫，覆盖范围达16 000户，帮助群众解决问题多达1 500余个[②]，如果不是深入到群众之中，这些问题是很难被发现并充分解决的。

2. 加强基层组织建设

推动贫困地区基层群众自治机构建立，并以此为中心逐步提高贫困群体的集体合作意识，充分调动其参与扶贫工作的积极性，是加强基层组织建设的重要内容。此外，还要多形式拓展其他群众组织建设，开展多种生产经营活动，增强贫困群众的组织意识；也可以开展各种

[①] 程承坪，邹迪. 新中国70年扶贫历程、特色、意义与挑战[J]. 当代经济管理，2019（41）.

[②] 凌晔，刘裕勇. 干部选拔精准考核助力精准扶贫[J]. 老区建设，2016（9）.

文化活动，丰富村民精神文化生活的同时使之更具群体归属感。如基层图书馆和流动图书馆建设就是引导群众进行文化知识学习、提升自身素质的重要途径，也是自我发展的重要手段，对于基层图书馆建设来说，则要为贫困群体提供更多信息资源，进而加强贫困地区的精神文化建设。

> 流动图书馆由于投资较少、灵活性强，并可以及时补充固定图书馆不足、边远地区覆盖不足等问题，因而建设流动图书馆成为贫困地区文化建设和文化扶贫的重要举措。虽然由于贫困地区财政困难、资源紧缺对于图书馆建设力度不大，但已经有一些先进案例值得借鉴。
>
> 例如作为拥有14个国家级贫困县的黑龙江省，基层图书馆建设十分匮乏，贫困地区群众学习资料十分有限。2007年黑龙江省图书馆开始启动流动图书馆项目建设，在贫困县、边防部队、农场等单位建立了79个流动分馆、28个流动站和73个数字分馆，使图书馆在基层充分建立。为了便于管理并强化资源在各区域的流通，这些分馆被按照地域分成了7组，各组在配送书籍资源的基础上每年还要进行组内调动，使资源高效利用。2018年，黑龙江省的流动图书馆累计共配送图书近62万册、流通图书逾100万册次。
>
> 此外，还有以贵州为代表的"省馆牵头、县馆支撑、辐射乡村"的流动图书馆体系等案例。
>
> 通过流动图书馆建设，这些地区群众的文化知识学习渠道更加开阔，文化学习的热忱也日趋高涨，为扶贫工作中的"扶智"建设产生了显著推动作用。
>
> 资料来源：肖红凌.贫困地区流动图书馆建设[J].图书馆论坛，2019（39）.

3. 建立健全群众监督机制

目前中国扶贫工作的监督模式主要包括政府内部的上级监督、纪委监察部门的同级监督以及媒体监督等，群众监督机制并不健全，所以应重点发挥扶贫工作中群众的监督作用并健全监督机制。同时政府在扶贫工作的项目信息、资金情况等方面也力求做到透明公开，保证扶贫工作的纯洁性。群众在使用监督权利的同时还要建立与第三方评估机制的充分联系，既能反映具体情况也能促进群众参与获得感的产生并充分培养其监督意识。

4. 提升女性参与度

在贫困地区，女性问题是扶贫工作的重点项目之一，因为贫困地区交通不便利的特点导致其文化发展的滞后性，使女性群体得不到平等对待。所以在扶贫工作中，对待女性群体，要更加强调其参与的权利，并且更加关注其文化水平和劳动能力的提升，以公平开放的态度培养其学习、思维、领导决策及各项生产生活技能。提高女性社会地位的同时也是对群众参与的良好践行。在扶贫工作中，要重点发挥女性在一些工作中的优越性，并且要充分重视性别权利关系对扶贫精准度的影响，这也是精准扶贫的重点问题之一。[①]

> 据统计，全国存在 3 万多个扶贫车间，提供了 200 多万个就业岗位，女性工作者是不可或缺的一部分。一些研究证明，许多农村妇女在从事家庭事务和农业生产的同时，也会从事非农生计活动，扶贫车间的出现则一定程度上缓解了这部分需要。
>
> 秀秀扶贫车间就是河南省张村的一个扶贫车间，比较特别的是该车间目前雇佣的员工中除了一名门卫，其余 200 人左右均为农村妇女，而且主要招收贫困户的女性劳动力。在 2016 年以前，张村外出务工的女性劳动力在 70% 以上，但随着扶贫车间的成立，张村的妇女很多都返回到了家乡，外出务工比例也下降到 40% 左右，这既让女性工作者能够在家门口找到工作，也能充分带动生

---

① 陈丽琴. 国外基于社会性别视角的旅游精准扶贫研究：理论分析与实践案例[J]. 学习论坛，2017（33）.

> 产力发展,达到脱贫效果。薪资待遇方面,秀秀扶贫车间采用计件制度,并且随员工工时延长增加月工资和年终奖,每个月可创收1 500元至5 000元不等。此外,在员工的保险方面,车间还为员工购买了意外伤害保险,一定程度上对员工进行了保障。
>
> 有调查称,农村女性收入平均占全家总收入的30%至60%,特殊情况下还可能达到100%,可见提升女性参与度是脱贫攻坚工作的重要内容,只有充分重视和提升贫困地区女性劳动能力和社会地位,脱贫才不是一句空话。
>
> 资料来源:陆继霞,吴丽娟,李小云.扶贫车间对农村妇女空间的再造[J].妇女研究论丛,2020(1).

第五节 从有为到有效

中国反贫困工作中的"有为"和"有效"互为因果关系,"有为"就是在扶贫工作中真抓实干,充分制定政策并推进扶贫工作有序进行,是中国扶贫事业的方法体现;"有效"则是扶贫事业的目的,无论采取什么样的扶贫方法,都要将"以人为本"的理念融入其中,归根到底都要让脱贫成果惠及人民。可以说,只有"扶贫有为"才能"脱贫有效",要想"脱贫有效"必须"扶贫有为"。习近平总书记强调要"坚持精准方略、提高脱贫实效,解决好扶持谁、谁来扶、怎么扶、如何退问题"[①],即要将目光放到扶贫工作的各个阶段和各个环节,深化落实政府政策的基础上团结群众,使扶贫工作有序高效。

---

① 习近平:《提高脱贫质量聚焦深贫地区扎扎实实把脱贫攻坚战推向前进》,人民网,2018年2月15日。

一、塑造有为政府，制定有效政策

目前，中国正处于脱贫攻坚的重要阶段，作为脱贫攻坚战的总指挥，政府仍要发挥协调市场、社会的重要职责。积极塑造一个真抓实干的有为政府是精准扶贫要求的有的放矢的政策的制定者和设计师，是扶贫工程有为有效的重要保证。各级政府必须坚定信心，勇于承担扶贫的历史责任，出台符合实际的有效政策，坚决克服脱贫事业中的"虚假式"脱贫、"算账式"脱贫、"指标式"脱贫、"游走式"脱贫等问题[①]，并对政策制定环节的系统性风险、政策对象潜在的道德风险以及政策执行环节的协调性风险等进行防控。政策制定环节的系统性风险主要是因扶贫工作参与主体的增加带来更多资源，政策数量膨胀、政策调整频繁和政策文件存在一定冲突等原因导致的。为了应对这种风险，要充分发挥政府作用，保证政策在稳定的环境下进行，并不断推动政策制定程序优化和系统化。政策对象潜在的道德风险则指扶贫工作中因为附带利益导致的可能发生的道德风险，也可能对精准扶贫政策落实造成干扰，针对这一点也要通过各级政府推动健全贫困地区人员信息平台，并充分优化技术，确保潜在道德风险从根源消除。政策执行环节的协调性风险则是因为在扶贫工作中干部理想信念的缺失和能力不足导致在执行环节产生执行激励程度差、执行组织资源配置有待优化等问题，针对这一点则需要政府推动巩固干部的理想信念，加强干部的工作能力，使其在执行过程中不因主体原因而打折扣。在塑造有为政府应对风险的过程中，政策也要发挥具体作用，使扶贫工作有效进行。

二、深化扶贫格局，取得有效成果

1. 深化大扶贫格局

中国目前已经构建起政府、市场、社会三主体范式的将专项扶贫、行业扶贫、社会扶贫等多方力量共同融入的"三位一体"的大扶贫格局。

---

① 杨丹. 精准扶贫需防"三大风险"[J]. 湖南农业，2019（8）.

大扶贫格局打破了政府、市场和社会三者之间的壁障，逐渐削弱了政府主导扶贫的传统观念，实际上也是群众主体的逐步深化，同时还要引入市场等非政府力量参与到精准扶贫工作中，这也是精准扶贫顺利开展和整体发展的必然选择。坚持和发展大扶贫格局的必要性主要可归纳为以下两点。

（1）改革开放后中国市场经济迅速发展，社会财富总量积累的同时，市场的力量也在不断壮大，二者互动逐渐增多，协同扶贫的联系也在进一步加强。

> 辽宁省朝阳市作为全辽宁脱贫任务最重的地级市，通过大力推进产业扶贫，坚持以产业为核心，狠抓叠加式扶贫。全市坚持把产业扶贫作为打赢脱贫攻坚战的核心举措，制定了产业精准扶贫规划，以更优更强的扶贫政策融合叠加，深入推进细化"五个一批"扶贫政策的地区及人口全覆盖，保证贫困人口精准、稳定、可持续脱贫。
>
> 通过大力推进产业扶贫"叠加式"全覆盖，确保贫困户增收稳定。2017年，全市共投入省以上财政专项扶贫资金1.94亿元，实施产业扶贫项目625个，将全市4.8万贫困人口纳入产业扶贫链条，实现了有效带动、稳定增收。通过实施扶贫政策"叠加式"全覆盖，确保贫困户减负受益。以贫困村为重点，强化基础设施建设。全年行业扶贫累计协调投入资金20亿元，实施项目706个。2017年193个贫困村摘帽，5.35万贫困人口脱贫成功。在产业扶贫上，仅2018年前8个月就开展建设了340个扶贫项目，覆盖5.8万人。教育扶贫上也由省教育厅牵头着重解决了小学、初中贫困学生的辍学问题，注重对高中、中高职和大专以上在校贫困生的资助政策，并促进其就业，实现"毕业一人，脱贫一户"。这些都是"五个一批"工程的实施成绩的真实写照。
>
> 朝阳市正是将政策真正落实到实处，在利民惠民的基础上，

> 逐步解决区域性整体贫困,通过各项扶贫手段合力带动区域发展,并开发几百个扶贫项目精准对接各类扶贫人口,真正实现贫困人口不愁吃、不愁穿和义务教育、基本医疗、住房安全的"两不愁三保障",从而使脱贫攻坚工作跨上新台阶。
>
> 资料来源:丁旭,杜才.脱贫攻坚工作跃上新台阶[N].朝阳日报,2018-01-10.

(2)中国扶贫开发工作面临着新的任务,扶贫目标已经由解决基本的温饱问题转向全方位激发群众内生动力、促进贫困地区可持续发展。这即对扶贫力量提出了更高要求,借助市场、社会力量深化精准扶贫符合脱贫发展新态势。[①]

大扶贫格局形成后,中国扶贫工作成果显著且具有持续性。例如陕北绥德县,通过大扶贫格局的构建,形成了几十个产权制度改革试点,践行了种植业、养殖业、传统产业、电商、光伏等多方面新兴产业扶持建设,并充分提升农副产品品质,为贫困地区扶贫工作树立了先进典范。

2. 精准扶贫

根据2019年政府工作报告,2018年对于各类学校家庭困难的学生资助累计近1亿人次,这正是精准扶贫工作落实的重要体现。[②]精准针对扶贫对象,从而安排精准的项目和资金调度,因人施策、因地制宜,视致贫原因的不同进行靶向治疗、对症下药。

三、培养有为干部,有效驰援一线

正确政策的制定能够为脱贫攻坚提供强有力的理论指导,而好的

---

① 龚毓烨.新时代下大扶贫格局的构建[J].党政干部学刊,2018(9).
② 国务院.政府工作报告[EB/OL].[2019-03-16]. http://www.gov.cn/premier/2019 03/16/content_5374314.htm.

政策还需要通过实践的配合发挥其优越性。习近平总书记曾重点强调过脱贫攻坚中实干的重要意义，即"靠的是广大干部群众齐心干"[①]。从干部数量上来看，2017年底的贫困村派遣驻村干部278万人次，其中包括43.5万名"第一书记"。[②]而到了2018年底，中国的驻村干部及第一书记的人数则维持在280余万人，在贫困人口不断减少的情况下，驻村干部和第一书记数量在持平基础上也补充了新鲜血液。[③]在脱贫攻坚的关键阶段中，整体来看，构建起一支扎根基层、熟悉业务、结构优化、实干有为的扶贫干部队伍是必要的。而对整个干部群体必然要提出更高的要求，这些要求可以归纳但不限于以下几点。

1. 着重强化大局意识和责任意识

在扶贫的大环境下，增强大局意识有助于站在本贫困地区的全局高度展开思考，并强化干部自身的集体意识和奉献精神。强化责任意识具体表现为对自身承担的任务和责任有清醒的认识，从而克服扶贫工作中不作为、乱作为的现象，能够保证扶贫工作井然有序地进行。

2. 努力提高思考能力和执行能力

干部是顶层设计能否在基层实践中收获成效的重要影响因素，提升干部的思考能力，发挥其创新精神，对政策因地制宜地实施能起到积极促进作用，能够结合实际情况找准方向和定位，也能让干部更加敏锐地感知到脱贫过程中的机遇和隐患，从而影响具体地区扶贫攻坚的进程。而执行能力的提升更是对干部素质要求的重点，使其深入到基层实践中，在取得第一手资料把握群众政策需求变化的同时也能将上级信息传达到群众之中。

[①] 新华社.习近平在东西部扶贫协作座谈会上强调 认清形势聚焦精准深化帮扶确保实效 切实做好新形势下东西部扶贫协作工作[EB/OL].[2016-07-21]. http://www.xinhuanet.com/politics/2016-07/21/c_1119259129.htm.

[②] 董铭胜.有效应对脱贫攻坚面临的困难和挑战（人民观察）[N/OL].人民日报[2018-10-23].http://www.cpad.gov.cn/art/2018/10/23/art_56_90541.html.

[③] 新华社.国家主席习近平发表二〇一九年新年贺词[EB/OL].[2018-12-31]. http://politics.people.com.cn/n1/2018/1231/c1024-30497518.html.

为了充分落实精准扶贫，2018年4月，梨树县劳动人事争议仲裁院的院长于洪波被选派为小城子镇平庄村的第一书记。

　　初到村里，于洪波就与村委会密切配合，做了充分的调研工作。除了到每户家庭了解群众生活状况并听取群众意见和建议外，他还重点走访了建档立卡贫困户、空巢老人、留守儿童等特殊群体，充分了解了贫困群众生产生活的具体情况以便于对症下药。例如他曾多次到镇民政办公室等相关部门为贫困户申请提高待遇标准，并为多户贫困户申请困难救助、助学金以及一些必备生活用品，充分履行了帮扶职责，落实了扶贫工作。为充分开展精准扶贫工作，于洪波筹措物质，积极申请办公设备，改善了村部的扶贫办公环境。为改善村民的居住环境，他还带领驻村工作组开展卫生环境建设，种植了8 000棵花苗、200棵风景树，充分美化绿化了农村环境。此外他还多次与县相关部门沟通，争取了3公里的水泥路项目，并充分落实，现在平庄村的黄土路已经全部铺设为水泥路，为乡村的发展建设提供了积极便利条件。在解决因病致贫、返贫的问题上，于洪波组织300多位村民积极参加梨树县发起的义诊活动，并充分协调赠送药品资源。在帮助贫困群众就业方面，他则积极开展组织创业就业专场招聘，并充分协调成立就业扶贫基地及劳动力输出基地，让村民在不远离家乡的情况下充分就业。

　　可以说自就任以来，于洪波等为代表的干部就一直牢记使命，致力于帮助贫困群众摆脱贫困，充分发挥了对贫困群众的积极带动作用，多方面多角度的扶贫工作落实也体现了其全面细致的工作品质，他们用实际行动树立了驻村干部的标杆，这即是干部的带动作用和表率作用的生动写照。

资料来源：张可.扎根农村心系群众[J].劳动保障世界，2019（34）．

3. 杜绝故步自封和不思进取的观念

不可否认，中国目前的脱贫事业取得了显著的成果，这与基层干部的努力是分不开的，干部的整体精神面貌也是积极阳光的。但是随着扶贫工作进入攻坚阶段，扶贫工作的难度进一步加大，加上之前取得的成绩，可能会使一些干部失去了迎难而上的勇气，这种倾向必须得到重视。干部要时刻激发自身的进取意识，并积极践行在行动中，这样才能真正带动群众，使扶贫工作的攻坚阶段顺利度过。干部要清醒地认识到实干有为的重要意义，对于渎职、不作为的干部则要通过建立相关机制依制惩处。

4. 发挥带动作用和表率作用

干部在扶贫工作中的态度直接影响到群众参与的积极性和效果，所以干部要始终保持真抓实干、乐于实践和爱岗敬业的工作态度，发扬尽职尽责、积极进取的工作作风。在工作之余，也要以提高自身素质为己任，真正做到"明大德、守公德、严私德"，同时提高文化素养，自觉抵制不良思想的侵蚀，从而以自身促群众，发挥带动作用，成为群众表率。

5. 建立健全现代基层权力监督体系

现代基层权力监督体系的构建，是保证基层干部发挥作用的重要保护机制。在强调干部培养的同时，必须要重视精准扶贫政策在基层实施的"最后一公里"中可能出现的瞄准偏差等问题，而建立健全基层社会既有差别格局结构和基层干部权力结构是修正偏差问题的重要抓手。[①]通过建立健全基层权力监督体系，能够使干部建设的着力点在实践中更加凸显。

四、创造有为人民，共享脱贫成果

根据马克思和恩格斯的观点，人与社会是协同发展的，虽然社会不是个人的简单相加，但社会的进步永远要归结人的发展进步，这一观点在贫困地区和贫困群众的身上也同样适用，即将以人为本的理念

---

① 李群峰. 权力结构视域下村庄层面精准扶贫瞄准偏离机制研究[J]. 河南师范大学学报(哲学社会科学版)，2016（43）.

根植于具体工作中，贫困地区的发展最终要归结到群众本身。

在充分发挥政府、市场和社会的功能为前提的情况下，扶贫工作的最终落脚点是要依托干部积极动员群众，要集中力量解决好贫困地区的短板、问题，坚持共享的发展模式，让群众的获得感不断增强，共享脱贫成果。

> 职业技能培训是提升贫困人口就业和创业能力的重要举措，陕西省铜川市则采用"农民培训农民"的郗贾模式，充分推动人民参与脱贫攻坚工作。
>
> 让农民来培训农民是铜川培训农民生产技能方式的积极探索。2015年，郗贾村的果农郗安民、郗志峰等39人联合成立了名为绿健的农民专业合作社，充分发挥他们的种植能力优势，自发给其他果农培训果树管理技术并提供帮助栽培等服务。铜川市人社局则在与郗贾村充分交流的基础上，依托群众需要，建成绿健技能培训中心，依旧采用农民培训农民的方式进行养种植技能培训。
>
> 在"老师们"的带动下，郗贾村村民的果树种植技术显著提升。村民郗广福往年因管理不善的7亩苹果树，在郗志峰的指导下充分掌握了修剪、施肥等技术。郗广福则在扩大种植面积后摆脱了贫困，即使是遭受果树花期冻灾的2018年，他也获得了12万多元的收入。
>
> 通过充分践行农民培训农民的方法，村民们轻松就能学到专业技术，生产积极性也大幅度提高，苹果产量年均提升15%左右，优果率也从2015年的50%提高至75%，郗贾村集中力量共同发展的有为村民也终于走上了脱贫致富的道路。
>
> 资料来源：马新民.铜川脱贫之路：农民培训农民[J].中国人力资源社会保障，2019（5）.

第六节　本章小结

中国的反贫困事业必须坚持以人为本的基本原则，在实现共享发展的道路上必须要把人民群众放到最高位置，同时让人民群众参与到扶贫事业的工作中共同建设、共同发展，才能真正意义上共享发展成果。这意味着政府从来不是承担扶贫工作和享受脱贫成果的主体，真正的主体是需要共同承担责任和享受成果的贫困群体。为了让后者充分认识这一点，就要求政府把扶贫与扶志重点结合，增强贫困群体自主脱贫的同时，充分加强贫困群体的安全感、成就感和幸福感。

从精准扶贫到精准脱贫的转换，体现了提升反贫困主动性的现实要求，反映了决策者对消除贫困事业的深刻认识。缺乏脱离贫困的主观性和积极性是当今许多反贫困工作进展缓慢的重要原因之一，因此脱贫能力的培育必须首先从转变观念着手。所谓授人以鱼不如授人以渔，若政府一味进行"输血式"的资金投入，那么贫困人口脱贫后就容易迅速返贫。而在开发式扶贫和产业扶贫之下，人民群众是治贫的主体，能不断促进财富的再生产，从而真正脱离贫困状态。所以，只有贫困者自身产生了脱贫的意愿，他们才能充分利用贫困治理工作所提供的各项资源，并最终脱离扶助、自力更生。要想实现贫困人口的自我发展，还应当着重培养他们的致富能力，提高他们的素质和技术。除作为主导的政府之外，社会多方主体也应当充分发挥其在贫困治理中的作用，形成多元一体的社会整体治贫格局。社会公共治理的及时介入，如提供资源与监督公共权力，为扭转精准脱贫政策落实的不利局面和实现共享发展的目标提供了现实可能。

中国扶贫事业一路走来在对以人为本理念的贯彻上也逐渐趋于完善，与早期中国扶贫开发中主要采取"大水漫灌"的工作方式和以"输血式"扶贫为主的并没有充分激发贫困人口内生动力的治理方法相比，随着时间的推移，中国的扶贫事业逐渐向"精准滴灌"和"造血式"扶贫转变，这些工作如果不能充分与贫困群众接触联系是很难做到的。

大扶贫格局的形成在充分激发贫困趋于发展的同时，也真正让贫困人口参与到本区域经济发展之中，在保证经济增长的同时也要重视共享，这是扶贫工作开展的根本价值诉求之一。① 而对于贫困地区经济发展中同时强调的社会公平、正义和共享也成为中国扶贫开发重要的价值诉求。从中国扶贫开发工作的单位来看，中国贫困人口识别机制共经历了分别以"县"（1986—2000年）、"村"（2001—2012年）、"户"（2013年至今）为贫困识别单元的三个探索阶段②，单位呈现逐渐精细化趋势，这也从侧面体现了扶贫工作中群众对主导地位的逐渐获取。充分融入以人为本理念后，中国将改革开放前高达97.5%的农村贫困发生率③扭转为2019年末的0.6%，贫困人口减少到551万人④。

在2020年的脱贫攻坚战中，对以人为本理念则需要进一步贯彻落实，针对剩余脱贫最困难的贫困地区和贫困人口，必须要切实解决其必要需求，建立起高效的政府与群众沟通机制，如在贫困地区充分贯彻党的群众路线，加强党员干部对群众的带动作用，并充分创新创造互联网时代的贫困群众就业脱贫机制。引导贫困人口建立起自组织的同时，"智""志"双扶，积极引导群众打造起坚实的社会基础，着力提高群众参与意识的同时，加强宣传教育，如通过在基层社区或村庄开展相关宣传教育活动，并在主流媒体上加强对于志愿精神的宣传，或树立典型等。⑤ 此外，还要依托基层群众自治制度，推动贫困地区完善自我管理、自我服务、自我教育、自我监督，并自发形成内生动力，加强对贫困群众正确理解政府和社会开展的相关工作的真正意义，真正参与其中，这才是扶贫工作中以人为本的真正内涵。

---

① 姚云云，班保申. 新常态下我国农村人文贫困识别——"包容性发展"价值理念的解释[J]. 西交通大学学报(社会科学版)，2016（3）.

② 邹一南. 贫困人口的识别困境及对策[J]. 中国党政干部论坛，2017：99-102.

③ 国家统计局. 扶贫开发成就举世瞩目脱贫攻坚取得决定性进展[EB/OL]. [2018-09-03]. http://www.gov.cn/xinwen/2018-09/03/content_5318888.htm.

④ 2019年全国农村贫困人口减少1 109万人[EB/OL].[2020-01-24]. http://www.xinhuanet.com/politics/2020/01/24/c_1125498602.htm.

⑤ 程鹏. 重庆高山生态扶贫搬迁的理论与实践研究[D]. 重庆：中共重庆市委党校，2017.

第十二章
总　　结[①]

在人类消除贫困的进程中，中国经验不仅浓缩了全球最大的发展中国家的长期探索成果，也对其他发展中国家推进减贫与发展进程具有重要借鉴意义。本书立足于中国脱贫攻坚实践，基于准公共物品理论和制度变迁等视角，系统性地梳理了中国扶贫政策和制度，在该研究领域具有前沿性与创新价值。

通过概述全书核心概念与理论，本章将再次回顾全书理论基础，并系统总结中国扶贫经验的内在模式，聚焦扶贫有效制度供给、路径选择、激励机制、政府治理、群众内生动力等重要议题。此外，本章还将阐述对扶贫外在模式的总结探索，考察不同主体在扶贫开发实践中的角色，分析政府主导下的多元协作扶贫开发与人民群众主体地位的表现，从理论层面勾勒出中国扶贫生态，为理解中国扶贫开发与减贫成就提供本土视角，也尝试为世界减贫与发展诠释中国扶贫样板。

---

① 感谢刘令为本章所做工作。

第一节 理论基础：基于准公共物品的理论视角下的扶贫研究

一、从公共物品到准公共物品

本书创新性地引入了准公共物品视角，为分析中国扶贫经验，特别是政府、市场与社会组织的角色提供了理论基础。第二章系统阐述了准公共物品与扶贫的关系，通过古希腊时期的政治伦理思想到近现代的经济学讨论，梳理了公共物品概念的产生与发展，以及分类与特性等议题。由于此过程中难免会发生"搭便车"等负面问题，导致市场机制失去作用，因此过去政府被认为是公共物品唯一的、最佳的供给主体。但是，纯公共物品理论无法解释很多复杂的现实问题，即政府的供给意愿和实际能力具有局限性，以及现实中存在不同的供给模式。生活中有大多数不完全属于公共物品、处于中间状态的东西，如布坎南所论述的"俱乐部物品"，物品之间不存在明显的界限，无法被一种理论所涵盖。在此背景下，具备有限的非竞争性和非排他性的准公共物品被提出，由于时空相对性和边界模糊性等特点，其供给模式更为复杂和多样，因此运用准公共物品分析此类问题更加合适。

就扶贫而言，狭义的贫困指的是经济上的贫困，广义的贫困则涵盖政治、社会、教育等多方面。[①] 由于消除贫困可以增进社会整体福利，扶贫事业也带有公益性。在中国，政府部门一直被认为是扶贫主体与担责者，需要为百姓民生作出保障。随着中国扶贫事业的发展，市场、社会组织与人民等主体参与度日益提升，逐渐形成了政府主导下的多元主体参与的"大扶贫格局"，扶贫的准公共物品特性日益突出。其中，政府主导是中国减贫取得伟大成就的基础，市场是实现减贫的重要手段，社会组织凭借灵活性、公益性等特点发挥重要作用，广大人民自

---

① 薛宝生.公共管理视阈中的发展与贫困免除[M].北京：中国经济出版社，2006：16.

觉参与脱贫则是实现减贫的内生动力。

二、多元供给主体的角色与特点

1. 政府

中国政府将消除贫困作为全面建成小康社会的重要任务,实现为人民服务的宗旨与发展成果和人民共享的承诺。由于市场的缺陷性,政府在提供准公共物品中承担着主导作用,其角色定位主要包括:明确准公共物品的供给目标,提供相应的制度条件,厘清公私合作界限,将部分准公共物品的供给交由市场和社会组织等。政府供给准公共物品最常见的方式是获取税收资源支持各个职能机构,为社会大众办事。

改革开放之前,中国国民经济发展水平较低,绝大多数老百姓生活水平低下,扶贫以政府主导的大规模救济式扶贫为主,属于满足温饱需求的广义扶贫阶段。改革开放以来,中国扶贫致力于消除普遍存在的温饱问题(1978—1985年),逐渐加强经济开发(1986—1993年),并提出了以全面建设小康社会为目标的扶贫方针(1994—2010年),各级政府的扶贫部门也随之产生。此后,有组织与规划、大规模的扶贫工作力度逐渐加大,出台了有清晰目标和方式的扶贫开发政策。中共十八大之后,党中央历史性地提出到2020年整体消除绝对贫困现象的奋斗目标,明确了精准扶贫的基本方略地位,广泛吸纳各方力量,完善了政府、社会和市场协同的扶贫生态。

政府扶贫的优势主要包括:通过广泛调动和运用资源降低风险,从而实现准公共物品的有效提供;通过税收代替收费来弥补供给成本,在一定程度上控制了市场负面行为。然而,政府并非全能的,在减贫中产生了政府能力有限,一些政府部门与公共的利益冲突、效率低下、工作方法僵化等弊端。在贫困治理中,国家制定了纲领性的减贫方略,设置以国务院扶贫办和各级扶贫开发办公室为核心的扶贫机构,出台相应的支持政策,创新电商扶贫、"文化+旅游"扶贫等措施,引导多元主体参与扶贫。

2. 市场

市场扶贫强调发挥市场机制在资源配置中的作用，从而通过竞争显著提高资源配置效率，发挥市场主体的积极性以满足多元需求，缓解政府的财政压力等。党的十八大以来，民营企业和国有企业的力量日益被重视与加强，实现了市场和精准扶贫的良性关系。市场扶贫主要包括信贷支持、优化土地利用、通过保险工具规避返贫风险、企业扶贫等内容，在中国扶贫格局中扮演日益重要的角色。但是，并不是所有准公共物品都可交由市场供给，收费公共物品可以交由市场机制，而有的公共物品难以通过收费获得收益，缺乏供给动力，或者由于过度竞争导致财富差距扩大，无法仅通过市场实现减贫目标，需要政府发挥协调管控作用。

3. 社会组织

社会组织扶贫能够通过发挥社会团体等优势，吸纳社会资源开展扶贫等公益活动，在其他公共机制失效时发挥重要作用。相较于政府和市场组织，社会组织具有灵活、创新、专业等优势，以及目标非营利性、治理独立性、公共志愿性等特点，能通过政府资助或募集社会资金，提高扶贫精准度，促进资源的公平分配，社会组织在贫困治理过程中具有独特的重要性和不可或缺的作用。但是，中国社会组织缺乏健全的立法支持，监督管理机制不够完善，缺乏广泛的公信力等弊端，加上其固有的松散性、力量薄弱性、行政化严重等问题，社会组织覆盖对象有限，难以独立完成扶贫任务。

4. 自我扶贫

自我扶贫是指在政府的引导下，综合各种资源，激发贫困群众的内生动力，使其在扶贫过程中发挥主体作用，实现"扶志"与"扶智"的统一，达成可持续脱贫，具有显著的中国扶贫开发特色。但是，由于一些基层政府在扶贫中大包大揽，忽略了发挥贫困群众的积极性，目前仍然存在部分贫困群众脱贫主体意识淡薄的问题，包括思想上的"等靠要"，认为凭借"贫困户"的身份就可以获得物质利益，缺乏脱贫参与热情，过度依赖政府的扶持，返贫问题突出等。此外，部分贫困户缺乏知识型和观念型能力，不具备相应的技能与方法，在市场竞争中处于劣势地位，容易陷入贫困并丧失脱贫积极性。一旦没有政府资源和政策的继续输入，贫困群众由于依旧没有掌握脱贫致富的方法又返回到之前的贫困状态。

由于不同主体的特性与局限性，准公共物品的有效供给需要政府、市场和社会组织分工与密切合作，形成多元的扶贫生态格局。本书在准公共物品理论的基础上，分析了政府、市场、社会组织和人民群众等主体的角色与关联，讨论了中国扶贫道路的发展变迁过程。

第二节 内在模式：制度安排+路径选择+激励相容+治理有效+内生动力

本部分将结合全书核心章节，阐述中国扶贫制度发展与变迁，说明建立有效扶贫制度的意义，从区域扶贫到精准扶贫的路径，从强制性到诱致性激励机制，从管理到治理再到善治的转变，以及从人民群众"要我"脱贫到"我要"脱贫的转变，从而梳理了中国扶贫样板的内在模式。

一、有效扶贫制度供给的建立

1. 扶贫制度供给的定义

第三章梳理了制度供给概念的内涵与优势，以及中国扶贫制度的变迁过程，指出制度供给是各类主体（政府、组织或个人）有意识地创造出来的制度供给，旨在满足制度需求以及自身利益而进行的制度创新。制度供给包含制度维持和制度创新两个方面，其中符合大众利益的制度能够更好地推动制度供给与需求的良性发展互动。

具体到扶贫领域，国家或地方政府为应对贫困带来的挑战，帮助贫困地区摆脱贫困，由国家或当地政府所制订的具体计划、步骤和措施，是一种正式制度供给。结合扶贫战略目标、扶贫对象、扶贫主体以及扶贫方式等基本要素特征，中国扶贫制度变迁历程被划分为改革开放后体制改革影响的阶段（1978—1985年）、大规模开发时期的扶贫（1986—2000年）、瞄准贫困村的扶贫开发阶段（2001—2010年）以及以精准扶贫为核心的减贫新阶段（2011年至今）。影响中国扶贫制度变迁的原因多样，诸如国家经济实力的快速提升促进扶贫制度变化、中国进入社会主义市场经济、融入全球化进程不断加深、国家经济政策促进农村经济迅速恢复发展且转入战略调整阶段、中国贫困特征转变、扶贫难度日益加大等。

2. 建立有效扶贫制度的必要性

在经济学领域，当资源配置达到帕累托最优即为最有效率的状态，制度的有效供给能够满足公众对公共物品的真实需求。扶贫制度自身存在一定外部性等特征，需要通过标准界定其有效性程度。第三章梳理了制度有效供给的学界讨论，提出扶贫制度有效性可以从供需关系、时效性等方面衡量。影响有效性的成分包括制度变迁的动力、信息成本、供给的主体与方式等。这些因素相互作用与影响，塑造了不同时期中国扶贫政策的特点。政府在制定扶贫制度时，可以从改善制度需求信息的收集方式、提升供给主体的决策与供给能力、精准识别致贫因素及变化情况、加强对制度实施的监督等领域入手，提升扶贫制度的有效性。

本书提出，对于扶贫而言，建立有效制度供给是充分实现扶贫资源有效配置与利用、满足贫困人群发展需求的保障。能够满足贫困地区和贫困人口脱贫需求，适应贫困地区当地实际情况，具有针对性、可实施性的扶贫制度即为有效的扶贫制度。中国政府在供给主体中占据主导地位，这是由市场机制的弱点与政府的相对优势所决定的。由于中国政府具备多方面的政治体制优势，获得了人民的认同与支持。同时，中国政府的强大号召力与动员力保证了连续丰富的扶贫资源供给，并有效弥补了中国社会与市场外部力量相对不足的问题。但这并非意味着市场与社会不具备扶贫供给条件。市场能够发掘贫困地区的资源和潜力，从而使困难群众增强脱贫自主性与可持续发展本领，杜绝援助依赖。社会组织专业分工与资源可以增强扶贫效率，并在配合主流扶贫政策过程中，间接增强政府的扶贫效率。因此，只有构建以政府为主导、市场和社会协同的扶贫制度，才能使资源利用得到优化、减贫成果更加显著。

二、从区域到精准的路径选择

1. 从"输血式"到"造血式"发展

中国的扶贫机制出现渐进化的演化，从援助到开发式，从被动到参与式，从区域到精准式，构建了与时俱进、独具特色的减贫样板。第四章对我国扶贫思路变迁进行了分析，通过分析具体数据总结出精准扶贫的时代背景与内外需求，以产业扶贫为例阐述了"精准化造血"如何成为中国扶贫样板的核心内涵。

"输血式"的扶贫旨在短期内解决扶贫对象迫切的、物质的、低层次的需求，属于社会"救济式"扶贫。20世纪80年代中期，我国扶贫政策聚焦在中西部贫困区域的贫困县，"输血式"扶贫的思维和行为都占据着中国扶贫工程的主体地位。"输血式"扶贫常常直接给困难群众供应其所缺乏的生活生产资料，供应小额贷款，或出台相关优惠补贴政策等。虽然短期内有缓解贫困的效果，但是一旦"输血"停止，困难群众返贫现象突出。此外，由于贫困地区与贫困群体缺乏提升内生发展动力，因而无法从根本上实现可持续的发展与共同富裕。

随着困难群众重返贫困概率的提升以及新时期扶贫任务的复杂化，原来的"输血式"扶贫模式和区域扶贫政策难以解决深度贫困、多维贫困等"硬骨头"问题，这是中国扶贫路径转换的背景。"造血式"扶贫更加强调生产要素的转移和贫困主体自身的主观能动，致力于帮助贫困对象走上自主致富道路。"造血式"扶贫对瞄准机制、项目安排、组织能力、成效考核等环节提出了极高要求，进一步促进了扶贫路径走向精准扶贫。近年来,东西部扶贫协作得到广泛应用,对口支援也在广大中西部地区发展。西部资源、投资消费需求与东部资金、技术优势互补,因地制宜发挥各地的特色产业,增强贫困地区长期的发展本领。

2. 从区域到精准扶贫

精准扶贫旨在为贫困对象摸清致贫原因,因地制宜,分类施策,消除致贫的根源,培养自主发展的能力,达到可持续脱贫的目标[①]。第四章追溯了精准扶贫思想的起源[②]。从习近平同志考察河北阜平与湖南湘西,到提出精准扶贫工作机制,以及确立精准扶贫、精准脱贫基本方针,精准扶贫的工作思路日益清晰完善。

具体而言,为明确扶持对象,政府扶贫工作队为识别出的贫困村、贫困户建档立卡,研讨识别真正的贫困人口、贫困程度、致贫原因,从而加强扶贫政策的针对性。为明确扶贫的主要责任人、贫困现象突出的省份党政负责人,各级政府分工明确,逐渐确立了省市县乡村五级书记抓扶贫,为攻克脱贫任务提供了组织保障。通过第一书记、对口支援扶贫等方式形成了全国上下一体的合力。为完成"怎么扶"的工作要求,中央明确提出"六个精准"与"五个一批"[③]的精准扶贫方略,各部门推出了上百条政策文件。为确保"真脱贫",各地为贫困县摘帽设置清晰的计划与时间表,采用第三方严格评估。习近平总书记指出:"要设定时间表,实现有序退出……要实行逐

---

① 汪三贵,刘未."六个精准"是精准扶贫的本质要求——习近平精准扶贫系列论述探析 [J]. 毛泽东邓小平理论研究 . 2016(1): 40-43.

② 2013年底中共中央办公厅、国务院办公厅印发《关于创新机制扎实推进农村扶贫开发工作的意见》,提出以建立精准扶贫工作机制为核心的六项机制创新和十项重点工作;2015年中央扶贫开发工作会议召开,颁发《中共中央国务院关于打赢脱贫攻坚战的决定》,将精准扶贫、精准脱贫作为基本方略。

③ "六个精准"即"扶持对象精准、项目安排精准、资金使用精准、措施到户精准、因村派人(第一书记)精准、脱贫成效精准"。"五个一批"即"通过扶持生产发展一批,通过移民搬迁安置一批,通过低保政策兜底一批,通过医疗救助扶持一批,实现贫困人口精准脱贫"。习近平.习近平:在深度贫困地区脱贫攻坚座谈会上的讲话 [EB/OL].[2017-08-31]. http://www.xinhuanet.com/politics/2017-08/31/c_1121580205.htm.

户销号，做到脱贫到人，脱没脱贫要同群众一起算账，要群众认账。"①

进入精准扶贫后，中国对居民各领域的生活保障与发展日益重视。精准扶贫实践的创新内涵包括，战略上将人放到首位，精准到户到人，以户以人为中心；方法上注重采用针对性比较明确的手段；效果上重视可持续的体系。②精准扶贫方略确立了新时期扶贫的脱贫攻坚目标与核心工作，对扶贫开发的制度完善有重要意义。

三、从强制性到诱致性的制度变迁

（一）中国扶贫制度的变迁

制度会产生变迁，即创造新制度或扬弃旧制度。③本书第三章和第五章结合制度经济学理论与中国扶贫发展历程，对中国扶贫制度变迁进行了系统梳理，并分析了制度变迁与完善的影响因素，从而为扶贫制度有效供给提供了理论框架与检验标准。

第三章从横向与纵向维度阐发了中国扶贫体系的变化过程。针对贫困问题的普遍性与地区差异性，中国形成了上下联动、互相支撑、共同发力的扶贫制度供给体系。党中央与国务院进行了扶贫顶层设计与全面规划，在不同阶段都专门出台扶贫文件与指导意见，坚持将扶贫与相关重要规划和政策相对接，充分调动各方的扶贫力量。在扶贫机制中，变迁主体具体表现为制度变迁理论中的强制性与诱致性扶贫机制，其影响因素包括扶贫主体与客体之间关系、政策类型、资源分

---

① 习近平．脱贫攻坚战冲锋号已经吹响　全党全国咬定目标苦干实干 [EB/OL]. [2015-11-28]. http://www.xinhuanet.com/politics/2015/11/28/c_1117292150.htm.

② 黄承伟．深刻领会习近平关于精准扶贫工作的重要论述　坚决打赢脱贫攻坚战 [EB/OL]. [2017-08-23]. http://dangjian.people.com.cn/n1/2017/0823/c412885-29489835.html.

③ 戴维斯，诺思．制度变迁的理论：概念与原因 [M]．上海：上海三联书店，1994：266-294.

配与使用等，在此过程中反映了政府、地方与微观主体之间的博弈关系与角色转变。

（二）从强制性扶贫机制到诱致性扶贫机制

本书第五章结合国内学者的讨论[①]，在制度变迁理论基础上，详细阐述了强制性扶贫机制和诱致性扶贫机制的特点、前提条件等议题，并分析了中国扶贫从强制性扶贫机制到诱致性扶贫机制的发展过程，运用多元治理理论解释了中国多元协同扶贫的特征，为分析扶贫制度变迁等议题进一步提供了理论依据。

1. 强制性扶贫机制的理论基础与实践

本书指出，国家为主体、政府为主导的、自上而下的强制实施的为强制性制度变迁，在中国扶贫开发中具有强烈印记。中国共产党始终是主导扶贫事业中的核心领导力量，党的宗旨与理念贯彻到治国的大政方针中，各级政府为扶贫提供具体的政策措施指导，与其他参与扶贫的主体协同扶贫，共同推动贫困户脱贫。在中国扶贫进程中，救济式扶贫阶段采用的专项资金、财政体制及税收优惠，以及改革开放后的以工代赈等模式即为强制性扶贫机制。通过这些措施，国家促进了经济不发达地区的群众生产、生活与社会面貌改善，激发贫困人口参与社会劳动，从而使贫困人口直接获益，提升生活水平。

然而，强制性扶贫机制往往由中央政府主导，依赖中央财政资金，自上而下而推行，在缺乏对地方现实情况的了解下，容易出现制度供给不足或过剩的弊端。在实际操作中，会加剧官僚机构、利益集团等为争夺资源产生的矛盾，增加制度成本。各级政府由于考核压力与监督机制不完善，可能产生谎报真实信息现象，容易滋生腐败问题。另外，由于各地相互模仿，被帮扶地区往往缺少因地制宜的扶贫方式，导致资源的滥用与"返贫"现象高发。

---

① 林毅夫.强制性制度变迁与诱致性制度变迁[C]//现代制度经济学.北京：北京大学出版社，2003.

2. 诱致性扶贫机制的理论基础与现实实践

相对于强制性扶贫机制，诱致性扶贫机制的主体更为多元，资金来源更为广泛，地方的话语权与自由裁量权更高，自下而上、因地制宜的扶贫手段更为普遍。此外，包含政府、企业、非营利组织、媒体与社会舆论等多元主体共同参与扶贫监督，扶贫评估追溯的效果更加有效。

中国坚持开发式的扶贫道路，探索实践了产业扶贫等道路，通过科学规划、规模投入、规范管理，促进区域性支柱产业发展，形成长期发展效应。在市场经济环境下，激发多元主体的积极性，采取对口帮扶模式，鼓励企业与社会组织发挥资金、智力、就业等支持作用，同时注重积极发挥困难群众的内生动力，培养其自力更生能力，实现可持续的脱贫成效。

3. 从强制性扶贫机制到诱致性扶贫机制的动因与比较

随着中国经济社会的发展，中国贫困的分布特征出现变化，贫困人群的扶贫诉求逐渐发生转换，扶贫机制也在不断变迁中。一方面，贫困群众的分布趋势产生了较大变化，使得旧的扶贫机制出现困境，从而构成诱发制度变迁的基础动因。国家扶贫政策由区域逐渐瞄准困难个体与家庭，由临时性的救助政策转向更为稳定与可持续的制度安排。另一方面，经济与基础设施改善为贫困群众带来更多的发展机遇，激发多元扶贫主体在扶贫机制中发挥作用，形成政府、社会、市场间的紧密合作。单一的扶贫机制难以满足日益复杂和多元的发展环境与需求，而激励相容的扶贫机制更加符合新时期的脱贫攻坚要求。

本书认为，强制性与诱致性扶贫机制虽然具有差异，但是却可以共同存在与发展。具体而言，两种制度的兼容性由组织和个体对于贫困的认识程度与利益取向影响，从而决定了机制运行的交易成本与机制绩效，在不同时期产生了不同的战略与决策。通过依靠激励实现不同制度的兼容，降低监督成本，促进制度自我强化能力，可以有效提升扶贫效率。

四、从管理到善治的治理体系

1. 从管理到治理

减贫在全球范围内是政府工作的重点,也是考察治理水平的核心指标。20世纪90年代兴起的贫困治理理论要求以政府为领导者,联系与引导社会中的多元主体,实现经济持续稳定增长与减贫的双重目标。贫困治理是公共治理重要的组成部分,以共享发展为最终的价值追求,根本目标是使贫困群体能够享有与非贫困群体同等程度的生活保障和发展权利。第六章从管理学角度分析了中国政府在扶贫开发中的角色,创新性地提出了全元扶贫理论与贫困治理生态,解释了中国减贫政策制度的发展完善过程。

管制,即强制管理,意味着只存在单一的政府权力主体,强调政府对于公共事务的管理控制,本质上体现传统公共行政的统治性质。而治理,意味着控制、指引和干预,相比之下,治理充分尊重与保障除政府外其他主体的自主权,不限于政府的强制命令或使用权威,推动社会多元主体发挥能动性与提出创造性方案。中国的贫困治理方针由政府主导推动,同时其他各类主体积极参加,形成了群策群力的格局。

2. 从治理到善治

然而在现实中,由于政府与市场失灵,治理也存在失败风险,因此需要促进政府和社会的良性互动与优势互补,通过有效的治理体系来替代失效的机制。善治则体现在主体间的通力协作,可以实现公共利益最大化。

第六章指出,中国贫困治理生态是指以消除贫困为目标,在党的领导和政府主导下,市场组织、社会组织、贫困群体等多元主体参与,协同合作形成的生态系统。在此生态体系中,党政机关构成了贫困治理生态系统的支柱力量,构建起从中央到地方的治理责任系统。不同主体相互协作,贫困群体主体产生脱贫积极性,形成了跨区域、跨行业、跨部门、跨民族的治理系统与格局。此外,中国政府采取了产业扶贫、易地搬迁、教育和社会保障等各项扶贫政策,完善了扶贫协作与定点扶贫等机制，从而形成了政府引导下的可持续脱贫模式。通过增强贫困人口自我发展意识与能力，形成国家与社会帮扶、贫困群体自身努力脱贫的贫困治理生态。

五、"扶志"与"扶智"，激发群众内生动力

政府等主体为扶贫工作提供了外在动力，但是可持续的扶贫开发需要发挥人民群众的内生动力，使其自力更生，产生持续的减贫动力与活力。因此，扶贫也要做好群众工作，将"扶志"和"扶智"贯穿到精准扶贫中，是中国扶贫样板的另一特色实践。

1. 扶贫先扶志：从"要我"到"我要"

"志"指困难群众脱贫的内在意志和信心，是人民群众砥砺自强的精神支柱。精神贫困是贫困人口长期处于贫困状态的内在根源，只有精神支柱，贫困人口才能有信心摆脱现状，才能更好地配合政府参与到脱贫工作中。扶志经由宣传教育等鼓舞贫困户建立脱贫的信心、发扬自爱自强精神、消除不良的社会习气。[1]第七章采用了社会学理论，从文化再造、精神重构、社会融入等角度论述了如何消除贫困的思想根源。

文化再造是指辩证性看待自身文化，逐步树立文化自觉和自信，并不断提升文化水平。从器物与制度文化角度来看，贫困地区落后的文化习俗与不完善的制度阻碍了脱贫工作的开展。贫困人口容易产生的宿命论意识、小农本位思想、迷信落后观念等造成了心理和精神禁锢，因此需要推动移风易俗，建设精神文明。通过发展医保制度、简化婚丧礼仪等习俗，有助于防止群众陷入贫困泥沼，改善社会风气。贫困地区的精神赋能需要贫困人民树立起自立自强、艰苦奋斗、敢于创新等精神，改善贫困地区的发展面貌。通过"扶志"唤起困难群众的内生动力，有利于个体提升科学文化素质和生产生活技能，在精准扶贫过程中改善人生价值感，不断地突破现有的局限，使贫困地区的物质

---

[1] 陈富荣.促进扶贫与扶志扶智深度融合（治理之道）[N]. 人民日报，2018-12-10.

条件、体制机制、人民面貌彻底转变。

贫困人口的社会融入涉及多方面因素，是指困难群众在多个层面缩短与主流社会距离的过程，能够积极融入社会就业市场，平等享受社会权利，并从文化和心理层面对社会产生认同感和归属感，以摆脱物质和精神层面的贫困。然而，中国贫困人口面临贫困标签下的污名化困境，易地搬迁贫困人口面临社会排斥，外来贫困人口社会资本匮乏，这些人群很有可能因无法融入本地社会而陷入贫穷，以及加剧代际传递等问题。

在中国政治体制中，从上层政府的扶贫指导文件，"第一书记"下乡扶贫，到基层村委会组织的乡风文明建设、精神文明建设，能够引导乡村贫困人口树立先进观念。中国政府近年着力于改善外来人口的就业服务、社会福利，针对刑满释放人员，发展社区矫正机制，从而推动边缘人口的社会融入。但是，本书也指出，政府措施具有重补偿而非发展、重物质而非精神等缺陷，而社会组织能够发挥自身的专业性、灵活性和公益性，回应贫困群众的具体需求与难题。在扶贫工作中，政府与社会组织紧密合作，确保将扶贫政策送入群众心中，帮扶困难群众树立脱贫志气。解决社会融入问题需要政府、社会、贫困人口三方主体的通力合作。

2. 扶贫要扶智，形成长效脱贫机制

"智"指的是贫困人口脱贫的本领，是人民群众自主脱贫的保障。扶智旨在增强贫困地区公共文化服务体系，切实改善贫困人口精神风貌与能力素质，倡导科学文明生活。通过提升贫困地区社会文化水平，帮助贫困人口加强就业竞争力与致富实力。

在脱贫攻坚工作中，政府通过政策宣传、对口帮扶、能力建设等措施能够发挥党与政府在扶智中的作用。比如广泛开展以党员帮扶困难群众，发挥先锋模范作用，带领贫困户共同建设美丽乡村，实现致富。此外，支持教育的公平投入，培养困难群众多方面的素养。要发扬科技扶贫，培养贫困户致富能力。发展壮大特色产业，改善地区的生态发展等。通过政府、市场与社会组织等主体的协作，切实提升困难群众的综合素养，建立长效脱贫机制，激发贫困人口脱贫致富的内生动力。

第三节　外在模式：政府主导＋多方参与＋市场机制＋群众主体

本部分将着眼于中国扶贫样板中的外在模式，即有为政府的作用、多方参与的扶贫生态、从共享到分享的市场机制、以人为本的群众主体观等，系统总结中国扶贫模式的特征与优势。

一、有为政府的有效治理

1. 有为政府

有为政府是新结构经济学的重要概念，指在扶贫过程中政府充分发挥能动性，通过决策功能、管理协调功能、组织功能和执行功能来对公共资源进行再分配。本书认为有为政府能够以减贫为目的，管理与分配扶贫资源，支持缺乏内在发展能力的困难群众。第八章梳理了有为政府与有效政府等概念，结合青海格尔木市郭勒木德镇易地搬迁扶贫实践、河南省南召县保险扶贫实践、安徽省泗县教育扶贫实践、江苏省宿迁市就业扶贫实践、湖北省恩施市激活市场扶贫实践等案例，细致分析了政府在阻断贫困代际传递、贫困马太效应、应对多维贫困中的作用，总结了中国特色反贫困理论。

本书认为，中国共产党和政府的领导是中国扶贫生态中的"脊椎"，是中国扶贫生态最重要的特征，是对西方传统扶贫模式的创新。中国共产党是扶贫制度供给的领导力量，中国共产党和政府作为人民利益的捍卫者，领导人民取得革命胜利，开展改革开放与经济发展，取得了历史性的成就。减贫被认为是达成21世纪重要政治经济目标的保障，也是兑现对人民发展承诺的要求。意识形态、政治制度与治理绩效为中国政府提供了强大合法性，从而保证了政府在扶贫格局中的权威与协调作用。

从新中国成立到 1985 年，中国政府对贫困人口采取"救济式"扶贫政策，负责为贫困人口提供相关生产生活资料、小额信贷扶贫等相关优惠政策。自 1986 年以来，中国政府陆续出台脱贫攻坚指导性纲领，把解决"三农"问题放在突出位置，逐步深入推进减贫工作，从而确保扶贫战略、资金和项目的连贯性开展。

中国扶贫工作的基本原则是"政府主导，分级负责"，党员干部的职业发展与脱贫成效相挂钩，乃至出现"不脱贫不退休"的铮铮誓言。在全局性扶贫方略的指导下，国家有关部委在各自领域制定相应的扶贫政策与方针，逐步建立起全方位扶贫政策体系。为实现特殊困难人群的权益，政府还积极推动大规模的专项扶贫政策。党政领导人采取严格的责任分工制度，并进驻贫困一线，为完成脱贫攻坚任务提供了坚实的组织保证等。在此基础上，地方政府制订了因地制宜的扶贫方案，从而实现扶贫资源合理配置。国家在脱贫攻坚规划中制定了针对不同领域与产业的政策纲领，旨在发挥市场主体积极性，确保充分调动各方资源，打赢脱贫攻坚战。

2. 有效治理

在脱贫攻坚中，有为政府虽然能够通过积极作为，推动各项扶贫政策施行，但是单一的政府主体仍然存在痼疾，如资源分配不合理或不公平、基层政府为取得业绩偏好扶持城市周边地区、政府扶贫资金管理不够严格、部分政府奉行形式主义等问题，盲目追求仅有短期效益的"面子工程"，违背了脱贫攻坚的初衷。在此背景下，第八章进一步分析了有效政府概念，指出有效政府发挥的作用与其能力要相适应，要提高政府治理有效性与公共资源的使用效率。[1] 政府的能力是衡量政府有效性的重要标准，有效政府要求政府必须满足人民利益与社会效益，重视运作结果符合公众需求。本书指出，有为政府是有效政府的前提和基础，但是两者具有差别：有效政府的职能界限明确，不逾越此范围，能够高效、低成本地处理社会问题。在中国脱贫攻坚中，

---

[1] 世界发展报告.变革中的政府.世界银行，[1997.06.01]1997：27.

坚持有效政府导向要求摒弃一切没有实质作用的"形象工程";通过推动内外部监督机制,加强人才的遴选与考核机制,建设有力的基层干部团队;培养执政队伍的治理水平,使扶贫实践更为精准有力。

第八章分析了重庆市永川区"百家企业驻村"等案例,比较不同政府角色的差异,指出政府引导型扶贫强调在政府的带领下,通过宣传、教育、指导、激励、动员等形式引导社会参与到扶贫工作中来,能够充分利用社会资金,精准确定扶贫对象,增强扶贫工作专业性等,从而减少了政府的负担,促进精准扶贫工作的顺利开展。通过社会控制机制、资源配置机制和国家认同机制,中国政府建立起了极强的资源调配与动员能力,从而保障了脱贫攻坚中的巨额财政投入与资源统筹。中国政府鼓励不同主体加入脱贫攻坚队伍,其主导作用具有了新的内涵,逐步迈向"有效政府"。通过明确划定政府职能,做到法无授权不可为,强化其在社会保障、医疗卫生、公共设施建设等方面的权力。政府坚持发挥市场和社会的自身调节作用,构建起"强政府、大社会"的治理格局,取得显著的扶贫成绩。

二、多元协作的扶贫生态

中国党和政府领导全局,为扶贫开发提供了"脊梁"式支持。第九章从马克思主义思想、中国特色社会主义理论等视角,分析了不同主体参与扶贫的方式、特点与局限性,并进一步提出各主体分工、多元协作是中国贫困治理的生态模式。

政府主导可能存在治理失灵的情况,比如在扶贫信息传递中可能存在失真与"瞄准偏差"问题,导致政策执行不力。此外,虽然中国制定了系统性的扶贫方针,但是仍然缺乏完备的扶贫法律,缺乏基础性和制度性设计,造成"压力型体制"和"运动式扶贫"机制的不良后果,地方政府为应对政治压力采取"对策性"假扶贫情况。随着中国经济社会发展与扶贫工作的深入,传统的政府全面主导扶贫模式弊端日益显现。进入新千年特别是中共十八大以来,中国大力动员社会各界通过多种方式参与扶贫开发,促进了政府角色由主导型扶贫走向引导型扶贫,形成了多元协作的扶贫生态。

1. 社会力量参与扶贫

在实际资源配置行为中,政府和市场两个主体内部都存在无法克服的局限因素,政府和市场的失灵为社会组织的崛起提供必要空间与条件。由于中国贫困人口基数大、各地发展水平差距大、贫困结构复杂化,对脱贫攻坚提出了巨大要求。社会组织具有组织架构清晰、成员的专业细分资质、利益关系相对简单等优势,能够弥补政府与市场的不足。

包括社会团体、民办非企业单位、基金会在内的社会组织可以将资源有效引导到贫困人口上,支持贫困人口自力更生;能够协调多元的利益关系,克服政府和市场的选择偏好,在更大程度上实现有限资源的合理公平配置;社会组织较强的灵活性可以满足不同需求者的各种偏好,改善在官僚制下的僵化和低效等问题。

本书也指出了当前中国社会组织扶贫的挑战。由于中国本土社会组织起步时间晚、发展不够成熟,社会组织缺少官方政策支持,仍未获得社会的全面认可,其活动自由度与资源支配受到较大限制。此外,社会组织处于相对弱势地位,许多社会组织陷入了资源匮乏、关注度低、发展艰难的恶性循环中,社会组织参与扶贫仍面临结构性障碍。

2. 从分工到融合的扶贫生态

在中国贫困治理模式中,不同主体各有其优劣,在贫困治理的不同阶段发挥各自作用,中国贫困治理主体经历了由政府全面主导到市场、社会机制逐渐应用于贫困治理的历程。正如2014年中央政府文件中提道:"要形成政府、市场、社会共同推进的大扶贫格局,支持社会团体、民办非企业单位、基金会等各类组织积极从事扶贫开发事业。"[1]

中国贫困治理生态具有整体性、开放性与创新性等特征,由党和政府主导,市场企业、社会组织积极参与,贫困群体自力更生的整体,

---

[1] 国务院办公厅.国务院办公厅关于进一步动员社会各方面力量参与扶贫开发的意见[EB/OL].[2014-12-04]. http://www.gov.cn/zhengce/content/2014-12/04/content_9289.htm.

具有强大合力。政府在资源的调配和政策制定方面具有天然权威性和合法性，能够根据实际情况进行战略设计和资源分配。社会组织可以为政府行动过程中的烦琐和低效提供互补功能。企业与社会组织合作可以带动贫困地区的经济增长，培养贫困户的自力更生能力。中国各级地方政府在贫困治理中引入市场主体，支持各类市场主体参与扶贫开发，鼓励市场主体将市场活动与贫困地区发展有机结合起来，广泛挖掘社会力量加入，建立社会、企业参与扶贫的激励机制，深入发掘党委、政府及部门的作用。以"企业＋基地＋专业合作社(能人大户)＋贫困户"为代表的新型产业化经营道路正是多元主体协作的体现，贫困户通过培训成为技术工人，实现了稳定增收，并且逐渐成为养殖行业能人与创业者，摆脱了对政府福利的依赖，实现自主脱贫致富，并成为产业扶贫带头人。

三、市场机制的扶贫参与

1. 市场有效

在扶贫领域，要求遵循市场规律，尊重市场在扶贫资源分配中的积极作用，促进多元市场主体积极参与扶贫，实现扶贫资源的效益最大化。本书第十章从共享与分享经济视角，概述了政府主导的市场化扶贫机制，并结合产业精准扶贫、金融扶贫等实践分析了市场如何应对贫困治理的目标。

政府与市场能够形成优势互补效应：一方面贫困户在市场的介入和帮助下获得收入、摆脱贫困；另一方面扶贫开发能够推动当地经济发展，实现社会主体间的合作共赢，具有代表性的有金陵寨模式、十八洞村扶贫模式等。

由于市场机制是以效率为目标导向，单独依靠市场化扶贫路径会削弱扶贫效果。本书指出了市场扶贫模式存在的"双刃剑"问题：由于市场追求利益最大化，可能与扶贫的公益目标冲突，影响市场参与扶贫的有效性、稳定性与可持续性。这些问题包括市场主体能力不足、部分困难群众的依赖心理、基层金融机构的资金来源与机构设置问题、企业参与扶贫中的积极性与合法性保障、逐利性导致市场主体剥夺贫困人口的风险、政府与市场边界模糊等。解决这些问题不仅是企业、金融机构等的责任，也为政府工作提出了更高目标。因此，在精准扶贫过程中要明确政府的主导，在此基础上充分尊重市场机制，推动社会有序协作。政府也需要在扶贫工作中进一步完善市场主体参与贫困治理的激励机制，主动优化相关服务，厘清权责界限。

2. 市场机制参与扶贫

第十章着重讨论了产业导入、金融融入和企业参与等扶贫方式，指出市场参与扶贫能够形成优势互补，即参与产业扶贫的专业性，弥补政府在微观层面和市场竞争方面的不足；灵活有效地发挥贫困群体的主体动力与作用，更好地规避市场风险等。

产业精准扶贫理论涉及生产要素理论、比较优势理论等经济学分析，强调贫困地区要因地制宜，综合发挥各种生产要素，集中生产自身具有比较优势的产品，从而实现财富创造与脱贫目标。产业扶贫在改革开放后得到迅速发展，并逐渐成为核心手段之一。中国产业扶贫方针要求发挥市场作用，在龙头企业的带动下，利用贫困地区的优势资源形成完整的产业链，从而带动贫困地区人口脱贫致富。[①] 产业扶贫需要精准识别各地区的发展环境与优势，从而确定适合本地的、有市场前景的产业。中共中央、国务院在多个扶贫文件中强调壮大特色支柱产业[②]。通过支持产业一体化与特色的产业，政府推动形成了旅游扶贫、电子商务、特色种养业、科技扶贫等融合式产业模式。此外，在政府政策支持下，公司、合作社与农民相互合作，形成了多元的创新实践。以产业扶贫为代表的"造血式"扶贫在全国多地形成了龙头企业，有效带领贫困户脱贫致富，促进各个地区因地制宜形成可持续的脱贫机制。

---

① 国务院. 中国农村扶贫开发纲要（2001—2010年）[EB/OL].[2016-09-23]. http://www.gov.cn/zhengce/content/2016-09/23/content_5111138.htm.

② 如《中国农村扶贫纲要（2011—2020年）》（2011），《中共中央 国务院关于打赢脱贫攻坚战的决定》（2016）等。

金融扶贫主要以政府部门和金融机构为主体,通过提供资金、技术以及金融服务等方式,对社会上的弱势群体提供融资服务。现阶段,中国金融扶贫突出对农村弱势群体的保障,不仅要保证资金的有效循环利用,还强调扶贫主体发挥自身优势脱贫。中国金融扶贫坚持以市场为主、政府为辅的原则,实施主体为城乡、农村中的金融机构,帮扶对象是有能力与意愿通过自身努力脱贫的贫困户。与此相关的还有普惠金融政策,它以扶贫作为目的,将信贷、保险等多类型的金融产品和服务提供给中低收入群体。中国金融扶贫既包括银行业的低息贷款、普惠金融等方式,也包括社会各方的资金投入,如市场融资、农产品期货扶贫等多元手段。目前,在政府的统筹下,金融机构参与扶贫的积极性空前提高,开发式扶贫拓宽了扶贫资金来源与规模,引入了银行资金、外国资金、其他经济实体资金以及贫困地区和贫困户自我积累的资金,满足农民的小额信贷需求。此外,金融扶贫推动了种养殖大户与农民合作社等产业建设,积累了小额信贷扶贫经验,在一些地区实现了贫困户脱贫目标,促进了当地的长远发展。

在大扶贫格局下,企业参与贫困治理,积极承担责任,构成了中国扶贫体系的特色部分。在贫困治理中,国企、央企、民企等企业力量在政府的引导下,积极参与经济、政治、文化、社会、生态等扶贫实践。改革开放以来,企业通过贡献税收、创造效益、提供就业等方式成为开发式扶贫的重要力量,并逐渐大规模参与到精准扶贫工作中。电商的兴起帮助农民创业,使其成为"致富带头人",为推动中国贫困地区持续发展、实现乡村振兴发挥了积极作用。企业参与扶贫也促进企业实现经济、法律、社会道德、慈善等方面责任[1]。此外,企业参与治理从国家层面推动了中国工业化和城镇化进程,改善了农民的生活水平,并增强了贫困群众的致富信心与内生动力。

---

[1] 李先军,黄速建. 新中国70年企业扶贫历程回顾及其启示[J]. 改革, 2019(7): 16-26.

四、以人为本，坚持人民群众的主体地位

1. 坚持人民群众的主体地位

贫困治理是从发展经济生产、教育文化等方面扶持困难群众，从根本上改善贫困人口的生存状况，并确保贫困人口获得可持续发展能力。中国的贫困治理语言强调"扶贫"，把贫困治理工作者放在辅助位置，体现了尊重人民群众的主体性。第十一章追溯了"以人为本"等人本思想的发展，采用了群众参与理论、能力贫困理论、大扶贫格局理论等，论述了人民群众在脱贫攻坚中的主体地位，以及如何将"扶志"与"扶智"相结合，促进困难群众在脱贫攻坚中发挥自主能动性。

"以人为本"的理念源远流长，被古代贤君文人所推崇。近现代以来，马克思主义给中国发展道路带来了新的思想活力，并在中国革命与建设实践中逐渐中国化。中国共产党始终强调"必须坚持以人民为中心的发展思想"。在脱贫攻坚中，心系人民群众的根本利益，重视人民的主体地位。党的十九大提出的"注重扶贫同扶志、扶智相结合"，即通过教育、培训、帮扶等改善贫困人口的智识和精神面貌，并着力加强贫困群众脱贫自主性。精准脱贫战略旨在以困难群众为主体，增强其自主脱贫能力。本书指出，中国反贫困事业的开展始终以人为本，切实提升人民群众的参与感、获得感与满足感，如此扶贫政策才能得以落到实处。

2. 自主与自觉，参与和主导

自主性是人格独立的重要标志，就扶贫工作而言，群众自主性与自觉性是本地区自立发展的重要依托。第十一章指出，中国扶贫重视群众理论，即调动社会各方面力量，尊重贫困群众作为脱贫攻坚的主体地位，并引导其参与到扶贫工作中的各个环节。习近平总书记指出，"扶贫工作的展开要紧紧依靠人民群众，并积极组织和支持贫困群众自力更生、艰苦奋斗。"[①]

[①] 习近平. 习近平在十八届中央政治局第三十九次集体学习的发言[EB/OL]. [2017-02-23]. http://dangjian.people.com.cn/n1/2017/0223/c117092-29102457.html.

当下，群众参与扶贫工作的动力和激情仍有提升和发展空间，主要由于群众缺乏参与渠道、基层组织建设不足、绩效评估机制不健全等问题。中国扶贫工作存在法律政策体系不够完善、部分扶贫干部未能够发挥自身能力、部分贫困人口思想僵化与返贫风险突出等问题。随着扶贫工作的深入推进，扶贫事业进入攻坚战，扶贫开发的目标和扶贫对象进一步精准，对群众内生动力的激发要求日益重要。发挥人民群众的自主精神，需要重视不同贫困人口的特性，深入挖掘其致贫原因并提出对策，真正将扶贫工作聚焦群众，培养困难群众的自觉意识。重视扶贫与扶志、扶智的紧密结合，加强贫困地区的基础设施建设，扶持地区的特色扶贫产业发展，全面落实社会保障机制；引导群众积极参与民主生活，帮助政府官员树立良好的扶贫文化和精神作风，配强带头人，营造团结氛围，实现基层党组织建设和基层群众自治的紧密结合。

通过激发群众的主体性，消除困难群众"等靠要"的依赖心理，提高其对自力更生的价值认知，培养其自尊、自立与自强意识，使其树立脱贫决心、信心和恒心，真正变"要我"为"我要"。中国脱贫攻坚重视完善脱贫相关机制体制与规范化建设，促进帮扶的贫困人口深入参与帮扶环节，发挥重视基层干部的领导带头作用，并大力促进不同主体的协作。通过以上措施，全面激发贫困地区的发展潜力和群众的自觉意识，完善更加公平且可持续的体系。

第四节　中国扶贫样板的成就与国际意义

联合国将"消除贫困"作为第一个可持续发展目标，体现了消除贫困也是国际社会的共同目标与责任，是全世界人民共同的愿景。中华人民共和国成立特别是改革开放以来，中国在消除贫困领域不断前进，开拓出经实践检验、行之有效的扶贫开发道路，对全球减贫与发展事业具有重要意义。

一、中国减贫成就

新中国在成立之初百废待兴,是世界上最贫穷的国家之一。中国政府大力发展民生,在几代人的不懈努力之下,贫困问题在中国获得了极大缓解,人民的生活水平得以提升。依照世界银行目前的国际贫困线(人均每天 1.9 美元),中国的极端贫困发生率从 1981 年的 88.3%,到 2019 年底降低至 0.6%。① 到 2019 年底,中国深度贫困地区的脱贫攻坚也取得了丰硕成果。"三区三州"地区完成了绝大部分脱贫任务,建档立卡贫困人口由 2018 年的 172 万人降至 2019 年的 43 万人,将确保中国在 2020 年如期完成脱贫攻坚任务。②

目前,中国基本实现了贫困群众不愁吃、不愁穿,并在大部分地区改善了交通、通信、用电、求学、就医等生活困难。中国在世界范围内带领了最多的人口走出贫困,并率先完成了联合国千年发展目标,为其他国家作出了表率。联合国秘书长古特雷斯也曾为中国扶贫办主办的"2017 减贫与发展高层论坛"致以贺信③,肯定了中国精准扶贫获得的成果,以及对于全世界实现减贫目标的积极借鉴作用。

中国扶贫成就可以称为人类减贫史上的奇迹,作为国际减贫发展事业的坚定支持者与积极推动者,中国在党和政府的领导下走出了一条独具特色的减贫道路。展望未来,中国会继续推动国内乡村振兴,并继续大力支持南南合作,为全球减贫事业广做贡献。

---

① 杨梦帆.2019 年国民经济和社会发展统计公报 [EB/OL].[2020-02-28]. http://www.farmer.com.cn/2020/02/28/99849390.html.

② 阮煜琳.盘点 2019:中国脱贫攻坚取得决定性胜利 [EB/OL].[2019-12-30]. http://www.chinanews.com/gn/2019/12-30/9047092.shtml.

③ 古特雷斯秘书长指出,"精准减贫方略是帮助最贫困人口、实现 2030 年可持续发展议程宏伟目标的唯一途径。中国已实现数亿人脱贫,中国的经验可以为其他发展中国家提供有益借鉴"。联合国秘书长:中国减贫经验为发展中国家提供有益借鉴 [EB/OL].[2017-10-11]. http://f.china.com.cn/2017-10/11/content_50034841.htm.

二、中国减贫样板是对贫困治理理论体系的重要贡献

回顾中华人民共和国 70 余年的减贫工作，中国始终遵循辩证唯物主义，将贫困问题视为多元化、动态化的复合问题，不断完善减贫政策与制度。第一章总结了中国领导人的扶贫思想的变迁，即以毛泽东同志为核心的党的第一代中央领导集体共同富裕的扶贫思路，以邓小平同志为核心的党的第二代中央领导集体的发展观，以江泽民同志为核心的党的第三代中央领导集体的"三步走"思想，以胡锦涛同志为核心的党的第四代中央领导集体的科学发展观，以习近平同志为核心的党的第五代中央领导集体的精准扶贫方针等。这些成果体现出中国的扶贫理论在实践中吸取养分，并持续完善。

中国的减贫成就与政府、市场、社会和人民等主体的参与协作密不可分。在政府主导下，发扬共建共治共享的减贫理念，重视市场、社会组织等在资金、技术、人力资源等方面向贫困地区投入。此外，中国在脱贫攻坚中注重发扬人民群众的主体作用，克服各类难题与挑战，集中了社会各界的能量与智慧。

中国的脱贫攻坚注重全面整体脱贫，坚持发挥人民群众的主体地位和内生动力，而不是像西方国家关注短期内缓解贫困与外部力量介入。发挥中国共产党和政府在减贫中的主导作用，注重市场与社会组织参与协调，中国的扶贫样板创新了国际减贫理论，为解决发展问题提供了新的思路与方法。习近平总书记阐明了中国的扶贫经验："概括起来主要是加强领导是根本、把握精准是要义、增加投入是保障、各方参与是合力、群众参与是基础。"[1] 中国特色扶贫开发的精准与可持续性，能够为发展中国家的贫困识别与针对性策略提供经验，对发展中国家实现经济转型和减贫是重要的知识资源。

---

[1] 新华社.习近平：更好推进精准扶贫精准脱贫 确保如期实现脱贫攻坚目标[EB/OL].[2017-02-22]. http://www.xinhuanet.com/politics/2017-02/22/c_1120512040.htm.

三、构建没有贫困的人类命运共同体

从全球范围看，致贫原因呈现多元化、差异化等特征，南北国家发展不平衡问题突出，极端贫困现象严峻。近年来，全球经济增长减速、金融危机与民族主义兴起等给发展中国家带来了严峻挑战。同时，传统西方大国的领导力衰退，对国际挑战的投入意愿下降，传统的发展道路在发展中国家难以复制，国际政治经济格局出现新变化，全球减贫与发展事业面临更大的不确定性与挑战。

广大发展中国家具有独特的国情，在全新的发展环境与挑战下，照搬发达国家发展模式已经被实践证明是无效的，需要各国探索适合自身的方法路径，增强国际共赢合作。习近平总书记在出席2015减贫与发展高层论坛上强调，贫困问题依旧为最大的全球性挑战，呼吁各国"为共建一个没有贫困、共同发展的人类命运共同体而不懈奋斗"。[①] 中国始终重视并大力推动扶贫开发事业，积极参与和推动世界范围内的减贫事业，力所能及支援发展中国家，倡导全球共建没有贫困的人类命运共同体。中国坚持支援发展中国家消除贫困，主张发挥大国责任，致力于发展合作共赢的合作伙伴。本书全面阐述了中国的减贫模式，归纳了中国减贫的成功经验，有助于为全球减贫与可持续发展注入中国智慧与中国方案。

---

① 顾仲阳. 习近平出席2015减贫与发展高层论坛并发表主旨演讲 [EB/OL]. [2015-10-17]. http://politics.people.com.cn/n/2015/1017/c1024-27708324.html.